20世纪马克思主义文艺理论国别研究

程正民　童庆炳　总主编

20世纪中国马克思主义文艺理论研究

童庆炳　主编

北京大学出版社

图书在版编目(CIP)数据

20世纪中国马克思主义文艺理论研究/童庆炳主编. —北京:北京大学出版社,2012.1
(20世纪马克思主义文艺理论国别研究)
ISBN 978-7-301-19764-6

Ⅰ.①2… Ⅱ.①童… Ⅲ.①马克思主义理论;文艺理论-研究-中国-20世纪 Ⅳ.①A811.691

中国版本图书馆CIP数据核字(2011)第234214号

书　　名：20世纪中国马克思主义文艺理论研究
著作责任者：童庆炳　主编
责 任 编 辑：张文礼
封 面 设 计：麦　子
标 准 书 号：ISBN 978-7-301-19764-6/I·2411
出 版 发 行：北京大学出版社
地　　　址：北京市海淀区成府路205号　100871
网　　　址：http://www.pup.cn　电子邮箱:pkuwsz@126.com
电　　　话：邮购部62752015　发行部62750672　出版部62754962
　　　　　　编辑部62756467
印　刷　者：北京虎彩文化传播有限公司
经　销　者：新华书店
　　　　　　965mm×1300mm　16开本　35.5印张　512千字
　　　　　　2012年1月第1版　2020年8月第3次印刷
定　　　价：59.00元

未经许可,不得以任何方式复制或抄袭本书之部分或全部内容。
版权所有,侵权必究
举报电话:010-62752024;电子邮箱:fd@pup.pku.edu.cn

目 录

"20世纪马克思主义文艺理论国别研究"总序 …………… 001

导论　20世纪中国马克思主义文学理论走过的历程 ………… 1

第一编　马克思主义文论在中国传播的初期

第一章　传播初期概述 ………………………………………… 29
第二章　陈独秀、李大钊与马克思主义文学理论在中国的传播…… 35
第三章　瞿秋白的马克思主义文艺思想 ……………………… 64
第四章　鲁迅与左翼作家群的马克思主义文学观 …………… 103
第五章　"左联"时期周扬的文艺思想 ………………………… 133

第二编　中国化马克思主义文学理论形成概述

第一章　《在延安文艺座谈会上的讲话》发表前后 …………… 149
第二章　毛泽东文艺思想产生的渊源和具体内涵 …………… 167
第三章　延安时期周扬的文艺思想 …………………………… 210
第四章　茅盾的文艺思想 ……………………………………… 226
第五章　蔡仪的认识论文艺思想 ……………………………… 265

第三编　中华人民共和国建国以来马克思主义的文学思想

第一章　"十七年"时期文学思想发展概说 …………………… 291
第二章　苏联文论与中国当代文论建设 ……………………… 308
第三章　周扬对毛泽东文艺思想的阐释 ……………………… 318
第四章　王朝闻对毛泽东文艺思想的独特阐释 ……………… 333
第五章　胡风的"主观战斗精神"论 …………………………… 354
第六章　黄药眠的"生活实践"文艺论 ………………………… 373

第七章　朱光潜的"美学实践论"文艺思想 …………………… 390
第八章　秦兆阳:"现实主义——广阔的道路"论 …………… 404
第九章　以群、蔡仪的哲学化文学理论教材 ………………… 423
第十章　"文革"十年(1966—1976)——"极左"意识形态霸权的文学理论话语 ……………………………………… 436

第四编　新时期三十年的文学理论建设

第一章　1978—2008年文学理论转型概说 ………………… 447
第二章　邓小平的文艺思想……………………………………… 473
第三章　周扬晚期的文艺思想…………………………………… 481
第四章　王朝闻对毛泽东文艺思想的延伸与发展…………… 495
第五章　钱中文、王元骧等人的文学审美特征论及其意义 ……… 514

参考文献 …………………………………………………………… 533
后　记 ……………………………………………………………… 536

"20世纪马克思主义文艺理论国别研究"总序

在刚刚过去的20世纪,具有世界影响的马克思主义文艺理论并不像有些人所认为的那样变得僵硬了,变得停滞不前了,相反,它在世界各国都获得各自不同的发展,仍然充满强劲的生命力。西方当代一些重要的美学和文艺学流派和著名的文艺理论大家,谁都无法绕过马克思主义文艺理论,他们或者与其展开对话,或者从中吸收理论营养,都把它放在无可替代的重要地位。同时,随着20世纪世界社会政治经济文化翻天覆地的变化,20世纪马克思主义文艺理论也经历了十分曲折复杂的历史过程,产生了历史性的变化,提出了许多新的理论命题,出现了多样性、当代性、开放性等一系列重要特征。今天,站在新世纪的开端,回头对20世纪马克思主义文艺理论在各国的发展,对20世纪马克思主义文艺理论的新形态、新特征、新命题做出有历史深度和理论价值的总结,对于马克思主义文艺理论的发展,对于建设具有中国特色的马克思主义文艺理论,有重要的理论意义和现实意义,这也是我们的一次理论选择和一份历史责任。

摆在面前的这套书是"20世纪马克思主义文艺理论国别研究"丛书,包括中国、俄国、日本、德国、法国、英国、美国七大卷,实际上,也就是20世纪马克思主义文艺理论的发展史。世界各国文化具有自己的民族特色,从而形成文化的多样性,而这种文化多样性必然投射进20世纪马克思主义文艺理论的发展过程中,使得各国马克思主义文艺理论呈现出同中有异的多样性面貌。马克思主义对各国有普遍的影响,但各国的马克思主义者并不可能完全照搬马克思主义的词句,而往往是从本国的现实语境出发,并依据本民族的文化传统,去创造性地理解、运用和推进马克思主义的基本理论,从而对文学问题做出具有自己民族特色的独特阐释。因此,从文化多样性的角度考察20世纪马克思主义文艺理论在各国的发展状况,展开20世纪马克思主义文艺理论国别研究,是一种必然且重要的选择。

下面分别谈谈20世纪马克思主义文艺理论所产生的历史性变化和所呈现的多样性、当代性、开放性等重要特征,以及我们研究20世纪马克思主义文艺理论所坚持的"历史优先、现实品格、文化阐释"的指导思想。

一

20世纪马克思主义和马克思主义文艺理论多种形态的出现,是一个不容忽视的客观存在和历史事实,早引起国内外学者的关注,杰姆逊在《晚期资本主义的文化逻辑》中指出:"我们不应该忘记如今马克思主义并不是只此一家,别无分店。事实上有形形色色的马克思主义理论话语。"[①]

杰姆逊谈的是当代马克思主义三种不同形态,事实上当代马克思主义文艺理论的状况也同样存在三种不同形态,即苏联形态的马克思主义文艺理论、中国形态的马克思主义文艺理论和西方形态的马克思主义文艺理论。这种划分是符合当代马克思主义文艺理论的实际情况的,已为多数人所认同。

首先是苏联形态的马克思主义文艺理论。

在俄国,把马克思主义运用于文艺理论是从19世纪末开始的。19世纪末20世纪初,以普列汉诺夫和列宁为代表的俄国马克思主义者把马克思主义运用于文艺研究领域,于是产生了俄国马克思主义美学和文艺学,它的崛起是世界文艺理论的重大事件,对20世纪世界文艺理论产生了深刻影响。十月革命前,俄国马克思主义文艺理论取得了很高的理论成就,它的重要特点就是马克思主义基本原理与俄国社会实际和文艺实际的结合。他们把马克思主义理论运用于俄国文艺领域,

---

① 杰姆逊:《晚期资本主义的文化逻辑》,北京三联书店,牛津大学出版社,1997年,第19页。

解决文艺理论的重要理论问题。

西方所说的马克思主义文艺理论的"苏联模式"一般指的是苏联时期,一般否定多于肯定,为此也要做具体的历史的分析。十月革命后,面对社会主义文化艺术建设的实际,列宁在同无产阶级文化派的斗争中,提出了继承传统、面向生活、扎根人民的社会主义文化建设纲领,卢那察尔斯基在同"左"的文艺思潮斗争中,也提出了马克思主义文艺批评的纲领(《马克思主义批评任务提纲》),阐明马克思主义文艺批评的性质、任务、特点等一系列重要问题,鲁迅曾经给予很高的评价。这些理论成就是难以否定的。同时,这个时期也出现了"左"的文艺思潮,出现了把文艺等同于经济、等同于政治的庸俗社会学和教条主义,它们给马克思主义文艺理论的发展带来极大的损害。对于苏联时期的马克思主义文艺理论要注意两个问题:一是要把政党的文论、政治化的文论同学术化的文论加以区别,这个时期确有一批学者在政治化语境中几十年如一日从事马克思主义文艺论著的编选和研究,依然孜孜不倦坚持马克思主义文艺理论的学术研究。二是50—60年代以后,特别是70—80年代以后,苏联的马克思主义文艺理论有很大发展,出现了一批很有理论价值的文艺论著,在理论上完成了从文学意识形态本质论到审美意识形态本质论的转变,出现了形式结构研究同历史文化研究相融合的趋势,如巴赫金的整体诗学研究、赫拉普钦科的历史诗学研究、洛特曼的结构符号研究对于文化语境的重视等。

其次是西方形态的马克思主义文艺理论。

西方马克思主义文艺理论是当代马克思主义的重要形态之一,是一种非常复杂和矛盾的现象,有一个时期有部分人认为"西马非马",因此,对这种形态需要做历史的科学的分析。

西方马克思主义文艺理论是西方马克思主义的重要组成部分,西方马克思主义的产生有深刻的社会历史背景,第一次世界大战后资本主义国家的无产阶级革命运动遭到失败,现实的变化使西方一些知识分子对传统的马克思主义,特别是对苏联模式的马克思主义提出质疑,试图重建自己的马克思主义,他们当中不少人是书斋中的学者,但对社会现实问题十分敏感和关注。面对资本主义空前的社会危机和精神危机,空前的异化现象,他们把对资本主义的批判从政治批判转向意识形态批判、文化批判。在这种思想指导下,西方马克思主义非常重视美学和艺术问题,他们认识到艺术对资本主义有巨大否定作用,企图通过全面的文化批判把人从异化中解放出来,通过艺术"幻象"来颠覆资本主义。

西方马克思主义文论总是试图回到马克思,发掘马克思思想中长期被忽视、被遮蔽的思想观点,特别是早期的一些思想观点。他们运用马克思主义的原理和当代西方思想成果,大胆进行理论探索,提出了文化霸权、文化唯物主义、政治无意识、单面人、对话、交往行为理论等一系列有价值的范畴和概念,对当代西方社会文化进行了深刻的阐释。

在解决现实问题和文艺问题时,西方马克思主义文艺理论充分表现出其特点,也充分表现出其矛盾,一是面对时代问题和文艺问题时,他们试图从马克思主义的"真正传统"中得到理论支持。问题是他们对所谓"真正传统"的理解不很全面。二是面对时代问题和文艺学问题,西方马克思主义十分重视从西方其他学术思潮吸收有益养分,使自己变得更有生气,同时也存在一种混杂的现象,有的是马克思主义成分和非马克思主义成分杂然并存。三是他们固然有些共同的特征,但因为各国社会历史文化语境有很大差别,无法形成一种统一的文艺理论思潮,他们在理论观点上还存在着很大差别。

第三是中国形态的马克思主义文艺理论。

中国形态的马克思主义是马克思主义真理与中国革命和建设具体实践相结合的产物,中国形态的马克思主义文艺理论则是马克思主义文艺理论与中国革命文艺具体实践相结合的产物。中国形态的马克思主义文艺理论的发展是同中国革命和建设的发展同步的,它产生在以鲁迅为代表的30年代的革命文艺运动中,40年代毛泽东《在延安文艺座谈会上的讲话》则标志着它的形成。中国形态的马克思主义文论的发展经历了十分曲折的过程。30—40年代,面对剧烈的阶级斗争和民族的存亡,它十分强调文艺与阶级、政治的密切关系,对文艺自身的特性不够重视。50年代,随着向"苏联"一边倒,又受到苏联教条主义和庸俗社会学的影响,走上了政治化的道路。到了"文革","左"的思想越演越烈,走进了死胡同。到了新时期,结束了以阶级斗争为纲,不再提文艺从属于政治的口号,中国形态的马克思主义文论才走上健康发展的道路。

中国形态的马克思主义文艺理论既不同于苏联形态,也不同于西方形态,它的产生有深刻的社会历史文化语境。它是同中国革命和建设相连的,是同新民主主义文化的建设和具有中国特色的社会主义文化建设紧密相连的。离开这个语境,或者以苏联形态要求它,或者以西方形态要求它,是无法把握它的特点的。中国形态的马克思主义文艺理论有三个鲜明特点:一是以人民为本位,这就是毛泽东提出的文艺为工农兵服务的方针,文艺为人民服务的方针,离开人民就谈不上中国革命和中国建设。二是实践品格,这就是认为千百万人民群众的革命实践活动和建设实践活动是文学艺术的源泉,同时文学艺术也积极作用于千百万人民群众的革命实践活动和建设实践活动。三是民族特色,这就是认为中国形态的马克思主义文艺理论不是死搬马克思主义的教条,而是具有中国特色的中国革命文化实践和具有中国特色的社会主义文化建设实践的科学总结。同时,又是同中国悠久的历史文化传统密切相连的。

中国形态的马克思主义文艺理论在新时期有很大的发展,它破除了苏联模式的教条主义和庸俗社会学的束缚,也从西方文论中吸收了许多有益的成分,面对中国特色的社会主义文化艺术建设的实践,有了不少很有价值的理论建树。随着中国传统文化的发扬光大,随着中国经济巨大发展带来的中国文化的巨大发展,随着中国在世界影响的扩大,面向中国社会实践的中国特色的马克思主义的世界意义和世界影响,面向中国文化实践的马克思主义文艺理论的世界意义和世界影响,就会日益显示出来。

上面分析了当代马克思主义文艺理论三种形态的基本情况,应当看到这种划分只能说是大致的划分,基本的划分,三种形态并不是彼此孤立的,它们之间存在着种种联系。首先,各种形态的共性是基本的,尽管情况各有不同,对马克思主义的理解和把握也有差别,但他们都是试图运用马克思主义的观点来分析各种文学艺术现象,如果没有这一基本共性,就无法称之为马克思主义文艺理论。其次,各种形态之间存在差异,各种形态的内部也还有差异,例如在西方马克思主义文艺理论之中,也还有英国、法国、德国和美国的区别,各国马克思主义文艺理论也仍然存在不同的理论流派和理论观点,在法国的马克思主义文艺理论中,就有新浪漫主义的马克思主义文艺理论、存在主义的马克思主义文艺理论、结构主义的马克思主义文艺理论。再次,各种形态的马克思主义文艺理论之间是相互渗透,相互影响和相互作用的,它们之间存在一种对话关系。总之,20世纪马克思主义文艺理论多种形态的基本特征是:彼此相同而又各具特色,彼此相异而又相互对话。正是这种共同性、差异性、对话性,共同促进了20世纪马克思主义文艺理论的发展,构成一种多元互补和丰富多彩的局面。

20世纪马克思主义文艺理论存在三种形态,这是不争的事实,问题是为什么会形成这样三种形态,以往更多是从与文论相关的社会状况加以阐释的,认为不同形态的马克思主义满足和适应不同社会经济体系的特定需要和问题。这当然是正确的,因为经济是社会的基础,但构成社会状况的不仅仅是经济因素,还有政治因素、文化因素。从文艺理论自身的特点看,更应当看重作为中介的文化因素,更应当从文化多样性的角度去探究形成20世纪马克思主义美学和文艺学多种形态的原因。

文化是一个民族的血脉,世界各国的文化具有自己的民族特点,从而形成多样性,而这种文化的多样性必然会投射到马克思主义文艺理论的发展过程之中,使得各国的马克思主义文艺理论的发展呈现出彼此相同而又各具特色的多样性面貌。

马克思主义在世界各国的传播,以及对各国文艺理论的发展的影响,诚然具有普遍性,但由于受各国民族文化形态的特点的制约,必然会呈现出各自的特点。也就是说,各国的马克思主义者并不可能完全照搬马克思主义,而往往是要从现实的社会需要出发,并且依托本民族的文化传统,对美学问题和文学艺术问题做出具有民族文化特色的独特阐释,创造性地运用和推进马克思主义美学和文艺学。从这个意义上讲,马克思主义在一个国家的传播和扎根,除了需要一定的社会政治经济条件,也需要一定的思想文化准备。一个国家的先进人物在接受外来的马克思主义时,总是以本民族的进步文化作为桥梁,作为思想文化前提,并且总是同本民族的先进文化相结合的。

以往在考察一个国家对马克思主义的接受时,更多的是关注那个国家社会经济发展的需要,社会政治革命发展的需要,而对民族文化接受的这种潜移默化的影响,根深蒂固的影响,往往重视不够、研究不够,所以对一个国家马克思主义文艺理论所固有特色就很难有比较深入的把握,甚至有时觉得很难理解。例如,拿西方的眼光来看待俄苏马克思主义文艺理论的功利性、政论性,来看待中国马克思主义文艺理论的实践品格,往往就觉得难以理喻。如果我们深入到俄国文化的底蕴中去,深入到中国文化的底蕴中去,对前者的功利性和后者的实践品格,就比较容易理解。可以说,了解各民族的文化传统是破译不同形态的马克思主义文艺理论的一把钥匙,从文化多样性的视角考察20世纪马克思主义文艺理论在各国的发展状况和多种形态,是一种必然而又重要的选择,是具有创新意义的研究思路。

深一层的问题是如何理解各民族的各国的马克思主义美学和文艺学的影响,各民族的文化传统从哪些方面影响各国马克思主义美学和文艺学的建构。这是一个比较复杂的问题。对文艺理论来说,这种影响可以理解为对民族传统文化思想资料的吸取,可以理解为对民族传统美学和文论资料的吸取,但更重要的是体现在传统文化中的价值观、文学观和思维方式的影响,例如中国古代讲"文以载道",俄国讲文学是"生活的教科书",东方讲体验,西方讲分析,德国擅长辩证思维,美国讲实用主义等。

二

如果说多样性是20世纪马克思主义文艺理论新的理论形态,那么有别于传统,当代性便是20世纪马克思主义文艺理论新的理论特征。与时俱进是马克思主义基本的理论品格,马克思主义是人类社会实践的理论总结，也总是随着社会实践的发展而不断发展，在实践中不断开创新的理论视野，开创新的理论境界。这种与时俱进的理论品格是一百五十多年来马克思主义始终保持蓬勃生命力的关键所在。同样，与时俱进也是马克思主义文艺理论基本的理论品格，马克思恩格斯在19世纪创立马克思主义，是时也创立了马克思主义文艺理论，他们为马克思主义文艺理论确立了基本的理论原则和方法。20世纪随着社会实践和文艺实践的重大变化，马克思主义文艺理论也在实践中不断发展，不断开创新的理论境界，在继承传统和坚持基本理论原则的基础上，呈现出有别于传统的时代色彩和当代特征。如果把马克思恩格斯在19世纪所创立的马克思主义文艺理论称之为马克思主义文艺理论的原创形态，那么20世纪的马克思主义文艺理论就是在新的历史条件下，面对新的社会现实和新的文艺实践，对原创形态的现代阐释和新的创造。

20世纪马克思主义文艺理论时代特征的出现的历史前提是20世纪社会历史天翻地覆的变化。20世纪是一个充满历史变革的时代，它面临着两次世界大战和革命的兴衰，面临着后工业社会和科学技术革命。苏联的十月革命虽给人类带来希望，也带来困惑和思考，两次世界大战把人类推向战争的苦海。革命和战争，火与血的残酷现实，使人们心灵受到极大震颤，人们重新思考社会和人的命运。后工业时代的到来，现代科学技术空前发展除了带来生产力的极大发展，社会物质财富的极大丰富，也给人类带来战争、生态和道德种种危机，极猛烈地冲击着人们的生活方式和思维方式，威胁着人类的生存。与20世纪社会历史实践的变化相适应，20世纪的文学艺术从现实主义、现代主义到后现代方义，也产生巨大的变化。

与20世纪社会历史和文学艺术的重大变革同步，20世纪的马克思主义文艺理论的发展也走过了复杂曲折的道路，经历了大起大落，浮浮沉沉。十月革命前后俄式马克思主义文艺理论的崛起对20世纪马克思主义文艺理论的发展产生了重大影响，这是毋庸置疑的历史事实，同时也带来了庸俗社会学和教条主义的消极影响。随着20年代各国无产阶级革命遭到挫折，以卢卡奇为代表的马克思主义者对马克思主义和马克思主义文艺理论进行新的思考。20年代世界性的资本主义危机带来了30年代马克思主义和马克思主义文艺理论的发展,人们称之为"红色的三十年代"。不仅在西方,在东方的日本、中国,人们都强烈感受到马克思主义文艺理论的重大影响,中国30年代的左翼文艺运动和30年代马克思主义文艺理论的勃兴,就是这个时代的产物。战后,随着50年代斯大林逝世和苏联的"解冻",1968年法国的"五月风暴",马克思主义和马克思主义文艺理论在苏联和西方都有新的发展,出现了新的高潮。90年代,随着苏联东欧的解体,马克思主义和马克思主义文艺理论的发展出现了更为复杂的局面。一方面是马克思主义在有些人那里受到冷落、歪曲;另一方面,随着资本主义全球化和资本主义新的危机的出现,特别是资本向文化领域的渗透,西方马克思主义文艺理论在后现代主义文化批判、后殖民主义批评、女权主义批评、新历史主义批评等领域,都有广泛深刻的影响。在俄国,在中国,马克思主义文艺理论也出现新的发展,前者出现了历史主义和结构主义的融合,后者在改革开放中探索马克思主义文艺理论发展的道路,形成了具有中国特色的马克思主义文艺理论新形态。

经历了复杂曲折历史过程的20世纪马克思主义文艺理论,对马克思主义文艺理论究竟有什么新的发展,进行了哪些具有时代特色的理论探讨?要回答这个问题需要回到19世纪马克思恩格斯所创立的马克思主义文艺理论的原创形态,因为20世纪马克思主义文艺理论所有理论阐释、理论探讨和理论创新都是从马克思和恩格斯的论述出发,都有同一个理论来源,否则就不是马克思主义文艺理论。

马克思和恩格斯虽然没有为20世纪的文艺问题提供现成答案,但他们提出了思考和研究文艺问题的基本立场、基本原则和基本方法,奠定了马克思主义文艺理论的基石。他们为20世纪马克思主义文艺理论进一步发展所提供的理论原点有以下几个方面。

文学艺术是以"自由自觉"为特征的人的活动,是人的本质力量的对象化,人的本质力量的一部分通过文学艺术的创造展现出来。从这个角度讲,文学是主体的人的创造,文学是塑造"丰富的人"、"完整的人"的途径,文学是人学。

文学艺术是生产关系总和所构成的上层建筑,是上层建筑中的社会意识形态。文学艺术是随着社会生活的发展而发生变化,归根到底,必须从人类社会物质生产去说明一切文学艺术发展的根源。

人类的生产分为物质生产和精神生产两部分,文学艺术是属于精神生产的一种"艺术生产",文学艺术这种社会意识形态不仅是一个反映过程,而且是一个生产过程。

此外,马克思恩格斯还对现实主义文学创作原则(现实主义的艺术真实性和思想倾向性、现实主义艺术的典型化方法、典型性格和典型环境),文学批评的美学的和历史的批评标准以及悲剧理论等方面作了深刻的阐述,从而形成马克思主义文艺理论的完整体系。

20 世纪马克思主义文艺理论无疑是以马克思恩格斯在 19 世纪所创立的马克思主义文艺理论的基本理论作为出发点的,然而又不是完全固守或照搬这些基本理论,而是根据新的社会历史文化实践的需要,大胆吸收当代思想文化的成果,对它进行新的发掘、阐释、开拓、创造,试图从理论上回答当代文学艺术发展、当代审美发展所提出的新问题,将马克思主义文艺理论推向前进。20 世纪马克思主义文艺理论新的探讨和新贡献,包括以下几个方面。

1. 寻找文艺理论的人学出发点和人学基础

传统的马克思主义文艺理论,特别是苏联形态的马克思主义文艺理论是从社会总体结构来思考文艺问题,从经济基础决定上层建筑,社会存在决定社会意识的基本原理出发,把文艺作为一种社会意识形态来看待。而 20 世纪的马克思主义文艺理论,特别是西方的马克思主义文艺理论不满足于此,始终在寻找文艺理论新的基点,寻找文艺理论的人学基础。卢卡奇的《历史和阶级意识》(1923)针对第二国际把历史规律绝对化,第三国际在实现历史规律时对人的主体、人的自由意志的忽视,强调人在历史发展中的自由选择和人的主体作用,强调人是马克思主义的出发点,也是归宿点。1932 年,马克思的《1844 年经济学—哲学手稿》全文发表,不少西方马克思主义文艺理论家都把巴黎手稿而不是把马克思的《〈政治经济学批判〉序言》视为历史唯物主义的理论基础,视为文艺理论的基本立足点。马尔库塞认为,手稿使历史唯物主义置于新的基础,而这个新的基础就是人本主义。勒斐弗尔提出人只有在艺术和审美中才能成为总体的人,完美的人,艺术是人性在当代资本主义社会异化状况下复归的主要途径。他们把人当成马克思主义文艺理论的出发点和归宿点,把人道主义和人的异化及其解放作为文艺理论探讨的思想准则。

2. 阐明文学艺术的审美意识形态本质

传统的马克思主义文艺理论从马克思恩格斯总体社会结构的基本理论出发,把文学艺术看成是由社会存在决定的社会意识形态,看成是由经济基础决定的社会上层建筑的意识形态。这一看法从历史唯物主义的角度科学地阐明了文学艺术的社会意识形态本质,清除了一切关于文学艺术本质的历史唯心主义观点。问题是需要进一步说明文学艺术的特征。从20世纪开始,各国马克思主义文艺理论家们针对文学艺术本质的简单理解,开始从不同方面思考作为社会意识形态的文学艺术的审美本质问题。苏联的文艺理论家布罗夫在50年代提出文学艺术的特性问题,在70年代明确提出"文学审美意识"论题,认为"纯"意识形态是不存在的,只有具体的意识形态,但并没有加以完整系统的论证。英国的文艺理论家伊格尔顿90年代也提出"审美意识形态"问题,但侧重于对英国经验主义和欧洲启蒙主义美学的评述。中国的马克思主义文艺理论家,从80年代起,针对中国长期以来抹杀文学艺术的特征,把文学艺术当成阶级斗争、政治斗争的工具,开始对文学艺术的审美特征进行苦苦的探寻,终于比较明确和系统地提出和论证"文学审美意识形态论",指出文学审美意识形态的逻辑起点是审美意识,而非意识形态,审美意识形态是历史生成的。文学艺术作为审美的意识形态以情感为中心,但又是情感和思想的结合;它是一种虚构,但又是特殊形态的真实性;它具有社会性,但又具有全人类性。审美意识形态不是审美和意识形态的相加。审美和社会价值、意义、功能是一种复式构成,它们之间存在高度的张力和平衡。审美和意识形态的融合,强调的正是文学本质复合特性的有机融合和统一。"审美意识形态"理论的明确提出和系统完整阐明,是中国马克思主义文艺理论对20世纪马克思主义文艺理论的重要贡献,是20世纪马克思主义文艺理论中国化的重要成果。

3. 形成艺术生产理论

马克思恩格斯的文艺理论曾把艺术当做社会生产看待，强调艺术的生产性和实践性。之后的理论家更多只从社会意识形态的角度去理解文学艺术，实际上是不全面的。20世纪马克思主义文艺理论的重大突破，就是强调从艺术生产的角度去看待艺术的本体，把艺术看做是一种生产性质的东西，不仅是精神意义上的生产，而且是物质意义的生产。本雅明最早指出艺术家的创造活动也是一种生产，艺术家的生产要受时代的生产力和生产关系的制约，艺术本身也有生产力、生产关系的问题。他把艺术创作的技巧看做艺术的生产力，艺术生产和经济领域的生产一样，都要依靠一定生产技术。他认为艺术家对生产工具的改革不仅提高艺术表达的能力，而且造就艺术家和群众新的社会关系。我们可以从艺术生产力的发展状况来认识艺术所处的时代的特征。这种把艺术生产论和意识形态论相结合的倾向在伊格尔顿那里得到进一步的发展，他把艺术看成是一种意识形态，又把艺术看成是与一般社会生产相同的审美意识形态的生产，同时指出这样两种生产方式的联系和区别，说明审美意识形态生产的过程和特点。艺术生产论的形成对马克思主义文艺理论是一个重要突破，它在全面考察社会生产方式和生产关系的基础上，深入说明作为审美意识的文学艺术是如何生产的，是通过什么途径和中介来发挥意识形态效应的。

4. 出现从文化角度分析文学艺术现象的趋势

20世纪马克思主义文艺理论在当代西方文化哲学思想的影响下，面对当代科学技术引起的文学艺术制作和传播方式的变化，面对现代文学艺术的文化形态，出现了从文化角度把握社会整体，分析文学艺术现象的重要转变。意大利的葛兰西最早把文化作为研究和分析社会问题和意识形态问题的立足点。不同于传统的经济基础和上层建筑的划分，他提出用与社会实践直接相联系的文化来概括和分析人类的精神意识活动，同时提出文化霸权主义的思想，认为革命领导权的取得不仅在政治实践之中，而且在文化实践之中，巩固政权也不仅仅在于国家机器的暴力和强制，而且也在于统治阶级确立的文化霸权。葛兰西的思想对西方马克思主义有深刻影响,法兰克福学派提出文化批判理论,英国的威廉斯也提出"文化唯物主义"的观点,试图从文化的角度对社会进行批判,运用文化学的观点来分析文学艺术。他提出不应静态地、僵化地看待经济基础和上层建筑的关系,而应从动态的角度来看待,分析它们之间的相互作用和相互生成,要用文化的概念来揭示它们之间的复杂关系。他认为,文化唯物主义的文化概念不是抽象的精神活动的概念,而是人类创造自己社会生活的全部活动方式,因此是唯物主义的。受威廉斯的影响,英国的伊格尔顿着重从艺术的文化生产角度来论证文学艺术问题,成为一种文化生产美学。在美国,詹姆斯看到文学批评已取得独立地位,批评已从传统的价值判断转向对文本的解释,于是他试图从文化角度来解释文学艺术,建立一种文化阐释美学批评。这种文化阐释的理论批评是以作品文本为中心,通过形式、意识等因素,在其中发掘和阐释它所包含的意识形态,所压制的欲望和生产方式的内容。这是以马克思主义的生产方式作为历史基础,吸收结构主义、精神分析,对艺术文本进行多样解释的理论。这种文化阐释批评在对后现代艺术的批评中显示出显著的理论力量。总之,20世纪马克思主义文艺理论文化阐释角度的出现有别于以往对经济基础和上层建筑关系的褊狭理解,同时也不同于西方某些忽视社会历史文化因素的文化哲学,它是将文化因素和社会因素结合起来进行文学艺术研究的,这为马克思主义文艺理论开辟了新的理论空间。

三

从根本上讲,马克思主义是革命的、批判的,同时也是开放的体系。马克思主义之所以能获得世界性历史性的意义,就是因为它是在吸收和改造两千多年来人类思想和文化发展中一切有价值的成果的基础上形成起来的。同样,马克思恩格斯所创立的马克思主义文艺理论也是在批判继承人类文艺理论遗产的基础上建立起来并得到发展的。20世纪面临人类社会历史的深刻变化,面临文化艺术的深刻变化,人们在新的探索中涌现出种种新的思潮、新的理论、新的观念。20世纪马克思主义文艺理论要取得新的发展,在坚守马克思主义文艺理论的基本原理的同时,必然要面对新世纪文艺理论出现的种种新流派、新理论,并向它们开放,同它们展开对话。事实证明,封闭必然僵化,只有开放和对话才能获得发展的动力,才能使自己充满生机,才能紧紧把握时代和实践的脉搏,把马克思主义文艺理论推向前进。

在20世纪马克思主义文艺理论所包含的苏联形态、中国形态和西方形态中,我们可以清晰看到20世纪马克思主义文艺理论如何从封闭走向开放,从对立走向对话的曲折多彩的发展过程。

19世纪末20世纪初俄国马克思主义文艺理论崛起,以普列汉诺夫和列宁为代表的马克思主义者独立地将马克思主义理论运用于俄国文学理论批评,他们所创立的俄国马克思主义文艺理论批评,既同马克思主义有直接的渊源关系,充满革命批判精神,同时又向俄国美学和文艺理论的优秀遗产开放,同俄国革命民主主义美学和文艺批评有血肉的联系。俄国革命民主主义美学关于"美是生活"、"文学是生活的教科书"等一系列重要美学、文艺学思想,对普列汉诺夫和列宁文艺思想的形成都有直接的影响。在某种意义上讲,他们是通过俄国革命民主主义走向马克思主义,前者是他们走向后者的中介和桥梁。他们的马克思主义文艺理论并不拒绝本民族进步的思想文化遗产,并不同他们相对立,而是向它们开放,同他们相结合的。

十月革命后,列宁同否定人类文化遗产的无产阶级文化派作了坚决的斗争,指出"无产阶级文化并不是从天上掉下来的","只有确切地了解到人类全部发展过程所创造的文化,只有对这种文化加以改造,才能建设无产阶级的文化"。① 尽管如此,苏联文艺理论界的一些人在"左"的思潮的影响下,以"纯正"的马克思主义者自居,把自己封闭起来,独立起来,完全堵塞了马克思主义文艺理论发展的道路。首先,对本民族的文艺理论遗产采取褊狭的态度,只承认俄国革命民主主义美学和文艺批评,拒绝其他文艺理论流派,对既重视传统又重视吸取欧洲

---

① 《列宁论文学与艺术》,人民文学出版社,1983年,第106页。

科学成就的以维谢洛夫斯基为代表的俄国文艺学学院派采取否定批判的态度,指责他们搞资产阶级形式主义和实证主义。其次,排斥国内其他文艺理论流派,视他们为异端并加以否定和批判。20世纪俄罗斯文艺理论发展过程中,出现了一种十分奇特的现象:一些具有国际影响的文艺理论流派和代表人物,如俄国形式主义、巴赫金、普洛普、洛特曼等等,在俄国无一例外都遭到批判。再次,拒绝国外的美学和文艺理论,把它们斥之为资产阶级美学和文艺理论和修正主义美学和文艺理论。"二战"以后的冷战时代,在批判"世界主义"的声浪中,国外的美学和文艺理论完全被当做批判对象看待。在苏联的马克思主义美学史的教科书中,存在主义、心理分析、结构主义等国外文艺理论流派,并不被看成论战和对话对象,而看成是"马克思主义的重要敌人"。①

50—60年代以后,苏联社会生活和文化生活发生重大变化,苏联马克思主义文艺理论也发生重大变化,在坚守马克思主义文艺理论基本原则的同时,同其他文艺理论流派的关系从封闭走向开放,从尖锐对立走向积极对话。在对待民族文艺理论遗产方面,改变独专俄国民主主义美学和文学批评的褊狭态度,对俄国文艺学学院派给予正面的积极的评价,著名的马克思主义文艺学家尼古拉耶夫在《马克思列宁主义文艺学》(1983)中,用整整一章论述俄国早期马克思主义文艺学同俄国文艺学学院派的关系。他指出,"经院学派和马克思主义文艺学的联系问题具有严肃的历史意义。只有理解这个问题,才能具体认识我国文学科学史中,包括苏联文艺学产生年代的某些现象"②,在对待国外文艺学其他文艺理论流派方面也有很大变化,形式主义、普洛普、巴赫金、洛特曼等流派和人物得到了正确的评价,国外美学文艺学也开始介绍过来。苏联的美学文艺学著作指出:"要使马克思主义美学得到卓有成效的发展,就要仔细研究并批判地了解世界美学思想,古典的东西和现代东西的全部经验,而且也要跟思想上的对手进行日益广泛

---

① 卡冈:《马克思主义美学史》,北京大学出版社,1987年,第235页。
② 尼古拉耶夫:《马克思列宁主义文艺学》,安徽文艺出版社,1986年,第152页。

的对话。"①

　　向国内外其他文艺理论流派开放,同他们展开对话,其结果是给苏联马克思主义文艺理论的发展带来了生机和活力,使其面貌焕然一新。俄国革命民主主义美学和文学批评,俄国马克思主义文艺理论,都有深厚的历史主义传统,在苏联文艺学出现形式主义和结构主义时,苏联的马克思主义文艺理论前后采取两种不同态度。在20—30年代,他们对形式主义采取否定的态度,拒绝对话。到了60年代,洛特曼结构符号文艺学出现时,开始也受批判,后来情况有了变化,人们试图将历史主义同结构主义结合起来。洛特曼指出,"结构主义,并非历史主义的敌人",老一辈文艺学家利哈乔夫也指出,"重要的是,在俄罗斯结构主义研究系统中越来越顽强地流露出历史主义的态度,它归根到底将结构主义变成非结构主义,因为历史主义摧毁着结构主义,同时又允许从中吸收最好的因素"②。在普洛普、巴赫金、洛特曼这些文艺学家身上,我们看到历史主义和形式主义、结构主义并不是对立的,而是融合的,他们的理论探索使形式研究和内容研究的融合、结构研究和历史研究的结合、内部研究和外部研究的贯通成为可能,这种研究既认同俄国马克思主义文艺理论对社会历史文化语境的关注,克服其忽视艺术特征和形式结构的不足,又吸收西方文艺学对形式结构的重视,纠正其脱离社会历史文化语境的偏颇,这就为马克思主义文艺理论的创新和发展找到新的出路,开拓了新的理论空间。

　　中国的马克思主义文艺理论同苏联的马克思主义文艺理论一样,也同样走过了从封闭到开放,从对立到对话的过程。改革开放以前虽然也提出"建设中国马克思主义文艺理论"的口号,但并不重视中国古代文艺理论,对外也只是倾向苏联文艺理论,对西方文艺理论,特别是西方当代文艺理论一概排斥,斥之为资产阶级文艺理论。新时期以后的情况有很大变化,在马克思主义的指导下,一手伸向古代文艺理论,

---

① 卡冈:《马克思主义美学史》,北京大学出版社,1987年,第281页。
② 利哈乔夫:《关于文学研究的思考》,《解读俄罗斯》,北京大学出版社,2003年,第315页。

从历史文化经验吸取有益的成分,寻求马克思主义文艺理论与中国传统文艺理论的结合点,试图完成古代文论的现代转换;另一手伸向外国文论,特别是当代外国文论,当代西方马克思主义文论,对其进行具体的科学的分析,对其中合理的因素加以批判地吸收,变成丰富和发展马克思主义文艺理论的有益材料。在中外文艺理论的对话中,中国马克思主义文艺理论结束了封闭、停滞、单调的状况,出现了主导、多样、创新的局面,获得了新的生机。

在开放这个问题上,西方马克思主义文艺理论出现了同苏联马克思主义文艺理论和中国马克思主义文艺理论完全不同的新情况。如果说后者同其他文艺理论是从封闭走向开放,从对立走向对话,那么西方马克思主义文艺理论从它产生开始便出现了开放性的特征。西方马克思主义文艺理论有三个主要特征:回到马克思,发掘和重新阐释马克思;向西方当代思想文化成果开放,致力于马克思主义文艺理论同其他文艺理论的融合;运用马克思主义基本原理和当代思想文化成果,去面对和解决当代西方社会文化艺术问题。如果说回到原点、开放和面向现实这三个特征,同马克思主义文艺理论其他形态相比较,开放性应当说是西方马克思主义文艺理论最重要的、最具有本质意义的特征。西方马克思主义文艺理论所取得的有价值的理论成果和自身存在的局限,应当说都是同这个重要特征密切相关的。

西方马克思主义文艺理论家往往把马克思主义同某些当代哲学社会科学理论结合起来,形成了诸如存在主义的马克思主义文艺理论、精神分析学的马克思主义文艺理论、结构主义的马克思主义文艺理论等马克思主义文艺理论流派,这些流派的理论现实涉及许多重要的文艺理论问题,对马克思主义文艺理论作了新的开拓。下面举几个例子。

1. 萨特的存在主义马克思主义文艺理论

萨特的文学理论是以其存在主义哲学为基础,吸收了马克思主义的某些观点加以融合,从而形成存在主义的马克思主义文艺理论。他的存在主义核心概念是自由,他把人的本质和文学的本质都同自由、存在联系在一起。在他看来,作者写作的深层动机在于在世界上实现自己的自由,读者阅读在本质上也是自由的。然而他也看到在阶级社会文学存在自由本质的异化,写作和阅读都是不自由的。因此他提出"介入说",主张文学家要通过自己的写作干预生活,介入社会生活,为争取自由而斗争。萨特这种存在主义马克思主义文艺理论,有别于马克思主义从外部理解历史的方式,强调个人主观体验的方式,充满人文主义精神和对资本主义种种异化现象的强烈批判,然而过分强调脱离社会客观必然性的个人自由,过分夸大文艺的社会作用。

2. 精神分析马克思主义文艺理论

弗洛伊德的精神分析学说对20世纪社会文化思想和文艺理论都有重大的影响,西方马克思主义文艺理论在马克思主义和精神分析学说的结合方面做了种种努力,也存在不少问题。这方面最有代表性的人物是马尔库塞,他认为资本主义造成对人的"爱欲"本身的压抑,对人性的异化,要创造条件,特别是通过艺术和审美进行心理和本能的革命,消除异化,造就新感情,解放"爱欲",达到解放人的目的。这种看法对资本主义的批判相当尖锐,但抹杀了异化的私有制根源,同时所谓心理革命也无法触动社会政治经济结构。之后,弗洛姆也试图在马克思和弗洛伊德之间架构桥梁,达到社会学和心理学的结合。他所提出的通过"给予"的爱,体现了人的社会性和情欲、本能的统一,达到人与人之间的新的融合,确立了人的完整性,为文艺提供人学基础。他的"社会无意识论"认为每个社会都有社会意识和被社会压抑的社会无意识,作家通过创作把无意识表现出来的过程就是超越社会意识压抑的过程,就是社会无意识和社会意识相互冲突和协调的过程。弗洛姆在某种程度上运用了马克思主义,克服了弗洛伊德非社会性的泛性论的缺陷。

3. 结构主义的马克思主义文艺理论

西方马克思主义文论也受到西方重要思想文化思想——结构主义的影响,形成结构主义的马克思主义文艺理论。这方面的重要代表戈德曼深受结构主义的影响,注重从文学社会学的角度研究文学问题。他提出文学作品就是一个有意义的结构,这个结构一方面涉及作品各部分内容要素之间的整体关系,另一方面又同整个社会有内在的联系。

这是他对结构主义进行改造,试图通过结构这个概念把作品的内容同社会历史相贯通。为此,他强调"有意义的结构",不是僵化静止的结构,而是处于不断的运动和变化之中,是具有历史性、运动性和开放性的结构。"有意义的结构"的形成乃是个体和所属的集体通过不断的"顺应"和"同化",通过不断的对抗达到平衡的过程,旧的结构不断被新的结构所取代的过程。

西方马克思主义文艺理论向西方当代哲学社会科学理论的开放,同它们的结合是一个十分复杂的现象。应当承认,这种开放和结合给马克思主义文艺理论带来了生机和活力,以往一些被传统马克思主义文艺理论所忽视的问题,没有得到认真探讨和解决的问题被提出了。同时也进行了比较深入的思考,如艺术的审美特性问题,艺术生产实践问题,艺术活动的主体能动性问题,艺术文本的自主性问题,艺术文本的形式结构、语言问题,等等。这些问题虽然无法得到完全的解决,但这种开放和结合给文艺理论的发展带来新的思路和新的启示。同时也应当看到,在这种开放和结合过程中,如何既大胆吸收营养,充实和发展自己,又坚持自己的基本原则和方法,也是一个十分严肃的问题。在一些西方马克思主义文论家身上,他们在这种开放和结合的过程中,在他们马克思主义文艺理论新的探索中,很重视坚持马克思主义的批判精神,对资本主义异化现象和文化现象进行强烈的批判,同时在同其他思潮结合中也很重视社会历史分析的科学方法,如西马的文化研究就不同于一般西方文化哲学,排斥文化的社会历史因素,比较重视文化问题同社会历史因素的结合,西马在语言转向中也始终保持着马克思主义文论对艺术分析的社会历史维度,深化对艺术的意识形态分析。然而,在另一些西方马克思主义文论家身上,也可以看到明显的局限,他们向其他思想理论流派的开放往往是一种混合,在一些局部问题上可能吸收一些有益的理论见解,但在整体上往往陷入唯心主义的泥淖,离开了历史唯物主义,离开了马克思主义的基本立场,例如把性欲本能的受压抑和解放,看成是当代资本主义社会的弊病和未来社会的理想。

20世纪马克思主义文艺理论走过的历史道路,说明马克思主义文艺理论的发展,必须正确处理好坚守和发展、破和立、固本和开放、自主和对话等一系列重要关系。如果只讲批判和斗争,把自己封闭起来,拒绝对话,其结果必然堵塞自己的发展道路,使自己变得越来越贫乏,越来越单调,只有坚持开放,坚持对话,马克思主义文艺理论才能不断开拓新的理论空间,使自己变得越来越丰富,越来越生机勃勃。

四

在 20 世纪马克思主义文艺理论国别史研究中,我们坚持了"历史优先、现实品格、文化阐释"的编写原则。

1. 历史优先

马克思主义文论都是产生在特定的历史时期里的。它之所以成为具有真理性的理论,就在于它扎根于具体历史的土壤中,有鲜明的时代问题意识。特定的历史时代面临着独特的问题,马克思主义的经典作家正是为了解答这些时代性的问题,针对具体的作家作品或文艺思潮或文艺现象,才发表了对于文艺问题的看法。所以"历史"是马克思主义文艺理论产生的根据。今天我们要研究马克思主义文艺理论及其发展,就必须把马克思主义文艺理论置放到原有历史语境中把握,寻绎其产生的历史根据,才可能揭示它的本来面貌,并给予公允的历史地位,作出正确而深刻的评价,马克思在《关于费尔巴哈的提纲》中批评费尔巴哈"撇开历史的进程,把宗教感情固定为独立的东西"[1]的论点,对我们具有指导意义。

"不能撇开历史"的关键问题在于如何能把"历史优先"做得彻底。这里我们遇到了一个问题,即历史是过去人们的实践,我们编史的人一般又没有生活在那个历史时段中参加实践,即或亲自经历过那段历史,参加了一些实践,但所感所知也只是局部性的,在这种情况下,我们如何能掌握马克思主义文艺理论所产生的那段历史呢? 通常的做法就是

---

[1] 马克思:《关于费尔巴哈的提纲》,《马克思恩格斯选集》第 1 卷,人民出版社,1995 年,第 56 页。

去读相关的历史著作,寻找相关的资料。但这里又产生了问题:你如何知道根据某个作者编写的历史著作是真实的呢?你寻找到的历史资料是否一定具有代表性呢?于是我们就需要在"量"上和"质"上加以比较和鉴别。掌握前人实践的历史需要掌握大"量"的资料,尤其是大量的原始资料,通过对这些资料的比较鉴别,去粗取精,去伪存真,这样才能达到一定"质"的把握。这需要花力气,不可找到什么就是什么。

社会生活的本质是实践的。历史作为前人的实践,其中一定有历史实践中提出的突出问题,真理性的东西就是根据实践中的问题提出来的。因此寻绎具有核心意义的问题应该是把握历史语境的关键所在。例如,为什么我们说毛泽东1942年的《在延安文艺座谈会上的讲话》是基本正确的,因为毛泽东正确地提出抗日战争时期的紧迫问题并给予符合现实感的回答;为什么说毛泽东支持的1966年提出的"文艺是无产阶级专政的工具"是不对的,因为这个说法不符合那个历史时期的基本的社会问题,是对那个历史时期基本社会问题的误判的结果;等等。

2. 现实品格

我们编写的是历史,当然要忠实于历史,不能胡编乱造。这是不待言的。但是马克思告诉我们:"哲学家们只是用不同的方式解释世界,而问题在于改变世界。"① 其实这句话对于写历史的史家也是适用的。我们今天编写马克思主义文论史的意义,不仅仅是因为马克思主义文论有一个历史发展过程,需要把它的历史发展过程写出来,还其历史的真面貌;更重要的是马克思主义文论对于今天的文艺现实仍然具有重要意义,我们把它梳理出来可以对于今天现实存在的文学艺术问题的观察与解决有所助益。马克思说:"……在这些革命中,使死人复生为了赞扬新的斗争,而不是为了拙劣地模仿旧的斗争,是为了想象中夸大某一任务,而不是为了回避在现实中解决这个任务,是为了再度找到革

---

① 马克思:《关于费尔巴哈的提纲》,《马克思恩格斯选集》第1卷,第57页。

命的精神,而不是为了让革命精神重行游荡。"①马克思这段话所讲的欧洲资产阶级革命在如何利用旧的传统,但所强调的是人们翻找历史往往是为了现实,这对我们是有启发的。因此,在写史中,虽然不必直接写出马克思主义文艺理论对于解决哪些现实文艺问题仍有意义,但在选择重点观点和时段等问题的时候,应暗含现实关怀,真正做到古为今用、以史为鉴,使我们写出来的马克思主义文论史具有现实品格。

我们考察历史与考察现实是一样的,做到既"从客体的或直观的形式去理解",同时又"从主观方面去理解",②我们主观对于现实文艺问题的理解,直接关系到我们所写的文论史的面貌。所谓带着问题去写,也许是必要的。例如,在现实文艺创作中,存在一个是谁创造历史的问题。历史是由帝王将相创造,还是由劳动人民创造？帝王将相是历史的主角还是劳动人民是历史的主角？我们应该把希望寄托在谁身上？是寄托在好皇帝身上？寄托在清官身上？我们是用历史唯物主义去回答还是用历史唯心主义去回答？当然,我们这样说的时候,也不是一味排斥由帝王当主角的历史剧,这里要分清楚有一些作家的确是在利用历史剧来说事,现实的问题不好说,借历史人物来说,借历史人物来回应现实中的问题。关于唯物史观的文艺理论,在马克思主义的文论中是很重要的一个方面,我们写作时是否可以把现实的文艺问题隐含进来呢？

这样一来,会不会产生某种误解呢？误解是可能的,有时甚至是不可避免的,但是我们似乎不必过分担心这种误解。首先是因为历史都是后人根据一定的观点写的,绝对地恢复历史原貌的可能很小。其次,因为接受者本身具有主体性,接受者追求时代精神,有些误解就可能属于一种时代的误读,这就有它一定的时代合理性(也有局限性),从而获得价值。马克思说:"无疑地,路易十四时期的法国戏剧家从理论上所构想的那三一律,是建立在对希腊戏剧(和它的说明者亚里斯多德

---

① 马克思:《路易·波拿巴的雾月十八日》(1855—1852),《马克思恩格斯选集》第1卷,人民出版社1995年,第586页。
② 马克思:《关于费尔巴哈的提纲》,《马克思恩格斯选集》第1卷,第58页。

不正确的理解上。但是另一方面,同样无疑地,他们正是按照他们自己艺术的需要来理解希腊人的,因而在达斯和其他的人向他们正确解说了亚里斯多德之后,还长久地固持着这种所谓的'古典'戏剧。"①有时候,带有主观性的不正确的理解恰好是符合时代需要的普遍的理解。尽管这样说,我们还是不能也不必要故意去曲解马克思主义文论。

3. 文化阐释

马克思主义对于旧的文化传统来说,无疑是一种新鲜事物。但是一种理论不论如何新鲜,都必然带有传统文化的印记。文化的历史继承性问题是无法抹杀的。马克思说:"人们创造自己的历史,但是他们并不是随心所欲的创造,并不是在他们自己选择的条件下创造,而是在直接碰到的、既定的、从过去承继下来的条件下创造。一切已死先辈的传统,像噩梦一样纠缠着活人的头脑。"②实际上,马克思主义的经典作家也是在特定的文化传统中成长的,他们浸润在特定的文化氛围中,他们在进行马克思主义文论创造的时候,自觉不自觉地都处在自己民族文化的影响下,所以他们提出的文论观念总是带有民族文化的烙印。既然不同民族国家的马克思主义经典作家带有本民族国家的文化烙印,这样马克思主义文论形成了文化多样性,这是必然的。

因为马克思主义文论本身具有文化多样性,那么我们在写马克思主义文论的时候,对已有的马克思主义文论进行文化阐释,也应该是水到渠成的事情。"西方"文化这个概念还太泛。应该在"西方"文化中辨认出文化的不同来。"东方"文化这个概念也还太泛,应该从"东方"文化中辨认出不同的文化来。例如,斯达尔夫人曾论述过欧洲北方文学与南方文学的不同,南方文学以希腊的荷马为鼻祖,北方文学以爱尔兰行吟诗人莪相为渊源。欧洲的南方文学与北方文学有许多差异,这些差异所反映出来的是文化的差异,其中与宗教上的差异又有很大的差别。同样,中国的以《诗经》为代表的北方文学,和以楚辞为代表的

---

① 《马克思恩格斯论艺术》第 1 卷,人民文学出版社,1960 年,第 190 页。
② 马克思:《路易·波拿巴的雾月十八日》(1855—1852),人民出版社,1995 年,第 585 页。

南方文学形态不同,其根据也是南北文化的差异。如果把这种文化差异提到各国的马克思主义文论领域来讨论,那么德国的、俄国的、中国的、日本的、法国的、英国的、美国的,都应该尽可能考虑到它们文化的不同,给出多样的文化阐释,不能笼统地仅停留在西方与东方这个大区域性的概念上面。

进一步的问题是,如何理解文化阐释?一种是把传统文化的影响看成是马克思主义文论对某些传统文化思想资料吸收;一种是把传统文化作为马克思主义文论的思想理论的来源之一;一种是把传统文化影响看成是马克思主义文论的文化渊源,其中包括思维方式和某些思想资料。这三种看法哪一种更符合实际呢?可能第三种看法更符合实际。这样,我们的文化阐释就要深入到文化思维模式的阐释中,从这样一个深层次来谈文化多样性问题。毛泽东文艺思想首先是自觉不自觉地与中国古代传统文化的思维方式相关,如他在《在鲁迅艺术学院的讲话》,把作品比喻成"饭菜",饭菜既要有营养,又要有味道。作品也有"营养"与"美味"问题。这样毛泽东就不自觉地返回到古代文论的以味论诗的思路上去,不过提出了一个新的观念,这就是"营养"问题。此外马克思主义文论也会吸收传统文化的某些思想资料。如毛泽东文艺思想中的"无论诗文,切者斯美"的说法,"旧瓶装新酒"的说法,"文武"两个队伍概念,"普及与提高"的概念,"为中国老百姓所喜闻乐见"的说法,"百花齐放"、"推陈出新"的概念,"古为今用,洋为今用"的提法,把旧剧目分成"有利"、"有害"、"无害"的说法,批评"帝王将相""才子佳人"占领舞台的说法,等等,都是从传统文化中出来的。对于这些传统文化中思想资料的吸收,就要联系古今的实际做出具体诠释,梳理其转化的脉络。

五

"20世纪马克思主义文艺理论国别研究"是教育部人文社会科学重点研究基地重大项目(2001年12月批准立项)、国家社会科学基金重点项目(2002年2月批准立项)、北京师范大学211工程二期重点学科建设项目(2003年立项)。这个项目在时间上涵盖一个世纪,在空间上包括东西方七个国家,是一次从国别角度全面展现20世纪马克思主义文艺理论发展历史的尝试。据了解,目前国内外尚无如此规模、如此视野的20世纪马克思主义文艺理论发展史。

项目的规模和难度,来自各方面的高度重视和大力支持,曾经使我们承受相当大的压力,同时也激发我们打造学术精品的决心。为了完成这项既有重要理论价值又有很大难度的任务,我们确定了"历史优先、现实品格、文化阐释"十二字编写方针,集中了校内外一批精通国别语言又有较高理论素养的专家,成立了中、俄、日、德、法、英、美七个国别课题组,其间先后召开了三次课题研讨会(2002年7月,2004年1月,2007年1月),对编写方针、编写提纲和七卷书稿反复进行审定、研讨,有些卷还请有关专家专门审定。从立项到最后审订定稿,其间历经七载。依靠集体的努力,最后终于在2008年底2009年初完成书稿,交付出版。

回顾七年的艰苦工作历程,我们深感本书是全体撰写人员通力合作的成果,是集体学术积累和学术智慧的结晶。此外,吴元迈研究员一直支持和关心本课题的研究,王一川、冯宪光、史忠义、周小仪等教授也多次参加课题的讨论,并对其中一些书稿进行审定,提出许多宝贵的意见。对大家的辛勤劳动和深厚友情,我们牢记在心。

项目的立项编写和出版,得到了教育部社科司、全国社科基金办公室、北京市社科联和出版基金办公室、北京师范大学文学院和北京大学出版社各方面的关心和大力支持,责编张文礼也付出了辛勤的劳动,对此我们表示衷心感谢。

由于掌握的材料所限,本书难以完全概括20世纪马克思主义文艺理论发展的方方面面;同时由于是集体编写,各卷、各部分也存在一些差异。全书肯定存在不少缺点和不足,我们诚恳希望同行和读者批评指正。

程正民　童庆炳

导论　20世纪中国马克思主义文学理论走过的历程

20世纪是古老的中国发生天翻地覆的变化的时代。自1840年鸦片战争以后，中国人民一方面受到帝国主义列强的百般欺凌，另一方面受到晚清封建腐败政权的严酷统治，整个中国积贫积弱，面临着亡国灭种的严重危险。但是中国人民从来没有屈服。在长达百年的救亡图存的艰苦奋斗过程中，经过了无数志士仁人的前赴后继的卓绝的努力，我们先结束了长达两千多年的封建统治，建立了中华民国。但是其后的军阀混战又使中国陷入了深渊。中国人民终于觉醒，如果仅仅搞些"洋务运动"之类，没有思想层面的转变，没有一次真正的思想文化解放运动，并实现中国思想文化现代转型，中国最终还是站不起来。这就迎来了1919年的以思想解放为宗旨的"五四"新文化运动。

中国共产党选择了马克思主义作为自己的指导思想。在经过了国内革命战争、抗日战争，特别是经过了1942年前后的延安整风运动，反对本本主义，确立了马克思主义必须与中国实际相结合的方向，马克思主义成为中国革命的真正的思想指导，这样中国化的马克思主义——毛泽东思想——终于在1945中国共产党第七次大表达会上得到确立。随后在中国共产党的领导下，在毛泽东思想的旗帜下，经过三年解放战争，于1949年夺取了全国政权，建立了中华人民共和国，实现了梦寐以求的民族独立。新中国从1949年开始，又经过了曲折的过程，历经像"文革"这样的磨难，终于在1978年进入社会主义新时期，邓小平在新时期刚刚开始时发动的思想解放运动，使马克思主义再一次与当时的中国实际相结合，走出了一条以发展经济为中心的、具有中国特色的、实现现代化的道路，逐渐使中国富强起来。中国现代的新文学就是在"五四"新文化运动和其后的斗争过程中发展起来的，中国现代的文学理论也是在这个过程中发展起来的。当然，中国革命和建设的曲折也在文学和文学理论中"镜映"出来。

历史证明,文学理论的发展与历史社会文化的发展、社会思潮的变化总是密切相关的。中国马克思主义文学理论的发展当然也是与社会文化、社会思潮密切相关的。

一　危机时代选择了马克思主义文艺思想

中国20世纪马克思主义文艺思想的传播、学习、研究和发展,需要纳入到中国现代文学理论整体发展中去把握,唯有这样我们才能看清楚马克思主义文艺思想在中国现当代文学理论中所占的位置,唯有这样才能弄清楚马克思主义文艺思想与其他文艺思想斗争、对话、渗透的情况。

中国现代形态的文学理论于20世纪初就开始起步,其标志是1902年梁启超发表了《论小说与群治之关系》和1904年王国维发表了《"红楼梦"评论》。这两篇文章所表达的文学观念是截然不同的。梁启超的文章说:"欲新一国之民,不可不先新一国之小说。故欲新道德,必新小说;欲新宗教,必新小说;欲新政治,必新小说;欲新风俗,必新小说;欲新学艺,必新小说;乃至欲新人心,欲新人格,必新小说。何以故?小说有不可思议之力支配人道故。"[①]梁氏给小说如此众多的负载,这不仅仅是夸大了小说的作用,而且表明了文学活动不是"自己运动",它的动力、源泉都来自外部,预示着文学要走一条受自身之外的事物支配的"他律"之路,即文学和文学理论将要纳入意识形态斗争的范围里。但那时不是没有不同的声音,王国维的文章从评论《红楼梦》的角度说,其价值并不高,但文章中所表达的文学观念却别树一帜。他说:"有兹一物,使吾人超然于利害之外,而忘物与我之关系。此时也,吾人之心,无希望,无恐怖,非复欲之我,而但知之我也。"此物为何?

[①] 梁启超:《论小说与群治之关系》,《梁启超文选》下,中国广播电视出版社,1992年,第8页。

王氏回答说:"非美术何足以当之乎?"稍后,王国维直接提出了"游戏说":"文学者,游戏的事业也。人之势力,用于生存竞争而有余,于是发而为游戏。""文学美术亦不过成人之精神的游戏。"①在这里,文学根本不负载任何东西,文学活动的动因来自内部,文学是超社会和个人功利的,文学的价值应从自身去寻找,文学是"自律"的。王国维的观点在呼唤文学和文学理论走非政治的独立的路。

梁启超的文学"他律"论与王国维的文学"自律"论,如同钟摆的两个不同的方向,它将摆向何方呢?这里决定的因素是我们民族在20世纪所面临的境遇和时代的需要。百年来,我们民族受尽封建主义、帝国主义和殖民主义的压迫、剥削和欺凌。"中国之弱,至今日而极矣。居今日懵然不知中国之弱者,可谓无脑筋之人也;居今日而恝然不思救中国者,可谓无血性之人也。"②中华民族处在前所未有的"危机时代",一切有良知有血性的人都充满一种政治激情,要为祖国寻找图强、雪耻之路。从辛亥革命推翻帝制到"五四"新文化运动,从十年内战到抗日救亡斗争,从解放战争到新中国的建立,民族独立的任务压倒一切,社会的变革压倒一切,意识形态的争论压倒一切,军事的斗争压倒一切。文学的家园本来是审美的,与社会斗争是相对独立的,可在这样一个以民族斗争和阶级斗争为中心的时代,文学被卷进了社会政治斗争的旋涡之中,是不可避免的,也是顺应时代的潮流的。一方面文学及其理论进入社会的中心,受到人们的普遍关注,文学的社会功能被强调到空前未有的地步;另一方面文学却在某种程度上失去了自身的家园,文学的审美特点没有受到应有的尊重,文学被当做工具和附庸看待,文学没有独立性。这样文学和文学理论的钟摆完全摆到梁启超所希望的"他律"的方向上。此后,中国文学理论的变迁,无不循着梁启超"钟摆"而摆动。而马克思主义文艺思想在"五四"新文化运动开始被引入,也是这种"钟摆"效应的一种表现。

---

① 王国维:《文学小言》,《王国维文集》,北京燕山出版社,1997年,第230页。
② 梁启超:《中国积弱源论》,《梁启超文选》上,第64页。

中国马克思主义文学理论的起点是李大钊发表于1917年的《什么是新文学》一文,其中说:

> 我们所要求的新文学,是为社会写实的文学,不是为个人造名的文学。是以博爱心为基础的文学,不是以好名心为基础的文学,是为文学而创作的文学,不是为文学本身以外的什么东西而创作的文学。①

李大钊没有引用任何马列词句,但其思想是属于马克思主义的。他对于新文学的理解,第一是为社会,不是为个人;第二是注重文学的"自律",要求文学不为"文学本身以外"的东西而创作。这两点看似矛盾,实则不矛盾,就是说新文学一定要关注文学自身的规律,但其功能是为社会,即"自律"中有"他律"。就是说,为社会的文学要讲为社会服务,又要讲文学本身的规律。这个起点就超越了梁启超与王国维。如果中国的马克思主义文论从这样的观点发展下去,那文学和文论就会获得健康的发展。同年,陈独秀在《新青年》上发表了《文学革命论》一文:

> 余甘冒全国学究之敌,高张"文学革命军"之大旗,以为吾友(指胡适——引者注)之声援。旗上大书特书吾革命军三大主义:曰推倒雕琢的阿谀的贵族文学,建设平易的抒情的国民文学;曰推倒陈腐的铺张的古典文学,建设新鲜的立诚的写实文学;曰推倒迂晦的艰涩的山林文学,建设明了的通俗的社会文学。②

应该说,这是"五四"新文学运动的宣言性文字,在写实的、为社会的这两点上与李大钊的文学主张是一致的,陈独秀所讲的是"文学革命",所以立足点是新旧思想的冲突,于是必然要打倒贵族文学、古典文学和山林文学,用国民文学、写实文学和白话文学与之相对抗。陈独秀的文学理论具有思想解放的性质,而且结合中国的实际,的确给人耳目一新之感。

---

① 李大钊:《什么是新文学》,《中国现代文学史参考资料》第1卷,上册,高等教育出版社,1959年,第20页。
② 陈独秀:《文学革命论》,《中国现代文学史参考资料》第1卷,上册,第21页。

马克思主义文艺观点先进来,但传播则在后,直到1919年,李大钊在《新青年》第六卷第五、六期上发表著名论文《我的马克思主义观》,其中引用了马克思的《〈经济学批评〉序文》(现译《〈政治经济学批判〉序言》)关于唯物史观的著名论点,其中包括"艺术的""社会意识形态"的观点,这可以看做是马克思主义文艺思想在中国的最早介绍和传播。马克思、恩格斯的整篇文艺论著的翻译则要晚一些。

特别值得指出的是,鲁迅在"五四"时期结合自己创作,提出的一些思想,如说:

> ……凡是愚弱的国民,即使体格如何健全,如何茁壮,也只是做毫无意义的示众的材料和看客,病死多少是不必以为不幸的。所以我们的第一要著,是在改变他们的精神,而善于改变精神的是,我那时以为当然要推文艺,于是想提倡文艺运动了。①

这是鲁迅1922年说的话,他显然是从启蒙主义的角度来理解文学,认为文学的功能重在改造国民的精神,使人民精神上先觉悟起来,健全起来,然后再去参与挽救民族的斗争,那么民族才能摆脱帝国主义的侵略和欺凌。

1928年随着当时无产阶级革命运动兴起,马克思主义文艺思想的论著才较系统地被翻译、介绍进来,但此时主要译介的是普列汉诺夫、卢那察尔斯基等俄国马克思主义者的文艺论著。如鲁迅从日文翻译的普列汉诺夫《艺术论》、卢那察尔斯基的《艺术论》和《文艺与批评》,苏联的《文艺政策》,以及日本片上伸的《现代新兴文学诸问题》等。冯雪峰翻译的普列汉诺夫的《艺术与社会生活》、卢那察尔斯基的《艺术之社会的基础》和沃洛夫斯基的《作家论》等。马克思、恩格斯文艺思想的原著则到了30年代开始才被介绍进来。这主要是由于马克思、恩格斯的一些文艺书信发表得比较晚。马克思、恩格斯致斐·拉萨尔的信是1922年才发表的,他们致敏·考茨基和致玛·哈克纳斯的信则到了1932年才发表。也就是在1932年,瞿秋白编译了《现实——马克思主

---

① 鲁迅:《〈呐喊〉自序》,《鲁迅论文学》,人民文学出版社,1959年,第5页。

义文艺论著集》,其中有恩格斯致哈克纳斯的信和致恩斯特的信。随后关于马克思文艺论著的翻译多了起来,研究也开始起步。

值得说明的是,在"五四"之后,中国马克思主义文学理论没有完全沿着李大钊、陈独秀和鲁迅所指引的方向发展,而是受俄国马克思主义文艺思想的影响转而进入了文学与政治关系的不同观点激烈辩论中。20 年代"文学研究会"与"创造社"的对立,尽管有"为人生"和"为艺术"这样简单的判断,但基本上还是"文学从属于政治"大前提下的现实主义与浪漫主义的对立。30 年代的"左翼"作家联盟与"新月派"的对立则是壁垒分明的"文艺从属于政治"的观念与"为艺术而艺术"的观念的对立了。"新月派"说过很多极端的话,但他们不是马克思主义文学理论,我们这里可以不提它。在这一时期,"左翼"作家联盟主要是受苏联文学理论的影响,特别是接受了列宁的文学的党性原则和"辩证唯物主义"的创作方法。对于文艺从属于政治,多数人抱着绝对肯定的态度。例如,瞿秋白在 1932 年在和胡秋原和苏汶辩论时,虽然总体上是站在马克思主义的立场上,但也说过很极端的话:

> 文艺——广泛地说起来——都是煽动的宣传,有意的无意的都是宣传。文艺也永远是,到处是政治的"留声机"。问题在做那个阶级的"留声机"……①

这种文艺"留声机"论之所以被提出,一方面是因为当时文艺界的斗争比较激烈,现实的斗争也很激烈,所以以激烈对激烈,这是可以理解的;另一方面,就是受苏联文艺理论的明显影响。从 20 年代初开始,苏联的文论作为"文学革命"的理论武器被翻译过来,夹杂着苏联文艺学家的片面的解释,使当时像瞿秋白这样的具有很高修养的革命家和学者也难以对文艺与政治的关系进行清醒、客观的思考。

与此同时发生的还有鲁迅的激烈的"阶级论"对梁实秋的温和的"人性论"批判。在批判与反批判中,双方不可能做到面面俱到。梁实秋的片面、偏激则更为明显,鲁迅也很难做到四平八稳、平和融通。因

---

① 瞿秋白:《文艺的自由与文艺家的不自由》,《瞿秋白文集》二,人民文学出版社,1953 年,第 963 页。

为那是一个战斗的时代。

　　1942年,进入到抗日战争的相持阶段。毛泽东着重思考了第一次国内斗争的教训,思考了抗日斗争中不断受到第三国际的不了解中国情况的干扰,特别是王明的教条主义的影响,毛泽东发动了中国共产党的"整风运动",主张把马克思主义的指导思想与中国的革命实际结合起来,即力图把马克思主义中国化。如果说"五四"新文化运动是第一次思想解放运动,中国共产党把马克思主义引入中国的话,那么1942年开始的延安整风运动,可以看做是第二次思想解放运动。这第二次思想解放运动的主要目标就是毛泽东提出的反对"本本主义",主张马克思主义中国化,主张把马克思主义的普遍真理和中国具体的实际结合起来。这个方向无疑是对的。因为中国共产党人面对着中国特殊的情况,他们必须一方面以马克思主义的普遍真理为指导,才不致迷失方向;但另一方面,又必须结合中国的具体情况,才能把马克思主义变成活的、能够结合中国实际的真理,才有可能把中国革命引向胜利。因此既要坚持马克思主义,又要根据中国情况发展马克思主义。在政治问题上是这样,在文艺问题上也是这样。毛泽东在文艺问题上的确也这样做了,这就是他发表的著名的《在延安文艺座谈会上的讲话》,这篇讲话应该说是马克思主义文学思想中国化的产物,其中他既讲"文艺"的"他律",也讲文艺的"自律"。关于文艺的"他律",毛泽东论述很充分,如说:文艺是"团结人民、教育人民、打击敌人、消灭敌人的有力武器";"文艺作品在根据地的接受者,是工农兵以及革命干部";"作为观念形态的文艺作品,都是一定的社会生活在革命作家头脑中的产物";"在现在的世界上,一切文化或文学艺术都是属于一定的阶级,属于一定的政治路线的";一切"文艺是从属于政治的",文艺"服从党在一定历史时期内所规定的革命任务的";"政治标准第一,艺术标准第二"等等;关于文学的"自律",毛泽东也有所论述,如社会生活是一切文艺的源泉;"必须继承一切优秀的文学艺术遗产";反对最没有出息的"文学教条主义和艺术教条主义";"文艺作品中反映的生活却可以而且应该比普通的实际的生活更高、更有集中性、更典型、更理想,因此就更带普遍性";文艺的普及与提高及其关系;等等。毛泽东这样讲在当时是正确的全面的。但学习它的人们,则更多地从文艺如何从属于政治这个角度去强调去理解,即对"他律"的方面大讲特讲,对"自律"的方面则学习不力、强调不够、理解不深。甚至毛泽东本人也因各种复杂的情况把他自己讲过的文学特性的话淡忘了,一味强调文学与政治的密切关系。

20世纪前50年,中国的文学理论上"他律"论超越"自律"论,这里有其历史必然性和现实合理性的。我们没有理由过多地去批评20世纪前半叶的"他律"论。我们应该看到,观念与时代需要的关系。观念是种子,时代是孕育这种子的土壤。不适合时代需要的观念,如同没有找到适当土壤的种子,肯定是不会生根、发芽、开花、结果的。如果一种观念不能成为"时代思潮",那么它必然要被抛弃。梁启超说过:"今日恒言,曰:'时代思潮'。此其语最妙于形容。凡文化发展之国,其国民于一时期中,因环境之变迁,与夫心理之感召,不期而思想之进路,同趋于一方向,于是相与呼应汹涌,如潮然。始焉其势甚微,几莫之觉;浸假而涨—涨—涨,而达于满度;过时焉则落,以渐至于衰熄。凡'思'非皆能成潮;能成'潮'者,则其'思'皆有相当之价值,而又适合于时代之要求者。"①自1840年"鸦片战争"以来,中国已经进入一个"危机时代",从现实层面说,在列强的欺凌下,中华民族面临亡国、亡种、亡教的危机,从精神层面说,人们的精神无所依归,古典的儒家伦理精神靠不住,新的精神信仰还处在争论中。危机的时代需要解救危机的观念。解救危机成为一种时代的需要。一切观念、理论、学说只有切合解救中国的现实和精神危机之"用",这种理论才是有力量的,才有存在和生长的可能。一切无关乎解决危机的观念、理论、学说都将被抛弃。这是时代的无情抉择。看不到这一点,妄加批判,以今人的观点批判那危难时刻作出的选择,是缺乏历史感的,甚至是违背历史精神的。

20世纪前50年,文学理论所面临是中国的危难社会局面。当然不能离开这个危难社会局面作出选择。20世纪初,王国维的文学"无

---

① 梁启超:《清代学术概论》,《梁启超论清学史两种》,复旦大学出版社,1985年,第1页。

利害"论和文学"游戏"论,30年代前后,梁实秋的"文学是属于全人类"论(见1929年发表的《文学是有阶级性的吗?》)朱光潜"距离"论(见1936年出版社的《文艺心理学》),等等,都强调文学自身的特点,力图揭示文学世界的内部机理,探讨文学活动的"自律",在学理上是有根据的,甚至是有谨严的根据的。但是由于这些理论无助于从文学的角度来解救中国的现实与精神的危机,不能适应"危机时代"的需要,或者说是与时代潮流相悖的,它们遭到冷落,甚至遭到批判,这是可以理解的。说到底,不是哪个人抛弃它们,是时代抛弃它们。对于这一点我们必须用历史的观点来考察,不能离开时代历史的需要来一味为它们"鸣冤叫屈"。当然这不妨碍我们今天重新研究和吸收他们的理论,为变化了的时代所吸收所利用。同样的道理,梁启超的小说"新国民""新政治"论、鲁迅的文学"改造国民性弱点"论和文学"阶级性"论、瞿秋白的文学是巧妙的"政治留声机"论、毛泽东的文艺"武器"论和"文艺从属于政治"论,他们的观念适应"危机时代"的需要,汇入到时代"思潮"中,成为主流形态。这也不是哪个人选择了它们,是时代选择了它们。我们如果没有这样一种历史的眼光对他们的学说过多地指手画脚、说三道四,那么我们就离开历史的眼光和时代潮流的需要,也就太"不识时务"了。

  总之,在危机时代,一种理论,其中也包括文学理论,能不能成为时代主潮的一部分,不在于它自身是否"精致"、是否"全面"、是否"科学",是否"完美",首先要考察的是它能不能体现时代的需要,即适应民族解放和解除社会危机的需要。梁启超、鲁迅、瞿秋白、毛泽东的文论主题是启蒙与救亡,尽管在某种程度上漠视了文艺的相对独立性,或者对文艺的特征阐释得不够,但他们的文艺观念与危机时代的"革命崇拜"是完全合拍的,而且是在他们的革命观念的枝条上所结出的文学果实,的确也促进了民族的独立,推动了社会的变革,为解救危机时代的危机作出了贡献。社会实践证明他们的文学主张在那个特定的时代,可以说是具有真理性的。谁能否定在救亡斗争中把本是审美的文学当做团结人民、教育人民的工具和打击敌人、消灭敌人的武器的合理性呢?危机时代是社会的非常态,它需要异态的理论是合理的。中国马克思主义文学理论在20世纪上半叶,倾向于对文艺与革命关系的探索是危机时代所需要的。时代需要的东西,就要给它以历史的地位,难道不是这样吗?

二 和平建设时代:文论中心话语的尴尬

1949年中华人民共和国的建立,标志一个旧时代的结束,一个新时代的开始。对此,毛泽东明确说过这一点。1949年9月21日他在中国人民政治协商会议第一届全体会议上的题为《中国人民站起来了》的开幕词中说:"全国规模的经济建设工作业已摆在我们的面前。""如果我们的先人和我们自己能够渡过长期的极端艰难的岁月,战胜了内外反动派,为什么我们不能在胜利以后建设一个繁荣昌盛的国家呢?""随着经济建设的高潮的到来,不可避免地将要出现一个文化建设的高潮。中国人被认为不文明的时代已经过去了,我们将以一个具有高度文化的民族出现于世界。"这些具有宣告性的话语,表明了中华民族经历了百年的"危机时代"的基本终结,新的"和平建设时代"的开始。事实上,在此之后,的确开始了大规模的经济建设,在全国人民共同的努力下,取得了巨大的成就。时代的变化,要求一种体现新的时代精神的真正的马克思主义的文学理论与之匹配。在文学和文学理论上也应该完成某种转变,开辟一个体现新时代以"建设"为主题的开放性的新视野。或者我们可以这样说,中国共产党人在新的时代面临的主要是建设自己的现代化国家的问题,在文艺上也应该有一次转变。即从强调"他律"转到强调"自律",起码是像李大钊所说的那样,"他律"与"自律"并重。然而这种转变或者文学理论的开放性新视野在从1949年直到1977年的近三十年的时间里没有出现。为什么这种本来应该出现的马克思主义的文艺理论新视野没有出现呢?两个关键性的因素遮蔽了我们的眼光:

1. 苏联文论体系及其教条化

上个世纪50年代初中期,中国的社会主义建设开始起步。对一个毫无建设经验的新国家来说,瞻望和学习已经有了40年社会主义建设经验的以马克思列宁主义为伟大旗帜的苏联,是自然的事情。那时的口号是"苏联的今天就是我们的明天"。全面学习苏联成为一种思想潮流,而根据中国自身实际情况的意见、建议和理论遭到忽视甚至打击。这又回到教条主义的倾向。在这种大环境下,建国后最初的马克思主义的文论体系建设也全面地向苏联学习。西方欧美文艺思潮和理论被视为资产阶级的异端邪说,中国古代的文论遗产也被视为落后的东西,很少得到真正的继承,而苏联的任何文艺理论小册子在中国都被当做是马克思主义经典,得到广泛传播。苏联文论体系通过两条渠道进入中国,一是翻译,几乎所有在苏联占主流地位的理论专著和论文及教材,都一一译介进来,如季摩菲耶夫的三卷本《文学原理》,涅希陀文的《艺术概论》;一是请专家来华讲座,如北京大学请了毕达科夫,北京师范大学请了柯尔尊,他们在中国开班设课,编写出版讲义,其授课对象是新中国第一代的青年文艺学教师,其影响是巨大的。从理论专著、论文、教材到理论教员的全面引进和学习,不能不使新中国开始后的相当一个时期,我们完全亦步亦趋地跟在苏联文论的后面。

在中国缺乏自己的现代文论体系的情况下,50年代流行的几种苏联文艺学教科书,自有其不可替代的作用。但总体看来,这些文论体系对文学的性质、特征和功能的阐述,普遍存在教条主义和烦琐哲学的弊端。总起来看,苏联文论有两大特性:一是政治性强,一是哲学性强。

从19世纪以来,俄国文论充满不同思想的斗争,例如俄国形式主义文论就强调文学的语言本体,在揭示文学特性方面成为后来英美新批评和捷克法国结构主义批评的发端。可是,由于当时俄国和其后的苏联社会是一个革命时期,社会化与政治化倾向文论在斗争中占据统治地位。这种政治化传统强调文学的意识形态共性,把文学与其他社会科学都看成是阶级的眼睛和喉舌,只考察文学与社会的外部关系,看重社会历史内容,认为内容才是文学的本体,甚至把这种共性和关系绝对化,忽视文学自身的特点。因此,我们引进的苏联文论体系基本上是政治化文学理论传统在50年代的继续和扩大,文学问题被当做政治问题,一些纯文学理论问题由苏共领导个人决定,如"社会主义现实主义创作方法"就是在1932年苏联第一次作家代表大会上由斯大林和高尔基亲自敲定的。一些文学问题被纳入苏公中央政治局讨论,并作出决定,反映到党代会的政治报告中去。比如,斯大林的接班人马林科夫在1954年苏共十九大做的政治报告中竟规定:典型是"党性在现实主义艺术中表现的基本范围","典型问题任何时候都是一个政治问题"。文学的典型既已成了政治问题,谁还敢说三道四?后来马林科夫下台,又由苏共的《共产党人》杂志发表题为《关于文学艺术中的典型问题》专论加以纠正,但文学问题始终在政治层面加以判定。

另一个根本性的问题是,苏联文学理论在文学的本质和特征问题上,局限在哲学认识论的范围内,从而把自身完全哲学化了。不少文论家用辩证唯物主义哲学来解释文学现象,特别是用列宁的反映论来揭示文学的规律,取得了一些成果,因为文学中确有一些哲学问题,需要通过哲学的视角才能得到解决。但是哲学不是万能的,文学理论的哲学化带来的常常是理论的空洞化,文学的许多特殊问题在哲学化的过程中,被过分抽象化一般化,结果什么问题也解决不了。比如文学的本质通常被定义成"以形象的方式反映生活",典型通常被定义成"共性与个性的统一",真实性通常被定义成"以形象反映生活的本质",作品的构成通常被定义成"内容与形式的辩证统一"。定义和说法都正确,但是却丝毫不能解决文学自身的特殊问题。哲学化导致文学理论仅仅成为哲学的例证,而文学自身的复杂问题却很少得到关注。

在斯大林去世之后的1956年,苏联迎来了一个"解冻"时期,思想的自由是"解冻"时期的特征,在各个人文学科领域,都出现了变化,文学、美学问题也重新被拿出来讨论,纠正一些明显的不合时宜的东西。但在中国"左"的思想却没有得到及时的清除,反而从1957年的反右派斗争、1959年的反右倾斗争、1964年的"四清"运动,直到1966年开始的"文革","左"的思想越演越烈,在斯大林时代的苏联文论的教条主义的基础上,更加僵化,更加庸俗化,更加脱离实际。"文革"时期,文艺和文艺思想都走进死胡同。

2. 历史惯性、"战时经验主义"和政治运动

毛泽东文艺思想可以说是对二三十时代和40年代"文学革命"和"革命文学"斗争经验和抗日战争时期、延安时期文艺发展的历史经验的总结和发挥,它运用马克思主义的文艺论述,从当时的民族政治斗争需要出发,结合当时文艺运动实践,对一系列文艺问题作出了系统的概括,它集中体现在《在延安文艺座谈会上的讲话》中。《讲话》指导了当时的文艺运动,推动了革命文艺的创作。毛泽东文艺思想的一些带有普遍性的内容,如文艺为工农群众服务问题,普及与提高的问题,继承与革新的问题,生活源泉问题,艺术高于生活问题,中国作风和中国气派的问题等,至今也没有过时,仍然是中国现代文论中的重要资源。但毛泽东的一些说法,如"文艺从属于政治","在现在世界上,一切文化或艺术都是属于一定的阶级,属于一定的政治路线的","无产阶级的文学艺术是无产阶级整个革命事业的一部分……是整个革命机器中的'齿轮和螺丝钉'。因此,党的文艺工作,在党的整个革命工作中的位置,是确定了的,摆好了的,是服从党在一定时期内所规定的革命任务的"等[①],虽然有其历史地位,这一点我们在上一节已从时代的需要的角度充分加以肯定,但在以和平建设为主题的新时代,是否应该有新的思考和新的理论视野呢,就成为一个很迫切的问题。应该说,毛泽东是看到了这一点的,例如1956年提出文艺领域的"百花齐放、百家争鸣"的方针,1958年冲破"社会主义现实主义"的文论"宪法",提出"革命现实主义和革命浪漫主义相结合"问题,1965年提出"诗要用形象思维"的问题,此外还提出"共同美"问题等,都力图挣脱苏联文论的绳索,从"自律"的角度揭示文学世界的奥秘。但是,历史惯性和思维定

[①] 毛泽东:《在延安文艺座谈会上的讲话》,《毛泽东文艺论集》,中央文献出版社,2002年,第69页。

势作为一种"战时经验主义"是如此强大,它成为一种有形无形的力量不允许人们从另外的视点来解释文学,人们仍然固定地把文学看成是从属于政治的,从属于阶级的,从属于党的政治路线的。所谓"战时经验主义"就是讲抗日战争、解放战争时期指导文艺发展的方针直接挪用为和平建设时期文艺发展的指针,以为既然在战争时期这些方针是正确的,那么在新的时期也应该是正确的,看不到时代的变化已经在呼唤一种新的理论局面和理论视野。其结果就是仍然坚持和推行完全政治化的文论。这种政治化的文论与苏联的文论一拍即合,作为一种主流的话语,统治了建国以后近30年的时间。在这种情况下,文艺和文艺理论被看成是政治的晴雨表,一次次政治运动都以文学批评为其发端。文艺思想的斗争一次又一次以文艺和文艺理论为其发端。1951年发动批判电影《武训传》的运动,毛泽东批评文艺界"也不去研究自从1840年鸦片战争以来的一百年中,中国发生了一些向着旧的社会经济形态及其上层建筑(政治、文化等等)作斗争的社会经济形态,新的阶级力量,新的人物和新的思想,而去决定什么东西是应当称赞或歌颂的,什么东西是不应当称赞或歌颂的,什么东西是应当反对的"①。由此发动了建国以来的第一次思想批判运动。1954年发动了对《红楼梦》研究思想的批判运动,俞平伯和胡适的文学思想被定性为"资产阶级唯心论",进行了政治性的围攻;1955年掀起了对胡风文艺思想的大规模的批判运动,最后演变为全国性"肃清胡风反革命集团"运动;1957年反右派斗争中,丁玲、陈企霞、冯雪峰等一批著名的革命作家、理论家被错划为右派,他们的观点和创作被提到"反党反社会主义"的政治高度加以无情的清算;1960年又发动了对"修正主义"文艺思潮的批判,其中受批判观点主要是巴人、王淑明、钱谷融等人的"人情"论、"人性"论、"人道主义"等;1966年史无前例的"文革"爆发,而开始也是从批判吴晗的新编历史剧《海瑞罢官》和文艺界的所谓"黑八论"开始的。这些批判运动产生的历史背景和具体内容虽然不同,但有一个根本点是始终如一的:在政治化的现代传统的影响下,社会化政治化的

---

① 毛泽东:《应当重视电影"武训传"的讨论》,《人民日报》,1951年5月20日。

文学理论和批评一起,往往与政治斗争联系起来,成为社会生活的中心,成为一次次政治运动的入手处和策源地。文艺被看成是时代的政治走向的风雨表,政治问题往往从文艺问题的争论抓起,文艺运动成为政治斗争的先兆。文学理论问题成为社会的中心问题,人人都注目和关切的问题,人人都要学习和谈论的问题,甚至是家喻户晓的全民性问题,这一方面表明文学理论"中心化",成为"经国之大业,不朽之盛事",地位显赫,十分"风光";可另一方面说明文学理论已与政治"并轨",完全"泛政治化",文学理论不但失去了世界性的眼光,而且没有丝毫的学科意识。文学理论"中心化"话语所带来的尴尬与"失态"由此显露无遗。

当然在文学理论界和批评界耕耘的人们,也并非无所作为。1956年和1957年上半年,在"双百"方针的感召下,在苏联"解冻"氛围的影响下,文学理论界发表了几篇独立思考的文章。影响比较大的有秦兆阳(何直)发表的《现实主义广阔的道路》(1956)一文,这篇文章对苏联学者西蒙诺夫的观点表示同感,强调艺术创作所遵循的现实主义原则,就在于要求"作家必须尽可能做到世界观与创作方法,形象思维与逻辑思维的有机结合,使这种统一开始于对于生活的真实认识的把握中,亦即艺术的真实性的创造中"。因此,他认为,现实主义应该是一条广阔的道路,"社会主义现实主义"可以改成"社会主义时代的现实主义",对于文学与政治的关系不能作"庸俗化的理解和解释",文学为政治服务"……应该是一个长远性的总要求,那就是不能眼光短浅地只顾眼前的政治宣传任务,只满足于一些在当时起一定宣传作用的作品。其次,必须考虑到如何充分发挥文学艺术的特点,不要简单地把文艺当作某种概念的传声筒……此外,还必须考虑到如何各种文学形式的性能,必须考虑到作家本身的条件,不应该对每一个作家和每一种文学形式作同样的要求,必须要尽可能发挥而不是妨碍各个作家独特的创造性,必须少用行政命令的方式对文学创作进行干涉……"①钱谷融

---

① 何直:《现实主义——广阔的道路》,《文学探路集》,人民文学出版社,1984年,第13页。

在1957年发表论文《论"文学是人学"》:"想为高尔基的这一意见作一些必要的阐释;并根据这一意见,来观察目前文艺界所争论的一些问题",对季摩菲耶夫《文学原理》中的"人的描写是艺术家反映整体现实所使用的工具"的观点,提出商榷。他把人的问题引入对文学问题的解释之中,正确地指出:"对于人描写,在文学中不仅是作为一种工具,同时也是文学的目的所在,任务所在。"①文学与社会人生之间不只是一种单纯服务于认识的反映的关系,而且还是一种服务于人的实践的评价关系。只有在对文学性质的探讨中,把文学与人的现实关系突出起来,强调文学要写活生生的人,文学创作中的主体意识所追问和诉求的人生的意义和价值,教导人们怎样对待生活,进行生活,才能从根本上把文学与科学区分开来。巴人于1957年发表的《论人情》呼唤文学描写人性、人情:"人情是人与人之间共同相同的东西,饮食男女,这是人所共同要求的。花香、鸟语,这是人所共同喜爱的。一要生存,二要温饱,三要发展,这是普通人的共同的希望。如果这社会有人阻止或妨害这些普通人的要求、喜爱和希望,那就有人起来反抗和斗争。这些要求、喜爱和希望,可以说是出乎人类本性的。""人情也是人道主义。"②王淑明随后发表《论人性与人情》一文支持巴人的意见,他的论文重点在说明阶级性"并不排斥"在人类的一些基本感情上面,仍然有"共同相通的东西",而且认为共产主义的实现就是为了人性"能够得到充分圆满的发展"。③ 应该说,这些理论的视野并不是十分广阔,新鲜的东西也不很多,但考虑到当时的几乎是"以政治代替文论"的背景,他们的思考多少触及了文学自身的规律,就显得难能可贵了。

再一个时期就是1961—1962年的"调整"时期,此时国家实行了克服"三年困难"时期后的"调整、巩固、充实、提高"的方针。周恩来有三次关于文艺问题的讲话,批评"左"的文艺政策,总结建国以来文学艺术方面的经验教训,同时对艺术的规律问题提出了一些很好的意见,

---

① 钱谷融:《论"文学是人学"》,《艺术·人·真诚——钱谷融自选集》,华东师范大学出版社,1995年,第62—105页。
② 巴人:《论人情》,《新港》1957年第1期。
③ 王淑明:《论人性与人情》,《新港》1957年第7期。

如说:"没有形象,文艺本身不能存在。""寓教育于娱乐之中。""艺术作品的好坏,要由群众回答。""典型人物包罗一切。""所谓时代精神,不等于把党的决议搬上舞台。""革命者是有人情的","以政治代替文化,就成为没有文化"。"没有个性的艺术是要消亡的"等等。这期间,文艺界先后召开了北京"新桥会议"、"广州会议"和"大连会议",基于对文学创作中的公式化、概念化和廉价的歌颂和无冲突论的不满,对建国以来"左"的东西进行清理,在这基础上一些有独立思考能力的作家、理论家针对现实创作中出现的问题,提出了一些观点,如当时中国作协领导人之一的邵荃麟认为"……现实主义深化,在这个基础上产生强大的革命浪漫主义,从这里去寻找两结合的路";他还指出在写英雄人物的同时,也可以写中间状态的人物,他说:"中间状态的人物是大多数,文艺主要的教育对象是中间人物","矛盾点往往集中在这些人物身上","应该注意写中间状态的人物"。与此同时,理论界的思想也活跃起来,就"题材"问题、"共鸣"问题、"人情"问题、"时代精神"问题进行了一些讨论。

应该说,这些文艺理论家的努力是可贵的,然而也是悲壮的:20世纪现代中国文学思想和理论的主潮却是政治化的,或者说,是泛政治化的。他们提出讨论的学术观点,在政治一体化的文学思想整合大潮中,被作为反面、反动、反党、反革命,一次次地遭受到批判。

"文化大革命"中,从批判吴晗的历史剧《海瑞罢官》和江青在部队文艺工作者座谈会发表讲话开始,人们已没有可能对真正的文学问题进行探讨。江青、姚文元等称霸文坛,他们一方面批判所谓"黑八论",肆意践踏解放以来关于文学自身规律的研究成果,另一方面又把1958年前后提出的"文艺是阶级斗争的工具"的说法,发展到了十分荒谬的地步。文学和文学理论不过是某些政治家手中的一张牌,文学与政治的关系被一再歪曲和强化。一些自称"左派"的人自己缺乏思考的能力,却以批判见长,口里念着马列的词句,专抓别人的辫子,给别人戴帽子、打棍子,以整人为业。文学理论至此已完全"异化",先是"异化"为"庸俗社会学",再"异化"为吓人的"政论",最终"异化"为阴谋家手中的致人死命的武器。这样的"文学理论"在以"和平建设"为主题的时代很有"地位"很"中心"很"威严",但也令人害怕和厌恶,它自身不能不陷入十分尴尬的境地。

当然不是说这一时期我们对马克思主义的文学理论毫无建树。建树是有的,如胡风的"主观战斗精神"论,朱光潜的实践论文艺论,黄药眠的"生活实践"论文艺论,王朝闻的艺术鉴赏论和读者论,巴人等人的人性、人情论,秦兆阳的"现实主义广阔道路"论、蔡仪、以群的文学理论教材的建设等,都是马克思主义文学理论中国化的成果(这些我们都在下面将分章加以讨论),只是这些理论不处于主流地位,在文艺活动的实践中所产生影响比较小,甚至遭受到不应有的批判。

三 社会主义新时期:文学理论的转型

在"文革"中文学理论问题成为少数人特别是"四人帮"进行阴谋活动的政治工具,这个教训是惨痛的。痛定思痛,粉碎"四人帮"后,特别是在1978年党的十一届三中全会之后,人们在社会主义现代化建设和解放思想、实事求是方针的指导下,思想界和理论界开始了对一系列问题的重新思考与检讨。特别是在"实践是检验真理的唯一标准"大讨论的推动下,文学理论界也开始了拨乱反正,逐步克服了长期以来的"左"的思想和旧的思维模式的束缚,许多被搅乱了的理论问题开始得到澄清。

从理论上看,"文艺从属于政治"的观点是导致和平建设时代文学思想僵化和封闭的重要原因。文论界的"拨乱反正"也应该由此开始。"政治"这个概念在现实生活中是个含混模糊的概念,胡乔木明确指出:"为政治服务可以并且曾经被理解为当前的某一项政策,某一项临时性的政治任务、政治事件,甚至为某一政治领导者的'瞎指挥'服务。应该承认,为狭义的政治服务,在某种范围内也是需要的(只要这种政治确是代表人民当时的利益),但是决不能用它来概括文学艺术的全部作用,就如同宣传画和讽刺画是需要的,但毕竟不能用来包括整个绘画。……艺术的门类品种不同(例如文学、戏剧、电影、美术、音乐、舞蹈、建筑艺术等等以及各自进一步的分类),它们服务于社会主义的方法、方面和性质不可一概而论,我们对它们的要求也不能'一刀切'。"①在马克思主义思想体系中,意识形态是对政治意识形态、哲学意识形态、伦理意识形态、法意识形态、审美意识形态等一切意识形态的抽象。只有具有的分属不同部门的具体的意识形态,没有绝对抽象的意识形态。更重要的是这些意识形态作为一定经济基础的上层建筑的一部分,它们各自有相对的独立性。马克思、恩格斯从未说过文学艺术作为审美意识形态要从属于政治意识形态。马克思恩格斯倒是说过文学艺术这些意识形态是"更高地悬浮于空中的思想领域",具有独立性。从社会的经济基础到文学艺术等审美意识形态之间有许多中间环节。这些中间环节十分重要。文学艺术作为自身历史传统和许多偶然因素的审美意识形态,它与经济、政治的关系"愈来愈被一些中间环节弄模糊了"(恩格斯语)。机械对应的关系是不存在的。恩格斯晚年致力于批判幼稚的"经济决定论"和"政治决定论",就是教导人们不要把对历史唯物主义基本原理的运用变成"小学生作业"。在常态下,政治与文学相互作用,但政治不能直接支配或彻底支配文艺,它对文艺的影响也只有经过"中间环节"并在文艺领域本身所限定的那些条件的范围内才能发生,不能超越文艺本身所固有的规律。应该说,新时期以来,不论人们对这一点是自觉还是不自觉,文学与文论基本上进入了这一理论轨道。由此文学理论逐渐摆脱"泛政治化",开始了学术化和学科化的过程。

在这一过程中,按时间的先后,有几次意义重大的理论讨论。继70年代末"共同美"问题、"形象思维"问题和"人性论"问题以及80年代初中期文学的审美本质等理论观念的反思后,80年代中后期,文学问题的讨论深入到文学本体层面。其中比较重要的讨论有:1984年开始"性格二重组合原理"的讨论,1984年开始的文学新"方法论"问题的讨论,1984年提出的"文学审美反映论",1985年开始的"文学主体

---

① 胡乔木:《当前思想战线的若干问题》,《新文学大系(1976—1982):理论一集》,中国文联出版公司,1988年,第51页。

性"问题的讨论,1987年提出的"文学审美意识形态"论,1986年前后开始的文体和文学语言的讨论。限于篇幅,对于这些讨论一一作出理论概括是不可能的,但是我们可以看到,讨论的问题是一步步深入的。由基本的观念问题(针对"文艺从属于政治"的公式)转入到文学作品的形象的层面(针对艺术形象单调干瘪的格局),再转入文学创作的主体问题(针对过分强调客观生活对创作的作用),最终深入到作为真正的文学本体的文体和文学语言问题(针对文学语言只是形式的理论)。

这里重点评述几个理论的提出或问题的讨论:

1. 关于文艺是"阶级斗争工具的讨论"

1979年4月号《上海文学》发表"本刊评论员"文章《为文艺正名》,认为把文艺理解为"阶级斗争工具",不全面,也不科学。由此,先是在上海,后来在全国范围内展开讨论。讨论的内容也从"工具论"扩展到文艺与政治的关系问题上来。虽然仍然有不同的看法,但是大多数人认为,从"左"的单一的政治学观点出发,把文学界定为"阶级斗争的工具",不能揭示文学的本质。忽略文学艺术自身的、内部的规律,必然会把文艺视为从属于政治,为政治服务的附属物,对于文学的发展,社会作用的发挥以及理论问题的解决是不利的。诚然,文学与政治有密切的关系,但把文学当做政治婢女的观点,不但缺乏科学的理论根据,而且被十年动乱的实践证明是一种扼杀文学创作和发展的有害的理论。因此,文艺与政治的关系问题能否解决好,是包括文学理论在内的一切文艺思想和文艺创作的问题得以解决的关键,是关系到思想和创作能否摆脱禁锢和束缚而得到充分发展的根本问题。

2. 邓小平:"不继续提文艺从属于政治的口号"

正是在这个基础上,1979年4月,邓小平《在中国文学艺术工作者第四次代表大会上的祝辞》中提出:"不是要求文学艺术从属于临时的、具体的、直接的政治任务,而是根据文学艺术特征和发展规律,帮助文艺工作者获得条件来不断繁荣文学艺术事业。"1980年1月16日他在《目前的形势和任务》的重要讲话中又提出:"我们坚持'双百'方针和'三不主义',不继续提文艺从属于政治这样的口号,因为这个口号容易成为对文艺横加干涉的理论根据,长期的实践证明它对文艺的发展利少害多。"他同时又指出:"但是,这当然不是说文艺可以脱离政治。文艺是不可能脱离政治的。任何进步的、革命的文艺工作者都不能不考虑作品的社会影响,不能不考虑人民的利益、国家的利益、党的利益。培养社会主义新人就是政治。"①1980年7月26日《人民日报》发表题为《文艺为人民服务、为社会主义服务》的社论,明确废止"文艺从属于政治"的口号,代之以"文艺为人民服务、为社会主义服务"。社论认为,新的"二为"方向概括了文艺工作的总任务和根本目的,它包括了为政治服务,但比孤立地提为政治服务更全面,更科学。它不仅能更完整地反映社会主义时代对文艺的历史要求,而且更符合文艺规律。

这一理论命题的变革,具有重大的理论和现实意义。它使文艺从曾经作为政治工具的地位上分离出来,找到了自身应有的客观位置。也就是说,文艺自身应具有其客观规律,应有其独立的特殊内容,它的发展规律不能等同于政治发展的规律。新时期,思想界关于文艺与政治关系的厘清,其实是大势所趋,是理论界和文艺界对历史教训的总结,也是社会历史和文艺发展的规律和要求。

3. "文学审美意识形态"论和文学"审美反映"论

那么,究竟如何理解邓小平的"不再提文艺从属于政治",但"文艺也不能脱离政治"呢? 如何真正从学理上来认识文艺的特性呢? 80年代初中期,全国掀起了美学热,以审美的观点来解说文学,成为流行的趋势。马克思关于"艺术"掌握世界的思想也给大家以启发。中国古代文论中的"感悟"和"妙悟"理论也成为一种思考的资源。苏联美学论争中的审美学派的研究思路的借鉴。"形象思维"问题和"共同美"

---

① 《邓小平论文艺》,人民文学出版社,1989年,第108页。

的讨论也起到推波助澜的作用。通过高校教科书的流传,包括1984年童庆炳编写《文学概论》(上下,红旗出版社)、1987年王元骧编写的《文学原理》(浙江大学出版社)等,终于形成了多数人可以接受的"文学审美意识形态"论和"文学审美反映"论等新的文学理念。

建国以来影响最大、流行最广的观点是"文学是社会生活的形象的反映",这是人们从哲学认识论出发对文学本质所做的结论。这种文学本质论认为,文学是一种认识,形象性就是文学的本质特征。这种把形象当成文学的特性的观点,显然承继了别林斯基的关于艺术与科学的"差别根本不在内容而在处理特定内容时所用的方法"的观点。这种观点当然是有一定道理的。从最宽泛的意义上看,文学与科学都反映社会生活,其总的对象和内容是相同的,而且文学的确是用形象的形式反映生活,而科学则用概念的形式反映生活。然而,这种把文学的特性本质归结为形象性的观点,存在着明显的弱点:首先,形象性并非文学作品所独有,文学作品中也存在没有形象的佳作;其次,也是更重要的,这种观点不符合内容决定形式、形式表现内容的辩证法常识。它无法回答这样的问题:如果文学和科学的对象和内容相同,那么为什么它们的形式又会如此不相同呢?或者说,既然文学和科学的形式如此不相同,那么为什么它们的对象和内容又会相同呢?事实上,文学作为一种无法替代的意识形态,它首先是在对象和内容上具有自己的特点。别林斯基虽然在当时已经抛弃了黑格尔的"理念"的概念,但却把来源于黑格尔唯心主义理念说的、关于艺术和哲学同一内容不同形式的论点带进了自己的著作,自己跟自己顶牛:一方面文学与科学的区别不在内容而在形式,可另一方面,他又止一次地谈到文学与科学的内容是不同的,文学的内容必须是"诗意的"内容。

文学是社会生活的反映,这个提法说明了文学与其他意识形态的共同本质,确认文学是一种社会意识形态。但它并没有从根本上解决文学的特殊本质,说明文学之所以为文学的充分必要条件。还必须阐明文学反映是什么样的(或者说哪个方面的)社会生活,即文学创作的客体的特征问题;同时阐明文学对社会生活的反映是怎样的一种反映,即文学创作的主体的特征问题。因此,理论家们认识到,只有综合哲学认识论、审美心理学和艺术社会学的方法，从创作的客体与主体、文学作品的内容与形式的统一角度入手，对文学的特征进行把握，才能发现文学的本质。

80年代初中期流行的"文学审美意识形态"论和"文学审美反映"论，确认了文学作为一种相对独立的社会意识形态应有的独立品格与自身规律。文学"审美"论消解了"文艺从属于政治"的公式，但又肯定了文学是一种意识形态的理解，把文学的非功利性与功利性结合起来，是辩证思维的成果，其作用是不可低估的。应该充分肯定，80年代以来，文学主体性的讨论，文学方法论的讨论，义学审美意识形态论的提出和运用等，产生了很大的影响，这些都是20世纪80年代思想解放的成果，对于我们来说是一笔可贵的遗产。现在有些人不尊重历史，不看时代的选择，在新世纪思想多元化的条件下，以种种理由曲解甚至清算80年代留下的文学理论遗产，是一种丧失历史感的狭隘思想的表现。

4. 文学理论学科意识的觉醒

新时期过去了20年，中国历史发生了巨变，社会体制和结构都发生了并将继续发生转型重构。文学理论也正是在解放思想、改革开放、市场转型等社会发展的大语境下，伴随着整个国家的政治、经济、思想、文化的重大变化而发展变化，实现了一次重要的转型，即由政治话语转变为学科话语。文学理论作为一种思想和意识，在整个社会生活中的重要性大大降低了，不再被看做是阶级斗争的晴雨表，不再是政治家们发动政治运动的工具，逐渐地获得了独立的学科地位，从而从"中心"逐渐到"边缘"。表面上看来，文学理论边缘化的过程是一个逐渐失去全体听众的过程，是一个从"神气活现"到"神气黯然"的过程。但细细考察，边缘化正是常态化，边缘化的结果是文学理论免遭政治的直接"干预"。文艺学家可以安心做自己的研究。文艺学这个学科在经过了百年沧桑，终于回复自身。文艺学学科意识的觉醒表现在如下几点：

首先表现在文学理论的学科专业化。文学理论通过获得了学科形态,一般不再被政治所笼罩所左右。这样文学理论被看成是一个知识体系。作为一种知识体系,它就要求有自身独特的专业领域,有自身独特的研究对象,形成自身独特的理论范畴、概念和结构关系。同时,它应该具有理论自身所应具有的(相对的)普遍性和稳定性品格。文学理论把人类社会的一切文学现象作为研究对象,从理论高度去研究和阐明文学的性质、特点和一般规律。它以文学创作文学批评实践以及文学发展史的研究所提供的生动丰富的材料作为立论的基础,同时又对文学创作和文学批评经验以及文学发展史所提出的一般问题进行概括和总结。文学理论研究逐渐回到文学问题自身,建设意识在文论界多数人那里成为共识。近几年有许多文论家在探讨文论的逻辑起点问题,不论这个问题现在意见有多少分歧,但问题本身的提出,就意味着人们思考的是文论自身的根本问题。马克思主义文论界所探讨的问题由写什么转到为什么要写、怎么写、为什么要写、怎么读、怎么评等,都说明文论在面对自身展开问题。从这个意义上,文学理论开始找到自己的家园,文艺学的学科家园感的产生和增强无疑是推动中国特色马克思主义文论建设的精神的力量。

第二,研究多样化是学科意识觉醒的最重要的产物。马克思主义文学理论研究的领域多样化主要表现在研究领域的扩展和分工上。文学理论研究的资源不再被限定在马克思恩格斯的一些涉及文艺问题的书信上,也不再限定在列宁的党性原则上,也不再被限定在毛泽东的《讲话》。中国古代文论资源丰富,不但进入了我们的研究视野,而且如何将中国现代马克思主义文论建立在对古典文论的吸收改造的基础上等问题,也被鲜明地提出来了。不论今后中国文论向何处去,中国古代文论传统魅力是永恒的,它将越来越被中国现代的文论所借鉴所吸纳,中华民族的文化根基不能不在马克思主义文艺思想的发展中起作用,中国现实的文化状况也不能不在马克思主义文艺思想研究中起作用。与此同时,西方文论的众多流派也涌进中国的文论领域。20世纪西方的现代人本主义文论、科学主义文论,以及后结构主义思潮影响下的社会文化意识批评和泛政治化批评都得到惊人的发展,20世纪因此被称为"批评的世纪"。短短的20年,对西方各种现代文论的介绍,在中国文论史上是空前的,如何择取、消化、吸收也是一个无可回避的问题。马克思主义文艺思想与西方各种流派文论的对话,也必然要在中国文论界发生。

第三,思维辩证化是学科意识觉醒的又一个根本性的收获。有什么样的思维模式就有什么样的文学理论,这是被实践所不断证明的一条真理。1985年曾被称为中国文学理论研究的"方法年",在此前后,中国文论先后引入系统论、控制论与信息论,各种各样的方法被人们运用来进行理论研究。不管那一年被极力推崇的系统论的方法是否恰当,所获得的理论成果是否重要,但是,它对于过去的单一的二元对立的思维模式所形成的巨大冲击,则是无可怀疑的,是非常重要的。由于恩格斯所提倡的"亦彼亦此"的辩证思维被越来越多的学者所接受,文学理论界出现了一种宽容精神。多种意见可以并存,并且可以彼此沟通。定于一尊的权威文论已经过去。虽然泛政治化文论仍然存在,但审美学的文论、社会学的文论、心理学的文论、价值学的文论、符号学的文论、语言学的文论、文体学的文论、象征论的文论、文化学的文论也都不同程度地发展起来,都在文学理论领域获得了一席之地。马克思主义文论的发展也不可能不受思维辩证化的影响。

第四,话语个体化也是学科意识觉醒的一大特色。既然文学理论已经离开中心,不是什么"经国之大业,不朽之盛事",那么,在大体原则一致的条件下,就可以"和而不同"。既然文学理论并非就是拯救国家和民族之大道,那么,在文论界多几种声音又有什么不好?我们可以看到,近几年,那种文学理论上不是东风压倒西风,就是西风压倒东风的情况已较为少见。在文学理论的学术研究范围内,只要是自己的研究心得和体会,有自己的真知灼见,那么就是众声喧哗,七嘴八舌,南腔北调,各抒己见,又有什么不好的呢?文学理论研究中的互相争论又互相启发、互相补充,不正是一种我们梦寐以求的研究学问所应有的氛围和环境吗?在这种情况下,马克思主义文论的研究也必然会有不同的理解,不同的看法,带有个性的色彩。

在20世纪初,王国维期盼"哲学"和"美术"的"独立之价值":"夫哲学与美术之所志者,真理也。真理者,天下万世之真理,而非一时之真理也。"①在20世纪前50年的中国,是一个"危机时代",社会处于"异态",文学理论与救亡图存密切相关,也成为社会的中心,王国维所追求的"天下万世之真理"是不可得的。只有在经济建设成为社会的中心的建设时代,我们又能克服危机时代所形成的历史惯性和改变思维定势,文学和文学理论从中心转到边缘,从政治话语转变为学科话语,文学和文学理论不再有沉重的负载,文学理论才能进入发展的常态,我们也才可能把文学理论当做学科来建设,才有可能通过不受干扰的条件下的研究,去获取中国化的马克思主义文学理论"非一时之真理"。

---

① 王国维:《论哲学家与美术家之天职》,《王国维学术经典》,江西人民出版社,1997年,第105—107页。

第一编

马克思主义文论在中国传播的初期

第一章 传播初期概述

清末民初是中国政治制度从古代向现代的转换期，同时也是中国传统文化从古代向现代的转换期。借用现在学界流行的话说，就是中国现代性工程缓慢开启的时期。现代性工程在中国虽然姗姗来迟，但是也毕竟随着西方文化的进入而开启了。由于这种现代性不是中国固有的精英文化的自然延伸，所以它的开启过程就充满了艰难与冲突。在这里中国的精英文化与西方的精英文化走了完全不同的道路。西方的精英文化，从古希腊的哲学、悲剧、历史和抒情诗，到中世纪的神学和贵族礼仪直到近代以来的人道主义与科学精神，都随着中产阶级的产生、日益壮大而被整合成为一种普遍的文化观念并且渗透到人们的日常生活的方方面面。也就是说，西方古典的精英文化在现代生活中已然被改造并泛化为一种普遍的价值观念。在现代的政治生活、经济生活、社会公德、日常生活、文化娱乐中都可以看到那种精英文化的影子。中国的情况却迥然不同。文人士大夫创造的精英文化与现代普通民众之间依然隔着不可逾越的鸿沟，因为在社会形态从古代向现代转换的过程中，没有一个像西方的中产阶级那样的社会阶层作为上层文化向社会大众普及的中介。所以中国古代的精英文化除了千百年间渗透到民间的那些伦理规范和趣味之外，都随着文人士大夫阶层的灭亡而趋于式微。造成这种情况的原因也很明显：西方的文化是按照其固有的内在逻辑循序渐进地演变下来的，故而凡是前人创造的优秀的东西都自然而然、顺理成章地接续下来了。我们的现代性过程并不是我们固有文化的合逻辑发展，而是在西方文化的冲击下不得已的人为的选择。现代以来，我们所奉行的价值观总体上看主要是外来的。在这种价值观的审视下，我们传统的精英文化基本上都是缺乏现代意义的，因为这是两种完全不同的文化系统，在许多方面都是扞格不入的。接受其中一种就要牺牲另外一种。所以我们的现代知识分子不是在传统的精英文化中孵化出来的，而是在抛弃了（至少是部分抛弃）自己的精英文化，接受了西方文化之后产生的。也可以说，中国现代知识分子不是文人士大夫的亲生子女，而是不自觉地继承的中国文化与自觉地选择的西方文化杂交的产物。中国传统的文人士大夫形象，在现代知识分子的"封建余孽"之类的咒骂声中寿终正寝了。在形式上是他们的传人的现代知识分子却未能继承他们遗留的丰厚遗产，而是改换门庭了。

在现代性的旗帜之下，精英文化的主流不再是以前的文人士大夫的乌托邦精神，而是经过选择的西方文化因素。现代中国的精英知识分子在救亡图存、振兴中华民族的重大历史使命的促动下，几近疯狂地吸吮着外来文化因素，或者试图将中国文化从头到脚来一次凤凰涅槃式的更新，或者试图用西方文化检视中国传统文化，使之焕发出新的活力，或者在保存中国文化的基本精神的前提下吸收外来文化，从而建立一种不完全是西方的，也不完全是中国的，而是较之纯粹的中国文化和纯粹的西方文化更加完善的文化形态。在上个世纪之初也还有个别的精英人物企图坚守文人士大夫的传统，拒绝接受任何外来文化的影响，但是随着经济、政治、日常生活方式现代性进程的加速，基本上再也没有认为可以无视西方文化的人了。于是满脑子西方文化的新观念、新术语而骨子里也还流淌着一些祖先们的血液的中国现代知识分子群体正式出场。诸如陈独秀、李大钊、鲁迅、胡适、周作人、林语堂等现代知识分子中的佼佼者，无论他们从西方选择的文化观念有多大的差异，也无论他们对中国传统文化采取怎样的态度，有一点是他们共同的，那就是他们都是中西两种文化"杂交"的产物。在一般情况下他们也像中国古代以天下为己任的士人阶层以及西方以追求真理为志向的知识分子一样，为了中国的繁荣富强积极探求。但由于所接受的西方文化本身存在重要差异，使得他们所选择的文化和政治路线也存在着天壤之别。一时之间，自由主义、无政府主义、民粹主义、马克思主义等形形色色的西方思想都相继涌进中国，它们为中国的未来提供着各种各样的可能性，在急于寻找出路的中国人面前展示出迥然不同的蓝图。

当时对于中国人来说，最为迫切的需求是什么？当然是有效地改造社会、富国强兵，从而尽快摆脱处处挨打、事事不如人的窘迫境况。

显然无论是自由主义、无政府主义还是民粹主义,抑或文化守成主义,都无法满足这样的需要,唯有马克思主义可以满足这样的需要,俄国十月革命的成功实践不容置疑地证明了这一点。于是那些最富于社会责任感和历史使命感的知识分子自然而然地选择了马克思主义。

中国最早一批马克思主义理论家们就生活在这样一个社会转型的时代,他们的生活经历几乎可以看做是中国社会变革的日程表。这个时期中国社会的基本特征是:旧的东西受到普遍质疑,面临从根本上崩塌的命运,而新的东西远没有建成,因此一切是不确定的,处于瞬息万变之中。他们亦如众多的受过传统与现代(或者中国与西方)双重教育的文化人一样,在个人身份方面经历了从传统文人到现代知识分子的转变;在文化认同方面经历了从中国传统儒家思想向西方现代思想的转变;在社会角色方面经历了从封建官僚后备军向社会革命家的转变。他们中有些人还经历了由旧民主主义革命向新民主主义革命的转变以及由思想启蒙者到革命实践者、再由革命实践者还原为冷静的思想家的转变。从他们复杂多变的经历中我们不难窥见中国由传统社会向现代社会的转型是何等的步履维艰。在新的文化建设与社会改造过程中有太多的因素渗透进来,种种不同指向的"力"时时处于相互消解之中,结果便是良好的初衷必然大打折扣。这就使得中国现代知识群体总是处于矛盾痛苦的精神状态之中,正是这种中国式的"现代性体验"即使在今日的知识者心中也还是构成他们"基本焦虑"的主要因素。

马克思主义的文学思想是马克思主义经济理论、社会革命理论的伴随物。在"五四"运动的伟大旗手、中国最早的马克思主义理论家陈独秀那里马克思主义文学思想虽然始终没有得到明确表述,但他对马克思主义原理宣扬与阐发却对当时的文学思想产生了重要影响,因此也可以说陈独秀对于马克思主义文学理论在中国的传播起到了奠基的作用。陈独秀介绍并阐发的马克思主义的剩余价值论、唯物史观、阶级斗争学说、劳工专政等基本思想,在现代文学的创作实践和理论建设中都可以看到明显的印记。因此我们说,陈独秀对于马克思主义文学思想在中国的传播起到了虽然是间接的,然而也是十分重要的推动作用。

到了另一位伟大马克思主义者李大钊那里，马克思主义文学思想得到系统阐述。李大钊作为造诣很深的经济学家，对于马克思主义基本原理有着深刻的理解与阐发，这在他著名的《我的马克思主义观》、《由经济上解释中国近代变动的原因》等文章中可以看出。在对马克思主义深刻理解的基础上，李大钊对马克思主义的文艺思想也有系统把握。一是指出社会经济基础对文学艺术的决定性作用，二是强调不同社会制度对于文学艺术的不同影响，这都是马克思主义文学思想的基本原理。尤其值得注意的是，李大钊在强调文艺的社会功能的同时也注意到保持文艺独特性的重要性。

鲁迅是以作家身份来接受马克思主义文学思想的，因此他对文学艺术自身的内在特性有更多的阐发。在接受马克思主义之前鲁迅是一个具有强烈民族主义精神的知识分子，他亲身经历的种种苦难和屈辱使他将对国家和民族的深沉的爱化为对中国的传统与现状的深刻反思。他竭尽全力试图寻找到导致中华民族落后的病根，从而革除之。因此他的作品中悲观色彩似乎更浓厚一些，他似乎是一个爱挑剔的、眼光犀利、冷峻的旁观者，中国的一切在他的审视下似乎都那样滑稽可笑、毫无价值。假如不是他后来接受了马克思主义，成为一个无畏的战士，人们很容易误以为他是一个天生的悲观主义者，一个专会挑毛病的冷血者。他后来对马克思主义的选择与坚守才使人们明了，他以往的冷峻乃是强烈的爱国主义与民族自尊感的另一种表现形式，是寻求救世良方而不得所导致的绝望与愤懑之情的体现。上个世纪20年代后期鲁迅渐渐转变为马克思主义者，其悲观情绪为积极的战斗精神所取代，其一味批判的立场也转变为在斗争中有所建树。表现在文学观念上，除了对马克思主义现实主义文学观念的系统接受、推崇普列汉诺夫文学思想外，他还运用马克思主义的原理，根据中国的实际情况，提出了关于"文学革命"的一系列对文学的见解，其中最重要的是运用文学创作改造中国落后的国民性的观点，以及对文学与政治宣传的辩证看法等。

瞿秋白原本是一个充满小资产阶级情调的现代文人，多愁善感，情感细腻，有着极为敏锐的文学感受力。但在他成为马克思主义者并且投身于实际的革命斗争中之后,则成为一个全面而系统的马克思主义理论家。1922年,在最早的一篇评论瞿秋白的《饿乡纪程》的精辟文字里,剑三(王统照)将瞿秋白比作"盗天火的普罗米修斯"[①]。综观瞿秋白短暂的一生,这一譬喻可谓一语中的。同样,在绍介、编著、运用马克思主义文艺思想的过程中,在马克思主义文艺思想中国化的历史上,瞿秋白也功不可没。在中国马克思主义文艺思想的发展史上,瞿秋白堪称是在李大钊和毛泽东之间承上启下的中介人物。作为中国马克思主义文艺思想最主要的奠基人和开拓者之一,瞿秋白无论在早期赴苏联考察和学习期间,还是在离开党的领导岗位而介入左翼文艺运动之时,他对马克思主义文艺思想的译介和研究的热忱与专注无人可比。可以毫不夸张地说,作为政治家与文学家的瞿秋白,始终对于马克思主义文艺思想有一种特有的激情;从1920年踏上前往"饿乡"的征途开始,瞿秋白就一直在马克思文艺理论中国化的过程中担当着极为重要的角色,其著述几乎涉及马克思主义文学思想的方方面面。杨之华在谈及瞿秋白对中国现代文学的贡献时这样写道:"秋白在文学上的贡献主要的表现在四个方面,即马克思列宁主义的文艺理论和文艺批评,大众文艺的理论和实践,苏俄文学的介绍和翻译,以及他自己的创作。"[②]事实的确如此。无论是置身"走俄国人的路"的"五四"时期,还是身处"红色30年代"的中国左翼文学运动时期,瞿秋白都是文学变革的积极参与者和领导者之一。他对俄苏文学的翻译,他对马克思列宁主义文艺理论的介绍,他运用新的批评模式进行的文学批评和他的不太多的文学创作,不仅记录了特定历史时期的社会审美心理需求的变化,以及新的文学价值观的确立过程,而且对中国新文学、新的文艺思想在特定时代的蜕变和转型,也起到了开拓和引路作用。当然,毋庸讳言,他对马克思主义文艺思想的接收和发挥,也存在着幼稚和机械的毛病,这种历史局限在当时也是不可避免的。

左翼作家群是中国共产党直接领导的战斗在国统区的文化战士。

---

① 剑三(王统照):《新俄国游记》,《晨光》第1卷第3期。
② 杨之华:《一个共产党人——瞿秋白》,《忆秋白》,人民文学出版社,1981年,第43页。

他们在共产国际和中国共产党的总体战略布局中进行文化战线上的革命斗争,这种身份决定了他们的理论主张具有明显的政策性质。左翼作家群主要不是探讨或者研究文学的特性与规律,也不是以马克思主义理论为指导建设一种学术性的文学理论体系,而是为当时的文学创作制定规则、提出口号、指明前进方向。他们对苏联文学理论的译介也主要是出于这样的目的。其理论更多地强调了文学艺术的社会功用,而不是文学本身的独特性,具有十分鲜明的时代特征。

与具有实践性、可操作性品格的马克思主义社会革命理论在30年代之后逐渐取得中国政治思想的主流一样,具有强烈批判性品格的马克思主义文学理论也在30年代获得在中国文学艺术领域的主导地位。随着中国革命的胜利,马克思主义文学理论与在这一理论指导下的文学艺术创作就在相当长的一个时期里成为中国文化现代性过程中一道独特而亮丽的风景。

第二章　陈独秀、李大钊与马克思主义文学理论在中国的传播

在陈独秀的思想系统中,文学理论只占有很小的空间,但就其对社会文化的影响而言,陈独秀的文学理论却又有着十分重要的地位。于是下列问题就值得认真思考了:陈氏的文学理论究竟是怎样的？他的文学思想背后所依托的基本价值观究竟是什么？陈氏的文学理论与马克思主义之间是什么关系？我们应该如何评价陈独秀的文学理论在中国现代文学理论发展中的地位？这正是本章所要探讨的问题。

一　陈独秀思想发展轨迹扫描

陈独秀于1879年10月生于安徽省怀宁一个下层官僚家庭,其祖父陈章旭为廪生,曾为幕僚,生父陈衍中为优廪贡生,教书为业,叔父(独秀曾过继给他)中举后,曾任知县等职。独秀自6岁起随祖父读书,主要是《四书》、《五经》及《左传》等史书。12岁后从兄长学写八股文,并读《文选》。18岁(1896年)考中秀才。翌年赴南京参加乡试,未中,此间阅读《时务报》,接触到康梁文章,产生很大兴趣。翌年撰写《扬子江形势论略》,建议清政府注重长江整治,加强军备。1898年百日维新失败后入杭州求是学院,修习英文、法文以及天文学等。不久至沈阳叔父处,正值八国联军侵略中国之时,他亲眼目睹沙俄占领东三省并屠杀中国百姓,这对他后来的思想发展产生了重要影响。1901年至辛亥革命的十余年间往返于中日之间,一边求学,一边从事革命活动。

从陈独秀的经历来看,18岁以前他所受的是纯粹的旧式传统教育,就其思想而言可以说是一个尚未臻成熟的传统文人士大夫。他的

现代性的启蒙教育,也像一大批中国现代知识分子一样,是从康有为和梁启超等维新派那里开始的。就中国近现代的历史与思想史的进程而言,康梁的维新派是一个重要的转折或者过渡阶段,而对于陈独秀、胡适等为代表的现代知识阶层来说,康梁的维新思想则同样是他们个人思想历程的一个转折或过渡阶段。这就是说,陈独秀与其他许多后来成为革命者的知识青年一样,在世纪之交都曾经希望通过改造现存官僚体制来实现从传统社会向现代社会的跃进。从思想基础角度看,处于这一阶段的人们的文化心理结构中中国传统思想依然居于主导地位。他们的政治热情与传统文人士大夫的"以天下为己任"没有根本性区别。所不同的是,在他们的知识结构和文化心理结构中已然出现了传统文人士大夫所没有的新因素,这就是来自西方的现代思想观念。康梁以及在他们影响下成长起来的知识青年们所要做的是借助于西方现代思想观念来激活中国传统文化中隐含的积极因素,从而在不抛弃传统思想的前提下将中国社会引进现代化的格局之中。作为中国现代性诉求的一种,维新派的设想也同样蕴含着丰富的可能性。但由于那个时代中国遭受的苦难过于深重,时代精英们的民族自尊和个人自尊受到的挫折过于巨大,因此寻求有更直接而快捷效果的进入方式便不可避免地成为社会的主要选择。

现代民族国家意识无疑是中国现代性思想的一个极为重要的方面。传统中国文化之中只有天下意识、王朝意识、夏夷之别的观念而没有现代民族国家意识。中国人的这种意识是在西方列强的威胁之下逐渐形成的。就陈独秀而言,亲身经历了1900年沙俄军队在东三省的暴行并在日本接触了西方现代思想之后,这种现代民族国家意识就渐渐形成了。他后来回忆自己的这段思想历程时说:

> 以前,在家里读书的时候,天天只知道吃饭睡觉,就是发奋有为,也不过是念念文章,想骗几层功名,光耀门楣罢了。哪知道国家是什么东西,和我有什么关系呢?到了甲午年,才听人说有个什么日本国,把我们中国打败了。到了庚子年……八国的联合军,把中国打败了……此时我才晓得,世界上的人,原来是分作一国一国的,此疆彼界,各不相下。我们中国,也是世界万国中之一国,我也

是中国之一人。一国的盛衰荣辱,全国的人都是一样消受,我一个人如何能够逃脱得出呢?①

这说明正是由于中国被列强强行拖进世界体系之中,而在世界格局中中国又处于被动挨打、任人宰割的境地,才使得陈独秀这样长期接受中国传统教育的读书人产生了现代民族国家意识的。也正是因为这个原因,他们的这种国家意识中充满了屈辱、自卑而非自豪之情。陈独秀就是怀着这种国家意识来审视中国的现实并将其与包括日本在内的列强相比较的。通过比较他发现,国家并不仅仅是一个地域的或文化的概念,也不仅仅是一个民族的范畴,它首先是一个政治范畴:"团体之成立,乃以维持及发达个体权利耳。个体权利不存在,则团体遂无存在之必要。"②这里所说的"团体"即指国家。这样的国家也就自然存在着合理与否、合法与否等一系列问题。于是改造国家使之成为合理合法的政治组织,从而保护每一个个体生存与发展的权利就成为陈独秀此后追求的根本目标。

在审视中国国家和社会现状时,陈独秀受到莫大的刺激,这也正是他将改造国家作为毕生追求的根本目标的强有力的心理动因。我们且看陈独秀对当时中国现状的认识:

> 人之辱我者,不曰"支那贱种",即曰"卑劣无耻"。将忍此而终古乎?誓将一雪此耻乎?③

> 西洋人称世界不洁之民族,印度人、朝鲜人,与吾华,鼎足而三。华人足迹所至,无不备受侮辱者,非尽关国势之衰微。其不洁之习惯,与夫污秽可憎之辫发与衣冠,吾人诉之良心而言,亦实足招尤取侮。公共卫生,国无定制;痰唾无禁,粪秽载途。沐浴不勤,臭恶视西人所畜犬马加甚;厨灶不治,远不若欧美厕所之清洁。试立通衢,观彼行众,衣冠整洁者,百不获一,触目皆囚首垢面,污秽逼人,虽在本国人,有望而不厌之者,必其同调;欲求尚洁之西人不加轻蔑,本

---

① 三爱:《说国家》,见《安徽俗话报》第5期,1904年6月14日。
② 独秀山民:《双枰记》序,载《甲寅》第1卷第4期。
③ 陈独秀:《新青年》(1916年9月),《独秀文存》,安徽人民出版社,1987年,第43页。

非人情。然此犹属外观之污秽,而内心之不洁,尤令人之恐怖。经数千年之专制政治,自秦政以讫洪宪皇帝,无不以利禄奔走天下,吾国民遂沉迷于利禄而不自觉。卑鄙龌龊之国民性,由此铸成。①

外人之讥评吾族,而实为吾人不能不俯首承认者,曰"好利无耻",曰"老大病夫",曰"不洁如豕",曰"游民乞丐国",曰"贿赂为华人通病",曰"官吏国",曰"豚尾客",曰"黄金崇拜",曰"工于诈伪",曰"服权力不服公理",曰"放纵卑劣":凡此种种,无一而非亡国灭种之资格,又无一而为献身烈士一手一足之所可救药。

一国之民,精神上,物质上,如此退化,如此堕落,即人不我伐,亦有何颜面,有何权利,生存于世界?②

对于上个世纪初那些刚刚从传统文人转而为现代知识分子的人们来说,战败、不平等条约、割地、赔款固然令他们痛苦沮丧,但在痛苦沮丧之余犹可生发起一种同仇敌忾之心,给人奋发的斗志。然而在人格上被人看不起,并且自己也承认我们的确有自取其辱之道,那种自卑与羞惭之感实在是难于言表的。尽管近一个世纪过去了,但是我们的这种感觉依然挥之不去,令人思之愤然!

古人说"知耻然后勇",诚哉斯言!受侵害的愤怒与"事事不如人"的自卑是激发中国现代知识分子奋勇抗争两大心理驱力。轰轰烈烈的文化运动与天翻地覆的社会革命都是在这种强大的心理驱力的推动下进行的。就政治而言,维新派的立宪、革命党的共和;就学术而言,保守派的继承传统、激进派的全盘西化;就文学而言,鲁迅的深刻、郭沫若的激情、茅盾的忧虑、巴金的反叛、郁达夫的沉沦、曹禺的冲突……这一切一切无一例外都是这两大心理驱力的表现。正是这种根深蒂固的屈辱情结与自卑情结构成了中国现代性思想形成的强大原动力,也决定了中国现代性思想的根本特征。

陈独秀是一个典型,他的呐喊与抗争代表了原本具有强烈自尊心的中国知识阶层的集体无意识。从1901年起,他加入励志会,发起青

---

① 陈独秀:《我之爱国主义》(1916年10月),《独秀文存》,第64页。
② 陈独秀:《我之爱国主义》,《独秀文存》,第61页。

年会,办《国民日日报》《安徽俗话报》,参加暗杀团,出任都督府秘书长,办《新青年》,直至创建共产党,一步一步实实在在地探索着拯救民族、振兴国家的可行之路。他的经历就是一部中国现代思想演进的实录。在接受马克思主义之前,陈独秀改造国民性、建设现代民族国家的政治主张是基于西方近代资产阶级自由民主思想,主要是来自法国的启蒙精神。由于他所处的是一个激烈竞争之中的世界格局,而中华民族又处于处处受欺辱的落后地位,因此其建设现代民族国家的政治理想就势必与奋发图强的民族精神紧密交织在一起。于是改造国民性与建设合理的社会制度就成为一个问题的两面。在陈独秀等人看来,从根本上改造国民性,为民族精神注入生命力,培养一代朝气蓬勃的青年知识分子乃是首要的任务。在此基础上进行政治制度的建设才是可能的。这就是说,对于以陈独秀为代表的一代知识分子来说,在精神上改造国民与在制度上建设现代民族国家乃是两大根本任务。

在精神上改造国民的主要手段自然是教育。陈独秀认为教育有狭义与广义之分,狭义教育即是学校教育,广义教育则是包括一切可以启人心智的思想宣传与学术文化。陈氏的教育主要指后者而言。他阐述自己的教育方针云:

> 窃以理无绝对之是非,事以适时为兴废。吾人所需于教育者,亦去其不适而求其适而已。盖教育之道无他,乃以发展人间身心之所长而去其所短,长与短即适与不适也。以吾昏惰积弱之民,谋教育之方针,计惟去短择长,弃不适以求其适;易词言之,即补偏救弊,以求适世界之生存而已。外览列强之大势,内鉴国势之要求,今日教学相期者,第一当了解人生之真相,第二当了解国家之意义,第三当了解个人与社会经济之关系。第四当了解未来责任之艰巨。准此以定今日教育之方针,教于斯,学于斯,吾国庶有起死回生之望乎。①

从这里我们不难看出陈独秀"教育方针"的根本之所在。简单说

---

① 陈独秀:《今日教育之方针》(1915年10月),《独秀文存》,第16页。

来,他所提倡的不是一种淑世的教育而是一种实用的教育:能否适应这个世界,使自己立于不败之地乃是这种教育的根本目的。所以他的教育方针的第一项原则便是"现实主义",即承认人的现实生存之于一切思想、一切理想的首要意义。基于此,他特别强调唤起和培养国民之"抵抗力"的重要性。其云:

> 自然每趋于毁坏,万物各求其生存。一存一毁,此不得不需于抵抗力矣。抵抗力者,万物各执着其避害御侮自我生存之意志,以与天道自然相战之谓哉。
>
> 万物之生存进化与否,悉以抵抗力之有无强弱为标准。优胜劣败,理无可逃。通一切有生无生物,一息思存,即一息不得无抵抗力。
>
> 吾国衰亡之现象,何止一端? 而抵抗力之薄弱,为最深最大之病根。①

在陈独秀看来,所谓"抵抗力"实为一切生物存在之首要条件,这无疑是受了达尔文进化论思想的影响。至于造成国人"抵抗力"薄弱的原因,他归结为三点:一是传统学说之影响,因"老尚雌退,儒崇礼让,佛说空无",故使国人失去"强梁敢进之思"。二是专制制度之害。君主专制使国人唯一人意志是从,失去了独立进取精神。三是政权统一,无竞争需要所致。因此陈独秀正告国人:

> 世界一战场,人生一恶斗。一息尚存,绝无逃遁苟安之余地。处顺境而骄,遭逆境而馁者,皆非豪杰之士也,外境之降虏已而!②

陈独秀将希望寄托于受传统影响较少的青年身上,呼吁青年人要培养起"自主地而非奴隶的"、"进步的而非保守的"、"进取的而非退隐的"、"世界的而非锁国的"、"实利的而非虚文的"、"科学的而非想象的"新时代精神,为民族国家的振兴而奋斗。观独秀之意,是要从根本上改造千百年中形成的民族习性,重新培养起一种奋发向上、自尊自爱、

---

① 陈独秀:《抵抗力》(1915 年 11 月),《独秀文存》,第 21 页、22 页、23 页
② 同上书,第 26 页。

不畏强暴、卓然自立的民族性格，以适应这个动荡纷扰、崇尚实力的世界状况。这不仅是陈独秀一个人的观点，看那个时期知识分子的言说，对实力——昂扬的抗争精神与坚忍不拔的顽强意志的颂扬是十分普遍的，这从鲁迅早期的《摩罗诗力说》和后来的一系列杂文中都可以看出来。尼采的"超人"精神在当时的中国知识阶层中具有极大的影响。

在政治制度方面，陈独秀主张建立西方式的自由民主的现代国家。他说：

> 欧美政治学者诠释近世国家之通义曰："国家者，乃人民集合之团体，辑内御外，以拥护全体人民之福利，非执政之私产也。"易词言之，近世国家主义，乃民主的国家，非民奴的国家。民主国家，真国家也，国民之公产也。以人民为主人，以执政为公仆者也。民奴国家，伪国家也，执政之私产也，以执政为主人，以国民为奴隶者也。真国家者，牺牲个人一部分之权利，以保全体国民之权利也。伪国家者，牺牲全体国民之权利，以奉一人也。①

民主政体固然是西方现代政治制度，但陈独秀之所以能够毫不犹豫地接受这种制度实与中国根深蒂固的"民为邦本"的儒家思想观念有莫大关联。"民本"思想当然与现代民主思想有着根本区别，它是要执政者将"民"的利益与要求作为关注的首要问题，因为民心之向背是决定国家存亡的决定性因素。民主思想则是主张人民拥有直接参与并决定国家重大政治事务的权利。但二者之间也存在着深刻的一致性，这就是都意识到了人民在国家系统中的重要性。其根本区别在于"民为邦本"只是一种主张或观念，在实际的政治实践中可能是有效的，也可能是无效的，这里没有制度的保证，因此许多专制暴君或独裁者都可以借口人民的利益而胡作非为。现代民主则最终是要落实为一种超越于个人意志之上的政治制度，人民的利益便有了相当的保障。观独秀之意，对于这一层或者尚未意识，或者出于实际的考虑而无暇顾及，他所强调的乃是"国家主义"，即调动全体国民之国家意识，使之凝成为

---

① 陈独秀：《今日教育之方针》(1915年10月)，《独秀文存》，第18页。

一个统一政治团体,从而改变一盘散沙的现状。

然而现实的情况却并不如陈独秀的设想那样顺利,辛亥革命的结果固然推翻了帝制,建立了共和,但是真正的民主制度却依然遥不可及。袁世凯的复辟看上去似乎只是一场闹剧,是个人的丧心病狂,但在陈独秀看来却并非如此。因此他说:"袁氏病殁,帝制取消,在寻常道理上看起来,大家都觉得中国以后帝制应该不再发生,共和国体算得安稳了,鄙人却有不以为然。"他的理由是:

> 只因为此时,我们中国多数国民口里虽然是不反对共和,脑子里实在装满了帝制时代的旧思想,欧美国家的文明制度连影儿也没有,所以口一张,手一伸,不知不觉都带君主专制臭味儿……袁世凯要做皇帝,也不是妄想;他实在见得多数民意相信帝制,不相信共和,就是反对帝制的人,大半是反对袁世凯做皇帝,不是真心从根本上反对帝制。①

基于对中国人思想的这种理解,陈独秀深切地认识到"如今要巩固共和,非先将国民脑子里所有反对共和的旧思想,一一洗刷干净不可。因为民主共和的国家组织社会制度伦理观念,和专制制度的国家组织社会制度伦理观念全然相反,——一个是重在平等精神,一个是重在尊卑阶级,——万万不可以调和的。若是一面要行共和政治,一面又要保存君主时代的旧思想,那是万万不成。而且此种'脚踏两只船'的办法,必至非驴非马,既不共和,又不专制,国家无组织,社会无制度,一塌糊涂而已"②!这无疑是极为深刻的见解。也正是出于这样的深刻思考,陈独秀这才从直接的民主共和的政治主张转而为文化革命的呼吁,他多次主张《新青年》不应以"谈论政治"、"批评时政"为主旨,其用心正在于此。他深知,倘若不在思想文化上来一个彻底的革命,无论怎样侈谈政治都是无济于事的。因此独秀的"不谈政治"并非热衷于思想学术或者怕惹麻烦,他的"不谈政治"实为着更远大的而切实的政治目的。

在文化革命方面,陈独秀所作的主要是颠覆中国传统思想,宣扬西

---

① 陈独秀:《旧思想与国体问题》,《独秀文存》,第102页—103页。
② 同上书,第103页。

方现代精神。

中国传统文化,特别是以孔子为代表的儒家文化在"五四"前后成为众矢之的——那些长期浸润于儒学,刚刚接受了西方思想,因而从传统文人向现代知识分子进行身份转变的青年知识人一时间大都成为激烈的反孔者了。然而如果仔细分析就不难发现,他们并不是从纯粹学理逻辑出发来否定孔学的,他们不是在将孔学与西学进行学理上的比较之后才来决定取舍的,恰恰相反,他们是决定了取舍之后才来比较的。在这批刚刚完成或正在进行着身份转变的知识青年中,陈独秀是最有代表性的,我们从他身上既可看出一代知识青年的心路历程。

陈独秀思想演变的轨迹是十分清晰的:先是以秀才的身份为朝廷建言献策,这可以看做是整个改良运动之象征的举措毫无效果;稍后则从西方现代政治思想的立场出发主张民主共和,然而辛亥革命的成功、共和制度的建立丝毫没有改变中国政治混乱、经济落后、社会无序的现状,甚至没有解决专制与独裁的问题;于是他又将批判的眼光伸向了中国传统文化。他的逻辑是这样的:中国事事不如人是自明的前提;导致这种落后状况的原因是中国几千年的专制制度;造成专制制度的原因是以儒学为代表的传统文化;因此欲改变落后状况必先改造政治制度,欲改造政治制度必先否弃传统文化。这就是说,中国文化的好坏并不是个理论问题,而是个现实政治问题,这显然是一种近于"成者王侯败者贼"的逻辑。现代知识界有许多人依然是以这样的逻辑来看待中国传统文化的。我们来看看陈独秀的论述:

> 吾人倘以为中国之法、孔子之道,足以组织吾之国家,支配吾之社会,使适于今日竞争世界之生存,则不徒共和宪法为可废,凡十余年来变法维新、流血革命,设国会、改法律,及一切新政治、新教育,无一非多事,且无一非谬误,应悉废罢,仍守旧法,以免滥费吾人之财力。万一不安本分,妄欲建设西洋式之新国家,组织西洋式之新社会,以求适今世之生存,则根本问题,不可不首先输入西洋式社会国家之基础,所谓平等人权之新信仰,对于与此新社会新国家新信仰不可相容之孔教,不可不有彻底之觉悟,猛勇之决心;

  否则不塞不流,不止不行!①

  孔教之精华曰礼教,为吾国伦理政治之根本。②

  孔子之道,以伦理政治忠孝一贯,为其大本,其他则枝叶也。故国必尊君,如家之有父。③

  无论政治学术道德文章,西洋的法子和中国的法子,绝对两样,断断不可以调和迁就的。……若决计革新,一切应该采用西洋的法子,不必拿什么国粹,什么国情的鬼话来捣乱。④

  这里的逻辑毫无疑问是贯通的:要摧毁一种政治制度,就必先摧毁这一制度赖以获得合法性的思想基础。但是如儒学这样长期占据主流意识形态地位的思想体系必然是多层次、多维度、多侧面的,绝非可以一言以蔽之的。然而陈独秀却力求将儒学概括为礼教,又将礼教概括为"三纲五常",于是儒学就被化约为等级制、君主制的话语形式了。这毫无疑问是有问题的。这样一来,陈独秀就在存与亡、民主共和与君主专制、西方思想与中国传统文化之间设定了一一对应的二元对立关系,非此即彼,无可调和。于是"全盘西化"就成为唯一的选择。在今天看来,陈独秀和那个时期大多数知识分子们(包括左翼的鲁迅与右翼的胡适)对于中西文化的这种态度与评价显然是成问题的,因为中国传统文化,即使是儒家文化都绝非"三纲五常"或"吃人"这样简单的概括所能涵盖的。其中许多因素都具有现代意义,在某种意义上说还正是西方文化的所欠缺的。但在那样一个时代,为了找到可以使国家快速振兴的道路,收到立竿见影的实效,时代精英们难以做到平心静气的权衡与深思熟虑的选择也是自然的事情。陈独秀本人实际上也并不否认中国传统文化中有价值的东西在。在谈到"中国人工商业不进化和国家观念不发达"时,他指出:

  从坏的方面说起来,我们因此物质文明不进步,因此国民没有

---

① 陈独秀:《宪法与孔教》(1916年1月),《独秀文存》,第79页。
② 同上书,第73页。
③ 陈独秀:《复辟与尊孔》(1917年8月),《独秀文存》,第112页。
④ 陈独秀:《今日中国之政治问题》(1918年7月),《独秀文存》,第152页。

一致团结力;从好的方面说起来,我们却因此没有造成像欧洲那样的资产阶级和军国主义;而且自古以来,就有"并耕",孔子的"均无贫"种种高远理想;"限田"的讨论,是我们历史上很热闹的问题;"自食其力",是无人不知道的格言;因此可以证明我们的国民性里面,确实含有许多社会经济的民治主义,将来都可以在中国大大的发展,所以我不灰心短气,所以我不抱悲观。①

显然陈独秀是看到了中国传统文化中可以获得现代意义的因素,也意识到了中国传统文化与现代西方文化相结合的某种可能性。但是由于历史语境的限制,他与那个时代的大多数知识分子一样,不可能全面而深入地探讨中国传统文化与西方现代思想相互融合、转换的可能性。那时"求新声于异邦"被认为是当务之急,其他事情即使意识到,也是无暇顾及的。事实上,即使是经过了近一个世纪之后的今天,这种融合与转化的工作也还是步履维艰的,而且许多当代知识分子并不认为存在着这种融合与转化的可能性,倒是许多海外的汉学家一直在认真探索,努力发掘着中国古代文化中的现代意义。

在接受马克思主义之前,标举集中体现着西方现代性的科学与民主是陈独秀长期求索的结果,也是他对于现代中国历史发展的最大贡献。

二 陈独秀对马克思主义的接受过程

文艺复兴以来现代西方思想文化的发展有一个循序渐进、逐步展开的过程,15、16世纪的"祛魅",主要是张扬个性,将人性从神性的压迫下解放出来;17、18世纪的"启蒙"则是在个性解放的基础上进一步赋予理性以神圣性,并开始勾勒以"自由、民主、平等、博爱"为基本价值原则的新的社会政治制度;而到了19世纪,社会主义就成为声势浩大的思想运动与社会运动。但是对于中国现代知识阶层所建构的现代

---

① 陈独秀:《实行民治的基础》(1919年11月),《独秀文存》,第252页。

性话语来说就没有这种历史的递进过程了:西方数百年的现代思想史对他们来说乃是一个共时的存在,他们只是根据现实的需要而不是根据历史演变的次序来选择来自西方的思想资源的。陈独秀说:

> 近代文明之特征,最足以变古之道,而使人心社会划然一新者,厥有三事:一曰人权说,一曰生物进化论,一曰社会主义,是也。①

"人权"的观念是西方现代性思潮的核心之一,经过启蒙思想家们长期的理论准备,1789年法国在大革命时期终于通过了著名的《人权与公民权宣言》,明确规定:人生而平等,享有自由、财产、安全以及反抗压迫的权利。所以"人权说"的核心乃是关于人的诸种基本权利的尊重,其理论前提文艺复兴以来的个人主义,而其思想渊源则是基督教精神的"在上帝面前人人平等"的观念。"生物进化论"则是一种自然科学观点,是19世纪人类最重要的科学成就之一,其自身的基本观点是包括人类在内的一切生物都是自然进化的结果,而进化过程则遵循"物竞天择"的法则。其对于人文社会科学的负面影响则是崇尚实力,认可弱肉强食的现实。"社会主义"则既是一种思想学说,又是一种政治运动,同样是西方思想现代性和政治现代性进程中的产物。但是与个人主义不同,社会主义实际上正是针对以私有制为基础的资本主义生产方式的发展所导致的残酷竞争以及各种社会问题、国际问题而提出疗救之术,其核心乃是财产社会化。陈独秀这里所说的"社会主义"当然不仅仅是指马克思和恩格斯以及后来的列宁所倡导的理论和实践,而是包括法国启蒙主义者的空想社会主义在内,但是毫无疑问也包括马克思主义在内。在彼时陈独秀的心目中,欧文、傅立叶的社会主义与马克思、恩格斯的社会主义并无不同。

这里值得注意的不是陈独秀对社会主义的理解是否符合马克思主义的问题,而是他将"人权"、"进化论"、"社会主义"三者并列一处,并且作为最值得重视的"近代文明"来看待本身所包含的深刻意味。看

---

① 陈独秀:《法兰西与近世文明》,《独秀文存》,第10页。

陈氏论述,其所以将此三者作为西方"近代文明"的集中体现,根本原因是由于中国特殊的文化历史语境。在陈独秀看来,中国自古以来就缺乏个人独立意识,服从乃是"国民性"中最为基本的特征。在大一统的君主专制制度下,平民百姓的个人权利丝毫没有受到关注,"天下"是君主的,臣民们只能是君主意识的维护者与实践者,他们不可以有独立的意志,更不用说个人的合法权利了。所以为了改变这样的状况,积极引进西方人的人权观念,启发民众的权利意识委实成为改造国民性的当务之急,这也就是陈独秀极力宣扬人权观念的根本原因。

中国自古没有进化思想,天道循环乃是古人看待历史演变的基本观念。实际上从先秦以至清季,中国社会的确也很难说呈现直线型的进步发展。可以说"天道循环说"的确有其存在的现实基础。那么为什么清末民初那一大批知识精英都不约而同并且毫无保留地接受了进化论呢?严复何以成为推动中国现代性发生发展的最重要人物之一呢?这同样与当时知识精英们面临的社会问题直接相关。首先他们极需对中国当时的落后状况做出解释。在传统文化语境中,中国本来是"四夷宾服"、"万国来朝"的天朝上国;中国文化更是可以无远弗届、"化成天下"的至上文明,即使用武力征服了华夏民族的夷狄之人,也终将服膺华夏文化。因此只有共时性的夏夷之别,而无历时性的进化问题。然而西方文明突然以全新的面目与强大的力量矗立于国人面前,经过各个方面、各个层次的较量之后,中国的知识精英们终于承认:这是一种完全异质的、远比我们的文化更为强大、更为合理的文明形态。如何来解释这一点呢?于是进化论就成为最合理的阐释路向:人类社会是由低到高发展的,处于高级阶段的国家较之处于低级阶段的国家拥有更强大的力量,人与人、国与国之间的关系本来就是适者生存、弱肉强食的。于是知识精英们就找到了中国处于不利境遇的根本原因。其次,进化论为知识精英们鼓吹西化、宣传革命提供了合法性依据:既然世界是如此残酷无情,人与人就像动物一样依靠力量才能争得优势地位,那么要想改变中国的劣势境地,除了向西方人学习,摒弃我们那种不利于竞争的文化因子就别无他途了。因此所谓进化论,在中国知识精英那里就被置换为实力政策,从而成为一系列思想文化运动与政治革命的理论基础。

简言之,承认和接受进化论对于当时的中国知识阶层来说有两层含义:一是承认中华文化落后于西方文化,二者处于人类文明进化史上的不同阶段;二是决心彻底学习西方文明,急起直追,最终摆脱中国落后挨打的状态。

社会主义的根本之点在于财产公有制。在中国传统儒家文化中原本就有"大同"理想,其中即含有财产公有的思想,而且"均贫富"亦为中国人的固有思想。所以陈独秀等现代知识精英能够接受欧洲的社会主义并不是令人诧异的事情。但从当时的文化历史语境来看,陈独秀提倡社会主义乃与反对封建等级制,提倡自由、民主、平等的资产阶级启蒙主义精神是一体两面的事情,并不意味着他已经超越了资产阶级思想范围。其根本目的依然是解决中国面临的社会混乱与被动挨打的落后的局面。

就西方近代的思想进程而言,马克思主义的出现是一件划时代的事情,马克思主义的社会主义与此前的法国空想社会主义有着根本性差异。在马克思主义看来,社会主义是一种与资本主义迥然不同的全新的社会形态,是人类发展的高级阶段。但在刚刚接触到马克思主义的陈独秀看来,马克思主义的社会主义与欧文、圣西门、傅立叶的社会主义并无不同,完全是同一社会思潮。陈独秀最早接受马克思主义正是因为在他看来马克思主义是欧洲社会主义思潮的一部分,而不是因为它的独特价值。其论社会主义云:

> 近世文明之发生也,欧罗巴旧社会之制度,破坏无余,所存者私有财产耳。此制虽传之自古,自竞争人权之说兴,机械资本之用广,其言遂演而日深:政治之不平等,一变而为社会之不平等;君主贵族之压制,一变而为资本家之压制。此近世文明之缺点,无容讳言者也。欲去此不平等与压制,继政治革命而谋社会革命者,社会主义事也。可谓之反对近世文明之欧罗巴最近文明。其说始于法兰西革命时……十九世纪之初,此主义复兴于法兰西。圣西孟(Saint-Simon)及傅立叶(Fonrier),其最著称者也。彼等所主张者,以国家或社会,为财产所有主,人各从其才能以事事,各称其势力

以获报酬,排斥违背人道之私有权而建设一新社会也。其后数十年,德意志之拉萨尔(Lassalle)及马克思(Karl Marx),承法人之师说,发挥而光大之,资本与劳力之争愈烈,社会革命之声愈高欧洲社会,岌岌不可终日。①

这段文字写于1915年9月,从中可以看出,陈独秀虽然尚未明了马克思主义与空想社会主义的根本性差异,但已然了解了社会主义之废除私有制、反对资本家压迫以及阶级矛盾的基本思想。因此这也可以看做是陈独秀对马克思主义的初步接受。其又云:

> 现实之世界,即经济之世界也。举凡国家社会之组织,无不为经济所转移,所支配。古今社会状态之变迁,与经济状态之变迁同一步度。②

这同样是对马克思主义社会结构理论的初步接受,这里还可以看出明显简单化的经济决定论倾向。可以说一直到1920年之前,尽管陈独秀在相当程度上受到马克思主义影响,也认同其许多观点,但总体言之,他还远不是一个真正的马克思主义者,而基本上是一个资产阶级的民主主义者。例如他1919年11月所写的《实行民治的基础》一文,明确指出"军人、官僚、政客,是中国的三害",并未从阶级分析角度看待中国的社会问题。他主张并抱有极大信心的"民治主义",实际上乃是一种美国式的民主政治,其核心是人民大众拥有选举权与参政权。基于这样的政治理念,他明确表示不希望通过阶级斗争来解决问题。

1919年4月蔡元培在汹汹舆论的压迫下撤去陈独秀北京大学文科学长的职务,陈独秀旋即离开北京回到上海,《新青年》亦随之南迁。这一事件被胡适视为陈独秀离开自由主义立场趋向马克思主义的转捩点,亦被视为共产主义运动在中国兴起的契机,这可以说是有些道理的。陈独秀的马克思主义立场的确是在南返之后才渐趋明朗的。这一年他开始关注上海的工人阶级生存状况,并积极投身于工人运动之中。

---

① 陈独秀:《法兰西与近世文明》,《独秀文存》,第12页。
② 陈独秀:《今日之教育方针》,《独秀文存》,第19页。

马克思主义的阶级斗争理论也渐渐为他所接受。在1920年9月所写的《谈政治》一文是他思想转变的重要标志。盖《新青年》创刊之初,独秀尝主张不谈政治,认为"改造青年之思想,辅导青年之修养"是《新青年》的基本任务。但在《谈政治》一文中,独秀在辨析"不谈政治"现象之余,援引《共产党宣言》中关于阶级斗争的观点,明确指出:"我承认用革命的手段建设劳动阶级(即生产阶级)的国家,创造那禁止对内外一切掠夺的政治法律,为现代社会第一需要。"①这较之一年前在《实行民治的基础》一文中所表达的观点已然有了根本性差异。

及至1921年初,在《社会主义批评》一文中,陈独秀分析了马克思主义的社会主义与以往形形色色的社会主义的根本区别,认识到财产私有与生产过剩乃是资本主义两大痼疾。指出俄国的社会主义才是真正的马克思主义的社会主义。在这篇文章中,他还具体分析了在中国实现社会主义的必要性、可能性以及具体方法。② 这说明陈独秀此时已经真正地接受了马克思主义思想,并最终确立了在中国实现社会主义的决心。此后,在《马克思的两大精神》(1922年5月)、《马克思学说》(1922年7月)等文章中,陈独秀比较系统地介绍了马克思主义的剩余价值论、唯物史观、阶级斗争学说、劳工专政等基本思想,从而在理论上成为比较成熟的马克思主义者。

三 陈独秀的文学思想及其与马克思主义的关系

陈独秀对于马克思主义文学理论在中国的发展有无贡献?这是一个存在争议的话题。有学者认为,其实陈独秀从来就没有传播过马克思主义,其"五四"运动之前的文学思想是纯粹的资产阶级的。应该如何看待陈独秀与马克思主义文学理论的关系?这是一个比较复杂的问题。在这里通过梳理陈独秀文学思想的基本观点来考察一下其与马克

---

① 陈独秀:《谈政治》,《独秀文存》,第371页。
② 陈独秀:《社会主义批评》,《陈独秀选集》,天津人民出版社,1990年。

思主义文学思想的关系问题。

1. 提倡文学的实用功能,反对无用之虚文

观陈独秀"五四"前后思想之整体,盖以改造社会、振奋民心为主旨。因此其于文学方面,亦着眼于其实用之功能。早在1915年所撰之《敬告青年》中即云:

> 自约翰·弥尔(J. S. Mill)"实用主义"倡道于英,孔特(Comte)之"实验哲学"倡道于法,欧洲社会之制度,人心之思想,为之一变。最近德意志科学大兴,物质文明,造乎其极,制度人心,为之再变。举凡政治之所营,教育之所期,文学技术之所风尚,万马奔驰,无不齐集于厚生利用之一途。一切虚文空想之无裨于现实生活者,吐弃殆尽。①

在援引西人实例之后,独秀告诫中国青年云:

> 物之不且于实用者,虽金玉圭璋,不如布粟粪土;若事之无利于个人或社会现实生活者,皆虚文也,诳人之事也。诳人之事,虽祖宗之所遗留,圣贤之所垂教,政府之所提倡,社会之所崇尚,皆一文不值也。

同年10月,在《今日之教育方针》一文中,陈独秀将"现实主义"列为其所倡导之教育方针的首项,其云:

> 惟其尊现实也,则人治兴焉,迷信斩焉:此近世欧洲之时代精神也。此精神磅礴无所不至:见之伦理道德者,为乐利主义;见之政治者,为最大多数幸福主义;见之哲学者,曰经验论,曰唯物论;见之宗教者,曰无神论;见之文学美术者,曰写实主义,曰自然主义。一切思想行为,莫不植根于现实生活之上。②

---

① 陈独秀:《敬告青年》,《独秀文存》,第8页。
② 陈独秀:《今日之教育方针》,《独秀文存》,第17页。

我们知道,此时陈独秀对马克思主义已经有了相当的了解,尽管他尚未意识到马克思主义无论在哲学上还是政治上均与19世纪以来的西方思想有着根本区别,但马克思主义已然是他自觉汲取的思想资源之一则是无可否认之事。上引"一切思想行为,莫不植根于现实生活之上"之说,即是马克思主义基本思想。用这样的眼光来看待文学艺术,自然也就带上一些马克思主义色彩。其所谓"写实主义,自然主义"其实就是西方19世纪以来,为马克思和恩格斯所充分肯定的现实主义传统。在陈独秀看来,现实主义文学就产生而言是对社会生活的反映;就功能而言是指向社会人生,这都恰好是中国所最为欠缺的。因此它完全是出于改造中国文学的需要才倡导现实主义的,就如同他要改造中国社会而倡导社会主义一样。他说:

> 输入学说如不以需要为标准,以旧为标准的,是把学说弄成了废物;以新为标准的,是把学说弄成了装饰品。譬如我们不懂适者生存的道理,社会向着退化的路上走,所以有输入达尔文进化论的需要;我们的文学、美术,都偏于幻想而至于无想了,所以有输入写实主义的需要;我们的士大夫阶级断然是没有革命的希望的,生产劳动者又受了世界上无比的压迫,所以有输入马克思社会主义的需要;这些学说的输入都是根据需要来的,不是跟这时新来的。①

根据社会需要来选择对西方思想的引进,为了解决中国文学的空疏幻想之弊而倡导现实主义;政治上引进马克思主义以进行社会革命;文学上引进现实主义以进行文学革命,而文学革命的最终目的还是为了服务于社会革命——这就是陈独秀文学思想的内在逻辑。可知,在撰写《文学革命论》之前,陈独秀的文学思想上已经带上了马克思主义的烙印了。

《文学革命论》的核心即是所谓"三大主义":

> 曰,推倒雕琢的阿谀的贵族文学,建设平易的抒情的国民文学;曰,推倒陈腐的铺张的古典文学,建设新鲜的立诚的写实文学;

---

① 陈独秀:《学说与装饰品》,《独秀文存》,第590页。

曰,推倒迂晦的艰涩的山林文学,建设明了的通俗的社会文学。

这样的设计并不是为了纯粹的美学上的追求,而完全是出于改造社会的目的:

> 际兹文学革新之时代,凡属贵族文学,古典文学,山林文学,均在排斥之列……所谓宇宙,所谓人生,所谓社会,举非其构思所及,此三种文学共同之缺点也。此种文学,盖与吾阿谀夸张虚伪迂阔之国民性,互为因果。今欲革新政治,势不得不革新盘踞于运用此政治者精神界之文学。①

中国古典文学文人创作,就总体而言原本是文人士大夫阶层精神贵族趣味之显现,其作用一方面固然在于寄托这一阶层之精神追求,另一方面更在于以此来确证该阶层独特的社会身份。文人士大夫阶层在现实生活中时时处于君权或其他实力集团的压迫中,处于平民百姓与官僚系统的上下流动之中,并不是真正意义上的贵族。但他们是中国古代主流文化的承担者,有高远的人生理想与社会理想,因此他们就成为纯粹的精神贵族,他们只有在精神世界中才能够实现其现实生活中所无法达到的境界与理想,显现于文学层面,"雅化"追求就成为文人士大夫们的基本价值取向,于是飘逸、淡远、高古、神妙、清丽、典雅、含蓄等就成为古典文学的基本风格类型。这种文学风格的实际效果是使文人士大夫阶层保持一种社会文化的领导地位,从而与未受过教育的大众清晰地区分开来,并因此而获得一种精神上的特权。从这个角度来看,陈独秀所提倡的"文学革命"实际上标志着在西学影响下从传统文人演变为现代知识分子的言说者一种新的身份认同的冲动:他们要成为平民百姓真正的代言人,要成为新社会的建构者。为达此目的,包括马克思主义在内的西方现代思想都成为他们选择的思想资源,而马克思主义固有的具有可操作性的现实主义精神更渐渐使之成为这一代具有平民思想的中国知识分子的首选。

因此,文学革命的"三大主义"虽然不是对马克思主义文学思想的

---

① 陈独秀:《文学革命论》,《独秀文存》,第95—96页。

直接援引,但其内在地隐含着马克思主义基本精神则是无可怀疑的。所谓"国民文学"、"写实文学"、"社会文学"云云,本质上就是现实主义文学,而现实主义,我们知道,正是马克思主义文学思想的核心。

假如我们将陈独秀的"三大主义"与胡适的"八不主义"(即一曰不用典。二曰不用陈言套语。三曰不讲对仗,文当废骈,诗当废律。四曰不避俗字俗语,不嫌以白话作诗词。五曰须讲求文法之结构。六曰不作无病之呻吟。七曰不摹仿古人,语语须有个我在。八曰须言之有物)稍加比较,就不难发现二者之间的根本性区别:盖陈氏处处着眼于社会阶级与思想内容,是要从价值观上彻底改造文学;胡氏则基本上只看见文学形式及创作技巧方面,即使"言之有物"、"不无病呻吟"云云也是古人早就有的说法,并未涉及文学价值观的根本性转变。二者一曰"革命",一曰"改良",真是名副其实!由此可以看出社会主义与唯物论思想对陈独秀文学思想的影响。

2. 对文学的表现情感特性的关注

但是正如中国现代知识分子对西方任何一种思想的接受都自觉不自觉地会带有某种程度的"误读"一样,陈独秀对现实主义文学观点的接受也并非照单全收,他有基于自己独特文学经验的见解。这在他1921年4月撰写的《红楼梦新叙》一文中有明显的表现,在这篇文章中他分析了中国传统小说与历史的复杂关系,指出《红楼梦》因受传统的影响而带有文学与历史不能清除分界的缺陷,然后明确提出自己文学批评的标准以及关于小说特征的观点:

> 什么诲淫不诲淫,固然不是文学的批评法;拿什么理想,什么主义,什么哲学思想来批评《石头记》也失了批评文学作品的旨趣。至于考证《石头记》是指何代何人的事迹,这也是把《石头记》当作善述故事的历史,不是把它当作善写人情的小说。
>
> 我尝以为如有名手将《石头记》琐屑的故事尽量删削,单留下

善写人情的部分,可以算中国近代语的文学作品中代表著作。①

从这段引文可见,陈独秀是将"善写人情"作为小说的特征,而以这样的眼光来评判小说,则是文学批评所应持的基本准则。毫无疑问,陈独秀这种主张小说的基本特征为"善写人情",反对过多地描写历史内容的观点与以前倡导的"写实主义"、"自然主义"文学观是有一定矛盾的。这原因恐怕应该说是基于不同的言说语境——以前的坚持写实主义是出于文学革命与政治革命之统一性的考虑,而《红楼梦新叙》中的观点则是他个人鉴赏经验与阅读趣味的流露。也许正是这种个人的文学经验使他认识到"文化革命"与"社会革命"毕竟不是同一回事。在差不多与《红楼梦新叙》一文同时写的《文化运动与社会运动》中,陈独秀进一步指出:

> 文化运动与社会运动本是两件事,有许多人当作是一件事,还有几位顶刮刮的中国头等学者也是这样说,真是一件憾事!
>
> 文化运动的内容是些什么呢?我敢说是文学、美术、音乐、哲学、科学这一类的事。
>
> 社会运动的内容是些什么呢?我敢说是妇女问题、劳动问题、人口问题这一类的事。②

他甚至认为有些人专门从事文化运动,甚至反对社会运动,也不妨碍其于文化运动的贡献。应该说这是对文化独特性的深刻认识,是极有见解的观点。

3. 对泰戈尔的批评

在 1923 年 10 月和 1924 年 4 月写的《我们为什么欢迎泰戈尔》、《泰戈尔与东方文化》等文中陈独秀对泰戈尔这样的文学巨擘大加挞伐,认为"像泰戈尔那样根本的反对物质文明、科学与之混乱思想,我

---

① 陈独秀:《红楼梦新叙》,《陈独秀选集》,天津人民出版社,1990 年,第 149 页。
② 陈独秀:《文化运动与社会运动》,《陈独秀选集》,第 150 页。

们的老、庄书混乱的程度比他还高,又何必辛辛苦苦的另外来翻译泰戈尔"①。对于泰戈尔来华所讲的东方文化胜于西方文化之论嗤之以鼻,并直言泰戈尔为"人妖"。② 这里陈独秀所持标准乃是"物质文明"与"科学"。他的逻辑很清楚:西方的物质文明和科学都比我们发达,因此西方文化必然高于东方文化。当时世界范围的反思现代性思潮已然兴起,在中国则有梁启超、梁漱溟等人批判西方科学主义思想,并引起热闹一时的"科玄论战"。在这次论战中陈独秀运用马克思主义历史唯物论观点对"科"、"玄"二派均有所批判,就理论深度而言的确高出他们一筹。但就基本立场来说,则无疑是比较倾向于科学主义一边的,只不过他并不认为情感与义务等问题与科学无关,而是坚持用科学方法来解决形而上的和人文领域的事情。陈独秀对于泰戈尔的批评就是他这一思想的表现。这种批评的立场,可以说基本上是符合马克思主义精神的。

总之,陈独秀虽然没有直接介绍和宣扬马克思主义的文学思想,但由于他较早接受了马克思主义的影响,思想中蕴含了马克思主义因素,后来基本上还成为马克思主义者,故而涉及文学问题时也就表现出某种马克思主义文学观念,这对于马克思主义文学理论在中国的传播与发展,同样具有重要意义。

四 李大钊接受马克思主义的过程

在马克思主义为中国知识界所了解、认识乃至接受的过程中,李大钊的作用绝不在陈独秀之下。在对马克思主义理论理解的深度方面,李较陈更有过之。在文学理论方面,李大钊与陈独秀相似,也没有专门介绍或阐述马克思主义文学思想的文章。但他的文学思想中包含着马

---

① 陈独秀:《我们为什么欢迎泰戈尔》,《陈独秀选集》,第187页。
② 陈独秀:《泰戈尔与东方文化》,《陈独秀选集》,第201页。

克思主义的精神是毫无疑问的；他的思想对马克思主义文学理论在中国的传播起到了重要作用也是毋庸置疑的。

李大钊1889年10月29日出生于乐亭县大黑坨村。幼年在家乡读私塾,14岁时曾参加童试,未中。1905年入永平府中学,1907年入天津北洋专门法政学校,1913年东渡日本入早稻田大学学习经济,1916年回国,1918年任北京大学图书馆主任并参加《新青年》的编辑工作。他兴趣广泛,尝有小说、诗歌、散文创作,与中国传统学问浸润很深,又系统学习了西方学术,堪称学贯中西。与陈独秀一样,李大钊也有一个从接受传统教育到接受西方民主思想、一般社会主义思想再到接受马克思主义的过程。

在成为马克思主义者之前,李大钊虽然也受到那个时代知识阶层普遍的民族自卑感影响,但总起来看,他与陈独秀、胡适等人关于中国"事事不如人"的看法是迥然不同的,相反在他的文章中总是充满着一种民族自豪感,一种昂扬向上的进取精神。他说:

> 吾之国家若民族,历数千年而巍然独立,往古今来,罕有其匹。由今论之,始云衰老,始云颓亡。斯何足讳,亦何足伤,更何足沮丧吾青年之精神,消沉吾青年之意气!①

在他看来,中国现下的落后并不足以令人沮丧,令人颓废,因为中华民族曾经创造过那样辉煌的文化,将来在振奋起来的青年一代手中必将再造辉煌!基于对中华民族的信心,李大钊对古代圣贤也不一概否定,而是希望青年们能够学习古人的优点。例如对于周公、孔子、商汤、周文王、周武王这些被儒家奉为圣贤的人物,就应该尊重并学习他们的"创立之精神",而不应成为他们的傀儡。(见《民彝与政治》)他对中国传统文化的辩证认识与他对"新""旧"两种思潮之关系的辩证理解是直接相关的,他说:

> 宇宙的进化,全仗新旧二种思潮,互相挽进,互相推演,仿佛像两个轮子蕴着一辆车一样;又像一个鸟仗着两翼,向天空飞翔一

---

① 李大钊:《"晨钟"之使命》,《李大钊选集》,第58—59页。

般。我确信这两种思潮,都是人类进化必要的,缺一不可。

我确信这两种思潮都应该知道须和他反对的一方面并存同进,不可妄想灭尽他反对的一切势力,以求独自横行的道理。①

这种见解在"五四"新文化运动的热潮中算是极为深刻、辩证、独具只眼的了。人类文化的演进从来都是"激进"与"保守"、新思想与旧传统相互生发而成的。如果一味求新求异,或一味复古,都必将是文化的灾难。

李大钊对马克思主义的接受似乎是比较多地受到来自俄国十月革命的影响,这一点与陈独秀不大一样。陈独秀的对马克思主义的接受的逻辑是这样的:先是向往法兰西1789年的大革命,然后是服膺19世纪初期的社会主义思潮,然后顺理成章地对马克思主义产生了极大兴趣。李大钊的逻辑似乎是另一个样子:先是认识到俄国十月革命的重要性,然后才推及其所根据之理论的重要性。其于十月革命胜利一周年之际说:"一七八九年的法国革命,是十九世纪中各国革命的先声;一九一七年的俄国革命,是二十世纪中世界革命的先声。"②在同年撰写的另一篇文章中,李大钊指出:第一次世界大战的胜利不是联合国的胜利,也不是中国的胜利,而是赤旗的胜利。"人道的警钟响了!自由的曙光现了!是看将来环球,必是赤旗的世界!"③在世界格局中这样重要的革命是如何发生的呢?李大钊指出:"他们是奉德国社会主义经济学家马客士(Marx)为宗旨的。"④这就是说,尽管李大钊早在日本留学期间就接触到了马克思主义思想,但真正为这一学说所吸引乃是俄国十月革命之后的事情。

真正标志着李大钊全面系统地了解马克思主义并接受其精神的是那篇发表于1919年5月《新青年·马克思主义专号》上的《我的马克思主义观》一文。这篇中国现代革命史、思想史和中共党史上极为重

---

① 李大钊:《新旧思潮之激战》,《李大钊选集》,第155页。
② 李大钊:《庶民的胜利》,《李大钊选集》,第111页。
③ 李大钊:《Bolshevist的胜利》,《李大钊选集》,第117页。
④ 同上书,第114页。

要的文献,依据日译本《哲学的贫困》《资本论》《共产党宣言》等马克思主义经典,比较全面地介绍了马克思主义思想,阐述了生产力、生产关系、经济基础、上层建筑之间的复杂关系。尤为难得的是:李大钊在接受马克思主义的时候善于独立思考,提出自己的见解:他认为马克思的生产力决定论与阶级斗争决定论之间存在矛盾,对于马克思关于这一问题的解释,李大钊感到"终觉有些牵强矛盾的地方"。他还深刻地指出:马克思主义是那个特定时代的产物,既不可用来解释一切历史现象,也不可整个拿来应用于我们的社会,但其价值终不可抹煞。① 从我们走过的路看来,这些观点都是极为深刻、极有远见的。

同年 7 月发表的另一文指出:

> 我们现在所要求的,是个解放自由的我,和一个人人相爱的世界。介在我与世界之间的家国、阶级、族界都是进化的阻碍,生活的烦累,应该逐渐废除。②

又:

> 一切形式的社会主义的根萌,都纯粹是伦理的。协合与友谊就是人类社会生活的普遍法则……社会主义者共同一致认定的基础……就是协合、友谊、互助、博爱的精神,就是把家族的精神推及于四海,推及于人类全体的生活的精神……总结一句话:我信人类不是争斗着,掠夺着生活的,总应该是互助着,有爱着生活的。我们可以觉悟了。③

这种见解看上去似乎过于理想主义了,有些近于中国古代儒家的"大同"理想,实则完全符合马克思主义基本精神。李大钊对马克思主义的这种理解说明,他的政治目标已经不仅仅是解决中国面临的积贫积弱、落后挨打的问题,而且要解决人类社会共同的争斗、敌视与阶级分化问题。这说明远大的共产主义理想真正深入到他的心灵深处。相

---

① 李大钊:《我的马克思主义观》,《李大钊选集》,第 186—195 页。
② 李大钊:《我与世界》,《李大钊选集》,第 221 页。
③ 李大钊:《阶级斗争与互助》,《李大钊选集》,第 222—225 页。

比之下,陈独秀似乎缺少了一点这样的远大与高迈。

李大钊决不满足于在理论上介绍宣传马克思主义基本原理,他还善于运用马克思主义观点来解决中国固有的问题。在1920年1月发表的一篇文章中,他指出:

> 孔子的学说所以能支配中国人心二千余年的原故,不是他的学说本身有强大的威力,永久不变的真理,配做中国人的"万世师表",因他是适应中国二千余年来未曾变动的农业经济组织反映出来的产物,因他是中国大家族制度的表层构造,因为经济上有他的基础。①

这是极为深刻的思想,是第一次从马克思主义社会结构理论出发来解释中国古代社会经济结构、社会组织与意识形态之关系的尝试,即使今日也还是不容置疑的观点。这就意味着,李大钊接受并宣扬马克思主义并不是为了纯粹学理上的求真释疑,更不是为了追赶时髦,标新立异,它是为了实用的目的。除了把马克思主义作为观察问题、分析问题的方法来运用之外,更重要的是把马克思主义的社会理想转变为现实。他绝对不是只重理论,不顾实践的空谈家。他认为:"凡是一种学问,或是一种知识,必于人生有用才是真的学问,真的知识,否则不能说它是学问,或是知识。"②关于马克思主义的社会主义理想,李大钊同样认为只有变成实际的社会存在才是有意义的,他说:

> 一个社会主义者,为使他的主义在世界上发生一些影响,必须要研究怎么可以把他的理想尽量应用于环绕着他的实境。所以现代的社会主义,包含着许多把他的精神变做实际的形式使合于现存需要的企图。这可以证明主义的本性,原有适应实际的可能性,不过被专事空谈的人用了,就变成空的罢了。③

在这样的思想指导下,李大钊就不仅成为中国最早的马克思主义

---

① 李大钊:《由经济上解释中国近代变动的原因》,《李大钊选集》,第297页。
② 李大钊:《现代史学的研究及于人生态度的影响》,《李大钊选集》,第504页。
③ 李大钊:《再论问题与主义》,《李大钊选集》,第230页。

者,而且成为将马克思主义与中国革命实际相结合的最早的实践者。

五 李大钊的文艺思想

在接受马克思主义之前,李大钊对文学的社会功能就极为看重,他说:

> 文学本质,固在写现实生活之思想,社会黑暗,文学自畸于悲哀,斯何与于作者?然社会之乐有文人,为其以先觉之明,觉醒斯世也。方今政象阴霾,风俗卑下,举世滔滔,沉溺于罪恶之中,而不自知。天地之为晦冥,众生为之厌倦,设无文人,应时而出,奋生花之笔,扬木铎之声,人心来复之几久塞,忏悔之念,更由何发,将与禽兽为侣,暴掠强食以自灭也。若乃耽于厌世之思,哀感之文,悲人心骨,不惟不能唤人于罪恶之迷梦,适以益其哀愁。①

这显然是将文学家或文人看成是负有醒世、觉世之责的先知先觉,是中国传统文人士大夫"以先知觉后知,以先觉觉后觉"之思想的表现。从他此时所接受的思想资源来看,无论是以圣贤自居的中国古代思想家,还是以人类的导师自居的西方近现代启蒙思想家,在身份认同上都是传统知识人的"立法者"或"引路人"角色。在他们看来,芸芸众生,浑浑噩噩,是必须加以教育和引导的一群。文学在这里也就被赋予"醒世"与"觉世"的神圣使命了。

随着对马克思主义思想理解的不断深入,李大钊关于文学的认识也不断深入了。在对文学的基本特性与功能的认识上,他指出:

> 我们所要求的新文学,是为社会写实的文学不是为个人造名的文学;是以博爱心为基础的文学,不是以好名心为基础的文学;是为文学而创作的文学,不是为文学本身以外的什么东西而创作

---

① 李大钊:《爱国心与自觉心》,《李大钊选集》,第35页。

的文学。①

这段话看上去似乎有些矛盾:既要求文学反映社会、表达博爱之心,又要求文学为文学而创作,不能为文学以外的其他目的而创作。但按照李大钊的思路,这种矛盾是并不存在的:写实、反映社会与表达博爱之心本来就是文学的分内之事,并不是文学本身之外的意识形态话语。所以李大钊这里的"为文学而创作"决然不同于唯美主义者们的"为艺术而艺术",盖后者是将美或纯形式的东西看做是文学艺术固有的品性,而反映生活、博爱之类则是文学艺术以外的事情了。李大钊的"为文学而创作的文学"实际上是强调文学创作不应该成为个人牟取利益的手段。至于社会关怀与思想意识本来就应该是文学的题中之义。所以他接着指出:

> 我们若愿园中花木长得美茂,必须有深厚的土壤培植他们。宏深的思想、学理、坚信的主义、优美的文艺、博爱的精神,就是新文学新运动的土壤根基。

将文学置于新文化运动的整体之中,将进步思想作为新文学成长与发展的根基,这就是李大钊文学思想的基本精神,这与马克思主义的文学思想是一脉相承的。

关于文学的审美特性与社会主义制度之间的关系问题也为李大钊所关注:

> 艺术家最希望发表的是特殊的个性的艺术美,而最忌的是平凡。所以现在有一班艺术家很怀疑社会主义实行后,社会必然愈趋平凡化,在平凡化的社会里必不能望艺术的发达。其实在资本主义下,那种严肃的气氛,商贾的倾向亦何能容艺术的发展呢?又何能表现纯正的美呢?那么我们想发表艺术的美,更不能不去推翻现代的资本主义制度,去建设那社会主义制度了。不过实行社会主义的时候,要注意保存艺术的个性发展的机会就是了。②

---

① 李大钊:《什么是新文学》,《李大钊选集》,第 276 页。
② 李大钊:《社会主义释疑》,《李大钊选集》,第 478 页。

文学艺术乃是个性的表现,是独创性的精神产品。社会主义提倡集体主义精神,反对个人主义,因此有人忧虑到了社会主义制度下,文学艺术就会失去个性而流于平凡。按照马克思主义观点,社会主义是比资本主义更高的一个社会发展阶段,在社会主义社会不仅资本主义社会所具有的一切民主与个人自由会得到保留,而且都会得到更进一步的发展,也就是说,人们的个性将得到更大的发展空间。李大钊正是在这个意义上认为社会主义社会不会扼杀文学艺术的美与个性的。

因为掌握了马克思主义历史唯物论的基本原理,特别是对马克思的社会结构理论有了深入理解,使得李大钊对文学艺术在社会系统中的位置以及演变规律有了清醒认识,他说:

> 社会亦有基址(Basis)与上层(Uberbau)。基址是经济的构造,即经济关系,马氏称之为物质的或人类的社会的存在。上层是法制、政治、宗教、艺术、哲学等,马氏称之为观念的形态,或人类的意识。……上层的变革,全靠经济基础的变动。①

这是马克思主义历史唯物主义最基本的观点,也是马克思主义文学理论的基本观点。当然,在此基础上,李大钊也认识到文学艺术等上层建筑之于经济基础的反作用。李大钊的文艺观念是马克思主义历史唯物主义的完整表述,至今仍然具有理论意义。

---

① 李大钊:《马克思的历史哲学与理凯尔的历史哲学》,《李大钊文集》第3卷,人民出版社,1999年,第304页。

第三章　瞿秋白的马克思主义文艺思想

众所周知,瞿秋白不仅仅是中国共产党著名的政治家与革命家,同时也是一个文艺思想家。1950年,毛泽东这样评价瞿秋白:

> 瞿秋白同志死去十一年了。在他生前,许多人不了解他,或者反对他,但他为人民工作的勇气并没有挫下来。他在革命困难的年月里坚持了英雄的立场,宁愿向刽子手的屠刀走去,不愿屈服。他的这种为人民工作的精神,这种临难不屈的意志和他在文字中保存下来的思想,将永远活着,不会死去。瞿秋白同志是肯用脑子想问题的,他是有思想的。他的遗集的出版,将有益于青年们,有益于人民的事业,特别是在文化事业方面。①

毛泽东的评价是公允的,是符合瞿秋白的生活实际的。正如有的学者所总结的:瞿秋白最早深入十月革命后的苏俄实际,向中国人民实事求是地报道了苏俄情况,宣传十月革命;瞿秋白在党内最早提出并论述无产阶级是中国革命的领导阶级;瞿秋白第一个系统地在中国介绍宣传马克思主义的文艺理论;瞿秋白是中国汉字拉丁化的首倡者。②所以,瞿秋白的"这些理论和实践活动,对中国现代文学作出了开创性的卓越的贡献,使他成为被公认的中国革命文学事业的主要奠基者和开拓者之一"③。

---

① 《瞿秋白文集》(文学编)第1卷卷首,人民文学出版社,1985年。
② 王关兴:《瞿秋白在中共党史上的八个第一》,《瞿秋白研究》,学林出版社,1994年,第1页。
③ 陈铁健:《瞿秋白传》,上海人民出版社,1986年,第404页。

一　瞿秋白的文学活动分期与文艺思想概览

　　瞿秋白(1899—1935),名瞿爽,又名瞿霜,字秋白,江苏常州人,1899年出生于一个破落的士大夫家庭。由于家世、学养等诸多方面的原因,幼年的瞿秋白虽有机会接触一些士大夫式的教育,但其面对更多的是夜气如磐的社会黑暗和破落家庭的窘境。这一切使他开始思考人生,思考如何挽救中国风雨飘摇的命运。在经过一段"避世观"—"厌世观"—"二元的人生观"的转变之后,1919年,他积极地参加了"五四"运动,并成为运动的实际领导者之一。1920年,瞿秋白参加了由李大钊在北京创办的"马克思学说研究会",开始研究科学社会主义,逐步由激进民主主义者向马克思主义者转变。同年10月,瞿秋白以北京《晨报》特派记者的身份赴苏俄。在苏俄期间,瞿秋白一方面广泛深入地进行社会调查,实事求是地观察和报道了俄国十月革命的社会现实情况;另一方面他大量阅读马克思主义理论著作,了解俄国社会改造的道路和方法,研究俄国革命的历史,研究苏维埃政治、经济制度和改革。1923年1月回国,他参与编辑《向导》周报,主编《新青年》季刊、《前锋》月刊和《热血日报》,及时译介了大量的马列论著和共产国际的重要文件,并运用马列主义基本原理,提出了许多重要的理论观点,指导了中国革命的深入发展。瞿秋白满怀激情地投身于国共合作、大革命运动的社会政治革命中。在1927年大革命失败的危急关头,瞿秋白主持召开了著名的"八七"会议,坚决地纠正和结束了陈独秀右倾投降主义错误,确定了土地改革和武装反抗国民党血腥恐怖统治的总方针。会后瞿秋白任中共中央政治局常委,临危受命,勇敢地担负起党的主要领导人的重任,主持中央工作。缘于一段短暂的"左倾"失误,授人以口实,1931年后被米夫、王明等人排斥出中共领导层。此后大部分时间主动参与了左翼的建设和发展。1935年2月在离开瑞金前赴上海的转移途中被俘,6月英勇就义于福建长汀,年仅36岁。

　　大略而言,瞿秋白的文学活动主要集中在两个时段:第一个时段是

1919—1924 年,第二个时段是 1931—1934 年。在这两个主要活动时期内,按照瞿秋白文艺思想的发展过程,又可以分为三个时期:文艺思想发生期(1919—1922),文艺思想发展期(1923—1924),文艺思想成熟期(1931—1934)。

但是,需要认识到的是,考察瞿秋白的文艺思想,决不能忽略或者越过他的文学活动相对稀少的政治活动主导时期,即 1925—1931 年之间。在此段时期内,瞿秋白的政治思想的演变和发展,影响甚至在某种程度上决定了他在 1930 年代重返文坛之后所思考所论述的一切。而关键是,在此段时期内,瞿秋白对于中国的政治经济状况、社会性质、革命任务、阶级关系和各阶级的经济地位及政治态度的分析,对帝国主义的本质及其侵略中国的过程和手段、对中国封建宗法制和军阀统治及其与帝国主义勾结的揭露和怒斥,从文化、文学层面考虑,都是具有重要意义的。作为政治家的瞿秋白的思想与作为文艺家的瞿秋白的思想是无法截然分开的。因此,在此段时期中,瞿秋白政治思想的变更,政治身份的变换,以及此过程中他对于中国文化状况的理解,对于资本主义文化、无产阶级文化、欧化文化、俄罗斯文化的姿态,从比较开阔的视角考虑,都是其文化文艺思想的不可或缺的一部分,都对他的文艺思想具有直接的影响。何况在繁忙的政治工作之余,他仍和文艺家们时有往来,并参与了一些活动,比如他和丁玲、蒋光慈、茅盾、郭沫若的交往和文艺探讨。作为进步作家所称许的对象,尤其是作为中共核心层的领导人,他的政治思想和文艺思想对这些作家们的创作、文学团体的发展产生了不可忽视的作用。同样,对于瞿秋白生命历程的倾向实践层面的瑞金时期,即他离开上海奔赴瑞金并在瑞金担负教育委员的时期,也具有重要意义。因为,在实践层面,这段时期,无疑是瞿秋白文艺思想现实化的一个重要阶段,虽然,较之于毛泽东延安文艺座谈会之后的大众文艺运动,瞿秋白的努力由于瑞金苏维埃政权之下各方面条件的限制,并没有得到充分的实行和全面展开。

实际上,远在投身于政治革命活动之开端的"五四"之前,瞿秋白就汲取了几种颇有现实主义倾向的文学思想。即在瞿秋白生活和学习过程中所接受的中国传统文化的、佛学的、西方的特别是俄罗斯的以及

"五四"新文化运动中所生发的文艺思想。这些形成了瞿秋白继续思考、接受其文艺思想的基础。这是我们在考察瞿秋白文艺思想的过程中必然也必须要考虑的前提。

瞿秋白的文学活动的第一个时期是1919年到1922年期间。由于颇具偶然性的选择,1917年初春,刚经历丧母之痛的瞿秋白寄居在武昌表兄瞿纯白家;4月份,随表兄远赴北京参加普通文官考试,结果失利;9月份,出于谋生考虑,瞿秋白只好投考北洋政府外交部所设立的俄文专修馆,学习俄语。瞿秋白选择这所学校的目的简单而朴素:为将来步入社会,能找份工作,以解决生计问题。但是,在"五四"运动的激荡中,经受社会转型中诸种思潮洗礼的瞿秋白,因为学习语言、热爱文学以及当时思想倾向的关系,钟情于俄罗斯文学而翻译了一些俄罗斯小说。社会的剧变,从"唯思"到"唯实"的思想转变,使他更趋向于实际行动,也使他更关注俄罗斯的社会现状。因为,在21岁的年轻的瞿秋白看来,俄国问题的思考将有助于当下中国社会的改革与转变。1920年10月,抱着"总想为大家辟一条光明的路"的宏愿,在人们普遍心仪苏俄却又不了解苏俄的时候,瞿秋白决定亲赴苏俄。正是这次或许是不经意但有带着某种必然性的选择,改变了瞿秋白的人生道路。在这一时期内,瞿秋白翻译了托尔斯泰、果戈理、莱蒙托夫等人的著作,并大多在译文后加上颇具感悟性的译者按;同时,写作了《序沈颖译〈驿站监察史〉》、《〈俄罗斯名家短篇小说集〉序》等论文。大略而言,在这一时期,我们看到,从最初的还没有完全意识到文学与变革现实社会的关系;随着俄罗斯十月革命对中国影响的深入,中国知识分子对俄罗斯文学关注度的加强,瞿秋白审视俄罗斯文学的视点开始发生了变化:从纯粹经院性的审美趣味转向了对文艺与政治之关系的初步探讨。在具有史诗性的散文作品《饿乡纪程》和《赤都心史》中,特别是在1921年至1922年间所作的《俄国文学史》中,他初步探索了文学的发生和流变,文学的社会性、阶级性、民族性、真实性及时代性,作家及文学思潮的派别,作品的社会生活内容、社会心理特征、精神文化倾向、理智与情感、主客观关系的不同表现方式以及艺术价值的标准等文艺问题,初步奠定了瞿秋白现实主义文艺思想的基础。

第二个时期是 1923 年至 1924 年。在苏俄期间,尽管遭受了许多困苦,包括疾病缠身,物质生活极为艰难,但瞿秋白没有退缩,而是从困顿的现实中,看到了"共产主义人间化"的光辉未来,并在"赤都"完成了自己思想观念的转变。美好的政治理想的日趋形成,也同时促进了瞿秋白的文艺思想的马克思主义化。不断上升的政治生命和热烈的政治冲动,使他的文艺批评具有鲜明的政治功利性。① 1923 年 8 月,从苏联回国后,瞿秋白就在着眼于中国现实,在用自己的译作和批评实践了"革命的理论永不能和革命的实践相离。应用马克思主义于中国国情的工作,断不可一日或缓"的思想。这些思考可以说是马克思主义与中国实际相结合命题的起点。他撰写了《东方文化与世界革命》《寸铁三则》等文章参与了当时的中西文化论争、科玄论争以及对胡适保守思想的批判。在文艺理论方面,他相继发表了《〈灰色马〉与俄国社会运动》《最近俄国的文学问题——艺术与人生》《荒漠里》《过去的人——泰戈尔》,这些文章显露了瞿秋白思想观念转变后,审视文学现象的全新视界,他把文学和变革社会联系起来,以"文学为人生"的现实主义观念作为自己批评的出发点。这一时期,瞿秋白开始翻译契诃夫、高尔基等俄国作家的文学作品,这些作品对于当时的文艺思想和文艺创作具有很强的针对性。需要特别指出的是,在 1924 年,瞿秋白担任上海大学社会学系主任期间所著的《社会科学概论》中,专门辟出第九节"艺术"论述文学与艺术、文学与政治关系的内容。这一时期,对瞿秋白自身的思想历程而言,他所考虑的文学语言问题、文学服务对象问题、文学本质问题,虽然还有着前一时期特别是"五四"时期文艺思想的影子,但已经显露出其 30 年代文艺大众化思想的思想萌芽;或者,从文学史的角度看,它实际上是 30 年代左翼文学的滥觞。

瞿秋白与文学关系紧密的第三个时期是 1931 年至 1934 年。1931 年,瞿秋白被排挤出中国共产党最高领导层,在中共中央未能给他安排

---

① 不过情形较为复杂,譬如据丁玲回忆,1923 年至 1924 年瞿秋白在和王剑虹、丁玲谈文艺界情况、谈文学作品时,表现出"喜欢徐志摩的诗","对创造社的天才家们似乎只对郁达夫感到一点点兴趣"。见《丁玲写作生涯》,百花文艺出版社,1984 年,第 142 页。实际上,这可能更反映出瞿秋白文艺观不同于政治功利性的另一面。

具体工作的情况下,他自觉地重新返回到文学战线,开始了他始终在内心深处深深眷恋的文艺批评和翻译。但是,此时的瞿秋白和"五四"时期相比,无论是学养还是人生经历都要丰富得多。当他所承担的社会角色开始向初始所热衷的文学家的角色转换时,作为政治家的角色职能依然影响着他的思考方式;并且,虽然并非是中央安排他进入文艺战线,但是,在很多左翼作家看来,瞿秋白无疑还是党在文艺战线的领导人,他的声音,在某种程度上依旧代表着党对文艺的姿态。这种复杂的身份特征,迫使瞿秋白的文艺批评一方面必然要承担着某种党派文艺的职能,而另一方面,也透露出他对于文学性本身的重视。因此,就前一层面而言,这个时期,瞿秋白的文学活动表现出鲜明的政治性和战斗性。作为一个马克思文艺理论的传播者,他力图以马列文艺理论为武器,解决左翼文学发展中出现的具体问题,并同文坛上形形色色的自由主义思潮展开辩论。应该说,在短暂的三年里,瞿秋白的文学才华得到了充分的展示,他通过三种文本构建了自己的文艺思想大厦:马克思经典文论译介、无产阶级文学经典作品的翻译以及文艺批评实践。其一,针对中国马克思经典文艺理论的缺乏,瞿秋白编译了《"现实"——马克思主义文艺论文集》以及列宁等经典理论的重要论述,力图返回到马克思主义经典那里寻找并探讨解决中国文艺的现实问题。其二,在理论建构的同时,瞿秋白在苏联文学中选择了高尔基作为中国革命文学可资借鉴的样本。很显然,瞿秋白对高尔基等苏联作家的推崇,不仅仅是他们作品所表现出的深邃的题旨以及政治性意义,而是承载这些题旨的内在建构,即这些作品的艺术魅力。这是瞿秋白文艺思想的另一层面。这说明,作为一个实用的工具主义者与一个文学大家,瞿秋白在强调文学的阶级服务意识的同时,没有忽略文学作为工具本身所具有的独特性。在30年代左翼作家普遍强调文学政治性的时候,瞿秋白选择翻译的指向性,显示一个深谙文学规律的理论家的气度和眼光,同时也显示了他理论创新的勇气。其三,面对左翼文学的弊端,分别批判了主观主义和客观主义流弊,在革命文学和大众化语境下,重新审视了"五四"文学遗产和文学精神;他把自己丰富的政治斗争经验运用到文学活动中,对无产阶级文学的阶级性质、无产阶级文学的目的和服务对象甚至包括无产阶级文学的言说方式都进行了具体的探究。在这一时期,瞿秋白进行了大量的批评实践,他通过对"自由人"、"第三种人"和"民族主义文学"的批判,对于文艺大众化问题的探讨,特别是第一次对鲁迅作出恰当定位和重要评价的《〈鲁迅杂感选集〉序言》的写作,瞿秋白建构了马克思主义文艺思想中国化的基本框架和话语方式。

通过梳理可以看出,瞿秋白参与中国新文学活动的这三个时段,恰恰是20世纪中国文学发生现代性蜕变的两个非常关键的时期。"五四"时期是20世纪中国文学由古典向现代转型时期,而30年代,则是中国新文学向着无产阶级革命文学转变的时期。在这两次最为明显的文学转型特别是后一阶段中,瞿秋白承担了无法忽略的角色。进而言之,在中国马克思主义文艺批评的建设中,瞿秋白的文艺思想的中介作用,所具有的重要性也是不言自明的。尽管由于时代的变迁和社会心理的变异,具体的历史语境不同,瞿秋白文艺批评的切入点和马克思文艺理论的接受在三个时期表现出些许差异,但从某种意义上说,瞿秋白文艺思想的基石从来是持续和统一的:即以现实社会的需要为动力,汲取和运用马克思主义文艺思想,为着建设先进的中国文学和文学理论体系而努力,为中国的无产阶级文学的健康发展探索一条切实可行的道路。

二 瞿秋白对马克思主义文艺思想的接受与绍介

考察瞿秋白的文艺思想的发展历程,我们可以看到,瞿秋白对马克思主义文艺思想的接受与阐发集中在两个时段中,第一个是"五四"时期(1920—1924),第二个是左联时期(1931—1934)。正是通过这两个时期的较为详尽、集中、全面的介绍与探讨,瞿秋白对于绍介并建设契合中国实际的马克思主义文艺理论思想,作出了历史性的伟大贡献。

1. "五四"时期(1920—1924)

在"五四"时期,瞿秋白并没有撰写专门系统的论文进行阐释,他的文学思想散见于他的序言、译后记以及几篇介绍新俄文学动态的论文和专著《俄罗斯文学史》中。对瞿秋白早期文学批评观念的理解,是了解瞿秋白马克思主义文学思想演进轨迹的不可缺少的环节。

瞿秋白的文学批评活动是以1920年2月14日《仆御室·译者志》为发端的。在这篇不太长的后记中,瞿秋白称果戈埋为"俄国写实主义派的第一人",并明确指出,"现在中国实在很需要这一种文学"。瞿秋白抓住《仆御室》所展示出来的特点,向读者扼要介绍了果戈理的现实主义文学的基本特征:"描写当时下流社会的情形很细微,又很平淡。可是能现出下流社会的真相。"在艺术性层面上,瞿秋白认为:"他艺术上的本领就在于描写刻画'社会的恶'而又没有过强的刺激。于平淡中含有很深的意境,还常常能与读者以一种道德上的感动,他的艺术所以能有价值,也就在于此。"显然,瞿秋白在对果戈理的批评性阅读中,从文学的内容和形式两个层面对他此刻所认同的现实主义文学的基本形态进行了初步的论述。①

在1920年3月写作的《序沈颖译〈驿站监察吏〉》②中,瞿秋白延续介绍果戈理的现实主义批评观,对普希金在俄国文学史上的地位进行了精到的分析和评价。瞿秋白认为:《弁尔金小说集》能够给人强烈的艺术享受,就在于小说中的叙述者与所描写的事件之间构成了一种和谐关系;在五篇小说中,他特别推崇《驿站长》,认为其"情节非常简单,而作者艺术上高尚的'意趣',很能感动读者,使作者对于贫困不幸者的怜悯之情,深入心曲"。瞿秋白引用果戈理对普希金的评价,强调俄罗斯现实主义文学根基的深厚,以及俄罗斯文学史上现实主义作家之

---

① 瞿秋白:《仆御室·译者志》,《瞿秋白文集》(文学编)第4卷,人民文学出版社,1998年,第392—393页。
② 瞿秋白:《序沈颖译〈驿站监察吏〉》,《瞿秋白文集》(文学编)第2卷,人民文学出版社,1998年,第245—247页。

间的传承关系:"俄国文学家,没有一个人能出普希金之上的,也没有一个人能称为民族的文学家。……普希金于俄国的天性,俄国的精神,俄国的文字,俄国的特质,表现得如此其'清醇',如此其'美妙',真像山光水色,反映于明镜之中。"瞿秋白借用果戈理的分析,在探讨普希金的文学成就时,引入了俄罗斯的"精神"、"文字"、"特质"等概念,要求作家表现具有自己民族的特性。与《仆御室·译者志》中表达的思想一样,他反复强调翻译绍介俄罗斯文学之目的就是要最终催生中国的现实主义文学:"因此可以推及中国现在所需要的文学,似乎也不单是写实主义,也不单是新理想主义(此处专说现在人所介绍到中国来的),一两个空名词,三四篇直译文章所能尽的,所以不得不离一切主义,离一切死法子,去寻中国现在所需要的文学,应该怎样去模仿,模仿什么样的,应当怎样去创造,创造什么样的,才能使人人看得懂……受着新文学的影响,受着新文学的感动。"①

1920年9月,瞿秋白在早期文艺批评的代表性文章《〈俄罗斯名家短篇小说集〉序》中,从文学与社会之关系的视角,分析了俄罗斯文学研究在中国盛极一时的原因:

> 俄罗斯文学的研究在中国确已似一时之盛,何以故呢?最主要的原因,就是,俄国布尔什维克的赤色革命在政治上,经济上,社会上生出极大的变动,掀天动地,使全世界的思想都受他的影响。大家要追溯他的远因,考察他的文化,所以不知不觉全世界的视线都集中于俄国,都集中于俄国的文学;而在中国这样黑暗悲惨的社会里,人人都想在生活的现状里开辟一条新道路,听着俄国旧社会崩裂的声浪,真是空谷足音,不由得不动心。因此,大家都来讨论研究俄国。于是俄国文学就成了中国文学家的目标。②

很明显,与前两篇序言不同的是,瞿秋白在此文中反复论述文学与社会生活的关系。在瞿秋白看来,首先是社会生活发生变化,然后才能在文学中得到反映,俄罗斯文学的发展规律,成了支撑这种认识的有力

---

① 瞿秋白:《序沈颖译〈驿站监察吏〉》,《瞿秋白文集》(文学编)第2卷,第246页。
② 瞿秋白:《〈俄罗斯名家短篇小说集〉序》,《瞿秋白文集》(文学编)第2卷,第248页。

论据：

> 文学只是社会的反映，文学家只是社会的喉舌，只有因社会的变动，而后影响于思想，因思想的变化，而后影响于文学。……因为社会的不安，人生的痛苦而有悲观的文学，比如人因感伤而哭泣，文学家的笔就是人类的情感的寄托之处。……不是因为我们要改造社会而创造新文学，而是因为社会使我们不得不创造新文学……然而俄国的国情，很有与中国相似的地方，所以还是应当介绍。①

瞿秋白对文学与社会关系的强调，从外部完善了现实主义文学观念：确立了文学的上层建筑地位，文学是社会发展演变的记录者，它受现实的制约，反过来影响着现实；文学表达人的情感，当人的审美趣味发生了变化，作为记录情感的文学也会发生变化。在该文最后，瞿秋白强调了中国汲取俄罗斯现实主义文学精神的必要性。

1921年至1922年，在旅俄期间，瞿秋白写作了《俄国文学史》。② 在这部显示出思想转型的著作中，瞿秋白从历史唯物主义史观出发，通过地域、环境、气候、人种等方面的分析，对于俄罗斯文学的起源、演进与发展，文学史上各种文学流派的产生，各个时期具有代表性的作家与作品，进行了较为简明扼要的介绍和分析，特别是将某一时期文学思潮的生成置放于当时的社会政治语境加以考察，充分肯定了文学现象与社会境况的关系，并注意到了文学自身的特点和内在的逻辑发展线索。在这本书中，瞿秋白并没有正式讨论马克思主义思想，但是，在这一时期，瞿秋白已经受到了马克思主义文艺思想的辐射，他对于赫尔岑、别林斯基、车尔尼雪夫斯基等人的论述暗示出：他开始强调艺术家的思想与创作不同程度地受到社会经济、社会政治的制约和影响，作为文化的上层建筑只是相对独立于经济基础，艺术只具有优先的独立性，艺术的发展最终是要由经济基础决定。

---

① 瞿秋白：《〈俄罗斯名家短篇小说集〉序》，《瞿秋白文集》（文学编）第2卷，第248—249页。

② 瞿秋白：《俄国文学史》，《瞿秋白文集》（文学编）第2卷，第135—234页。

1923 年，瞿秋白从苏联回国，此时的他已成为一名中共党员。随着身份的转变，瞿秋白对文学思想性的关注开始远远大于对文学艺术性的考量，并开始从阶级出发来考察文学状况。这些新变化较为充分的反映在他为郑振铎翻译的《灰色马》而撰写的《郑译〈灰色马〉序》①一文中。瞿秋白认为俄罗斯文学的伟大，在于诚挚的"俄罗斯心灵"和"俄罗斯精神"对于现实的"艺术的真实"之描绘，他特别强调，"文学是民族精神及其社会生活之映影"，作家要能反映时代精神，必须让心灵"真能融洽于社会生活或其所处环境，若是真能陶铸锻炼此生活里的'美'而真实的诚意的无所偏袒的尽量描画出来"，那么，他"客观的就已经尽他警省促进社会的责任"了，表现了某种"当代的'社会情绪'"，从而达到并实现了艺术的真实。

与这篇文章前后发表的《艺术与人生》和《荒漠里——一九二三年之中国文学》，可以看成是瞿秋白借用从俄罗斯文学中确立的现实主义文学观念对中国新文学批评的初步实践。《艺术与人生》同样是对俄罗斯文学的介绍。在文章中，瞿秋白提出了一个作家必须面对的问题：

> 俄罗斯文学界里，在十九世纪时，已经发生那"可恨的问题"——为艺术的艺术呢，还是为人生的艺术呢？②

瞿秋白认为，所谓纯艺术派"标榜着个性主义，而实际上是求容于环境，向庸众的惰性低头"。他借用俄罗斯一位诗人的观点，对艺术派进行了抨击："著作家以思想为贵，而不在于描画，假使描画之中没有内容，假使他丝毫意思没有向俄国社会说出——那又算得什么描画！"③在综合了俄国评论家对此问题的建议后，瞿秋白指出：

> 艺术与人生，自然与技术，个性与社会问题，——其实是随着社会生活的潮势而消长的。现在如此湍急的生活流，当然生不出

---

① 瞿秋白：《郑译〈灰色马〉序》，《瞿秋白文集》（文学编）第 1 卷，第 255—271 页。
② 瞿秋白：《艺术与人生》，《瞿秋白文集》（文学编）第 1 卷，第 305 页。
③ 同上书，第 306 页。

"绝对艺术派"的诗人,世间本来也用不到他。①

在接下来的《荒漠里——1923年之中国文学》中,瞿秋白通过对中国文坛的分析,指出中国文坛缺乏真正的为人生的艺术。他禁不住呼吁:

> 唉,中国的新文学,我的好妹妹,你什么时候才能从云端下落,脚踏实地呢?这样空阔冷寂的荒漠里,这许多奋发热烈的群众,正等着普通的文字工具和情感的导师,然而文学家却只……(爱的诗意)。②

瞿秋白认为,中国文学的脱离大众,无法实现为人生的艺术目的,有两个方面的原因:一是中国文学在内容上脱离大众;二是中国文学的语言表述方式也需要改变。语言问题开始进入瞿秋白的视野,这实际上可能是左翼时期瞿秋白文艺大众化文学观念的最初萌芽。

在这一时期,比较有代表性的直接论及马克思主义文艺理论的著作是1924年瞿秋白在上海大学授课期间所编著的《社会科学概论》中的相关论述。在《社会科学概论》中有关"艺术"的一节里,瞿秋白根据自己在苏联读到的尼古拉·布哈林的《历史唯物主义理论》一书,简明的概括了艺术与社会之间的关系:

> 一切社会心理都是经济发展之结果;然而既已形成之后,又做经济发展之助缘;艺术亦是如此;既是当代发生于经济关系的社会情绪之表显,又是调节情绪以适应当时劳动组织法之工具。③

> 虽然如此,治者阶级的艺术在阶级的社会里,往往取得优势;受治者阶级自己最初也跟着治者阶级,轻视自己的民间艺术。何况,小农及小手工时代,平民还有独立的经济,所以艺术勉强有些表现;无产阶级的物质生活条件却不容他在资产阶级统治之下就

---

① 瞿秋白:《艺术与人生》,《瞿秋白文集》(文学编)第1卷,第309页。
② 瞿秋白:《荒漠里——1923年之中国文学》,《瞿秋白文集》(文学编)第1卷,第314页。
③ 瞿秋白:《社会科学概论·艺术》,《瞿秋白文集》(政治理论篇)第2卷,人民出版社,1988年,第583页。

有完全独立的艺术,只能小部分智识阶级代表无产阶级的革命情绪——革命的人生即革命的艺术主义。……所以无产阶级的革命艺术应当竭力振兴,然而非革命之后,这种艺术不能充分发展;艺术能舒畅无产阶级刻苦斗争的精神,增长群众的协作习惯及能力,振作创造的情绪,以达改造目的。①

在瞿秋白看来,虽然艺术具有一定的独立性和反作用,虽然艺术"能舒畅无产阶级刻苦斗争的精神,增长群众的协作习惯及能力,振作创造的情绪,以达改造目的",但是,在任何历史时期,经济关系都构成社会上层建筑如社会组织结构、文化形态和哲学发展的基础,任何艺术都只能是这一时期社会的经济关系的反映。瞿秋白的观点正如布哈林所说的:"艺术是社会生活的成果……正如科学一样,它只有在一定的劳动生产率水平上才能得到发展。"②瞿秋白通过资本主义的经济发展与其相对等的艺术类型来进一步明晰经济社会发展与艺术之间的关系:

> 资产阶级初兴时,乃有情感主义:方才觉得市侩小农的身份未必低于贵族,平民的生活亦饶有诗意,而且值得贵族的怜悯的。资产阶级既生既长,所谓民权革命的潮流渐渐高起,浪漫主义出现:歌颂英雄美人和理想生活;那时已经不但自觉其身分,而且进而求颠覆贵族;传寄他的理想,便是资产阶级个性主义或革命情绪的表现。资产阶级生活既成社会的中枢,私产和买卖的弊日益滋长,于是现实派(写实主义)起而指摘,警省资产阶级,使他们赶紧着手补苴罅漏。资本主义发展的末期,隐隐觉得这些罅漏补不好了;罢工战祸四起,资产阶级的社会情绪已近垂灭的残烛;问题已至不可解决,只有置之不问,或者醇酒妇人,或者逃心物外:于是颓废派的神秘主义弥漫全世。可是无产阶级正在兴起,勇猛精进的奋斗精神、刻苦励志的乐观主义和团结协作的坚定意志互相结合,新现实

---

① 瞿秋白:《社会科学概论·艺术》,《瞿秋白文集》(政治理论篇)第2卷,人民出版社,1988年,第584—585页。
② 布哈林:《历史唯物主义理论》,人民出版社,1983年,第219页。

派等也就发现。①

通过以上论述,瞿秋白暗示,在一个特定的历史时期,艺术的本质是由社会经济发展阶段和发达程度所决定的。一定时期所谓之进步艺术都是与客观历史发展进程相一致的,并且反映这一客观历史进程的动态。

需要特别指出的是,相对于瞿秋白的左翼时期而言,在这个时期,他显然还停留在"五四"风格般的推介方式,他还是像1920年代早期的其他知识分子一样,仅仅满足于单纯的介绍性的描述自己认为是最进步的外国思想的发展状况,还没有将这种介绍同中国的具体实际相结合,没有详细阐述这些思想与中国语境的关系,这种状况一直到瞿秋白左联时期才有所改观。

2. 左联时期(1931—1934)

1931年,瞿秋白在历经政治风雨与残酷打击之后,重新回到了文坛,这是他政治生涯的不幸,却是他文艺生涯的万幸。此后,在上海的三年间,瞿秋白精译、编著了《"现实"——马克思主义文艺论文集》(1932)、《列宁论托尔斯泰》(1933)、《马克思文艺论底断篇后记》(1933)以及比较系统的高尔基的作品、论文。这些著述的编译与刊发,不仅标志着瞿秋白的文艺思想的重要发展,而且是左翼文艺运动甚至是中国马克思主义文艺思想发展的一个重要的里程碑。因为,一方面,瞿秋白较为详细的从俄文译介了经典的马克思主义文艺理论,从而改变了1930年前后马克思文艺理论的输入路径与纷繁的理论分歧,使得中国文艺界的知识分子返回到马克思主义的发展历史中,更加清晰的理解马克思主义文艺思想的真谛,从而正确的指导符合中国实际的文艺实践;换句话说,正是瞿秋白第一次直接地、系统地翻译介绍了马克思主义创始人的文艺论著,纠正和弥补了从日本转译的经典文论中的许多错误和遗漏,为中国左翼文坛完整全面的理解马克思主义文论

---

① 瞿秋白:《社会科学概论·艺术》,《瞿秋白文集》(政治理论编)第2卷,第584页。

提供了最权威的材料。另一方面,瞿秋白对高尔基的系统译介,也为中国的作家展示了无产阶级文学创作的经典文本,对于克服当时"革命文学"盲目机械的、口号式的、标语式的倾向起到了一定程度的纠正与更张。

1932年,根据苏联公谟学院《文学遗产》第一、二两期的相关材料,瞿秋白编著了《"现实"——马克思主义文艺论文集》(以下简称《"现实"》)。在《后记》中,瞿秋白解释了编著的主要原因和目的:

> 恩格斯论巴勒扎克和易卜生的两封信都是最近发见的,这里包含着很宝贵的指示,可以看到恩格斯以及一般马克斯主义对于文艺现象的观察方法,并且说明文艺理论不但要"解释和估量文艺现象",而且要指示"文艺运动和斗争的方法"。文艺理论不但要说明"文艺是什么",而且要说明"文艺应当怎样"。普列汉诺夫的《论易卜生的成功》等四篇……这里也有许多有意义的材料……拉法格的一篇《左拉的〈金钱〉》,是马克斯主义文艺批评对于"自然主义"的考察,而且是一篇"具体的"对于一定的一部小说的介绍,而且这种马克斯主义的大学者的"具体的"文艺批评,是应当特别注意的。以上几篇都是翻译的。至于关于现实主义,关于机械论,关于普列汉诺夫的错误和价值,关于拉法格的优点和缺点,以及关于左拉的那几篇……而自己编过的;当然,这里不免略为关涉到中国文学界的现象,这是完全由编者负责的。①

依瞿秋白的叙述,综而考之,这部书共收录了13篇文章,按论题分为四组,可分为三类:第一类是马克思经典作家的论文,其中有恩格斯的两篇,普列汉诺夫的四篇,拉法格的一篇;第二类是苏联文艺理论家阐释马克思文艺观点的文章,即关于"同路人"的一篇;第三类是瞿秋白自己的论文,共五篇,虽然这一类瞿秋白参考了苏联《文学遗产》上的相关材料,但还是"自己编过的",并且"不免略为关涉到中国文学界的现象"。这本论文集的重要价值,首先就在于介绍了马克思主义经

---

① 瞿秋白:《"现实"——马克思主义文艺论文集》,《瞿秋白文集》(文学编)第4卷,第225—226页。

典理论家的文艺论著,尤其是恩格斯的两封信,解决了1930年代早期左翼文艺运动来理论界的某些混淆不清和忽略的问题;其次,瞿秋白著述的五篇论文,是作者根据马克思主义文艺观和方法论,结合中国左翼文艺运动的现实,对一系列重要的文艺理论问题的适当有效的阐述。

具体而言,《"现实"》一书主要解决了以下四个方面的重要的文学理论问题:

一是关于文学的倾向性和真实性的关系问题。瞿秋白在《马克斯、恩格斯和文学上的现实主义》一文中,瞿秋白通过批判兰道尔、爱伦斯基等人的"纯艺术观",指出普列汉诺夫的客观主义局限,重申了文艺的倾向性。马克思主义文艺思想并不反对文艺要有倾向性。但是,文学的倾向性,应当通过现实主义的描写表现出来,而不应当把文学当做抽象的思想的"留声机"。马克思、恩格斯"只反对表面的空洞的倾向性,反对那种曲解事实而强奸逻辑的'私心'。……他们所赞成的是'客观的现实主义的文学'。……马克斯和恩格斯不但不反对这种'倾向',而且非常之鼓励文学上的革命倾向"。同时,瞿秋白也指出:"马克斯和恩格斯曾经说过,一切大作家,从亚里士多德到海涅,都是极端有倾向的,然而这种倾向应当从作品的本身里面表现出来。"瞿秋白较为详尽的论述了马、恩反对"塞勒化"和鼓励"莎士比亚化"的观点。莎士比亚作品的价值就在于他描写的真实性,在于他的作品是"对于资本主义的社会矛盾的真实描写",在于"暴露社会发展的内部矛盾"从而"揭穿假面具"。只有如此,才能将思想的倾向性和作品的真实性艺术的结合并表现出来,才是对马克思文艺思想的正确理解。

二是关于典型塑造问题。瞿秋白在论述马、恩所提倡的"莎士比亚化"时,强调莎士比亚的现实主义创作方法是重视对人物性格的描写:"人的性格不但表现在他做的是什么,而且表现在他怎么样做。"要求作家"把各个人的性格更加鲜明的对立起来"。瞿秋白认为,"用古代的风格来描写性格,在现在已经不够的了",现代的写作要求作家必须去描写那种复杂而立体的性格。瞿秋白在论述马、恩所赞赏的巴尔扎克时,指出巴尔扎克的现实主义创作方法之所以是"模范",就是因为他写出了"典型化的个性"和"个性的典型化"。他认为巴尔扎克的现实主义就是恩格斯说的:"除开细节的真实性以外,还要表现典型的环境之中的典型的性格。"在中国文艺理论史上,这是第一次如此详细、清晰的阐述典型理论。

三是关于创作方法与世界观的关系问题。瞿秋白很重视世界观对创作的指导作用,认为作家的创作方法要受其世界观的督导和影响;但是,他又认为,创作方法并不等同于世界观,两者又有区别,甚至还如同表现在巴尔扎克身上的那样,两者存在着巨大的矛盾和分裂。他引用了恩格斯的下列观点:

> 巴尔扎克在政治上是个保王主义者。他的伟大的著作是不断的对于崩溃得不可救药的高等社会的挽歌;他的同情,是在于注定要死亡的阶级的方面。……巴尔扎克不能够不违背自己的阶级同情和政治成见,他见到了自己所心爱的贵族不可避免的堕落,而描写了他们的不会有更好的命运,他见到了当时所仅仅能够找得着的真正的将来人物,——这些,正是我所认为现实主义的伟大胜利之一,老头儿巴尔扎克的伟大特点之一。①

在瞿秋白看来,正是巴尔扎克世界观本身的矛盾,才造成了他的世界观与创作方法的分裂:"恩格斯的估量是:巴尔扎克的宇宙观,他的政治思想是属于保王主义的,它的同情大半是贵族方面。但是,他的努力,实际上是代表'先进的'资产阶级化的贵族,要求'高贵的'资产阶级的理想,他正是深刻的资产阶级意识的代表。"在1930年代前期,很多的左翼文艺家由于受到苏联"拉普"理论的影响,片面地甚至过度的强调世界观对创作的决定性作用,认为革命文学就是"以无产阶级的阶级意识,产生出来的一种斗争的文学",以为"把握着无产阶级的世界观——战斗的唯物论,唯物的辩证法",就可以创作出无产阶级性质的革命文学。②这种简单化、机械化的理解,在一定程度上阻碍了中国革命文学的健康发展。瞿秋白的论述可谓是对这一思想之窠臼的反驳和指正。

---

① 瞿秋白:《"现实"——马克思主义文艺论文集》,《瞿秋白文集》(文学编)第4卷,第9页。
② 李初梨:《怎样的建设革命文学》,载1928年2月《文化批判》第2号。

四是关于文艺理论研究的方法论问题。在这一问题上,瞿秋白把批判的笔锋集中于"左"的机械论、教条主义与非历史主义等错误方法,提倡"互辩律的唯物论"。在《恩格斯和文学上的机械论》一文中,瞿秋白批判了"自由舞台派"代表爱伦斯德的机械论的文艺观,指出爱伦斯德将"文艺现象和经济现象机械的凑合和混淆……文艺现象和经济现象直接联系的"的方法,必然会抽取了文艺现象与经济现象之间存在的一系列中介,必然会导致庸俗社会学。瞿秋白引用恩格斯的名言指出爱伦斯德方法论的实质:"至于你(指爱伦斯德)用唯物论的方法变成了它的反面了,因为运用这个方法的时候,不把它当做研究历史的指导的线索,而把它当做现成的滥调,就这么勉强的去凑合历史的事实。"在《文艺理论家的普列哈诺夫》中,瞿秋白批判普列汉诺夫"在理论上的主要错误是辩证法的不充分",而"总想找着'一般的公律'——适合于一切环境,一切时代,甚至于斗争力量之间的各种不同的相对关系的形势"。在这样的方法论错误引导下,致使普列汉诺夫无法对现实对文艺现象进行对立统一的分析,因而"普列哈诺夫的文艺理论和美学理论上的错误,就是由于他的非辩证法的方法论"。在《拉法格和他的文艺批评》中,瞿秋白认为拉法格的缺憾就在于"在个别的场合大半都做了'左'的错误"。拉法格错误的根源就在于"机械论和反历史主义",因此,对拉法格的分析与批判,就是要"暴露他的机械论和反历史主义等等成分"。

关于列宁的经典文论,瞿秋白共翻译了三篇:《列甫·托尔斯泰像一面俄国革命的镜子》、《L. N. 托尔斯泰和他的时代》为列宁所著;另一篇是《关于列宁论托尔斯泰的两篇文章的注解》。在列宁所写的两篇文章中,列宁把托尔斯泰置放于俄国革命特定的历史进程中,分析了托尔斯泰作为纷繁复杂的社会革命中某一阶级心理的记述者以及这种心理在革命进程中的影响和意义,为我们正确认识托尔斯泰提供了一个符合事实的路径。列宁指出:"托尔斯泰的伟大,是在于他表现着俄国几千百万的农民在俄国资产阶级革命到来的时期所形成的那些思想和情绪,托尔斯泰是有特色的,因为他的观点的总和,整个说来是有害的,恰好表现着我们革命是个农民的资产阶级革命的特点。"同时,列宁也注意到了托尔斯泰思想中"最清醒的现实主义"与"最恶劣的神甫主义"的矛盾之处。需要特别注意的是,在第三篇解读性文章中,引用了列宁《关于党的组织和党的出版物》的一些重要片段,涉及了列宁的无产阶级文学的"党性原则"的问题。

其实,早在1932年在《论弗理契》中,瞿秋白就认为只有"党派的文艺批评"才真正是马克思主义的。其原因就在于:"马克思主义的哲学经济学政治学都是一种阶级的立场;在有阶级的社会里一切科学不能够不是阶级的立场。资产阶级的学说所以不合于科学,也就不合于事实的缘故在什么地方呢?难道他只是因为他们的立场是阶级的?不是的。这是因为他们阶级的立场不许他们接近事实,这是因为他们的阶级立场需要他们说谎话。无产阶级的党派的立场是最觉悟的了解到无产阶级的利益的立场,这是合于客观事实的立场。离开无产阶级的立场,就是离开社会现实的现象,就是离开人类社会的社会主义发展的前途,这样还要去凌空想出什么抽象的无阶级的或者超阶级的科学真理和客观事实,那实际上就要走到资产阶级的虚伪的客观主义方面去。"①这一原则,经过瞿秋白的运用,变成了中国革命文学理论的一个基本范畴,而且这一文学范畴,在相当长的历史时间内成为中国革命文学发展的指南。

在《马克思文艺论底断篇后记》中,瞿秋白较为清晰地重点论述了无产阶级文学如何正确处理好现实和理想的关系的问题。瞿秋白认为:"自然,说'不要忘记现实主义的要素',并不是要抛弃一切热情、理想、思想和'最终目的'。"②问题是在于怎样把这些情感和理想建筑在现实生活的基础之上。瞿秋白指出:"真正的现实主义——不做资产阶级'科学'底俘虏的现实主义,应当反映到这现实世界之中的伟大的英勇,为着光明理想而牺牲的精神,革命战斗的热情,超越庸俗的尖锐的思想,以及这现实的丑恶所激发的要求改革,要求光明的'幻想'、远

---

① 瞿秋白:《论弗里契》,《瞿秋白文集》(文学编)第2卷,人民文学出版社,1998年,第273页。
② 瞿秋白:《马克思文艺论底断篇后记》,《瞿秋白文集》(文学编)第3卷,人民文学出版社,1998年,第130页。

大的目的。问题是在于怎样把这些情感和理想建筑在现实生活的基础之上,怎样表现意识转变的唯物辩证法的规律性。"①

1930年代,瞿秋白译介的苏联文学作品中,世界无产阶级文学奠基人高尔基的作品是所占比重最大、选择资料最全面、涉及面最广泛的。我们看到,从择取的内容看,瞿秋白既翻译介绍了高尔基在俄国十月革命前创作的作品,又有十月革命后创作的作品;从翻译选择的体裁看,既有短篇小说、诗歌还有长篇小说的片段;从翻译的类别看,既有整本的《高尔基创作选集》,又有谈论创作理论的《高尔基论文选集》。这些累加起来,基本上可以占瞿秋白30年代翻译苏联文学作品总量的五分之四。

实际上,瞿秋白对高尔基的关注与介绍,早在1923年从苏联回国就开始了。在伟大的俄罗斯革命面前,中国革命还是一个需要学习、正在成长的孩子,而那个身披霞光的城市则是中国革命的光明的未来。从这里我们也可以窥见瞿秋白重视翻译高尔基作品的最初动因。瞿秋白把高尔基看成是在俄罗斯黑暗时代,照亮人们心灵的"巨烛";高尔基揭露了旧社会黑暗统治的真相,他把旧时代看成是充满欺骗的时代,把革命看成是对黑暗欺骗的日子的清算,从而表明革命的正义性和必然性。进入30年代以后,高尔基已经成为苏联革命文学的权威性代表,他创作的新内容和艺术性的完美融合,使他在苏联文坛上的影响巨大。对于1930年前后的左翼文坛而言,高尔基作品的典范性对中国革命文学具有现实的指导意义。并且,高尔基创作中所体现出的真实性,所表现出的阶级倾向性和对复杂的社会关系的准确把握,使瞿秋白有机会更进一步通过文本来完善自己的文学观念。正是因为这两个方面的原因,才使得瞿秋白在动荡、艰难、紧迫的上海文艺生涯中用较大的精力来译介高尔基的作品和文论。

瞿秋白从范本及其解读、文论阐释三个方面来介绍高尔基的艺术成就与艺术思想。在《高尔基创作选集》中,瞿秋白一方面为中国文坛

---

① 瞿秋白:《马克思文艺论底断篇后记》,《瞿秋白文集》(文学编)第3卷,人民文学出版社,1998年,第130页。

展示了无产阶级经典作家的文艺作品的完美特质,从而为左翼作家的创作提供了参考与范本;另一方面,他也探讨了革命文学创作如人物、性格、环境、历史等相互关系内部规律。特别是在《高尔基论文选集》中,瞿秋白着重从理论上探讨了普罗文艺的现实主义文学观,在比较了高尔基的论文和鲁迅后期杂感相互之间的共同特点之后,瞿秋白进一步指出了作家的立场:"文艺上反映现实的时候,作家没有可能不表示某种立场的和某种态度。他的每一个字眼里,都会包含着憎恶或是玩赏,冷淡或是热烈的态度……他是在可惜,是在感动,是在号召,是在责备,总之,他必然的抱着一种态度。"①瞿秋白经由高尔基的现实主义文学观念,彻底否定了所谓的"客观现实主义":

> 天下的事实多的很。你究竟为什么只描写这些这一些事实,而不描写那一些事实?天下的现实,每天在变动着。你究竟赞助着或是反对着现实的哪一个方向?你能够中立吗?你的"中立"客观上帮助了谁?这些问题是文学家必须回答的作家需要回答的;每一个文学家也的确在回答着,不过有些利于自己掩饰一下,有意的或是无意的。高尔基的回答是:

> 真实有"两个":一个是临死的,腐烂的,发臭的;另外一个是新生的,健全的,在旧的"真实"之中生长出来的,而否定旧的"真实"的。②

> 关于一切种种社会现象,都有透辟的见解和深刻的考察。他不会像幼稚的革命作家似的,只限于"狭隘的战壕里的生活",他看得见整个"战斗"。要知道"战斗"的目的,"战斗"的事实,是整个社会秩序的改变,是几千百万群众的新生活的痛苦艰难的产生过程,社会关系的各方面的现象都在这"战斗"的范围之中。③

瞿秋白的这些论述是具有现实指导意义的。需要知道,在1930年

---

① 瞿秋白:《高尔基论文选集·写在前面》,《瞿秋白文集》(文学编)第5卷,人民文学出版社,1998年,第324页。
② 同上书,第324—325页。
③ 同上书,第325页。

代前期,中国文坛上有两种不同的倾向:一种是自由主义作家们竭力否认文学的阶级性和作家的阶级立场,称文学到死也是自由的;而另一种则发生在左翼作家内部,不少作家盲目地照搬苏联的理论和经验,在不熟悉革命斗争生活的时候,描写革命斗争,把文学的阶级性,简单地理解为军事斗争。在这样的文化语境下,瞿秋白通过对高尔基的批判性探讨,暗示了文艺界应该认同的进步的标准和准则。还需要特别指出的是,有关高尔基的两本书,是瞿秋白在1932年的间隙中完成的。倘若考虑到当时的险恶的环境和文坛上复杂的情势,我们可以看到:一方面瞿秋白用马克思主义的观点和方法对中国文坛的各种现象进行分析;另一方面,他通过高尔基的创作和评论,来解决中国社会的现实问题。通过系统译介和批判高尔基,瞿秋白为中国左翼文学的理论建设和创作提供了最为完备的样本。

三 瞿秋白对马克思主义文艺思想中国化的发展及其批评实践

早在1923年从苏联归国之后,瞿秋白就萌生了理论联系实际的思想。在1927年自编的《〈瞿秋白论文集〉自序》中,瞿秋白指出:"革命的理论永远不能与革命的实践相离","否则理论便成空谈","我们的著作是想要利于革命的实践的,而并非想'藏之名山传之后人'的"。他进一步提出:要"应用革命理论于革命实践","应用马克思主义于中国国情的工作,断不可一日或缓"。瞿秋白认为:"中国的马克思主义理论,自然已经很久;……我们的前辈:陈独秀同志,甚至于李汉俊先生,戴季陶先生,胡汉民先生及朱执信先生,都是中国第一批的马克思主义者。但是,只有陈独秀同志在革命的实践方面,密切的与群众的社会运动相联结,秋白等追随其后,得在日常斗争中间,力求应用马克思主义于中国的所谓国情。"①正是基于这样的认识，瞿秋白努力运用马克思主义理论系统地研究了中国社会和中国近代历史，分析了中国社会的政治经济状况和阶级关系，探究了中国革命一系列重要问题，提出了比较正确的主张、方法和策略。在这样的整体思路之下，瞿秋白也运用马克思主义文艺思想考察中国的文学实际，着眼于当时的现实斗争，发展和深化了具有中国特色的马克思主义文艺思想。

1. 坚持文艺的阶级性与文艺的美学特性

30 年代初，被称为"自由人"的胡秋原在《文化评论》、《读书杂志》等杂志上发表《阿狗文艺论》、《关于文艺之阶级性》等一系列文章，倡导"我们是自由智识阶级，完全站在客观的立场……无党无派，我们的方法是唯物史观，我们的态度是自由人的立场。……文艺至死是自由的，民主的"。随后，苏汶也以"第三种人"身份，在《现代》上发表《关于"文新"与胡秋原的文艺论辩》、《"第三种人"的出路》、《论文学上的干涉主义》等文，指责"左翼文坛是马克思列宁主义者……他们现在没有功夫来讨论什么真理不真理，他们只看目前的需要。……你假使真是一个前进的战士，你便不会再要真理，再要文艺了"，认为普罗文学使得"文学不再是文学，变成连环画图画之类；而作者也不再是作者了，变成煽动家之类"。胡、苏二人反对文学的阶级性，说普罗文学"勿要侵略文艺"。

在这样的背景下，瞿秋白写下了《"自由人"的文化运动》、《文艺的自由和文学家的不自由》、《"Apoliticism"——非政治主义》等文章，展开了同"自由人"、"第三种人"的文艺论争。他从列宁文艺思想中的党性原则出发，深入论述了文艺与生活的关系，阐发了文艺的阶级性；同时，作为一个文艺大家，瞿秋白也强调了文艺的审美特性和文学活动的特殊规律。

---

① 瞿秋白：《〈瞿秋白论文集〉自序》，《瞿秋白文集》(政治理论编)第 4 卷，人民出版社，1993 年，第 414 页。

瞿秋白首先戳穿了胡秋原"唯物史观"的假马克思主义的真面目，指出"胡秋原先生的艺术理论其实是变相的艺术至上论"，其目的"其实是反对阶级文学的理论"，他进而分析：

> 胡秋原的理论是一种虚伪的客观主义，他恰好把普列汉诺夫理论之中的优点清洗了出去，而把普列汉诺夫的孟塞维克主义发展到最大限度——变成了资产阶级的虚伪的旁观主义。他事实上是否认艺术的积极作用，否认艺术能够影响生活。而一切阶级的文艺却不但反映着生活，并且影响着生活；文艺现象是和一切社会现象联系着的，它虽然不能够决定社会制度的变更，他虽然结算起来始终也是被生产力的状态和阶级关系所规定的，——可是，艺术能够会转去影响社会生活，在相当的程度之内促进或者阻碍阶级斗争的发展，稍微变动这种斗争的形势，加强或者削弱某一阶级的力量。①

> 而事实上，著作家和批评家，有意的无意的反映着某一阶级的生活，因此，也就赞助着某一阶级的斗争。②

在这里，瞿秋白强调了文艺对于生活的反作用。正是因为"艺术能够会转去影响社会生活，在相当的程度之内促进或者阻碍阶级斗争的发展，稍微变动这种斗争的形势，加强或者削弱某一阶级的力量"，所以，作家的立场至关重要。瞿秋白一针见血地指出，在阶级社会里，文学是有阶级性的。胡秋原所谓要求的文艺的自由，不过是"他要文学脱离无产阶级而自由，脱离广大的群众而自由"。因为，在阶级社会里，在中国现时的历史语境下，"当无产阶级公开的要求文艺的斗争工具的时候，谁要出来大叫'勿侵略文艺'，谁就无意之中做了伪善的资产积极的艺术至上派的'留声机'"。

针对苏汶对文学的歪曲，说文学"不但不是一个处女，甚至是一个人尽可夫的卖淫妇，她可以今天卖给资产阶级，明天又卖给无产阶

---

① 瞿秋白：《文艺的自由和文学家的不自由》，《瞿秋白文集》（文学编）第3卷，第58页。

② 同上书，第59页。

级。……既而,因为文学这卖淫妇似乎还长的不错,于是资产阶级想占有她,无产阶级也想占有她。于是文学便只能打算从良。"①瞿秋白针锋相对地指出:

> 事实上文学并不是卖淫妇。文学不止一个,文学也不会被任何一个阶级夺去的。文学是附属于某一个阶级的,许多阶级各有各的文学,根本用不着你抢我夺。只是这些文学之间发展着剧烈的斗争:新兴的阶级,从前没有文学的,现在正在创造着自己的文学;而旧有的阶级,从前就有文学的,现在是在企图剿灭新兴阶级的文学。……而新兴阶级的文艺运动却并不在"霸占"或者"把持"什么,它只要指出一些文学的真面目——阶级性。②

瞿秋白再一次强调了文学本身的阶级性。不同文学之间的斗争,实际上就是不同阶级之间的斗争的反映和体现。因此,苏汶所谓的超然于斗争之外的"第三种人"是不可能存在的,因为:

> 作者——文学家也不必当什么陪嫁的丫鬟,跟着文学去嫁给什么阶级。每一个文学家,不论他们有意的,无意的,不论他是在动笔,或者是沉默着,他始终是某一阶级的意识形态的代表。在这天罗地网的阶级社会里,你逃不到什么地方去,也就做不成什么"第三种人"。③

在《"Apoliticism"——非政治主义》一文中,瞿秋白进一步明确了文艺的阶级性和文艺的能动作用,叙述了文艺的发生与生成,并区分了资产阶级与无产阶级对文艺阶级性这一问题的认识。他说:

> 每一个文学家其实都是政治家。艺术——不论是那一个时代,不论是那一个阶级,不论是那一个派别的——都是意识形态的得力的武器,它反映着现实,同时影响着现实。客观上,某一个阶

---

① 吉明学、孙露茜:《三十年代"文艺自由论辩"资料》,上海文艺出版社,1990年,第99—100页。

② 瞿秋白:《文艺的自由和文学家的不自由》,《瞿秋白文集》(文学编)第3卷,第69页。

③ 同上书,第70页。

级的艺术必定是在组织着自己的情绪,自己的意志,而表现一定的宇宙观和社会观;这个阶级,经过艺术去影响它所领导的阶级(或者,它所要想领导的阶级),并且取捣乱它所反对的阶级。问题只在于艺术和政治之间的联系的方式:有些阶级利于把这种联系隐蔽起来,有些阶级却是相反的。①

然而运用艺术的力量,又必须要有一定的宇宙观和社会观。如果宇宙观和社会观是资产阶级的,那么,那所谓"客观的描写",所谓"艺术的价值"就将要间接的替现存制度服务。同样,那种替"纯艺术"辩护的态度,恰好被反动阶级所利用。②

在反复强调文艺的阶级性的同时,瞿秋白也同样认识到文艺自身的特性。这实际上是瞿秋白对文艺的倾向性与真实性的进一步阐发。当然,在倾向性与真实性的关系上,瞿秋白更重视的是前者,并且在某种程度上将前者推向了极致。但是,在坚持文艺阶级性或倾向性的基础上,瞿秋白还是非常重视文艺的美学特性或真实性的。他指出:

文艺只是煽动之中的一种,而并不是一切煽动都是文艺。……新兴阶级自己也批评一些煽动的作品没有文艺的价值,这并不是要取消文艺的煽动性,而是要煽动作品之中的一部分加强自己的文艺性。而且文艺的反映生活,并不是机械的照字面来讲的留声机和照相机。庸俗的留声机主义和照相机主义,无非是想削弱文艺的武器。真正能够运用艺术的力量,那只是加强煽动的力量;同时,真正为这群众服务的作家,他在煽动工作之中更加能够锻炼出自己的艺术的力量。艺术和煽动并不是不能并存的。③

自然,单有革命的"目的意识"是不能够写出革命的文学的,

---

① 瞿秋白:《"Apoliticism"——非政治主义》,《瞿秋白文集》(文学编)第1卷,人民文学出版社,1998年,第541页。
② 同上书,第543—544页。
③ 瞿秋白:《文艺的自由和文学家的不自由》,《瞿秋白文集》(文学编)第3卷,第68页。

还必须有艺术的力量。①

也就是说,文艺的倾向性和艺术性是相辅相成、辩证统一的。同时,瞿秋白也暗示出,文艺作品不同于政治论文,文艺作品具有自身的特性,必须要就有"艺术的力量",即美学特性。这一点,瞿秋白在随后的文艺大众化的讨论中得到了更加清晰的阐释。

2. 探讨文艺大众化路径,建设大众文学

在中国现代文学史上,瞿秋白是文艺大众化这一重要命题的倡导者和实践者。瞿秋白第一个提出为人民大众服务是革命文学的中心问题。他提倡文艺必须为中国人民的革命事业服务,革命文艺必须表现工农大众的生活、希望和理想,表现人民反帝反封建的革命斗争和革命战争,从而为以后革命文学和整个新文学与人民大众的结合提供了思想基础和实践基础。他的杰出贡献在于:他不仅从理论上阐发了文艺为人民大众服务的必要性,而且着眼于现实斗争和文艺创作的实际,明确了文艺大众化是势在必行的发展趋势,并提出了实施文艺大众化的方案和措施。

实际上,瞿秋白关于文艺大众化的思想是与他的政治思想无法分开的。在1930年代的瞿秋白看来,如同政治上所采取的无产阶级革命运动一样,在文化上,同样也需要展开一场由无产阶级领导的文化(文学)革命运动。在瞿秋白看来,"劳动民众的文化革命,是一个巨大的一切战线上的战斗。这里所说的,只是文学一方面的大致的阵势。然而最主要的是,这种文化上的战斗,是和一般政治经济的斗争联系着的,是总的革命斗争之中的一个队伍"。因此,在此种意义上,瞿秋白暗示:他此刻虽然失去了政治上的身份,但他现在所从事的文学革命和文艺大众化运动,在建设民族国家的"革命"序列中,同如同以前所做的政治工作一样具有重要的意义。

---

① 瞿秋白:《"Apoliticism"——非政治主义》,《瞿秋白文集》(文学编)第1卷,第543—544页。

从 1931 年冬开始,于左联第二次文艺大众化讨论期间,瞿秋白先后写作了《大众文艺和反对帝国主义的斗争》《普洛大众文艺的现实问题》《大众文艺的问题》《"我们"是谁?》《欧化文艺》《五四和新的文化革命》《再论大众文艺答止敬》等文章,这是瞿秋白文艺大众化理论的全面建设时期。在这一时期里,瞿秋白的理论话语逐渐消除了前一阶段的极度的政治性情绪,开始从学理上、学术上较为平和的去探讨与阐发。这些文章不仅从理论上申述了文艺大众化的重要性,而且从实际出发,提出了推动文艺大众化运动的建议和措施。

瞿秋白的大众文艺是具有明晰的现实功利性的。瞿秋白区分了两种大众文艺:一种是革命的大众文艺,一种是反动的大众文艺。瞿秋白认为,要使大众文艺更好地服务于现实斗争,就必须要求革命的作家要向群众学习,才能创造出革命的大众文艺作品。瞿秋白考察了二三十年代文艺大众化的发展情况,分析了文艺大众化的现状,同时也指出了当前在知识分子作家心态中存在的分歧和不得不面对的问题:

> 甚至于有人说:不能够把艺术降低了去凑合大众的程度,只有提高大众的程度,来高攀艺术。这是现在的中国情形之下,简直是荒谬绝伦的论调,现在的问题是:革命的作家要向群众去学习。现在的作家,难道配讲要群众去高攀他吗?老实说不配。①

> 笼统的说什么新的内容必须用新的形式,什么只应当提高群众的程度来鉴赏艺术,而不应当降低艺术的程度去迁就群众——这一类的话是"大文学家"的妄自尊大!②

瞿秋白认为,之所以出现这样荒谬绝伦的论调,不是群众本身的问题,因为"也许群众比作者更加理解革命得多,群众自己在那里干着革命的斗争";而是因为"作者不理解革命,而且在文艺的形式方面和言语方面不肯向群众去学习,不肯承认自己的文字的艰难",并且"不肯

---

① 瞿秋白:《普洛大众文艺的现实问题》,《瞿秋白文集》(文学编)第 1 卷,第 463 页。
② 瞿秋白:《大众文艺的问题》,《瞿秋白文集》(文学编)第 3 卷,第 18 页。

都到群众里去,同着群众一块来创造新的文艺"。因此,他指出如此论调的实质是"表现着智识分子脱离群众的态度,蔑视群众的态度"。

> 两三年来除出空谈之外什么成绩也没有! 最主要的原因,还只是智识分子的小团体,而不是群众的运动。这些革命的智识分子——小资产阶级,还没有决心走进工人阶级的队伍,还自己以为是大众的教师,而根本不肯"向大众去学习"。因此,他们口头上赞成"大众化",而事实上反对"大众化",抵制"大众化"。何大白的这篇文章就暴露出这一类的智识分子的态度,这使我们发现"大众化"的深刻的障碍。——这就是革命的文学家和"文学青年"大半还站在大众之外,企图站在大众之上去教训大众。①

在瞿秋白看来,之所以会形成这种现象,最根本的原因就是知识分子所造成的在身份、知识、精神等几个方面与大众的对立与隔阂,而没有认识到要真正实行与实现文艺大众化的任务,必须首先要消除"智识阶级"的身份,认同"我们"仅仅是"大众"里的一员的思想观念。因此,对于知识分子而言,不仅仅是语言的大众化,而更必须要实现"生活大众化",精神大众化。

> 现在的主要工作,因此应当是创造普洛的大众文艺,——应当向那些反动的大众文艺宣战。这是一条唯一的道路——可以造成新的群众的言语,新的群众的文艺,站到群众的"程度"上去,同着群众一块儿提高艺术的水平线。所谓"非大众的普洛文艺"和"普洛大众文艺"之间的区别,将要在这一条道路上逐渐的消灭净尽。②

> 这需要到群众中间去学习。在工作的过程之中去学习。即使不能够自己去做工人,农民……至少要去做"工农所豢养的文丐"。不是群众应该给文学家服务,而是文学家应当给群众服务。

---

① 瞿秋白:《"我们"是谁?》,瞿秋白文集(文学编)第1卷,第486页。
② 瞿秋白:《普洛大众文艺的现实问题》,瞿秋白文集(文学编)第1卷,第463—464页。

不要只想群众来捧角,来请普洛文学导师指导,而要去向群众唱一出"莲花落"讨几个铜板来生活,受群众的教训。……将要有真正的机会去观察,了解,经验那工人和贫民的生活和斗争,真正能够同着他们一块儿感觉到另外一个天地。要知道:单是有无产阶级的思想是不够的,还要会像无产阶级一样的去感觉。①

瞿秋白设想:左翼作家最初必须向群众学习他们的语言,之后进入到工农之中,去经验与感受他们的生活方式和精神状态,最后完成知识分子生活方式和精神世界的蜕变;同时,培养和"造成劳动者的文艺运动的干部"。通过这样的方式,瞿秋白设计了"无产阶级的'五四'"的整体规划:在文化革命的第一阶段中,是由小资产阶级知识分子作为文化(文艺)运动的主体,在这一阶段中,"向群众去学习,同着群众一块儿奋斗"。一方面,知识分子必须要完成自己的身份乃至精神的转变:从知识分子到工农大众;从各种错综复杂的精神感受到"会像无产阶级一样的去感觉",从而创造出合乎民众生活、民众语言习惯的大众化的艺术作品。另一方面,知识分子也必须要有目的的去培养工农通讯员,使"工人和农民自己在这里将要学到运用自己的言语的能力",而一旦工农通讯员成为文艺大众化的创作活动主体,那么,无产阶级的"五四"文化革命运动就到达了第二阶段。在这个阶段可以开展一场特殊的社会主义文化运动,群众参加的数量将不断增长,文艺作品质量也将稳步提升,由此,文化领域知识分子一统天下的局面将被打破。但是,瞿秋白也反复指出,这个过程是"伟大的"但也是"艰难的长期的","这都需要长期的刻苦的切实的有组织有系统的工作"。从而,在一定意义上也批评了当时左翼出现的某些"革命的浪漫蒂克"现象与冲动。

革命大众文艺应当运用什么样的创作方法?瞿秋白明确回答:"必须用普洛现实主义的方法"。瞿秋白从总结历史经验教训入手,坚决反对革命作家之中那种没有"社会根蒂"、"不知道工人贫民的生活","浮萍式的男女青年的'气派'"。他认为,无产阶级需要认识现

---

① 瞿秋白:《普洛大众文艺的现实问题》,瞿秋白文集(文学编)第1卷,第481页。

实,为着要去改变现实。无产阶级不需要矫揉做作的麻醉的浪漫蒂克来鼓舞,他需要切实地了解现实,而在行动斗争之中去团结自己,武装自己;他有现实的将来的灯塔指导着最热烈最英勇的情绪,去为着光明而斗争。因此,普洛大众文艺,必须用普洛现实主义的方法来写。

在瞿秋白看来,"普洛现实主义"的创作方法,首先要求革命的作家在写工农民众和其他题材时,要以无产阶级思想作指导,既不能站在统治阶级剥削阶级的地位来可怜下层民众,也不能站在个人主义的立场上去宣扬"个人英雄决定一切"。

要创作出为群众所欢迎的"普洛现实主义"文艺作品,还必须要有艺术的技巧和匠心。如果仅仅几句抽象的理论,用说书的形式表现出来,决不是文艺作品,只能是通俗的论文。瞿秋白反对早期革命文学创作中那种口号式的、标语式的、留声机式的所谓革命文学创作,反对用机械的非辩证的"推论"、"归纳"的写作方式,而强调必须用"描写"、"表现"的文学手法,强调用"具体的形象"去艺术化的实现文艺的阶级性和倾向性。

瞿秋白还指出,要广泛全面地接受和传播大众文艺运动,必须要做好以下几项工作:一是开展俗话文学革命运动,通过"彻底的俗话本位的文学革命",详细研究中国俗话的文法、句法,使普罗大众文艺"有和群众共同的言语"。二是进行街头文学运动。革命作家,尤其是文学青年,要到工厂、农村和十字街头去说书、演戏,去体验工农大众的生活和斗争,去为群众服务。三是开展工农通讯运动,使工农群众学习和掌握运用自己的语言的能力以及大众文艺所需要的知识。四是实行自我批评的运动。对于过去的错误,要认真总结经验教训,以免在大众文艺运动中重蹈覆辙。只有经常地实事求是地开展批评和自我批评,和一切不正确的倾向作斗争,普罗大众文艺运动才能够健康地发展。

综上所述,瞿秋白在论大众文艺的一系列著作中,对于许多重要的马克思主义文艺理论的原则问题,如文艺和政治、文艺与群众、文艺与生活、文艺与传统、创作方法等,都作了深入的探讨和详尽的论述。这些文章不仅继承了"五四"新文化运动的精神,在当时产生了积极而广泛的影响,而且也是毛泽东《在延安文艺座谈会上的讲话》中关于文艺大众化思想的直接来源。

3. 运用马克思主义文艺思想,科学总结与高度评价鲁迅

1930年3月,鲁迅在回顾他与创造社、太阳社论争时说过的那句话就意味深长——"我那时就等待有一个能操马克思主义批评枪法的人来狙击我的,然而他终于没有出现"①。而瞿秋白可以说就是第一个"能操马克思主义批评枪法来狙击"鲁迅的狙击手。

瞿秋白写于1933年4月的《〈鲁迅杂感选集〉序言》,是一篇充分占有已有材料,运用马克思主义的观点、方法,第一次对鲁迅作出了正确评价的论文。从瞿秋白的主观意图而言,选编《鲁迅杂感选集》(以下简称《选集》),有着瞿秋白珍重与鲁迅的友谊,怀着感激之心而要给鲁迅的书"留下一个永久的纪念"②的特殊意义;更重要的是全新定位鲁迅"不但因为这是中国思想史上的宝贵的成绩,而且也为着现实的战斗"③。因此,如果考虑瞿秋白和鲁迅在当时的身份和影响,瞿的此举必然地具有政治的、思想的乃至文化的意义的。而事实也的确如此:鲁迅的声望虽在这一时期攀至巅峰,不少有识之士对他是认同并敬重的,但"有些人对鲁迅的为人和他的伟大的作品缺乏正确的认识,甚至对他进行攻击和谩骂"。因此,"有必要为鲁迅辨明是非,给鲁迅一个正确的评价"。这对于进一步巩固和壮大左翼文艺阵营,更加有力地反击国民党的"文化围剿",都将产生正面的影响。从这个意义上说,瞿秋白选编《鲁迅杂感选集》乃是一个颇合时宜的重大举措。

瞿秋白从两个方面完成了对鲁迅的评价:一方面瞿秋白运用历史唯物主义观,系统的研究了鲁迅所生活的时代、社会以及中国革命,探究了鲁迅思想和鲁迅杂文得以产生的经济、政治、文化语境,并以鲁迅与中国革命特别是与思想革命、文化革命的关系作为切入点,来考察鲁

---

① 鲁迅:《二心集·对于左翼作家联盟的意见》。
② 姚守中等编著《瞿秋白年谱长编》,江苏人民出版社,1992年,第365页。
③ 瞿秋白:《〈鲁迅杂感选集〉序言》,《瞿秋白文集》(文学编)第3卷,第95—120页。以下引文如不说明,均出自该文本。

迅思想在中国近现代史上的地位；另一方面，瞿秋白以高屋建瓴般的学术视野、坚实的学术品格，准确、全面地考察鲁迅杂感的真实特性和生动风貌。瞿秋白的《〈鲁迅杂感选集〉序言》，可谓是政治和学术高度统一的科学评价，也是瞿秋白马克思主义文艺批评实践的最具典型性的代表作品。

首先，瞿秋白一开篇就提出了"鲁迅是谁"的问题。他以鲁迅与中国革命的关系作为视角，作出了迥异于俗论和偏见的回答，勾勒出鲁迅那为着进步的理想而战斗不已的革命家的伟大形象。瞿秋白引了列宁的这样一段话：

> 吃人经济的存在，剥削的存在永远要产生反对这种制度的理想，在被剥削的群众自己之中是如此，在所谓智识阶层的个别代表之中也是如此。这些理想对于马克思主义者都是很宝贵的。

在瞿秋白看来，鲁迅的革命理想，是集民族解放的使命、劳动解放的事业、无产阶级的阶级解放三位一体的。瞿秋白认为："最优秀的最真诚的不肯自己背叛自己的光明理想的分子，始终是要坚决的走上真正革命的道路的。"而鲁迅就是忠实于革命理想的最优秀最真诚的知识分子，瞿秋白指出，鲁迅早年便怀着"反对剥削制度的朦胧的理想"；"鲁迅的思想反映着一般被蹂躏被欺骗的人们的彷徨和愤激，他才从进化论最终的走到了阶级论，从进取的争求解放的个性主义进到了战斗的改造世界的集体主义"。瞿秋白进一步总结道："如果在以前，鲁迅早就感觉到中国社会里的科举式的贵族阶级和租佃官僚制度之下的农奴阶级之间的对抗，那么，现在他就更清楚的见到那种封建式的阶级对抗之外，正在发展着资本和劳动的对抗。"最终，鲁迅认识到，他的反对剥削制度的朦胧的理想，"只有同着新兴的社会主义的先进阶级前进，才能够实现，才能够在伟大的斗争的集体之中达到真正的'个性解放'"。很有意思的是，瞿秋白的分析完全可以和鲁迅在《二心集·序言》中所说的"原先是憎恶这熟识的本阶级，毫不可惜它的溃灭，后来又由于事实的教训，以为惟新兴的无产者才有将来"的自白相互印证，互相契合。

在探讨鲁迅坚持革命理想的品质时,瞿秋白特别注意到鲁迅对否定理想的市侩式的实用主义和摇摆不定的小资产阶级狂热性的批判和贬斥:"横梗在思想界前面的重要问题,是理想没有用处,革命的乱闹就是由于一味理想。""提高了他的喉咙含含胡胡说:'狗有狗道理,鬼有鬼道理,中国与众不同,也自有中国道理。道理各各不同,一味理想,殊堪痛恨'。"瞿秋白认为:

> 对于这个问题的答复,却是新文化运动内部分化的开始。……反对派说一味理想不行,胡适之也赶着大叫"少研究主义,多研究问题"。这种美国市侩式的实际主义,是要预防新兴阶级的伟大理想取得思想界的威权。而鲁迅对于这个问题——革命主义和改良主义的分水岭的问题,——是站在革命主义方面的。他揭穿那些反理想重经验的人的假面具,指出他们的所谓'经验'正是皇帝和奴才的经验!

在这里,瞿秋白把鲁迅坚持革命理想的坚定性与那些小资产阶级浪漫谛克的革命家的摇摆性作了鲜明的对比,他引用鲁迅犀利的话语来为那些革命"才子"们画像:

> 革命的怒潮到了,他们一定是革命的;革命的暂时失败了,他们之中也一定有些消极,有些叛变,有些狂跳,而表示一些"令人'知道点革命的厉害',只图自己说得畅快的态度,也还是中了才子+流氓的毒"(《二心集:上海文艺之一瞥》)。

瞿秋白在回答"鲁迅是谁"、论定鲁迅革命家的社会形象的时候,还深刻地分析了鲁迅革命精神的阶级的、社会的基础,指出了其根本的特点,揭示了这一伟大的"精神界之战士"的思想发展轨迹。

俄国激进的民主主义思想家赫尔岑就曾引莱谟斯喝狼乳长大为喻,来赞美英勇的贵族革命家十二月党人。瞿秋白也把鲁迅称为"是野兽的奶汁所喂养大的"莱谟斯。瞿秋白把鲁迅比喻为莱谟斯,是直接借鉴了赫尔岑,借用这个西洋神话典故,喻指鲁迅革命的坚决性、彻底性、进步性,立场鲜明地确立起鲁迅这位在中国革命的准备和进行上发挥了伟大作用的作家的真正的历史地位。他明确地说:

> 是的,鲁迅是莱谟斯,是野兽的奶汁所喂养大的,是封建宗法社会的逆子,是绅士阶级的贰臣,而同时也是一些浪漫谛克的革命家的诤友!他从他自己的道路回到了狼的怀抱。

需要指出的是,瞿秋白讲述莱谟斯的故事的那些隐晦而双关的语言是具有特殊意义的:

> 莱谟斯是永久没有忘记自己的乳母的,虽然他也很久的在"孤独的战斗"之中找寻着那回到"故乡"的道路。他憎恶着天神和公主的黑暗世界,他也不能够不轻蔑那虚伪的自欺的纸糊罗马城,这样一直到他回到"故乡"的荒野,在这里找着了群众的野兽性,找着了扫除奴才式的家畜性的铁扫帚,找着了真实的光明的建筑,——这不是什么可笑的猥琐的城墙,而是伟大的簇新的星球。

这几乎就是在讲20世纪头30年中国的现实,这就是从中国伟大的历史裂变中诞生、成长起来的民众之子鲁迅的战斗道路。那么,鲁迅特有的革命的彻底性和坚决心、持久力的成因是什么呢?从社会史、思想史的角度,瞿秋白加以具体分析:

> 从维新改良的保皇主义到革命光复的排满主义,虽然有改良和革命的不同,而士大夫的气质总是很浓厚的。……在这种根本倾向之下,当时的思想界,多多少少都已埋伏着复古和反动的种子,要想恢复什么"固有文化"。独有现代式的小资产阶级智识阶层的萌芽,能够用对于科学文明的坚决信仰,来反对这种复古和反动的预兆。鲁迅和当时的早期革命家,同样背着士大夫阶级和宗法社会的过去。但是,他不但很早就研究过自然科学和当时科学上的最高发展阶段,而且他和农民群众有比较巩固的联系。他的士大夫家庭的败落,使他在儿童时代就混进了野孩子的群里,呼吸着小百姓的空气。这使得他真像吃了狼的奶汁似的,得到了那种"野兽性"。

在这里,一方面,瞿秋白指出了鲁迅与当时一般站在时代思潮前头的知识分子共同的特点——接受科学文明的洗礼和启蒙作为观照、清算封建文化的思想武器;另一方面,瞿秋白也着重指出构成鲁迅思想特点和战斗精神的一个最根本最重要的因素——鲁迅与民众的亲近而濡染的"野兽性"。瞿秋白把"野兽性"、"狼性"置放于鲁迅所主张的"对于旧社会和旧势力的斗争,必须坚决,持久不断,而且注重实力"、"打落水狗"、对于压迫的"复仇主义"等思想与语言中来加以考察。瞿秋白正是抓住了这一贯穿鲁迅思想发展轨迹始终的最突出的特征,才找到鲁迅精神中最本质的质素——源自于中国农民的革命民主主义的政治要求和立足现实的处世态度。

> 鲁迅的"野兽性",正是他艰难挪出中国人深陷其中的"瞒和骗的大泽"的结果,他没有任何奴颜媚骨,也没有任何虚伪矫饰。他"是封建宗法社会的逆子,是绅士阶级的贰臣"。他为革命的农民铸造复仇之剑,也为不幸却又不争的阿 Q 们鞭笞着灵魂。
>
> 小资产阶级的智识阶层之中,有些是和中国的农村,中国的受尽了欺骗、压榨、束缚、愚弄的农民群众联系着。这些农民从几千百年的痛苦经验之中学会了痛恨老爷和田主,但是没有学会,也不能够学会怎样去回答这些问题,怎样去解除这种痛苦。
>
> 科举式的封建等级制度,给每一个"田舍郎"以"暮登天子堂"的幻想;租佃式的农奴制度给每一个农民以"独立经济"的幻影和"爬上社会的上层"的迷梦。这都是几百年来的"空前伟大的"烟幕弹。而另一方面,在极端重压的没有出路的情形之下,散漫的剥夺了取得智识文化的可能的小百姓,只有一厢情愿的找些"巧妙"的方法去骗骗皇帝官僚甚至于鬼神。大家在欺人和自欺之中讨生活。

最后,瞿秋白用精妙而概括化的语言总结了鲁迅思想的发展道路:

> 鲁迅从进化论进到阶级论,从绅士阶级的逆子贰臣进到无产阶级和劳动群众的真正的友人,以至于战士,他是经历了辛亥革命以前直到现在的四分之一世纪的战斗,从痛苦的经验和深刻的观察之中,带着宝贵的革命传统到新的阵营里来的。

在这个著名的论断中,隐含着鲁迅对于中国农民的生活、思想和命运的全部"痛苦的经验和深刻的观察"。在这个意义上,我们才真实而深切地感受到瞿秋白关于鲁迅思想发展径路的揭示,是多么深刻地触及了鲁迅与中国革命——无产阶级领导的以农民为主力军的新民主主义革命——之间的隐秘联系。因此,瞿秋白无论是借喻于莱谟斯,还是强调"野兽性"、"狼性",都是对鲁迅独特的革命性的隐蔽而巧妙的高度评价与推崇。

鲁迅的杂感究竟有怎么样的文学和社会价值,这是品评鲁迅的关键所在。瞿秋白对鲁迅杂文的科学评价,主要从以下几个方面展开:

首先,瞿秋白深刻分析了鲁迅杂感产生的社会原因,首肯鲁迅杂文的战斗性。文章一开始,便引述卢那察尔斯基为《高尔基作品选集》所写的序言,反驳与痛斥象牙塔里的绅士对高尔基这样的革命文学家的嘲笑。

> 你想用什么来骂倒我呢?难道因为我要改造世界的那种热诚的巨大火焰,它在我的艺术里也在燃烧着么?

正像卢那察尔斯基为高尔基作品写序,为高尔基的艺术中燃烧着的改造世界的政治热情的巨大火焰辩护一样,瞿秋白为鲁迅的杂感选集写序,开宗明义,也为被讥为"杂感专家"的鲁迅崇高的战斗精神辩护。瞿秋白严肃地指出:

> 革命的作家总是公开的表示他们和社会斗争的联系;他们不但在自己的作品里表现一定的思想,而且时常用一个公民的资格出来对社会说话,为着自己的理想而战斗,暴露那些假清高的绅士艺术家的虚伪。

接着,瞿秋白便对鲁迅的杂感文体作了整体性的评价,并分析了这一特殊文体得以产生的社会及作家个人两个方面的动因:

> 鲁迅的杂感其实是一种"社会论文"——战斗的"阜利通"(Feuilleton)。谁要是想一想这将近二十年的情形,他就可以懂得这种文体发生的原因。急遽的剧烈的社会斗争,使作家不能够从

容的把他的思想和情感熔铸到创作里去,表现在具体的形象和典型里;同时,残酷的强暴的压力,又不容许作家的言论采取通常的形式。作家的幽默才能,就帮助他用艺术的形式来表现他的政治立场,他的深刻的对于社会的观察,他的热烈的对于民众斗争的同情。不但这样,这里反映着"五四"以来中国的思想斗争的历史。杂感这种文体,将因为鲁迅而变成文艺性的论文(阜利通——Feuilleton)的代名词。自然,这不能够代替创作,然而它的特点是更直接的更迅速的反应社会上的日常事变。

可以说,这的确是对鲁迅杂文的一个经典性的概括。瞿秋白从社会斗争的急遽和切迫,专制政治残酷的压力,作家独具的幽默才能这三个角度,来理解鲁迅杂文产生的原因,阐发鲁迅杂文的思想史的价值和文艺价值。鲁迅的杂感,正因及时而完整地反映着近二十年的社会斗争,所以才有了不可替代的历史价值;正因充分发挥了作家的幽默才能以应对统治者的高压,所以也才有了不容模仿的文艺价值。瞿秋白郑重的预言:鲁迅所独创的杂感这种文体"将要因为鲁迅而变成文艺性的论文(阜利通——Feuilleton)的代名词"。

有意思的是,鲁迅本人对瞿秋白的《〈鲁迅杂感选集〉序言》也评价颇高。据许广平和杨之华回忆:鲁迅一边看一边沉思,看了很久,香烟头快烧到他的手指了,也没有感觉到。读完之后,鲁迅关切而感慨地对瞿秋白说:"你的写作环境比我坏得多。"[①]在与冯雪峰的谈话中,鲁迅表示:"分析是对的,以前就没有人这样批评过";"作这种评价的还只有何凝(按:秋白的笔名)一个人;同时,看出我攻击章士钊和陈源一类人,是将他们作为社会上的一种典型的一点来的,也还只有何凝一个人"。[②]"只是说得太好了,应该坏的地方也多提起些。"[③]

1933年7月,《鲁迅杂感选集》出版,瞿秋白的《序言》在文艺界乃

[①] 许广平:《秋白同志和鲁迅相处的时候》,载1959年《语文学习》6月号。杨之华:《忆秋白》,《忆秋白》,人民文学出版社,1981年,第217页。
[②] 冯雪峰:《回忆鲁迅》,人民文学出版社1981年,第132页。
[③] 同上。

至整个文化思想界,都引起了颇为巨大的震动。有众多进步的文化界人士,都在自己研究鲁迅的文章中不断征引《序言》的观点作为自己研究的立足点。据曹靖华回忆,他有一次曾与周恩来谈到《序言》时,曹说:"论鲁迅先生的文章,在思想和艺术性上,能赶上瞿秋白写的《〈鲁迅杂感选集〉序言》的,还没有。"周恩来接着说:"我有同感。"①可以说,瞿秋白的这篇序言,奠定了马克思主义的鲁迅学的基础,开辟了科学的认识鲁迅、评价鲁迅的道路,这是一条以分析鲁迅作品文本为基础,以高度的学术性和高度的政治性统一为方法,对鲁迅其人其文进行准确评价的马克思主义文艺批评的道路。

毋庸讳言,作为特定历史时期的人物,瞿秋白的文艺思想也存在着这样那样的缺陷,比如,对苏联文艺理论过多的搬用,从而过分政治化,比如过于强烈的政治功利性,某些论述过于偏激等;但是,历史已经证明,作为杰出的马克思主义文艺思想家,瞿秋白在马克思文艺理论的传播以及本土化的过程中作出了巨大的贡献。瞿秋白的马克思主义文艺思想,上承"五四"新文化运动,下启中国三四十年代文艺理论,在中国马克思主义文艺理论发展史上,担负着承上启下的重要角色。甚至在今天看来,他的众多文艺思想,仍然具有重要的现实意义。所以,在此种意义上,瞿秋白的确像毛泽东所说过的那样:他"将永远活着,不会死去"。

---

① 曹靖华:《往事漫忆——鲁迅与瞿秋白》,《光明日报》,1980 年 8 月 26 日。

第四章 鲁迅与左翼作家群的马克思主义文学观

鲁迅是中国现代最伟大的文学家之一,同时他也是最伟大的思想家与文论家之一。他的思想博大精深,很难用几句简单的话来概括。就思想资源来说中国古代文化、西方近代思潮都被他所吸收,但在1927年之后,真正决定他的文学观念的一是丰富的生活经验,二是切实的文学经验,三是马克思主义的基本原理以及文学思想。鉴于鲁迅的研究成果已经极为丰富,我们这里拟根据鲁迅接受马克思主义影响的程度将鲁迅的文学思想分为"接受马克思主义之前的文学思想"、"过渡时期的文学思想"和"成熟时期的文学思想"三个阶段,于每一阶段抓住几个重要问题来进行考察。

一 接受马克思主义之前的文学思想

鲁迅,原名周树人,字豫才,鲁迅是他发表第一篇白话小说《狂人日记》时用的笔名。1881年9月25日生于浙江绍兴。自幼在家乡读私塾达十年之久。1898年5月入江南水师学堂,次年2月转入矿务铁路学堂。1902年赴日本留学,先学医学,后弃医从文。大量阅读西方哲学与文学著作,渐渐形成比较成熟的文学观念。1909年回国后直至去世,或从事教育,或从事行政,但始终都在文学领域辛勤耕耘,遂成一代文学大师。

正如那个时期的中国精英知识分子一样,青年时期的鲁迅同样信奉进化论与人道主义、个人主义思想,同时又为中国的积贫积弱、愚昧落后所困扰,从而激发起一种带有民族主义色彩的爱国情怀。这种复杂的思想表现于文学方面,则是要求文学发挥振奋人心的精神。这一点在 1907 年撰写的《摩罗诗力说》与翌年的《文化偏至论》中有清楚地表现。他说：

> 盖诗人者,撄人心者也。凡人之心,无不有诗,如诗人作诗,诗不为诗人独有,凡一读其诗,心即会解者,即无不自有诗人之诗。无之何以能解？惟有而未能言,诗人为之语,则握拨一弹,心弦立应……

诗的作用在于"撄人心",也就是引起人们的共鸣,激发起人们的感情。那么鲁迅主张激发人们怎样的感情呢？他列举了一大批其所敬仰的诗人,如雪莱、拜伦、普希金、莱蒙托夫、密茨凯维支、裴多菲等,然后指出：

> 上述诸人,其为品性言行思惟,虽以种族有殊,外缘多别,因现种种状,而实统于一宗：无不刚健不挠,抱诚守真；不取媚于群,以随顺旧俗；发为雄声,以起其国人之新生,而大其国于天下。

由此可知,鲁迅是希望文学能够激发人们一种昂扬进取、刚健不屈的雄豪精神,从而实现民族的振兴与国家的强盛。这与陈独秀于 1915 年所极力倡导的"抵抗力"是同样一种精神,都是指向实际的行动的。鲁迅说：

> 摩罗之言,假自天竺,此云天魔,欧人谓之撒但,人本以目裴伦(G. Byron)。今则举一切诗人中,凡立意在反抗,指归在动作,而为世所不甚愉悦者悉入之,为传其言行思惟,流别影响,始宗主裴伦,终以摩迦(匈加利)文士。凡是群人,外状至异,各禀自国之特色,发为光华；而要其大归,则趣于一；大都不为顺世和乐之音,动吭一呼,闻者兴起,争天拒俗,而精神复深感后世人心,绵延至于无已。

这是一种反抗世俗的精神,是摧毁一切旧势力的伟大精神,是长期受儒家精神熏陶并被君主专制所压迫的中国人最缺少,也最需要的一种精神。梁启超提倡"三界革命",赋予文学,特别是小说以极为重大的意义与社会功能,可以说与鲁迅完全出于同样的意图：都是中国式的启蒙精神的表现。"立意在反抗,指归在动作"可以说是 20 世纪初期那些有志于改造中国的知识分子对于文学提出的普遍要求,也是鲁迅一生的文学活动所追求的目标。

但是鲁迅又深谙文学之为文学的独特性之所在,他绝对不希望文学成为一种简单的政治宣传:

> 由纯文学上言之,则以一切美术之本质,皆在使观听之人,为之兴感怡悦。文章为美术之一,质当亦然,与个人暨邦国之存,无所系属,实利离尽,究理弗存。故其为效,益智不如史乘,诫人不如格言,致富不如工商,弋功名不如卒业之券。特世有文章,而人乃以几于具足。英人道覃(E. Dowden)有言曰,美术文章之杰出于世者,观诵而后,似无禅于人间者,往往有之。然吾人乐于观诵,如游巨浸,前临渺茫,浮游波际,游泳既已,神质悉移。而彼之大海,实仅波起涛飞,绝无情愫,未始以一教训一格言相授,顾游者之元气体力,则为之陡增也,故文章之于人生,其为用决不次于衣食,宫室,宗教,道德。

这段话是说文学之为文学尽管有其社会政治的功用,但其所实现这一功用的方式却极为独到:它不是靠给人知识、智慧和财富来影响社会人生的,而是在于潜移默化地变化人的气质,在不知不觉中激发起人们心灵深处久已潜存的某种精神,其作用不下于衣食、宫室之于生命,宗教、道德之于精神。前面所引述的那些宣扬抵抗力的话是讲文学最终的功用;后面所引的讲述文学的"美术之本质"的话是讲文学实现其功能的具体方式。二者并不矛盾。这种观点为鲁迅后来一直坚持。他在1928年所写的一篇文章中指出:

> 我以为一切文艺固然是宣传,而一切宣传却并非全是文艺,这正如一切花皆有色(我将白色也算作色),而凡颜色未必都是花一样,革命之所以于口号、标语、布告、电报、社科书……之外,要用文艺者,就因为它是文艺。[①]

[①] 鲁迅:《文学与革命》,见《鲁迅全集》第4卷,人民文学出版社,1981年,第68页。以下所引《鲁迅全集》未注明版本者均为人民文学出版社1981年版。

这是很辩证,也很深刻的思想。或许可以说凡是文艺都具有宣传的功能,但文艺绝不仅仅有宣传的功能,它还有其他的功能,特别是审美。这正是文艺不同于其他宣传方式的地方。文艺的独特性就使它对于革命而言也具有不同于其他宣传方式的价值与意义。

在"五四"运动之前鲁迅对于中国传统文化的看法也表现出一种辩证的态度,有些观点即使在今天也还具有重要的启发意义。在1908年写的《文化偏至论》一文中鲁迅指出:

> 明哲之士,必洞达世界之大势,权衡较量,去其偏颇,得其神明,施之国中,翕合无间。外之既不后于世界之思潮,内之仍不失固有之血脉,取今复古,别立新宗,人生意义,致之深邃,则国人之自觉至,个性张,沙聚之邦,由是转为人国。

"外之既不后于世界之思潮,内之仍不失固有之血脉,取今复古,别立新宗"真是振聋发聩之论!生于今之世,欲求国家达到世界之领先水平,就必须放眼天下,关注世界潮流,凡是人类的新创造一概有所了解,是好东西一律吸收利用之;同时对数千年传承的中国固有文化亦绝对不采取鄙薄轻视态度,更不能将中国近世落后的责任全部归之于传统文化,而是应该冷静分析,将中国文化中那些堪称精华的内涵继承下来并发扬光大之。在此基础上建设既非"全盘西化"的异质文化,又非"保存国粹"而得的古代文化,而是同时包含着西方文化与中国传统文化之精华,并加以融会贯通、重新组合之新文化。这才是适合着中国今日之需求的文化。认为中国传统文化中蕴含着今日应该继承的精华是此期鲁迅的一个重要观点,他说:

> 中国之在天下……若其文化昭明,诚足以相上下者,盖未之有也。(《文化偏至论》)
>
> 中国之立于亚洲也,文明先进,四邻莫与之伦,蹇视高步,因益为发达,及今日虽凋零,而犹与西欧对立,此其幸也……则震旦为国,得失滋不云微,得者以文化不受影响于异邦,自具特征之光彩,近虽中衰,亦世希有。(《摩罗诗力说》)
>
> 顾吾中国,则夙以普崇万物为文化本根,敬天礼地,实与法式,

发育张大,整然不紊。复载为之首,而次及于万汇,凡一切睿知义理与邦国家族之制,无不据是为始基焉。效果所著,大莫可名,以是而不轻旧乡,以是而不生阶级……(《破恶声论》)

这都是对中国固有文化的礼赞,而且绝不是仅仅出于民族自尊而发出的礼赞,毋宁说是一种冷静的理性思考。中国传统文化以礼义并效法天地自然为根本,讲究上下和谐、社会一体,使得中华文化延绵五千年而不衰,这的确是中国文化极为独到,极为伟大之处。因此弘扬中国固有文化命脉,吸收外来先进文化,重建一种既包含着传统精神,又具有现代意义的新型文化,应该是每个中国人的神圣使命。这是一个尚未完成的课题,在近一个世纪后的今天依然具有重要价值。

青年鲁迅如此强调"摩罗诗力"的目的是借助于文学鼓荡人们心灵的独特功能来唤醒人心,改造国民性。因为中国历来的封建文化都是反对矛盾冲突的,他说:

中国之治,理想在不撄,而意异于前说。有人撄人,或有人得撄者,为帝大禁,其意在保位,使子孙王千万世,无有底止,故性解之出,必竭全力死之;有人撄我,或者能撄人者,为民大禁,其意在安生,宁蜷伏堕落而恶进取,故性解之出,亦必竭全力死之。(《摩罗诗力说》)

这可以说一针见血地揭示了中国封建文化的基本特征:向后看,求和谐,反对进取,反对变化,当然也就反对冲突与对立。其目的是强化和巩固现存社会秩序,从而使君主统治永远延续。

抑吾闻生学家言,有云反种一事,为生物中每现异品,肖其远先,如人所牧马,往往出野物,类之不拉,盖未驯以前状,复现于今日者。撒但诗人之出,殆亦如是,非异事也。独众马怒其不伏箱,群起而交底踶之,斯足悯叹焉耳。(《摩罗诗力说》)

这就是说,所谓"撒但诗人"就是那种特立独行,欲以一人之力,冒天下之大不韪的豪杰之士,是尼采笔下的超人。由此可知鲁迅对诗人与文学是寄予了怎样的重大期望!

二　过渡时期的文学思想

鲁迅是"五四"新文化运动的旗手，尝与陈独秀、李大钊、胡适等人同编《新青年》，并开始接受马克思主义的影响。因此从"五四"前后直至1927年这七八年的时间乃是鲁迅从一个资产阶级革命民主主义者向马克思主义者的过渡阶段，此期的文学思想也明显地带有"过渡"的特点。此期鲁迅接触到许多马克思主义文学理论著作，特别是普列汉诺夫的有关著作对他产生了极大影响。① 这在以下我们将讨论的几个方面可以清楚地看出来。

1. 关于文学艺术的起源问题

鲁迅一直关心很关于文学艺术的起源问题，这是由于受到普列汉诺夫的影响。早在1924年他就曾指出：

> 我想，在文艺作品发生的次序中，恐怕是诗歌在先，小说在后的。诗歌起于劳动和宗教。其一，因劳动时，一面工作，一面唱歌，可以忘却劳苦，所以从单纯的呼叫发展开去，直到发挥自己的新意和感情，并偕有自然的韵调；其二，是因为原始民族对于神明，渐因畏惧而生敬仰，于是歌颂其威灵，赞叹其功烈，也就成了诗歌的起源。至于小说，我以为倒是起于休息的。人在劳动时，既用歌吟以自娱，借它忘却劳苦了，则到休息时，亦必要寻一种事情以消遣闲暇。这种事情，就是彼此谈论故事，而这谈论故事，正就是小说的

---

① 1925年鲁迅在为《苏俄文艺论战》所写的"前记"中曾介绍该书所收《蒲列汉诺夫与艺术问题》一文，鲁迅认为这篇文章"是用Marxism于文艺的研究的，因为可以供读者连类的参考，也就一并附上了"。对此艾晓明教授指出："我认为，这篇文章的作者瓦勒夫松对普列汉诺夫的介绍不仅使鲁迅认识到普列汉诺夫在马克思主义文艺理论方面的重要地位，而且也使鲁迅对普列汉诺夫这方面著述的范围有了大致的把握。"这就是说，早在1925年前后，鲁迅已经开始比较系统地了解马克思主义文学理论观点了。

起源。——所以诗歌是韵文,从劳动时发生的;小说是散文,从休息时发生的。①

1926年在编写《汉文学史纲要》时,他又指出:

> 在昔原始之民,其居群中,盖惟以姿态声音,自达其情意而已。声音繁变,寖浸成言辞,言辞谐美,乃兆歌咏。时属草昧,庶民朴淳,心志郁于内,则任情而歌呼,天地变于外,则祇畏以诵祝,踊跃吟叹,时越侪辈,为众所赏,默识不忘,口耳相传,或逮后世。复有巫觋,职在通神,盛为歌舞,以祈灵贶,而赞颂之在人群,其用乃愈益广大。②

这种论点基本上符合马克思主文学理论关于艺术的起源的观点。但十分明显,鲁迅在这里决不是简单地照搬了马克思主义者们的论述,而是带有自己的理解与体验的。这里对诗歌的起源实际上提出了两种不同的猜测:一是劳动者在劳动中为减轻劳苦而进行的吟唱;二是原始人出于对神明的敬畏而发出的赞颂之声。这两种解释都是可以成立的。看《诗经》作品原本应该是起自民间日常生活与起自集体的祭祀活动两个方面,并没有一个统一的源头。包括劳动在内的日常生活肯定是文学艺术的来源,而原始的宗教或巫术活动也同样是孕育艺术的摇篮。后来鲁迅完全接受了马克思主义,他对艺术起源问题的看法基本没有发生变化,在1934年的一篇文章中,他说:

> 我想,人类是在未有文字之前,就有了创作的,可惜没有人记下,也没有法子记下。我们的祖先的原始人,原是连话也不会说的,为了共同劳作,必须发表意见,才渐渐的练出复杂的声音来,假如那时大家抬木头,都觉得吃力了,却想不到到发表,其中有一个叫道"杭育杭育",那么,这就是创作;大家也要佩服,应用的,这就等于出版;倘若用什么记号留存下来,这就是文学,他当然就是作

---

① 鲁迅:《中国小说的历史的变迁》,《鲁迅全集》第8卷,第315页。
② 鲁迅:《汉文学史纲要》,人民文学出版社,1973年,第1页。

家,也是文学家,是"杭育杭育"派。①

不难看出,这种见解与前面的观点是一脉相承的。

2. 关于天才的理解

鲁迅对于天才的理解也有自己很独到之处,颇近于马克思主义观点:

> 我看现在许多人对于文艺界的要求的呼声之中,要求天才的产生也可以算是很盛大的了,这显然可以反证两件事:一是中国现在没有一个天才,二是大家对于现在艺术的厌薄。天才究竟有没有?也许有着罢,然而我和别人都没有见。倘使据了见闻,就可以说没有;不但天才,还有使天才得以生长的民众。
>
> 天才并不是自生自长在深林荒野里的怪物,是由可以使天才生长的民众产生,长育出来的,所以没有这种民众,就没有天才。……在要求天才的产生之前,应该先要求可以使天才生长的民众。——譬如想有乔木,想看好花,一定要有好土;没有土,便没有花木了;所以土实在较花木还重要。②

这篇文章写于1924年。这是对天才问题极有道理的理解。天才是有的,马克思、恩格斯都不否认天才的存在,关键在于如何理解天才。马克思和恩格斯比较重视社会历史需求或者说是社会历史语境对天才产生的决定性作用,例如认为文艺复兴时代是一个需要巨人而且产生了巨人的时代等。这里鲁迅强调的是"民众"对于天才产生的重要作用,细究鲁迅之意,第一,民众乃是天才产生的土壤,即当民众普遍具有比较高的水平时,天才方能水涨船高般地被托将出来;第二,民众必须能够承认天才、重视天才、爱护天才,否则即使有天才也会被庸众所扼杀。这同样是强调社会环境对于天才产生的重要性,与马克思主义的

---

① 鲁迅:《门外文谈》,《鲁迅全集》第6卷,1981年,第75页。
② 鲁迅:《未有天才之前》,《鲁迅全集》第1卷,第275—276页。

观点具有一致性。

3. 从时代整体的文化与历史语境看待文学

《魏晋风度及文章与药及酒之关系》一文是根据鲁迅在1927年7月国民党政府广州市教育局组织的"广州夏期学术演讲会"上所作的讲演整理而成的。这篇文章是一篇奇文,是绝妙的文学批评文字。此时鲁迅已经接触到大量马克思主义理论,已经初步形成马克思主义文艺思想,但还不能说是已经成熟的马克思主义者。鲁迅在文章中并没有简单地套用马克思主义理论,而是将自己极为丰富的文化历史知识、人生体验与马克思主义社会存在决定社会意识的基本原理极为紧密地结合起来。这篇文章也继承了中国古代文学批评那种重"体认"、"涵泳"而不做纯粹逻辑推理的优良传统,从而成为现代文学史上一篇文学批评的范例。这篇文章在下列几点上应受到足够的重视:

其一,文学与社会政治之关系。强调文学与时代的紧密关系是鲁迅这篇文章的主旨所在。他说:"因为我们想研究某一时代的文学,至少要知道作者的环境、经历和著作。"从这一原则出发,鲁迅首先指出了魏晋文学所产生的时代环境:黄巾起义、董卓之乱使东汉末年出现一个大动荡的社会局面,再加上"党锢之祸",社会政治一片黑暗,于是"在文学方面起了一个重大变化",出现了以曹氏父子为代表的"建安文学"。鲁迅认为,建安文学的突出风格是"清峻"与"通脱",而这种风格的形成完全是时代使然。这主要表现在两个方面:一方面是大动荡、大战乱导致曹魏政权"尚刑名"的政策,这种政策本质上一是严刑峻法,二是循名责实。表现在文学上就是"简约严明"的风格,也就是所谓"清峻"。另一方面是社会动荡、战乱不仅打破了政治上天下一统的局面,也打破了思想文化上"独尊儒术"的局面,名教伦理受到了几大冲击。像曹操这样崛起于战乱之中的大政治家,像"建安七子"那样饱受动荡流离之苦的文学家,再也不愿受到名教道德的束缚,在精神上反对迂腐固执,因此在文学上也就显示出"通脱"的风格特征。"通脱即随便之意",也就是在诗文创作上不墨守成规,任意挥洒的意思。鲁迅通过分析"清峻"与"通脱"两个概念,将魏晋文学与时代社会政治的关系十分清晰而深刻地揭示了出来。

其二,文学与社会风尚的关系。在鲁迅看来,文学绝不仅仅与政治相关,一个时期的社会风尚或普遍的社会心理对文学的影响也是巨大的。曹魏正始年间,司马懿父子已经掌握了魏国大权,他们排斥异己,网罗党羽,伺机篡位。在这种政治环境中,原来依附于曹氏父子的一班文人倍感压抑,他们动辄得咎,随时可能有杀身之祸,于是只好逃避政治,寄情山水,放浪形骸。鲁迅分析的正始名士们的服药、空谈,"竹林七贤"们的饮酒、疯癫便是这种社会环境的产物。这样在魏晋之际,在文人士大夫阶层就形成了一种潇洒、放任、超脱、不拘小节、率真自然的所谓"名士风度",他们饮酒、服药、谈玄、避世,在精神上精益求精,以寄托在现实生活中被压抑的情感。鲁迅并没有停留在这种时代风尚的表面上来看问题,他深刻地指出,嵇康、阮籍等人表面上狂放不羁、不遵礼教,实际上在骨子里却是礼教的真正信奉者。他们的蔑视礼教,行为放诞,实际上都是对黑暗政治的一种反抗形式。魏晋文人这种普遍心态反映到文学创作上,一是意义隐晦,二是好为翻案文章。例如嵇康的文章"思想新颖,往往与古时旧说反对"。鲁迅这种联系时代风尚与社会心理来分析文学现象的研究视角,即使今天也还有着重要价值。

其三,文学与文学家个体心理的关系。鲁迅在这篇讲演中除了从社会政治、时代风尚等角度分析文学现象之外,还注意到文学家个体心理因素对文学创作的重要影响。例如,鲁迅认为魏晋文学除了"清峻"、"通脱"的风格之外,还有"华丽"与"壮大"两种风格。如果说"清峻"、"通脱"主要是社会政治对文学的影响的产物,那么"华丽"、"壮大"则主要是曹丕倡导的结果。曹丕与曹植均喜欢文学并均为一代文宗,二人对文学的审美趣味与其父曹操不同,曹操喜欢简约、朴实,曹丕兄弟则喜欢华丽、壮大。但是就对文学功能的理解来看,丕与植二人却有大相径庭:一个说"盖文章经国之大业,不朽之盛事",另一个则说"辞赋小道,故未足以揄扬大义,彰示来世也"。表面看来这兄弟二人的文学主张截然相反,但在创作上却又都重视文气与文采,共同提倡

"华丽"与"壮大"风格,这是什么原因呢?鲁迅分析了曹植的心理状态,指出其"辞赋小道"之论"大概是违心之论"。曹植本是很有治国平天下的大志的人,他的主要兴趣就在建功立业上。但恰恰在这方面他极不得志,一生无所作为。他说"辞赋小道,未足以揄扬大义"并不是真的轻视文学,而是因为政治抱负得不到实现而产生的愤懑之情。如曹丕政治上得志,因此对文学也就有很积极的评价。

总之,鲁迅在成为彻底的马克思主义者之前的文学思想已经有许多与马克思主义吻合之处,这固然是因为他在"五四"运动之后就不断接触到马克思主义思想,因受其影响,更因为他作为一位博学的文学家既有广博的学识,又有丰富的人生经验,故而对问题的看法常能切中肯綮,鞭辟入里。

三 成熟时期的文学思想

从鲁迅整体思想发展脉络看,在 1927 年到 1928 年之间他已经成为比较彻底的马克思主义者了。在 1928 年到 1929 年的一年时间里,鲁迅一连翻译了布哈林的《苏维埃联邦从 Maxim Gorky 期待什么?》,卢那察尔斯基的《艺术论》、《文艺与批评》,联共(布)关于文艺政策讨论会记录与决议:《文艺政策》以及普列汉诺夫的《艺术论》。这说明他已经下决心将马克思主义的文艺理论作为自己遵循的基本观念了。此后他的文学观念的各个方面都体现出马克思主义精神,其中最为突出的一是自觉的平民意识,二是鲜明的阶级意识,三是社会存在决定社会意识的基本原则。

1. 自觉的平民意识

上个世纪 20 年代的知识分子中弥漫着一种很浓厚的平民意识,许多人都高举"劳工神圣"的旗帜,在文学作品中也出现了一系列劳动者形象(例如农民或车夫形象)。但在所有这些人之中,可以说没有一个像鲁迅这样具有如此自觉、如此强烈的平民意识。提倡平民文学,主张放下知识分子的架子,与劳动人民打成一片是鲁迅执著坚持的理想。他说:

> 现在中国自然没有平民文学,世界上也还没有平民文学,所有的文学,歌呀,诗呀,大抵是给上等人看的;他们吃饱了,睡在躺椅上,捧着看,一个才子出门,遇见一个佳人,两个人很要好,有一个才子从中捣乱,生出差池来,但终于团圆了。这样地看着,多么舒服。或者讲上等人怎样有趣和快乐,下等人怎样可笑。前几年《新青年》载过几篇小说,描写罪人在寒地里的生活,大学教授看了就不高兴,因为他们不喜欢看这样的下流人。如果诗歌描写车夫,就是下流诗歌;一出戏里有犯罪的事情,就是下流戏。他们的戏里的脚色,止有才子佳人,才子中状元,佳人封一品夫人,在才子佳人本身很欢喜,下等人没奈何,也只好替他们一同欢喜欢喜。在现在,有人以平民——工人农民——为材料,做小说做诗,我们也称之为平民文学,其实这不是平民文学,因为平民还没有开口。这是另外的人从旁看见平民的生活,假托平民底口吻而说的。眼前的文人有些虽然穷,但比起工人农民富足些,这才有钱去读书,才能有文章;一看好像是平民所说的,其实不是,这不是真的平民小说。①

从这段话中我们可以看出真正的平民意识和真正的平民文学观——首先,鲁迅区分了"上等人"与"下等人",前者指那些具有精神贵族趣味的知识分子。在清代以前是所谓文人士大夫或士人阶层,在民国以来,则是那些处于身份转换过程之中的现代知识分子。他们虽然接受了一些西方的自由民主和人道主义思想,但在骨子里却依然是旧文人——他们从心里迷恋传统的精神贵族趣味,看不起劳动人民。他们根本不屑于看那些描写劳动者生活的文学作品。其次,鲁迅揭示了一个重要的文学现象:在文人士大夫或其他具有精神贵族趣味的知

---

① 鲁迅:《革命时代的文学》,《鲁迅全集》第3卷,第317页。

识阶层掌控着文学创作与欣赏的审美趣味与评价系统的情况下,没有话语权的劳动人民对文学的欣赏与评价也必然会被知识阶层的价值标准所控制。在平民百姓没有政治权利的时代,他们也就没有话语权利,而平民没有话语权利的时代也就没有真正的平民文学。第三,鲁迅指出,真正的平民文学不等于写平民生活的文学,而是指用平民眼光写出来的文学作品。有一些文人或者知识分子由于各种原因,接触到了平民百姓的生活,生出某种同情心,于是以百姓生活为材料写出了一些诗歌和小说,这算不得是平民文学,因为这不是用平民的眼光写出来的。显然,鲁迅的意思是呼唤那种平民百姓人人有机会受教育,人人有机会成为文学家的时代,人人用平民的眼光写平民,而这正是马克思主义的社会理想。尤为难能可贵的是:鲁迅的这种平民意识和平民文学观绝对不是从某种观念出发得出的结论或者仅仅是一些号召性的口号,而是深切地融会了他的人生体验与生活经验,是发自内心的声音。他又说:

> 还有,以为诗人或文学家高于一切人,他底工作比一切工作都高贵,也是不正确的观念。举例说,从前海涅以为是人最高贵,而上帝最公平,诗人在死后,便到上帝那里去,围着上帝坐着,上帝请他吃糖。在现在,上帝请吃糖果的事,是当然无人相信的了,但以为诗人或文学家,现在为劳动大众革命,将来革命成功,劳动阶级一定从丰报酬,特别优待,请他坐特等车,吃特等饭,或者劳动者捧着牛油面包来献他,说:"我们的诗人,请用吧!"这也是不正确的;因为实际上决不会有这种事,恐怕那时比现在还要苦,不但没有牛油面包,连黑面包都没有也说不定,俄国革命后一二年的情形便是例子。如果不明白这种情形,也容易变成"右翼"。事实上,劳动者大众,只要不是梁实秋所说"有出息"者,也决不会特别看重知识阶级者的,如我所译的《溃灭》中的美谛克(知识阶级出身),反而常被矿工等所嘲笑。不待说,知识阶级有知识阶级的事要做,不应特别看轻,然而劳动阶级绝无特别例外地优待诗人或文

学家的义务。①

鲁迅那个时代的读书人大都有一个从传统文人向现代知识分子的身份转变过程,是否完成这一转变的重要标志之一就是是否摒弃了传统文人的精神贵族意识。传统文人之轻视平民百姓是从骨子里发出来的。接受了西方近代民主精神熏陶的中国现代知识分子与传统文人一个根本性区别就是他们有平民意识——将平民百姓与自己看成是同一个社会阶层,即被压迫阶层。但是正如中国的经济现代性、政治现代性都有自己不同于西方的显著特征一样,中国的文化现代性也同样充满了变数。例如在中国现代知识分子身上那种传统文人才应该有的精神贵族趣味过于明显了。中国现代知识分子真正能够将自己看做是平民百姓的有几人?他们或者以黎民百姓的启蒙者、指路人自居,或者以劳苦大众的拯救者自居,心灵深处还是高高在上的,是精神贵族。鲁迅将体力劳动与脑力劳动的差异仅仅理解为社会分工不同,不认为诗人和小说家比之劳工大众有任何高贵之处,而且苦口婆心地劝告那些主张革命的文学家们要放下架子,做好成为普通大众中一员的准备。这确实是真正的马克思主义者才能够做到的。

在鲁迅看来,真正的平民文学只有等到工人农民与知识分子不再是不同社会阶层的时代才是可能的:

> 现在的文学家都是读书人,如果工人农民不解放,工人农民的思想,仍然是读书人的思想,必待工人农民得到真正的解放,然后才有真正的平民文学。有些人说:"中国已有平民文学",其实是不对的。

这是极为深刻的认识。当工农大众在政治上、经济上处于受压迫地位时,他们在文化上也必然处于从属地位,例如他们没有受到良好教育的机会,因此也就没有言说的权利。在这种情况下,总是会有一些知识分子出来以工农大众的代言人自居,有时也会站在大众立场上说话,

---

① 鲁迅:《对于左翼作家联盟的意见》,《鲁迅全集》第4卷,人民文学出版社,1981年,第183—184页。

甚至模仿大众的口吻说话,但是就根本而言,这些知识分子所真正代表的乃是他们自己的利益。"读书人""替"百姓说的话不可以当做百姓自己的话来看。只有当百姓有能力自己站出来说话时,真正属于百姓自己的声音才会表现出来。

2. 鲜明的阶级观点

在成为马克思主义之后,鲁迅形成了极为鲜明的阶级观点,善于运用阶级分析的视角观察社会、人生,特别是文学现象。他说:

> 文学有阶级性,在阶级社会中,文学家虽自以为"自由",自以为超了阶级,而无意识地,也终受本阶级的阶级意识所支配,那些创作,并非别阶级的文化罢了。①

文学有阶级性,尽管作家文学家通常喜欢张扬个人主义,喜欢讲创作自由,但在他们的无意识中已然积淀了他所处的那个阶级的意识,会在不知不觉之中表现出来。鲁迅对阶级性的这种理解也绝对不仅仅是从理论出发得出的结论,其中包含着他深刻的人生体验。他又说:

> 在我自己,是以为若据性格感情等,都受"支配于经济"(也可以说根据于经济组织或依存于经济组织)之说,则这些就一定都带有阶级性。但是"都带",而非"只有"。所以不相信有一切超乎阶级,文章如日月的永久的大文豪,也不相信住洋房,喝咖啡,却道"唯我把握住了无产阶级意识,所以我是真正的无产者"的革命文学者。②

由于文学具有阶级性,因此所谓超越一切阶级的,具有永久性价值的"大文豪"是不存在的;那些过着剥削阶级生活、因为读了一些无产阶级革命的著作,就以为自己是真正的无产者的作家是靠不住的。这是很深刻的观点,也是他长期与各种各样的"革命文学家"打交道的经

---

① 鲁迅:《"硬译"与"文学的阶级性"》,《鲁迅全集》第4卷,第166页。
② 鲁迅:《文学的阶级性》,《鲁迅全集》第4卷,第100页。

验的产物。人性与阶级性都是存在的,只不过在阶级对立十分激烈的时代,人性也往往以阶级性的形式表现出来:

> 文学不借人,也无以表示"性",一用人,而且还在阶级社会里,即断不能免掉所属的阶级性,无需加以"束缚",实乃出于必然。自然,"喜怒哀乐,人之情也",然而,穷人决无开交易所折本的懊恼,煤油大王那会知道北京捡煤渣老婆子身受的酸辛,饥区的灾民,大约总不会去种兰花,和阔人的老太爷一样,贾府上的焦大,也不爱林妹妹的。
>
> 倘以表现普通的人性的文学为至高,则表现最普通的动物性——营养,呼吸,运动,生殖——的文学,或者除去"运动",表现生物性的文学,必当更在其上。倘说,因为我们是人,所以以表现人性为限,那么,无产者就因为是无产阶级,所以要做无产文学。①

对于同一件事物,不同阶级立场的人的确会有迥然不同的看法,因为人类社会的确是存在着阶级的,而不同阶级有不同的利益,因此就会有不同的价值观念。人性是应该歌颂的,但在阶级社会里,人性总是与阶级性纠缠在一起的,就是说,不同阶级的人在表现同一种人性时会有不同的方式——正如每个人在表现共同的人性时都会表现出不同的方式一样。鲁迅对于文学阶级性的理解是十分深入的。鲁迅之所以十分强调文学的阶级性也绝对不是纯粹出于理论上的思考,不仅仅是个学术问题,他的目的是解决现实的社会问题:

> 生在有阶级的社会里而要做超阶级的作家,生在战斗的时代而要离开战斗而独立,生在现在而要做给与将来的作品,这样的人,实在是一个心造的幻影,在现实世界上是没有的。要做这样的人,恰如用自己的手拔着头发,要离开地球一样,他离不开,焦躁着,然而并非因为有人摇了摇头,使他不敢拔了的缘故。②

关注现实,全力解决现实问题是鲁迅对于革命文学提出的任务。

---

① 鲁迅:《"硬译"与"文学的阶级性"》,《鲁迅全集》第4卷,第164、165页。
② 鲁迅:《论"第三种人"》,《鲁迅全集》第4卷,第336页。

既然现实社会是一个阶级社会,既然战斗是这个社会的主题,作为文学家却对周围发生的事情无动于衷,躲在自己的小天地里编织那些"心造的幻影",实际上是比较可悲的,是应该受到同时代人的鄙视的。

鲁迅接受阶级分析的观点并不是仅仅停留在口号或理论阐述上,他时时试图运用马克思主义的阶级分析观点来解释具体问题,例如:

> 在中国这样的社会中,最容易希望出现的,是反叛的小资产阶级的反抗,或暴露的作品。因为他生长在这正在灭亡着的阶级中,所以他有甚深的了解,甚至大的憎恶,而向这刺下去的刀也最为致命与有力。固然,有些貌似革命的作品,也并非要将本阶级或资产阶级推翻,倒在憎恨和失望于他们的不能改良,不能较长久地保持地位,所以从无产阶级的见地看来,不过是"兄弟阋于墙",两方一样是敌对的。但是,那结果,却也能在革命的潮流中,成为一粒泡沫的。对于这些的作品,我以为实在无须称之为无产阶级文学,作者也无须为了将来的名誉起见,自称为无产阶级作家的。①

鲁迅实际上运用阶级分析的观点对革命文学阵营的情况进行了具体而深入地分析。中国现代的革命本质上乃是农民革命,与以往的农民起义不同的是这次农民革命接受了来自西方资产阶级革命思想和马克思主义思想的双重影响,而且刚刚完成由封建文人向为现代知识分子身份转变的知识阶层成为这次革命的鼓动者与领导者。作为革命主体的大众,无论他们的身份多么复杂,无论他们参加革命的目的多么五花八门,实际上都是无关紧要的,因为他们的共同点是不满于黑暗的现实政治,希望推翻它。但是作为革命的领导者的知识阶层的身份却是至关重要的:如果是出身中产阶层并奉行自由主义的知识分子,或者是出身小手工业者以及农民家庭的小资产阶级获得主导地位,那么革命的性质与目的就会发生根本性变化。所以弄清楚这批宣传革命、宣传反抗社会的知识分子究竟是属于哪个社会阶层是十分重要的事情。在鲁迅看来,小资产阶级知识分子对于社会政治和统治阶级很可能同样

---

① 鲁迅:《上海文艺之一瞥》,《鲁迅全集》第4卷,第238页。

怀着刻骨的愤恨,批判的活力也极为猛烈,但他们与无产阶级的根本区别在于并不想从根本上改造现实,而只是希望现实变得不那么令人难以接受而已。他们在革命的潮流中也能够起到一定作用,但他们只是革命的同路人而不是真正的革命者。

的确存在着一种比较普遍的现象:凡是阶级性很鲜明,或者直接描写阶级斗争的文学作品往往在艺术上是不很成功的,对此鲁迅也有自己的看法:

> 我想,那病根并不在"以文艺为阶级斗争的武器",而在"借阶级斗争为文艺的武器",在"无产者文学"这旗帜之下,聚集了不少忽翻筋斗的人,试看去年的新书广告,几乎没有一本不是革命文学,批评家又但将辩护当作"清算",就是,请文学坐在"阶级斗争"的掩护之下,于是文学自己倒不必着力,因而于文学和斗争两方面都少关系了。①

"以文艺为阶级斗争的武器"就好比是"为情而造文"——先有了阶级斗争,然后才有文艺这一武器;相反,"借阶级斗争为文艺的武器"就等于"为文而造情"——先要做文艺,觉得阶级斗争时髦,就为了文艺而编造阶级斗争。鲁迅的这种见解是很独到的,真正揭示了那些写阶级斗争并不成功的文学家之症结所在:他们根本就不真正懂得阶级斗争,都是为了其他的目的来表现阶级斗争的,加入他们在写好人性的基础上写阶级性,在写好社会生活的基础上写阶级斗争,那么这样的作品肯定会成功的。

3. 关于社会生活与文学艺术的关系问题

文学艺术与社会生活的关系问题是马克思主义文学理论的一个关键问题。因此是不是坚持文学艺术来源于社会生活,社会生活对文学艺术有着决定性的制约作用,就成为衡量一种文学理论是不是马克思

---

① 《"硬译"与"文学的阶级性"》,《鲁迅全集》第 4 卷,第 207—208 页。

主义文学理论的基本标准。从这一点上来看,鲁迅可谓马克思主义文学理论家。他说:

> 文学与社会之关系,先是它敏感地描写社会,倘有力,便又一转而影响社会,使有变革。这正如芝麻油原从芝麻打出,取以浸芝麻,就使它更油一样。①

芝麻和芝麻油的比喻实在绝妙。这十分贴切地说明了马克思主义文艺来源于社会生活,然后又反作用于社会生活的著名观点。但是鲁迅从来都不是空头的理论家,他对文学艺术的一切看法都不仅仅是从概念或理论中得来,而是经过了他的实际生活经验或文学经验的检验与印证的,有些心得就是从这些经验中总结、升华出来的。这可以说是鲁迅的马克思主义文学理论的一大特色。即对于文艺与社会生活的关系这个问题的看法,鲁迅也不是简单地照搬普列汉诺夫或卢那察尔斯基等人现成理论。我们来看看下面一段话:

> 我以为文艺大概由于现在生活的感受,亲身所感到的,便影印到文艺中去。挪威有一文学家,他描写肚子饿,写了一本书,这是依他所经验的写的。对于人生的经验,别的且不说,"肚子饿"这件事,要是欢喜,便可以试试看,只要两天不吃饭,饭的香味便会是一个特别的诱惑,要是走过街上饭铺子门口,更会觉得这个香味一阵阵冲到鼻子来,我们有钱的时候,用几个钱不算什么;直到没有钱,一个钱都有它的意味。那本描写肚子饿的书里,它说起那人饿得久了,看见路人个个是仇人,即使穿一件单褂子的,在他眼里也见得那是骄傲。我记得我自己曾写过这样一个人,他身边什么都光了,时常拉开抽屉看看,看角上边上可以找到什么;路上一处一处去找,看有什么可以找得到;这个情形,我自己是体验过来的。②

这里鲁迅固然强调了生活对于文艺的先在性这一基本原理,但他绝对没有将这个问题简单化,而是极为敏锐地把握住"感受"这一关键

---

① 鲁迅:《致徐懋庸》(1933年12月20日),《鲁迅全集》第10卷,第197页。
② 鲁迅:《文艺与政治的歧途》,《鲁迅全集》第7卷,第105页。

环节来展开自己的观点。毫无疑问,人是社会的存在物,社会生活决定着人们的思想意识,包括文学艺术等精神生活的方式。但是人又是很复杂的动物,绝对不会像照镜子一样去反映社会生活。他首先要用"心"来感受生活、体验生活,将生活变为自己内心里一幅幅充满感情色彩的画卷。体验和感受乃是文学家和艺术家与生活发生联系的中介与纽带,没有这个中介和纽带,社会生活就不会内化为文学家内在的心理经验,就不会成为浸润了文学家情感的文学素材,也就无法升华为文学作品。鲁迅凭借自己丰富的生活与文学经验,将马克思主义文学理论中生活与文学之关系的基本原理具体化为生动的创作经验。这里关于"饿肚子"的例子虽然十分浅显,却是十分深刻地揭示了社会生活转化为作家心理体验,再经过心理体验转变为作品的过程。当然,这并不是说鲁迅关于社会生活与文学艺术之关系的观点完全是其文学经验与生活经验的产物,实际上,他对马克思主义有关理论的接受在这里依然起着最重要的作用,他曾经认真思考过"生产力和生产关系的矛盾以及阶级间的矛盾,以怎样的形式,作用于艺术上;而站在该生产关系上的社会的艺术,又怎样地取了个别的形态,和别社会的艺术显出不同"①的问题,承认文学艺术随时代变化而变化的普遍规律。这都说明,鲁迅既是一位凭借大量切身的生活经验与文学艺术经验而获得深刻理论见解的作家,又是一位有着良好修养的自觉地马克思主义文学理论家。他的社会生活决定文学艺术的观点与其将文学艺术视为革命斗争的工具的观点相结合,便是主张文学家必须自觉地联系生活的实际和革命斗争的实际:

> 倘若不和实际的社会斗争接触,单关在玻璃窗内做文章,研究问题,那是无论怎样的激烈,"左",都是容易办到的;然而一碰到实际,便即刻要撞碎了。关在房子里,最容易高谈彻底的主义,然而也最容易"右倾"。西洋的叫做"Salon 的社会主义",便是指这而言。"Salon"是客厅的意思,坐在客厅里谈谈社会主义,高雅得

---

① 鲁迅:《〈艺术论〉译本序》,《鲁迅全集》第 4 卷,第 262 页。

很,漂亮得很,然而并不想到实行的。这种社会主义,毫不足靠。①

这就说明鲁迅不仅仅是一个马克思主义文学家、文学理论家,而且他还是一位伟大的革命战士。他的文学创作、文学思想和革命实践十分完美地结合在一起了。正是基于这样实践上和理论上的自觉与成熟,鲁迅才能够根据中国革命的实际需要来调整自己的行动方针,从而与当时国内最革命、最进步的政党——共产党达成步调上的一致性:

> 民族革命战争大众文学,是无产阶级革命文学的一发展,是无产阶级文学在现在时候的真实的更广大的内容。这种文学,现在已经存在着,并且即将在这基础之上,再受着实际战斗生活的培养,开起浪漫的花来罢。因此,新的口号的提出,不能看作革命文学运动的停止,或者说"此路不通"了。所以,绝非停止了历来的反对法西斯主义,反对一切反动者的血的斗争,而是将这斗争更深入,更扩大,更实际,更加细微曲折,将斗争具体化到抗日反汉奸的斗争,将一切斗争汇合到抗日反汉奸斗争这总流中去。决非革命文学要放弃它的阶级的领导责任,而是将它的责任更加重,更放大,重到和大到要使全民族,不分阶级和党派,一致去对外。这个民族的立场,才真是阶级的立场。托洛斯基的中国的徒孙们,似乎糊涂到连这一点也不懂得。但有些我的战友,竟也有在做相反的"美梦"者,我想,也是极糊涂的昏虫。②

关注并服从生活实际和革命斗争实际的需要,是鲁迅革命思想的基本原则,也是他文学思想的基本原则。

4. 关于文学批评

对于文学批评的重要性,鲁迅有非常自觉地认识,这对于一个作家来说是难能可贵的。他说:

---

① 鲁迅:《对于左翼作家联盟的意见》,《鲁迅全集》第4卷,1981年,第182页。
② 鲁迅:《论现在我们的文学运动》,《鲁迅全集》第6卷,1981年,第475—476页。

> 文艺必须有批评;批评如果不对了,就得用批评来抗争,这才使文艺和批评一同前进,如果一律掩住嘴,算是文坛已经干净,那所得的结果倒是要相反的。①

> 必须更有真切的批评,这才有真的新文艺和新批评的产生的希望。②

> 我们所需要的,就只得还是几个坚实的,明白的,真懂得社会科学及其文艺理论的批评家。③

从这些论述中我们可以看出,鲁迅对于文学批评的重要作用是非常清楚的,这原因一方面固然是当时文学派别众多,革命文学须在斗争中发展,另一方面也因为鲁迅本人就是优秀的批评家。他对批评家的要求是"真懂得社会科学及其文艺理论",所谓"社会科学"是指马克思主义的历史唯物论,也就是马克思主义的基本原理;这是一个马克思主义者或无产阶级革命者所必备的。但是这还不够,并非每一个马克思主义者都可以成为文学批评家,他还必须懂得文学理论,是一位文学方面的专家才行。对于文学与批评的关系,鲁迅认为是相辅相成、互相促进的关系,在鲁迅的眼中,文学批评的价值丝毫不在文学创作之下。在他看来,如果一位作家对于批评家的批评不满意,说你来创作一个看看,就好比是一位食客对厨师的手艺有意见,厨师就让食客自己做做看一样没有道理。就是说,批评家只要有敏锐的眼光,可以判断出高下美丑就可以了,绝对不必要非能够自己动手不可。可见鲁迅对批评家之于文学发展的价值、意义是十分肯定的。但是对于那些"恶意的批评家",鲁迅也予以尖锐批评:

> 恶意的批评家在嫩苗的地上驰马,那当然是十分快意的事;然而遭殃的是嫩苗——平常的苗和天才的苗。幼稚对于老成,有如孩子对于老人,决没有什么耻辱,作品也是一样,起初幼稚,不算耻

---

① 鲁迅:《看书琐记三》,《鲁迅全集》第 5 卷,1981 年,1981 年,第 551 页。
② 鲁迅:《〈文艺与批评〉译者附记》,《鲁迅全集》第 10 卷,1981 年,第 302 页。
③ 鲁迅:《我们要批评家》,《鲁迅全集》第 4 卷,1981 年,第 240 页。

辱的。因为倘不早遭戕贼,也就会生长、成熟、老成,独有老衰和腐败,倒是无可救药的事!①

鲁迅善于奖掖后进,扶植新人,在他的鼓励和支持下许多年轻人成为优秀的作家。对于那些不可救药者,鲁迅的批评极为辛辣猛烈,而对于年轻的初学者,则极尽循循善诱、呵护保护之能事。

在批评的价值准则或云批评立场方面,鲁迅也有着十分清醒地认识。他说:"或者是美的圈,或者是真实的圈,或者是前进的圈。没有一定的圈子的批评家,那才是怪汉子呢!"这就是说,批评家必须有自己的价值准则,必须从一定的角度和立场出发,按照一定的尺度去评价作家作品。鲁迅自己的批评立场是十分鲜明的:他不是"为艺术而艺术"的唯美主义者,也不是追求细节逼真的自然主义者,他提倡的是革命文学,是无产阶级文学,是民族革命战争的大众文学。他的批评标准一是要符合人民大众的利益,二是要符合社会生活的实际,三是要符合艺术的规律。在具体批评中,鲁迅主张好处说好,坏处说坏,不誉美,不隐恶,这样才有利于文学的繁荣。

在批评方法上,鲁迅也有深刻的思考。他说:

> 世间有所谓"就事论事"的办法,现在就诗论诗,或者也可以说是无碍的罢。不过我总以为倘要论文,最好是顾及全篇,并且顾及作者的全人,以及他所处的社会状态,这才较为确凿。要不然,是很容易近乎说梦的。②

> 这"猛志固常在"和"悠然见南山"的是一个人,倘有取舍,即非全人,再加抑扬,更离真实。③

> 我们想研究一时代的文学,至少要知道作者的环境,经历和著作。④

不过倘要研究文学或某一作家,所谓"知人论世",那么足以

---

① 鲁迅:《未有天才之前》,《鲁迅全集》第1卷,1981年,第168页。
② 鲁迅:《"题未定"草》,《鲁迅全集》第6卷,第344页。
③ 同上书,第336页。
④ 鲁迅:《魏晋风度及文章与药及酒之关系》,《鲁迅全集》第3卷,第379页。

应用的选本就很难得。选本所显示的,往往并非作者的特色,倒是选者的眼光。眼光愈锐利,见识愈深广,选本固然愈准确,但可惜的是大抵眼光如豆,抹杀了作者真相的居多,这才是一个"文人浩劫"。①

这些论述表现了如下几个关于文学批评的重要观点:

第一,对于一个作家或一部作品的分析要有全面的眼光,不可抓住一点不及其余,不可只见树木,不见森林。即使只是评论一部作品,也要在全面了解该作家整体情况下来进行,因为这样才能够做出公允、客观的评价。通常评论家们为了论述的畅快、逻辑的严密与结论的鲜明,往往喜欢为某作家、作品命名或归类,殊不知凡是命名与分类都是以削平特性为代价的,至少是抓住一些特征而遮蔽另外一些特征。像陶渊明这样的诗人,平淡自然固然是其主要特征,但他也还有"金刚怒目式"的一面,只有照顾到这一方面,我们才能够知道陶渊明在恬淡自然的诗歌风格下面掩藏的内心深处的矛盾与焦虑,才能呈现出陶渊明的复杂性,这样的文学批评才是深入的,也是比较符合实际的。

第二,文化历史语境的重要性。文学批评家最忌讳的就是脱离批评对象的具体语境,天马行空地随意发挥。在鲁迅看来,任何作家都是一定社会历史环境的产物,因此要真正了解他们,就必须先去了解他们存在的环境,这既是以孟子为代表的中国古代诗学解释学中的重要观点,又是马克思主义文学理论的基本观点,可以说是中西结合的产物。

第三,材料的使用。研究一个文学史的作家当然首先就是阅读他的作品,但是我们所能够看到的这些作品大都是经过前人整理删削过的"选本"。这就意味着,当我们开始"看"时,就已经被别人牵着鼻子走了——我们看的也就是别人让我们看的,而不是那位作家的本然状态。这样,在我们对作家做出批评之前,实际上已经有一种批评被包含在我们看到的"选本"之中了。鲁迅的确十分敏锐,发现了这一解释学上的重要问题。这就提醒研究者们,当面临前人的文集时切不可贸然将其视为作家面貌的客观展现,而应该了解该文集编选、流传中的基本

---

① 鲁迅:《"题未定"草》,《鲁迅全集》第6卷,第336页。

情况,知道是什么人曾经参与过"塑造"作家形象的工作。当然,还应该尽量全面地了解作家各方面的情况,搜集他那些在流传的选本之外散落的作品,特别是他同时代或后来别人对他的评价,这样庶几可以较为客观地了解作家本人的实际情况。

总之,鲁迅在文学批评方面没有太多的长篇大论,没有纯粹理论的建构,但是在现代文学批评史上没有一个人比他更接近,或者说更加忠实地实践了马克思主义的批评理论。毫无疑问,在 1927 年到 1928 年间,鲁迅在思想观念上全面地接受了马克思主义,基本上可以说是一个马克思主义者了,虽然在他的文学批评中很少看到对马克思主义文学理论的照搬与套用,甚至很少看到他直接征引马克思主义文学理论著作,但是,在他的批评文章中我们却可以清楚地看到马克思主义的立场与视角,可以清楚地感受到马克思主义批评方法的有效性。如果说陈独秀的文学批评与马克思主义理论是一种很间接的、若有若无的联系,李大钊的文学批评直接就是马克思主义理论的运用,那么鲁迅的文学批评却是极为丰富的生活经验、文学经验和马克思主义文学理论的完美融合,是渗透着个人体验的、富于个性特征的马克思主义文学批评。

四 左翼作家群体的马克思主义文学思想

"五四"运动是一场以反帝反封建为宗旨的轰轰烈烈的思想文化运动,当时陈独秀、李大钊、鲁迅等后来成为马克思主者的人物,与胡适、钱玄同、刘半农等始终坚持资产阶级自由主义立场的人都是同一个战壕里的战友。马克思主义也罢,自由主义也罢,保守主义也罢,甚至包括无政府主义,都不过是这一运动中不同的支脉而已。不同的思想之间并不存在你死我活的争斗,大家都为反帝反封建这一根本任务从各自的角度做出了努力。但是到了 20 年代后期,随着思想文化运动渐渐转为具体的社会政治运动,不同思想之间的矛盾分歧也日益尖锐起来,终于演变成为你死我活的争斗。在文学艺术领域,"五四"的启蒙主义精神遭到质疑,那些直接受到苏联政治与文化政策影响的文学家和批评家们开始激烈地批判"五四"以来文学方面取得的伟大成就,即使像鲁迅这样的取得举世公认成绩的人物,也成为他们批判甚至否定的对象,一时间,中国的马克思主义文学理论走向了一条以"左"为特征的、以苏联为范本的道路。

1. 从"文学革命"到"革命文学"

"文学革命"是"五四"时期的响亮口号,同时也是整个新文化运动最重要的组成部分。陈独秀发表于1917年2月的《文学革命论》成为这一运动的纲领性文献。"革命文学"则是20年代以后,一批具有"左倾"思想的青年文学家、批评家提出并坚持的口号。1927年大革命失败后,郭沫若、成仿吾、李初梨、冯乃超、蒋光慈、钱杏邨、阳翰笙等青年作家纷纷汇聚上海,分别组成创造社与太阳社等文学团体,创办《创造月刊》、《太阳月刊》、《文化批判》等刊物,相继发表了《从文学革命到革命文学》(成仿吾)、《艺术与社会生活》(冯乃超)、《关于革命文学》(蒋光慈)、《怎样地建设革命文学》(李初梨)、《死去了的阿Q时代》等大量文章,集中火力对十几年来中国文学现状进行激烈批判并提出一系列"无产阶级"的文学主张。

在批判文坛现状方面,"五四"以来有些成就的作家几乎都在被批判之列,在"革命文学"的标准之下,没有谁是一个合格的作家。批判者们按照他们从苏联得来的文学评价标准来为中国的作家们命名、分类:叶绍钧、冰心被称为"市侩派"的,郁达夫被称为"颓废派"的,至于"五四"文学中成就最大的鲁迅,则受到的批判也最为激烈:他被命名为"时代的落伍者"、"封建余孽"、"二重的反革命人物"等,在他们看来,鲁迅根本不属于"革命文学"阵营,因为他的作品仅仅批判了封建社会的某些痼疾,揭露了落后农民的某种劣根性,并没有真正认清社会发展趋势,不懂得无产阶级革命文学不仅要反对封建主义,更应该反对资本主义,应该具有革命的彻底性。就是说,按照他们的标准,鲁迅还远没有形成清醒地"阶级意识",因此根本就不是无产阶级的文学家。

"革命文学"提出了一系列"革命的"文学主张,大要言之,有下列几点:一是所谓提倡"无产阶级革命文学",反对资产阶级文学。他们的逻辑是这样的,无产阶级已经成为革命的领导者,中国革命进入了无产阶级革命阶段,因此真正进步的、可以跟上时代步伐的文学必然是"无产阶级革命文学"。二是强调所谓"阶级意识",也就是在文学创作中自觉地表现"主体阶级"即无产阶级的思想意识,自觉地为完成无产阶级的伟大历史使命而努力。三是主张与"五四"文学划清界限,认为"五四"时期的文学宣扬的是"科学"与"民主"精神,而这正是资产阶级的精神,代表着资本主义的利益。"无产阶级革命文学"则要反其道而行之,将无产阶级的社会主义思想意识作为基本指导思想,要反对"个人主义"、"人道主义"、自由主义等资产阶级的基本价值观,宣扬无产阶级的集体主义精神。四是强调文学的意识形态性质,认为文学是政治斗争的工具,必须承担起改造社会的伟大历史使命,他们给文学加上了过于沉重的政治任务,而对于文学独特的审美特性与审美功能却是重视不够。

提倡"无产阶级革命文学"的主要人物是创造社和太阳社的成员。创造社本是"五四"新文学运动的产物,成立于1921年7月,核心人物是郭沫若、成仿吾、郁达夫、郑伯奇、田汉等人。这个文学团体在"五四"时期主要接受了西方启蒙主义政治思想和唯美主义文学思想的双重影响。强调个人价值,尊重个人体验,鼓吹天才的意义,标榜"为艺术而艺术"的唯美主义立场。在当时的主要进步意义在于张扬了个性与自由,对于摆脱传统的政治教化文学观发挥了重要作用。此期他们出版了"创造社丛书",郭沫若的诗集《女神》,译著《少年维特之烦恼》,郁达夫的小说集《沉沦》均收入其中。从这个时期的创作与理论文字来看,创造社成员基本上还没有受到马克思主义的影响。直到1926年,在轰轰烈烈的大革命浪潮中,创造社开始出现转向。这一年他们创办了《创造月刊》,郭沫若发表了著名的《革命与文学》一文,开始明确表示支持"无产阶级的社会主义的写实主义的文学"。这一立场的转变表明随着俄国十月革命的胜利在中国造成的影响的不断扩大,随着中国革命实际的需求,中国先进的知识精英们热切期待着一种更加实用、更加具有可操作性和鼓动性的思想理论,他们找到了,这就是被苏联政治家和理论家们诠释过的马克思主义。

太阳社成立于1927年秋,主要成员有钱杏邨、蒋光慈、夏衍、洪灵菲、冯宪章、楼适夷等。他们本来就大都是参加过大革命的共产党员,所以这个文学团体从一开始就旗帜鲜明地宣传"无产阶级革命文学"。其文学创作与文学主张与后期的创造社一样,都是中国革命的实际需求与俄苏式的马克思主义理论相结合的产物。客观地说,在他们的思想中既有属于马克思主义的学理性内容,也有属于俄苏革命运动中的政策性内涵,还隐含着中国进步知识分子急于改变中国面貌的精神焦虑,虽然整体倾向是"左"的,但实际上却是一种复杂的思想。

这一时期左翼作家对马克思主义文学理论的译介工作成就很大。冯雪峰由日文转译的《艺术形成之社会的前提条件》是我国学者翻译的第一篇马克思主义主义文论著作,内容是马克思《〈政治经济学批判〉导言》中关于艺术生产与物质生产发展不平衡关系的著名论述。这篇译文发表在1930年1月出版的《萌芽月刊》第1卷第5期上。嗣后,瞿秋白、郭沫若、胡风、周扬、夏衍、冯乃超等一大批青年作家和理论家也翻译了一批马克思主义文论论著。

2. "左联"时期的马克思主义文学理论

大革命前后文学界展开的关于"革命文学"的论争在当时影响巨大。特别是创造社和太阳社成员对鲁迅、茅盾等人的激烈批评,导致了进步的文学阵营内部的尖锐矛盾。在这样的情况下,参加争论的各方渐渐发现,这种争论继续下去对革命事业有百害而无一利,而且永远也不会有什么结论。20年代末和30年代初,国内的社会形势和国际共运中都发生新的情况。第一次国共合作破裂,共产党开始组建自己的武装,而国民党则极力试图剿灭红军,将中国共产党彻底消灭。共产党内部在清算了陈独秀的右倾路线之后,取而代之的则是直接受到共产国际影响的"左倾"路线。这时在国际共运中也先后出现了一些文学家的联盟组织,这也促使中国共产党认识到建立中国进步作家联合组织的重要性。这样,在共产党中央的积极参与下,在革命文学内部各方的配合下,中国左翼作家联盟于1930年3月2日在上海成立。

"左联"的成立具有多重标志性:一是标志着中国现代文学领域第一次获得统一的意识形态,联盟组织不过是这种意识形态的外在形式而已。从"五四"开始的——甚至可以说从清末民初就开始的——中国的思想和文化的现代性工程,本来是在西方近现代思想的影响下展开的,因此各家各派的思想资源五花八门,莫衷一是。在"现代"、"进步"、"科学"、"民主"的大旗下并没有形成统一的意识形态系统。可以说是进化论、科学主义、人道主义、个人主义、民主政治、无政府主义的大杂烩。表现在文学上,就更是形形色色,应有尽有了:唯美主义的、浪漫主义的、现实主义的、自然主义的、现代派的,总之是西方近现代以来所出现过的我们的现代文学中都有。当然,这其中并非没有主次之分,应该说抗争的、批判的、积极进取的、关注现实的文学始终是主流,这与中国现代社会的历史需求直接相关。十月革命的胜利、马克思主义的迅速传播、中国共产党的成立都对现代文学的走向起到了决定性的影响作用。实际上,从20年代初就开始出现的"无产阶级文学"、"革命文学"等口号以及后来围绕着这些口号而进行的争论,都是在国际共产主义运动,特别是俄苏思想路线的直接影响下展开的。那种关于无产阶级已经成为中国革命的领导阶级,与之相应,"无产阶级文学"也应该成为中国文学发展方向的观点,显然就是苏联20年代的官方文艺思想。

"左联"的成立的第二个标志性意义是:中国现代文学运动从此成为一种有组织的革命活动。在中外文学史上,一种文学思潮的发生一般都是自发的、是一个时期里一批文学家不约而同地提出或选择某种相同或相近的创作主张从而形成一种总体性创作倾向,很少有严密的组织机构。"左联"是很严密的文学团体,有自己的理论纲领与行动纲领,有常务委员会(后改为执行委员会),下设组织部、宣传部、编辑部、出版部、创作批评委员会、大众文艺委员会、国际联络委员会等机构。在这些组织机构背后还有共产党的组织"党团"负责基本方针政策的制定。"党团"则直接受中国共产党中央文化委员会领导。后来"左联"又作为一个整体加入了设在苏联的"国际革命作家联盟",成为它的一个支部。尽管到了1936年由于国际国内斗争形势的变化,"左联"被解散,但这种直接由党所领导的组织机构领导文学创作与批评的经验却被保留下来,后来对中国文学艺术的发展产生了巨大而深远的影响。

"左联"成立的第三个标志性意义是:中国一代知识精英或主流知识分子最终选择了苏联的政治模式与思想模式,这一选择决定了中国整个20世纪乃至今日历史命运。笼统地说,从1920年以后的陈独秀、李大钊开始一直到1927年以后的创造社、太阳社以及鲁迅、瞿秋白和"左联"所宣传的文学思想都可以说是马克思主义的。但是他们之间的差异是巨大的:陈独秀、李大钊是在最基本的原理上接受马克思主义,主要是经济基础决定上层建筑的思想;鲁迅主要是在艺术的起源、文学的阶级性以及文学的大众化、平民化等方面接受了普列汉诺夫诠释过的马克思主义文学理论;创造社、太阳社主要是在无产阶级的社会作用、无产阶级的性质与无产阶级革命以及"革命文学"等方面接受了以"拉普"为代表的俄苏极左派文学思想的影响;"左联"则兼容并蓄,既坚持着来自苏联的革命精神,与形形色色的马克思主义的敌人进行着坚决的斗争,又大量译介马克思主义经典著作,还根据社会主义现实主义创作原则创作了大量优秀的文学作品。但是"左联"的确带有明显的左倾倾向,有些理论家,例如钱杏邨等直接就要求文学创作成为宣传革命的"集体主义"的工具。尽管如此,左联在宣传马克思主义文学理论方面的贡献还是不能抹杀的。

第五章 "左联"时期周扬的文艺思想

一个理论家在他起步的时候,由于社会实践的缺乏,并受到周围环境和各种学术思想的影响,而显得幼稚,常常会左右摇摆,进退失据,有时候他的观点是正确的,有时候他的观点又离开真理很远,不能始终坚持正确的原则,这是可以理解的。"左联"时期的周扬对于革命有饱满的热情、积极的态度,他努力地吸收了马克思主义的文艺思想,但有时又要犯或"左"或右的错误,令人感到他的观点变化不定,难以捉摸。

周扬(1908—1989),原名周运宜,字起应,周扬是其笔名,湖南益阳人。童年时期在家乡延师受教,读《御批通鉴》一类的书。14岁时去长沙一所补习学校主要学习英语与算术。后又回益阳一个教会中学就读。1925年秋,17岁的周扬来到上海,1926年进入大夏大学,读英国文学专业,打下了良好的英语基础。1928年他毕业于大夏大学教育专业。随后于1929年初来到日本,那时的日本正是左翼革命文学蓬勃发展的时期,他开始接触到了马克思主义的书籍,并加入中国青年艺术联盟。因"左倾"被日本地方警察署拘留。保释出狱不久,即于1930年回到上海。22岁的周扬从此投身于左翼文艺革命运动。1930年周扬参加了"左联",不久就被推上常委职务。"左联"从成立到解散共有七任党团书记,最后一任是周扬,从1933年到1937年周扬都负责"左联"党团书记工作,是任期最长的一届。本章所主要评述的就是周扬在"左联"时期的文艺思想。

一　政治与艺术的合一论

1931年底到1933年春,左翼文坛与以胡秋原、苏汶为代表的"自由人"和"第三种人"进行了一场论战。当时鲁迅、瞿秋白、冯雪峰都写了论争的文章,周扬也写了三篇文章。以前,对这次论争的评价都是一边倒的,都认为胡秋原、苏汶是资本家的走狗,是阶级敌人,他们的言论完全是反动的。客观的事实究竟是怎样的呢?实际上,胡秋原、苏汶都与"左联"有过交往,有的曾是"左联"的成员,苏汶翻译过当时苏联的文学创作和论著,胡秋原则号称自己的文艺方法是唯物史观的。胡秋原在《阿猫阿狗文艺论》一文中说:"文学艺术至死是自由的,民主的","将艺术堕落为一种政治的留声机,那是艺术的叛徒"。他在《勿侵略文艺》中又说:"艺术不是宣传","无论中国新文学运动以来的自然主义文学,趣味主义文学,浪漫主义文学,普罗文学,小资产阶级文学,民族文学以及最近的民主文学,我觉得都不妨让他存在,但也不主张只准某一种文学把持文坛。而谁能以最适当的形式,表现最生动的题材,较最能深入事象,最能认识现实把握时代精神的核心者,就是最优秀的作家。而这,倒不在堂皇的名色。"①这些话从道理上看,并没有明显的谬误,但他针对的对象是左翼作家联盟的无产阶级革命运动,且语带嘲讽,所以鲁迅、瞿秋白等发表文章加以反驳,是理所当然的。更根本的问题胡秋原的言论发表得不是时候,当时"九·一八"事件已经发生,抗日战争迫在眉睫,当时强调文艺创作要更多地为抗日的政治服务,也是可以的。这时,苏汶又出来为胡秋原鸣不平,说:马克思列宁主义"只看目前的需要",根本不求真理;左翼文坛根本就不要文学。认为在左联的"霸占"下,"文学不再是文学,变为连环图画之类;而作者也不再是作者,变为煽动家之类。"(《关于〈文新〉和胡秋原的文艺论辩》)。这就不能不激起左翼作家的批判。但是在这场论辩中各人发的文章不同,所持的观点也不尽相同,也反映出不同人对马克思主义文学观把握的正确程度的不同。

周扬作为革命文艺理论家,所表现出来的观点是怎样的?他在一篇题为《文学的真实性》的文章中说:

> 文学的真理与政治的真理是一个,其差别,只是前者是通过形象去反映真理的。所以政治的正确就是文学的正确。不能代表政

---

① 胡秋原:《勿侵略文艺》,《文化评论》1932年第4期。

治正确的作品,也就不会有完全的文学的真实。在广义的意义上讲,文学自身就是政治的一定的形式,关于政治和文学的二元论的看法是不能够存在的。我们要在无产阶级的阶级斗争的实践中看出文学和政治之辩证法的统一。并在同一中看出差别,和现阶段的政治的指导地位。恩格斯在《德国农民战争》中指示了无产阶级斗争的三个形态——经济的,政治的,理论的形态。而成为三个形态之中心,之枢轴的,是政治斗争。所以,作为理论斗争之一部的文学斗争,就非从属于政治斗争的目的,服务于政治斗争的任务之解决不可。同时,要真实地反映客观的现实,即阶级斗争地客观进行,也有彻底地把握无产阶级的政治的观点的必要。对于文学之政治的指导地位,就在于此。[①]

周扬当时政治热情很可爱,但当他要走上论坛的时候,就显得很幼稚。他当时还没有经历过真正的实际斗争的考验,他只会从书本上照搬苏联"拉普"派的一些观念,却不能理解文学与政治的复杂性和曲折性。更根本的是,他只把文学的价值看成是政治的正确与否,而很少看到文学作用于政治的艺术条件。他只是想从政治斗争的标准出发,来求得政治与文学的所谓"辩证法之统一",实际上这是政治与文艺合一论。周扬这种观点不是偶然的,除了受拉普的影响外,他所接受的理论也是政治与艺术的合一论。1929年周扬发表了他的第一篇论文《辛克莱的杰作:〈林莽〉》,其中说:"一切艺术是宣传,普遍地不可避免地是宣传;有时是无意的,而大抵是故意的宣传。"文艺都是宣传,那么它自身是否有价值呢?这里所强调的仍然是政治效用就是文艺的价值的观点。这些都反映了周扬初登革命文坛时候的左派幼稚病。当然,这不仅仅是周扬一个人的言论的偏离,实际上这场与"自由人""第三种人"的论战暴露出左翼文坛深受苏联"拉普"派的理论上的庸俗社会学、组织上的宗派主义的影响,深受斯大林的"中间派是革命的最危险的敌人"政治思想的影响。

在这场论争中,真正表现出成熟的马克思主义观念的是当时临时

[①] 周扬:《文学的真实性》,《周扬文集》第1卷,人民文学出版社,1984年,第67页。

中央负责人张闻天。1932年11月,当左翼文坛批判"自由人"、"第三种人"正热烈的时候,张闻天化名哥特在当时党中央的机关报《斗争》第30期发表了题为《文艺战线上的关门主义》的文章,深刻地分析了"左"倾关门主义两种主要的表现:

> 这种关门主义,第一,表现在"第三种人"与第三种文学的否认。我们的几个领导同志(显然指周扬、冯雪峰等人而言——引者)认为文学只能是资产阶级的或无产阶级的。一切不是无产阶级的文学,一定是资产阶级的文学,其中不能有中间,即所谓第三种文学。
>
> 这当然是错误的极"左"的观点。因为在中国社会中除了资产阶级和无产阶级的文学之外,显然还存在着其他阶级的文学,可以不是无产阶级的,而同时又是反对地主资产阶级的革命小资产阶级的文学。这种文学不但存在着,而且是目前中国文学中最占优势的一种(甚至那些自称无产阶级文学家的文学作品,实际上也属于这类文学范畴)。排斥这种文学骂倒这些文学家,说他们是资产阶级的走狗,这实际上就是抛弃文艺界上革命统一战线,使幼稚到万份的无产阶级文学处于孤立,削弱了同真正拥护地主资产阶级的反动文学做坚决斗争的力量。①

张闻天作为一位理论素养较高的领导,是当时党内唯一先后到过法国、日本、美国、俄国的人,视野比较开阔,也了解中国社会的实际。他根据30年代知识界的状况,提出"第三种人"和第三种文学,不但存在着,而且是当时文学中最占优势的一种,甚至那些高喊无产阶级文学口号的人,所写出来的不免还是小资产阶级的革命文学。批判"第三种人"和第三种文学就是文学上的"关门主义",就是抛弃文艺界的革命统一战线。应该说张闻天的判断和观点,是符合中国实际的,这才是用马克思主义分析当时中国文学正确而深刻的观点。这种观点反映出文学的开放观念,即无产阶级文学不是孤立的存在,它与其他阶级特别

---

① 转引自郝怀明《如烟如火话周扬》,中国文联出版社,2008年,第20页。

是中间力量团结共存的。任何时候都有左中右,中间派并不是革命最危险的敌人,而是革命应该团结的力量。由于张闻天的文章,周扬、冯雪峰等人看到了,终于在论争的最后,转变了极"左"思想,称胡秋原、苏汶为友人。值得一提的周扬当时主编的《文学月刊》发表了诗歌《汉奸的供状》,完全不讲理地骂胡秋原,冯雪峰认为《文学月刊》登载这样的骂人的诗歌不对,周扬不以为然,与冯大吵大闹,把事情闹得很大。最后是鲁迅亲自出马,写下了《辱骂与恐吓决不是战斗》一文。由此可见周扬的在"左联"时期的确患有左派幼稚病。

二 社会主义的现实主义的评介

我们知道,1931 年,苏联文学界开始总结自身发展过程中的经验与问题,由高尔基倡导并与文艺界人士和党政领导一起,探讨和确定了苏联文学的创作方法,这就是:社会主义现实主义的创作方法。1932 年,苏共中央通过了"关于改组文学艺术团体"的决议,开始清算激进派"拉普"的错误倾向,批判其庸俗社会学思想,解散了"俄罗斯无产阶级作家联合会"等组织。深受"拉普派"思想影响的苏联文学理论界转变立场,批判了机械化和繁琐哲学化的不利文学创作的思想,对社会主义现实主义进行了深入的阐述。1934 年年 8 月召开了苏联第一次作家代表大会,社会主义现实主义的创作方法正式被确定下来。

周扬于 1933 年发表论文章评介社会主义现实主义应该说是很早的,这次评介活动使他的文学思想发生了转变。他不再认为艺术与政治合一论是正确的。在《关于"社会主义的现实主义与革命浪漫主义"——"唯物辩证法的创作方法"之否定》一文中,周扬受当时苏联文学理论家吉尔波丁等的影响,摈弃了"拉普"派的一套理论,对艺术与政治的关系有了较为正确的认识,开始注意到艺术自身的特点。他在引了苏联文学理论家吉尔波丁的论点之后说:

> 固然,艺术家是依存于他自身的阶级的世界观的,但这个依存关系,因为各人达到这个世界观的道路和过程的多样性以及客观

情势之不同,而成为非常复杂和曲折。艺术家的世界观又是通过艺术过程的复杂性和特殊性而表现出来的。艺术的特殊性——就是"借形象的思维";若没有形象,艺术就不能存在。但是政治的成熟程度,理论的成熟程度,是不能创造出艺术来的。因为艺术作品并不是任何已经做好了的,在许久以前就被认识了的真理的记述,而必须是客观的现实的认识。艺术家是从现实中,从生活中汲取自己的形象的,所以,决定艺术家的创作方向的,并不完全是艺术家的哲学观点(世界观),而是形成并发展他的哲学,艺术观,艺术家的资质等的,在一定时代的他的社会(阶级)实践艺术家在创作的实践中观察现实、研究现实的结果,即他的艺术创造的结果,甚至可以达到和他的世界观相反的方向。①

虽然艺术的创造和作家的世界观不能分开的,但假如忽视了艺术的特殊性,把艺术对于政治,对于意识形态的复杂而曲折的依存关系看成直线的、单纯的,换句话说,就是把创作方法的问题直线地还原为全部世界观的问题,却是一个决定的错误。②

周扬的观点有如下几点是新鲜的:第一,对于艺术与政治的观点,政治不等于艺术,政治成熟不会直接导致艺术的成功;艺术对于政治的关系不是直线的,而是复杂而曲折的;第二,对于艺术创作与作者世界观关系的复杂性、曲折性论述,再不是以前认为思想正确艺术必然正确的过分直线式的观点;第三,强调艺术的特殊性是形象,没有形象,也就没有艺术;第四,强调社会实践、观察现实、研究现实、艺术观、艺术家的资质等综合因素才可能决定艺术家的创作方向;第五,创作实践又可能改造、背离作家自己的世界观。当然,这些新鲜的观点一方面受苏联文学理论家对社会主义现实主义深刻阐释的启发,一方面也可能是周扬自己在"左联"工作成败得失经验的总结,这两个方面帮助周扬把自己的文学理论提高到了一定的马克思主义的水平上。

---

① 周扬:《关于"社会主义的现实主义与革命的浪漫主义"》(1933年),《周扬文集》第1卷,第113页。

② 同上书,第6页。

三　文艺大众化的倡导

文艺大众化并不是一个新鲜话题,更不是周扬个人的独特的话题。早在20世纪20年代初,就讨论过"民众文学"和"方言文学"的命题,甚至有"到民间去"的说法。1931年11月"左联"执委会通过了《中国无产阶级革命文学的新任务》中明确指出:"在创作、批评,和目前其他诸问题,乃至组织问题,今后必须执行彻底的正确的大众化,而决不容许再停留早过去所提起的那种模糊忽视的意义中。只有通过大众化的路线,即实现了运动与组织的大众化,作品、批评以及一切的大众化,才能完成我们当前的反帝反国民党的苏维埃革命的任务,才能创造出真正的中国无产阶级革命文学。"同时,要求"全体盟员到工厂到农村到战线到社会的下层中去"。在"左联"这种纲领性的号召下,周扬在1932年7月《北斗》第2卷第3—4期合刊发表了《关于文学大众化》的文章,参加了文艺大众化的讨论,力图推动文艺大众化的开展。

在这篇文章中,周扬说:"文学大众化首先就是要创造大众看得懂的作品",这样"文字"就成为一个首先要解决的问题。他认为"只有从大众生活的锻冶场里才能锻冶出来大众所理解的文字;只有从斗争的生活里才能使文字无限地丰富起来"。在形式问题上,他主张除了批判地采用一些旧的形式,如小调、唱本、说书等,当然更要"尽量采用国际普罗文学新的大众形式",诸如报告文学、群众朗诵剧等。周扬认为这些形式既能迅速地反映现实,又能表现新的战斗的内容。周扬特别强调内容的重要,他说:"不管题材的复杂性,我们的主要任务应该是描写革命的普罗列塔亚特的斗争生活。……这需要着完全新的典型的革命作家:他不是旁观者,而是实际斗争的积极参加者,他不是隔着大众,关起门来写作,而是一面参加着大众的革命斗争,一面创造着给大众服务的作品……。中国革命文学作品至现在还是充满着'革命'的词藻的生硬的堆砌,'突变式'的英雄的纯粹的概念描写,对于被压迫者(很少是真正的无产者)的肤浅的人道主义的同情对于没落的小资产阶级的含泪的讽刺。要肃清这些残余的要素,只有到大众中去,从大众去学习,产生健全的大众作品。"①

周扬关于文学大众化的看法,有不少是对的,如提倡作家学习大众的语言文字问题,这很重要;对大众文学形式新旧结合,也说得很对;要求作家到大众中去,无疑也是切中要害。但是周扬所论仍不免有脱离实际的地方,如要求作家"主要任务应该是描写革命的普罗列塔亚特的斗争生活",认为作家"对于被压迫者(很少是真正的无产者)的肤浅的人道主义的同情对于没落的小资产阶级的含泪的讽刺"都要"肃清",就是不切实际之论。在上海的"左联"作家,都在"亭子间"生活,连周扬自己也是如此,这如何去体验当时如火如荼的党所领导的充满血与火的革命斗争呢?这显然是说说而已。至于他们所熟悉的小资产阶级的生活的题材是否就要"肃清"呢?这也是不符合创作规律的。由此看来,在抗日统一战线还未形成之时,在抗日根据地还未形成之时,在作家与大众还是隔离之时,周扬关于文学大众化的某些意见,还是空洞的,与实际是脱离的。

四 典型与个性的论说

1936年初,周扬发表了《现实主义试论》和《典型与个性》两篇文章,试图阐述马克思主义的文学典型观,引起了胡风的不满,因为他的文章是对胡风发表于1935年的《什么是典型和类型?——答文学社问》的批评。双方争论随之而起。他们两人的身旁都汇集了一帮人,被称为"周扬派"和"胡风派"。今天来看,他们对于典型问题的理解是相差不大的。如胡风在文中说:"一个典型,是一个具体的活生生的人物,然而却又是本质上具有某一群体的特征,代表了那个群体的。"②这和周扬说的"典型的创造是由某一社会群体里面最性格的特征……体

---

① 《周扬文集》第1卷,人民文学出版社,1984年,第27—28页。
② 《胡风文集》第1卷,四川人民出版社,1995年,第212页。

现在一个人物身上,同时,使这个人物并不丧失自己独有的性格"①的说法,基本上是一致的。问题的产生在对典型的"特殊性"的不同理解。胡风认为典型的普遍型"是对于个别人物所属的社会群体里的各个个体而说的;所谓特殊的,是对于别的社会群或别的社会群里的各个个体而说的"②。他举例说,像阿 Q 这个典型的特殊性是"对于商人群地主群工人群或各个商人各个地主各个工人以及现在的在不同的社会关系里的农民而说,那他的性格就是特殊的了"③。胡风的这种对于典型人物的特殊性的理解是有问题的,于是周扬提出批评。周扬认为胡风论述典型人物的特殊性的逻辑"陷入混乱",他说:

> 作为文艺表现之对象的人原就是非常复杂的包含了矛盾的东西。在"人的本质是社会关系的总和"这个意义之下,人总是群体的人,各个人具有群体的共同性,但是在同一个群体的界限里面,各个人对于现实的各个方面有各种各样的接近和体验,因此虽同是群体的利害表现者,但是各个人的性格却是沿着不同的独特的方向而发展的。在我们面前有着各色各样的人。正如高尔基所说,有的认识饶舌的,有的人是寡舌的,有的人是非常执拗而又自负,有的人却是腼腆而又无自信的。这种个人的多样性并不和社会的共同性相排斥,社会的共同性正通过各个个体而显现出来。一个典型应当同时是一个活生生的个体。从来的文学上的典型人物都是"描写得很生动,各具特色,各具不同特征的人。"(苏联文论顾问委员会:《给初学写作者的一封信》)④

周扬在 1935 年以前的数年间,已经详尽研究过别、车、杜和高尔基的文学论著,他显然从这些俄国和苏联的文学家那里吸收了文艺理论的养分,因此他对于典型的个性的理解,就是黑格尔的"这一个",就是别林斯基的"熟识的陌生人",因此他的理解应该说比之胡风对典型的

---

① 《周扬集》,中国社会科学出版社,2000 年,第 15 页。
② 《胡风文集》第 1 卷,第 212 页。
③ 同上。
④ 周扬:《典型与个性》(1936 年),《周扬集》,中国社会科学出版社,2000 年,第 16 页。

个性的理解更正确,更具有马克思主义关于一般性与特殊性统一理论的哲学水平。他也举了阿Q的例子,但是他的理解与胡风不同,他说:"……成为阿Q性格特点的那种浮浪人性在农民中就不能说是普遍的。记得作者在什么地方说过这样的话,如果当作纯粹农民的话,他一定要把阿Q写得更老实一些。但是阿Q的特殊性并不妨碍他做辛亥革命前后农民的代表,并不必'农民们写一纸请愿书或什么揣在他怀里派他到甚么地方去',因为在他的个人的特殊的性格和风貌上浮雕一般地刻出了一般中国农民的无力和弱点。"①无疑,周扬对于阿Q的典型的理解,也比之于胡风更正确更深刻。应该看到,关于文学典型的理解,直到上个世纪80年代,也都还停留在周扬的水平上面。但今天来看,周扬的典型论不是没有问题的。周扬的典型论实际上就是个性与共性的统一或一般性与特殊性的统一。对于存在于实际生活中的每一个人来说,都是个性与共性的统一、一般性和特殊性统一,那么文学的典型人物与生活中的人物的区别又在哪里呢?显然,周扬的思考并未达到这样的深度,还是停留在一般哲学方法的理解上面,因此也还不能说明文学的典型人物是什么这个问题。

五 两个口号的论争

随着民族危机的加深,随着抗日战争的迫近,文艺怎样与抗日斗争结合的问题提出来了。这是当时中国现实的问题,也考验着周扬等一批革命者的智慧与水平。当时提出的口号很多,最后集中到"国防文学"与"民族革命战争的大众文学"两个口号之争。提出"国防文学"口号的最早是周扬等人,提出"民族革命战争大众文学"口号的是胡风,而在胡风的背后是鲁迅和冯雪峰。论争的过程很复杂,周扬、胡风都把个人的恩怨带到论争中来,给当时"左联"的领导人鲁迅带来了烦恼甚至愤怒。本节不叙述论争的过程,只通过对比来评介周扬提出的"国

---

① 周扬:《典型与个性》(1936年),《周扬集》,中国社会科学出版社,2000年,第19页。

防文学"这个观点。

周扬的"国防文学"的口号,并不完全是他自己的观点。这个口号也是从苏联那里搬过来的。周扬之所以要把这个口号搬过来,主要是因为中国的抗日战争,必须组成最广泛的统一战线,文艺界也必须结成最广泛的民族统一战线。周扬在《关于国防文学》说:"国防文学运动是一个文学上的民族统一战线运动",又说:"国防文学运动就是要号召各种阶层,各种派别的作家都站在民族的统一战线上,为制作与民族革命有关的艺术作品而共同努力。国防的主题应该成为汉奸以外一切作家的作品之最中心的主题。"①在1936年6月1日胡风发表了《人民大众向文学要求什么?》一文,提出了"民族革命战争的大众文学",并在文中冷淡"国防文学"的口号后,周扬于同年6月25日发表了《现阶段的文学》一文,除了批评胡风文章为何根本不对"国防文学"不置一词外,特别强调:

> 凡是站在民族的和真正人民观点上的文学在现在都有它充分的积极意义。宗派的自满对于我们是毫无因缘的。我们要承认革命文学之外的广大的中间文学还拥有着大多数读者这个事实。所以要完成文学上的抗敌救亡的任务,我们不但要创造自己最尖锐的革命作品,同时也要联合那些在思想和艺术上原和我们有着不小距离,但由于一种民族共同的利害而和我们日益接近,愿和我们站在一起来反对我们民族的最凶恶的敌人的作家,和他们取得最密切的合作,通过他们的媒介,把民族革命的影响扩大到革命文学还没有侵入的读者层去。②

国防文学就是配合目前这个形势而提出的一个文学上的口号。它要号召一切站在民族战线上的作家,不问他们所属的阶层,他们的思想与流派,都来创造抗敌救国的艺术作品,把文学上反帝反封建的运动集中到抗敌反封建的总流。③

---

① 周扬:《关于国防文学》,载《文学界》1936年6月5日创刊号。
② 周扬:《现阶段的文学》,载《光明》第1卷第2期,1936年6月25日。
③ 同上。

很明显,周扬的意思无非是要在文艺界建立最广泛的抗日统一战线,尽可能多地团结文艺界的抗日作家。他在文章中,批评了胡风对"统一战线"、"国防文学"一字不提,认为是一个"严重的基本认识错误"。这就不能不引起当时左翼文坛的对于两个口号的论争。周扬的"国防文学"的口号的出发点是正确的,是符合当时党的路线的,可为什么会使同为"左翼"作家的鲁迅感到愤怒引起郭沫若的困惑呢?

鲁迅当时有病,他面对"托派"的挑拨,气得发抖,不得不抱病为文。他发表在1936年7月1日的文章《现在我们的文学运动》,既解释了"民族革命战争的大众文学"的含义,又说明这个口号与"国防文学"的关系:

> 民族革命战争的大众文学,是无产阶级革命文学的一发展,是无产阶级革命文学的一发展,是无产阶级革命文学在现在时候的真实的更广大的内容。这种文学,现在已经存在着,并且即将在这基础之上,再受着实际生活的培养,开起烂漫的花来罢。因此,新的口号的提出,必能看作革命文学的停止,或说"此路不通"了。所以决非停止历来的反对法西斯主义的斗争,反对一切反动者的血的斗争,而是将这斗争更深入,更扩大,更实际,更细致曲折,将斗争具体化到抗日反汉奸这总流里去。决非革命文学要放弃它的阶级的领导责任,将它的责任更加重,更放大,重到和大到要使全民族,不分阶级和党派,一致去对外。这个民族的立场,才真是阶级的立场。①

在这里鲁迅以历史发展的观点,说明民族革命战争的大众文学是先前的无产阶级革命文学在新形势下的必然发展,一种更深入更具体的发展,对于原有的革命作家来说则不但不能放弃原有"阶级的领导责任",而且要把这责任加大加重。这是说,民族革命战争的大众文学,在团结一切抗日的作家的同时,也还是具有责任的。这一点反衬出周扬的"国防文学"的口号在强调阶级责任的不够,或多或少有右的倾

---

① 鲁迅:《论现在我们的文学运动——病中答访问者,O、V、笔录》,《鲁迅全集》第6卷,人民文学出版社,1959年,第475页。

向。但鲁迅没有否定"国防文学",他继续说:

> 民族革命战争的大众文学,正如无产阶级革命文学的口号一样,大概是一个总的口号罢。在总的口号之下,再提些随时应变的具体的口号,例如"国防文学"、"救亡文学"、"抗日文艺"……等等,我以为是无碍的。不但是无碍的,并且是有益的,需要的。①

在这里,鲁迅没有用宗派主义之类的思想,反对"国防文学",而是讲清楚了"民族革命战争的大众文学"与"国防文学"的关系,表现出鲁迅团结党内外一切抗日作家的诚意。

周扬的"国防文学"还有一个问题,就是关于写什么问题的论述。他反复讲"国防文学的主题应当成为汉奸以外的一切作家的作品的之最中心的主题"。这无异说,要求一切站在民族立场的作家都要写抗日救亡的作品,这就又犯了把艺术等于政治的毛病,则又露出了"左"的倾向。针对这一点,鲁迅说:"民族革命战争的大众文学决不是只局限于写义勇军打仗,学生请愿示威……等等的作品。这些当然是最好的,但不应该这样狭窄。它广泛得多,广泛到包括描写现在中国各种生活和斗争的意识的一切文学。……作者可以自由地去写工人,农民,学生,强盗,娼妓,穷人,阔佬,什么材料都可以,写出来都可以成为民族革命战争的大众文学。"②显然,鲁迅这些说法更符合实际。据了解,在1936年春天,郭沫若在东京,也对"国防文学"有疑惑,认为"国防文艺应该是作家间关系的标帜,而不是作品原则的标帜"③。茅盾可能受郭沫若看法的启发,公开写文章主张两个口号并存,不要单提一个口号。但当时年轻气盛的周扬固执己见,连鲁、郭、茅的意见都听不进去,在《与茅盾先生论国防文学的口号》的文章中说:"我们不必在'国防文学'之外,另提别的口号,自外于文学上统一战线的运动。"应该说,在抗日救亡的紧要关头,在文学上提什么口号,要不要与作为左翼的领导

---

① 鲁迅:《论现在我们的文学运动——病中答访问者,O、V、笔录》,《鲁迅全集》第6卷,人民文学出版社,1959年,第476页。
② 同上。
③ 转引自郝怀明《如烟如火话周扬》,中国文联出版社,2008年,第42页。

人商量等问题上,这已经不是在评述国外的观点,而是要用马克思主义的原则来解决中国自身的问题,它不能不考验着一个理论家的水平,但周扬所提"国防文学"的口号和做法,并没有经得起马克思主义的考验,出发点是好的,但其中不能不说又有或"左"或右的毛病。

就这一阶段周扬的文学思想而言,可以说成也苏联,败也苏联。他第一个在中国介绍了苏联社会主义现实主义,强调艺术与政治关系的复杂性、曲折性,改正了此前"左"的倾向,这是好的;但他摹仿苏联的做法,提出"国防文学"的口号,引起上海左翼文坛一场不必要的纷争,论争中对鲁迅又不够尊重,影响了左翼作家之间的团结,又是失败之举。综观这一时期的周扬的文学思想,有正确和基本正确的成分,但也有左右摇摆的时候,没有完全形成自己独特的文学理念,尚无系统的理论建树,不能不说,他此时还未成为成熟的马克思主义文艺理论家。

第二编

中国化马克思主义文学理论形成概述

第一章 《在延安文艺座谈会上的讲话》发表前后

从 1937 年 7 月 7 日抗日战争爆发,到 1949 年 10 月 1 日中华人民共和国成立,是马克思主义文学理论在中国形成的时期。其基本标志主要是毛泽东《在延安文艺座谈会上的讲话》的发表及随后的革命文艺实践。《讲话》的发表,标志着有中国特色的马克思主义文学理论的正式形成。在整个 40 年代,中国的马克思主义文艺工作者们以《讲话》的基本精神为指导思想,一方面统一内部的文艺思想,一方面与形形色色的非马克思主义文艺思想进行论争,逐渐形成了比较完整的马克思主义文艺思想体系,为建国以后中国马克思主义文艺思想的继续发展打下了良好的基础。

一 延安整风运动

1935 年,中央红军长征到达陕北,与陕北红军会合,建立了比较稳固的革命根据地。1937 年,抗日战争爆发,国共两党合作,全国进入民族解放战争的新阶段。党和党领导的军队抓住这一有利时机,放手发动群众,壮大人民力量,根据地得到迅速发展,根据地人口达到将近 1 亿人。虽然在 40 年代初期,由于受到日伪的进攻和国民党顽固派的挤压,根据地规模一度缩小到 5 千万人口左右,但这一困难时期并没持续很久,1943 年以后,根据地人口逐渐恢复,到 1945 年日本无条件投降前夕,根据地人口又达到了 9 千万的规模。

在根据地最困难的时候,党中央从夺取抗日战争的全面胜利,建立新民主主义中国的根本目的出发,发动了以延安为中心,延伸到延安以外的以整顿党的作风为主要内容的整风运动,这就是著名的延安整风运动。

整风运动是分为高级干部的整风和全党干部的整风两个层次进行的。高级干部的整风主要在中央领导层进行。这一整风从1941年9月中央政治局扩大会议开始,到1944年5月党的扩大的六届七中全会通过毛泽东代表政治局提出的关于党内历史问题的六项意见为止,历时2年8个月。全党干部的整风从1942年4月3日中央宣传部做出《关于在延安讨论中央决定及毛泽东同志整顿三风报告的决定》正式开始,中经整顿作风、检查思想和审查干部、清理队伍两个阶段,到1943年9月党的高级干部重新讨论党史路线问题时基本结束,历时一年半左右的时间。而如果考虑整风前的理论准备,则整风的时间至少还可提前到1941年5月毛泽东在延安干部会上所作的报告《改造我们的学习》。这篇报告和毛泽东的《整顿党的作风》《反对党八股》一起,构成了毛泽东关于整风运动的基本著作。

延安整风的基本目标主要有三个:整顿学风反对主观主义、整顿党风反对宗派主义、整顿文风反对党八股。这次运动之所以在40年代初的延安进行,有其历史的必然性。首先,它是提高全党同志思想水平的需要。胡乔木认为,40年代初,由于日军的进攻和国民党的封锁,根据地在1942年和1943年进入了抗战以来最困难的时期。为了克服困难,以毛泽东为首的党中央一方面实行生产自救、发展经济、精兵简政;一方面开展整风、训练干部。以使他们振作精神,正确对待困难;同时整顿不好的作风,以更好地开展工作,迎接新的光明。"因为从党的干部队伍状况看还存在不少问题。……在全党,新党员、新干部占90%。他们没有经过内战,没有参加过长征,共产主义的许多道理不熟悉,阶级斗争是怎么回事不懂得,虽然有的读了两年书,但只记得一些教条,不懂得马列主义是什么。因此,在全党,尤其在某些特殊地区和特殊部门内,主观主义与宗派主义残余并没有肃清,或者还很严重地存在着,有的人自由主义思想也相当浓厚。"① 这就迫切需要一次普遍的思想教育运动,来提高全党干部的思想与认识水平。其次,它是进一步推进马

---

① 胡乔木:《胡乔木回忆毛泽东》,人民出版社,2003年,第203—204页。

克思主义的普遍真理与中国革命的具体实践相结合的需要。延安整风开始时,中国共产党成立虽然已经21年,但党的思想还不成熟,党的干部包括许多高级领导干部还不能正确地掌握和运用马克思主义,具体表现就是不能把马克思主义的普遍真理与中国革命的具体实践结合起来。他们有的只是教条主义地理解与运用马克思列宁等人的相关论述,不懂也不愿将马克思主义与中国革命结合起来,因而也就不能用马克思主义来指导、解决中国革命的具体问题。有的不能认真研读马克思主义的相关理论,研究中国革命新的发展,只是凭着自己的主观认识或过去工作的经验进行工作。这些错误的根本原因都在于不能把马克思主义普遍真理与中国革命的具体实践结合起来。因此,使全党在思想上认识这种结合的必要性并推进这种结合,便成为当时一个急迫的任务。第三,它是确立毛泽东正确的思想路线与政治路线在党内的绝对领导地位的需要。遵义会议虽然确立了毛泽东在党内的领导地位,但这领导地位还不十分明显、突出。在组织上,毛泽东还不是党的最高负责人,最高负责人名义上还是张闻天。① 在思想与政治方面,虽然大家都认识到了毛泽东的思想与政治路线的正确性,但这种认识还不十分深刻,在一些具体问题上还常常与毛泽东有一定的分歧。如在对待知识分子和文艺界的态度与政策上,当时主持中央文委工作的张闻天与毛泽东有一定的分歧。这些分歧在1943年4月22日中央党务研究室根据中央精神通过电台向各根据地领导机关发布的一则"党务广播"稿中隐约地表现了出来。这篇广播稿这样描写了延安文艺座谈会前延安文艺界的现状:

  在这一阶段内,在边区文协大会上,毛主席提出了新民主主义的文化,作为团结进步文化人的总目标。但是毛主席提出的这个方针,当时许多文化工作的同志,并未深刻理解,文委亦未充分研究,使其变为实际。且强调了文化人的特点,对他们采取自由主义态

---

① 当时的中共中央总书记是张闻天。毛泽东在组织上正式成为党的最高负责人是在1943年3月16日召开的中央政治局会议之后。在那次会议上,毛泽东被选为中央政治局主席和中央书记处主席。

度。加以当时大后方形势逆转,去前方困难,于是在延安集中了一大批文化人,脱离工作,脱离实际。加以国内政治环境的沉闷,物质条件困难的增长,某些文化人对革命认识的模糊观点,内奸破坏分子的暗中作祟,于是延安文化人中暴露出许多严重的问题……为了清算这些偏向,中央特召开文艺座谈会,毛主席作了报告与结论,上述的这些问题都在毛主席的结论中得到了解决。①

其中对张闻天迁就文化人的批评是很明显的。在普及与提高等问题上,张闻天与毛泽东也有一定的分歧。在这种情况下,要使毛泽东的思想路线与政治路线在党内处于绝对领导地位,也有必要发动一场大规模的学习与思想教育运动。

延安整风是中国共产党建党之后第一次大规模、全党性的思想教育运动。其取得的成就是巨大的。首先,它"以中国化的马克思主义思想——毛泽东思想统一了全党的思想,为顺利召开党的七大奠定了思想基础,同时也为下一步斗争——打倒日本侵略者,建立新民主主义的新中国奠定了思想基础"②。其次,延安整风整顿了干部队伍,在一定程度上消除了党内比较严重的主观主义、宗派主义、教条主义和党八股,改善了学风、党风与文风。第三,探索出了一条党内的自我教育、自我提高的有效途径,这在以后的工作中发挥了很好的作用。

当然,延安整风也出现了一些问题。其中最严重的问题是清理干部队伍时严重地扩大化。这种扩大化极大地伤害了同志,损害了干部队伍。虽然后来中央发现问题后及时做了纠正,毛泽东曾几次当众就此事道歉、做检查。但问题在于造成这种现象的根本原因,敌视知识分子、无中生有的那一套做法,并没有在思想与政策层面得到认真清算,以致遇到合适的气候,这种现象就沉渣泛起,极大地伤害了同志,破坏了党的事业。此外,延安整风统一了全党的思想,树立了毛泽东的绝对权威,但另一方面,也在一定程度上造成了思想的整一化,其他人的思

---

① 《关于延安对文化人的工作的经验介绍》,(1943年4月22日党务广播),《延安整风运动》(资料选辑),中共中央党校出版社,1984年。
② 胡乔木:《胡乔木回忆毛泽东》,人民出版社,2003年,第187页—188页。

想难以得到充分表达与发挥。一旦毛泽东本人的思想出现偏差,就很难得到有效的纠正。最后,延安整风中的一些观点与做法如对知识分子的系统改造等,在当时虽然有一定的必要性,但也存在很多错误的东西。这些错误的东西一直没有得到有效的纠正,后来造成了很大的危害。

文艺界的整风作为延安整风的一个重要组成部分,是与全党的整风一起进行的。整风前的延安文艺界,基本情况与党的干部队伍的情况大致一致,但又有自己的特殊性。首先,当时延安文艺界的基本队伍是抗战爆发后从沦陷区和大后方来到延安的知识青年。他们有革命热情,但马克思主义修养不够,有的有着比较严重的自由主义和极端民主主义思想。其次,这些人大多是怀着美好的理想来到延安的,不少人有着浓厚的启蒙救世情怀和现实主义情结,自视较高,对于延安的现实不大适应,不能接受党的绝对领导,对于延安一些阴暗的东西过于敏感,对政治家有着一些不正确的认识。表现在行动上,他们中的一些人对于延安的现状颇多批评,对现状中阴暗的一面有所夸大,言词态度比较激烈。如丁玲的《三八节有感》,王实味的《野百合花》等。第三,当时负责党的文艺工作的张闻天和他领导下的中央文委对于知识分子和文艺界人士比较重视,政策比较宽松,在文艺指导思想上有正规化、精品化的倾向,在让文艺直接服务于现实斗争这一方面重视不够。种种原因,造成了延安文艺界思想的混乱。这种状况,当然不利于党的领导、革命事业的发展,也不利于发挥文艺的正面宣传教育作用。需要一次思想教育运动,澄清文艺界思想上的混乱,使文艺能够更好地为党和人民、为抗战胜利服务。

但也应该承认,延安文艺界的整风也存在许多问题。首先,是严重地扩大化了,把人民内部矛盾作为敌我矛盾处理,将思想问题作为政治问题对待。如王实味虽然有严重的思想问题,但仍是拥护党,向往革命的。但有关部门却将他作为敌我矛盾,无中生有地宣布他是特务,托派分子,逮捕入狱,并在战争的转移途中将其错误地处置。而萧军则弄到不让其吃"公粮"的地步。其次,文艺界整风虽然将文艺界的思想统一到了毛泽东文艺思想的旗帜下来,但也严重削弱了知识分子的自信心与批判精神,所产生的消极后果是严重的。当时文艺界的有些人士认为自己在政治上不如共产党先进,但在伦理上却有着一定的优势,因此,他们能够理直气壮地批评他们所认为的党的错误,批评工人农民的缺点,以启蒙者、教育者自居。延安整风则不仅稳固了党在政治上的优势,而且占领了伦理上的制高点。毛泽东巧妙地将中国文化传统中固有的民本思想,发展成知识分子精神上的低劣感,通过提高体力劳动者的神圣性和重要性,使从事脑力劳动的知识分子产生"负罪"意识,自觉地将自己摆在工农之下,否定自己的思想感情和因生活方式等而形成的与工农不同的一些特点,自觉向工农学习、靠拢。通过这种方法,消除了知识分子的独立意识与批判精神。第三,在延安整风期间形成了一整套知识分子改造体系,如集中强化的理论学习,集体环境下的思想斗争与灵魂剖白,政治身份的组织化确认,惩前毖后、治病救人的"施洗"程序,对知识分子的生活方式、精神世界和思想感情的贬低甚至"原罪化"处理,思想改造与劳动锻炼的结合,等等。① 这套体系在整风之后还沿用了很长一段时期,在当时及建国之后历次知识分子"改造"运动中起了很大的作用。但现在看来,这些体系虽然满足了一时的现实需求,在整体上,实际上得不偿失。

二 《讲话》的发表与有中国特色
马克思主义文学理论的形成

为了解决文艺界的思想问题,使文艺更好地为抗日战争的胜利与中国革命服务,在毛泽东的直接领导下,延安文艺界在 1942 年 5 月,在延安连续召开了三次座谈会。座谈会上,毛泽东发表了两次演讲,这就是著名的《在延安文艺座谈会上的讲话》。

在《讲话》中,毛泽东从当时中国的实际出发,特别是从抗日根据

---

① 关于这套改造体系的具体论述,参见李洁非《延安整风:人物、故事及成果》(载《钟山》2003 年第 6 期),本章对这套体系的概括是在其论述的基础上归纳的。

地的实际出发,以文艺为工农兵服务和如何为工农兵服务为核心,从文艺与生活、文艺与人民、文艺与政治、文艺工作者的思想改造和与工农兵相结合、普及与提高的关系、文艺批评的标准等多个方面全面论述了自己对文艺的观点与看法,形成了比较完整的思想体系,对于推动中国马克思主义文艺思想的发展与成熟,起到了极其重要的作用。

自然,《讲话》也有一些偏颇的地方。胡乔木认为:"《讲话》中关于文艺从属于政治的提法,关于把文艺作品的思想内容简单地归结为作品的政治观点、政治倾向性,并把政治标准作为衡量文艺作品的第一标准的提法,关于把具有社会性的人性完全归结为人的阶级性的提法(这同他给雷经天同志的信中的提法直接矛盾),关于把反对国民党统治而来到延安、但还带有许多小资产阶级习气的作家同国民党比较、同大地主大资产阶级相提并论的提法,虽然有它们产生的一定的历史原因,但究竟是不确切的,并且对于建国以来的文艺的发展产生了不利的影响。"[①]胡乔木的这段论述是辩证的,它既指出了《讲话》存在的一些偏颇,也说明了这些偏颇产生的历史原因。实际上,如果考虑到《讲话》产生的具体历史环境,《讲话》中的很多偏颇是可以理解的,有的是有道理甚至是必要的。如对文艺从属于政治的强调,对文艺的功利性的强调,在普及与提高中对普及的强调,在歌颂与暴露中对歌颂的强调,等等。实际上毛泽东自己也意识到了这一点。胡乔木回忆:"《讲话》正式发表后不久,毛主席说:郭沫若和茅盾发表意见了,郭说:'凡事有经有权'。毛主席很欣赏这个说法,认为是得到了一个知音。'有经有权',即有经常的道理和权宜之计。毛主席之所以欣赏这个说法,大概是他也确实认为他的讲话有些是经常的道理,普遍的规律,有的则是适应一定环境和条件的权宜之计。"[②]但问题在于,以后也许是由于工作太忙,或者思想认识上的原因等,毛泽东并没有对自己在《讲话》中作为"权"提出的观点进行修正;而随着毛泽东的地位与威望的越来越高,《讲话》也越来越被神圣化、"圣旨"化,其中的每一个字句都成了

---

① 胡乔木:《胡乔木回忆毛泽东》,人民出版社,2003年,第670—671页。
② 同上。

颠扑不破的真理;加上极"左"思潮的推波助澜,《讲话》中那些偏颇的观点也就最大"效益"地发挥了其消极作用,对社会主义文艺事业产生了不良的影响。

作为毛泽东文艺思想最重要的经典著作,《讲话》在中国马克思主义文艺思想发展史上有着重要的地位。这可以从以下几个方面探讨。

首先,就毛泽东文艺思想本身来看。毋庸置疑,自 40 年代特别是 50 年代之后,毛泽东文艺思想在很长一段时间内一直都是中国马克思主义文艺思想的代表、核心内容与评判标准,而《在延安文艺座谈会上的讲话》则是毛泽东文艺思想的奠基之作。从时间上看,毛泽东从 1936 年开始就文艺问题正式发表专题讲话,到 1942 年为止,这一段时间毛泽东对文艺问题的观点与看法在《讲话》中得到了集中的体现。而从 1942 年 5 月到 1949 年,毛泽东在文艺问题上的观点与看法只是《讲话》的思想的继续与发展。从思想上看,《讲话》基本思想与精神一直是毛泽东文艺思想的主要内容,而毛泽东在文艺思想方面的一些不足甚至错误实际上也能在《讲话》中找到根源。终其一生,毛泽东在文艺思想方面有不少变化与发展,但基本框架却是在《讲话》中确定的。

其次,从中国马克思主义文艺思想发展史的角度看。中国马克思主义文艺思想的发展了经历了一个曲折的过程。早期马克思主义者包括毛泽东在内大都是在 1920 年左右接受马克思主义的。后来毛泽东等人走上了政治斗争的道路,而鲁迅、郭沫若、茅盾以及稍后的周扬、蔡仪等人则走上了理论研究与文学创作的道路。这批马克思主义文论家大都在 20 年代后期提倡无产阶级文学,30 年代参加左翼作家联盟,积极研究、宣传马克思主义文艺思想。但是也很明显地存在一些问题。其一,是理论观点还不成熟,未能把马克思主义的普遍真理与中国革命的具体实践结合起来,理论研究与实践中明显存在着"左"的倾向。20 年代后期明显受到苏联"拉普"派"辩证唯物主义创作方法"的影响,30 年代又过于受苏联"社会主义现实主义"的左右。其二,是马克思主义文论家内部观点不统一,宗派主义盛行,没有形成统一的观点和看法。周扬等人与鲁迅有矛盾,郭沫若等人与茅盾不和,而胡风则和主流派关系紧张。党虽然派了冯雪峰等人协调左翼作家内部的矛盾,但实际上只起了调解的作用,没有形成强有力的领导核心。这个时候,毛泽东的《在延安文艺座谈会上的讲话》,一方面根据马克思主义的基本原理,一方面结合中国革命、中国社会和中国文化与文艺发展的实际,提出具有中国特色的马克思主义文艺思想,解决了中国马克思主义文艺思想发展过程中的许多基本理论问题;一方面又为马克思主义文论家内部的思想与观点的统一提供了思想与理论依据。这样,《讲话》就把中国马克思主义文艺思想的发展向前推进了一大步。

再次,就文艺理论与思想资源来看。《讲话》并不是毛泽东本人天马行空的产物。整个二三十年代,中国马克思主义文论家和左翼作家就许多理论与现实问题如文艺与生活关系问题,作家思想改造的问题,文艺大众化的问题,文艺为谁服务的问题,文艺的性质问题等进行了广泛深入的讨论,在讨论中提出了许多值得重视的思想,如瞿秋白的观点。自然,二三十年代的"革命文学"和"左联"时期的文艺思想也有不少错误的观点。这些,都为毛泽东《在延安文艺座谈会上的讲话》提供了文艺方面的理论与思想资源。从这个意义上,可以说,《讲话》又是二三十年代中国马克思主义文艺理论的总结和合乎逻辑的发展。

《讲话》发表之后,受到党中央的高度重视。延安文艺界组织了一系列的学习与讨论,根据《讲话》精神,检查自己的思想与工作,统一认识。朱德、周恩来、刘少奇、陈云、凯丰等中央领导也纷纷发表讲话或文章,从不同方面肯定和阐发了《讲话》的思想。周扬等理论工作者写专论对《讲话》的思想进行了阐述。延安的各级组织都采取了一系列措施,贯彻落实《讲话》精神,贯彻文艺为工农兵服务和作家与群众相结合的方针。延安《解放日报》多次发表社论与文章,宣传《讲话》的精神,并于1943年10月19日全文发表了《在延安文艺座谈会上的讲话》。同年11月7日,中共中央宣传部发表《关于执行党的文艺政策的决定》。《决定》指出,《讲话》"规定了党对于现阶段中国文艺运动的基本方针","全党的文艺工作者都应该研究和实行这个文件的指示,克服过去思想中工作中作品中存在的各种偏向,以便把党的方针贯彻到一切文艺部门中去"。《决定》要求在当时的具体环境下,重点发展戏剧与新闻通讯工作,着重文艺的普及方面。《决定》认为,"全党应该认识这个文件不但是解决文艺观文化观问题的教育材料,并且也是一般的解决人生观与方法论问题的教育材料"①。这样,《决定》便把《讲话》提到权威文件的位置,正式确定了毛泽东文艺思想作为全党文艺工作的指导思想的地位。而且,就全国范围看,由于解放区的扩大和巩固,国统区内进步文艺工作者的队伍和力量的不断壮大,《讲话》的精神实际上也在全国各种文艺思想中占据了主导的地位。

与此同时,《讲话》的内容也很快地传到大后方,1944年春,党中央派何其芳、刘白羽从延安到重庆正式传达《讲话》并组织学习。这一时期,国统区的进步文学工作者与马克思主义文论家们有组织地或自发地对《讲话》进行了学习。时在重庆的周恩来作了不少宣讲与组织工作。郭沫若、茅盾等人都发表文章,交流了自己学习《讲话》的体会,自己对《讲话》的理解,并根据《讲话》的精神对自己的文艺思想进行了修正与发展。如茅盾提出了"人民的文学观",郭沫若在民族形式的讨论中,提倡文艺的"中国化"与"大众化"。

抗战胜利之后,国民党企图消灭共产党,建立一党专制的国家,发动了全面内战。政治与军事的斗争再次提到压倒一切的地位。这一时期,在文艺思想方面,毛泽东没有提出新的观点,但《讲话》仍是党和进步文艺工作者的指导思想和理论基础。以《讲话》为中心,有中国特色的马克思主义文艺思想体系逐步形成,并在全国解放之后得到了进一步的发展。

三 马克思主义文艺理论界内部为统一思想而开展的批判与斗争

马克思主义从来是在斗争中发展的,中国马克思主义文艺思想的发展也不例外。《在延安文艺座谈会上的讲话》发表之后,为了贯彻与

---

① 载《解放日报》1943年11月8日。

发展讲话的精神,统一文艺界的思想认识,进步作家与马克思主义文论家们一方面与国民党政府进行斗争,对资产阶级自由主义文艺思想进行批判,一方面又对革命文艺界内部的一些被认为不正确的文艺思想进行了批判。这种批判影响较大的主要有两次。一次是在延安整风期间对王实味、丁玲的思想和文学创作的批判,一次是 40 年代后期对胡风文艺思想的批判。前一次批判主要在解放区进行,后一次批判主要在国统区进行。对中国马克思主义文艺思想的发展来说,这两次批判的影响及其后果是不可低估的。

与 30 年代革命文艺界内部的斗争比较,40 年代革命文艺界内部的斗争有着明显不同的特点。其一,如果说 30 年代革命文艺界内部的斗争是一场"混战",争论的几方中,虽然周扬等人占据主导地位,但并没有取得完全的优势;而 40 年代革命文艺界内部的斗争则是一场有组织的行为,被批判的一方完全处于劣势地位。其二,30 年代的批判主要是革命文艺界内部不同思想不同观点之间的争论,其中夹杂了一些宗派主义情绪和意气用事,各方的地位基本上是平等的;而 40 年代的批判则是占据主导地位的一方对于处于非主流地位的一方的打压,其中夹杂着行政的权力,批判者与被批判者处于不平等的地位。其三,30 年代的批判主要局限于思想领域,斗争的各方最后在党的调解下,重归于好;而 40 年代的批判则上升到了政治的领域,被批判的一方受到严重的打击,有的甚至因此付出了生命的代价。

对王实味与丁玲等人的批判主要集中在他们的创作与思想上。当时丁玲是延安《解放日报》的主编,王实味是中央研究院特别研究员。他们一方面拥护党,拥护党的抗日救亡的主张,另一方面又坚持"五四"以来的启蒙理想,描写解放区的阴暗面,揭露抨击革命队伍内部的陈腐、消极的思想,强调文艺家的独立性。在他们的影响与带动下,解放区形成了一股小有影响的文学思潮:在歌颂光明的同时,也揭露阴暗,强调救亡与启蒙并重,强调个人的自由以及人格人权的平等。比较重要的作品有王实味的《硬骨头与软骨头》、《政治家·艺术家》、《野百合花》,丁玲的《三八节有感》、《在医院中》,罗烽的《还是杂文时代》,艾青的《了解作家、尊重作家》,萧军的《论同志之"爱"与"耐"》等。这些作家以批评的眼光观察解放区的人和事，揭露他们所认为的阴暗面，针砭延安存在的问题，批评某些领导人的专制，强调民主，部分文章和作品措辞与用语比较激烈，其中又以王实味更为尖刻。温济泽回忆：

> 整风开始后，王实味于 2 月 17 日写了一篇题材为《政治家，艺术家》的杂文，发表在文艺刊物《谷雨》上，又写了一组总题为《野百合花》的杂文……从极端民主、绝对平均主义的观点出发，用夸大事实、冷嘲热讽的语言把某些机关在节假日组织的文艺娱晚会，说成是延安"'歌啭玉春堂，舞回金莲步'的升平气象"，与"当前的现实""不太和谐"。把干部待遇上的某些差别，夸大成"衣分三色，食分五等"，说成有个"干部服小厨房阶层"。把在战争环境极端困难情况下偶尔发生的事情，说成"青年学生一天只得到两餐稀粥"，"害病的同志喝不到一口面汤"。把个别干部的某些官僚主义，说成"到处乌鸦一般黑"，"下对上感觉他们是异类"，在延安生活里缺少"人对人的同情心"。还把政治家和艺术家对立起来，说什么艺术家的主要任务是"揭露一切肮脏和黑暗"。王实味的这些错误思想，在青年知识分子中得到了不少人的同情。……
>
> ……王实味对李维汉的意见带头反对。他认为整风就是要整领导人，"要割大尾巴"；反对指定一部分人为当然委员，主张全体委员都要由民主选举产生。还写了《我对罗迈（李维汉）同志在整风检工动员大会上发言的批判》《零感两则》等短文，贴在中央研究院为整风创办的墙报《矢与的》头两期上。他提出"绝对民主"，鼓动大家"必须有至大至刚的硬骨头"，要检查自己"是不是对'大人物'有话不敢说？"还提出"我们决不能让邪气更大的人得势。""我们的眼光不应只看到本院，更应该注意全延安以至全党。"王实味这些错误言论，在中央研究院引起很大的反响，特别是有很多青年研究人员表示同情……
>
> 王实味的这些影响，引起了国民党特务机关的注意。他们把王实味等人的文章编印成《关于〈野百合花〉及其它》小册子，油印、铅印，四处散发。在小册子前加上按语说："中共……歌赞延安是革命的圣地……然而……在陕北，贪污，腐化，首长路线，派系

交哄,'歌啭玉春堂,舞回金莲步'……的情形之下,使为了抗日号召跑向陕北的青年大失所望,更使许多老共产党员感到前途没落的悲愁。"有些刊物还出了专号,标题为《从〈野百合花〉中看到延安之黑暗》以此作为恶毒攻击中国共产党和陕甘宁边区的宣传材料。①

这种现象引起了延安文艺界和党的领导的关注。毛泽东在一个晚上提着马灯看了登有王实味的杂文的中央研究院壁报《矢与的》,感到了问题的严重,决定在文艺界的整风运动中对这种现象进行批判。

整风期间对于王实味和丁玲等人的批判其实并没有持续多久。从1942年3月31日毛泽东在《解放日报》改版座谈会上发表讲话,不指名地批评王实味等人开始,到同年6月"文抗"理事会通过《关于托派王实味的决议》,开除其会籍为止,前后历时不过三个来月。虽然以后延安文艺界对王实味还进行了一些批判,但那已是打死老虎了,而且王实味本人也不再在场。在这一过程中,丁玲很快就由于毛泽东的一段话:"《三八节有感》虽然有批评,但还有建议。丁玲同王实味也不一样,丁玲是同志,王实味是托派。"②。更因她自己的诚恳检查和真心反省而得到解放,艾青、罗烽等也因为诚恳检查而过关,从被批判者变成了批判者。只有王实味,拒不承认错误,在1942年6月作为敌我矛盾处理,同年10月被开除党籍,年底遭到关押,并于1947年7月1日在机关转移途中被错误处死。

现在看来,当时对于王实味等人的批判从实际政治的观点看也许是必要的,也许对鼓舞人们的信心,保证全党和解放区军民目标一致地团结在党中央周围,夺取抗战的胜利是起了有益的作用的。但从思想文化的角度看,这种提到政治层面的批判,显然是不妥当的,是错误的。本来思想文化问题应该实事求是回归到思想文化问题本身,有不同意见可以讨论,各方也可以保留意见,等待历史的检验。但那次做法是将

---

① 温济泽:《王实味冤案平反纪实》,《新华文摘》1992年第3期,第141页。(引者注:实际上,看王实味的原文,基调比温济泽的叙述要温和一些。)
② 丁玲:《延安文艺座谈会的前前后后》,《新文学史料》,1982年第2期。

批判从思想认识问题提高到政治问题,将人民内部矛盾作为敌我矛盾处理,结果产生了很多难以挽回的不良影响,也为后来许多这种类似的批判开了一个不好的先例。

从中国马克思主义文艺思想发展史的角度看,对王实味等人的批判的影响是双重的,一方面以强力进一步确立了以《在延安文艺座谈会上的讲话》为代表的毛泽东文艺思想的权威地位,推进了毛泽东文艺思想的学习与普及;另一方面也在一定程度上限制了思想的自由,限制了理论与创作的丰富多彩性。消极作用也是明显的。

从文学创作的角度看,对王实味等人的批判主要涉及歌颂光明与暴露黑暗的关系、文艺工作者与党的关系等问题。王实味等人虽然将笔墨集中在延安的阴暗面上,要求文艺工作者的相对独立性,甚至有些不正确的认识,但总的来看,他们的立场还是站在党和人民一边的。在揭露阴暗的时候,他们实际上也考虑到了这种揭露的负作用问题,只是他们觉得没有什么关系。丁玲认为:"假如我们有坚定而明确的立场和马列主义的方法,即使我们说是写黑暗也不会成为问题的。因为这黑暗一定有其来因去果,不特无损于光明,而且光明因此而更彰。"①王实味也认为:"大胆地但适当地揭破一切肮脏和黑暗,清洗他们,这与歌颂光明同样重要,甚至更重要。揭破清洗工作不止是消极的,因为黑暗消灭,光明自然增长。有人以为革命艺术家只应'枪口向外',如揭露自己的弱点,便予敌人以攻击的间隙——这是短视的见解。我们底阵营今天已经壮大得不怕揭露自己的弱点,但它还不够坚强巩固;正确地使用自我批评,正是使它坚强巩固的必要手段。至于那些反共特务机关中的民族蟊贼,即令我们实际没有任何弱点,他们也会造谣诬蔑;他们倒更希望我们讳疾忌医,使黑暗更加扩大。"②抛开实际的现实影响不谈,这种认识从理论上说,应该没有什么不妥。对于他们的批判,在使文艺工作者接受党的领导,正面反映解放区的现实等方面起了积

---

① 丁玲:《关于立场问题我见》,《谷雨》1942年6月第1卷第5期。
② 王实味:《政治家·艺术家》,《谷雨》第1卷第4期,1942年3月15日,也可见 http://www.oklink.net/a/0101/0101/019.htm

极作用,但同时也建立了文艺对政治的从属地位,对文艺工作者的创作自由以及他们对阴暗面的揭露施加了一些有着消极影响的限制,设定了一些禁区。这实际上是不利于文艺的繁荣的。

对胡风的批判则主要集中在理论体系上。在我国马克思主义文艺思想发展史上,胡风是一个很有个性和理论特色的批评家。自1935年以《林语堂论》和《张天翼论》等批评文章进入文坛开始,到1955年被打成"胡风反党集团"的头子身陷囹圄为止,胡风以20年的时间顽强地构建着自己独具特色的马克思主义文艺理论体系。有学者将他的理论体系称为"体验现实主义"[①]。胡风理论体系的核心是他的"主观战斗精神",其基本含义是强调作家在包括观察与反映生活的整个创作过程中,要充分发挥自己的主观方面的能动作用。在这一核心的统领之下,胡风提出了三个著名的论战论点,即"到处都有生活"说,"精神奴役创伤"说和世界文学"支流"说。

"到处都有生活"说是针对新文学运动中一直没有解决的"题材决定论"而言的,胡风认为,"因为,历史是统一的,任谁的生活环境都是历史底一面,这一面连着另一面,那就任谁都有可能走进历史底深处。因为,历史是统一而又矛盾的,另一面向这一面伸入,这一面向另一面发展,那就任谁都有可能走在历史的前面。哪里有人民,哪里就有历史。哪里有生活,哪里就有斗争,有生活有斗争的地方,就应该也能够有诗。"也就是说,作家只要心与人民相连,不管他生活在哪里,他都可能写出深刻的、有价值的、与人民息息相关的作品。胡风认为,"斗争总要从此时此地前进。将前进从此时此地割去,遥遥地放在'彼岸',使'彼岸'孤立,回转头来用'彼岸'的名义来抹杀此时此地的生活,污蔑此时此地的斗争",是不对的。[②] 换句话说,作家不应抛开自己身边的生活,而刻意去寻找某种"有意义"的生活。因此,胡风强调作家的创作自由,反对以重要或不重要来对题材进行分类,反对以题材来确定

[①] 温儒敏:《中国现代文学批评史》,北京大学出版社,1993年,第205页。
[②] 胡风:《给为人民而歌的歌手们》,《胡风选集》第1卷,四川人民出版社,1996年,第271—272页。

作品的价值,认为作家应该根据自己所熟悉的生活范围和自己艺术才能的充分发挥,来确定自己写作的题材。

"精神奴役创伤"说是针对当时存在的把人民特别是农民抽象化与理想化的倾向提出来的。胡风认为,人民不是抽象的概念,而是活生生的个体。作为人民大多数的农民其主导的方面是积极的,但他们身上也有很多消极的东西,几千年的封建统治,使他们身上具有各种"精神奴役的创伤",另一方面,作为小私有者,他们也不可避免地时时产生着一些落后的东西。因此,作家应该承担对人民特别是农民的教育与启蒙的任务。从这里出发,胡风也反对贬低和否定知识分子,反对将知识分子从人民中间抽离出来另眼看待。他明确提出,"知识分子也是人民",而且先进的知识分子往往是"体现历史要求"的新思想的创造者与传播者。当然,知识分子也需要改造,但这种改造不是被动地去接受人民的教育,那样只会被人民中间落后的封建的因素所湮没,而是要充分发挥自己的主观战斗精神,通过正视、改造人民身上的"精神奴役创伤"来改造自己。

世界文学"支流"说则是针对"民族形式中心源泉"论而提出来的。胡风认为,"'民族形式'不能是独立发展的形式,而是反映了民族现实的新民主主义的内容所要求的、所包含的形式。既然是内容所要求的、所包含有,对于形式的把握就不能不从对于内容的把握出发"。他反对以民族形式为借口,把新文学往传统的、民间的道路上引。他认为"以市民为盟主的中国人民大众底'五四'文学革命运动,正是市民社会突起了以后的、累积了几百年的、世界进步文艺传统底一个新拓的支流""依然占着优势的封建社会和封建文艺对于新文艺保有强大的压迫作用",它的意义往往"是负的而不是正的"。①(引者注:胡风这里说"五四"新文学是以市民也即资产阶级为"盟主",这种说法是有问题的。后来胡风改正了这一说法。)因此,新文学的发展应该面向世界,而不是仅仅盯住民族过去的传统。

---

① 胡风:《论民族形式问题》,《胡风选集》第 1 卷,四川人民出版社,1996 年,第 344 页,第 320 页。

由上可见,胡风对于文学问题是有自己的思考的。虽然,他的观点也有一些不正确的地方,如主张"到处都有生活"时忽视了题材的相对价值;谈精神奴役时对人民的积极性一面肯定不够,对知识分子的缺点以及与群众结合的必要性有所忽视;提出"支流"说时对形式的独立性和民族文学有所忽视,对利用民族传统形式的可能性与必要性持轻视乃至否定的态度,等等。但总的来看,胡风的理论是符合马克思主义的基本原理的,具有很强的现实针对性和个性色彩。但是,胡风的理论与在当时中国马克思主义文艺理论中居于主流地位的毛泽东文艺思想及其拥护者的观点有许多矛盾之处,被人视为中国马克思主义文艺思想中的"异端";加上胡风个性有点偏激,批评别人缺点时不留"面子",而且在文坛"广泛出击",对立面较多;再加上左翼文坛根之不绝的宗派主义情绪,这些合起来,决定了胡风在40年代受批判的命运。而50年代的厄运不过是40年代的批判的继续与发展。

实际上,对于胡风的理论与观点的批评与质疑在30年代末40年代初就开始了。30年代末周扬与胡风围绕普遍性与特殊性展开的争论,40年代初黄药眠对胡风"主观精神"的质疑,就已带有一点火药的味道。但比较集中的是1945年在重庆开展的关于"现实主义"与"主观精神"的讨论和1948年在香港开展的对胡风文艺思想的讨论。重庆的讨论围绕现实主义艺术要不要强调政治倾向和主观战斗精神应不应该提倡两个问题进行。胡风的观点得到冯雪峰、舒芜等人的支持,受到邵荃麟、何其芳、黄药眠等人的批评。但这次讨论由于某些原因没有完全展开,也没有点胡风的名,讨论的双方基本上是平等的,虽然双方的交锋比较激烈,但讨论本身还比较正常,基本上局限在学术的范围。香港的讨论仍主要围绕胡风的"主观战斗精神"进行,对胡风持批评态度的主要有邵荃麟、林默涵、乔冠华、胡绳等,胡风则组织自己的支持者在自己主办的《泥土》、《呼吸》、《歌唱》等杂志写文章进行反批评,胡风自己也于1948年出版了《论现实主义的路——对于主观·公式主义和客观主义的粗略的再批判》,对批评者进行反驳。由于当时正处于解放战争高潮时期,主要的任务是夺取政权,这次论争也没有深入下去。但是,由于胡风的主观战斗精神及其理论体系与毛泽东《讲话》的精神和基本内容不大一致,在这次论争中胡风实际上已经处于下风。全国解放之后,1952年,舒芜在其任职的《长江日报》发表文章,纪念《讲话》发表十周年,同时检查自己《论主观》一文的错误,胡风的问题再次提出,并且愈演愈烈,最后发展成为肃清胡风反革命集团的政治运动。

如果不考虑结局,单就40年代中国马克思主义文艺理论界内部围绕胡风的理论与观点进行的论争来看,还是有益的。它扩展了中国马克思主义文艺思想探讨的范围,弥补了主流思想的某些不足,提出了一些有价值的思想与观点,增加了中国马克思主义文艺思想的丰富多彩性。然而不幸的是,40年代的论争就已带上了一些政治色彩,50年代更是成为了一场政治运动,随着胡风被送进监狱,他的理论与观点中的一些有价值的思想也被完全否定。对胡风的批判不仅对我国知识分子和理论工作者的心态产生了消极的影响,而且对于理论工作也产生了严重的后果。由于批判胡风而形成的理论导向和研究上的禁区,直到20世纪80年代才逐渐消除。这对中国马克思主义文艺思想的发展,不能不说是一个挫折和退步。

第二章　毛泽东文艺思想产生的渊源和具体内涵

毛泽东文艺思想是毛泽东思想的一个重要组成部分。

毛泽东思想是随着毛泽东本人的生活经历与革命活动而逐渐形成、发展、成熟的。1981年，中共十一届六中全会通过的《关于建国以来党的若干历史问题的决议》，对"毛泽东思想"作了权威的完整表述：

"以毛泽东同志为主要代表的中国共产党人，根据马克思列宁主义的基本原理，把中国长期革命实践中的一系列独创性经验作了理论概括，形成了适合中国情况的科学的指导思想，这就是马克思列宁主义普遍原理和中国革命具体实践相结合的产物——毛泽东思想。""毛泽东思想是马克思列宁主义在中国的运用和发展，是被实践证明了的关于中国革命的正确的理论原则和经验总结，是中国共产党集体智慧的结晶。"①

美国学者施拉姆认为，毛泽东思想实际上有三种不同的含义：1.它指毛泽东个人的思想，即体现在毛泽东个人所有的文章、著作、讲话、批示等资料中的思想；2.它指在中国，从20世纪50年代到毛泽东逝世为止（或到1978年12月的十一届三中全会以前），具有特定含义的毛泽东的思想，即在特定的时期，体现在毛泽东公开发表的著作与讲话（如1951年以后出版的《毛泽东选集》）以及"文革"时期作为"最高指示"的语录中的思想；3.它指以毛泽东为代表的中国共产党人集体智慧的结晶，不仅包括了毛泽东个人思想中的正确的部分，也包括刘少奇、周恩来、朱德及其他人对其正确思想的补充与发展。② 虽然具体操作起

---

① 《关于建国以来党的若干历史问题的决议》，人民出版社，1985年，第46—47页。
② 参见斯图尔特·R.施拉姆著，田松年、杨德等译：《毛泽东的思想》，中国人民大学出版社，2005年，第215页。

来比较困难,但施拉姆的思想是有启发性的。本章的论述主要依据毛泽东的文章、著作、讲话和批示。

一 毛泽东的生平与毛泽东文艺思想的形成、发展与渊源

毛泽东,字咏芝,后改为润之,1893年12月26日出生于湖南省湘潭县韶山冲一个富裕农民的家庭。父亲毛顺生,是一个勤劳、精明、固执、有商业头脑和浓厚的封建意识的农民。母亲文其美,是"一个慈祥的妇人,慷慨而仁爱,不论什么都肯施舍"①。童年时的毛泽东十分敬爱他的母亲,常常反抗他的父亲,但在性格上,他却继承了他们两人各自的一些特点。

从1902年到1910年,毛泽东断续地在韶山及其附近的一些私塾读书。1910年秋,毛泽东到湖南湘乡东山高等小学堂求学。东山学堂教师思想比较进步,学校藏书比较丰富。在这里,毛泽东初步接触到了当时进步的新思想。

1913年春,毛泽东考入湖南省立第四师范学校,1914年第四师范与第一师范合并为第一师范。1918年6月毛泽东毕业于第一师范。在第一师范学习的五年,是毛泽东青少年时代一个非常重要的时期。一师期间,毛泽东不仅系统地学习了科学文化知识,而且接触了不少社会理论,初步形成了革命的思想。与此同时,毛泽东还积极参与社会活动,进行革命实践。

第一师范毕业后,毛泽东在他在一师读书时的老师杨济昌先生的介绍下,到李大钊为主任的北京大学图书馆当助理员。在北京期间,毛泽东参加了北京大学哲学研究会、北京大学新闻学研究会,并阅读了李大钊的《庶民的胜利》、《布尔什维主义的胜利》等文章,开始接触马克思主义,初步确立了自己的马克思主义信仰。毛泽东自己认为:"一九二零年夏,我在理论上和某种行动上,变成马克思主义者,并且自此以

---

① 埃德加·斯诺录,汪衡译:《毛泽东自传》,解放军文艺出版社,2001年,第5页。

后,我自认为是一个马克思主义者了。"①但按胡乔木的看法,从这一时期开始到 30 年代初,毛泽东在整体上还未形成自己的思想。② 1936年,红军长征到达陕北,特别是 1937 年之后,陕甘宁边区相对平静,毛泽东利用这一时机,对马列主义进行了认真的研读与思考,写出了一系列富有马克思主义理论水平、符合中国革命的具体实践的著作与文章。虽然他自谦"我的思想(马列)自觉还没有成熟,还是学习时候"③。但实际上,他此时已是一个马克思主义者,已经形成了自己丰富系统完整的理论体系。

有学者认为,毛泽东文艺思想形成于 20 世纪 30 年代末 40 年代初。这一论断的主要依据是:一方面,直到 1936 年 11 月 22 日,毛泽东才专门就文艺问题发表正式讲话,即《在中国文艺协会成立大会上的讲话》;另一方面,在这一讲话之后,毛泽东又接着就文艺问题发表了几次讲话。如 1937 年 10 月 19 日,毛泽东在陕北公学纪念鲁迅逝世周年大会上的讲话,1938 年 4 月 10 日,毛泽东在鲁迅艺术学院成立大会上的讲话,4 月 28 日,毛泽东在鲁迅艺术学院作的报告,等等。④ 此外,在 1937 年 8 月发表的《矛盾论》中,也有不少地方涉及文艺,如对神话与现实的关系的探讨。从这个角度看,这一看法有一定的道理。但是,毛泽东在 1936 年才就文艺问题发表专题讲话,并不意味他的文艺思想在 1936 年才形成。任何一种思想的形成都是一个长期的过程,从发生学的角度看,甚至要追溯到思想家的童年时代。毛泽东自然也是如此。毛泽东曾经回忆说。他在第一师范读书的时候,"这里有一个国文教员、绰号'袁大胡子',他揶揄我的文章,并斥之为新闻记者式的作品。他看不起我的模范梁启超,以为他只是半通。我只得改变我的文风,攻读韩愈的文章,和熟记经史中的典故。所以,谢谢'袁大胡子',必要时

---

① 《毛泽东自传》,解放军文艺出版社,2001 年,第 36 页。
② 参见胡乔木《回忆毛泽东》,人民出版社,2003 年,第 620 页。
③ 毛泽东:《给何凯丰的信》,《毛泽东文集》第 3 卷,人民文学出版社,1996 年,第 15 页。
④ 参见方兢《中国当代文学理论潮流三十年》,第 7 页。

我现在还可以做一篇清通的古文"①。毛泽东对古文的研读与写作,使他熟悉了解了中国的传统文化,了解了中国文化的长处,这对他后来强调洋为中用、古为今用,强调民族形式、中国做派,强调批判继承是有帮助的。而我们知道,毛泽东的学习古文,是从他 1902 年入私塾学习时就开始了的。由此可见,毛泽东文艺思想至少在 1902 年他开始读私塾的时候就已经萌芽了。如果考虑到童年经历对他的思想的影响,这一时期还应更早。

我们可以将毛泽东文艺思想发展过程分为五个阶段:

第一阶段为 1920 之前,这是毛泽东文艺思想的萌芽时期。毛泽东童年、少年与青年时期的生活与思想对其文艺思想的形成和发展起着潜移默化的作用。少年时期的毛泽东喜欢读中国文学中的古传奇和小说。"有一天,我在这些故事中偶然发现一件可注意的事,即这些故事中没有耕种田地的乡下人。一切人物都是武士、官吏,或学者,从未有过一个农民英雄。这件事使我奇怪了两年。"通过思考,他得出一个结论:这些故事之所以不写劳动者是因为写作者本身不是劳动者,而且故事写出来也不是给劳动者看的。他对这种现象十分不满,因为那些写进故事并得到颂扬的人显然"用不着耕种田地,因为他们占有土地,显然是叫农民替他们工作的"②。而那些替他们工作,创造着财富的人却没人得到表现。这种感受与他后来主张文艺为工农兵服务的思想之间的联系,是很明显的。青年时期的毛泽东对于文艺是比较关注的,提出了不少自己的看法。这些看法不少在以后得到了丰富与发展。比如在 1915 年 9 月 6 日《致萧子升信》中,毛泽东谈到,"观中国史,当注意四裔,后观亚洲史乃有根;观西洋史,当注意中西之比较,取于外乃足以资于内也。"③这种看法与毛泽东后来提出的"洋为中用,古为今用"的观点的内在联系也是很明显的。自然,这一时期的看法后来也有一些被扬弃或修正了,但是即使是这些被扬弃或者修正的看法,在毛泽东文艺

---

① 《毛泽东自传》,解放军文艺出版社,2001 年,第 26—27 页。
② 同上书,第 9 页。
③ 《毛泽东早期文稿》,湖南出版社,第 22 页。

思想中也留下了一定的痕迹。

第二阶段从 1920 年到 1935 年,为毛泽东文艺思想的形成时期。这一时期,毛泽东的政治生涯并不平坦,他一直在为实现自己的正确路线而努力。另一方面,这一时期政局复杂,战争频繁,毛泽东的主要精力都放在政治斗争与军事斗争上,在文艺方面没有专门的著述。但是,他的文艺思想并没有停止发展,而是在不断地形成、丰富与充实。这主要表现在三个方面。首先,在思想上,他成了一个坚定的马克思主义者,马克思主义理论水平在不断地丰富、提高。其次,以后成为毛泽东文艺思想重要组成部分的许多思想、观点逐渐提出或初具雏形,如对工农兵的重视。在《关心群众生活,注意工作方法》中,他强调指出:"革命战争是群众的战争,只有动员群众,才能进行战争,只有依靠群众,才能进行战争。""真正的铜墙铁壁是什么?是群众,是千百万真心实意地拥护革命的群众。"①这里谈的群众,主要的当然就是工农兵。工农兵既是革命战争的主力与基础,革命的文艺当然就应该为工农兵服务。在 1929 年为中国共产党红军第四军第九次代表大会写的决议中,毛泽东批判了轻视宣传工作的思想,指出:"红军宣传工作的任务,就是扩大政治影响争取广大群众。由这个宣传任务之实现,才可以达到组织群众、武装群众、建立政权、消灭反动、促进革命高潮等红军的总任务。所以红军的宣传工作是第一个重大工作。若忽视了这个工作就是放弃了红军的主要任务,实际上就等于帮助统治阶级削弱红军的势力。"而要搞好宣传工作,就要加强党的领导,健全宣传队伍。要运用群众喜闻乐见的形式,重视文艺的作用。② 这些思想与毛泽东后来强调"文化的军队",强调文艺的作用是一脉相承的。第三,随着中央苏区的逐步扩大与巩固,苏区文艺活动的逐渐活跃,毛泽东建立苏维埃文化的设想也逐渐明晰。在代表中华苏维埃共和国中央执行委员会人民委员会向第二次全国苏维埃代表大会作的报告中,他指出:"为着革命战争的胜利,为着苏维埃政权的巩固与发展,为着动员民众一切力量,加入伟大

---

① 《毛泽东选集》第 1 卷,人民出版社,1991 年,第 136、139 页。
② 参见《毛泽东文集》第 1 卷,人民出版社,1993 年,第 96 页,第 100 页,第 101 页。

的革命斗争,为着革命的新时代,苏维埃必须实行文化教育的改革,解除反动统治阶级加在工农群众精神上的桎梏,而创造新的工农的苏维埃文化。"[①]这里的"苏维埃文化"与后来的新民主主义文化、社会主义文化实际上也是一脉相承的。

第三阶段从1936年到1949年,为毛泽东文艺思想的成熟期。这种成熟主要表现在如下几个方面。首先,毛泽东将马克思主义的普遍真理与中国革命的具体实践相结合,形成了有中国特色的马克思主义思想体系,即毛泽东思想。特别是他的以《实践论》、《矛盾论》为代表的马克思主义哲学思想,为他的文艺思想打下了坚实的哲学基础。其次,以《在延安文艺座谈会上的讲话》为代表,这一时期毛泽东公开发表了一系列有关文艺问题的专论,涉及文艺的各个方面,形成了自己的特色和完整的体系。第三,毛泽东文艺思想逐渐成为根据地文艺活动与文艺界人士的指导思想,毛泽东文艺思想作为全国占主导地位的文艺思想的地位也已初步形成。

第四阶段从1949年到1965年,为毛泽东文艺思想的发展期。这一时期,毛泽东文艺思想作为中国文艺界和文艺理论、文艺创作的指导思想的地位已经牢牢地建立起来。毛泽东在新民主主义革命时期文艺思想的基础上,继续提出了一些新的思想与观点,丰富与发展了毛泽东文艺思想,使其更加完整、系统。如1956年"双百"方针的提出,1958年革命现实主义与革命浪漫主义两结合创作方法的提出,1960年关于"充分地批判地利用文化遗产"的讲话,1964年"古为今用,洋为中用"的批示,1965年对于形象思维的提倡,等等。另一方面,作为党和国家的最高领导,毛泽东对文艺界的思想政治动态一直十分关注,为了使文艺并通过文艺使整个意识形态向着他认为正确的方向发展,使文艺为社会主义和无产阶级政治服务,毛泽东在文艺界发动了一系列的批判与斗争。有的批判与斗争甚至超出了文艺界的范围,成为一种全社会的政治思想与文化运动,如1957年的反右运动。这些批判与斗争,有的有一定的必要性,如1951年发动的对于电影《武训传》的讨论。有

---

① 转引自冯贵民《毛泽东文艺思想体系论稿》,武汉出版社,1992年,第40—41页。

的则是极其严重地扩大化了,如1957年的反右。有的则是由于毛泽东的判断失误而错误地开展的,如1953年对于胡风的文艺思想的批判,以及后来将胡风等人定性为"反党集团"。

第五阶段从1966年到1976年毛泽东逝世,为毛泽东文艺思想的晚期。这一时期也是所谓"文化大革命"时期。这一时期,毛泽东在文艺思想方面基本上没有什么建树。相反,由于在一系列重大理论与政策问题上的错误,使他提出了一些错误的文艺思想,在文艺方面作了一些错误的指示。加上林彪、"四人帮"的倒行逆施(有些是在毛泽东的支持或默许下进行的),文艺界极"左"思潮横行,全国的文艺活动除了少数几个样板戏和一些阴谋文艺外,几乎处于停滞的状态。毛泽东对这种现状并不满意,在70年代先后做了几个指示,试图对党的文艺政策进行调整,增加文艺界的活力,繁荣文艺创作。但由于基本方针没有变动,这些调整未能取得理想的效果。但这些调整还是为粉碎"四人帮"后党的文艺政策的转变打下了一定的基础。

如果以1949年为界,毛泽东文艺思想的发展又可以分为新民主主义革命和社会主义革命与建设两个大的时期。前者包括一、二、三三个阶段,后者包括四、五两个阶段。总起来看,在新民主主义革命时期,毛泽东把马克思主义的基本原理与中国革命的具体实践相结合,其文艺思想不断走向丰富、成熟、完整。在社会主义革命与建设时期,毛泽东文艺思想继续向前发展,提出了一些新的观念与思想。另一方面,由于没能及时认识革命战争时期与和平建设时期社会与群众对于文艺的不同要求,以及由于客观与主观的复杂原因,毛泽东个人思想上的左倾,特别是文化大革命时期"无产阶级专政下继续革命"、"阶级斗争为纲"等理论的出台,使毛泽东未能及时调整自己的文艺思想,其文艺思想出现了僵化甚至倒退的现象。有些在战争时代必要但在建设时期理应修改或废除的文艺思想未能或未能及时地修改与废除,有的甚至得到了不适当的发展,如政治标准第一、艺术标准第二的观点。有些正确的思想如"双百"方针,由于当时的政治氛围和毛泽东本人指导思想的偏差,并没有得到认真的实行。同时,由于认识与指导思想上的偏差,毛泽东针对新的情况提出了一些错误的理论与观点,如在"文革"时提出的"十七年"文艺被一条"黑线"专政的看法,肃清封资修流毒的号召(这造成了对于传统和国外文化与文学的严重冲击)等。因此,这一时期毛泽东的文艺思想也出现了一些偏差与错误,有的甚至是十分严重的偏差与错误。

毛泽东思想是马克思主义的普遍原理与中国革命的具体实践相结合的产物。反过来,马克思列宁主义与中国革命的具体实践也构成了毛泽东思想的两个主要的渊源。毛泽东思想不是无本之木,它的形成必然有其所依据的材料与思想。作为毛泽东思想的重要组成部分之一的毛泽东文艺思想自然也是如此。

马克思主义的辩证唯物主义和历史唯物主义、阶级和阶级斗争的理论、经济基础与上层建筑理论、意识形态理论、文艺应当为工人阶级和最广大的劳动人民服务的思想、文艺应当成为党的工作的一部分的思想,等等,构成了毛泽东文艺思想的理论基础和基本内容。

包括中国社会和历史进程在内的中国革命的具体实践是毛泽东文艺思想另一个最重要的渊源。这不仅是说毛泽东文艺思想是在中国革命的具体环境中产生与发展的,也是说毛泽东文艺思想的内容与特点等与中国革命的具体实践有着密切的联系,有些直接是中国革命具体实践的表现与反映。

除此之外,毛泽东文艺思想还有三个次要但却不能忽视的来源。

其一,是毛泽东早期的生活经历。发展心理学认为,一个人的思想,最终总是可以溯源到他早年的生活与经历。早期经历就像深隐的矿藏,时时渗入毛泽东文艺思想之中,为它提供材料,影响着它的内容与走向。如毛泽东文艺思想的核心——文艺为工农兵服务的思想——就与他的出身和经历有关系。毛泽东出身于一个农民的家庭,干过农活,在韶山长到16岁才离开乡村,因此他从小便与下层人民有着血肉联系,同情他们,了解他们的思想感情,欣赏他们的美德。第一师范学习时期,他曾与同学萧子升去乡下"游学",以了解社会。萧子升放不下知识分子的架子,毛泽东则态度谦和,言谈亲切,与下层民众谈得来,尤其热心于访贫问苦。应该说,毛泽东后来把为工农兵服务放在他的文艺思想的核心位置,是与他早年的生活经历与思想感情分不开的。

其二,是湖湘文化。湖湘文化是一个具有湖南地方特色的区域文化,形成于南宋初年,兴盛于近代。有学者认为,近代湖湘文化有如下几个基本特点:1.士人有以天下为己任的使命感、责任感,大都具有强烈的忧患意识和爱国主义思想;2.民心刚正质直,士人大都讲究和注重气节;3.民性朴实勤勉,刻苦耐劳,勇于任事,具有一种实干精神;4.民风强悍,士人大都具有一种敢为天下先的英雄气概和投身政治洪流的献身精神。① 这主要是从基本精神的层面来谈湖湘文化的特点。其实,湖湘文化是多方面的,不仅包括精神层面,也包括物质层面、文化层面、生活方式层面、风俗习惯层面等。这些都要对人的思想观点产生影响。毛泽东26岁以前没有离开过湖南,从26岁到34岁,他虽然走出了湖南,但湖南仍是他主要的活动舞台,从事革命活动的基地。他的正规的学校教育都是在湖南接受的,从韶山的私塾到湘乡的东山学堂再到长沙的第一师范。特别是后两个学校,既是当时新文化的传播中心,也是当时湖湘文化的重镇。毛泽东在第一师范时最敬重的老师,他后来的岳父杨昌济既是留学日本、英国的"洋学生",又是湖湘文化的继承者,曾在第一师范讲授"船山之学"。从学术的角度看,杨昌济是毛泽东接触湖湘文化的重要桥梁之一。毛泽东年轻时对王船山、曾国藩等湖湘文化的传人极其景仰。1917年在给其老师黎锦熙的信中曾说:"愚于近人,独服曾文正,观其收拾洪杨一役,完满无缺。使以今人易其位,其能如彼之完满乎?"②崇敬之情溢于言表。湖湘文化对毛泽东的影响是深远的。如湖湘文化强调经世致用的特点。这对毛泽东关注现实,求实务实,勇于践行等特点有着潜移默化的影响。他强调文艺为工农兵服务、为政治服务、为革命斗争服务等,与湖湘文化经世致用的思想也有密切的联系。再从物质层面看,湖南地处内陆,东、西、南三面环山,北面临湖,交通很不方便。境内居民以农耕为主,商业不够发达,商品意识不浓。南来的海洋文化难以进入湖南,而北下的中原文化随

---

① 参见饶怀民《近代湘籍政治家思想研究丛书·序》,莫志斌:《青年毛泽东思想研究》,湖南师范大学出版社,2003年,第8—10页。

② 毛泽东:《致黎锦熙信》,《毛泽东早期文稿》,湖南出版社,1990年,第85页。

着两宋以来中国文化中心的南移,由湘北逐渐传播全省。因此,"湘人以守旧闻天下",重农轻商的思想十分浓厚。这种状况影响毛泽东一直到他的晚年。而另一方面,由于穷困、闭塞,湖南的有志青年要施展才华、实施抱负,往往走通过读书、科举而从政、从军、从文的道路。特别是曾国藩领导的湘军的崛起给很多湖南青年提供了成功的机会和榜样。而后来湘军的裁撤,又平空给湖南增加了许多凭军功发财的小地主。这些人比较重视子女的教育,手里又有一定的经济力量,于是兴学堂,办教育,在湖南一时蔚为风气,形成浓厚的文化氛围,成就了一批知识青年。他们思维活跃、目光远大。在近代中国的三次留学高潮中,许多人走出湖南,走出中国,走向世界。在他们的大力宣传与倡导下,西方文化大量地涌入湖南,与传统文化发生猛烈的碰撞。加上原有的各种矛盾,形成湖南复杂尖锐的社会现实。在这种现实中,人们首先关注的是现实,首先想到的自然是政治。因此,近代湖湘学人大都具有浓重的政治、文化情结。这种状况对于毛泽东的影响也很深远。在他的文艺思想中,政治始终摆在第一位。这固然有马克思主义传统的影响和现实的需要,但湖湘文化的影响也是不能忽略的。

其三,是中国文化与文学。毛泽东在中国古代文化与古典文学方面的修养极其深厚,对于现当代文化与文学,他更是身在其中。他的文艺思想,也不可能不受到中国文化与文学的影响。这种影响表现在两个方面:一是中国文化与文学为毛泽东文艺思想的形成提供了一定的思想资料,一是现当代中国的文化与文学实践所提出的问题需要做出回答,从而导致毛泽东文艺思想的发展与丰富。前者如毛泽东文艺思想中关于"为工农兵服务"的论述。这一论述与马克思恩格斯要求文艺表现工人阶级的生活与斗争、列宁要求文艺为大多数人服务的思想是一脉相承的,但与中国近现代文学中的大众化倾向也有密切的联系。中国近现代文学从梁启超提倡"小说革命"到"五四"运动,到30年代文学大众化的讨论,大众化的呼声一直没断。文艺为工农兵服务,正是这一倾向的合乎逻辑的发展。后者如毛泽东许多关于文艺问题的讲话、批示、信函等,都是对于当时文化与文艺方面的问题的回应。如1956年与音乐工作者的谈话,所讨论的中西文艺的关系问题、传统文化问题等,实际上都是当时存在的现实问题,需要作为新中国的最高领导人表态和解决的。

自然,毛泽东文艺思想的渊源是多方面的,除了上述五个方面,毛泽东个人的文艺修养与文艺趣味、文学实践等也都要对其文艺思想产生影响。另一方面,同一文艺观点中,往往又可能融汇了不同的渊源。如前面提到的文艺为工农兵服务的思想,从渊源上看,就既有马克思主义的传统和中国现实的需要,又有中国现当代文化与文学的影响,还与毛泽东青少年时代的生活与湖湘文化的传统有一定的联系。弄清毛泽东文艺思想的渊源,有助于我们进一步深入地了解毛泽东文艺思想。

二 新民主主义革命时期毛泽东的文艺思想

新民主主义革命时期毛泽东在文艺方面最重要的著作是《在延安文艺座谈会上的讲话》。这一时期毛泽东的文艺思想,主要可以从以下方面进行探讨。

1. 文艺与生活的关系

胡乔木认为,《在延安文艺座谈会上的讲话》有两个基本点:"一是文艺与生活的关系,一是文艺与人民的关系。"① 这个看法是正确的。文艺与生活的关系,是任何文艺理论都无法回避的问题,也是毛泽东文艺思想的核心问题之一。在文艺与生活的关系上,有两种偏颇的看法。一种认为文艺是生活的机械的再现,另一种取消文学与生活的联系。马克思主义反对这两种观点。马克思指出:"观念的东西不外是移入人的头脑并在人的头脑中改造过的物质的东西而已。"② 毛泽东运用马克思主义的原理,对文学与生活的关系做出了明确的回答:

---

① 胡乔木:《回忆毛泽东》,人民出版社,2003 年,第 267 页。
② 《马克思恩格斯选集》第 2 卷,第 217 页。

一切种类的文学艺术的源泉究竟是从何而来的呢？作为观念形态的文艺作品，都是一定的社会生活在人类头脑中的反映的产物。革命的文艺，则是人民生活在革命作家头脑中的反映的产物。人民生活中本来存在着文学艺术原料的矿藏，这是自然形态的东西，是粗糙的东西，但也是最生动、最丰富、最基本的东西；在这点上说，它们使一切文学艺术相形见绌，它们是一切文学艺术取之不尽、用之不竭的唯一的源泉。这是唯一的源泉，因为只能有这样的源泉，此外不能有第二个源泉。有人说，书本上的文艺作品，古代的和外国的文艺作品，不也是源泉吗？实际上，过去的文艺作品不是源而是流，是古人和外国人根据他们彼时彼地所得到的人民生活中的文学艺术原料创造出来的东西。①

这段论述是十分完整、严密的。首先，它既强调了社会生活是一切种类的文艺作品的源泉，又强调了这是唯一的源泉。这样，就堵塞了一切可能的漏洞，在文艺与生活的关系上，将社会生活置于绝对的源泉的位置。其次，它说明了古代与外国的文艺作品也是彼时彼地的生活的反映，取材于古代与外国的文学作品，实际也是间接地取材于古代与外国的生活。再次，它说明了社会生活是如何进入文艺作品的，即要通过作家的头脑这一中介，从而强调了作家的主观能动性，克服了机械唯物主义。

文学艺术既然来自生活，那么，它的意义与审美价值是否能与生活抗衡？车尔尼雪夫斯基认为艺术低于生活，艺术美低于生活美，认为"艺术作品任何时候都不及现实的美或伟大"。② 王尔德等唯美主义者又把艺术远远地拔到生活之上，认为生活只是一堆杂乱无章的材料，只有艺术才能赋予它美与形式。毛泽东正确地把握了两者之间的关系，指出：

> 人类的社会生活虽是文学艺术的唯一源泉，虽是较之后者有着不可比拟的生动丰富的内容，但是人民还是不满足于前者而要

---

① 毛泽东：《在延安文艺座谈会上的讲话》，《毛泽东选集》第3卷，第860页。
② 车尔尼雪夫斯基：《生活与美学》，周扬译，人民文学出版社，1958年，序言第4页。

求后者。这是为什么呢？因为虽然两者都是美，但是文艺作品中反映出来的生活却可以而且应该比普通的实际生活更高、更强烈、更有集中性、更典型、更理想，因此就更带普遍性。①

毛泽东在肯定文艺源于生活的基础上明确指出文艺高于生活，并且说明了其高于生活的原因，这样，就十分恰切而辩证地把握了两者之间的关系。有学者认为，毛泽东这里谈的六个"更"之间有逻辑的联系："'更高'是创作的指导思想，由此而必然产生以下'更强烈'、'更有集中性'、'更典型'、'更理想'的四个特性，而这四个特性又决定了艺术作品所具有'更带普遍性'的艺术效果。"②这可以是一种理解。不过从语句之间的逻辑关系看，"更带普遍性"是前面五个"更"的结果。因此，笔者更倾向于认为前面五个"更"是从不同角度说明文艺高于生活的原因以及文艺与生活相比所具有的特点，后面一个"更"则说明了文艺的价值与意义。

不仅如此，毛泽东还进一步探讨了文艺高于生活的途径，这就是典型化。毛泽东指出：

> 革命的文艺，应当根据实际生活创造出各种各样的人物来，帮助群众推动历史的前进。例如一方面是人们受饿、受冻、受压迫，一方面是人剥削人、人压迫人，这个事实到处存在着，人们也看得很平淡；文艺就把这种日常现象集中起来，把其中的矛盾与斗争典型化，造成文学作品或艺术作品，就能使人民群众惊醒起来，感奋起来，推动人民群众走向团结和斗争，实行改造自己的环境。③

典型化必须从生活出发；其途径是通过创造，使生活更集中、更强烈、更理想、更美、更具普遍性；其目的是感染读者，"帮助群众推动历史的前进"；其重点是创造出各种各样的人物。虽然，从现在的角度

---

① 毛泽东：《在延安文艺座谈会上的讲话》，《毛泽东选集》第3卷，人民出版社，1991年，第861页。
② 参见冯贵民《毛泽东文艺思想体系论稿》，武汉出版社，1992年，第127页。
③ 毛泽东：《在延安文艺座谈会上的讲话》，《毛泽东选集》第3卷，第861页。

看,使文艺高于生活的途径不一定只有典型化一条,但典型化无疑是最重要的途径之一。毛泽东关于典型化的观点,至今仍然具有指导意义。

2. 文艺与人民的关系

文艺与人民的关系是毛泽东文艺思想的另一个核心。以人民为本位是毛泽东文艺思想的根本的原则。《在延安文艺座谈会上的讲话》的绪论部分,毛泽东开宗明义地指出:

"什么是我们的问题的中心呢?我以为,我们的问题基本上是一个为群众的问题和一个如何为群众的问题。""为什么人的问题是一个根本的问题,原则的问题。""无论高级的或初级的,我们的文学艺术都是为人民大众的,首先是为工农兵的,为工农兵而创作为工农兵所利用的。"①

概括地说,毛泽东关于文艺与人民的关系的论述,包括如下几个方面的思想。①文艺应该也必须为人民服务,中国的文艺必须为中国人民首先是为占中国人民绝大多数的工农兵服务。②人民的生活是文艺取之不尽、用之不竭的源泉。③人民是否接受,是否满意,是评判文艺作品的基本标准。对于人民的态度如何,是检查古代与外国的文艺作品的基本标准。④革命文艺必须"歌颂无产阶级和劳动人民",以人民大众为主要表现对象,在批评人民的缺点时,"必须站在人民的立场上,用保护人民、教育人民的满腔热情来说话"。⑤文艺工作者应该与工农大众相结合,"和工农兵大众的思想感情打成一片"②,熟悉人民的生活与语言。⑥文艺作品应该具有民族形式与民族风格,中国的文艺作品应该具有"为中国老百姓所喜闻乐见的中国作风和中国气派"。⑦根据工农兵的需要,正确处理普及与提高的关系。

强调文艺与人民的关系,是马克思主义一以贯之的一条红线。早在1888年,恩格斯就明确指出:"工人阶级对他们四周的压迫环境所进

---

① 《毛泽东选集》第3卷,人民出版社,1991年,第853、857、863页。
② 同上书,第872、851页。

行的叛逆的反抗,他们为恢复自己做人的地位所作的剧烈的努力——半自觉的或自觉的,都属于历史,因而也应当在现实主义领域内占有自己的地位。"①列宁在 1905 年提出,文艺不应为"饱食终日的贵妇人服务",不应为"百无聊赖、胖得发愁的'几万上等人'服务",而要"为千千万万劳动人民服务,为这些国家的精华、国家的力量、国家的未来服务"。② 十月革命后,他又明确指出:"艺术属于人民。它必须深深地扎根于广大劳动群众中间。它必须为群众所了解和爱好。它必须从群众的感情、思想和愿望方面把它们团结起来并使他们得到提高。它必须唤醒群众中的艺术家并使之发展。"③毛泽东关于文艺与人民的关系的论述既是对马克思主义的这一传统的继承,又有明显的发展和自己的特点。首先,毛泽东突出了人民的主体——工农兵,从而使人民的内涵更加明确,更加符合中国社会与中国革命的特色。其次,毛泽东围绕"文艺为工农兵服务和如何为工农兵服务"这一核心,全面、深刻、系统地阐述了自己的文艺思想,形成了自己的完整体系。再次,终其一生,文艺为人民(工农兵)服务的思想,一直是毛泽东强调的重点,其文艺思想的核心。在马克思主义经典作家中,如此重视文艺与人民的关系,完全以人民(工农兵)为核心构建自己的文艺思想体系的,毛泽东还是第一人。

毛泽东以人民为本位,强调人民在文艺活动中的主体地位,有其内在的深刻的原因。首先,重视、强调人民的地位与作用一直是马克思主义核心之一。毛泽东的人民本位思想是马克思主义对人民的重视的合乎逻辑的展开与发展。其次,人民本位思想与毛泽东对于人民的历史地位与社会作用的深刻认识密不可分。自然,马克思主义对于人民的认识一直是深刻的。然而,毛泽东的认识却不仅仅是一种理论的推衍。在长期的革命实践中,他深深地认识到,人民不仅是社会的主体,而且是历史的创造者和推动者。这一思想最集中地体现在一句著名论断之

---

① 《马克思恩格斯选集》第 4 卷,人民出版社,1972 年,第 462 页。
② 列宁:《党的组织和党的出版物》,《列宁论文学与艺术》,人民文学出版社,1983 年,第 435 页。
③ 蔡特金:《列宁印象记》,《列宁论文学与艺术》,人民文学出版社,1983 年,第 435 页。

中:"人民,只有人民,才是创造世界历史的动力。"①人民在毛泽东的思想中占有如此重要的地位,他要求文艺为人民服务,这是顺理成章的事。第三,毛泽东不仅是一位理论家,更是一位革命者。中国革命与俄国革命不同,不是通过全国性的起义特别是中心城市的起义夺取政权,再巩固政权,而是在小股武装和小块根据地的基础上慢慢积聚力量,最终取得全国政权的。因此,中国革命的过程十分漫长,在革命中,人民的支持,民心的向背起着决定性的作用。中国革命的领导阶层是工人阶级,但革命的主要力量却是农民,而军队实际上就是穿军装的农民。因此,农民在中国革命中起着举足轻重的作用。因此,与马克思、恩格斯、列宁等不同,毛泽东特别重视农民。把人民具体化为工农兵,要求文艺为工农兵服务,实际是中国革命的具体现实在毛泽东文艺思想中的反映。

马克思主义认为,"历史中的决定性因素,归根结底是直接生活的生产与再生产。但是,生产本身又有两种。一方面是生活资料即食物、衣服、住房以及为此所必需的工具的生产;另一方面是人类自身的生产,即种的繁衍"②。而进行这种"直接生活的生产与再生产"的只能是人民。人民不仅是社会的主体和决定因素,而且也是历史的主体和决定因素。因此,马克思主义经典作家十分重视人民的历史作用,强调"历史活动是群众的事业,随着历史活动的深入,必将是群众队伍的扩大"③。毛泽东强调文艺活动中的人民本位,强调文艺为人民(工农兵)服务,也是马克思主义的历史唯物主义精神的鲜明体现。

3. 文艺与政治的关系

马克思主义认为,经济基础决定上层建筑,上层建筑反作用于经济

---

① 毛泽东:《论联合政府》,《毛泽东选集》第3卷,第1031页。
② 恩格斯:《家庭、私有制和国家的起源》,《马克思恩格斯选集》第4卷,人民出版社,1972年,第2页。
③ 马克思、恩格斯:《神圣家庭》,《马克思恩格斯全集》第2卷,人民出版社,1972年,第104页。

基础。毛泽东对文艺作用的认识是十分深刻的。他曾经指出:"没有文化的军队是愚蠢的军队,而愚蠢的军队是不能战胜敌人的。"①这里的文化自然也包括文艺。然而文艺虽然重要,与政治相比,仍是次要的。在《新民主主义论》中,毛泽东对文化、政治与经济的关系作了概括的论述:"一定的文化(当做观念形态的文化)是一定的社会的政治和经济的反映,又给予伟大影响和作用于一定社会的政治和经济;而经济是基础,政治则是经济的集中表现。……一定形态的政治和经济是首先决定那一定形态的文化的;然后,那一定形态的文化又才给予影响和作用于一定形态的政治和经济。"②一定形态的文化是由一定形态的政治和经济决定的,而政治又是经济的集中表现,经济对文艺的决定作用往往要经过政治的中介。由此,毛泽东得出结论:

"在现在世界上,一切文化或文学艺术都是属于一定的阶级,属于一定的政治路线的。为艺术的艺术,超阶级的艺术,和政治平行或互相独立的艺术,实际上是不存在的。""文艺是从属于政治的,但又反过来给予伟大的影响于政治。""文艺服从于政治"。③

这是从理论的角度看。从现实的角度看,新民主主义时期的中国是一个政治斗争(包括作为政治斗争表现形式之一的军事斗争)居于绝对重要位置的国度。这一点毛泽东深有体会。

毛泽东的文艺从属于政治主要有四个方面的含义。

首先,文艺要成为党的工作的一部分,要为政治服务,文艺工作者要服从党的领导。《在延安文艺座谈会上的讲话》中,毛泽东指出:"党的文艺工作,在党的整个工作中的位置,是确定了的,摆好了的;是服从党在一定革命时期内所规定的革命任务的。""革命文艺是整个革命事业的一部分,是齿轮与螺丝钉,和别的更重要的部分比较起来,自然有轻重缓急第一第二之分,但它是对于整个机器不可缺少的一部分。如

---

① 毛泽东:《文化工作中的统一战线》,《毛泽东选集》第3卷,第1011页。
② 《毛泽东选集》第2卷,第663—664页。
③ 毛泽东:《在延安文艺座谈会上的讲话》,《毛泽东选集》第3卷,第865页,866页,867页。

果连最广义最普通的文学艺术也没有,那革命运动就不能进行,就不能胜利。"①自然,这里说的革命任务,并不是某一具体的革命工作或政策,而是党在一定时期总的任务,总的方针政策。文艺为政治服务也不是为少数政治家的政治服务,因为"政治,不论革命的和反革命的,都是阶级对阶级的斗争,不是少数个人的行为"②。不过,由于解释、理解和需要的不同,这些论述也比较容易被人误解为运用文艺或为党的具体工作、具体政策或个人政治服务。对于文艺工作者,毛泽东要求他们改变思想感情,与工农兵相结合,为党的任务服务。当然,这首先要求的是党的文艺工作者,但是非党的文艺工作者也应这样做。因为,"现时中国革命不能离开中国无产阶级的领导,因而现时的中国新文化也不能离开中国无产阶级思想的领导,即不能离开共产主义思想的领导"③。因此,只要是革命或愿意革命的文艺工作者,就要服从共产主义思想(经过共产党)的领导。

其次,文艺服从于政治,就意味着政治是评价文艺的主要标准。其他方面的标准则处于次要的地位。当然,毛泽东还说过文艺要为老百姓所喜爱,要为工农兵所接受。但这里的"老百姓""工农兵"实际上也是从政治角度提出的概念,与文艺服从于政治并不矛盾。

再次,文艺从属于政治也意味着文艺要服从政治的需要。毛泽东认为:"只有经过政治,阶级与群众的需要才能集中地表现出来。"④在革命工作的各个方面,政治是第一位的,其他方面都要服从政治的需要。文艺当然更是如此。因为相比而言,文艺是一种更高地悬浮在空中的意识形态,不仅与政治的关系更为密切,而且政治直接就是文艺的一个重要的表现方面,因此,文艺为政治服务是理所当然的。

复次,文艺从属于政治,要求文艺具有倾向性,有利于党和无产阶级的倾向性。因为只有通过倾向性,文艺才能有方向地、合乎党和无产阶级的利益地去教育、感染人民,起到"团结人民、教育人民、打击敌

---

① 毛泽东:《在延安文艺座谈会上的讲话》,《毛泽东选集》第3卷,第866页。
② 同上。
③ 毛泽东:《新民主主义论》,《毛泽东选集》第2卷,第705页。
④ 毛泽东:《在延安文艺座谈会上的讲话》,《毛泽东选集》第3卷,第866页。

人、消灭敌人"的作用。① 与文艺从属于政治相联,毛泽东强调文艺的阶级性。文艺在一定历史时期的社会中产生,反映着一定社会的生活内容,文艺家们属于一定的社会阶层,文艺要为一定的政治服务,因而,文艺也必然带有阶级性。反过来,既然文艺具有阶级性,那么,无产阶级的文艺,进步的文艺,就必然要为无产阶级服务,要接受党的领导。

文艺与政治的关系是密切的,文艺为政治服务的现象也常常发生。但是,正如胡乔木后来反思时所指出的:"文学服从于政治这种话是不通的。""文学是一种广泛的社会文化现象。它跟阶级、政治的现象有些关系,但关系不是那么直接。""文学服从于政治的说法,一方面是把文学的地位降低了,好像它一定要服从于某个与它关系不多的东西;另一方面把文学的范围不可避免地缩小了,好像某个不讲政治的作家就是没有政治倾向(这种作家很多),就不觉悟、落后,他的作品就不是文学。这样一来,好些事就讲不清楚了。"②文学艺术和政治都是一种社会存在,从另一个角度看,也都是一种意识形态。政治本身并不是社会发展的目的。因此,文艺与政治之间的关系是一种交叉的关系,而不是一种从属的关系。从现实看,与政治无关的文艺作品和文艺家也很多。

由此可见,文艺从属于政治这一观点从总体上看并不是科学的。但在特殊时期,例如在中国抗日战争时期、解放战争时期,说文艺从属于政治、文艺要为政治服务,也有其正当性和合理性。因为像这样的特殊时期,打倒敌人,获得军事上、政治上的胜利是第一位的。这个时候,革命文艺工作者的主要任务,是以文艺作为武器,来打击敌人消灭敌人。换句话说,在特殊时期,文艺被暂时借用为武器,暂时结合政治的军事的斗争,是自然的也是可以理解的。当然,这种"借用"和"结合"要讲究文艺自身的特点,要讲究艺术的力量,不能只是简单的宣传。而且,等到特殊的时期过去,国家总体上进入和平建设时期,就不能再一味讲文艺从属于政治。文艺应该走一条符合人民审美需要的更为宽广的道路。文艺应该满足人民群众多种多样的需要,如审美的、娱乐的、

---

① 毛泽东:《在延安文艺座谈会上的讲话》,《毛泽东选集》第3卷,第848页。
② 胡乔木:《回忆毛泽东》,人民出版社,2003年,第59页。

休闲的,当然,也包括政治的,等等。因此,文艺可以有关政治,也可以无关政治。

不过,文艺不从属于政治并不意味文艺应该脱离政治。与政治密切关联的文艺作品,只要其符合艺术特点,具有艺术的感染力,能够被广大的人民群众所欣赏、所接受,也能成为优秀的作品,也是应该提倡、支持、鼓励的。

4. 文艺工作者的思想改造问题

鲁迅曾经说过,从血管里出来的都是血,从喷泉里出来的都是水。毛泽东说:"作为观念形态的文艺作品,都是一定的社会生活在人类头脑中的反映的产物。"① 文艺作品是文艺家创作的,文艺家的主体状况必然要对文艺作品的内容与形式产生决定性的影响。从另一个角度看,当时延安和解放区的知识分子以及文艺工作者大都是非劳动人民出身,并且大都来自国统区和敌占区。在毛泽东看来,这些人的大多数,是"偏爱小资产阶级知识分子的乃至资产阶级的东西"的,"这些同志的立足点还是在小资产阶级知识分子方面,或者换句文雅的话说,他们的灵魂深处还是一个小资产阶级知识分子的王国"。② 这种状况对于文艺与革命事业都是有害的。要避免这种危害,就必须对文艺工作者进行思想与立场方面的改造:

> 我们的文艺工作者一定要完成这个任务,一定要把立足点移过来,一定要在深入工农兵群众、深入实际斗争的过程中,在学习马克思主义和学习社会的过程中,逐渐地移过来,移到工农兵这方面来,移到无产阶级这方面来。只有这样,我们才能有真正为工农兵的文艺,真正无产阶级的文艺。③

文艺工作者思想、立场的改造主要有三个途径:其一,是学习、接受

---

① 毛泽东:《在延安文艺座谈会上的讲话》,《毛泽东选集》第 3 卷,第 860 页。
② 同上书,第 857 页。
③ 同上。

马克思主义;其二,是深入实际的革命斗争,学习与研究社会;其三,是与工农兵相结合。其中最重要的是与工农兵相结合。1939年5月1日,毛泽东曾明确指出:"革命的或不革命的或反革命的知识分子的最后的分界,看其是否愿意并且实行和工农民众相结合。"①因为工农(或者说工农兵,因为按毛泽东的说法,士兵就是穿军装的农民)既是中国革命的主力(前者是革命的领导阶级,后者是革命最可靠的同盟军),又是中国共产党坚定的拥护者与支持者,是党的群众基础。与工农兵结合,也就是使知识分子成为工农兵的一个组成部分,成为党能够依靠的力量。

  因此,与工农兵结合的关键不在外在形式如衣着打扮的改变,甚至也不在与工农兵同吃同住同劳动,而在内在思想感情的变化。内在思想感情不变,只是外在形式变了,这种变化只是表面的、暂时的,无法持久,一遇机会,就又会变回去。何况,由于工作性质的不同,要使文艺工作者在外在形式上与工农兵完全一样,与工农兵完全的同吃同住同劳动,也是不必要不可能的。因此,毛泽东反复要求:"我们的文艺工作者的思想感情和工农兵大众的思想感情打成一片。"强调"我们知识分子出身的文艺工作者,要使自己的作品为群众所欢迎,就得把自己的思想感情来一个变化,来一番改造"。② 毛泽东还以自己为例。他回忆自己在当学生的时候,"觉得世界上干净的人只有知识分子,工人农民总是比较脏的"。革命后,"我才根本地改变了资产阶级学校所教给我的那种资产阶级的和小资产阶级的感情。这时,拿未曾改造的知识分子和工人农民比较,就觉得知识分子不干净了,最干净的还是工人农民,尽管他们手是黑的,脚上有牛屎,还是比资产阶级和小资产阶级知识分子都干净。这就叫做感情起了变化,由一个阶级变到另一个阶级。"③ 这里的关键是"由一个阶级变到另一个阶级"。由于旧中国知识分子的数量不多,力量不够强大,毛泽东没有在政治与经济的意义上把他们

---

 ① 毛泽东:《五四运动》,《毛泽东选集》第2卷,第559页。
 ② 毛泽东:《在延安文艺座谈会上的讲话》,《毛泽东选集》第3卷,第851页。
 ③ 同上。

看做一个独立的社会阶层。① 他们只是依附在无产阶级或者资产阶级上面。因此,改造他们,不需要改变他们的经济状况以及工作方式,只要他们转变了思想感情,他们就能从资产阶级阵营转到无产阶级阵营中来。

自然,结合总是双方的事。毛泽东也看到了这一点。因此,有时候他也强调,文艺工作者"要与军队工作的同志、党务工作的同志、政治工作的同志、经济工作的同志接触,要与这些同志结合;对其他方面的人,则要告诉他们要与文学家、艺术家接触、结合"②。但是,由于没有把知识分子作为一个独立的社会阶层,没有把他们作为革命力量的一个基本组成部分,因此在"结合"的问题上,毛泽东更多的是要求文艺工作者向工农兵靠拢,抛弃自己原有的思想感情,改换成工农兵的思想感情。具体办法就是向工农兵学习,与工农兵交朋友,与工农兵打成一片。这实际上是知识分子在思想感情方面自我否定的过程。由于要自我否定,就必须要提高工农兵的地位,将工农兵作为知识分子的方向与榜样。这种自我否定既是痛苦又是艰难的,但却是必要的。因为只有这样,知识分子才能成为革命的基本力量,文艺工作者也才能成为受工农兵欢迎的人。

不过,在毛泽东看来,要彻底解决文艺工作者思想感情的问题,最终还得靠从工农自身产生文艺家。他指出:"在阶级社会中有文人,在将来的社会主义社会也有专门的文学家、艺术家。将来大批的作家将从工人农民中产生。现在是过渡时期,我看这一时期在中国要五十年,这五十年是很麻烦的,这是资产阶级、小资产阶级出身的文艺家和工人农民结合的过程。"③这篇文章发表于1942年,毛泽东试图在50年后即1992年左右解决文艺工作者们思想感情的问题,办法是从工农中产生文艺工作者。但现在看来,这一设想可能过于乐观了一点。因为文

---

① 实际上,终其一生,毛泽东都没有把知识分子作为一个独立的社会阶层。他始终把知识分子看做"毛",或是依附在无产阶级这张"皮"上,或是依附在资产阶级这张"皮"上,没有自己独立的地位。
② 毛泽东:《文艺工作者要同工农兵相结合》,《毛泽东文集》第2卷,第425—426页。
③ 同上书,第430页。

艺工作者不可能全是纯工农出身。而且即使都是纯工农出身,工农出身的文艺工作者成为文艺工作者之后,由于生活方式和利益诉求的改变,其思想感情实际上也不可能与从事工农业生产的工人农民完全一致。换句话说,工人农民一旦成为文艺工作者,他们也就不再是原来意义上的工人农民了。

从历史的角度看,毛泽东关于知识分子向工农兵学习,改造自己的思想感情的主张,是可以理解的。在"延安文艺座谈会"时期,延安的知识分子的确大多数都是小资产阶级分子,思想感情中有许多不符合抗战需要的东西,而且当时抗战主力是工农,因此要求他们向工农学习,在思想感情上与工农打成一片,在当时是必要的,也是正确的。问题在于,这种要求只应是一种阶段性的要求,不应作为一种长期的要求,更不应将它作为判断知识分子是否革命的唯一标准,强制性地长期推行。因为文艺工作者,或者扩大一点说,知识分子作为一个阶层,有自己的经济政治诉求,自己的工作与生活方式,这样,就必然形成自己的思想感情,这种思想感情是不可能与其他阶层或阶级的思想感情完全一致的,不管他们作为个人,是出身于哪一阶层。而且随着时代的发展,知识分子的政治素质也在提高,到现在更是成为了工人阶级的一部分。他们的思想感情未必就一定不如工农的思想感情。另一方面,工农也是一个复杂的整一体,其思想感情也是与其他阶层互相混杂、阶梯过渡的,很难形成一种纯而又纯的只属于工农的与知识分子的思想感情处于对立状态的思想感情。因此,过分强调知识分子的思想感情要与工农的完全一致,是不对的而且实际上也是很难做到的。

5. 普及与提高的关系

文艺要为工农兵服务,但工农兵的文化水平、文艺修养在总体上还是较低的,这就存在一个普及的问题。另一方面,工农兵的水平不可能总是停留在低级的阶段,而且,延安、解放区乃至整个中国还有不少有一定文化水平和文艺修养的人如知识分子、干部等,文艺本身也有"阳春白雪"和"下里巴人"之分,低级的总要指向高级的并向高级的过渡。

这又存在一个提高的问题。

就总体看,毛泽东对于普及与提高的关系本身的看法是辩证的、正确的。在《在延安文艺座谈会上的讲话》中,他提出了两条基本的原则:

> "我们的提高,是在普及基础上的提高;我们的普及,是在提高指导下的普及。""所谓普及,也就是向工农兵普及,所谓提高,也就是从工农兵提高。""是沿着工农兵自己前进的方向去提高,沿着无产阶级前进的方向去提高。"①

这包括如下几个方面的意思。首先,无论是普及还是提高,都是为了工农兵,为了使文艺为工农兵服务,为了使文艺工作者创造出更多更好的为工农兵所欢迎的作品。其次,要用工农兵自己所需要、所便于接受的东西向工农兵进行普及。而最能为工农兵所需要、所接受的就是工农兵自己的生活、自己的思想感情、自己的语言。因此,文艺必须表现工农兵的生活与思想,文艺工作者"必须到群众中去,必须长期地无条件地全心全意地到工农兵群众中去,到火热的斗争中,到唯一的最广大最丰富的源泉中去,观察、体验、研究、分析一切人,一切阶级,一切群众,一切生动的生活形式和斗争形式,一切文学和艺术的原始材料"②,第三,提高要适应工农兵的需要,符合工农兵前进的方向,符合无产阶级的要求,党的要求。第四,普及与提高是一种辩证的关系,两者不能截然分开。"人民要求普及,跟着也就要求提高,要求逐年逐月地提高。"③普及要向提高发展,提高要以普及为基础,受普及的制约。第五,普及与提高是互相促进、波浪式发展的。普及工作达到一定的程度,就需要提高,提高到一定的程度,又需要普及,然后再提高,再普及。而整个工农兵或者说人民的文化艺术水平也就在这种不断的往返中得到不断地提升。

---

① 毛泽东:《在延安文艺座谈会上的讲话》,《毛泽东选集》第3卷,第862页,第859页,第859—860页。
② 同上书,第860—861页。
③ 同上书,第862页。

与此关联,毛泽东对专门家与普及工作者及群众之间的看法就其本身来看,总体上也是正确的。在《文艺工作者要同工农兵相结合》中,毛泽东指出:"我们的总方针是争取文学家、艺术家中的大多数人和工农结合,使得他们看中低级的东西,看中普通的文艺工作者。专门家有责任指导普通的文艺工作者。是不是只有指导的责任呢?不是的,还要学习,要从普通的文艺工作者那里,从人民那里吸收养料。""对于文学艺术工作者,不论是低级的还是高级的,要采取欢迎的态度,恰当的态度,对他们的缺点要采取原谅的态度;而在文艺家方面,对于工农兵的缺点也是要采取原谅的态度。"①两者之间是相互学习、相互谅解、共同前进的关系。应该说,这种观点是正确的,有利于文艺健康发展。

但是,毛泽东对知识分子在整体上是不信任的,对他们主要是使用,而不是依靠。他认为:党的主要基础"是工农兵。要不要资产阶级、小资产阶级出身的知识分子文艺家呢?需要的,但是主要的基础是在工农兵。""对文化人、知识分子采取欢迎的态度,懂得他们的重要性,没有这一部分人就不能成事。""任何一个阶级都要用这样一批文化人来做事情,地主阶级、资产阶级、无产阶级都是一样,要有为他们使用的知识分子。在他们这个阶级完全知识化以前,还要利用别的阶级出身的知识分子。"②加上实际的革命斗争的需要,因此,在具体的操作层面,在普及与提高方面,毛泽东更多地偏重于普及,在文艺工作者与工农兵之间,毛泽东则更多地偏重于工农兵。

> 一切革命的文学家艺术家只有联系群众,表现群众,把自己做群众的忠实的代言人,他们的工作才有意义。只有代表群众才能教育群众,只有做群众的学生才能做群众的先生。如果把自己看作群众的主人,看作高踞于"下等人"头上的贵族,那末,不管他们

---

① 毛泽东:《文艺工作者要同工农兵相结合》,《毛泽东文集》第 2 卷,第 430—431 页,第 432 页。
② 同上书,第 430 页,第 432 页。

有多大的才能,也是群众所不需要的。①

是否为工农兵所用,是否为工农兵所需要,实际上成为鉴别与判断文艺工作者的属性与价值的唯一标准。

6. 文艺为工农兵而写

理想地说,文艺为工农兵服务,应该包括三个方面的含义,即文艺由工农兵写、文艺为工农兵写、文艺写工农兵。1942 年,毛泽东曾设想,用五十年左右的时间,创建一支工农兵出身、工农兵培养、工农兵自己的文艺工作者队伍。② 但在 20 世纪三四十年代,由于历史与现实的原因,工农兵在文化上还处于一个较低的层次,因此,文艺由工农兵写这一设想暂时还不可能实现,而文艺写工农兵在某种意义上实际包含在文艺为工农兵写这一要求之中。因此,文艺为工农兵服务,毛泽东特别强调文艺为工农兵而写这一维。这可以从以下几个方面加以探讨。

首先,工农兵是文艺服务的对象。在《在延安文艺座谈会上的讲话》中,毛泽东明确指出:

> 我们的文学艺术都是为人民大众的,首先是为工农兵的,为工农兵而创作,为工农兵所利用的。③

这两者是互为条件,相辅相成的。"为工农兵而创作",更多地是从文艺工作者的角度也即动机的角度谈的,"为工农兵所利用",则更多地是从接受的角度也即效果的角度谈的。文艺作品不仅创作时要以工农兵为对象,而且创作结束后也要为工农兵所接受、所喜爱。这样,毛泽东就从动机与效果两个方面规定了文艺为工农兵而写以及如何为工农兵而写的问题。在此基础上,毛泽东进一步明确,工农兵是文艺作品的接受者,指出:"工作对象问题,就是文艺作品给谁看的问题。……文艺作品在根据地的接受者,是工农兵以及革命的干部。根

---

① 毛泽东:《在延安文艺座谈会上的讲话》,《毛泽东选集》第 3 卷,第 862 页。
② 毛泽东:《文艺工作者要同工农兵相结合》,《毛泽东文集》第 2 卷,第 430 页。
③ 毛泽东:《在延安文艺座谈会上的讲话》,《毛泽东选集》第 3 卷,第 863 页。

据地也有学生,但这些学生和旧式学生也不同,他们不是过去的干部,就是未来的干部。"①而干部则是工农兵中的先进分子,从本质上看,是工农兵中的一部分。因此归根结底,文艺作品的接受者是工农兵。

其次,工农兵是文艺作品的唯一评判者。文艺作品既然是"为工农兵而创作,为工农兵所利用的",工农兵既然是文艺作品的主要接受者,他们当然也就是文艺作品的唯一的评判者。即使相对而言,工农兵的文化水平要低一些,对文艺作品艺术上的鉴赏能力要差一些,也只能以他们要求与喜爱作为评判标准。因为"任何一种东西,必须使人民群众得到真实的利益,才是好的东西"。"我们是无产阶级的革命的功利主义者,我们是以占全人口百分之九十以上的最广大群众的目前利益和将来利益的统一为出发点的,所以我们是以最广和最远为目标的革命的功利主义者。"②毛泽东以"革命的功利主义"为理由与出发点,为工农兵占据文学艺术的评判者的位置作了有力的辩解。循着这个思路,毛泽东进一步论述道:"就算你的是'阳春白雪'吧,这暂时既然是少数人享用的东西,群众还是在那里唱'下里巴人',那末,你不去提高它,只顾骂人,那就怎样骂也是空的。"③这里的主体仍是群众也即工农兵。工农兵的水平是可以提高的,但是在他们的水平还没有提到欣赏某类作品的高度之前,这类作品还得接受工农兵的评判,是否好,是否有用,还得由工农兵说了算。文艺接受的水平动摇不了工农兵评判者的地位。

再次,文艺要为工农兵服务,文艺工作者就要熟悉工农兵,熟悉他们的生活,熟悉他们的语言,熟悉他们的思想感情。毛泽东要求文艺工作者将自己的"思想感情和工农兵大众的思想感情打成一片",要求文艺工作者"认真学习群众的语言"。④ 因为只有熟悉了工农兵的生活、思想、情感和语言,才能创造出受工农兵喜爱、欢迎,为工农兵所接受的文艺作品。1938 年,在《中国共产党在民族战争中的地位》一文里,毛

---

① 毛泽东:《在延安文艺座谈会上的讲话》,《毛泽东选集》第 3 卷,第 849—850 页。
② 同上书,第 864—865 页,第 864 页。
③ 同上书,第 865 页。
④ 同上书,第 850,851 页。

泽东强调文艺作品应该是"新鲜活泼的"、具有"为中国老百姓所喜闻乐见的中国作风和中国气派"。① 在《新民主主义论》中,毛泽东又强调,"中国文化应有自己的形式,这就是民族形式"。② 这中国作风与中国气派,这民族形式从哪里来? 只能从人民群众中来,因为民族文化的根基只可能存在于人民大众之中。因此,文艺工作者要为人民大众服务,要为工农兵服务,就不仅仅是一个熟悉工农兵的问题,还得向他们学习。这种学习不是采风、猎奇式的学习,也不是一种自上而下地自以为高明的俯就式的学习,而是老老实实、认认真真、虚心地学习。因为"只有做群众的学生才能做群众的先生"③。学生和先生是相对而言,互相变化的。但这只是问题的一个方面。问题的根本方面在于,文艺工作者或者说知识分子并不比工农兵高明。毛泽东对知识分子持保留态度。在他看来,"知识分子往往不懂事,对于实际事物往往没有经历,或者经历很少。"④知识分子没有实际经验,他们的知识往往都是书本知识,与实践是脱离的,因此,"许多所谓知识分子,其实是比较地最无知识的,工农分子的知识有时倒比他们多一点。"⑤知识分子必须向人民群众学习,必需参与革命实践,只有这样,他们才能成为真正的知识分子,成为工农兵需要的知识分子。

纵观毛泽东有关文艺的论述,无论是文艺为工农兵服务,还是普及与提高或文艺为工农兵而写,突出工农兵在文艺活动中的主体地位与重要作用,是毛泽东文艺思想的一条红线。如果换另一个角度看,这实际上是突出了文艺作品的接受者,突出了读者的作用。在马列主义经典作家中,如此强调读者的作用,把读者放在自己文艺思想的核心的位置,毛泽东应该说是第一人。毛泽东强调文艺为工农兵服务,但工农兵本身并不创造文艺作品,他们主要是以文艺作品的接受者的身份进入文艺活动的。因此,毛泽东重视工农兵文艺接受者的身份是必然的。

---

① 毛泽东:《中国共产党在民族战争中的地位》,《毛泽东选集》第 2 卷,第 534 页。
② 毛泽东:《新民主主义论》,《毛泽东选集》第 2 卷,第 707 页。
③ 毛泽东:《在延安文艺座谈会上的讲话》,《毛泽东选集》第 3 卷,第 864 页。
④ 同上书,第 1320 页。
⑤ 毛泽东:《整顿党的作用》,《毛泽东选集》第 3 卷,第 815 页。

如果仅仅从重视读者这个角度看,毛泽东对读者的强调比20世纪60年代兴起的接受美学并不逊色。童庆炳先生认为,毛泽东文艺思想中有着浓厚的读者意识。比如,毛泽东强调文本必须成为可供读者"接受的美学对象",如果"'文本'未能向'作品'转化,作家与读者的对话、交流没有实现,文学的本质也就丧失了"。而实现这种转化、交流的关键则是"作者要熟悉读者",要"和工农兵大众的思想感情打成一片"。再如,毛泽东强调作品必须适合读者的期待视野,才会引起读者的兴趣。而要做到这一点,作家就应熟悉读者的期待视野,"对读者的期待视野做出预测"。他将读者分为"下里巴人"和"阳春白雪"两种类型,认为读者的期待视野是一个由低向高发展的过程,文艺工作者"对工农兵的期待视野既要适应(服务)又要加以提高。①这些观点,都含有丰富的接受美学思想。不过,毛泽东的读者意识与接受美学的理论也有区别。毛泽东生活的时代,产生接受美学的哲学与语言学背景还没有形成,因此,他对读者地位的强调,主要是强调文艺作品应该适应读者的需要,满足读者的要求,由读者来评判。而作为接受美学的一些标志性的思想,如文学作品的意义是由读者创造的,未经读者阅读的文本只是潜在的文本,只有经过读者的阅读,才能成为现实的文本,文学史是一部阅读史等,以及对于阅读理论本身的探讨,毛泽东都没有涉及。因此,从本质上说,毛泽东的文艺思想仍是以作者为中心的文艺思想,但在这一体系之中,他将读者的位置提到了空前的高度。

7. 文艺批评的标准

作为一个马克思主义者,政治家,中国革命的领袖,毛泽东自觉地把文艺看做中国革命事业的一个重要组成部分,要求文艺为人民大众,中国的革命事业服务,因此,他很重视文艺批评标准问题。在自己的著作中,毛泽东实际上提出了两套批评标准。

---

① 参见童庆炳《毛泽东与"读者意识"》,《华中师范大学学报》2005年第6期,第92页—94页。

一套是善真美的标准。1938年,毛泽东在《在鲁迅艺术学院的讲话》中提出:

> 鲁迅艺术学院要造就有远大理想、丰富的生活经验、良好的艺术技巧的一派艺术工作者。你们不应当是只能简单地记述社会生活的艺术工作者,而应当有为新中国奋斗的远大理想。这就是说,不但要抗日,还要在抗战过程中为建立新的民主共和国而努力,不但要为民主共和国,还要有实现社会主义以至共产主义的理想。没有这种伟大的理想,是不能成为伟大的艺术家的。但只有理想还不行,还要有丰富的生活经验与良好的艺术技巧。中国近年来所以没有产生伟大的作品,自然有其客观的社会原因,但从作家方面说,也是因为能完全具备这三个条件的太少了。我们的许多作家有远大的理想,却没有丰富的生活经验,不少人还缺少良好的艺术技术。这三个条件,缺少任何一个便不能成为伟大的艺术家。①

毛泽东在这里谈的是成为伟大的艺术家的三个条件,但实际上也意味着"只有具备这'三个条件',才能产生伟大的艺术作品,而伟大艺术作品的价值则应有(1)'远大的理想',实际上就是革命功利主义;(2)'丰富的生活经验',实际上是要展现生活的真实;(3)'良好的技巧'实际上是要具有动人的审美魅力。这三者大体上也就是'善'、'真'、'美'的变异。"由此可见,"善真美"的确是毛泽东评价文艺作品的一个重要标准。但问题在于,他为什么要把"善"或者"理想"放在第一位,而把"真、美"放在第二位和第三位?这可以从两个方面来考虑。首先,是毛泽东遵循马克思主义传统,始终把文艺看做是党的工作的一部分,他认为,"无产阶级的文学艺术是无产阶级整个革命事业的一部分,如同列宁所说,是整个革命机器中的'齿轮和螺丝钉'。因此,党的文艺工作在党的整个革命工作中的位置,是确定了的,摆好了的;是服从党在一定革命时期内所规定的革命任务的。"②文艺应该为无产阶级

---

① 毛泽东:《在鲁迅艺术学院的讲话》,《毛泽东文集》第2卷,人民出版社,1993年,第123页。
② 毛泽东:《在延安文艺座谈会上的讲话》,《毛泽东选集》第3卷,第865—866页。

服务,应该有利于党的事业,这是毛泽东一贯坚持的原则。因此,在评价文艺作品的时候,他必然把"善"也即"革命的内容"放在第一位。其次,从实践上看,毛泽东作为中国革命的领袖,革命的胜利是他追求的根本目标,因此,他必然要调动一切可能的资源、运用一切手段来为革命的胜利服务。从这个角度看,在文艺评价上,他把"善"即有利于革命的内容放在第一位,也是很自然的。①

另一套评价标准则是政治的与艺术的评价标准。在《在延安文艺座谈会上的讲话》中,毛泽东明确指出:

"文艺批评有两个标准,一个是政治标准,一个是艺术标准。""我们不但否认抽象的绝对不变的政治标准,也否认抽象的绝对不变的艺术标准,各个阶级社会中的各个阶级都有不同的政治标准和不同的艺术标准。但是任何阶级社会中的任何阶级,总是以政治标准放在第一位,以艺术标准放在第二位的。""我们的要求则是政治和艺术的统一,内容和形式的统一,革命的政治内容和尽可能完美的艺术形式的统一。……我们既反对政治观点错误的艺术品,也反对只有正确的政治观点而没有艺术力量的所谓'标语口号式'的倾向。"②

毛泽东的这些论述的内涵是十分丰富的:

首先,他肯定了文艺批评的重要性,强调文艺批评是"文艺界的主要的斗争方法之一",其目的是通过批评,弘扬进步的文艺,阻止、打击落后、反动的文艺,"使较低级的艺术逐渐提高成为较高级的艺术,使不适合广大群众斗争要求的艺术改变到适合广大群众斗争要求的艺术"。③

其次,他从动机与效果统一角度,论述了政治标准与艺术标准的具体内涵。"按照政治标准来说,一切有利于抗日和团结的,鼓励群众同

---

① 这段论述,受到童庆炳《毛泽东美学思想新论》(《河北学刊》2003 年第 6 期)一文的启发。
② 《毛泽东选集》第 3 卷,第 868 页、869 页、869—870 页。
③ 毛泽东:《在延安文艺座谈会上的讲话》,《毛泽东选集》第 3 卷,第 869 页。

心同德的、反对倒退、促成进步的东西,便都是好的;而一切不利于抗日和团结的,鼓动群众离心离德的反对进步、拉着人们倒退的东西,便都是坏的。"①《在延安文艺座谈会上的讲话》中,毛泽东对文艺的政治标准做了具体的阐述,但这只是一个阶段性的标准。从总体上看,政治标准可以从两个方面考虑。首先,这里的政治指的是无产阶级与人民大众的根本利益,以及根据这些利益所制定出来的党的方针政策。其次,"无产阶级对于过去时代的文学艺术作品,也必须首先检查它们对待人民的态度如何。"②因此,人民性是政治标准的第二个重要原则。其他具体阐述实际上都是这两条原则在现实情况中的具体运用。至于艺术标准,在《在延安文艺座谈会上的讲话》中,毛泽东没有具体展开,只是概括地指出,"一切艺术性较高的,是好的,或较好的;艺术性较低的,则是坏的,或较坏的"③。但根据毛泽东在这一时期的其他论述,它至少应该包括这样几个方面:一是艺术风格的民族化与独创性,一是艺术形象的典型性与感染力,一是艺术语言的准确鲜明生动与大众化,一是艺术形式为人民大众所喜闻乐见。

再次,毛泽东阐明了政治标准与艺术标准的关系。那就是政治标准第一,艺术标准第二。但这第一与第二只是就其重要性而言的,并不是一种机械的排序,它们不应该而且实际上也是不可能分开的。因此,毛泽东既反对只要艺术不要政治或政治观点错误的倾向,也反对只有正确的政治观点而没有艺术力量的作品。他要求政治和艺术、内容和形式、革命的政治内容与尽可能完美的艺术形式之间的统一。但这只是毛泽东对革命艺术的一种原则要求,在实际操作中,往往容易过分侧重政治标准。

那么,毛泽东所提出的这两套批评标准之间的关系如何?我们认为,两套标准的基本精神和基本倾向是一致的,政治艺术标准是善真美标准的具体化,其指向与侧重点更加明确。其中,艺术标准大致相当于

---

① 毛泽东:《在延安文艺座谈会上的讲话》,《毛泽东选集》第 3 卷,第 868 页。
② 同上书,第 869 页。
③ 同上。

"美"的标准,政治标准则是"善、真"标准的修订与限制,突出了其中的政治内涵。

毛泽东的批评标准是历史的产物,现在看有其局限性,但如果将它放在其产生的具体环境中,又有其必要性。在和平的常态的时期,文艺的本性是审美的,不宜过多地强调文艺的"善"与政治性,而在抗日战争与解放战争等异态时期,强调文艺的"善"与政治性,强调文艺在现实的革命斗争中的作用,强调文艺的工具的一面,虽然不是完全没有偏颇,但还是可以理解与必需的。

8. 文艺工作中的统一战线问题

在《〈共产党人〉发刊词》中,毛泽东指出:"统一战线,武装斗争,党的建设,是中国共产党在中国革命中战胜敌人的三个法宝。"①统一战线不仅是毛泽东的基本思想之一,也是他的基本方针政策和工作方法之一。毛泽东强调文艺工作中的统一战线,与他对知识分子的基本看法有着密切的联系。作为知识分子出身的革命领袖,毛泽东对知识分子的重要性有着深刻的认识。但是另一方面,毛泽东对于知识分子又始终存在着一种疑虑。这里的关键在于,他始终没有把知识分子看做一个独立的阶级或阶层,而是一个在资产阶级与无产阶级之间摇摆的人群。即使革命的知识分子也是如此。因此,毛泽东虽然认为:"中国的民主革命的完成依靠一定的社会势力。这种社会势力是:工人阶级、农民阶级、知识分子和进步的资产阶级,就是革命的工、农、兵、学、商。"但却始终认为"根本的革命力量是工农,革命的领导阶级是工人阶级"②。也正因为这样,在统一战线中,知识分子始终未能成为统一战线中的核心力量,而只是统一战线中团结的对象。文艺工作者在文艺工作统一战线中的位置,是由知识分子在统一战线中的位置决定的,同时也考虑了文艺界的一些特殊的情况,如创作的自由、创作的特殊规

---

① 毛泽东:《〈共产党人〉发刊词》,《毛泽东选集》第2卷,第606页。
② 毛泽东:《五四运动》,《毛泽东选集》第2卷,第559页。

律,等等。

对于文艺工作者,毛泽东的估计与他对整个知识分子的估计是一致的。即大多数文艺工作者是革命或要革命或经过争取能够倾向于革命的。因此,对于他们是要团结的。在《在延安文艺座谈会上的讲话》中,对于文艺界的统一战线,毛泽东作了比较全面的论述。

首先,论述了文艺界统一战线的性质——"党的文艺工作和非党的文艺工作的关系问题",论述了文艺界统一战线的目的——争取广大文艺工作者"到为劳动人民的战线上来",① 也即为工农兵服务,为无产阶级革命事业服务上来。

其次,毛泽东论述了团结文艺工作者的基础。文艺界的统一战线就是要团结广大文艺工作者为无产阶级革命事业服务。这就存在一个团结的基础问题。"文艺服从于政治,今天中国政治的第一个根本问题是抗日,因此党的文艺工作者首先应该在抗日这一点上和党外的一切文学艺术家(从党的同情分子、小资产阶级的文艺家到一切赞成抗日的资产阶级地主阶级的文艺家)团结起来。其次,应该在民主一点上团结起来;在这一点上,有一部分抗日的文艺家就不赞成,因此团结的范围就不免要小一些。再其次,应该在文艺界的特殊问题——艺术方法艺术作风一点上团结起来;我们是主张社会主义的现实主义的,又有一部分人不赞成,这个团结的范围会更小些。"②③ 在这段论述中,毛泽东提出了团结文艺工作者的三个基础与三个范围。三者成递进的关系,基础越广,团结的范围也就越广。第一个基础是基本的政治要求,第二个基础是具体的政治要求,第三个基础则是与文艺有关的特殊要求。自然,在不同的时期,这些要求是不同的,比如在解放战争时期,基本的政治要求就不是抗日,而是赞成中国人民的解放事业。但毛泽东的这段论述却有着方法论的性质:即针对不同的对象,提出不同的要

---

① 毛泽东:《在延安文艺座谈会上的讲话》,《毛泽东选集》第3卷,第865,867页。
② 同上书,第867页。
③ 笔者理解,这里毛泽东讲的"党的文艺工作者"指的主要是党内从事文艺工作特别是文艺方面的领导工作的同志,与一般的文艺工作者相比,是有区别的。另一方面,即使是这些人,也仍然有一个改造思想与世界观的问题。

求,建立不同的基础,以求达到最大程度的团结。

再次,毛泽东论述了达到团结的方法。其一,是以斗争求团结,通过斗争达到统一。统一战线要坚持共产党的领导,坚持无产阶级思想的领导。因此统一战线里就不能只讲团结不讲斗争。这种团结—斗争的模式贯穿于一切问题之中,也贯穿于问题的所有方面。也正因为如此,毛泽东要求团结中有斗争,斗争中有团结,斗争的目的是团结,通过斗争达到团结。其二,是要帮助文艺工作者们"克服缺点"①,文艺工作者在思想感情、工作作风、艺术形式、语言运用等方面,都或多或少地存在一定的缺点与不足,因此有必要帮助他们克服这些缺点与不足,从而使他们更加倾向于共产党,更加倾向于工农兵,把为工农兵服务作为自己的内在要求。这样,也就从积极的方面更加巩固了文艺界的统一战线。

9. 文艺中的继承与创新

人类的历史是一个具有连续性的发展过程。这不仅是因为人类种族的发展具有历史承续性,更是因为推动历史发展的生产力本身具有历史的延续性。马克思曾经指出:"单是由于后来的每一代人所得到的生产力都是前一代人已经取得而被他们当做原料来为新生产服务这一事实,就形成人们的历史中的联系,就形成人类的历史,这个历史随着人们的生产力以及人们的社会关系的愈益发展而愈益成为人类的历史。"②这种历史发展的承继性是历史发展的基本规律。列宁对此也有着深刻的认识。他说:"应当明确的认识到,只有确切地了解人类全部发展过程所创造的文化,只有对这种文化加以改造,才能建设无产阶级的文化。……无产阶级文化应当是人类在资本主义社会、地主社会和官僚社会压迫下创造出来的全部知识合乎逻辑的发展。"③文艺是文化的一部分,逻辑地推论,没有对过去的继承,就不会有现在的文艺。毛

---

① 毛泽东:《在延安文艺座谈会上的讲话》,《毛泽东选集》第3卷,第867页。
② 马克思:《致巴瓦安年柯夫》,《马克思恩格斯选集》第4卷,人民出版社,1972年,第321页。
③ 列宁:《青年团的任务》,《列宁选集》第4卷,第348页。

泽东继承了马克思主义的这一基本思想。在《新民主主义论》中,他指出:"中国现时的新政治新经济是从古代的旧政治旧经济发展而来的,中国现时的新文化也是从古代的旧文化发展而来的,因此,我们必须尊重自己的历史,决不能割断历史。"①

正是在这一基本原理的基础上,毛泽东提出了批判继承文学遗产的思想:

> 我们必须继承一切优秀的文学艺术遗产,批判地吸收其中一切有益的东西,作为我们从此时此地的人民生活中的文学艺术原料创造作品时候的借鉴。有这个借鉴和没有这个借鉴是不同的,这里有文野之分,粗细之分,高低之分,快慢之分。所以我们决不可拒绝继承和借鉴古人和外国人,哪怕是封建阶级和资产阶级的东西。②

在这里,毛泽东从文野、粗细、高低、快慢四个方面,说明继承与借鉴中外文艺遗产的重要性。与列宁从文艺本身的承继关系出发论述文学遗产的继承不同,毛泽东主要是从文艺的源泉的角度出发进行论述的。他强调社会生活是一切文学艺术的源泉,"过去的文艺作品不是源而是流,是古人和外国人根据他们彼时彼地所得到的人民生活中的文学艺术原料创造出来的东西"③。相对于文学遗产,毛泽东更强调的是社会生活。因此,从表面上看,毛泽东对于继承文学遗产没有列宁看得那么重要,但实质上,两人的观点是一致的。

自然,今天的现实与过去的历史总是有区别的,新的社会与旧的社会也有着质的不同,历史不可能完全重复。对于文学遗产不可能照单全收,而必须有所选择。在强调不能割断历史之后,毛泽东接着指出:"但是这种尊重,是给历史以一定的科学的地位,是尊重历史的辩证法的发展,而不是颂古非今,不是赞扬任何封建的毒素。"④循着这一思路,毛泽东提出了著名的"批判继承"原则:

---

① 毛泽东:《新民主主义论》,《毛泽东选集》第 2 卷,第 708 页。
② 毛泽东:《在延安文艺座谈会上的讲话》,《毛泽东选集》第 3 卷,第 860 页。
③ 同上。
④ 毛泽东:《新民主主义论》,《毛泽东选集》第 2 卷,第 708 页。

"中国的长期封建社会中,创造了灿烂的古代文化。清理古代文化的发展过程,剔除其封建性的糟粕,吸收民主性的精华,是发展民族新文化提高民族自信心的必要条件;但是决不能无批判地兼收并蓄。""一切外国的东西,如同我们对于食物一样,必须经过自己的口腔咀嚼和胃肠运动,送进唾液胃液肠液,把它分解为精华和糟粕两部分,然后排泄其糟粕,吸收其精华,才能对我们的精神有益,决不能生吞活剥地毫无批判地吸收。"①

对于外国文化要"批判地吸收",对于古代遗产要"批判地继承",反对"生吞活剥",反对"无批判地兼收并蓄"。毛泽东的思想是辩证的,符合客观实际的。因为任何时代、国度、民族的文化都不可能是十全十美的,另一方面,任何时代、国度、民族吸收本民族文化遗产和外民族文化的目的,都是创建属于自己时代、国度、民族的新的文化,而这新的文化是不可能和已有的文化完全一致的,要发展新的文化,就必然要对已有的文化进行选择,这就需要批判地继承。

批判继承的关键是去其糟粕,取其精华。而要去其糟粕取其精华,关键又在于如何分辨以及分辨的标准。毛泽东对此没有集中地论述,但却在多处提到。在《新民主主义论》中,他在提出"剔除其封建性的糟粕,吸收其民主性的精华"之后,接着又提出:"必须将古代封建统治阶级的一切腐朽的东西和古代优秀的人民文化即多少带有民主性和革命性的东西区别开来。"②在《在延安文艺座谈会上的讲话》中,在谈批评标准时,他又提出:"无产阶级对于过去时代的文学艺术作品,也必须首先检查它们对待人民的态度如何,在历史上有无进步意义,而分别采取不同态度。"③由此看来,毛泽东区别精华与糟粕的标准主要是人民性、民主性、革命性和在历史上有无进步意义。这四个标准是相辅相成的,四个标准分别从四个不同的方面对精华与糟粕进行了区分。此外,在《新民主主义论》中毛泽东还提出了一个辅助性的标准:"中国应

---

① 毛泽东:《新民主主义论》,《毛泽东选集》第2卷,第707—708页,第707页。
② 同上书,第707、708页。
③ 毛泽东:《在延安文艺座谈会上的讲话》,《毛泽东选集》第3卷,第869页。

该大量吸收外国的进步文化,作为自己文化食粮的原料,这种工作过去还做得很不够。这不但是当前的社会主义文化和新民主主义文化,还有外国的古代文化,例如各资本主义国家启蒙时代的文化,凡属我们今天用得着的东西,都应该吸收。"①"今天用得着"可以说也是一个标准。如果说"人民性"等更多地是从内容的角度出发,"用得着"包括的范围就更广。它既指内容方面,也指形式方面②,而且体现了一种开放的、灵活的心态。

继承文化遗产的目的是为了创造新的文化,更好地为人民大众服务。继承古人是为了今人,学习外国是为了中国,这既是继承中外文化遗产的方针,也是继承中外文化遗产的目的。③ 1942年,延安平剧研究院成立,毛泽东题词"推陈出新"④,对中外文化遗产的继承做了进一步的具体的指示。这里的"推"不是推翻,而是扬弃,是在有所选择、有所继承的前提下的扬弃;"出"就是创造。"推陈"的目的是为了"出新","出新"必须建立在"推陈"的基础之上,在扬弃旧文化的基础上创造新文化,两者相辅相成,缺一不可。如果说,毛泽东的"古为今用,洋为中用"提出了继承中外文化遗产的方针与目的,"推陈出新"则进一步说明了如何"古为今用,洋为中用"。两者合起来,构成一套完整的继承中外文化遗产的基本方针。

10. 创造中华民族自己的文学艺术

一个民族的文艺是否成熟,最重要的标志是其是否形成了自己的

---

① 毛泽东:《新民主主义论》,《毛泽东选集》第2卷,第706—707页。

② 自然,人民性等标准也不排除形式方面。为人民大众喜闻乐见的形式等也是人民性的表现之一。

③ 毛泽东的这一思想是始终一贯的。1956年,在《同音乐工作者的谈话》中,他明确指出:"向古人学习是为了现在的活人,向外国人学习是为了今天的中国人。"(《毛泽东文艺论集》,中央文献出版社,2002年,第153—154页。)1964年,在一封关于音乐教育的批示的信中,他又提出"古为今用,洋为中用"(《毛泽东文艺论集》,中央文献出版社,2002年,第227页),对继承中外文化遗产的方针、目的做了高度的概括。

④ 1952年,中国戏曲研究院(其前身即延安平剧研究院)成立,毛泽东又把这一题词改为"百花齐放,推陈出新"重新发表。《毛泽东文艺论集》,中央文献出版社,2002年,第135页。

特色,有否自己独特的民族形式、民族风格和民族传统。作为中国革命的领导人,毛泽东十分重视创造中华民族自己的文学艺术。在《新民主主义论》中,他明确提出了文艺的民族化要求:"新民主主义的文化是民族的。"因此,必然带有"我们民族的特性"。"中国文化应有自己的形式,这就是民族形式。民族的形式,新民主主义的内容——这就是我们今天的新文化。"①

毛泽东从两个方面论述了创造中华民族自己的文学艺术的问题。

其一,毛泽东指出了创造中华民族自己的文学艺术的前提。

毛泽东既是一个马克思主义者,同时又是一个对自己的民族有着极深感情,对于民族文化有着极高的造诣的中国人。认为中华民族自己灿烂的文明、文化与文学艺术及其深厚的传统,是其创造本民族文化与文学艺术的深厚根基与根本前提。另一方面,毛泽东始终认为,中华民族是一个伟大的民族,虽然在鸦片战争之后积贫积弱,但是中国的崛起却是不可避免的,"中国是如日方升的国家"②。这样一个伟大的国家,这样一个伟大的民族,在文学艺术方面,自然不可能跟在别的国家、别的民族后面亦步亦趋,而必须创造具有本民族特点的本民族自己的文学艺术。因此,毛泽东坚决反对盲目地学习外国,照搬外国的经验。在《新民主主义论》中,他明确指出"不能生吞活剥地毫无批判地吸收"外国文化。"所谓'全盘西化'的主张,乃是一种错误的观点。"③他主张的,是在继承民族文化遗产的基础上,吸收外国文化中于我们有益的成分,创造出本民族自己的文化。这一观点至今应该都没有过时。

其二,毛泽东指出了创造民族文艺的具体途径。这可以从三个方面探讨。首先,是描写现实的中国社会与中国人民特别是工农兵的生活。民族的文艺是与民族所处的时代、社会,与民族的生活、思想、感情分不开的。而不同的民族,其社会生活、思想感情、风俗习惯是不同的。描写本民族人民的生活与思想感情,文艺自然也就具有了本民族的特

---

① 毛泽东:《新民主主义论》,《毛泽东选集》第2卷,第706页、707页。
② 毛泽东:《论持久战》,《毛泽东选集》第2卷,第449页。
③ 毛泽东:《新民主主义论》,《毛泽东选集》第2卷,第707页。

色。《在延安文艺座谈会上的讲话》中,毛泽东反复呼吁文艺工作者深入人民大众中去,描写工农兵的生活与斗争,这实际上也是创造有中国特色的民族文艺的必然要求。

其次,是采用民族形式。文艺的民族形式与民族风格是在民族生活与民族文艺的长期积累中形成与发展的,有着深厚的根基,受到本民族广大成员的喜爱。因此,创建民族的文艺而不采用民族的文艺形式,无异于缘木求鱼,南辕而北辙。自然,采用民族形式也不是拒绝采用外国的文艺形式,但不是生搬硬套,而是要把外国的形式与民族的形式结合起来,通过吸收外国形式中有益的东西,丰富、发展民族的文艺形式。①

再次,要学习运用人民大众的语言。语言是文学的载体。离开语言来谈文学的民族化,是根本不可能的。不过,使用了本民族的语言并不一定就达到了文学的民族化。因为一个民族的语言也是一个复杂的组合体,其中既有规范的也有不规范的,既有典型的也有不典型的,既有纯正的也有不纯正的。如果用了不规范、不典型、不纯正的语言,比如汉语中的欧化句子,不仅不能达到文学民族化的目的,反而背离了文学民族化的道路。毛泽东认为规范、典型、纯正的民族语言的根基存在于民族最大多数成员日常使用的语言之中,这不仅是因为人民大众的语言是民族语言的基本组成部分,也是因为文艺为人民大众服务,当然应该运用人民大众自己的语言。"言语必须接近民众,须知民众就是革命文化的无限丰富的源泉。"②因此,他反复要求作家要深入人民大众,学习人民大众生动丰富活泼的语言。"语言这东西,不是随便可以学好的,非下苦功不可。第一,要向人民群众学习语言。人民的语汇是很丰富的,生动活泼的,表现实际生活的。我们很多人没有学好语言,

---

① 1956 年,在与音乐工作者的谈话中,毛泽东明确表示,"外国的许多东西都要去学,而且要学好","不中不西的东西也可以搞一点","民族形式可以掺杂一些外国东西"。但是,"吸收外国的东西,要把它改变,变成中国的"。"应该搞越中国化,而不是越搞越洋化。"这是毛泽东关于民族文艺与外国文艺的关系的思想的集中表现。参见毛泽东《同交响乐工作者的谈话》,《毛泽东文集》第 7 卷,人民出版社,1999 年,第 70 页、80 页、83 页、82 页。

② 毛泽东:《新民主主义论》,《毛泽东选集》第 2 卷,第 708 页。

所以我们在写文章做演说时没有几句生动活泼切实有力的话,只有死板板的几条筋,像瘪三一样,瘦得难看,不像一个健康的人。第二,要从外国语言中吸收我们所需要的成分。……第三,我们还要学习古人语言中有生命的东西。"[①]这里,毛泽东虽然指出了学习语言的三条途径,但重点还是在向人民群众学习语言。

三 毛泽东文艺思想的地位与影响

毛泽东是20世纪中国革命最主要的领袖人物之一,革命活动横跨了大半个世纪,在20世纪的中国产生了广泛深远的影响,这种影响现在仍在继续。历史人物及其思想往往要等这一人物所处的时代完全过去了才能看得清楚。从这个意义上说,现在就对毛泽东文艺思想的地位与影响进行评价,还为时过早。但是,为了对毛泽东文艺思想有一个更为清楚的认识,根据研究者自己的研究,对毛泽东文艺思想的地位与影响作一个阶段性的评价,却不仅是可能的,而且是必要的。

毛泽东一生有两个理论的高潮时期。一个时期为20世纪30年代下半期到40年代上半期,一个时期为20世纪50年代上期与中期。从时代上看,两个时期一个属于新民主主义革命时期,一个属于社会主义革命与建设时期。本章只涉及新民主主义时期毛泽东的文艺思想,因此,本章的评论也主要是针对这一时期毛泽东文艺思想而言。

一般认为,在社会科学的研究中,应该把研究对象放回到原有的社会历史文化语境中去考察。因为只有在原有的语境中,我们才能弄清楚对象存在的历史理由和文化意义,这样的考察才是客观的、科学的。新民主主义时期毛泽东的文艺思想主要产生于抗日战争时期。这一时期在历史上是一个"异态"的时期,民族的存亡成为摆在全国人民面前的最大危险。因此,动员一切力量,运用一切手段去争取抗日战争的胜利,成为全国人民的最大任务和基本目标。在这种时代背景下,毛泽东

---

① 毛泽东:《反对党八股》,《毛泽东选集》第3卷,第837页。

在文艺方面的某些观点、看法、主张,如强调文艺的政治标准、强调文艺的武器作用、强调普及、强调文艺为政治服务、强调党对文艺的领导,等等,现在看来有些过分,在当时却不仅是可以理解的,而且是必要的。

在此前提下,再来考察毛泽东文艺思想的地位与影响,眉目就比较清楚了。新民主主义时期毛泽东文艺思想的地位与影响主要表现在三个方面。

首先,毛泽东文艺思想是马克思主义文艺思想发展的一个重要历史阶段,毛泽东文艺思想在许多方面发展与丰富了马克思主义文艺思想。这主要表现三个方面。第一,毛泽东结合中国的实际,使马克思主义文艺思想中国化,形成了有中国特色的马克思主义文艺思想。第二,毛泽东以为工农兵服务为核心,系统地解决了文艺为人民大众服务和如何为人民大众服务的问题。第三,毛泽东比较好地解决了在政治经济文化比较落后的国度,文艺的批判继承和民族文艺与外国文艺的关系问题。这三个方面,都是由于时代、国度与民族等的原因,马、恩、列、斯等马克思主义经典作家没有遇到、没有解决或没有很好解决、比较忽视的,毛泽东运用马克思主义的原理,结合中国的实际,给了比较完满的解决,从而丰富与发展了马克思主义的文艺思想。

其次,毛泽东在马克思主义的普遍真理与中国革命的具体实践相结合基础上,根据马克思主义文艺理论的基本原理,结合中国社会与中国文艺发展的实际,提出了一整套符合中国社会、民族和中国文艺实际的文艺思想,形成了一套比较完整的有中国特色的文艺思想体系。为20世纪40年代以后中国文艺理论体系的建设提供了指导思想与理论基础。再次,在毛泽东文艺思想的指导下,广大文艺工作者创造出了一批有影响的文艺作品,充分发挥了文艺的社会作用,加强了文艺与人民大众的联系,使文艺更加贴近工农兵,初步形成自己的民族特色。

当然,新民主主义时期毛泽东的文艺思想也有其不足的地方。比如,过分地强调文艺的政治作用和政治标准,在一定程度上忽略了文艺的艺术性;过分地强调文艺工作者思想感情的改造,在一定程度上忽略了文艺工作者思想感情的自足性和连贯性,从而降低了部分文艺工作者的创作热情与创作能力,一定程度影响了文艺工作者创作个性的形成与发展;过分地强调党对文艺工作者的领导,要求文艺工作者配合党的工作,配合政治的要求,从而影响了文艺创作的自由性和个体性;在提高与普及方面,过于重视普及,从而在一定程度上影响了精品力作的产生与出现。如果说,这些不足在新民主主义革命时期,由于时代的特殊性,其消极作用的表现还不够明显的话,到了社会主义时期,由于毛泽东未能及时地调整自己的观点,克服这些不足,这些不足的消极作用便膨胀开来,对我国社会主义时期文艺的发展产生了一定的有时甚至是很严重的不良影响。

第三章　延安时期周扬的文艺思想

　　社会实践，特别是像抗日战争这样的社会实践，是一个红色学者成熟的催化剂。年轻气盛的周扬在上海"左联"时期的最后一年，提出"国防文学"的口号，引起了论争，论争的主要对手是鲁迅，被鲁迅说成"四条汉子"之一。到了1937年抗日战争开始，他已经在上海找不到自己的合适位置。经党组织的同意，于1937年11月来到了延安，开始了他的新生活和新斗争。正是在延安这个新的天地，周扬走向成熟，形成了他对马克思主义文艺思想的系统的理解，成为一个学者型的革命家或革命型的学者。

　　周扬在延安先被聘为陕北公学的教授。不久就和成仿吾、柯仲平等组织"特区文化协会"。1937年11月14日，"文协"成立大会上被推为7人主席团成员之一。1938年9月，周扬又和艾思奇等组建边区文艺界抗战联合会，以后又发起成立中华全国文艺界抗敌协会延安分会。周扬在延安作为一个文化人物，活跃于抗日的文化活动中。1938年春就受到党组织的器重，担任了边区教育厅长。1938年4月10日鲁迅艺术学院(后改为鲁迅艺术文学院)成立，周扬先被聘任为教员，主讲"文艺运动"和"艺术论"两门课，后于1939年11月28日，鲁艺正式宣布：吴玉章任院长，周扬任副院长。但此后鲁艺日常工作一直由周扬主持。当时周扬才31岁。在延安整风之后，延安的大学和研究机构合并成了延安大学，周扬出任校长之职，同时继续兼任作为延安大学之一部的鲁迅艺术文学院院长。

　　在延安，周扬认真学习了马克思、恩格斯、列宁、车尔尼雪夫斯基、普列汉诺夫、高尔基、王国维、鲁迅、毛泽东的文学、美学理论，同时密切联系当时延安文艺活动的实际，探索中国文艺之路，特别是革命文艺应该走的路。他不但协助毛泽东发表了《在延安文艺座谈会上的讲话》

这篇马克思主义文艺思想中国化的第一文本①,而且又进一步阐释了和鼓吹了毛泽东的《讲话》,使它成为党指导文艺发展和繁荣的重要文件。他还在极度困难中撰写了一系列的论文,形成了他的马克思主义的文艺思想。这些论文主要有毛泽东阅读过并赞扬过的《对旧形式的利用在文学上的一个看法》(1940)②、《文学与生活漫谈》(1941)、《精神界之战士——读鲁迅初期的思想和文学观,为纪念他六十周年而作》(1941)、《郭沫若和他的〈女神〉》(1941)、《关于车尔尼雪夫斯基和他的美学》(1942),有毛泽东推荐过的《表现新的群众的时代——看了春节秧歌以后》(1943)③,有毛泽东阅读和肯定过的《马克思主义与文艺·序言》(1944)④,这些论文可能是周扬文章中写得最好的一些篇章,放到当时中国文坛去看,也是第一流的论文。这些论文不但理论绵密,思路清晰,分析深入,而且密切结合了中国革命文艺的实际,作出了科学可靠的结论。

周扬无疑是毛泽东文艺思想的主要阐释者和鼓吹者,在《讲话》之后,他的许多文章的主题都离不开对《讲话》的阐释,但其中也有一些是他自己对马克思主义文论著作的独特理解,这两者互相交织和辉映,构成了周扬在延安时期文论著作的特色。下面分三题来论述周扬的马克思主义的文艺思想。

---

① 据郝怀明的《如烟如火说周扬》一书说:"一个非常明显的事实是,直到1998年编《忆周扬》一书时,他的家人才对编辑人员讲,毛主席《在延安文艺座谈会上的讲话》,周扬曾作过很多的修改,因为改得太多太乱,最后由苏灵扬誊清,写了一份,送了上去。"中国文联出版社,2008年,第69页。

② 毛泽东1939年11月7日给周扬的信,开头说:"文章看了,写得很好,必大有影响。"

③ 毛泽东1943年3月15日给周扬的信说:"此篇看了,很好,正需要这样一篇指导文章。"此文发表的第二天,毛泽东又在一个宣传工作会议上谈到秧歌,说:"《解放日报》昨天登了周扬的文章,这篇文章是谈秧歌的,值得一看。"参见郝怀明《如烟如火说周扬》,第94页。

④ 毛泽东在1944年4月2日给周扬的信说:"此篇看了,写得很好。你把文艺理论上几个主要的问题作了一个简明的历史叙述,借以证明我们今天的方针是正确的,这一点很有益处,对我也是上一课。"

一　生活实践作为文艺创作的第一义,生活与艺术的辩证法

周扬当然熟悉马克思主义的存在决定意识、经济基础决定上层建筑的历史唯物主义理论,因此他在延安时期,面对艰苦的抗日战争的现实,面对中国共产党在困难的环境下,坚持抗日民族统一战线,坚持打击日本侵略者的现实,他显然知道,对于有志于抗战文艺的创作的青年作家,战地生活的实践与体验是多么的重要。他写于1938年的一篇文章中说:"今天的问题不是向作家要求作品,而是向作家要求生活,生活是第一义,没有生活的深切的实践,不会有伟大的艺术产生。我最服膺车尔尼雪夫斯基的理论。当他说'生活比艺术伟大'时,他一点也没有降贬艺术的重要。"①这说明早于《讲话》周扬就十分地明白社会生活是文艺的源泉的思想,因为这一思想属于唯物主义,属于周扬所十分熟悉又十分推崇的车尔尼雪夫斯基。

周扬对车尔尼雪夫斯基美学思想的研究,达到了很高的水平。我们只要阅读他1942年《讲话》前发表的论文《关于车尔尼雪夫斯基和他的美学》一文,就会感到周扬研究车尔尼雪夫斯基的深厚功力。看得出来,周扬说生活是创作的第一义,是创作的基础的说法,肯定受到车尔尼雪夫斯基美学思想的影响。周扬在谈到车尔尼雪夫斯基的唯物主义的美学时说:

> 唯心主义美学认为美是绝对观念的显现的一种形式,把艺术中的美置于现实之上。既然美是观念在个别对象上的体现,那么就必然会归结到:"在现实中只是我们的想象所加于现实的一种幻象","现实中没有真正的美",艺术就是填补这个空隙,因此艺术中的美也就高于现实中的美。车尔尼雪夫斯基坚决地反对了这种观点。如《艺术与现实的美学关系》这个题名所表示的,他把

---

① 周扬:《我所希望于〈战地〉的》,《周扬文集》第1卷,人民文学出版社,1984年,第232页。

美从天上拉到了地下,给它安放了适当的位置;他对艺术和现实的关系作了一个正确的解决。他的全部理论的出发点是"尊重现实生活,不信先验的假设。"①

上个世纪40年代的周扬是十分肯定和赞赏车尔尼雪夫斯基的"美是生活"、"任何事物我们在那里面看得见依照我们的理解应当如此的生活,那就是美的","任何东西,凡是显示出生活或使我们想起生活的,那就是美的"这些命题的。周扬认为车尔尼雪夫斯基把美安放在广阔的坚实的生活基础上,看出了美的观念源于生活,揭去了美的神秘的面纱。当然车尔尼雪夫斯基由于自身思想的矛盾,认为生活无比宽广、丰富,认为生活比任何科学家和诗人的作品都更完全、更真实,甚至更艺术。艺术只是对于生活的苍白的复制,而这种复制只是作为生活的替代品而存在。周扬虽然承认生活是无比丰富的,艺术的反映不可能穷尽生活,但他没有跟随车尔尼雪夫的费尔巴哈式的理论走下去,而强调他的思想的内部矛盾,因为车尔尼雪夫斯基也承认过艺术复制生活是为了说明生活、批判生活和改造生活,艺术是"人生的教科书"。周扬的高明之处是引用了马克思在《政治经济学批判·导言》的论点来纠正车尔尼雪夫斯基关于生活与艺术关系的说法,他说:"马克思对美的对象和有审美力的主体之间的关系,作了真正辩证的解决。他指明了:第一,两者都是历史的产物,从人类的物质与精神的生产过程中成长起来的;第二,美的对象产生了具有审美力的主体,有审美力的主体又产生出美的对象。马克思在《政治经济学批判》导言里面曾说过:

> 艺术对象——任何其他生产物也一样——创造着具有艺术感觉和审美能力的群众。因此,生产不仅为主体产生对象而且也为对象生产出主体。

车尔尼雪夫斯基看到了美的对象是客观的,却没有看到"有审美力的主体也是由美的对象(客观)所产生,而又产生对象。在这里,主

---

① 周扬:《关于车尔尼雪夫斯基和他的美学》(1942),《周扬文集》第1卷,人民文学出版社,1984年,第367—368页。

体和客体是互相联系、互相制约的。"①在这里,周扬对于审美过程中主体与客体的关系和生活与艺术的关系,实际上作出了艺术源于生活又超越生活的论述。似乎可以说,他的这些看法,已经为他参与修改的毛泽东的《讲话》中文学源于生活又高于生活的论述作了理论准备。如果说,周扬此篇论文还只是借用车尔尼雪夫斯基和马克思的话来说明艺术与生活的辩证关系的话,那么发表于1941年的《文学与生活漫谈》则结合中国抗日斗争的实际,以严密的逻辑,揭示了文学与生活的微妙的辩证关系。周扬肯定了生活对于创作的重要之后说:

> "哪里有生活,哪里就有文学"这句话自然也说出了一部分真实,就是说,文学从生活中产生,离了生活,就不能有文学。然而,文学与生活到底是两个东西:在创造过程上讲,还是互相矛盾互相斗争的两极。创作就是一个作家与生活格斗的过程。形象要从生活里面去找,它虽充塞在生活里面,却不是可以容易把捉的东西。……你不会常有这样的感觉吗?我天天在过着生活,而且是有意义的生活,却看不到一点可以变成文学的东西。说生活本身太散文化了吗?但在生活的平凡中看出诗来,正是艺术家的本领。……所以问题并不如想象的那样简单。有了生活,还要会"看",看了还要会"写"。这是艺术上的认识和表现的问题,生活实践和创作实践的统一问题。

在这里周扬充分发挥了他的辩证思维,指明创作的关键之点:一方面要重视生活这个"源",要深入生活,离开了生活,也就没有创作;用周扬的话说:"对于生活,没有深入,也就没有高出"②;另一方面,又要有认识能力和表现能力,认识能力是诗意地"看"的问题,表现能力是"写"的问题,用什么文体去写,用什么语言去写,如何结构,如何映衬,如何铺陈,如何渲染,这说明创作过程是不容易的。

周扬的论述没有就此止步,他进一步提出如何写出好作品,如何达

---

① 周扬:《关于车尔尼雪夫斯基和他的美学》(1942),《周扬文集》第1卷,人民文学出版社,1984年,第372页。
② 同上书,第328页。

到文学的"生气"与"高致"一致的问题,即文学如何达到"最高标准"和说出生活真理的问题。对此,周扬说:

> 有了生活,不一定就能写出作品;作品中写了生活,也不一定就是好作品。因为文学的任务,不只是如实地描写生活,而且是在说出关于生活的真理。关于作家与生活的关系,王国维在他的《人间词话》里有一段话是最透辟的了,他说:"诗人对于宇宙人生,须入乎其内,又须出乎其外。入乎其内,故能写之;出乎其外,故能观之。入乎其内,故有生气,出乎其外,故有高致。"艺术与生活的关系就是如此。要能"入",又能"出",这正是一个微妙的辩证关系。深入到生活里面去,而又能超越于生活之上,这两者是不可分的,后者只能是前者的结果,或者说极致,但如果若潜没于生活事实的海里,不能从一定的思想的高度窥取人生的全貌,探其真髓,这就是所谓"只见树木,不见森林",在哲学上是狭隘的经验主义,在文学上是自然主义,都为我们所不取的。……恩格斯为艺术悬了一个理想的标,就是:巨大的思想深度,历史内容与莎士比亚式的行动的泼辣和丰富之完美的混合。这不正是艺术上的生气和高致结合之最好的说明,最高的标准吗?①

周扬的文章不是在空讲道理,而是结合当时抗日斗争中文艺工作者遇到的问题来谈,在当时有一种现实感,在今天则有一种历史感。如周扬根据抗日斗争的需要,他鼓励青年文艺工作者上前线,深入生活的第一线,去适应新的生活,去接近人民的军队,理解人民的生活思想与感情,他说:"我是主张作家多体验实际生活的,不论是去前线,或去农村都好。因为这,我曾被讥为'前线主义者',但我至今不以为我的主张为错误。"②又说:"人进入到一种未知的生活,开头总是觉得新奇的;但几经接触之后,实际便渐渐露出它本来面目,被你借幻想所渲染上的辉煌色彩很快地褪去,一切都显得平淡,甚至厌烦了。你看了不愿看的

---

① 周扬:《文学与生活漫谈》(1941),《周扬文集》第1卷,人民文学出版社,1984年,第327—328页。

② 同上书,第330页。

东西。战争中有血,有死亡有残酷。肮脏、愚昧、黑暗仍然在农村中占有势力。于是你感到了痛苦,但是这种生活原是你认为有意义的,而努力追求过来的,你又不能且不愿马上离开它。你努力克制自己,使自己慢慢适应于这种生活。"①周扬所描述的知识分子下农村、上前线的一切感受,都是符合当时中国实际的,他力图劝这些作家在农村和前线"安心工作,热心地活动,不妄想在这里求得创作的环境和时间。和周围的人们打成一片,向他们学习,请教他们,不怨他们不理解自己,倒是自己必须理解他们"②。周扬认为经过这个适应和理解的过程,才有可能为创作储蓄必要的资本,经过这个"试炼",才有可能开始你的创作。这就说明了周扬当时的文章是有现实的针对性的,是有问题意识的,不是为写作而写作,与他在"左联"时期不看中国的现实,一味照搬苏联的东西大不相同,他的笔已经粘满了中国这块土地上的墨汁,他的书写是有的放矢的。

上面所述周扬关于文艺与生活关系的论述,都还是《讲话》之前的论述,《讲话》中关于文艺源于生活又高于生活的论述,可以推测是和周扬在《讲话》前对于文艺与生活的辩证关系有关,但究竟是什么样的关联,已经不可考了。《讲话》之后,周扬关于深入生活的论述与表现新的群众的时代、知识分子改造思想关联起来理解,已经属于阐释《讲话》的工作,具有很强的政治化的意义。

二 从群众中来,到群众中去,文艺属于人民

历史唯物主义的另一个主题是,人民群众创造了世界,是人民群众创造了历史,最初的文艺也是人民群众在劳动过程中产生的。周扬在延安时期马克思主义文艺思想成熟的标志,是他终于认识到人民群众

---

① 周扬:《文学与生活漫谈》(1941),《周扬文集》第1卷,人民文学出版社,1984年,第330页。

② 同上。

是文艺的主人,文艺必须为千千万万劳动人民服务,为工农兵服务。

在到延安当任鲁迅艺术文学院副院长之后,他对于文艺为人民服务的思想是马克思主义文艺思想的精髓这一点,并没有在头脑中扎下根。虽然在"左联"时期,周扬也参加了文艺大众化问题的讨论,谈到作家写的作品如何让群众能看得懂的问题,但人民是文艺的主人这个更深层次的思想并没有从根本上在他头脑里面完全树立起来。周扬在"鲁艺"整风之后作了总结,题目是《艺术教育的改造问题——鲁艺学风总结报告之理论部分:对鲁艺教育的一个检讨和自我批评》。在这篇文章中,他坦白承认:"鲁艺的教育和实际脱节的现象是很严重的,这现象并不是个别的、偶然的,而是贯串于从教育方针到每一个具体实施的全部教学过程的,这是根本方针的全部内容。'关门提高'四个字概括了方针错误的全部内容。"①周扬他们不是不知道普及与提高、艺术性与革命性都要兼顾,但在实际工作中,由于觉得自己是在办全国性的大学,要让学生学习到专业和技术,于是就造成了普及与提高、艺术性与革命性的二元论,基层搞普及的尽管去普及,在鲁艺的学生就专搞提高,完全脱离了他们所面临的抗日战争的现实的实际情况,而在这背后的思想就是对群众的文艺需求的漠视。毛泽东的《讲话》用了整整一节来讨论普及与提高及其关系的问题,主要也是针对鲁艺当时的状况而发的。以上这些情况,说明周扬作为鲁艺的领导人此时还没有很好地理解文艺为人民服务是马克思主义文艺思想的核心所在。

经过1941—1942年的延安整风运动,经过学习和总结,周扬对于人民是文艺主人的认识,有了很大的提高。周扬在他编辑的《马克思主义与文艺》一书中,用了大量篇幅辑录了马克思主义的"艺术属于人民"的论点,而且在他所写的长序中,着重谈到了"大众化"的问题,即文艺为人民服务和如何为人民服务的问题。

他首先对于马克思主义"艺术属于人民"的思想作了一个比较充分的历史叙述:论述了恩格斯的文艺是劳动的产物;论述了鲁迅的"杭

---

① 《周扬文集》第1卷,人民文学出版社,1984年,第407页。

育杭育派",证明最初的文艺起源于劳动;论述了高尔基的劳动创造文化的思想,和劳动分工对于文艺发展的深刻影响;论述了列宁的文学要为"千千万万劳动人民"服务,以及"艺术属于人民"的思想;论述了马克思、恩格斯关于文学表现工人阶级的要求等。其次,他把他的笔转向毛泽东的《讲话》,说:

> 一方面,在文艺界统一战线的各种力量里面,小资产阶级文艺家在中国是一种重要的进步力量,这是毛泽东同志指出了的;另一方面,在革命文艺阵营内部,小资产阶级的思想对于无产阶级的思想来说是有害的东西,文艺界需要整风运动。毛泽东同志恰当地及时地警惕我们:"小资产阶级出身的人们总是经过种种方法,顽强地表现他们自己,宣传他们自己的主张,要求人们按照小资产阶级的面貌改造党,改造世界。"毛泽东同志有力地指摘了革命文艺工作者的小资产阶级思想和作品的缺点,这一切缺点都只有在文艺工作者真正做到了和工农兵大众结合才能克服。毛泽东同志作了关于"大众化"完全新的定义:大众化"就是我们的文艺工作者的思想感情和工农兵的思想感情打成一片"。这个定义是最正确的。①

周扬在这里把毛泽东在《讲话》中阐述文艺为工农兵的最核心的问题——文艺工作者的思想感情和工农兵的思想感情打成一片——鲜明地指出来了,而且充分肯定这个"完全新的定义",才是文艺"大众化"最正确的定义。的确,在"左联"时期,尽管大家对大众化有许多不同的看法,但这许多看法都似乎可以归结到一点,就是左翼作家写的作品如何能让大众看得懂,即用怎样的形式——诸如新形式的创造、老形式的运用、"旧壶装新酒"、对老形式的改造——才能让大众所欣赏。毛泽东的看法则认为为工农兵服务,即文艺的大众化,不仅仅是文艺的形式的问题,而首先是作品的思想感情内容问题,如果小资产阶级的作家,在作品中一味表现小资产阶级的思想感情,这跟工农兵的思想感情

---

① 周扬:《马克思主义与文艺·序》,《周扬文集》第1卷,人民文学出版社,1984年,第462—463页。

是格格不入的,这如何能被大众所接受呢？艺术属于人民,首先是作品的内容属于人民,而不仅仅是形式属于人民。周扬不但肯定了毛泽东的完全新的关于文艺大众化的定义,而且进行了进一步的具体的阐释:不但要学习群众的语言,而且更重要的是要作者的思想感情与群众的思想感情打成一片。他说:

> 毛泽东同志把感情的变化看做由一个阶级变到另一个阶级的重要标志。这种感情的变化对于文艺工作者是特别重要的。高尔基说文学是阶级的感觉器官,文学以血和肉饱和着思想。鲁迅也说文人的是非格外分明,爱憎格外热烈。一篇文艺作品如果不是情绪饱满的,就必然成为不是矫揉造作的辞藻主义,就是瘦骨嶙嶙的公式主义,或者二者兼而有之。文艺工作者是富于感情的,问题是革命的文艺工作者必须有革命的无产阶级的感情。但是我们的文艺工作者差不多都是知识分子出身的。他们大部分对于革命,对于无产阶级的认识是抽象的,他们多少保留了个人知识分子的情感。他们有过特殊的趣味、爱好,他们有过自己的狭小的感情世界。他们没有体验过什么大的群众的斗争的紧张和欢喜。个人感情常常成为一种太大的负担。……经过整风,我们文艺工作者的感情是大大改变了面貌了,毛泽东同志所说的"小资产阶级的王国"受到空前的冲击。我们要在生活和工作的实践中来进一步更彻底地改变我们的感情,使得我们的思想感情真正地做到与工农兵的思想感情打成一片,这样才能完成文艺大众化的任务。①

周扬总结说:"文艺需要得到解放,得到解救。文艺本是从群众中来,必须到群众中去。这反过来对于群众也是一个大的解放,他们多少年来被束缚和压抑了的精神生活的解放。这个解放是只有革命才能给予的。"②

---

① 周扬:《马克思主义与文艺·序》,《周扬文集》第1卷,人民文学出版社,1984年,第464—465页。

② 同上,第458页。

应该说,周扬充分认识到文艺所关涉的不仅仅是形式,它所关涉的首先是人的情感世界的问题,文艺是阶级的感觉器官,是饱和着生命的思想,因此作家、艺术家要以自己的作品,来为群众服务,自然也要考察他的作品里面蕴涵着什么样的思想感情,展现出怎样的精神世界,文艺工作者头脑中的"小资产阶级王国"很难为劳苦大众所喜欢,他们的思想要来一个变化,与群众的思想感情打成一片,才能创作出与群众的思想感情相一致并为他们所喜闻乐见的作品来。对毛泽东的文艺为工农兵,要求作家深入生活,改造自己的小资产阶级思想的这种阐释,无疑是正确的。

现在有一种说法,认为当年毛泽东要求文艺工作者深入工农兵生活,改造自己的思想,与群众的思想打成一片的观点,是什么"压缩私人空间",是什么"抹杀个人的人格与个性",否定毛泽东的观点,批评周扬的阐释,我们认为是错误的。我们以为鲁迅对于革命文学的说法可以给我们以启发:"我以为根本的问题是在作者可是一个'革命人',倘是的,则无论写的是什么事件,用的是什么材料,即都是'革命文学'。从喷泉里流出的是水,从血管里淌出来的才是血。'赋得革命,五言八韵',只能骗骗盲试官的。"[①]这就是说,既然你要为人民群众服务,那么你的主观精神世界起码应该与人民群众相通,如能与他们打成一片,则更能表现出人民群众的思想、感情、要求、愿望和理想,这道理是很明白的。你的思想感情与人民群众的思想感情靠近了,打成一片了,这并没有"压缩你的私人空间",而是使你的襟怀变得更加宽广,你的人格和个性也没有被抹杀掉,任何人一样都会有区别于他人的人格特征和个性特点,你在改造了思想之后,你的思想感情与人民群众靠近了打成一片了,你的人格特征和个性特点不但不会被抹杀掉,甚至有可能人格更崇高,个性更突出,就像我们所看到的同样是"革命人",其人格与个性是各异的一样。事情难道不是这样吗?即使退一步说,在那个特殊的民族危亡的时候,我们的生命都在必要的时刻,都可能为民族的独立而牺牲,那么作为一个追求民族独立的战士,压

---

① 鲁迅:《革命文学》(1927),《鲁迅论文学》,人民文学出版社,1959年,第60页。

缩一点私人的空间又算得了什么呢？而人格和个性则会在这牺牲时刻升华为生命的美丽花朵，绽放出灿烂的光辉。事情难道不是这样吗？

对于党群关系在文艺上的表现，周扬更有一种闪光的论点，值得我们思考。周扬在1944年发表的受到毛泽东推荐的论文《表现新的群众的时代——看了春节秧歌以后》中，在一方面肯定了秧歌剧中群众热情歌颂共产党、八路军之后，又指出"另一方面，在军民关系上，特别是拥政爱民运动以来，也有许多值得歌颂的事情，秧歌比较多地反映了这一方面，但有些剧作者却作出了关于军民关系，或者一般群众先锋队的和广大群众关系的不完全正确的描写。他们把共产党八路军表现为一种超乎群众之上的力量，他从上而下的来爱护着群众，他所给与群众的常较群众所与他的为多，在秧歌中我们常常听到这样的句子：

　　水有源，树有根，八路军叫咱不能忘了。

或者是：

　　共产党是咱们的命根，他是咱们的亲爹娘。

这种说法不对吗？完全对的，也应该这样说的，它表达出了老百姓与共产党的血肉相联，以及人们对于共产党和八路军的衷心的爱与感激。这是真实的。但是作为党与群众的全部正确关系的表示来看就不对了。全部真理是首先对于共产党、八路军，那么，老百姓是源、是根、是命根、是亲爹娘，然后再反过来，对于老百姓，那么，共产党、八路军又给予以伟大的指导和保护的力量。为什么我们的秧歌不着重表现前一个真理呢？"①周扬在这里道出的是：共产党及其干部、军队都是人民的公仆的道理，我们的源、根、命根、亲爹娘是人民群众，是人民群众的伟大造就了共产党、八路军，离开人民群众的拥护和支持，我们的党和军队就不能生存下去。周扬对于源、根、命根和亲爹娘的辨析，真的是切中了当时文艺如何表现党群关系、军民关系的一个根本问题，同时令人肃

---

① 《周扬文集》第1卷，人民文学出版社，1984年，第445—446页。

然起敬。直到现在,我们是否把这种关系罢对了呢?这个真理常常被我们忘记,所以周扬的论点对于今天仍然有意义。

三 社会历史批评:历史语境与文本语境互证

周扬在延安时期一方面研究理论,发表了文艺理论的著作,另一方又认真研究一些作家的作品,撰写了多篇有分量的文学批评文章,其中主要的有《论〈雷雨〉与〈日出〉》(1937)、《一个伟大的民主主义现实主义者的路——纪念鲁迅逝世二周年》(1939)、《精神界之战士——论鲁迅初期的思想和文学观,为纪念他诞生六十周年而作》(1941)、《郭沫若和他的〈女神〉》(1941)、《略谈孔厥的小说》(1942)、《表现新的群众的时代——看了春节秧歌之后》(1943)、《论赵树理的创作》(1945)等。

周扬这些评论文章的内容不同,但有一个共同特点,那就是他总是把一个作家、一次文艺活动放到原有的历史文化语境中去把握,考察这些作者在创作时,对于他所处的历史与历史环境采取什么态度,是揭露、批判还是歌颂、赞美,为什么揭露、批判,或为什么歌颂赞美;与此同时,他又总是看作家所写出来的文本是怎样写、怎样说的,整个文本透露出什么样的思想,采用什么样的语言。这就形成了历史语境与文本语境的互证。即他要通过历史语境来证实文本所说的内容,又要通过文本意义来证实与历史语境吻合的程度。这样的社会历史批评,既没有离开文本的意义空说,也没有离开历史语境孤立地解释文本字面的意义,而是互相印证,互相建构,这种批评方法是有效的。

周扬有两篇论文评论鲁迅,都是在鲁迅的文本意义与历史语境的意义之间建立起互证的联系。例如,周扬这样分析鲁迅对农民小私有者的无知、保守、自私,同时又对他们有深切的同情:

> 中国在帝国主义侵入以前是一个封建国家,它经历了几千年的封建统治。帝国主义的侵入不但没有摧毁封建势力,而且扶植

了它。这统治的恐怖,还不只在于它的政治上的极端专横残暴,同时也更在于他的思想上的极端黑暗野蛮。几千年的吃人的礼教,无数的"祖传"、"老例",这些支配活人头脑的死人的力量,它们阻碍着民众的觉醒,使他们陷于愚昧、迷信、自欺、奴隶的驯服的状态里不能自拔,这种精神上的镣铐,再加上由于灾荒、苛捐、兵匪、官绅所造成的生活重担,这就把一般农民小有产者压成完全麻木了。中国成了一个黑黢黢的死气沉沉的国家。鲁迅目击这个周围生活的可怕的真实,用了他一切力量仇恨着这统治了中国人的生活和意识的几千年来的黑暗。他大胆地说出了中国是"四千年来时时吃人的地方。"他高声地叫了:我诅咒吃人的人。(《狂人日记》)两部创作,《呐喊》和《彷徨》,就是反对"人吃人"的供诉状。为被吃者感到痛苦,对吃人的人提出火焰似的抗议——这就是几乎他的全部创作的基调。①

周扬从历史语境的叙述开始,从封建社会几千年的吃人的礼教,如何形成"祖传"、"老例",如何支配活人头脑的僵死的力量,说明人民的多数陷入愚昧、迷信、自欺、驯服而不能自拔。这是历史的真实。而后转入对鲁迅小说中人吃人的分析,提出鲁迅小说的基调就是为被吃的人感到痛苦,对吃人的人提出抗议。从历史语境的把握中见出文本的意义,文本的意义又印证历史语境的实质意义。这是社会历史文化批评方法的典型做法。

他的《郭沫若和他的〈女神〉》也同样把文本与历史关联起来分析。他引了一些《女神》诗句,分析出《女神》的内容是"自我的歌颂,民族的歌颂,大众的歌颂,三者融合为一",表达了"五四"时期觉醒了的知识分子,要求反对封建思想的束缚和帝国主义的压迫,要求个性的解放、民族的独立、民众的解放。作者认为《女神》"是'五四'精神在文学上的爆发"。这就很准确地把握住《女神》的诗意精神所在。

这里特别要提到的是周扬对赵树理作品的分析文章——《论赵树

---

① 周扬:《一个伟大的民主主义现实主义者的路》,《周扬文集》第1卷,人民文学出版社,1984年,第280页。

理的创作》。文章分析了赵树理的三篇作品:《小二黑结婚》、《李有才板话》和《李家庄的变迁》。文章分析了这三篇作品的人物形象和语言特点。对于人物形象的分析,特别是对他们命运的分析,周扬没有把他们孤立于环境之外,而是把他们放置于环境之中。文章首先写了这三篇小说中人物的大的历史环境,即共产党领导的抗日战争地区的胜利前后的环境,或者说由旧中国到新中国的深刻变化时期,这是三篇小说人物共同生活的历史环境。但在具体进入人物和人物命运分析的时候,周扬说:"作者在人物创造上,第一个特点就是:他总是将他的人物安置在一定的斗争环境中,放在这斗争中的一定地位上,这样来展开人物的性格和发展。每个人物的心理变化都决定于他在斗争中所处的地位的变化,以及他与其他人们相互之间的关系的变化。他没有静止的状态上消极地来描写他的人物。"①他在分析赵树理作品人物的时候,也总是把人物放到一定的历史语境中去把握和分析。如对《李家庄的变迁》,周扬认为在完整性和精练性上不及《小二黑结婚》和《李有才板话》,但《李家庄的变迁》自有它的为别的两篇作品所不可及的地方。这主要是周扬认为,《李家庄的变迁》在人物描写方面,作家把人物的命运起伏放到更长久、更严酷的斗争中去表现。"《李家庄的变迁》虽只写的一个村子的事情,但却衬托了十多年来山西政治的背景,涉及了抗战期间山西发生的许多重要事件,包含了历史的和现实的政治的内容;可以看出作者在这里有很大的企图。"②人物的性格和命运自然都在各种斗争中显示出来。周扬紧贴着斗争的历史来分析各类人物的起伏沉浮,显示出他的历史社会批评方法的犀利和有效。

总的来说,周扬在延安时期的文艺思想比之于"左联"时期的文艺思想有很大的发展。如果说,在"左联"时期他的文艺思想左右摇摆、照搬苏联的话,那么在延安时期,他积极参加了抗日战争的伟大实践,

---

① 周扬:《论赵树理的创作》,《周扬文集》第 1 卷,人民文学出版社,1984 年,第 490—491 页。

② 同上书,第 490 页。

在实践中走向成熟和坚定，特别是他协助毛泽东撰写了《讲话》，使中国诞生了中国化的马克思主义文艺理论第一文本，随后的阐释也产生了巨大影响，他为马克思主义文学理论中国化作出了贡献。

第四章 茅盾的文艺思想

茅盾既是革命者,又是文学家;既是文学家,又是文艺理论家、批评家、翻译家、外国文学研究者、文艺界的组织者与领导者。这多重身份在他身上和谐、有机地融为一个整体。在六十多年的文学生涯中,他以自己的文学作品与理论批评为中国文学与文艺理论作出了杰出的贡献。

一 茅盾的生平与思想发展

1896 年 7 月 4 日,茅盾出生于浙江省桐乡县乌镇一个新旧交杂的家庭,小时接受的,既有中国传统文化的教育,又有资产阶级新思想的熏陶。传统文化使茅盾受益最深的,是其强烈的爱国主义精神和经世致用的文化价值观。资产阶级思想使茅盾受益最深的是革命民主主义、个性主义和人道主义思想。在进入商务印书馆正式步入社会的初期,这两个方面是茅盾思想的两个主要组成部分。茅盾开始接触马克思主义是在 1919 年,而自觉学习并接受马克思主义理论,则是在 1920 年下半年。这时他已认识陈独秀,并参加了上海共产主义小组。在小组所办刊物《共产党》的主编李达的邀请下,他翻译了一些马克思主义理论方面的文章。如《美国共产党宣言》,以及列宁的《国家与革命》的第一章等。茅盾晚年回忆说,"通过这些翻译活动,我算是初步懂得了共产主义是什么,共产党的纲领和内部组织是怎样的;尤其《美国共产党宣言》是一篇马克思主义及其应用于无产阶级革命实践的简要的论文,它论述了资本主义的破裂,帝国主义,战争与革命,阶级斗争,选举竞争,群众工作,无产阶级专政,共产主义社会的改造等等。"这使他学得了共产主义的初步知识,对马克思主义有了基本的了解,思想开始发生质的变化。在 1922 年 5 月 4 日发表的《五四运动与青年底思想》一文中,他正式宣布:"近来我已找到了一个路子,把我底终极希望,都放在上面,所以一切的烦闷,都烟消云灭了。这是什么路子呢? 就是我确信了一个'马克思底社会主义'。"①

信仰马克思主义还不等于真正理解、把握、运用马克思主义。"五四"前后的茅盾虽然接受了马克思主义,但其思想中也还有一些非马克思主义的东西。例如,在他的那篇纲领性的文章《自治运动与社会革命》中,就存在着一些不足,如对中国国情缺乏正确认识,照搬苏俄经验,建立在"革命速胜论"基础上的盲目乐观情绪。更重要的是,这时茅盾虽然在政治观、经济观等方面转到了马克思主义的立场上,但其文学观与美学观还存在一定的滞后性。他的"为人生"的文学主张虽然在当时走在时代的前列,但毕竟还带有资产阶级民主主义的色彩,不完全是马克思主义的。

1921 年,中国共产党成立,茅盾成为中共最早的党员之一。他积极参加党的活动,担任党内的领导职务。在实际的革命斗争中,他的思想与理论水平不断提高,对马克思主义的理解与认识不断地深入,对人生与社会的认识也不断深入,这使他的思想再一次发生质的变化。如果说 1920 年的那次变化是信仰了马克思主义,那么经过这几年的实际斗争,他是进一步理解了马克思主义,其核心则是具有了明确的阶级观念,掌握了阶级分析的方法。这在文学思想上的一个重要表现就是从"为人生的文学"发展到"为无产阶级的文学"。1925 年,茅盾发表《论无产阶级艺术》一文,全面阐明了自己"为无产阶级"的文学的主张。他以无产阶级的观点与阶级分析的方法明确提出"为无产阶级"的文学的口号,指出无产阶级文学的内容的关键是用无产阶级的思想与感情来表现社会生活。此外,在这篇文章中,茅盾还对文学中的阶级性、无产阶级世界观与文学创作的关系,作家与批评家的立场,无产阶级文学的社会教育作用与审美作用等作了比较详细的阐述。这样,茅盾就

---

① 茅盾:《五四运动与青年们的思想》,《茅盾全集》第 14 卷,人民文学出版社,1987 年,第 344 页。

在从政治到文学的各个方面都转到了马克思主义的思想与立场上来。到1929年左右,他已成为一个成熟的马克思主义者。

全国解放后,极"左"思潮泛滥,一波高过一波。对于极"左"思潮,茅盾一是困惑,一是反感。特别是在1959年前后,他从周恩来、陈毅和康生、柯庆施等人关于文艺问题的不同讲话中,敏感到中央高层内部的意见并不一致,党的指导思想出现了失误之后,对极"左"思潮的错误看得更加明显。但由于主客观两个方面的原因,对于"左"的东西,他只是暗暗地加以纠正,并没有公开反对,而且由于环境的影响,茅盾自己的观点有时也难免染上"左"的色彩。如强调文艺为政治服务,为政策服务,主张作家为了配合党的中心工作,"赶任务",作品艺术上差一点也是可以的。再如他对胡风、丁玲、冯雪峰的批判,都没有坚持实事求是的原则,在文学批评中,有时也不免给批评对象扣上"资产阶级文艺思想"的帽子,等等。这固然有时代的原因,但另一方面也说明,人无法超越自己的时代,和真正把握马克思主义的困难。一个人不是掌握了马克思主义就能永远正确地运用,还必须不断地提高自己。

粉碎"四人帮"后,茅盾逐渐摆脱了"左"的干扰,其思想又上升到一个新的高度。他晚年的文章,大都能自觉运用马克思主义的思想、观点与方法,辩证地论述文艺问题,提出正确的观点与结论,在文艺界的拨乱反正中起到了很好的效果。

二 现实主义文学理论

在中国现代文学史上,与郭沫若相对,茅盾是一个现实主义作家。从20世纪20年代进入文坛,到80年代去世,他一直是现实主义文学的提倡者与实践者。

茅盾的现实主义文学理论可以从以下几个方面探讨。

1. 文学与社会生活

现实主义有两个根本点,一是文学与生活的关系,一是文学如何反映生活。现实主义认为生活是文学的源泉,文学应该真实地按照生活的本来面貌反映生活。从这两个根本点看,茅盾无疑是一个现实主义作家。他强调文学与生活的联系,要求文学家反映真实的生活,写出生活中本质的东西。

茅盾始终把社会生活放在文学创作的首要位置。在他于1920年写的第一篇文学论文《现在文学家的责任是什么?》中,他就明确地指出:"文学是为表现人生而作的。文学家所欲表现的人生,决不是一人一家的人生,乃是一社会一民族的人生。"[①]这里谈的人生,实际上就是社会生活。由此可见,茅盾在走入文坛初始时期,就把文学与社会生活紧密地联系了起来。自然,文学不仅是表现社会生活,最重要的是,文学离不开社会生活。在1923年写的《文学与人生》一文中,茅盾写道:"西洋研究文学者有一句最普通的标语:是'文学是人生的反映',人们怎样生活,社会怎样情形,文学就把那种种反映出来。譬如人生是个杯子,文学就是杯子在镜子里的影子。所以可说'文学的背景是社会的'。'背景'就是所从出发的地方。"[②]社会生活是文学的出发点,这里已经包含了生活是文学的源泉的意思。他认为,"正确的观念,充实的生活,和纯熟的技术"是创作的三个基本条件,而"最主要的还是充实的生活"。[③] 生活是创作的源泉,只有具有丰富的生活经验,才有可能写出好的作品。但是,有了丰富的生活经验,是否就一定能够写出好的作品呢?还不一定。作家还必须写出真实的生活,写出生活中某些本质的东西。1937年,在《还是现实主义》一文中,茅盾指出:"一句老调,文艺是反映现实的。战时文艺,应该不是例外。但历史上有不少战

---

① 《茅盾文艺杂论集》(上集),上海文艺出版社,1981年,第3页。
② 茅盾:《文学与人生》,《茅盾文艺杂论集》(上集),上海文艺出版社,1981年,第110—111页。
③ 茅盾:《关于"创作"》,《茅盾全集》第19卷,第280页。

时的文艺并没有把真实的现实来反映。""又有一句老调:所谓现实主义的文艺者,不仅反映现实而已,且须透过了当前的现实而指出未来的真际。"①茅盾反复指出,文艺要反映真实的现实,要反映现实的某些"真际",是"一句老调",但他却不厌其烦将其"重弹",正是因为这两点是现实主义的精髓,许多人虽然知道,但在具体的实践中,又往往因为种种原因而不能遵守。

生活是文学的基础,茅盾的看法是一以贯之的。他关于文学的许多看法都是建立在这一基础之上的。1949年,在与友人谈论写工农兵与写作家熟悉的生活的关系时,他认为两者"并不矛盾。工农兵是人民的主体,当然要写。你不熟悉他们,就应该深入生活去熟悉他们;然后再写"。但实际上,他还是更强调写作家自己熟悉的生活,"不熟悉却硬要写,不会有好结果。还不如写你更熟悉的生活"。② 1979年,在中国文坛"左"的倾向还未完全得到清算的情况下,针对有人对写社会阴暗面的作品的批判,83岁高龄的茅盾明确地指出:社会主义社会是"光明与黑暗的交织","反映在文艺上,有表现前进的,自然也有表现落后的,有描写光明面的,自然也有揭露黑暗面的。一个作品,如果写出这对立的两面,那就是反映了社会现象的全面,是好的作品;如果只写了这两面中的一面,只要不是故意粉饰,不是故意抹黑,而是表现了客观的真实,那也正好给大家看两个对立面而增加其对客观现实的认识。"③这些观点与看法不仅是正确的,而且在它们提出的时代是新颖的,有的甚至是需要一定的理论勇气的。

2. 现实主义创作方法

从踏入文坛提倡写实主义开始,到《夜读偶记》中把文学的发展

---

① 茅盾:《还是现实主义》,《茅盾选集》第5卷,四川文艺出版社,1985年,第271、272页。
② 转引自丁尔纲《茅盾评传》,重庆出版社,1998年,第582页。
③ 茅盾:《温故以知新》,《茅盾全集》第27卷,人民文学出版社,1996年,第355—356页。

史总结为现实主义与反现实主义的斗争,到晚年在四次文代会的报告中再次肯定现实主义,茅盾一直是现实主义创作方法的提倡者与坚持者。

对于现实主义,茅盾的理解是有变化的。早年,他提倡"写实的文学""为人生的文学",一方面,要求文学如实地反映现实,另一方面,要求文学表现出进步的思想与情感:"文学作品中的人也有思想,也有情感,但这些思想与情感一定确是属于民众的,属于全人类的,而不是作者个人的。"①20世纪30年代之后,受苏联社会主义现实主义创作方法的影响,他比较强调现实主义中的理想的一面。解放后,出于推进现实主义的迫切心情,茅盾扩大了现实主义创作方法的内涵,把它扩大为文学史的一种倾向。在1958年发表的《夜读偶记》中,他把文学史归纳为现实主义与反现实主义的斗争,把文学史上的流派归纳为现实主义、反现实主义、非现实主义三大类,并对现实主义的特点进行了归纳:①"现实主义创作方法是阶级社会中处于被压迫地位、要求解放、推动社会前进的劳动人民所创造的。现实主义又是随着社会经济和阶级斗争的发展而发展的。"②"现实主义就是忠实地反映自然现象、社会现象以及人的内心世界。"③"现实主义的哲学基础是唯物主义,它的社会基础是生产斗争和阶级斗争以及这两种斗争中推动社会前进的革命力量;各个阶级的现实主义文学都是在这样共同的基础上发生的"。④现实主义强调典型人物的塑造,强调"从人物性格发展的角度上写环境和人物两者之间的关系",认为"人的性格是由环境以及人的社会关系来决定的"。"现实主义作家给我们看到的人物不但是我们同时代的某种人物的典型,而且还表现出这个人物的性格是怎样地在他特有的环境之中形成的(这就是说,这个人物还应当有他自己的个性。)"⑤现实主义创作方法只存在于阶级社会。"在社会经济和阶级斗争的历史发展的各个阶段上,往往相应地出现了内容和形式都更丰富或具有新的特点的现实主义文学。"

---

① 茅盾:《文学和人的关系及中国古来对于文学者的身份的误认》,《茅盾全集》第18卷,人民文学出版社,1989年,第61页。

批判现实主义是旧现实主义的最高峰。19世纪批判现实主义之后，现实主义进入了一个新的阶段，就是社会主义现实主义。⑥马克思主义以前的作家虽然"不知道'反映论'这术语及其一套理论，可是他们在生活实践(生产斗争和阶级斗争)中却懂得了这个道理，于是在艺术实践中运用了它"，因此，"当哲学家们还只能以唯心主义解释社会现象的时候，和这些哲学家们同时代的伟大的现实主义作家却不自觉地在他们的作品中表现了唯物主义的历史观——虽然程度上还各有深浅"。①茅盾对于现实主义的这些特点的归纳基本上是准确的，虽然由于时代的原因，这些归纳有较强的政治化色彩，将文学史的发展归于现实主义与反现实主义的斗争也还值得商榷。

"文革"之后，茅盾的观点有所缓和。虽然仍坚持现实主义，但也承认其他创作流派存在的权利，只是要求以现实主义为主。

3. 创作方法与世界观之间的关系

创作方法是作者观察生活表现生活所遵循的原则，世界观是人们对于世界与人生的基本看法，两者本来不是一回事。但在中国革命文学发展史上，却常常有人将两者混为一体，用世界观取代创作方法，或者认为世界观与创作方法是决定和被决定的关系，忽视创作方法本身的特点与独立性。茅盾对这种倾向一直是反对的。40年代末，他指出，世界观对创作方法有指导与制约作用，但"把正确的宇宙观和人生观当做万应神咒，以为只要这套神咒念熟了就无往而不得心应手"，这种观念则是错误的。②

茅盾对于世界观与创作方法的看法，集中表现在《夜读偶记》中。茅盾认为，世界观与创作方法之间的关系是非常复杂的，这表现在如下几个方面：①世界观影响和制约着作家所采用的创作方法。②世界观

---

① 茅盾：《夜读偶记》，《茅盾全集》第25卷，人民文学出版社，1996年，第203—206页。
② 茅盾：《关于〈抗战后文艺的一般问题〉》，《茅盾全集》第21卷，人民文学出版社，1991年，第366页。

与创作方法不能等同起来。"一个作家或艺术家所采取的进步的创作方法并不一定带来了进步的政治立场,反过来说,反动的政治立场不一定阻碍了作家或艺术家采用进步的创作方法。"③世界观与创作方法不能等同的原因是复杂的。第一,"作家之所以不用这个创作方法而用那个,和他长期的生活实践有关"。这里,生活实践"指积极参加生产斗争与阶级斗争"。实际上,世界观与创作方法归根结底都是由生活实践决定的。第二,"作家的世界观本身就很复杂而有矛盾,有进步的方面,也有落后甚至反动的方面,进步的因素使作家接受进步的创作方法(作为认识现实的方法),而落后乃至反动的方面使作家对于某些实际政治问题采取了反动的立场"。第三,创作方法既有形式的一面,也有内容的一面。形式的一面虽然由内容决定,但也有其相当的独立性。"但是艺术规律中确也包含着认识现实的方法",接受了一种创作方法,实际上也就接受了一种认识现实的方法。"因此,只从艺术规律方面接受现实主义的作家,也会在他自己不自觉的情况下学会了认识现实,从而产生了现实主义的作品。这样产生的作品当然会受到作家的世界观中矛盾因素的牵制,因而就只能反映了现实的半面,或小半面,甚至会歪曲了现实。这些情况,常常在同一作家身上发生。"第四,"有些作家,在政治上、创作方法上都坚定地站在进步的立场,可是在文艺思想上却还不能摆脱唯心主义的影响"。"唯心的历史观是旧现实主义者终于只是个现实主义者的决定因素。"这也造成世界观与创作方法之间的矛盾。① 今天看来,茅盾对于创作方法与世界观的关系的这些看法基本上是正确的,符合马克思主义经典作家的观点。当然,在今天看来,茅盾的观点也有可以商榷的地方,如将创作方法划为进步的与落后的,其中又将现实主义创作方法看成是最进步的等。这种把现实主义放在唯我独尊的位置上的倾向,是不利于文学的丰富多彩与健康发展的。

---

① 茅盾:《夜读偶记》,《茅盾全集》第 25 卷,人民文学出版社,1996 年,第 211—217 页。

三 茅盾的文艺政治观

由于时代的关系,从总的倾向看,茅盾是赞成文艺为政治服务的;但另一方面,他又认为文艺有自己的特性,文艺只能以自己的方式为政治服务,不能把文艺与政治直接地联系起来,把文艺当成政治的宣传品。茅盾的文艺政治观包括他对文艺与政治关系的看法、革命文艺观和文艺的大众化等三个方面,三个方面相辅相成,但又各有自己的独立性。

1. 文艺与政治的关系

茅盾对于文艺与政治的关系的看法总的看来是比较明晰的。他一方面肯定文艺与政治是密切联系的,赞成文艺为政治服务的提法,一方面又强调尊重文艺自身的规律。在发表于1922年的《文学与政治社会》中,他明确地指出:

"功利的艺术观,诚然不对;要把带些政治意味与社会色彩的作品都屏出艺术之宫的门外,恐亦未为全对。""文学作品之所以要趋向于政治的或社会的,也不是漫无原因的。"①

茅盾这篇文章发表在"五四"运动爆发不久,其时文艺界的思想比较混乱,为艺术而艺术的观点比较流行,鸳鸯蝴蝶派等消闲文学比较盛行,茅盾提倡文艺关注政治与社会,这离要求文艺为无产阶级服务,已经只有一步之遥了。在当时的具体历史语境下,积极作用是很明显的。

解放后,茅盾更加重视文艺与政治的关系,甚至在某种程度上走向了另一个极端。他强调"文艺服从于政治,文艺创作必需与当时当地

---

① 《茅盾全集》第18卷,人民文学出版社,1989年,第278页。

的政治运动结合起来"①。从这一点出发,他也同意文艺为一定时期的政治任务服务,也即所谓的"赶任务"。在 1950 年发表的《目前创作上的一些问题》中,他指出,作家应该努力追求写出既能"完成政治任务而又有高度的艺术性"的文学作品。"如果两者不能得兼,那么,与其牺牲了政治任务,毋宁在艺术上差一些。"他进一步表明自己的观点:"'赶任务'是否必要呢?为了'赶任务',作者不得不写他自己认为不成熟的东西,是否值得呢?我认为是必要的,也是值得的。……因为既然有任务要交给我们去赶,就表示了我们文艺工作者对革命事业有用,对服务人民有所长,难道这还不光荣么?"②茅盾这样主张,是有其客观原因的。50 年代,共和国成立不久,百废待举。党和国家一方面要巩固新生的红色政权,一方面要调动广大群众投身于社会主义革命和社会主义建设的伟大事业,这都要发挥政治的作用。

其实,作为一个杰出的作家,在内心深处,茅盾知道文学有自己的规律,与政治不能等同起来。在内心政治热情高涨的时候,或者在政治形势严峻的时候,或者作为一种策略,他强调文学与政治的关系,要求文艺直接为政治服务;在政治形势宽松,或者在能冷静地思考,自由地表达自己的观点的时候,他总是不忘强调文学自身的规律。对于文艺为工农兵服务的问题,茅盾也有自己的看法。他认为工农兵是人民的主体,当然要写,但是不能"硬写","不熟悉却硬要写,不会有好结果"。他认为,"题材无禁区,问题在于站在什么立场、用什么观点写。作家只要有了先进的世界观和平常地观察事物的方法,写什么都是可以的。"③"文艺为工农兵服务"是毛泽东文艺思想的重要组成部分,茅盾突破了当时流行的庸俗社会学的限制,对这一思想做了正确的解释。

也正因为对于文学自身的规律有比较清醒的认识,所以在总体上,

---

① 茅盾:《目前文艺创作上的几个问题》,《茅盾全集》第 24 卷,人民文学出版社,1996 年,第 179 页。
② 《茅盾全集》第 24 卷,人民文学出版社,1996 年,第 130 页。
③ 参见韦韬、陈小曼《拨乱反正——茅盾的晚年生活之一》,《文艺理论与批评》1996 年第 4 期。

茅盾能够比较客观与辩证地对待文艺的政治功能与审美功能,文艺的思想性与艺术性。1946年,他指出:"注重政治性而忽视艺术性,或注重艺术性而忽视政治性,同样都有错误,但在目前,后者尤为严重。作品能够政治方面正确,而艺术又完整,这是求之不得,可惜现在很少,因为新文艺还年青,历史不长久。如或不然,则政治性强更为需要。但在今日特别见得严重的是强调艺术性。"①这段论述虽然还是比较强调政治,但其观点在总体上还是辩证的,能够具体情况具体分析。1959年,他指出:

"对文艺创作,在政治上和思想上必须要有坚强的领导……但是,在艺术的表现形式和风格上,以及在题材的选择上,作家就有充分的自由,而不受任何拘束"。"群众的精神需要是多方面的,我们的文化艺术工作者应当尽可能多地从多方面去满足群众各种不同的需要,除了给他们以教育和鼓舞以外,也要使他们享受到有益的娱乐,并且能够提高他们的欣赏趣味。"②

由此可见,在文艺与政治的关系上,虽然茅盾有时会犯一些"左"的错误,过分强调文艺与政治的联系,要求文艺为政治服务,但在总体上,他的看法还是比较中肯、辩证的。

2. 文艺的服务对象

作为一个自觉将文艺与革命联系起来的作家,茅盾一直关心文艺的服务对象问题,但他在这个问题上的观点有一个变化发展的过程。早期,茅盾提倡"为人生的文学"。这一命题有以下几个方面的含义。首先,文学的对象是人生。其次,文学应该表现的是人民的生活,是综合的生活。"文学者表现的人生应该是全人类的生活,用艺术的手段表现出来,没有一点私心,不存一些主观。自然,文学作品中的人也有

---

① 茅盾:《人民的文艺》,《茅盾全集》第23卷,人民文学出版社,1996年,第267页。
② 茅盾:《在第二届全国人民代表大会第一次会议上的发言》,《茅盾全集》第25卷,人民文艺出版社,1996年,第487页、488页、485—486页。

思想,也有情感,但这些思想和情感一定确是属于民众,属于全人类的,而不是作者个人的。"①所谓综合的表现生活则是指文学要全方位地表现人生。这种综合的生活从客观的角度来讲包括"人种"、"环境"和"时代"三个方面,从主观来讲则指作家的人格。第三,茅盾强调为人生的文学应该是"真"的文学,"而真的文学也只是反映时代的文学"②。要反映时代与人生就要用写实的手法。"中国现在小说界的大毛病,就在于没有'写实'的精神;上海有一班人自命为是写实派,可是他们所做的小说的叙述,都是臆造的。"③第四,为人生的文学要求有"为人生"的作家。而为人生的作家"应当有传播新思潮的志愿,有表现正确的人生观的手段"④。

茅盾主张"为人生的文学"主要是在 20 世纪 20 年代初,这一时期他虽然接受了马克思主义,但还不是一个成熟的马克思主义者,思想上还有一些资产阶级人性论和民主主义的思想,这也表现在他的文艺观点上。随着无产阶级革命文学思潮的兴起和对马克思主义理解的深入,茅盾的文艺观由"为人生的文学"发展为"为无产阶级的文学"。其代表作是发表于 1925 年 5 至 10 月的《论无产阶级艺术》。

茅盾"为无产阶级的文学"的思想,包括如下几个方面:

其一,茅盾以马克思主义的阶级观与阶级分析的方法,明确提出文学的阶级性问题,提出"无产阶级艺术"的口号。他认为"文学实是一阶级的人生的反映"⑤。"因为所属的阶级不同,人们又必有阶级的特性"。但是要写出人物的阶级性并不容易,因为"阶级的特性就比较的深伏些(常混和于人们的思想方式中),非眼光炯利的作者不能灼见。"

---

① 茅盾:《文学和人的关系及中国古来对于文学者身份的误认》,《茅盾全集》第 18 卷,人民文学出版社,1989 年,第 61 页。
② 茅盾:《社会背景与创作》,《茅盾全集》第 18 卷,人民文学出版社,1989 年,第 116 页。
③ 茅盾:《落华生小说〈换巢鸾凤〉附注》,《茅盾全集》第 18 卷,人民文学出版社,1989 年,第 96 页。
④ 茅盾:《现在文学家的责任是什么?》,《茅盾全集》第 18 卷,人民文学出版社,1989 年,第 8—9 页。
⑤ 茅盾:《告有志于研究文学者》,《茅盾全集》第 18 卷,人民文学出版社,1989 年,第 532 页。

但我们不能因此而放弃对阶级性的要求,作家在描写人物的时候,"必须描写他的阶级的特性"。① 他从史的角度指出:"从文学发展的史迹上看来,文学作品描写的对象是由全世界民众的而渐渐缩小至于特殊阶级的。……但是专写无产阶级——所谓'下级社会'的生活的文学,却还是没有。"到了19世纪后半,出现了"能够表现无产阶级的灵魂,确是无产阶级自己的喊声的"作品,这就是以高尔基为代表的俄国作家。"我们要为高尔基一派的文艺起一个名儿……这便是所谓'无产阶级艺术'。"②

其二,茅盾比较系统地论述了无产阶级文艺产生的条件。他用了一个方程式来表示:新而活的意象+自己批评(即个人的选择)+社会的选择=艺术。③ 这些"新而活的意象"实际上就是"外物(有质的或抽象的)投射于我们意识镜上所起的影子","自己批评"则指人的审美意识对于这些意象的选择与整理。但在个人的审美意识之上,还有社会的选择,"社会的大环境""把适合于当时社会生活的都保存了或提倡起来,把不适合的消灭于无形。此种社会的鼓励或抵拒,实有极大的力量,能够左右文艺新潮的发达。"而决定着这种社会的选择的,则是现实的社会和社会中各阶级力量的对比。"在资产阶级支配下的社会,其对于文艺的选择,自然也以资产阶级利益为标准"。而无产阶级艺术是相对于资产阶级艺术的,是一种全新的艺术,"需要新土地和新空气来培养"。因此,要发展无产阶级的艺术,就要壮大无产阶级的力量,培养无产阶级艺术产生的空气与土壤。从这里出发,茅盾论述了文学批评的本质与作用。他认为文艺批评是"社会选择"之外的"人为的选择"。而"人为的选择"实际上是社会选择"之系统的艺术化的表现;而所谓'社会选择'又不过是该社会的统治者所认为稳健(或合理)思想之集体;所以批评论是站在一阶级的立场为本阶级的利益而立论

---

① 茅盾:《人物的研究》,《茅盾全集》第18卷,人民文学出版社,1989年,第474页。
② 茅盾:《论无产阶级艺术》,《茅盾全集》第18卷,第499、500、501页。
③ 同上书,第505页。

的。"①他指出：

"虽然自来的文艺批评家常常发'艺术超然独立'的高论,其实何尝办到真正的超然独立？""所以无产阶级艺术的批评论将自居于拥护无产阶级利益的地位而尽批评的职能。"②

因此,文艺批评是有阶级性的,无产阶级的文艺批评要为无产阶级的利益服务。

其三,茅盾论述了无产阶级艺术的范畴。他认为,"无产阶级艺术并非即是描写无产阶级生活的艺术之谓。"无产阶级艺术是"以无产阶级精神为中心而创造一种适应于新世界（就是无产阶级居于统治者地位的世界）的艺术。""无产阶级艺术非即革命的艺术。"因为"凡含有反抗传统思想的文学作品都可以称为革命文学。所以它的性质是单纯的破坏。"而无产阶级文学反对的是整个资产阶级,它的目的"并不是仅仅的破坏"。"无产阶级的艺术又非旧有的社会主义文学。社会主义文学就是表同情于社会主义或宣传社会主义的文学作品。"它们的作者"大都是资产阶级社会的知识阶级","他们的主义是个人主义"。而无产阶级要表现的则是集体主义,"群众的首领不过是群众的集合的力量之人格化,是集合的意志之表现,是群众理想的启示者。"③对于无产阶级艺术的范畴,这时的茅盾虽然还有模糊之处,但他却基本划清了它与一些近似的艺术的界限,这在当时是难能可贵的。

其四,茅盾论述了无产阶级艺术的内容。他指出,作为一种初创阶段的艺术,无产阶级艺术有内容浅狭的毛病,这是不可避免的。但这种现象应该改变。其途径就是"以全社会及全自然界的现象为汲取题材之源泉",就是扩大作家的生活经验,而更重要的,是树立正确的观念。茅盾已经敏锐地看到,同样的题材,用不同的观念去表现,就可能产生不同的文学。如无产阶级艺术与旧艺术的某些作品,它们的"题材似

---

① 茅盾：《论无产阶级艺术》,《茅盾全集》第 18 卷,人民文学出版社,1989 年,第 506 页。
② 同上书,第 507 页。
③ 同上书,第 507、508、509、510 页。

一,目的相同,但是因为观点不同,解决方法不同,故一则成为无产阶级艺术,而一则只是旧艺术"。此外,茅盾还反对那种"以刺激和煽动作为艺术的全目的"的观点。指出,刺激与鼓励只是艺术的目的之一。"无产阶级所要努力铲除的,是资产阶级的社会制度,相关连的并且出死力拥护的集体。"而不是资产阶级中的个体。作为个体,"一个资本家也许竟是个品性高贵的好人",①无产阶级主要反对的是他所属的阶级以及他所维护的社会制度,而不是他的个人品性。而将刺激与煽动作为目的则很容易导致针对个人。茅盾的这些观点是比较深刻的。虽然他没有具体说明无产阶级艺术的内容是什么,但却指出了扩大无产阶级艺术的内容的方法和途径。

其五,茅盾论述了无产阶级艺术的形式。他强调形式与内容的和谐统一。他认为,形式也有一个继承的问题。"无产阶级首先须从他的前辈学习形式的技术。这是无产阶级应有的权利,也是对于前辈大天才的心血结晶所就应表示的敬意,并不辱没了革命的无产阶级艺术家的身份。"但茅盾反对那种认为离自己的时代越近的艺术就越有继承价值的观点,认为"未来派、意象派、表现派"等文学流派虽然是新的,但对于无产阶级艺术来说,其形式却没有"革命的浪漫主义"等值得我们继承。因为未来派等是"变态的已经腐烂的'艺术之花',不配作新兴阶级的精神上的滋补品的"②。茅盾对于现代派艺术的观点不一定正确,但他强调内容与形式的统一,强调应当继承文学遗产的观点,却是很有见地的。

抗日战争胜利之后,适应新的形势,茅盾提出了"人民的文艺"的主张,并对其做出了三个层次的界定:"为人民所作,为了人民,而为人民所有"。为人民所作,即文艺"是在人民中间产生,为人民所共同创作的"。为了人民,指的文艺的"目的,并不为个人,亦不为少数人;所说的话能够反映生活,是属于大众,属于这社会的;这不为少数人捧场,

---

① 茅盾:《论无产阶级艺术》,《茅盾全集》第 18 卷,人民文学出版社,1989 年,第 511、512、513 页。

② 同上书,第 515、517 页。

不发个人牢骚,但是为了人民"。为人民所有,"意即人民应当无条件享受文艺;像现在这样看戏要买票,置书要花钱,听音乐要花钱,不能无条件享受,就不是人民所有的意义。"①

茅盾从历史的角度出发,指出在历史上,人民的文艺是曾经存在过的。自从阶级社会出现之后,人民的文艺就消失了,代之的是奴隶的文艺和奴才的文艺。而今天,则要重新创造新的"人民的文艺"。茅盾认为,今天的人民的文艺至少有如下几个方面的特点:"首先,我们要求今天的文艺,一,不供有闲者消遣;二,不为少数人捧场;三,不发个人牢骚。其次,我们要求作品所表现者是人民大众这好恶而非个人之爱憎。或批评或赞美,都站在大众的立场,反映着大众的意见。"又次,今日的文艺既要敢于暴露,又要敢于歌颂。"暴露的对象,不仅是贪官污吏,还须暴露那造成贪官污吏之政治的根源——即不民主的政治。"而歌颂的则是"人民的英雄,但不是个人的英雄,要歌颂人民的积极性和创造性"。复次,人民的文艺,"形式方面要向民族形式走"。②

至于如何才能创造"人民的文艺",茅盾认为,关键是"要实行民主政治,是要大部分人民能发表他们的意见"。他批评那种认为中国的"老百姓认识太浅,文化水准太低……认为他们不配谈民主,也不能实行民主政治"的观点,强调指出,"民主政治就是需要分别何者是好人,何者是坏人,何者是好,何者是坏",强调"中国老百姓是够资格谈民主政治的"。③ 而就作家这一方面来说,则"努力作自我改造","首先要克服小资产阶级意识","其次要克服文人习气"。而从自我改造的积极方面来讲,"便须深入社会,充实生活,参加民主运动,不可借口'以笔服务于民主',关起门写东西,不参加实际社会运动"。此外,还需正确处理提高与普及,政治性与艺术性之间的关系。自然,茅盾也看到,在当时的条件下,"还不能希望立刻有理想中的人民文艺出现,可是今

---

① 茅盾:《人民的文艺》,《茅盾全集》第 23 卷,人民文学出版社,1989 年,第 263 页。
② 同上书,第 265 页。
③ 茅盾:《和平·民主·建设阶段的文艺工作》,《茅盾全集》第 23 卷,第 261 页。

天得朝这条路走"。①

从"为人生的文艺"到"为无产阶级的文艺"再到"人民的文艺",茅盾有关文艺的服务对象的观点经历了一个逐渐成熟的过程。自然,今天看来,茅盾的"人民的文艺"的观点仍有其幼稚的地方,如过高评价原始时期的文艺,将"为人民所有"仅仅理解为人民"无条件享受文艺"等。但在总的理论框架与精神上,茅盾的观点却是正确的,与列宁文艺为千百万劳动人民服务,毛泽东文艺为工农兵服务的思想是相通的。实际上,解放后茅盾的很多文学主张特别是在文艺的服务对象与内容方面的主张,都是在其人民的文艺观基础上发展出来的。

3. 茅盾关于"文艺大众化"的思想

在中国现代文学史上,关于文艺大众化的讨论,虽然有高低起伏,但实际上一直没有停止。文艺大众化的实质是文艺如何为大众服务的问题。但讨论的情况却很复杂,其中有革命文艺队伍内部的观点分歧,也有革命文艺队伍和国民党文人与亲日文人之间的矛盾。对于文艺大众化的问题,茅盾自始至终都非常关注并参与其中,提出了不少有价值的观点。

茅盾文艺大众化的思想,有两次集中的表达。

一次是左联时期。这一时期发生了三次关于文艺大众化的讨论,一次在1930年春夏之交,一次在1931冬至来年秋,一次是1934年春夏。茅盾参加了后两次讨论,发表了《问题中的大众文艺》、《大众语运动的多面性》等文,对文艺大众化谈了自己的看法。

《问题中的大众文艺》是茅盾针对化名为宋阳的瞿秋白的论文《大众文艺的问题》所写的。文章先肯定了瞿文的基本原则,认为"文艺之是否应该大众化,及其何以必须大众化,又大众文艺应该怎样做"等,瞿文已经讲清楚了,无需再讲。然后针对瞿文三个观点,提出了自己的

---

① 茅盾:《人民的文艺》,《茅盾全集》第23卷,人民文学出版社,1989年,第266—267,264页。

看法。其一,是瞿秋白认为"五四"以来的新文学运用的语言是一种新文言,大众读不懂,应该摒弃不用,倒是旧小说里的白话,能够为读者懂得,值得提倡。茅盾不同意这种看法。认为旧小说里的白话是古代的白话,是一种死的语言,能够读懂的主要是一些受过"说书场教育"和"蒙馆教育","识上了千把个字"的群众,而非一般群众。倒是瞿秋白批判的"新文言",受过五四以来的新教育的人,有小学二三年级以上的水平就能读懂,虽然仍需改进,但无需废除。① 其二,瞿秋白认为,文艺大众化的主要问题,是文字问题,即是读者能否读懂的问题。茅盾不同意这种看法。他指出:"大众文艺既是文艺,所以在读得出听得懂的起码条件而外,还有一个主要条件,就是必须能够使听者或读者感动。这感动的力量却不在一篇作品所用的'文字的素质',而在藉文字作媒介所表现出来的运作,就是描写的手法。"从这点出发,茅盾提出了"技术是主,'文字本身'是末"的观点。② 自然,这一观点本身与瞿秋白的观点一样,都有片面性。但茅盾看到了文艺的艺术性的一面,强调在大众化的过程中不能忘了文艺的特性,这一点却是正确的。其三,瞿秋白认为,在都市现代化的工厂里,工人们(新兴阶级)已经形成了一种新的"普通话",这种普通话是"真正的现代中国话",是新文学应该使用的语言。茅盾通过调查发现,瞿秋白所说的新兴阶级的普通话实际上是不存在的,工人们使用的"普通话",实际上仍是以一种方言为主,夹杂部分其他方言的地区方言。茅盾认为,一种语言能否做"大众文艺适当的工具",要看它是否"已经发展成为独立的语言,足够表现复杂情绪,描写复杂的动作"。从这个意义上说,上海工人中流行的以上海方言为基础的"上海白"可以作为大众文艺的工具。但上海白流行的范围毕竟有限,因此,新文学"还到底不能不用通行的'白话'——宋阳先生所谓的'新文言'"③。今天看来,茅盾将语言纯粹看做一种工具的观点自然尚可商榷,但他关于什么样的语言能作文学语言,新文学的语

---

① 茅盾:《问题中的大众文艺》,《茅盾文艺杂论集》上集,上海文艺出版社,1981年,第332页—335页。
② 同上书,第335页。
③ 同上书,第340页、342页。

言主要是"五四"以来的"新白话"的观点,却为事实证明是正确的。

《大众语运动的多面性》则主要是针对国民党文人汪懋祖鼓吹"复兴文言",来配合蒋介石的"新生活运动"而写的。茅盾认为:"大众语运动自始就是一个多方面的广泛的文化运动。在思想方面是'反封建',在文学方面是'白话文'的清洗与充实,在语言问题方面是'新中国语'的要求(指将来的全国一致的语言),而在适应大众解放斗争过程中文化上的需要是汉字拉丁化。"①他很有见地地指出:

> 一、文言和白话之争不是一个简单的文字问题,而是思想问题;在反对文言运动的时候,应该同时抨击那些穿了白话衣服的封建文艺。二、从种种不同的角度上倾向于"复古"或"逃避现实"的论调,应该给它严格的批评。三、大众语文学的建立问题不是纸上谈兵可以解决的,应该从实践中求解决,而实践的步骤也不能离开实际情形太远,方言文学和废汉字的主张在目前是"太高"的要求。②

茅盾文艺大众化思想的第二次集中表达是30年代末40年代初。其时正是抗日战争时期,文艺为抗战服务,是民族的需要,也是时代的需要。而抗战的主体是广大民众,这就要求文艺在内容与形式方面进行改革,以适应广大民众的水平与需要。这是这一时期文艺大众化讨论的时代背景与内在动力。

文艺大众化必然牵涉到普及与提高的问题。茅盾在这方面的看法是辩证的。在发表于1939年的《双十纪念与"抗战八股"》一文中,他指出:

> "目前的文化问题,有普及的一面,也有提高的一面。如果把这两面截做两段来看,便会走到绝路。要提高,先须普及,从普及中然后能有真正的提高。""而当前更需要的是普及。"③

---

① 茅盾:《大众语运动的多面性》,《茅盾全集》第20卷,第216页。
② 茅盾:《对于所谓"文言复兴运动"的估价》,《茅盾全集》第20卷,第139页。
③ 茅盾:《双十纪念与"抗战八股"》,《茅盾全集》第21卷,人民文学出版社,1991年,第514页—515页,第514页。

当时,毛泽东《在延安文艺座谈会上的讲话》还没有发表,茅盾对于普及与提高的看法与毛泽东的看法基本上是一致的。

茅盾主张大众化,但他并不认为大众化是中国文艺发展的最终目标。他指出,"大众化"问题的正式提出而且开始成为一种运动,大概是在'一二八'时期。大众化包括"教育大众"和"向大众学习"两个方面。"前进的宇宙观和人生观,是大众所缺乏,而须我们教给他们;但大众的生活色彩及其意识情绪,乃是我们所生疏,而须向大众学习的。两者不但没有矛盾,而且是互相依存而发展;必须经由此途,然后'大众化'问题可得合理的解决。"但"大众化"一词,也有其局限性。首先,"'大众'虽居大多数,然而不就等于民族。"其次,到目前为止,对"大众化"的讨论,都是从现在与将来的角度去进行的,"因此,在'大众化'的问题中,尚缺乏浓厚的历史性。"而"希望'大众化'的圆满而彻底的完成,则更广(民族性)与更深(历史性)的内容,是非常必要的。"在此基础上,茅盾提出了"中国化"的问题。他认为,第一个提出"中国化"的,"是毛泽东先生"。他在引证了毛泽东的名言"新鲜活泼的,为中国老百姓所喜闻乐见的中国作风与中国气派"之后,对"中国化"进行了具体的阐述:中国化包括两个方面,

> 第一是运用辩证的唯物论与历史的唯物论这武器,以求明白我们这大民族数千年历史发展的法则,及其民族的特点,学习我们的历史遗产,而给以批判的总结;第二是扬弃我们的历史遗产,更进一步而创造中国化的文化。所谓"中国化的文化",是中国的民族形式的,同时亦是国际主义的。①

大众化的最终目的是中国化,而中国化就是创造基于民族遗产之上的有中国自己特色的文化。这一观点使茅盾在文艺大众化的讨论中能够站在一个较高的高度。

茅盾从各个方面对文艺大众化进行了论述。他讨论了文艺大众化的必要性与途径。他认为,"本来文艺大众化运动应当和国语运动联

---

① 茅盾:《通俗化、大众化与中国化》,《茅盾全集》第 22 卷,人民文学出版社,1993 年,第 87 页—92 页。

系起来的"。但由于日本的入侵,"我们现在十万火急地需要文艺来做发动民众的武器",就不能不采取变通的办法。"我们的文艺大众化问题,简单地说,应该是两句话:一是文艺大众化起来,二是用各地大众的方言,大众的文艺形式(俗文学的形式)来写作品。"他批评那种认为用"大众所能懂的形式"来写作品"太庸俗"了的观点,指出:"倘不'庸俗',就不能深入大众,不愿意深入大众就是对于抗战工作的怠工。"①茅盾的这些观点,现在看来有些急功近利的味道,但在当时民族危亡的特殊时期,却是有其必要性的,而且在总的精神上,也是正确的。

文艺大众化包括内容与形式两个方面,茅盾两个方面都做了论述,但侧重点在形式,因为形式是文艺大众化的焦点。茅盾首先讨论了旧形式的利用问题。他重视旧形式的利用,因为大众熟悉、喜欢,同时也因为文艺的继承性与民族性。其次,茅盾讨论了大众化、通俗化与文艺作品的质量之间的关系。他认为,"通俗并非庸俗",通俗的意思简单地说就是,"形式则'妇孺能解',内容则为大众的情绪与思想",与大众化实际上没有本质上的区别。而且通俗也并不意味着要降低文艺作品的质量。茅盾反对把"高"理解为"高深"。他认为"质的提高"并没有什么奥妙,与通俗也没有矛盾,只要做到了"一、人物是活生生的人,二、写什么像什么,三、字眼用得确当,句子安排得妥帖,意义明白,笔墨简劲","自然'通俗',而'质'亦'高'了!"②第三,茅盾讨论了民族形式的问题。民族形式的讨论,滥觞于左联时文艺大众化的讨论,抗战之后,因时代的需要再次兴起。后因毛泽东、张闻天等人的文章《中国共产党在民族战争中的地位》、《新民主主义论》、《抗战以来中华民族的新文化运动与今后任务》等而进入新的阶段。茅盾的观点受到毛泽东和张闻天的影响,大致有以下几个方面。其一,茅盾依据马克思主义的原理对民族形式的产生作了自己的解释。他认为:"各种文艺形式乃

---

① 茅盾:《文艺大众化问题》《茅盾全集》第21卷,人民文学出版社,1991年,第354页,356页,358页。

② 茅盾:《质的提高与通俗》,《茅盾全集》第21卷,人民文学出版社,1991年,第411,412页。

是一定的社会经济的产物,社会经济发展到了一定的阶段时,就必然要产生某种文艺形式。"这一原理中西一样。但由于各民族又有自己的"特殊情形",因此"在大同中有了小异,而且在大同之中必有独特的小异",这正是民族形式产生的基础。① 其二,茅盾指出了"怎样到达真正的民族形式之路"(田汉语)的途径,那就是"一,向中国民族的文学遗产去学习;二,向人民大众的生活去学习"②。后者是到达民族形式的最重要的途径。"我以为建立中国文艺的民族形式要紧的是深入今日中国的民族现实。……因为现实生活是主导的东西。只有根据现实生活的需要才能更正确地接受固有的或外来的影响。"③任何作品,只要忠实地反映了民族的现实生活,"在这样忠实于现实的技巧中,就有了民族形式的最主要的核心"④。这一观点无疑是重要的。其三,茅盾讨论了民族形式的学习与创造之间的关系。他认为,提倡学习并不是不要创造,两者并不是对立的。"'学习'是'创造'的前提,又是'创造'的过程。"⑤要创造就得先学习。其四,茅盾认为继承文学遗产要取其精华,去其糟粕。这是因为时代是不断发展的,作为时代的产物的文学也是不断发展的。不同的时代需要不同的文艺。另一方面,即使是"大众自己所创造"的文艺,其形式也"并不尽善尽美"。而经过文人改进之后的"更进步的形式,也并不为大众所歧视"。⑥ 因此,继承遗产应该兼收并蓄,不应只倾向遗产中的某一部分。对于文学遗产,"不能整套地""承袭",而应该吸取、消化,使其成为"滋养的一部分"。⑦ 这样才可能创造出新的民族形式。其五,茅盾提出了将各民族文学汇成世界文学的设想。他认为,随着时代的发展,"过去那种地方的民族的闭

---

① 茅盾:《旧形式、民间形式与民族形式》,《茅盾全集》第22卷,人民文学出版社,1993年,第145—146页。
② 茅盾:《论如何学习文学的民族形式》,《茅盾全集》第22卷,第119页。
③ 茅盾:《戏剧的民族形式问题》,《茅盾全集》第22卷,第189页。
④ 茅盾:《论如何学习文学的民族形式》,《茅盾全集》第22卷,第118页。
⑤ 茅盾:《在戏剧的民族形式问题座谈会上的讲话》,《茅盾全集》第22卷,第180页。
⑥ 茅盾:《旧形式、民间形式与民族形式》,《茅盾全集》第22卷,人民文学出版社,1993年,第148页。
⑦ 同上书,第154页。

塞与自足"越来越不可能,"民族普遍的互相依赖"愈益加强。"个别民族的智力创造变为公共的财产。民族的片面性和狭隘性,变为愈加不可能了"。这就有可能"从许多民族的和地方的文学里,产生出一种世界文学来"。"这种世界性的文学艺术并不是抛弃了现有各民族文艺的成果,而凭空建立起来的,恰恰相反,这是以同一伟大理想,但是以不同的社会现实为内容的各民族形式的文艺各自高度发展之后,互相影响溶化而得的结果。是故民族文学之更高的发展,适为世界文学之产生奠定了基础。""'民族形式'这一课题的提出,其深远的前程,具在于此"。[①] 世界文学这一术语,最早是由德国作家歌德提出来的。茅盾从民族解放斗争和各民族交往的角度,再次论述世界文学的产生,并将其作为民族形式发展的归途,是很有见地的。当时正是抗日战争时期,茅盾的世界文学的主张,也显示了他宽广的胸怀。

1959年,茅盾再次讨论了文学的民族形式问题。他认为:"文学的民族形式包含两个因素,一是语言……这是主要的,起决定作用的。二是表现方式(即体裁)这是次要的,只起辅助作用。""文学作品的民族形式的主要因素是在民族语言的基础上加工的文学语言。"从这一观点出发,他反对"把作品中所表现的民族生活内容,也看做民族形式的重要因素"。因为"民族生活内容在作品中毕竟主要是个内容问题,这个内容用民族语言来表现,才使作品具备民族形式"。另外,他也反对把一些"在民族形式中只居于技术性的地位"的形式,如我国古代小说中的章回体、笔记体、故事顺序等看做是"民族形式的唯一标志",因为这些技术性的东西"是带有普遍性的",你用,别的民族也可能用。他认为,寻找民族形式,应该撇开体裁等"技术性的东西",而在"结构和人物形象的塑造这两方面去找"。同时,还要结合"根源于民族语言而经过加工的文学语言"。结构与形象的塑造只有与民族的文学语言结合起来,才能"使得作品所具有的民族形式一定是甲民族的而不是乙

[①] 茅盾:《旧形式、民间形式与民族形式》,《茅盾全集》第22卷,人民文学出版社,1993年,第154页。

民族的"。① 茅盾的这些观点是否完全正确自然还可探讨,但他极力抛开细节问题,从主要因素入手探寻文学的民族形式的思路却无疑是值得肯定的。

总起来看,茅盾文艺大众化的思想是丰富的。他的许多观点与主张,都是正确的,直到今天,仍然有着其现实的意义。自然,毋庸讳言,功利性特别是政治功利性是其大众化主张的基点之一,但这与其产生的时代是有关系的。在阶级矛盾、民族矛盾空前激烈的情况下,调动一切可能的力量争取革命的胜利,是必要的。在这种情况下,强调文艺的功利性,要求文艺为政治服务,是可以理解的。建国后,茅盾有关大众化和民族形式的讨论的学理性明显增加,功利性则有所减弱。

四 茅盾的文学批评

茅盾以文学批评进入文坛,中间一直未断,在去世的当年仍在进行文学批评。从时间长短的角度看,文学批评应当是他的第一职业。茅盾的文学批评范围广、内容丰富,从对外国文学的评论、介绍,到对文学运动、文学现象的把握、指导,到对具体作家作品的批评、评价,几乎涉及文学活动的各个方面,本节重点介绍他在文学典型、历史与历史剧、文艺批评等方面的观点。

1. 文学典型

典型是文学中的一个重要概念,一般把它理解为个性与共性的统一,或者在鲜明的性格描写中表现了具有普遍性的社会内容。

茅盾的典型观,比较集中地表现在发表于1936年的长篇论文《创

---

① 茅盾:《漫谈文学的民族形式》,《茅盾全集》第25卷,人民文学出版社,1996年,第427、429、431、432、433页。

作的准备》中。具体表现在以下几个方面:

其一,人物本位观。茅盾认为,"人物是文学中最重要的因素"。应当'由人物生发出故事',不应当为了故事而'虚构'出人物来扮演"。① 文学应以人物为中心,茅盾指出:

> 文学作家观察的对象当然也是社会现象,这和社会科学家是相同的。然而社会科学家所取以为研究的资料者,是那些错综的已然的现象,文学作家研究的却是造成那些现象的活生生的人。社会科学家把那些现象比较分析,达到了结论;文学作家却是从那些活生生的人身上,——从他们相互的关系上,看明了某种现象,用艺术手段来"说明"它。②

由此可见,文学的人物本位,是植根于文学的本质与基本特点的基础之上的。茅盾的人物本位观虽然主要是根据小说创作的实际得出的,并且有点绝对化的倾向,但就其牵涉的范围看,基本上是站得住脚的。

其二,人物观。茅盾对于人物的最高要求,是他们必须是一个具体的"活人"。要做到这一点,首先要从人们之间的"相互关系上,从他们与自己一阶层的胶结与他们以外各阶层的迎拒上",去进行观察描写。这样,写出的人物就具有了他所在阶层的某些共同的特点。但仅仅这样还不够,要使人物成为真正的活人,作家就必须对人物进行深入的、全方位的观察。茅盾认为成功的人物必须与他所在阶层的成员"同中有异,异中有同"。既有普遍性,又有个别性。比如鲁迅笔下的阿 Q。③

其三,人物与环境。茅盾认为,环境有狭义与广义之分。狭义的环境指故事"发生的场所,'人物'所在的氛围"。广义的环境则"指一特定地区的生产关系、社会制度,立于支配地位的特权阶层以及被支配的阶层,在一方面是武器,而在另一方面是镣锁的文化教育的组

---

① 茅盾:《创作的准备》,《茅盾全集》第 21 卷,人民文学出版社,1991 年,第 11 页。
② 同上书,第 20 页、第 21 页。
③ 同上书,第 22 页、第 23 页。

织以及风尚习惯等等"。文学作品描写的应当是广义的环境。茅盾认为:

"'人'是在'环境'中行动的。'环境'固然支配了'人'",但人也改造着环境。"'人'与'环境'之间的作用,是交流的,是在矛盾中发展的。"他分析说:"最初是'人'创造了'环境',其次是'人'的思想行动被这'环境'所支配,又次是由这被支配而发生的决定性作用又反拨了'人'的思想而产生改造这环境的意志和行动,——这是一串矛盾的发展。"而这矛盾的主导方面,则是"人物"。①

因此,茅盾认为,在人物与环境中,人物是中心。从人物的行动写环境,才能达到人物与环境的谐调,环境的取舍和表现也才有依据。

其四,个性特征。人物是共性与个性的统一,但共性总是通过个性体现出来的。要写好人物,就必须写出人物的个性。在共性与个性中,茅盾虽然更为重视共性,但也并不忽视人物个性的描写,他对个性的要求是鲜活、明晰、含蓄、有自己的特征。

所谓鲜活,是指人物要真实,要像一个"活人"。而要做到这一点,首先不能让自己人物的性格太单纯,也不能让自己人物的性格太像他们所据以塑造的模特儿,应该在他们的性格中加入不同的因素,"使他们的性格成为复合的"。其次,作者"为要描写'性格'(或者为要强调'人物'的性格的特点)而给与'人物'的'动作'"不能"太直线式",没有发展变化。再次,人物要血肉丰满。描写人物,不仅要写出他的"一些大的特征","也应当尽量多描写一些起补充作用的小特征。"不仅要"从大事件上去表现"人物性格,而且也要将这些性格"从许多小事上烘托出来"。②

所谓明晰,是指人物的性格应该明确、清晰,"活现在眼前"。③ 但这并不意味着一览无余,"作家所要表达的意思应当尽力组织在艺术的形象之中,而且应当巧妙地保留一二分,以引起读者的思索。"这就

---

① 茅盾:《创作的准备》,《茅盾全集》第21卷,人民文学出版社,1991年,第26页,第27页,第28页。
② 同上书,第23页,第39页,第39—40页,第40—41页。
③ 同上书,第36页。

是茅盾所说的含蓄。它包括两个方面,首先,是作家的思想感情应该通过情节与场面自然而然地流露出来。其次,作家不要把什么都说完,要"留一点余地给读者自己用经验与想象去填补"。在描写技巧上,要善于运用侧面描写,善于使用"闲笔","善于用侧面的烘托来救济正面描写的不足"。这样塑造出来的人物才能"耐人咀嚼,发人深思"。[①] 所谓有自己的特征,是指人物应该是一个独立的自足体,有自己独特的规定性。即使两个性格相似的人物,"仍然各自有他的个性","相像之处不能印板式"。但是茅盾也反对恩格斯批判过的"恶劣的个性化",反对为个性而个性。他指出,倘使你的作品中有五个人物,"然而五个人的性格竟是五种绝对不同的(没有丝毫相似的)典型,那也是不成话的。活人社会决没有那么巧。"[②]这里,最高的标准仍是现实生活,是文学的真实性。

2. 历史剧理论

20世纪50年代,随着社会主义制度的建立与巩固,发展与繁荣社会主义文艺成为文艺界的首要任务。如何对待中国丰富的文化遗产也逐渐成为重要问题,这突出地表现在戏剧特别是历史剧方面。这一时期,围绕历史剧的改编与历史剧理论,文艺界展开了热烈的讨论,茅盾也参加了这一讨论,发表了许多重要而中肯的意见。

茅盾的历史剧理论集中表现在他发表于1961年的长篇论文《关于历史与历史剧》以及随后发表的《〈关于历史与历史剧〉的后记》中。用茅盾自己的话说两篇文章"所讨论的问题只是一个:如何使历史剧既是艺术又不背于历史的真实"。[③] 围绕这一中心论点,茅盾从四个方面展开了自己的论述。

首先,茅盾讨论了历史剧的性质与范围。他认为,"历史剧当然是

---

① 茅盾:《创作的准备》,《茅盾全集》第21卷,第43页,第41页,第42页,第44页。
② 同上书,第40页。
③ 茅盾:《〈关于历史与历史剧〉的后记》,《茅盾全集》第26卷,人民文学出版社,1996年,第388页。

艺术品而不是历史书。"两者的区别在于历史剧"必须有艺术的虚构"。但历史剧又是关于历史的戏剧,因此不能改写历史、捏造历史、颠倒历史。必须忠实于历史。茅盾既反对把历史剧和一切用历史题材的文艺作品当做文艺化的历史教科书的倾向,也反对那种认为历史题材的文艺作品仅仅是文艺,丝毫不起对人民进行历史教育的作用的观点。①

历史剧是以历史为题材的戏剧。这里的"历史"是指过去真实地存在与发生过的人物与事件。以此为标准,茅盾划定了历史剧的范围。只有那些以真实的历史为题材,符合历史本来面貌的剧本,才是历史剧。不符合这一规定的,都不能算是历史剧。茅盾特别指出了两种情况。一种情况是只是借用了历史的外壳,而其内容则与历史有很大的出入甚至完全不同。另一种情况是虽然用了历史上的真人真事,但主要事件却是按照作者的愿望凭空虚构的。他认为,这两种情况只能算是"'古为今用'的一种形式",而"不能算是历史剧"。②

其次,茅盾讨论了历史真实的问题。历史剧既然是以历史事件为题材,就必须表现历史的真实。所谓历史真实,就是符合历史的本来面貌与规律实质。而要达到历史的真实,历史剧作家们就要对历史有正确的理解与把握。茅盾主张历史剧作家首先要"以历史家身份做科学的历史研究工作",要"充分掌握史料(前人记载和民间传说的历史生活)"。但茅盾认为,任何史料在传写的过程中,都会渗入编撰者的主观因素,因此,对于史料还需进行甄别和分析,弄清哪些反映了历史真实,哪些是作者的主观因素。在对史料进行甄别、分析的时候,茅盾强调实事求是、具体情况具体分析,反对根据一些外在的标准进行判断。对于民间传说,茅盾也主张辩证地分析。他认为"民间的口头传说常常保存了一些极有价值的史料",但这主要限于近代,而对于一两千年之前的历史,民间传说就不一定可靠。客观地说,民间传说具有虚构、夸张的倾向,而且由于没有固定的文本,在流传的过程中往往容易踵事

---

① 茅盾:《〈关于历史与历史剧〉的后记》,《茅盾全集》第 26 卷,人民文学出版社,1996 年,第 388 页,第 389 页。

② 茅盾:《关于历史与历史剧》,《茅盾全集》第 26 卷,第 334 页。

增华,时代越久,距离历史的真相也就越远。因此,对于民间传说不能一概当做历史事实接受。

对于历史人物与历史事件,茅盾认为不仅要把握具体的事实,而且要正确地分析评价,这样才能还原历史的真实。历史真实有一个时代氛围的问题。不同的时代有不同的语言、习惯、生活方式、"职官名号、地名、服装、陈设"等。这些方面都要和剧中人物所处的时代相符。如果让古人说今人的语言,穿今人的服装,取今天的官职,过今人才有的生活,也会影响到历史真实,是"应当避免而且必须避免的"。①

再次,茅盾讨论了艺术虚构的问题。在茅盾的语汇中,艺术虚构也就是艺术真实的意思。

> 字面不同,涵义则一,而"艺术虚构"一词也许比"艺术真实"较易理解,也突出了艺术虚构在历史剧(以及一切历史题材的文学作品)中的重要性。②

历史剧既然是艺术品,就不能没有虚构。历史剧作家有虚构的权利。茅盾认为,历史剧中的虚构大致有三种类型:一、真人假事,二、假人真事,三、人事两假。③ 这三种虚构方式,历史剧作家们在创作时可以全部采用,也可以只采用其中的某一或某两种。

不过,艺术虚构不能损害历史真实。茅盾反复强调,

> 任何艺术虚构都不应当是凭空捏造,主观杜撰,而必须是在现实的基础上生发出来的。换言之,人与事虽非真有,但在作品所反映的时代社会条件下,这些人与事的发生是合理的,是有最大的可能性的。历史作品中的艺术虚构亦复如此。

他认为,历史剧的艺术虚构不能改变基本的史实,也即不改写历史、不捏造历史、不颠倒历史。所谓改写历史,即改变历史事件或历史过程。所谓捏造历史,是指凭空虚构出历史上没有的人和事,所谓颠倒

---

① 茅盾:《关于历史与历史剧》,《茅盾全集》第 26 卷,人民文学出版社,1996 年,第 376 页。
② 同上书,第 366 页。
③ 同上书,第 365 页,第 366 页。

历史是将历史事件和历史人物进行任意的组合。如把发生在不同时代的事情并为一事,或者把与某一人物毫不相干的事件放在这一人物身上,等等。这些都是对历史真实的损害,是应该避免的。那么,这与艺术虚构有什么区别。茅盾认为,艺术虚构是指虚构出的人和事在历史上虽然不存在,但根据特定时代的历史条件,特定的历史人物的性格完全有可能出现、发生。① 而改写、捏造、颠倒历史则是完全不顾历史的可然性和必然性,随心所欲地描写。两者的区别是明显的。此外,艺术虚构也不应改变历史事件的本质。

最后,茅盾讨论了历史真实与艺术真实统一的问题。前面说过,在茅盾的理论语汇中,艺术真实与艺术虚构是同样的意思,历史真实与艺术真实的统一也就是历史真实与艺术虚构的统一。茅盾认为,如果剧作家能够"在充分掌握史料,并用历史唯物主义和辩证唯物主义的观点和方法分析史料、对历史事实(包括人物)的本质有了明白的认识"的基础上进行虚构,那么,他的"艺术虚构就能与历史真实相结合而达到艺术真实(即在艺术作品中反映的历史)与历史真实(即客观存在之历史)的统一"。因此,历史真实与艺术真实的统一的关键在于剧作家对于历史真实的认识、把握,和在创作过程中不损害历史的真实。这就要求剧作家对历史有深入的研究与了解,有正确的思想与观点。如果一个"作家对某一历史事件发生思想矛盾","他就很难做到历史真实与艺术真实的统一"。②

茅盾的历史剧理论带有其产生时代的特点,政治色彩较浓;另外,他对于历史真实以及艺术虚构与历史真实之间的关系的看法也似过于严峻了一点。但是总的来看,他的历史剧理论的基本原则与方向是正确的,既维护了历史的客观性,又肯定了艺术的虚构性,内容丰富,富有启发意义。

---

① 茅盾:《关于历史与历史剧》,《茅盾全集》第 26 卷,人民文学出版社,1996 年,第 366 页,第 367 页,第 345 页。

② 同上书,第 374 页,第 345 页,第 345—346 页。

3. 文学批评

茅盾以文学批评家的身份进入文坛,到文学创作与文学批评并重,到文坛组织与文学批评并行,始终没有离开批评。他在文学批评方面的成绩不仅表现在具体的批评实践上,也表现在他对批评本身的看法上。

其一,文学批评的性质、作用与原则。茅盾从两个方面讨论了文学批评的性质。一是阶级的性质,一是美学的性质。他认为,"无产阶级艺术的批评论"应该理直气壮地"自居于拥护无产阶级利益的地位而尽其批评的职能"①。这说明,茅盾首先是站在阶级的立场看待文学批评的性质的,认为文学批评是阶级的利益在文学领域的体现,要为一定的阶级服务。但是另一方面,茅盾也看到了文学批评自身的特点。在《论无产阶级艺术》中,他指出文学批评是"社会选择系统的艺术化的体现",就强调了文学批评的"艺术性"。1922年,他强调"要文学批评发达,先得自由批评"②。在1953年全国第二次文代会所作的报告中,他指出,文学批评是"一种严肃的科学工作",而"我们的文学批评,常常不是全面地具体地分析作品内容……对于作品思想性与艺术性的全面、细致而科学的分析,十分不够"。③ 茅盾把文学批评提到美学的高度来认识,指出其具有艺术性、科学性和创造性的一面,这不仅使他避免了在自己的批评中把文学批评与政治批评等同起来,以政治标准代替艺术标准,也使他能够在复杂的政治环境中保持比较正确的批评方向。

茅盾十分重视文学批评的作用,从作者、读者与社会三个方面进行了探讨。1963年,在谈到加强和扩大评论队伍时,他指出,

---

① 《茅盾文艺杂论集》上集,上海文艺出版社,1981年,第187、188页。
② 茅盾:《"文学批评"管见一》,《茅盾全集》第18卷,人民文学出版社,1989年,第254页。
③ 茅盾:《新的现实与新的任务》,《茅盾全集》第24卷,人民文学出版社,1996年,第284页,第282页。

> 评论家的任务,不但要帮助读者,同时还要帮助作家。帮助读者是要使读者对一些作品,从思想上艺术上更加了解;帮助作家就是对作品除了从思想性艺术性指出优点外,还要指出不够的地方,使作家得到帮助。①

作家与读者,是文学批评的两个主要对象,抓住了这两个对象,也就抓住了文学批评的主体和主要任务。但是仅此还有所不够,"文学批评的责任不但对于'被批评者'要负责任,而且也要对于全社会负责任。换句话说:不但对于批评的某某作品不能有误会,而且要含着指导作家,针砭当时知识界的意思"②。"批评工作不仅是帮助作家,尤其要教育读者。判断力还不强的青年读者常常把批评的文章作为他们读作品的指导。我们的批评所产生的社会影响是很大的,对于这些青年群众的教育、指导,批评家是负有重大责任的。"③这两段话,一段发表于1921年,一段发表于1953年,但都强调了批评对于社会的责任与影响。这样,茅盾就大大扩大了文学批评的作用范围,加重了文学批评的责任。

对于文学批评的原则,茅盾的论述较多,归纳起来,大致有以下几个方面。第一,是文学批评应坚持真理,要为阶级的利益服务。茅盾反对用谩骂代替批评,但他并不主张一团和气的批评,认为"要使批评真能发挥它的研究出个真理的使命,则红着脸的力争倒是必要的。"④批评的使命之一是发现并坚持真理,为了真理,批评家不仅应该有发现真理的本领,而且应该有坚持真理的勇气,不怕得罪人,不怕被人误解,甚至不怕自己受到伤害。这是不容易的,需要批评家有一定的献身精神。自然,坚持真理与服务无产阶级的利益并不矛盾,因为无产阶级的利益

---

① 茅盾:《关于创作和评论问题》,《茅盾全集》第27卷,人民文学出版社,1996年,第17页。
② 茅盾:《文学批评的效力》,《茅盾全集》第18卷,人民文学出版社,1989年,第125页。
③ 茅盾:《新的现实与新的任务》,《茅盾全集》第24卷,人民文学出版社,1996年,第283—284页。
④ 茅盾:《批评和谩骂》,《茅盾全集》第20卷,人民文学出版社,1990年,第527页。

在根本上与人民大众的利益是一致的,坚持真理本身就是在为无产阶级的利益服务。第二,实事求是,具体作品具体分析的原则。茅盾反对用一些现成的理论,去剪裁丰富多彩的文学现象。他认为,"自来伟大的文艺批评都是从'此时此地的需要'出发的",文学批评"应当是切实地讨论着创作上的一些具体问题,应当从作家的作品中指出一些实际的问题来阐明此一作家或此一作品所已经达到的以及尚未达到的境地"。① 这样,就要抓住具体的作品进行具体的分析,使读者读了批评家的文章之后,能够"了解一篇作品,并由了解作品而认识生活"。使作家读了批评家的文章之后,"不但明白了什么是不必要写的,并且还知道了什么是必须写以及怎样写"。② 第三,是提倡辩证批评,反对批评的片面性。片面性的批评"常常不是全面地具体地分析作品内容,而是主观主义的教条式的批评,片面的批评;光指责作品的缺点而没有肯定它的同时存在着的优点;或者,单称道了作品的优点而不能指出其基本缺点。对于作品思想性与艺术性的全面、细致而科学的分析,十分不够"③。片面性的另一表现是对生活的反映的片面性。对于批评家来说,要避免片面性,避免因片面性所引起的公式化,则不仅需要对作品的思想与艺术的圆通观照,也需要对作品所表现的生活的圆通观照。茅盾认为,公式化的批评"不但不能解决问题",并且还会促使"作品的公式化、概念化倾向的发展"。④

其二,批评家与作家的关系。在作家、作品、读者等文学批评家的三个工作对象中,作家与批评家的关系是最为密切的。这不仅因为文学创作与文学作品是批评家的主要批评对象,也是因为相对读者而言,作家是更为具体的批评对象,与文学创作的关系也更为直接。在茅盾看来,批评家与作家之间,应该是一种亲密合作,"互相帮助、互相尊

---

① 茅盾:《需要脚踏实地的批评家》,《茅盾全集》第 21 卷,人民文学出版社,1991 年,第 181 页,182 页。
② 茅盾:《论加强批评工作》,《茅盾全集》第 21 卷,人民文学出版社,1991 年,第 434 页。
③ 茅盾:《新的现实与新的任务》,《茅盾全集》第 24 卷,人民文学出版社,1996 年,第 282 页。
④ 同上书,第 283 页。

重、互相学习"的关系。① 而对于批评家来说,首先需要确定的,是科学的批评观。茅盾认为,"我国素无所谓批评主义"②,"一向没有正式的什么文学批评论"。这种传统的缺失导致批评家往往把文学批评与科举考试联系起来,以"大主考"的身份自居,把批评看做是"司法官的判决书"。③ 这种批评观导致了作家与批评家之间地位的不平等,使批评家的自我意识极度膨胀,从而造成"好恶多成于一人之私见"的后果,造成了批评家对于作家的不公正、粗暴的态度。④ 而另一方面,由于批评家的批评存在种种谬误而又不能自省,不能切合文学作品的实际而又不能自查,对于创作没有帮助而又不能自省,从而造成读者与作家对于批评家的抱怨,对于批评家的意见的不屑。这种现象严重地影响了文学批评的健康发展,影响了批评作用的发挥。要避免这种现象,批评家就必须克服这种以"大主考""司法官"自居的思想,把自己当做"一个心地率真的读者","喊出他从某作品所得的印象"。⑤ 茅盾的这一思想看似平淡,却表达了他对批评家与作家关系的深刻领悟。它至少包含了这样几层意思。一是批评家应该把自己摆在与作家平等的地位。二是批评家批评的基础是作品,他必须像一般读者一样,认真地阅读作品,才能进行批评。三是批评家应该如实地把自己的感受、观点与意见表达出来,不要故弄玄虚、故作高深。只有这样,批语家的批评才能中肯,对创作起到促进的作用,从而得到作家的尊重。

自然,批评家自觉把自己摆在读者的位置,是就他们与作家的关系而言,并不意味他们的批评也处于普通读者的水平,如果他们并不能比一般读者多看到一些东西,那么,批评家也就没有存在的必要。这就"要求评论家不但在思想水平上要和作家一样,甚至要比作家高一些;

---

① 茅盾:《新的现实与新的任务》,《茅盾全集》第24卷,人民文学出版社,1996年,第284页。
② 茅盾:《〈小说月报〉改革宣言》,《茅盾文艺杂论集》上集,上海文艺出版社,1981年,第20页。
③ 茅盾:《"文学批评"管见一》,《茅盾全集》第18集,人民文学出版社,1989年,第254页。
④ 茅盾:《〈小说月报〉改革宣言》,《茅盾文艺杂论集》上集,上海文艺出版社,1981年,第20页。
⑤ 茅盾:《"文学批评"管见一》,《茅盾全集》第18集,人民文学出版社,1989年,第254页。

在生活经验方面,也要和作家有一样广阔深入的范围"①。茅盾的这一思想,从总的精神看是正确的。不过,我们以为,批评家能够发掘出作家和读者所未能看到的东西,并不一定是他比他们高明,或者在思想水平上要高一些,而主要是因为批评家的知识体系、思维方式与解读方法有不同。当批评家将批评对象置于自己的知识体系之下,运用自己的思维方式与解读方法对其进行审查时,就有可能在作品中发掘出一些读者或作者本人所没有意识到的或者虽然有所意识但尚未清晰地意识到的内容,将这些内容上升到理论的高度,就能对读者的欣赏和作者的创作起到指导的作用。

其三,批评家的修养。批评家要完成批评的使命,必须具备一定的条件。茅盾对批评家的要求十分严格。他认为,要"加强批评工作,必先充实批评家本身的'内容'"②。批评家"不但要对于文学有彻底的研究,广博的知识,还须了解时代思潮"③。除此之外,他们还"应当比作家具备更多方面的社会知识,更有系统的对社会生活的了解,更深刻的对社会现象的判别能力",这样,他们才能给予读者和作者以"更有效的帮助"。④ 而要做到这些,批评家就需要学习,包括学习书本和学习生活两个方面。学习书本包括学习社会科学理论特别是辩证唯物主义和历史唯物主义,马克思列宁主义的科学文艺理论,本国文学史和世界文学史的基本知识和文学名著两个方面。学习生活实际上也就是学习社会。

茅盾十分重视对于社会的学习。他认为,要学好社会,首先应该确定正确的目的。他反对那种"多见些各色人等的生活习惯,多记几个各色人等惯用的口头语"的只见皮毛的"深入生活";反对自己心里先已有了从书本中得来的若干概念,再去生活中寻找对证的"深入生

---

① 茅盾:《关于创作和评论问题》,《茅盾全集》第 27 卷,人民文学出版社,1996 年,第 17 页。
② 茅盾:《论加强批评工作》,《茅盾全集》第 21 卷,人民文学出版社,1991 年,第 435 页。
③ 茅盾:《文学批评的效力》,《茅盾全集》第 18 卷,人民文学出版社,1989 年,第 125 页。
④ 茅盾:《新的现实与新的任务》,《茅盾全集》第 24 卷,人民文学出版社,1996 年,第 282 页。

活";反对将思想与生活分开,有了思想再找生活的"深入生活"。① 茅盾认为,"我们向生活学习,便是要理解生活;理解生活又可以归纳为理解人与人的关系,人与历史的关系,生活环境对人的影响及人怎样改造生活这四方面。"② 由此可以看出,向生活学习,就是理解人与社会。在此基础上,茅盾进一步提出了"生活的三度"的主张。所谓"三度",就是生活的广度、深度与密度。所谓广度就是扩大生活的范围;所谓深度就是生活在人民中间,"突入生活对象的核心",了解他们,积累起丰富的生活经验;所谓密度有两个方面的意思,"在己就是事事认真,对一切兴趣浓厚,对人则是体贴,全心灵和人民拥抱"。茅盾认为,只有达到了这"三度",学习生活才会有结果。但在这三度中,他最重视的则是"密度"。他认为,没有"事事认真,兴味浓厚的生活态度,则见的世面越大越多,阅历愈深,他愈容易走到玩世、消极、圆滑、麻木的一路。这样说来,密度又是深度广度的基础"。茅盾认为,"一个生活有密度的人,也许他见的世面亦不怎样多,也许经历的世故亦不怎么深,然而无碍于他的生活之密度。……自然,见世面大(广度),阅世深(深度),能够增加一个人对于别人的体贴,——愈近人情(密度),但是密度之初不有待于广度深度而始得,也是无可怀疑的事。"而且,生活的广度与深度都有赖于一定的客观条件,不是一个人的"主观愿望所能如意获得"的。而"生活的密度"则是通过主观可以达到的。茅盾强调生活的密度,实际上也就是强调批评家的主观因素,只有先解决了批评家的主观因素,深入生活的广度与深度才有可能,也才有意义。不过,茅盾并不认为"密度"能够代替批评家的思想的进步。他指出,"作家也和一般人一样,如果思想上先没有基础,那么,即使刻意追求生活的广、深、密,也不会得到真正的能见其大、能知其深、真正和人民的脉搏一齐跳动。"③ 茅盾这里讲的思想是指进步的思想,也就是马克思主义世界

---

① 茅盾:《论所谓"生活的三度"》,《茅盾文艺杂论集》下集,上海文艺出版社,1981年,第984—985页。
② 茅盾:《认识与学习》,《茅盾文艺杂论集》下集,上海文艺出版社,1981年,第979页。
③ 茅盾:《论生活的'三度'》,《茅盾文艺杂论集》下集,上海文艺出版社,1981年,第986页,987页,988页,989页。

观,辩证唯物主义和历史唯物主义。而这些思想是不能仅凭对生活的热情而自动获得的,它需要学习。因此茅盾强调:"认识与学习是有连带的作用,不先有认识,则学习不免盲目,暗中搜索,所得或竟一无价值。但学习是可使认识更加深刻和具体,故认识而后倘不继之以学习,则认识不全。向生活学习是如此,向名著学习也是如此。"①这里的学习是指向生活学习,认识则是指通过学习马克思主义而对生活的理性的把握。两者之间是互相促进的关系。其中认识是主导,学习是基础,认识能够使对生活的学习更加的透彻和深刻,而学习生活又能使抽象的理论变成具体的有血有肉的思想,获得感性的内容和不断发展的活力,使之避免成为僵死的教条。

此外,茅盾还认为,文学批评家应该有自己的风格与品德。他提出了四点:一是要倾听群众的意见,但要保持自己的判断,"不要受群众一时热情的影响";二是要有新的见解,不能别人说什么自己也说什么;三是要做发掘工作,善于发现新作家、新作品;四是"要顶得住",敢于坚持自己的见解。②

五 茅盾的地位与影响

在茅盾的一生中,党曾对他做过两次总结性的评价。

一次是1945年,党组织重庆文艺界为他举行的庆祝其创作活动25周年和50寿辰的活动中。在为庆祝会配发的文章中,王若飞称茅盾为"中国文化界的一位巨人,中国民族与中国人民最优秀的知识分子,在中国文坛上活跃了将近廿五年的开拓者和领导者"。"茅盾先生为中国的新文艺探索出一条现实主义的道路。"他的文艺事业"是和中国人民大众的解放事业紧相联系的","他所走的方向,为中国民族解

---

① 茅盾:《认识与学习》,《茅盾文艺杂论集》下集,上海文艺出版社,1981年,第979页。
② 茅盾:《关于创作和评论问题》,《茅盾全集》第27卷,人民文学出版社,1996年,第19页。

放与中国人民大众解放服务的方向,是一切中国优秀的知识分子应走的方向。"当时的《新华日报》社论则称茅盾是新文艺运动中"一位弥久弥坚,永远年青,永远前进的主将",是"我们新文艺运动的"一面"光辉的旗帜"。①

另一次则是在茅盾的追悼会上,胡耀邦代表党中央致的悼词。悼词中说:

"沈雁冰同志是国内外享有崇高声望的革命作家、文化活动家和社会活动家。他同鲁迅、郭沫若一起,为我国革命文艺和文化活动奠定了基础。从一九一六年开始从事文学活动以来,在漫长的六十余年中,他始终不懈地以满腔热情歌颂人民、歌颂革命、鞭挞中国黑暗势力,创作了《子夜》、《蚀》、《虹》、《春蚕》、《林家铺子》、《霜叶红似二月花》、《清明前后》等大量杰出的文学作品。这些作品刻画了中国民主革命的艰苦历程,绘制了规模宏大的历史画卷,为我国文学宝库创造了珍贵的财富,提高了现实主义文学创作的水平,在文学史上留下了不可磨灭的功绩。他的许多作品被翻译为多种外文,在各国读者中广泛传播。他还撰写了大量文艺论著,翻译介绍了许多外国作家的作品。新中国成立后,他长期从事文化事业和文学艺术的组织领导工作,写了大量的文学评论,特别是一贯以极大的精力帮助青年文学工作者的成长,为社会主义文化事业做出了重大的贡献。""我们要学习沈雁冰同志一生坚持真理和进步,追求共产主义,刻苦致力于文学艺术的钻研和创造,密切联系群众和爱护青年,坚决拥护党的领导的高贵品质。他的大量劳动成果,曾经帮助促进了一代又一代青年思想感情革命化;而今以后,他的作品的强大的艺术生命力,还将长久地教育和鼓舞我国青年,为伟大的社会主义事业而战斗,并将促使社会主义文艺的新人不断涌现。"②

---

① 转引自丁尔纲《茅盾评传》,重庆出版社,1998年,第541页。
② 胡耀邦:《在沈雁冰同志追悼大会上的悼词》,《忆茅公》,文化艺术出版社,1982年,第1—4页。

两次评价对茅盾的一生和他的地位与影响做了中肯的概括。

茅盾的地位与影响可以从如下几个方面探讨：

第一，他写作了大量杰出的文学作品，将我国20世纪现实主义文学提到一个新的高度，在我国文学史上留下了一笔宝贵的财富。

第二，他的文艺理论与批评活动，对于促进中国文学的健康发展与中国马克思主义文艺理论的建设，起到了健康的向上的促进与推动作用。

第三，他在外国文学翻译与研究方面作出了较大的贡献，对于加强中国人民对外国文学和文化的了解，加强中外文学与文化交流，起到了良好的作用。

第四，他长期活跃在文艺领域，并长期为国内文艺界的领头人之一，在文艺活动的领导与组织、文艺创作的引导、创作倾向的提倡、文艺新人的培养等方面都作出了自己贡献。

在茅盾的一生中，革命与文艺是紧密结合在一起的，他的文学创作与文学批评大都是当时现实的及时反映。这形成了他的文学活动的基本特点。这种特点一方面形成了他的创作思想性与现实性，另一方面由于没有拉开距离，也在某些作品中造成了挖掘的不够深入，政治性过于突出的情况。当然这不一定是不足，但如能在后一方面有所注意，可能要更好一些。茅盾一生的另一特点是早期主要从事文学批评，中期文学创作与文学批评并举，晚期主要从事文学批评与文艺界的领导工作。这在一定程度上分散了他的精力，特别是建国以后，文艺界的领导工作耗费了他的大量时间，致使他未能写出更多的文学作品。这固然是工作的需要，但对于一个杰出的作家，对于民族的文艺事业来说，未免不是一个损失。这种情况，是值得我们反思的。

第五章 蔡仪的认识论文艺思想

蔡仪(1906—1992)是我国著名的马克思主义美学家、文艺理论家。长期以来,他始终坚持不懈地以马克思的辩证唯物主义认识论为理论根据,结合广泛的文艺和美学实际,构建了自己独特鲜明的文艺美学体系。蔡仪著作颇丰,先后出版了《新艺术论》、《新美学》以及《唯心主义美学批判集》、《论现实主义问题》、《美学讲演集》等十多种专著,还主编了高校文科教材《文学概论》、《美学原理》以及《美学论丛》等刊物,这些著述和刊物在学术界、教育界皆产生了广泛深远的影响。

蔡仪早年在日本求学时期受到马克思主义思想熏染后,文艺理论思想有了根本地提高和转变,我们这里拟根据蔡仪接受马克思主义影响的程度将其文艺思想分为"接受马克思主义之前的文艺思想"、"发展时期的文艺思想"和"成熟时期的文艺思想"三个阶段,针对他每一阶段的主要观点进行剖析与总结。

一 接受马克思主义之前的文艺创作思想。

1906年6月2日,蔡仪出生于湖南攸县泸田乡桥头屋,依照排行,取名为寿生。1932年他在《东方杂志》发表小说《先知》时用"蔡仪"为笔名,遂以此为名。1920年蔡仪进入当地最高学府攸县第一高等学校就读。1925年,蔡仪考取了北京大学的预科,就读期间受到在任教师周作人和张凤举的影响;鲁迅的小说也给他极大的震动,引发了他写新小说、新诗的热情,开始热爱新文学。同时在共青团的负责人何允汉的影响下,蔡仪初步接受了进步的政治思想,并于1926年冬加入了共青团组织。1929年蔡仪东渡日本,考入了九州帝大日本文学系。留学期间他开始从事新文学的创作,相继发表了一组现代新诗,总称《杜鹃草》,还有小说《先知》、《重阳节》,且在《沉钟》上发表了《绿翘之死》、《旅人芭蕉》。蔡仪对这一段时期的文学创作长久以来未曾多提,也未专门撰文谈自己的文艺思想,这方面的文献资料比较少,但我们仍然可以从他的早期文学创作中约略看出他对写作的探索,对各种写作风格的尝试以及总体的写作倾向。

1. 浪漫主义倾向的理想追求

蔡仪在1931年发表了诗歌总集《杜鹃草》,大多是"没有恋爱的爱情诗","多少沾染了二三十年代柏拉图式理想主义爱情色彩",但仍然可以看到一个有激情、有梦想的青年形象。他在新诗《春光》中这样写道:

> 我千万遍思量这问题,
> 仍猜不透伊在何处。
> 算是伊住江南,
> 天际茫茫,一片云雾;
> 想随着去了江南,
> 萋萋芳草,迷迷行路……

"这样迷离恍惚,缠绵悱恻,与其说是倾诉着苦恋的心曲,追逐着恋情的幻影"①,还不如说是对前途的探索、对光明的渴望。

2. 现实主义倾向的创作原则

蔡仪谈到自己早期的创作时,这样说道:

> 最初写的那几篇,一则是一点农村生活的经验,再则也有些模仿,如果一直写下去,我的生活面窄,不能深入生活,不能有重大题材,是不可能写出成功的作品,所以我还是从理论上找出路好。

---

① 乔象钟:《蔡仪传》,文化艺术出版社,2002年,第27页。

自然,有些作家尽管生活面也窄,可是他们喜欢表述自己,也善于表述自己,或者叫解剖自己,而我从来不喜欢这样做,而且对有些人的这样做也不感兴趣,这种性格也限定了我不能走创作的道路。①

蔡仪对自己的性格把握得很到位,同时也提出了在文学创作中的不同的创作原则,一方面可以向外取材现实的经验生活,进行一定的模仿和加工;另一方面也可以向内挖掘自己的精神世界,"表述自己"或"解剖自己"。蔡仪虽然也颇具浪漫情怀和理想气质,但在鲁迅精神的感召之下,并结合自己的写作习惯和倾向还是选择了现实主义的创作原则,如《可怜的哥哥》、《重阳节》、《混合物的写生》基本上都是取材于他的生活圈。从他早期的创作中我们可以基本把握蔡仪的现实主义取向,这种坚持现实主义的精神一直贯穿于他的理论探索与建设中。

二 发展时期的文艺思想

1929年至1937年在日本留学期间,蔡仪集中学习了哲学、文艺理论等课程,广泛接触了社会科学和文艺著作。他通过当时日本的左翼文化运动和唯物论研究会的刊物接触到了马克思主义理论,如饥似渴地研读了马克思、恩格斯、列宁的哲学和有关文艺问题的著作。蔡仪在1981年所写的《自述》中,曾这样来描绘当时的激动心情:"一九三三年第一次出版日译的马克思、恩格斯关于文学艺术的文献,其中提倡的现实主义与典型的理论原则,使我在文艺理论的迷离摸索中看到了一线光明,也就是这一线光明指引我长期奔向前进的道路。"②这"一线光明"一直烛照着他的学术生涯,为他的文艺理论研究之路奠定了坚实的思想和理论基础。

1942年《新艺术论》出版,他最初撰写的意图是试图以自己在留学

---

① 乔象钟:《蔡仪传》,文化艺术出版社,2002年,第39页。
② 蔡仪:《美学论著初编》(上),上海文艺出版社,1982年,第4页。

日本期间所学得的马克思主义哲学基本原理,来阐发恩格斯现实主义理论中的一些美学问题,并对马克思主义艺术理论作一次系统的知识整理。

从1929年到1947年《新美学》完成这段时期我们可以把它看做是蔡仪文艺思想的发展期,他完成了从文艺创作到理论研究的转型,并通过对马恩哲学思想的思考和消化,尝试用新的观点即马克思主义观点来阐述艺术及美学问题。尽管有些地方稍显生硬,但却在现代文艺理论研究史上有着标志性的地位

我们试从以下几个方面来厘清马恩哲学对蔡仪这个阶段文艺理论研究的影响。

1. 唯物主义认识论的理论基础

蔡仪在发展时期的主要理论著作是《新艺术论》和《新美学》,两者都冠以"新"字,不言而喻地表明了贯串这两本书的指导思想是与数十年,甚至数百年来所流行的旧的艺术理论、旧的美学观点(唯心主义的,乃至朴素唯物主义的、形而上学唯物主义的)截然不同的"新的观点",即辩证唯物主义观点,这种"新的研究方法"即马克思主义的方法。

针对传统的唯心主义以及旧唯物主义艺术理论中存在的不少谬误和片面性,蔡仪全面考察了艺术的整体、艺术创作的全过程,提出了"艺术是作者对现实的认识"、"认识是客观现实的反映"、"艺术是一种认识的表现"等观点,把艺术表现置于认识论的坚实基础上,全面地把握了认识与表现的辩证关系,已可以看出蔡仪以唯物主义认识论为理论基础的大胆尝试。而在建构新美学体系的过程中,蔡仪已经夯实了唯物主义认识论的理论基础。

蔡仪提出美学也就是哲学的基本问题,要把握住唯物主义与唯心主义相对立的基本线索。他认为,研究美论、美感论都要有哲学基础,而要研究马克思主义美学理论,就要以马克思主义认识论作为它的哲学基础并汲取马恩的文艺美学思想的营养。在此基础上建立起来的唯

物主义的美学体系不能求诸现实世界之外的绝对理念,也不能从人心中去寻找。

> 我认为美在于客观的现实事物,现实事物的美是美感的根源,也是艺术美的根源,因此正确的美学的途径是由现实事物去考察美,去把握美的本质。①

"从现实中去把握美的本质"使得"历来存在着的由客观事物还是由主观精神去把握美的本质的分歧"不辩自明,蔡仪提出了探索美的本质的途径。

在新美学体系中,蔡仪翔实地论证了美、美感、美的创造与认识的关系,从这一方法论原理出发,指出美学研究客观现实的美,要根据人们对客观现实的美的认识及美的事物能给予人们美的感受和感动,也就是要通过认识的关系。如果认识论问题不能恰当地解决,那么美感论和艺术论也难得到圆满的解决。所以,现实美论、美感论和艺术论都须有认识论的基础。他用唯物主义的认识反映论来代替原来的主观或客观的观念论,并在这个逻辑基点上阐发他的一系列文艺思想。他认为反映论是唯一能够引导人们认识客观真理的正确的理论。他的基本理论要点是:美的根源在于客观现实。现实的美是美感的根源,也是艺术美的根源。由客观现实去把握美的本质,是唯一的正确的途径。美是客观真理、客观规律的本质的显现。美在于典型。美的规律即是关于典型的规律。美的认识是对于客观的美的反映。

毋庸置疑,马克思主义哲学和文艺理论开拓了蔡仪文艺美学研究的思路和视野,成为蔡仪进行学术研究首选的方法论工具,他不断尝试用新的世界观和方法论来考察研究纷繁复杂的文艺现象,以马克思主义思想、唯物主义原则来进一步考察美学的基本问题,并全面阐释文艺美学问题,来充实、推进和发展马克思主义的美学科学。

蔡仪的文艺美学思想可以概括为:以唯物主义认识论作为哲学基础和理论原则,阐述艺术是现实生活的反映或认识,而其特性,则是形

---

① 蔡仪:《美学论著初编》(上),上海文艺出版社,1982年,第197页。

象的反映或认识;艺术的最高成就在于真实地反映现实,要达到现象的真实和本质的真实,个别性的真实和普遍性的真实,要用个别性反映普遍性,也即创造艺术典型。

2. 典型说

蔡仪为人们熟知的"美是典型"的论点最早出现在《新艺术论》(1942)中,在对待美学的根本问题上,他既没有沿袭旧说,也没有满足于弥补旧说的缺陷,而是进行新的探索,形成了自己独特的思想体系和理论特色。

早在30年代初,蔡仪就非常注意恩格斯提倡的现实主义与典型的理论原则,《新艺术论》的写作是他在学习了恩格斯的现实主义文艺要创造典型环境中的典型人物的美学观点后,结合自己对文艺现象、社会现象、自然现象的反复观察和研究的结果。经过认真分析、纵横比较和细致论证,他提出:"艺术的美就在于艺术的典型,艺术的典型形象就是美的形象。"[1]"美的就是典型的,典型的就是美的。"[2]简单地说,美即典型。《新美学》则从多方面阐释了这一观点。典型说包含以下几个层面的蕴涵:

(1)"美的东西就是典型的东西,就是个别之中显现着一般的东西;美的本质就是事物的典型性,就是个别之中显现着种类的一般。"[3]这是典型说的核心论断。

(2)关于事物的普遍性与特殊性在美中的关系。蔡仪认为"美的事物不仅是个别的东西和种类的东西的统一,而且是个别的东西显现着种类的东西。""它的个别的属性条件是以种类的属性条件为基础的,是决定于种类的属性条件的,于是个别的属性条件和种类的属性条件一致而毫无矛盾。"[4]有人说"个别之中显现着一般"的东西不一定是

---

[1] 蔡仪:《美学论著初编》(上),上海文艺出版社,1982年,第169页。
[2] 同上书,第169页。
[3] 同上书,第238页。
[4] 同上书,第247页。

美的,蔡仪认为这个命题只是对一切事物一个广泛的规定,"并不能就是对于典型的规定,所谓典型是个别里显现着一般,其意义尚不仅是个别中有一般,个别与一般的统一。因此,普通所谓典型是个别的东西与一般的东西统一这个对典型的规定是不完全的。"①因为客观事物是复杂的,它呈现出多种形态,有些事物个别的东西是优越的、突出的,另一些事物则一般的东西是优越的、突出的。前者虽也体现着个别与一般的统一,但不能构成典型,因而不够美甚至不美。只有后者,才能称之为典型,才是美的。由此可见,在个别与一般相统一的事物里,"只有那种一般的东西较之个别的东西是优越的、突出的客观事物,即个别中显著地表现着一般的客观事物"才是"现实的典型",②才有美。那种"个别的东西是突出的客观现实事物,即使那许多所谓个别之中有一般的普遍的客观现实事物,虽也是个别的东西与一般的东西统一,但不是典型。"只有"一般的东西是突出的客观现实事物",才称之为典型。在艺术典型中,"一般的东西是中心的、基础的,而个别的东西是从属的、附庸的"。③ 由此可以看出蔡仪十分强调典型的普遍性。

蔡仪认为,所谓典型又不完全同于类型,也不单指种类性,它还要有特殊的个别性才能充分地表现它的普遍性。所以,既不能认为,凡自然界的事物,一切种类既有个体就有特异的个别性,也不能认为一切种类的事物都一定有典型;同一种类的个体事物,只能按照它的自然而又必然的种类性所规定的那样生活着。蔡仪辩证地注解了普遍性和个别性之间的关系。在艺术对现实的反映中,"艺术的典型是个别里显现着一般,即个别与一般的统一,不是以个别的东西为基础的统一,而是以一般的东西为基础的统一"④。

(3) 典型的分类。艺术典型要通过艺术概括的途径,使客观现实事物所表现的特征具体化、个别化。"现实的典型事物可以成为它最

---

① 蔡仪:《美学论著初编》(上),上海文艺出版社,1982年,第97页。
② 同上书,第98页。
③ 同上书,第103页。
④ 同上书,第97页。

大的、有力的根据"①。在这里,蔡仪区分了现实的典型和艺术的典型。他认为,艺术是对现实从现象到本质的一种认识。虽然现实中是有典型性的,但"现实现象的典型性往往是贫弱的、不充实的,而艺术却是要把它们加工而典型化,所以更扼要地说,艺术就是现实的典型化。"②艺术典型来源于现实的典型,但"不是现实的典型的再现,而是客观现实事物的一般性的扩大、加深、中心化",艺术的典型较之现实的典型是"更高级些、更完整些,或者说更典型些"。

蔡仪根据客观现实事物本身的关联范围把艺术典型分为高级典型和低级典型。他认为,"艺术的典型既是以个别显现一般,原是一个里面可以体现许多,一件事或一个人可以代表许多同类的事或同一群体的人"③。也就是说在"个别显现一般"之中,"个别"总是要体现许多同类的人和事,而低级典型相较之下则为之逊色,则只能代表较少的事或人。凡属高级的典型,一定是集中地体现了美的本质;凡属低级的典型,一定是浅层次地体现了美的本质或者说少美、不美,甚至是丑的。

蔡仪由客观现实的对立关系又将艺术的典型分为正典型和负典型。正的典型就是"根据现实中的正的部分产生的",代表现实中的进步的、积极的、正的部分;负的典型是"根据现实中的负的部分产生的",代表现实中的退步的、消极的、负的部分。他认为正负典型从艺术的角度来看是无高下之别的,只要所认识的是客观现实的本质真理,不管它原来的意义是正是负,都是艺术。

蔡仪自己认为美即典型的论点严格地讲是提出一种假说,但从唯物主义美学发展的历程来看,他的典型理论立足于现实,是以客观现实事物的典型性为基础。他把唯物主义贯彻到美论、美感论和艺术论中,形成了一个具有鲜明特色的有机统一、逻辑严密的体系,较好地继承且发展了唯物主义美学。但他在论证的过程中只是用一般的哲学范畴取

---

① 蔡仪:《美学论著初编》(上),上海文艺出版社,1982年,第102页。
② 同上书,第8页。
③ 同上书,第104页。

代文艺作品中的典型论,没有进入美学的层面来剖析美的本质,如典型美论难以回避典型之丑这个棘手的问题。他捕捉到了典型是个别与一般的统一,但却忽略了任何事物都是个别与一般的统一。这是蔡仪的典型论的理论弱点之所在。

3. 悲剧理论

在中国近现代悲剧理论发展过程中也有很多人从马克思主义美学思想的立场上来阐述悲剧观念,大部分美学家将优美与崇高、悲剧与喜剧理解为美的范畴,而蔡仪却将它们理解为美感的种类,在中国现代美学领域第一次将"美"与"美感"严格区分开来,他将美感的根源确定为现实事物的美,这种研究坚持了唯物主义的本体论,对"美即美感"的流行见解给予了批判与清理。

蔡仪把美感形式划分为四种类型:雄伟和悲剧,秀婉和笑剧。他把悲喜剧分别称为雄伟与秀婉,其决定标准是主观的。他认为,美感伴随有两类精神反应:逆受与顺受,前者是体验矛盾,产生雄伟感;后者体验调和,产生秀婉感。进而提出现实感多秀婉,艺术感多雄伟;雄伟感以上为悲剧,秀婉感以下为笑剧等。

他着重就悲剧的内涵进行深入挖掘,提出悲剧"是表现社会的必然和必然的冲突的美"①,也就是说,悲剧是表现社会矛盾的本质的。他解释说,冲突的社会事物,在它们冲突的发展过程上,是必然的、不可避免的。因为这是两种相反的社会力量的冲突:一方是正的力,另一方是负的力。而冲突的消解,或者是构成冲突的这两种相反的社会的力的一齐灭亡,或者只是正的社会的力的灭亡。他认为,负的社会的力的胜利,有它的存在的必然性;而正的社会力的灭亡,则是由于它的前途是必然的。他着重指出:"正的社会的力的必然性,在当前尚小于负的社会的力的必然性,所以它不免于灭亡。但它的前途是必然的,人们对

---

① 蔡仪:《美学论著初编》(下),上海文艺出版社,1982年,第406页。

它的必然的前途的期望,随它的灭亡而受挫折,所以是可悲的。"①

蔡仪对于悲剧的理解,在一定程度上与马克思主义的悲剧观念相一致。马克思、恩格斯揭示了悲剧冲突的实质,指出悲剧冲突根源在于两种社会阶级力量、两种历史趋势的尖锐矛盾,以及这一矛盾在一定历史阶段上的不可解决,因而必然性地导致其代表人物的失败与灭亡。在马克思主义悲剧观念的启示下,蔡仪提出在悲剧中"正的社会的力的灭亡"和"负的社会的力的胜利"的"必然性"的观点,对悲剧本质和冲突进行了新的诠释。

蔡仪的悲剧观在一定程度上发挥了马克思主义的悲剧理论,并拓展了现代悲剧观念乃至中国现代文艺美学思想的理论视野与研究天地。但是由于时代背景和对马克思主义美学的理解上的简单化、片面化等原因,他的悲剧观过分强调和夸大社会的影响力,而存在着忽视悲剧人物的主体作用等局限性。

4. 喜剧理论

蔡仪的喜剧理论强调了客观对象的首要作用,在喜剧艺术本质的分析中凸出了社会冲突的实质,他把喜剧美的根源同客观现实紧密联系在一起,部分扭转了以前重在主观心理上探讨喜剧问题的美学取向。

在《新美学·艺术的种类论》中,蔡仪从"戏剧是以表现冲突的综合美为主"的艺术这一西方近代戏剧学的中心命题出发,把悲剧和喜剧界定为戏剧中的两种基本类型。喜剧是"反映社会偶然的冲突的"②,也就是说,客观的社会现实中存在着偶然性的冲突,反映到戏剧艺术中就成了喜剧,这种社会现实中存在着的偶然的冲突包括二种性质不同的情况:一种是偶然与偶然的冲突,一种是偶然与必然的冲突。喜剧根据其所反映的这种情况的不同,分为滑稽剧或者笑剧和大团圆的喜剧。我们从必然和偶然这两个哲学范畴来理解:必然从客观上说

---

① 蔡仪:《美学论著初编》(上),上海文艺出版社,1982年,第406页。
② 同上书,第406页。

就是"一般的规律,或是一般常规;从主观上说,则是对这种规律或常规的认识,也就是一般人头脑中的常情和常理。而偶然从客观上说就是和一般的规律不能一致或是和一般常规不一致。"① 换句话说,就是反常,反映到主观精神上就是出乎一般人意外。这样,在滑稽剧或者笑剧中,由于冲突是偶然发生的,它本身势必是无力的,因此易于解消,常不致给予事物以损害,于是我们对于它是无期望的、不关心的,它既然不能给予我们强大的刺激,完全占据我们的全意识,我们对它有批判的余裕,以至发生滑稽感,最后产生原来如此和不过如此的双重感觉。在大团圆的喜剧中,由于偶然的无力和必然的有力,冲突的消解和常规的恢复同样也并不困难,偶然对于必然也不可能造成彻底的损害。这种冲突由于包含了偶然的一面,故其发展也自然含有出人意料的因素,但因为其中同时包含了必然的另一面,因此人们对冲突本身是关心的,必然的最后胜利符合人们的意愿。因此,在滑稽剧或笑剧中,以滑稽感为主,核心是对冲突的批判;在大团圆的喜剧中,则以满足感为主,核心是一种由衷的喜悦,是人们"对于偶然的克服、必然的恢复的期待之满足,换句话说,在必然对偶然的克服而使冲突消解时,则是适于主观精神的,于是给予我们喜悦"②。

蔡仪所进行的喜剧分类研究,其理论的基本出发点是喜剧是社会冲突的反映,而这一点也是马克思主义喜剧观的基础命题。马克思把这种社会冲突理解为社会更迭过程中的新旧冲突,并且由此将喜剧看做是社会发展中的一个必然阶段,在这一历史阶段中,人们笑着"把陈旧的生活形式送进坟墓",然后"愉快地和自己的过去诀别"。蔡仪的观点最接近马克思这一经典性结论,他认为喜剧中含有大量的偶然因素,喜剧中常包含那种令人产生意外之感的乖讹现象,喜剧冲突易于消解并且不会造成重大的伤害,喜剧常常伴随着滑稽之感,并且通常有大团圆的结局。蔡仪将喜剧同社会性冲突联系起来,并且把偶然和必然的范畴引进中国现代的喜剧美学在当前的美学研究领域仍是富于新意的。

---

① 蔡仪:《美学论著初编》(上),上海文艺出版社,1982 年,第 410 页。
② 同上书,第 411 页。

三 成熟时期的文艺思想

解放前后(1948—1953),蔡仪无论在华北大学、中央美术学院、中国社会科学院文学研究所任教或任职,都能积极地将他逐渐成熟的马克思主义思想,有效地和时代相结合,贯穿到文艺理论和美学研究过程中。

解放以后他的著述有《新文学史讲话》、《唯心主义美学批判集》、《论现实主义问题》、《文学常识》、《探讨集》、《新艺术论》、《新美学》。《论现实主义问题》是"对于当时从国外到国内的怀疑或反对现实主义思潮的初步评论"。修改《新美学》仍然是他最重要的工作。他发现原书未提到现代资产阶级美学,更没有提到一系列的虽然使用马克思词句却仍然是纯粹资产阶级的东西,还有修正主义的东西。他的修改方案是把原书中的美论、美感论及其种类论尽可能简化,重点论艺术,艺术的典型和美,把《新艺术论》中的有些部分和《论现实主义问题》的有些部分融会贯通起来,使之面目一新。

晚年的蔡仪仍以旺盛的激情投入到工作中去,笔耕不辍。1976年,蔡仪重点研究车尔尼雪夫斯基;1977年就毛主席提出的有关"形象思维"的问题写了一篇文章《诗的比、兴和形象思维的逻辑特性》,提出了"形象思维"的理论观点;1978年他写了《关于形象思维的逻辑特征》以及《〈经济学·哲学手稿〉初探》,还组织修改《文学概论》,并筹建了《美学论丛》,针对当时歪曲、篡改马克思经典文献的不良风气,提出宗旨是"准确全面地阐述有关的理论遗产"、"坚持实事求是的科学态度"、"明辨是非的思想原则",希图为马克思主义、为革命"贡献一点微薄力量";1980年12月完成了《美学原理》提纲;1982年他筹建《美学评林》,普及性地宣传、介绍马克思主义美学思想,并针对美学理论、研究现状,以及文学创作和艺术实践中出现的新问题和美学倾向,进行实事求是的探讨和批评;1983年,《美学论著初编》出版;1984年,出了一套丛书《美学丛书》,并完成了《美学原理》,其中《美学原理》被教育委员会批准为美学教材;1988年,蔡仪被选定为《中国抗日战争时期大后方文学书系·文艺理论篇》的主编;1991年,还准备和美学同仁合写一部《马克思主义美学思想史》。

正如他自己在1960年年终总结时写道:"马克思主义美学的研究,是自己毕生的任务。"从他后期对《新美学》自觉的修改以及文艺理论研究中都可以感受到蔡仪的这种一以贯之的坚定的马克思主义精神。

我们主要从现实主义理论和马克思主义美学思想这两个方面展开评述。

1. 现实主义理论

1957年1月,蔡仪撰写了《论现实主义问题》,阐述了现实主义的基本原则,认为"真实地描写现实,就是现实主义的根本精神或基本原则"。针对1954年以来我国文艺理论界普遍认为"现实主义是一种客观法则,不受人们意识影响"的说法,他又写了《再论现实主义》一文,发挥了《新艺术论》中的观点,指出现实主义有客观法则的根源,但不是客观法则,而是一种创作方法,一种欣赏或批评的方法,一种文艺思想,一种对现实生活的看法在文艺方面的表现。

现实主义是蔡仪一直力主倡导的理论,他在《新艺术论》第一章序中就明确指出:"艺术是通过作者的意识而反映的现实的现象以至本质,不是单纯的现实的现象,换句话说,是作者对于现实的由现象到本质的一种认识和表现。"[①]艺术反映现实但不是简单地再现现实,而是"典型化"的反映现实生活的本质和具有本质意义的现象。艺术作为一种认识,其间隐藏着改造现实的契机——艺术把晦暗不明的现实的本质显露给大家看,而且使其一致。

蔡仪对现实的认识是合乎辩证唯物主义认识论的原则的,他并没有把现实当做是静止的东西来看,"而要将它当做变化的东西来看,因此既要看到外表的现象,更要看到内在的本质,既要看到没落

[①] 蔡仪:《美学论著初编》(上),上海文艺出版社,1982年,第7—8页。

的一面,更要看到新生的一面"①。而艺术的任务就是"要创造典型,是要由某一类客观现实概括其本质的特征的东西,并将它综合而具体化,使成为一个能够代表这一类现实事物的典型","要真实地表现典型环境中的典型人物。"这种创作方法即现实主义的创作方法。②在这里,蔡仪对自然主义和 19 世纪的批判现实主义进行比较分析,提出了他所说的现实主义的艺术,"一方面是以客观现实为依据而概括其中某一种类的本质的特征,不是单纯的个别的东西的再现;另一方面是将这些特征综合而具象化为个别的形象——典型,不是空洞的、公式的东西"③。

蔡仪的现实主义观点是从恩格斯的观点阐发而来,恩格斯认为"现实主义是除了细节的真实之外,还要真实地再现典型环境中的典型性格"④。蔡仪认为这主要是对小说、戏剧等而言的现实主义,而不是一般的现实主义,提出现实主义的根本精神或基本原则,就是"真实地描写现实"⑤。这里所指的真实地描写现实,并不是简单地从表面现象来描写,同时也是指内在本质,即从表面现象到内在本质都是真实的,也就是"描写的一切真实性,创造艺术的典型"⑥。现实主义的描写现实的真实性,"是艺术性和真实性的有机的统一,是艺术描写的真实性,同时也是真实地描写现实的艺术性"⑦。他极为重视现实主义文学艺术中艺术典型的价值和作用,认为创造典型形象和典型性的形象是现实主义艺术的基本特点。艺术中所描写的形象,"也就是以具体感性的现象很好地表现本质,以生动鲜明的个别性充分地表现普遍性,这种艺术形象就是典型的形象"⑧。

作为创作方法,蔡仪提倡社会主义现实主义,认为社会主义现实主

---

① 蔡仪:《美学论著初编》(上),上海文艺出版社,1982 年,第 145 页。
② 同上书,第 141 页。
③ 同上书,第 145 页。
④ 蔡仪:《美学论著初编》(下),上海文艺出版社,1982 年,第 664 页。
⑤ 同上书,第 667 页。
⑥ 同上书,第 667 页。
⑦ 同上书,第 667 页。
⑧ 同上书,第 732 页。

义是现实主义发展的最高阶段,是以社会主义精神、无产阶级革命世界观为其特点的。认为其中已经合理地包含了积极浪漫主义的因素,"社会主义现实主义是根源于无产阶级的世界观,根源于辩证唯物主义的认识论"①。它"一方面要克服批判的现实主义的可能有的流弊和缺点,另一方面还间接地接受浪漫主义可能有的优点。它虽然是批判的现实主义的承继,却不是它的单纯的复归,而是它的更进一步的发展"②。这是社会主义现实主义的艺术思想的渊源。

在现实主义的相关问题上,蔡仪认为艺术属于一种"认识",是一种形象性的对现实的认识;换言之,艺术是对客观现实的反映,而艺术美就是反映现实美的结果,这是正确的。但他过分强调客观存在的美对主体的决定作用,而相对忽视了艺术家审美精神的能动性作用,这就不免在一定程度上抹煞了美的表现的独特性。实际上,艺术对现实的反映并不全是对现实的摹写或简单再现,而带有很大的创造性,甚至也可以是作家主体天马行空般想象的结晶。文学艺术作为创造主体对生活审美的反映,其内涵不仅在于"表现什么",而且在于"如何表现"。也就是说,艺术家在发现美、创造美时,题材本身不是最主要的,关键在于艺术家怎样对它进行审美处理。由于蔡仪对唯物主义的反映论作了机械化的理解,因此在创作方法上他只首肯现实主义。在他看来,只有现实主义认为艺术是一种认识,而认识又是客观现实的反映,这才和唯物论的反映说是一致的。他说,"除了现实主义之外尚有其他的创作方法,不过那些不是正确的创作方法","除了现实主义的艺术之外也有其他的艺术,不过严格地说那些作品若不是含有现实主义的要素,也难称为真正的艺术,而现实主义的艺术才是真正的艺术"。③ 非现实主义的创作方法在他看来属于理想主义的,而理想主义的基础则在于唯心论,因此必须加以批判。由此出发,他不但否定了古典主义、浪漫主义的创作方法及其文艺流派,

---

① 蔡仪:《美学论著初编》(上),上海文艺出版社,1982年,第155页。
② 同上书,第155页。
③ 同上书,第141页。

也将包括象征主义、表现主义、超现实主义等在内的所有现代主义流派一概加以否定。

蔡仪的现实主义理论是比较完整的文艺思想体系,对历史上的文艺思想、文艺理论及创作经验给予了批判地继承,并用马克思主义的文艺观点进行科学的理论概括,对当前的文艺研究和文艺创作有一定的指导意义。他的这个观点是建立在辩证唯物主义认识论的基础之上的,但是在如何达到"描写的一切真实性"即"表面现象"和"内在本质"的艺术真实上,蔡仪未能提出行之有效的措施来。他仍然是用一般的哲学理论来看待艺术的真实问题。

2. 马克思主义美学思想

蔡仪在《唯心主义美学批判集》(1958)的序言中对《新美学》进行全面彻底的自我批评与总结:认为全书表现了脱离革命实际的倾向,有些论证有形而上学的倾向,个别论点上有明显的唯心主义的形式主义的观点,这是两个主要的严重的问题。但根本观点以及关于美和美感的主要论点并不错误,"有些节太钻牛角尖",但总体来讲还是"试行用马列主义观点写的,是根据唯物主义反映论的原则立论的。"

他认为形而上学的倾向主要体现在《新美学》没有很好地结合社会实际,往往是对于旧美学所遗留的问题做了更多的考虑,把自己的思考局限于旧美学遗留的问题上,有些地方甚至犯了形而上学的错误,没有做到"在发展、变化中去考察事物",没有做到"逻辑的分析和历史的分析"相结合;有的地方"缺乏充分的事实的根据",只是抽象概念的演绎,"徒作抽象的思辨的论证"。

形式主义观点主要集中在对艺术的本质的界定上,都是"重视形式而忽视内容,并以形式的特点作为本质的特点",他认为这种形式主义的艺术观,和形而上学的思想方法有一定的关系,甚至"实际上就是资产阶级唯心主义在艺术或美学上的表现"。可以说,蔡仪对自己的美学观点的批评是深入全面、毫不留情面的,在这样的客观剖析和反思下,蔡仪再次总结了他对美的基本问题的认识。

蔡仪将他的文艺美学思想始终置于马克思主义哲学反映论的范畴之内,他在探讨美的根本问题时,首先提出的是美的存在、美的根源问题,其次是美的认识问题,二者的根本关系不能颠倒。他肯定了美的存在是第一性的,美存在于客观现实本身,这也就是承认了美的客观性。他始终如一地认为,美是客观存在,要找美必须到客观事物中去找,客观事物的美在于客观事物本身,而不在人的主观精神。他认为客观事物美的形象关系于客观事物本身的实质,而不决定于观赏者的看法。物的形象是不依赖于鉴赏者的人而存在的,物的形象的美也是不依赖于鉴赏者的人而存在的。

蔡仪的唯物主义理念必然要求他在逻辑起点上从最高概念出发。他认为:"由于唯物主义者承认物质的第一性和精神的第二性,他们必然会承认现实本身的美"[1],美的本质问题实际上也就是美是什么的问题,明确了美的客观性质也就明确了美的本质客观地存在于现实事物本身。"旧美学的缺点和错误,根本就在于没有正确理解美的本质或美的法则,而这正是要作新的探索的。"[2]蔡仪认为:"美学研究的途径是和如何解决美学的基本问题密切相关的,从根本上说是由后者所决定的。"[3]这样,他坚持"美学研究的正确方法应该是首先由现实事物去考察美,从把握现实美的本质入手来探讨美感和艺术美的本质以及它们三者之间的关系,并进而研究美学的其它问题"[4]。因此,蔡仪首先从现实美出发对美进行界定,然后再分析社会美和艺术美,始终坚持"美是客观的、自然美在于自然物本身和美是典型"[5]的基本论点。我们从以下几个主要观点来阐述蔡仪后期的马克思主义美学思想。

(1) 美的本质即美的规律

这个观点来源于蔡仪对马克思《1844 年经济学—哲学手稿》中一段话的研究体会:

---

[1] 蔡仪:《美学原理》,湖南人民出版社,1985 年,第 20 页。
[2] 蔡仪:《美学论著初编》(上),上海文艺出版社,1982 年,第 10 页。
[3] 蔡仪:《美学原理》,湖南人民出版社,1985 年,第 7 页。
[4] 同上书,第 8 页。
[5] 蔡仪:《美学论著初编》(下),上海文艺出版社,1982 年,第 470 页。

> 动物只是按照它所属的那个种的尺度和需要来建造,而人却懂得按照任何一个种的尺度来进行生产,并且懂得怎样处处都把内在的尺度运用到对象上去;因此,人也按照美的规律来建造。

蔡仪认为马克思这一段涉及美的言论是马克思美学思想的根本论点,它的重要意义在于揭示了美的本质就是美的规律,从而为解决全部美学问题打开了大门。他认为:

> 所谓美的规律应该怎样的理解呢?一般所说的事物的规律不外是指属于该事物的规律。这所谓的事物是实际的、具体的事物。而所谓规律则是该事物的现象间或属性条件间的本质的必然的关系。如经济的规律是属于经济现象的,或植物生长的规律是属于植物生长现象的。但是我们这里所说的美的规律却有不同。美不是具体的、实际的。固然客观上有美的事物,而美的规律和美的事物的关系,应该说,美的规律是规定这事物的所以美的。①

蔡仪指出了美的规律不同于其他事物和现象的规律。其他事物、现象的规律就属于该具体的事物、现象,如经济的规律是属于经济现象的,或植物生长的规律是属于植物生长现象的,而美的规律却不同,因为"美不是具体的、实际的",所以美的规律不能属于美的具体事物、现象,而只能属于"抽象的、非实际"的"美"。这样一种凌驾于具体之上又要规定具体的"规律"具有什么样的性质呢?美的规律又如何和美的事物、美的现象统一起来?还需进一步具体论证。但我们还是可以看到蔡仪要坚持唯物主义的动机,在他的具体论证中并没有离开客观现实。

在对"美的规律"作了初步诠释之后,蔡仪得出了美的规律就是美的本质的结论:

> 原来美的规律的所以说是美的规律。首先就有这样的意义;任何事物,无论是自然界事物或社会事物,也无论是人所创造的艺术品,凡是符合美的规律的东西就是美的事物。反之,如果是不符合于美的规律的东西,就不是美的事物。或者换过来说,凡是美的

---

① 蔡仪:《美学论著初编》(下),上海文艺出版社,1982年,第966页。

事物就是符合美的规律的,而不美的事物就是不符合于美的规律的。那也就是说,事物的美不美,都决定于它是否符合于美的规律,那么美的规律就是美的事物的本质,或者说是美的事物的所以美的本质。这是美的规律这个论点的应有的基本意义之一,这是我们应该理解的第一点。

其次,既然美的规律就是事物的所以美的本质,即可以说,事物的美就是由于它具有这种规律,而事物的不美就是由于它不具有这种规律。从这样的论断来看,所谓美就是这样一种规律。那么,美是什么呢?美不就是这样一种规律还能说是别的什么吗?简单地说,美就是一种规律,是事物的所以美的规律。这是美的规律这个论点应有的又一点基本意义,是我们必须理解的第二点。①

这两段话集中地构成了蔡仪关于美的本质即美的规律的基本思想逻辑。它所包含的两个基本点是:"凡是符合美的规律的东西就是美的事物";"所谓美就是这样一种规律"。这两个基本点也可以概括为一句话:美的事物之所以美就是因为它具有美之为美的规律。

更重要的问题是:作为美的本质的美的规律,究竟具有什么内容、什么特征。蔡仪对这一问题作出了自己的解答。从 1947 年的《新美学》到 1983 年的改写本,他在原来典型论的基础上,不断地和马克思主义思想相糅合,把"美的规律"和"典型的规律"联系在一起,提炼出一个新的论点,即"美的规律就是典型的规律,美的法则就是典型的法则"②。这个观点使得蔡仪的美学思想进到一个新的历史阶段。

但也有学者提出蔡仪在论证这个观点的过程中对两个尺度的解释与马克思所讲的"美的规律"是"完全不同的两回事",这确实是个值得深思的问题。蔡仪把两种尺度都看成是事物的"普遍性"或"本质特征",他所以将马克思的两个尺度看成是一回事,其目的在于将马克思关于美的规律的言论纳入客观的美论的轨道,也即是说,将马

---

① 蔡仪:《美学论著初编》(下),上海文艺出版社,1982 年,第 966—977 页。
② 同上书,第 971 页。

克思的"美的规律"用来作理论基础,但在阐释的过程中理解还是有偏差。

从行文来看,"并且"一词的使用暗示了两个尺度实非一回事。"物种的尺度"应该是该物种这一客体对象的尺度,"内在固有的尺度"应是人这个主体本身的尺度。这里所谓"尺度",含有规律、标准、本质之意。"物种的尺度"理应是该物种本身的规律、标准或本质特征,"内在固有的尺度"是指人的内在本质,即人类实践的目的性。人类在社会实践中,认识和掌握了客观外在的"任何物种的尺度","不仅使自然物发生形式变化,同时他还在自然物中实现自己的目的",也就是说,人认识了客观事物的规律,按照人的本质、意志,使之变革,服从人的需要,实现人的目的性,"人才能按照美的规律来塑造物体",由此可见,美的规律应该是两个尺度的统一,合规律性与合目的性的统一,真与善的统一。

(2) 认识论的美学观

前面我们已经论及蔡仪早期的唯物主义认识论的理论基础,后期这个思想仍然贯穿于中,且日臻成熟。它的要点是把美学研究的基本问题直接和哲学认识论的基本问题——思维对存在的关系联系在一起。

> 美学研究美的存在与美的认识的关系及其发展的普遍规律,研究艺术与现实的相互关系及其发展的普遍规律,这些都与哲学的基本问题相关。美学观点实际上是哲学观点在美学这一特殊领域的具体运用。①

由此出发,全部美学的主要任务就是解决人们怎样认识客观存在的美,审美活动、艺术活动都主要是一种认识活动。这种观点的具体阐释如下:

① 美感根本上就是对美的认识

> 美感作为一个美学术语,在一般论著中大致具有三种理解:一

---

① 蔡仪:《美学原理》,湖南人民出版社,1985年,第10页。

是作为社会意识组成部分的美感意识;二是以认识活动为内容的个人鉴赏过程;三是个人鉴赏过程中的体验、感受。这种区分是否合理且不论,但可以肯定,三者相互关联,在不同层次的范围内都包含认识内容,尽管有直接与间接之分,自觉与不自觉之别。唯其如此,才能理解美感与客观美之间的反映关系。如果这种反映不具备认识美的功能,那就不成其为我们所说的美感了。

因而我们可以简括地说:美感根本上就是对美的认识。这是我们对美感本质的看法,也是我们考察美学问题的出发点。①

② 艺术是对社会生活的反映、认识

> 艺术作为更高意识形态反映全面的社会生活,或者说,反映整个的社会生活,反映从物质生活到精神生活的各个领域,反映现实生活的各个部分、各个方面。②

> 艺术……是对现实社会生活的形象认识,并且通过形象把这种认识表现出来。③

值得注意的是,依据艺术的认识、反映的观点,蔡仪对一般所说的艺术表现有自己的特定理解:

> 所谓艺术的表现,确切地说,就是运用物质的表现工具把艺术的认识传达出来。换句话说,艺术的表现就是艺术的认识的摹写,就是主观的艺术的客观化而完成的艺术品。④

③ 形象思维是一种认识活动

> 我们说的正确的形象思维,尽管以形象性为特征,却首先是一种认识活动。……它既保持感性认识阶段上获得的感性特征,具有感觉、知觉、表象的生动直观的形象性,又具有理性认识阶段的

---

① 蔡仪:《美学原理》,湖南人民出版社,1985年,第111页。
② 同上书,第218页。
③ 同上书,第227页。
④ 同上书,第252页。

概念、判断、推理的把握事物内部联系的理性特征。①

形象思维……既是感性的,又是理智的……它就是这样一种认识世界的特殊的理性活动。②

蔡仪80年代对形象思维的理解,和他40年代对美的认识、艺术的认识的理解是完全一致的。

综上所引,可以看到蔡仪把美学基本问题直接放置在哲学基本问题之下,并把审美活动、艺术活动所包含的心理问题全部归结为认识论。这一观点鲜明地表现了蔡仪的唯物主义反映论的基本路线。

从40年代的《新艺术论》、《新美学》到80年代的《美学原理》,蔡仪坚定地捍卫了唯物主义反映论的美学作用。他把美的本质规定为事物的典型性,将美的根源归结为客观现实,强调了精神意识是对客观存在的反映这一基本原理,但他为了刻意维护唯物主义的纯洁性或彻底性,而忽视了美的社会实践性与历史规定性的内涵。例如在论述自然美时他认为自然物的美是自然物的自然属性决定的,它与人的意识无关,它既不是"自然的人化"或"人的本质对象化"的结果,也不是"客观的社会性的存在"。自然美的主要决定条件是自然事物的种属的普遍性,也即该事物的本质。因此说,自然美并不依赖于人而独立存在,具有超人类性的特点。这样,在他看来,无论是在人类产生之前,还是人迹不到的自然界,都有美的存在。因此,美不属于历史性的范畴,不具有历史性,也不一定需要具备社会性。蔡仪离开"人"的存在来谈美,那么这"美"是对谁而言的呢? 马克思曾经指出,任何一个对象的意义都以人的"感觉所能感知的程度为限",人所不能感知的对象就不是人的对象。也就是说,美的产生过程是一个主客体相统一的实践过程,从历史的角度来看,没有审美意识便没有美的存在,只有在社会实践中,美才是可能的,才会存在。美的问题永远与人的存在与实践密切相关。蔡仪的理论固然在美的本质问题上避免了人的主体性因素的过多干扰,坚持了唯物主义的一般原理和方法,却未能进一步以历史唯物主义

---

① 蔡仪:《美学原理》,湖南人民出版社,1985年,第123—124页。
② 同上书,第125页。

的观点和方法进行分析和研究。蔡仪的理论弱点在于缺乏对问题的历史的把握,只是作概念的哲学推演。因此未能达到马克思主义的历史唯物主义的层次。如果蔡仪能在唯物主义反映论的基础上,更多地注意审美心理因素的具体分析,克服贬情感、斥直觉的稍嫌简单化的倾向,对审美艺术陶冶心灵、塑造情感、培养情操的丰富意义作出自己的解释,肯定会丰富他的唯物主义反映论的美学思想。

四 蔡仪的地位与影响

　　每一个时代都造就了每个时代的学者。蔡仪的美学思想形成于40年代,不可避免地受到当时政治环境和文化大背景的影响。但是,我们从他留给我们的丰富的学术遗产中应该看到,他建立的新的美学体系破坏了旧的唯心主义的美学体系,同时又提出了美学研究的新途径,即运用马克思主义的基本方法来系统讨论美学体系、考察美学的根本问题,为建立中国马克思主义的唯物主义新美学体系所作的努力和贡献。可以说,蔡仪完成了时代赋予他的使命。

　　但是,将马克思主义哲学引进美学是一件历史性的巨大工程,这个工程不是任何一个人可以完成的,蔡仪美学也因此给我们留下了许多遗憾。作为旗手的蔡仪,热忱地以马克思唯物主义的旗帜来引领他的学术研究,因此而拘泥于在一个视角、一个层面上对美和文学艺术进行探析,当然也就不能解释和涵盖所有的文艺现象。他把审美简单地等同为一种认识,在宏观理论上具有一定的缺陷。但人类现实的文艺活动与认识活动毕竟又难以彻底分开,泾渭分明。因此蔡仪的文艺理论尤其是美感论中也包含着某些合理性,我们不能抽象地片面地加以全盘否定。

　　总的来讲,蔡仪为中国马克思主义文艺研究开辟了一块阵地,创造性地踏出了一条路径。从他开始,中国的马克思主义文艺研究遂把意识形态性当做一种外在的使命而把科学性当做内在的规定性,踏上了自己的历史性发展进程。

第三编

中华人民共和国建国以来马克思主义的文学思想

第一章 "十七年"时期文学思想发展概说

1949年中华人民共和国建立到1966年"文化大革命"启动,共经过了17年。本章所概说的就是这一时期中国文学思想的演变。重点在对马克思主义文学理论,特别是对毛泽东的《在延安文艺座谈会上的讲话》的教条化理解和某些新的发展进行梳理。

新中国的文艺思想在曲折中发展着、艰难地前进着,成绩与错误并存,两种倾向同在,本章从一个侧面,来瞭望共和国在思想文化方面所走过的富于理想而又充满失误的艰难的历程。

一 主导的倾向——文艺从属于政治

50年代文艺思想是在"五四"以来文学思想斗争经验的基础上,带着历史的惯性发展而来的。从新世纪的视点看,它是一个以马克思列宁主义为指导,在全国范围内传播毛泽东的政治化文艺思想的时代。1942年毛泽东发表的《在延安文艺座谈会上的讲话》,正确地指导了当时的文艺运动,推动了革命文艺的创作。其中一些带有普遍性的内容,如文艺为工农群众服务问题,普及与提高的问题,继承与革新的问题,生活源泉问题,艺术高于生活问题,中国作风和中国气派问题等,在五六十年代成为全国指导性的文艺思想,所取得的成绩应该采取实事求是的态度。至今,它们仍然是中国现代文艺思想中的重要成果。

实际上新中国马克思主义文学理论的起步就是毛泽东的《讲话》以及后来毛泽东的一些补充论述。客观地看,《讲话》以及毛泽东在建国后的文艺问题论述的内容包含两种思想因素,其大体框架是这样:

文艺方向——工农兵方向；
　　文艺性质——从属于党在一定历史时期的政治路线；
　　文艺源泉——社会生活，文艺反映社会生活；
　　文艺资源——古为今用，洋为中用；
　　文艺加工——典型化，即"六个更"；
　　文艺思维——形象思维；
　　文艺方法——社会主义现实主义或革命浪漫主义与革命现实主义相结合；
　　文艺家道路——与工农群众相结合、改造世界观；
　　文艺功能——团结人民、教育人民、打击敌人、消灭敌人；
　　文艺批评——政治标准第一，艺术标准第二；
　　文艺方针——百花齐放、百家争鸣；
　　文论学习对象——苏联文论；
　　文论价值取向——民族的、大众的、科学的。

　　以上十三点，包含两种元素、两种倾向：一种是强调文艺从属政治，强调文艺的方向必须是政治性的，如说文艺是"团结人民、教育人民、打击敌人、消灭敌人的有力武器"。"在现在世界上，一切文化或文学艺术都是属于一定的阶级，属于一定的政治路线的"，"党的文艺工作，在党的整个工作中的位置，是确定了的，摆好了的，是服从党在一定革命时期内所规定的革命任务的"。"文艺是从属于政治的，但又反转过来给予伟大的影响于政治。""文艺服从政治"……在这些理论前提下来强调文艺为人民服务，实际上就是强调文艺为政治服务。另一种元素和倾向，就是承认文艺和生活都是美，但"文艺作品中反映出来的生活却可以而且应该比普通的实际生活更高，更强烈，更有集中性，更典型，更理想，因此就更带普遍性"，承认"继承与借鉴决不可以变成替代自己的创造"，"文学艺术中对于古人和外国人的毫无批判的硬搬和模仿，乃是最没有出息的最害人的文学教条主义和艺术教条主义"，提出文艺创作要"观察、体验、研究、分析"，提出革命文艺要求达到"政治与艺术的统一，内容与形式的统一，革命政治内容和尽可能的完美的艺术形式的统一"，提出"缺乏艺术性的作品，无论政治上怎样进步，也是没有政治力量的",提出反对"标语口号式"的倾向,诗要用形象思维,等等。不难看出,前一种元素和倾向是重视政治的统领文艺的作用,重点要强调的是文艺的方向,文艺的服务对象,文艺的客体,文艺与党派的关系,文艺与时代的关系等,大体上属于文艺的外部规律的问题;后一种元素和倾向则重视文艺的特殊性,重点承认文艺的艺术性,内容与形式的统一,形象思维,文艺的主体精神,反对文艺上面的教条主义,大都涉及文艺内部规律的问题。

建国后,文艺理论界面临一种对毛泽东《讲话》以及后来的文艺问题论述的解读和选择。当时建国不久,又面临当时内部的敌人的反对和外部敌人的挑衅。就是说,虽然建立了新的国家,但"战争"在内部和外部并未结束。这种情势下,当时文艺界领导和主流理论家出于对政治的热情都选择了毛泽东文艺思想的前一种元素和倾向,忽略了后一种元素和倾向,这样,毛泽东文艺思想的后一种元素和倾向,不但受到压抑,其部分探讨者也遭受了无情的批判与斗争。

就是毛泽东自己,也主要是强调其文艺思想的政治方面,特别是在1951年批判电影《武训传》的时候。1957年毛泽东发表了《关于正确处理人民内部矛盾问题》的重要文章,其中提出"百花齐放,百家争鸣"的方针,认为"百花齐放"是促进艺术发展的方针,提出"艺术上不同的形式和风格可以自由发展"①。这是非常正确的意见。但是随着1957年的反右派斗争和其他运动,这个重要的方针在现实中并没有得到实现。

中华人民共和国建立标志一个旧时代的结束,一个新时代的开始。不论当时还遭遇到多少内外挑战,应该说以经济建设为主题的新时代开始了。

在这样的背景下,国家的文化和艺术事业,在思想上是否也要立足于建设;在文学思想上,是否应该发展毛泽东文艺思想中后一种元素和倾向,是否应该有新的视野和思考,就成为一个很迫切的需要解决的问题。应该说,毛泽东是看到了这一点的,例如1956年提出文艺领域的

---

① 《毛泽东文艺论集》,中央文献出版社,2002年,第158页。

"百花齐放、百家争鸣"的方针,1958年提出"革命现实主义和革命浪漫主义相结合"问题,1965年提出"诗要用形象思维"的问题,此外还提出"共同美"问题等,都力图挣脱苏联文学思想的束缚,从新中国文艺的实际重新加以思考。但是,毛泽东本人思想的两面性,即他既坚持文学从属于政治的思想,丝毫不愿在这个问题上有所改变,还亲自发动了对电影《武训传》的批判,又不时谈一些艺术规律问题。

当然,就是在上述"文艺从属于政治"为主导文学观念的时期,也已经显露出难以为继的状况。这就出现了1956年至1957年上半年的文艺思想"早春天气"的活跃和1960—1961年文学思想的"调整"时期。虽然这两段时间很短暂,但提出了许多新问题、新思想,这些新问题和新思想是结合中国当时的实际,对于马克思主义文学思想的补充与推进。

文艺从属于政治文艺观念的另一个推动力就是建国初期苏联文论在中国的传播。50年代,在文艺理论方面全面学习苏联成为一种潮流。苏联的任何文艺理论小册子都被当做马克思主义经典,得到广泛传播。苏联50年代初期的文论也是政治化的。如典型问题就被提到苏共党的代表会上去,并认为是政治问题。从理论专著、论文、教材到理论教员的全面引进和学习,使得我们在相当一个时期内,亦步亦趋地跟在苏联文论的后面。50年代流行的苏联的文艺思想,当然有其历史的原因,也自有其不可替代的作用。但总体看来,这些文论体系对文学的性质、特征和功能的阐述,普遍存在着教条主义、烦琐哲学和庸俗社会学的弊端。

过分政治化的文艺倾向与苏联的文艺理论一拍即合,成为一种主流的话语,时续时断统治了建国初期到"新时期"开始近30年的时间。在这期间,文艺思想往往成了阶级斗争的主战场,文艺被看成是政治斗争的晴雨表。1951年发动批判电影《武训传》的运动;1954年发动了对《红楼梦》研究思想批判运动;1955年掀起了对胡风文艺思想的大规模的批判运动,最后演变为全国性肃清"胡风反革命集团"运动;1957年反右派斗争中,丁玲、陈企霞、冯雪峰等一批著名的作家、理论家被错划为右派;1960年又发动了对"修正主义"文艺思潮的批判,其中受批判观点主要是"人情"论、"人性"论、"人道主义"等。连"文革"也是从批判吴晗的历史剧《海瑞罢官》作为开篇。文艺思想成为一次次政治运动的入手处和策源地,文学问题家喻户晓,成为全民注目、关切、学习和谈论的问题。政治化、阶级斗争化使文艺思想视野狭窄化,使思想自身的品格丧失,文艺思想的尴尬与失态也因此显露无遗。终于酿成了1966年开始的"文革"的极"左"文艺路线对新文艺事业的严重破坏。

因此,1949年到1966年的文学思想,从主导的倾向上看,当时自称是马克思主义文艺理论家的领导者,并没有结合中国的实际去认真学习马克思主义的文学理论,他们并没有把握住马克思、恩格斯所提出的具有指导意义的文学思想和方法论,如"美学的历史的"文学观念和方法论,我们只需阅读作为文学界的领导者或理论家的一些重要著作,如1957年为反对文艺界所谓右派"反党"集团而发表的周扬的《文艺战线上的一场大辩论》,1966年发表的《林彪委托江青在部队文艺座谈会上的讲话》,就会立刻感到他们违背了马克思主义的"实事求是"的基本路线,因此根本谈不到他们如何推进马克思主义的文学思想,相反倒让人家想到苏联的"拉普"派,想到机械唯物论,想到庸俗社会学。这不能不说是历史的悲哀。

二 非主导的倾向:对人与人性的呼唤,对艺术规律的探求

1956年到1957年上半年,1960年至1961年,对于研究新中国文学思想发展史的人来说,是两个非常重要的时段。正是在这两个时段,当时中国的部分领导人和一些学者,接续了马克思主义文学思想的血脉,结合中国当时的实际,提出并部分回答了马克思主义文学理论在中国遇到的新课题,从而推进了马克思主义的马克思主义文学思想。只可惜持续的时间都不长,而且很快就被占主导的思想和势力压制下去。

1956年到1957年上半年,这是一个重要的时段。在这个时段可以用毛泽东的话说是"春天来了"。毛泽东的"春天来了"是一种象征的说法,它所反映的是当时中国的实际,即经过几年的努力,社会主

改造已经提前完成,社会主义的经济建设全面开始。毛泽东发表了《论十大关系》,所论述的就是这种转变。中国共产党的第八次代表大会也在这一年召开。大会的政治报告的决议中,明确了当时社会的矛盾"已经是人民对于建立先进的工业国的要求同落后的农业国的现实之间的矛盾,已经是人民对于经济文化迅速发展的需要同当前经济文化不能满足人民需要的状况之间的矛盾",因此提出党和国家的主要任务是"保护和发展社会生产力"。其实,毛泽东早在 1956 年 1 月 25 日就说:"社会主义革命的目的是解放生产力。"①就是说,在 1956 年,建设的主题凸显出来了,阶级斗争被认为"解决"了。这种巨大的转变不能不反映到文学艺术及其理论方面。

1956 年 5 月 2 日,毛泽东在最高国务会议上的讲话中说:"我们在中共中央召集的省、市、区委书记会议上还谈到这一点,就是百花齐放、百家争鸣。在艺术方面的百花齐放的方针,学术方面的百家争鸣的方针,是有必要的。这个问题曾经谈过。百花齐放是文艺界提出的,后来有人要我写几个字,我就写了'百花齐放,推陈出新'。现在春天来了嘛,一百种花都让它开放,不要只让几朵花开放,还有几种花不让它开放,这就叫百花齐放。百家争鸣,是说春秋战国时代,两千年前那个时候,有许多学派,诸子百家,大家自由争论。现在我们也需要这个。……在中华人民共和国宪法范围内,各种学术思想,正确的、错误的,让他们去说,不去干涉他们。李森科、非李森科,我们也搞不清楚,有那么多的学说,那么多的自然科学学派。就是社会科学,也有这一派、那一派,让他们去谈。在刊物上、报纸上可以说各种意见。"②毛泽东的讲话精神通过各种渠道传达下来。如当时中央宣传部部长陆定一向科学家、文学家、艺术家作了题为《百花齐放,百家争鸣》的讲话,讲话传达了毛泽东的讲话精神,并更为系统和具体:"提倡在文学艺术工作和科学研究工作中有独立思考的自由,有辩论的自由,有创作和批评的自由,有发表自己意见、坚持自己意见和保留意见的自由。""提倡建立在科学基础

---

① 《毛泽东文集》第 7 卷,人民出版社,1999 年,第 1 页。
② 《毛泽东传 1949—1976》上,中央文献出版社,2003 年,第 491—492 页。

上的尖锐的学术争论。批评和讨论应当以研究工作为基础,反对采取简单、粗暴的态度。应当采取自由讨论的方法,反对采取行政命令的方法。应当容许被批评者进行反批评,而不是压制这种反批评。应当容许持有不同意见的少数人保留自己的意见,而不是实行少数服从多数的原则。对于在学术问题上犯了错误的人,经过批评和讨论后,如果不愿意发表文章检讨自己的错误,不一定要他们写检讨的文章。在学术界,对于某一学术问题已经作了结论之后,如果又发生不同意见仍然容许讨论。"关于文艺工作陆定一说:"党只有一个要求,就是'为工农兵服务',今天来说,也就是为包括知识分子在内的一切劳动人民服务。社会主义现实主义,我们认为是最好的创作方法,但并不是唯一的创作方法;在为工农兵服务的前提下,任何作家可以用任何自己认为最好的方法来创作,互相竞赛。题材问题,党从未加以限制,只许写工农兵题材,只许写新社会,只许写新人物等等,这种限制是不对的。""清规戒律,只会把文艺工作窒息,使公式主义和低级趣味发展起来,是有害无益的。"①

这不能不给包括文学家、文学理论家在内的知识分子以极大鼓舞。文学家更是敏锐,认为这是"早春天气",于是开始针对文学和文学理论的多年的禁锢而开始"鸣"与"放"。

在文学理论方面,1956年至1957年上半年,批评教条主义成为引人注目的现象,何直(秦兆阳)的《现实主义——广阔的道路》、周勃的《论现实主义及其在社会主义时代的发展》、钟惦棐的《电影的锣鼓》、钱谷融的《论"文学是人学"》、巴人的《论人情》、陈涌的《关于社会主义的现实主义》等文章,对于当时流行的导致文学创作公式化的教条主义倾向,进行了具有学理性的讨论。这里的突破,集中在两个问题上:

第一就是对苏联的"社会主义现实主义""创作方法"的质疑。其中又以秦兆阳的《现实主义——广阔的道路》所提出的论点最为尖锐。文章批评了苏联作家协会章程对社会主义现实主义的规定。苏联的定

---

① 陆定一:《百花齐放,百家争鸣》,《人民日报》1956年6月16日。

义强调"艺术描写的真实性和历史具体性必须与用社会主义精神从思想上改造和教育劳动人民的任务结合起来",秦兆阳批评说,似乎"社会主义精神"只是作家的一种主观的观念,并存在于生活的真实之中,不是有机地存在于艺术描写的真实性和历史具体性之中,而必须外在地加以结合。这样一来,岂不是用世界观取代创作方法了吗?岂不是以政治性取代真实性了吗?秦兆阳在这里实际上提出了"文艺从属于政治"这种观念的是否合理的问题。秦兆阳对社会主义现实主义的质疑,十分重要,我们将辟专章加以讨论。

第二是巴人、钱谷融、王淑明提出的文学与人、文学与人情、人性关系问题。如果说秦兆阳立足于破除非马克思主义的文艺观念的话,那么巴人、钱谷融的文章重在建设,即要建设文学的人的基础、人性的基础,而这是马克思《1844年经济学—哲学手稿》所讨论许多问题中的一个重要问题。

巴人的"人情"论在这时期具有特殊的意义。巴人(王任叔)(1901—1972)早年曾参加文学研究会,后来参加中国共产党和左翼作家联盟,曾编辑过《鲁迅全集》,其思想受鲁迅的影响。1939年出版《文学读本》,1949年更名为《文学初步》出版,解放后,巴人一直在文化部门从事领导工作,并曾任人民文学出版社副社长和总编辑。他于1952—1953年把《文学初步》改写为58万字的《文学论稿》,1954年由新文艺出版社正式出版,成为建国后最早用马克思主义观点撰写的系统的文学理论的一部书。巴人对于建国后的文学创作缺少人情味、没有艺术魅力十分不满。他于《新港》杂志1957年1月份发表了《论人情》。巴人在这前后,发表的短论还有《给〈新港〉编辑部的信》、《以简代文》、《真的人的世界》、《唯动机论者》、《略论要爱人》等,这些文章的主题差不多都在呼唤文学创作少一点政治味,多一点有人情味。巴人说,他遇到许多长期参加革命的老战士,喜欢看旧戏,不喜欢看新的戏剧,原因就是新的戏剧中"政治气味太浓,人情味太少"。因此巴人提出"人情、情理,看来是文艺作品'引人入胜'的主要东西"。他认为"能'通情',才能'达理'。通的是'人情',达的是'无产阶级的道理'"。然后他提出什么是人情呢?他回答说:"我认为,人情是人与人之间共同相通的东西,饮食男女,这是人所共同要求的。花香、鸟语,这是人所共同喜爱的东西。一要生存,二要温饱,三要发展,这是普通人的共同的希望。"①巴人还认为"我们有些作者,为要使作品为阶级斗争服务,表现出无产阶级的'道理',就是不想通过普通人的人情。或者,竟至认为作品中太多人情味,也就失掉了阶级立场。但这是'矫情'。天下的事情是人做的,不通人情而能贯彻立场,实行自己理想的事是不会有的"②。值得注意的是,巴人的论述已经与马克思的"异化"理论联系起来,看得出他的观点是对马克思主义的人道主义的活的运用。巴人说:"说这是'人性论'吗?那么还是让我们来看一看马克思和恩格斯说的话吧。在这里,我就不能不'教条'一番了。列宁在《马克思和恩格斯的"神圣的家族"一书摘要》中有下面一段'摘要':'有产阶级和无产阶级同样是人的自我异化。但有产阶级感到在这种异化中是满足的和稳固的,它把这种自我异化看做自己的强大的证明,并在异化中获得人的生活的外观。而无产阶级则感到自己在这种异化中是被毁灭的,并在其中感到自己的无力和非人生活的现实。这个阶级,用黑格尔的话来说,就是在被唾弃的状况下对这种状况的愤恨,这种愤恨是由这个阶级的人类本性和它的生活状况之间的矛盾必然地引起的,这个阶级的生活状况是对它的人类本性的公开的、断然的、全面的否定。'那么,无产阶级要求解放还不是要回复它的人类本性,并且使它的人类本性的日趋丰富和发展吗?而我们的文艺上的阶级论者似乎还不理解这个关键。"③巴人的文学人情论,从对文艺与生活的感受切入,然后提升到马克思的"人的异化"理论的视野,得出了无产阶级的文艺写人情,就是要摆脱自我异化,回复人类的本性,因此无产阶级的文艺展现人类的本性,写人情写人性是理所当然的。此前我们还没有看到在中国有人从马克思的这一理论出发,对文学的人性基础作出这样明确无误的论述,这不能不说正是巴人接续马克思主义文学理论的血脉,是

---

① 巴人:《论人情》,《新港》1957 年第 1 期。又见《点滴集》,浙江人民出版社,1982 年,第 2—3 页。
② 同上。
③ 巴人:《论人情》,《新港》1957 年第 1 期。

"十七年"时期马克思主义文艺思想的一大收获。后来关于文学与人性的许多讨论,包括周扬在新时期论述文学与人道主义的关系,就立论的核心点看,并没有超越巴人。

与巴人相呼应的还有王淑明,他在《新港》1957年第4期发表了题为《论人性与人情》一文。他在肯定人具有阶级性的同时,认为这"并不排斥人类在一些基本感情上,仍然具有'共同的相通的东西'"。"如果不承认人性也具有普遍性的一面,也会低估着无产阶级在为恢复人性的本来面目斗争的实际伟大的意义。"王淑明论述的精彩之处是把人性的存在与无产阶级的斗争联系起来,认为无产阶级斗争的最终目标就是为了"恢复人性的本来面目"。他的这一论述与马克思《1844年经济学—哲学手稿》关于共产主义就是为了自然主义和人道主义的"复归"的观点不谋而合的。

与巴人相呼应的是华东师范大学青年教师钱谷融(1919—　),他在上海《文学月刊》1957年5月份发表论文《论"文学是人学"》:"想为高尔基的这一意见作一些必要的阐释;并根据这一意见,来观察目前文艺界所争论的一些问题",对季靡菲耶夫《文学原理》中的"人的描写是艺术家反映整体现实所使用的工具"的观点,提出商榷。他把人的问题引入对文学问题的解释之中。钱谷融提出了人在现实生活中和文学中究竟处于什么地位的问题。他回答说:"人和人的生活,本来是无法加以割裂的,但是这中间有主从之分。人是生活的主人,是社会现实的主人,抓住了人,也就抓住了生活,抓住了社会现实。反过来,你假如把反映社会现实,揭示生活本质,作为你创作的目标,那么你不但写不出真正的人来,所反映的现实也将是零碎的,不完整的;而所谓生活本质也很难揭示出来了。所以,文学要达到教育人、改善人的目的,固然必须从人出发,必须以人为注意的中心;就是要达到反映生活、揭示现实本质的目的,也还必须从人出发,必须以人为注意的中心。"①在教条主义弥漫文坛的时候,钱谷融的以"人"为中心的文学观念,是十分难得的。马克思《1844年经济学—哲学手稿》的中心命题就是"人"。人

---

① 钱谷融:《论"文学是人学"》,人民文学出版社,1981年,第7页。

的异化,人的劳动的异化,都是把人变成非人。因此,马克思呼唤人、人性、人道主义的复归,提出人以全面的方式占有自己的全面本质。当时马克思的《手稿》还没有翻译成中文,但钱谷融从生活和文学中感悟到的要"抓住人",以及"人是生活的主人"的思想,不也很相似吗!

但是,1956年和1957年的上半年的"早春气息"只是短暂的、非主导的插曲,秦兆阳、巴人、王淑明、钱谷融的论点,不但受到批判,而且很快就遭到1957年6月开始的反右派斗争运动沉重的打击,秦兆阳、钱谷融、巴人等无一例外地遭到清算,有的被错划为右派分子,有的其后被划为右倾分子。"文艺从属于政治"的主导倾向,演变为更强大的思潮。这就是当时的文学思想的现实。

为什么1956年和1957年上半年的"百花齐放,百家争鸣"局面,仅仅经过一年半的短暂时间就出现了回到"文艺从属于政治"的巨大反复,为什么到1957年5月初还开门整风,要创造"生动活泼"的局面,而却在短短几周之后,就风云突变,被反右派斗争"扩大化"这种更"左"的思潮所主导呢?这当然要详细考察国内外在此前后所发生的事件,以及毛泽东本人思想的变化。但这不是本文的任务。这里只能概括地作一点说明。这段时间,国际上发生的最大事件,就是苏联共产党总书记赫鲁晓夫于1956年2月24日的深夜至凌晨作了长达四个半小时的《关于个人崇拜及其效果》的秘密报告,无情地揭露斯大林执政期间所犯的各种错误,这在国际共产主义运动中是石破天惊的大事。毛泽东对此的反应是:赫鲁晓夫的秘密报告一是揭了盖子,一是捅了漏子。说它揭了盖子,就是讲,这个秘密报告表明,苏联、苏共、斯大林并不是一切正确的,这就破除了迷信。说它捅了漏子,就是讲,赫鲁晓夫做的这个秘密报告,无论在内容和方法上,都有严重错误。[①] 因此毛泽东对于苏共二十大对斯大林的批评,一则以喜,一则以忧。喜的是揭开了对斯大林神化的盖子,破除了迷信,解放了思想,使大家敢讲真话,敢于想问题。忧的是对斯大林全盘否定,一棍子打死,由此会带来一系列

[①] 参见《毛泽东传1949—1976》上,中央文献研究室编,中央文献出版社,2003年,第496页。

严重后果。① 后来发生了波兰事件、匈牙利事件,肯定使毛泽东忧多于喜,警惕多于反思。除了国际共产主义运动发生的巨变外,对于毛泽东来说,1957年上半年的整风运动是先喜后忧。所谓先喜,是说毛泽东原来想吸取苏共的经验教训,并通过整风,克服主观主义、教条主义和官僚主义,建立起生动活泼的政治局面,更快地推进中国的社会主义建设事业;所谓后忧,则是各地整风开始后,并不像他想象的"和风细雨",只是给党提点意见和建议,其中也夹杂一些诸如"党天下"、"党党相护"、反对"党委制"、"轮流坐庄"一类的反对的声音。他对这些声音十分忧虑,如认为"事情正在起变化",决心打退资产阶级右派的进攻,并因此发动了"反右派斗争"。国内外的事变使毛泽东对于阶级斗争的形势作出了过于严重的错误判断,重新确定无产阶级与资产阶级的矛盾为社会的主要矛盾,推翻了"八大"对国内矛盾的基本判断,在短短的一年多里发生了非常重大的改变。这样,所谓"百花齐放,百家争鸣"也只能变成口号,所谓"生动活泼"的政治局面非但没有建立起来,反而更加僵硬了。毛泽东的思想的"欲进还退"、"欲活还僵"的变化,是对于当时国际、国内发展形势错误判断的综合体现。这种"欲进还退"、"欲活还僵"的思想取向反映到文学观念上面就是更加强调"文艺从属于政治"的观念,从他对周扬的《文艺战线的一场大辩论》的修改意见中,对文艺界反右斗争的指示中,也充分透露出了这种信息。

1958年搞"社会主义建设总路线"、"大跃进"和"人民公社"所谓"三面红旗"。1959年庐山会议本来应该展开纠正"左"的冒进错误,可又突然展开反右倾的斗争。以上种种"左"的错误,当然不能完全算到毛泽东的头上,但毛泽东的责任是无法回避的。这些"左"的思潮和错误严重破坏了社会的政治和经济的发展。在"天灾人祸"的影响下,中国进入了1960—1962年"三年困难"时期。1961年中央在严峻的现实面前,确定了"调整、巩固、充实、提高"的方针。文学艺术和文学理论也进行调整。这就迎来了处于非主导的倾向的文艺思想再度活跃的

---

① 参见《毛泽东传 1949—1976》上,中央文献研究室编,中央文献出版社,2003年,第500页。

1961年和1962年。

"八字"方针对于当时社会生活的影响是全面的。文艺界由于一直生硬地强调"文艺从属于政治",公式化、概念化、庸俗化的问题越来越严重,文艺创作和文学理论批评的路越走越窄,因此正如周恩来所说的那样:"三年来(指1958—1960)的工作中出了一些毛病,需要调整、巩固、充实、提高,精神生产方面也不例外,所以同样需要规划一下。"①

从1961年到1962年,召开了一系列的会议。1961年中宣部在北京新桥饭店召开文艺工作座谈会,文化部召开故事片创作会议,简称新桥会议;1962年3月,中国戏剧家协会在广州召开全国话剧、歌剧、儿童剧创作座谈会,简称广州会议;1962年8月,中国作家协会在大连召开农村题材短篇创作座谈会,简称为大连会议。以上三个会议,都是针对三年来文艺界的"左"的倾向,同时也针对建国以来"文艺从属于政治"的主导倾向,导致文艺创作中存在的问题,展开了讨论,提出了一些马克思主义文艺新思想。周恩来在这几个会议上作了三次讲话,以实事求是的精神探索文艺的规律,力图纠正此前错误的说法和做法。同时中宣部经中央同意也出台"文艺八条",意在总结经验教训。

1961年到1962年间提出的具有马克思主义品格的文艺思想有如下几点:

(1)文艺自身的特征的强调。艺术形象的创造问题当做艺术的特征问题得以凸现出来。如周恩来说:"文艺为政治服务,要通过形象,通过形象思维才能把思想表现出来。无论音乐语言,还是绘画语言,都要通过形象、典型来表现,文艺本身就不存在,本身都没有了,还谈什么为政治服务呢?标语口号不是文艺。"②周恩来不是理论家,他不可能从学理的角度论述文艺的特征,但从他的直感上觉得文学的特征是艺术形象,这在当时是很难得的,形象特征论在那个时段还是对于文艺特征的最好的理解,因为当时的文艺创作重在宣传政治观念,配合政治的

---

① 周恩来:《在文艺工作座谈会和故事片创作会议上的讲话》,《周恩来论文艺》,人民文学出版社,1979年,第86页。

② 同上书,第91页。

需要,完全不顾及文艺本身的形象的真实创造。强调文艺的形象特征、形象思维的特征,与马克思主义反对席勒化,反对把文艺变成时代精神的号筒,完全是一致的。

(2)题材多样化的呼唤。长期以来,反复强调要歌颂英雄人物,歌颂新社会,歌颂党的方针政策,批判和批评的维度完全缺失,在题材问题上有很多禁区,束缚了作家、艺术家的手脚。特别是批判了胡风的"到处有生活"的观点后,许多作家、艺术家熟悉的生活不能写,而不熟悉的生活则写不好,"写什么"成为作家、艺术家面临一个困难的选择。题材狭隘化也是产生公式化、概念化的一个原因,因为许多作家并不熟悉新英雄人物,硬要去写,结果当然写不好,只能用某些观念去套。1963年第3期《文艺报》发表了专论《题材问题》,这篇文章当时未署名,现在已知道是张光年写的,后来收入了张光年的《风雨文谈》集子里面。这篇文章认为鉴于长期以来题材问题设置了许多禁区,"文学创作的题材,有进一步扩大之必要,题材问题上的清规戒律,有彻底破除之必要"。文章认为,无产阶级是世界上最先进的阶级,因此无产阶级的社会主义的文艺,就应该在题材问题上,开辟出前人所未曾开辟的新的天地。无产阶级的文艺当然要表现自己,但"无产阶级在表现自己的同时,还要以革命的眼光,以批判的态度描写历史,以领导者的地位来关心社会上各个阶级、各种人物的动态和心理,以主人公的心情来欣赏自然界的一切美好事物。不但前人未曾见过的新时代的一切新鲜事物……就是前人曾经写过的旧社会的许多题材,只要符合今天的需要,也都可以进入社会主义文学艺术领域。"生活有多么广阔多样,题材就可以有多么丰富多彩。这种题材广阔多样的观点,被当时文艺工作者所一致接受。实际上题材狭隘化问题是"文艺从属于政治"的必然反映。反过来说,要求题材多样化,就是要求松动"文艺从属于政治"观念的一种呼唤。

在张光年呼唤题材多样化不久,1962年8月在大连会议上,邵荃麟提出了"中间人物"论,实际上也还是题材问题。他当时作为作家协会副主席和作协党组书记,提出文艺要反映人民内部矛盾问题,尤其是提出了写"中间人物"问题,主张要扩大和丰富社会主义文学的人物画廊。

他说:"强调写先进人物是应该的。英雄人物是反映我们时代的精神的。但整个来说,反映中间状态的人物比较少。两头小,中间大;好的、坏的人都比较少,广大的各阶层是中间的,描写他们是很重要的。矛盾点往往集中在这些人身上。我觉得梁三老汉比梁生宝写得好……"①他的理论是从中国实际情况出发的,实事求是的,也探索了文学创作的一个规律,很有意义。

(3)现实主义文学要深化。如何深化文学现实主义,是一个比题材多样化更为深刻的问题。如果说题材多样化涉及的是"写什么"的问题,那么"现实主义深化"则是涉及"怎么写"的问题。"文艺从属于政治"最大的问题就是对"怎么写"的一种制约。政治胜利了,就看不到矛盾,就一味歌颂,这种歌颂有时候就变成了"无冲突论"。邵荃麟在1958年"大跃进"失败后说:"一九五八年有人说,两年零八十天就可以进入共产主义,现在看来是可笑的。"②他提出了"现实主义深化"论,意思是我们从事的革命和建设事业,既要肯定方向,但更应看到"道路是长期的、复杂的和曲折的"。他说:"搞创作,必须看到这两点:方向不能动摇,同时要看到长期性、复杂性、艰苦性。没有后者,现实主义没有基础,落空了;没有前者,会迷失方向,产生动摇。"③他认为当时创作的一些作品,"革命性都很强",但反映现实的深度不够,反映革命斗争的长期性、复杂性、艰苦性不够。所以他提出"我们的创作应该向现实生活突进一步,扎扎实实地反映现实"。④那么怎样才能达到"现实主义的深化"呢?他说:"现实主义是创作的基础,生活是现实主义的基础。写出好作品的作家,必然是深入生活的;但只是深入生活,不一定写得出好作品。创作有它自己的规律。……作家应该有观察力、感受力、理解力。光感受还不行,还应有理解力——通过形象及逻辑思维进行的,要有概括力。没有概括力,写不出好作品。……不体察入

---

① 邵荃麟:《在大连"农村题材短篇小说创作座谈会上"的讲话》,《邵荃麟评论选集》上册,人民文学出版社,1981年,第393页。
② 同上书,第397页。
③ 同上。
④ 同上书,第399页。

微,对现实的分析、理解就不深。没有强大的理解力、感受力、观察力,就不可能有高度的概括力。……作品中能给人以新的思想,这和作家对生活的理解有关。"①邵荃麟的论述并不多,却很精要和深刻。可以这样说,《在延安文艺座谈会上的讲话》对于创作的对象和客体讲得比较清楚,因此强调作家深入生活。邵荃麟的讲话则认为光深入生活是不够的,作家必须经过多方的修养、锻炼,充分发展作家主体的观察力、感受力和理解力,没有创作主体的感性的和理性的力量的调动,创作仍然是不能成功的。邵荃麟是少数几位用马克思主义来探索文学创作规律的重要理论家之一。应该说,邵荃麟的"现实主义深化"论,击中了"左"的创作思潮的要害,同时也站在历史唯物主义的高度,为中国的文学创作指出了一条健康发展的路,一条充满荆棘又充满成功的路。

从中央领导层说,在此期间,周恩来有三次关于文艺问题的讲话,批评"左"的文艺政策,总结建国以来文学艺术方面的经验教训,同时对艺术的规律问题提出了一些很好的意见,如"没有形象,文艺本身不能存在","寓教育于娱乐之中","艺术作品的好坏,要由群众回答","所谓时代精神,不等于把党的决议搬上舞台","革命者是有人情的","以政治代替文化,就成为没有文化","没有个性的艺术是要消亡的"等等。这些似乎是常识,但周恩来引导大家不要过分热衷于"文艺从属于政治"的观念,而要进入对文艺规律的探索,这对建国以来"左"的东西进行清理大有益处。

应该说,1961—1962年,周恩来和巴人、邵荃麟等文艺理论家的努力是可贵的,然而也是悲壮的。20世纪现代中国文学思想的主潮是政治化的,或者说,是泛政治化的。他们提出讨论的学术观点,在政治一体化的文学思想整合大潮中,在"文艺从属于政治"的思潮和路线下,被视作"反动",被一次次地批判和攻击。但整个"十七年"仍然有学者重视艺术规律,一再发表意见,表现出政治上的清醒和学术上的勇气。

---

① 邵荃麟:《在大连"农村题材短篇小说创作座谈会上"的讲话》,《邵荃麟评论选集》上册,人民文学出版社,1981年,第400—401页。

如黄药眠50年代初中期的"生活实践"论、朱光潜的"美学实践"论、王朝闻的艺术鉴赏论,以群、蔡仪主编的文学理论教材等,尽管不是主导的思想,但今天我们回顾这段马克思主义文艺思想史的时候,仍具有意义,我们将列专章加以讨论。总之,"十七年"中那些合乎文艺规律的理论探索,是马克思主义的新思想的播种,它迟早会开花、结果。

第二章　苏联文论与中国当代文论建设

建国以来,在"全面学习苏联"的口号下,苏联文论(主要是苏联50年代的文论)成为中国当代文论建设的主要参照系。当然,它给我们带来过积极的影响,那就是使当代中国文论建立在辩证唯物主义的基础上。但毋庸讳言的是我们也接受了它的庸俗社会学和机械唯物论。在苏联,七八十年代的文论早已超越了50年代的文论。然而,在我国,情况显得很特别,就文艺理论教学来说,由于多还采用60年代编写的教材,或受60年代旧教材影响的"新"教材,这样我国的文艺理论教学仍然笼罩在苏联50年代文论的阴影中。就文艺理论研究领域而言,一有风吹草动,这种带着"左"的烙印的理论,就钻出来吓唬人、折腾人。理性地反思苏联50年代文论对中国当代文论建设的影响,仍然是一个十分迫切的课题。

一　给苏联50年代上半期的文论定性

苏联50年代的文论是俄苏文论自身演变发展的结果,同时又是特定时代的产物,因此我们在给苏联50年代的文论定性时,必须从这两个方面进行考察。

第一,俄苏文论自身有一个发展过程,苏联50年代的文论是19世纪以来俄苏文论的必然发展,因此简略地回顾俄苏文论发展中的一些重要倾向及其斗争是有意义的。历史表明,俄苏文论的发展始终存在两种倾向:一种是强调文学的意识形态共性,把文学和其他社会科学都看成是阶级斗争的工具,因此强调文学与社会的关系,看重内容,认为内容才是文学的本体,甚至把这种共性和关系绝对化,完全忽视文学自身的特点。另一种倾向是,强调文学自身的这样或那样的特性,反对文学成为工具,强调作家的个性,看重形式,认为形式才是文学的本体,甚至把文学形式绝对化,完全割断文学与社会生活的联系。

上述两种倾向从 19 世纪下半期就开始出现了。这就是以别林斯基、车尔尼雪夫斯基、杜勃罗留波夫等革命民主派为代表的现实主义文论和以德鲁日宁、鲍特金、安年科夫等自由派为代表的"纯艺术论"的两种倾向的斗争。车尔尼雪夫斯基等从俄国社会和文学发展的现实斗争的需要出发,认为:"美学观念上的不同,只是整个思想方式的哲学基础不同的结果……美学问题在双方看来,主要不过是一个战场,而斗争的对象却是对精神生活的一般影响。"[①]基于这样的认识,车氏提出了"美是生活"的命题,并且判定"客观现实中的美是完全令人满意的","现实比起想象来不但更生动,而且更完美。想象的形象是现实的一种苍白的、而且几乎总是不成功的改作"[②]。所以,他认为"再现生活是艺术的一般性格的特点,是它的本质"。在他的观念中,文学艺术是现实的替代品,是在现实不在眼前时的苍白的替代品。文学艺术本身并没有独立的意义,它不过是屈从于现实的附属品。文学艺术本身的特征被忽略了。杜勃罗留波夫也是强调"文学的主要意义是解释生活现象",强调文学的人民性原则,对文学自身的规律缺乏进一步的探讨。而以自由派为代表的"纯艺术论",则把文学理论分为两种,一种是"教诲的批评",上述别、车、杜的批评就属于"教诲的批评",这是只顾道德上的教益,不顾艺术的特点的批评;另一种是"优美的艺术批评",这是他们所主张的理论,在他们看来,诗的世界和平庸的散文式的现实生活是相互隔绝的,诗人只要以"真、善、美"为永恒的原则,不应该为眼前的现实的利益服务。所以他们认为政治是"艺术的坟墓",文学理论应着重"解释和阐释作家的魅力、艺术习惯、他的技巧和表现主题的特殊方式",因为正是这些特征构成了一个作家区别于其他作家的"文学面貌"。[③] 所以他们认为"如果缺乏明确的艺术形式,单独的

[①] 《车尔尼雪夫斯基选集》上卷,三联书店,1958 年,第 167 页。
[②] 同上书,第 101 页。
[③] 转引自刘宁、程正民《俄苏文学批评史》,北京师范大学出版社,1992 年,第 139 页。

人民性并不属于艺术,而属于民俗学"①。

19 世纪末的学院派批评也出现过"文化历史学派"和"心理学派"的对立。文化历史学派受实证主义哲学的影响,把文学作品看成是文化史文献,研究文学仅仅是为了了解作品所属的时代的世界观和风尚,忽视了文学的特殊性。心理学派则特别重视作家的个性,认为创作的奥秘存在于作家的个性中,艺术创作是通过语言的形象传达一定的生活感受、生活印象和想象的心理过程,艺术作品是心理的产物。因此理论研究要解释创作的心理过程,解释艺术作品的心理内涵,探讨艺术典型的审美内容和作家的审美态度。

应该说明,在整个 19 世纪,俄国社会处于激烈的斗争中,而文学又几乎成了表达思想的唯一手段,因此特别适合于现实主义文论和文化历史学派的发展。

十月革命前后一段时期,上述两种倾向的对立仍在继续,而且各执一端的情形更加严重。众所周知,俄国形式主义派重视文学特异性,他们提出"文学性"的概念,并从文学语言层面的"陌生化"来规定文学的特性,而把社会生活、思想感情都看成是文学的外部的东西。但他们的观点遭到了毫不留情的批判,把文学看成是"经济的审美形式","阶级的等同物","阶级心理的投影",看成是阶级斗争工具的观点占了上风。20 年代的苏联文论在"左"的思潮影响下,把文艺与政治的关系简单化、庸俗化。庸俗社会学的学者和"拉普"的领导人完全不顾文艺自身的特点和创作的规律,把文艺当做政治宣传的号筒和工具,文艺沦为政治的附庸。这里值得谈的是以沃隆斯基为代表的"山隘"派和以罗多夫、列列维奇等为代表的"岗位"派(拉普前身)之间所展开的斗争。这场斗争的核心问题是文艺与政治的关系问题。"岗位"派认为文艺是"特定阶级意识形态的产物",是"阶级斗争的有力工具",要在文艺领域划清敌我,进行"一场在政治领域那样的斗争",他们否定过去的文学遗产,认为"以往时代的文学都渗透了剥削阶级的精神"等。"山隘"派却强调"文艺是对生活的认识",突出文艺的客观性,注意文艺的

---

① 转引自刘宁、程正民《俄苏文学批评史》,北京师范大学出版社,1992 年,第 140 页。

特点。鲁迅对当时这两派的斗争发表过这样的意见:"对于阶级文艺,一派偏重文艺,如瓦浪斯基等,一派偏重阶级,是'那巴斯图'(即'岗位'派)的人们。"①"山隘"派很快被打下去。"拉普"的庸俗社会学错误则没有得到彻底的清算,文艺问题被混淆为政治问题,这种状况一直延续到50年代中期。30年代初,又提出社会主义现实主义的创作方法,这就把一个政治概念和一个文学概念直接地联系在一起。这个政治与文艺联姻的概念成为苏联文学发展的"宪法",取得了至高无上的霸权地位。

影响我国文艺理论建设的苏联50年代文论,基本上是上述强调文艺的意识形态共性这种倾向的继续和发展,"纯艺术论"和形式主义文论继续受到严厉的批判,形式主义文论的代表人物什克洛夫斯基本来在《共产主义与未来主义》一文中曾断言:"艺术总是离开生活而保持自由,在它的色彩中从来也没有反映出那飘扬在城市堡垒上空的旗子的颜色。"②但后来一再检讨,直到1959年出版的《小说管见》一书中,60岁的什克洛夫斯基仍然在纠正20岁的什克洛夫斯基:"当时我在旗子的颜色上抬了杠,不懂这旗子就决定了艺术。……在诗歌中旗子的颜色意味着一切。旗的颜色,就是灵魂的颜色,而所谓灵魂是有第二化身的,这就是艺术。"③从他的检讨中,可以看到苏联50年代主流文论对形式主义文论压迫之深。而"拉普"的庸俗社会学和机械论则被当做思想方法问题,没有得到应有的批判,相反,还得到像季莫菲耶夫这样的权威某种程度的肯定。把文学问题被当做政治问题成为一条定律。一些纯文学问题被拿到苏共政治局去讨论,并作出决定,或反映到党代会的政治报告中去。最典型的一个例子,就是在苏共十九大马林科夫所作的政治报告中,竟然大谈艺术典型问题,而且认为典型是"与一定的社会历史现象的本质相一致的",是"党性在现实主义艺术中表现的基本范围","典型问题任何时候都是一个政治问题"。既然典型

---

① 《鲁迅全集》第17卷,人民文学出版社,1973年,第670页。
② 引自阿·梅特钦科《继往开来》,中国社会科学出版社,1983年,第157、161页。
③ 同上书,第157、161页。

成为已经有了定论的政治问题,谁还敢说三道四呢?文学问题的政治化,是苏联50年代文论的一大特征。

此外就是苏联文论的哲学化问题。应该承认,50年代苏联有不少文论家用辩证唯物主义哲学来解释文学现象,特别是用列宁的反映论来揭示文学的规律,取得了一些成果,因为文学中确有一些哲学问题,需要通过哲学的视角才能得到解决。但哲学不是万能的,文论的哲学化带来的是理论的空洞化,许多文学的特殊问题在哲学化的过程中,被过分抽象化、一般化,结果是什么问题也解决不了。如文学的本质通常被定义为"以形象的形式反映生活",典型通常被定义为"个性与共性的统一",真实性通常被定义为"以形象反映生活的本质",作品的构成通常被定义为"内容和形式的辩证统一"……所有这些定义都正确,可又丝毫不解决文学自身的特殊问题。早在1956年思想比较解放的苏联文论家阿·布罗夫在《美学应该是美学》一文中就谈过这类定义,他说:"由于这里没有充分解释出艺术的审美特性(哲学的定义不会提出这个任务),所以这还不能算是美学定义。"他认为,对美学和文艺学来说,"它不能仅仅用一般的哲学的方法论原理和概念来说明自己的对象。它必须揭示对象的内在的特殊的规律性,即制定自己的方法论和专门的术语"①。文论的哲学化,导致文论仅仅沦为哲学的例证,而文学自身的问题则较少进入研究的视野。

第二,苏联50年代的文论不但是俄苏文论自身演变的结果,而且也是时代的产物。第二次世界大战之后,世界进入冷战时期,50年代是冷战最为激烈的时期。以苏联为首的社会主义阵营,和以美国为首的资本主义阵营,在政治、经济、文化等所有的方面全方位对立,双方壁垒森严,互相封锁,互相抵制,"不是东风压倒西风,就是西风压倒东风"。在这种时代背景下,苏联的文论完全是处在封闭的状态。他们当时在文化上提出了"反对世界主义"的口号,对西方的文化和文论流派一概斥之为"资产阶级的没落颓废货色",完全拒之门外。长期担任苏联领导人之一的日丹诺夫在1948年一次关于苏联音乐工作的讲话

---

① 《美学与文艺问题论文集》,学习杂志出版社,第36—39页。

中,他断言说:"处在衰颓和堕落状态中的现代资产阶级音乐,那是没有什么可以利用的。所以对于处在衰颓状态中的现代资产阶级音乐表示奴颜婢膝,是尤其愚蠢和可笑的。"他甚至把未来主义、立体主义、现代主义统统说成"疯狂的胡闹"①,这就完全断绝了与西方文艺流派和文论流派的来往。更可悲的是对苏联本国产生的一些优秀文论,如巴赫金的文论,也弃之如敝屣。然而,正是巴赫金在苏联建立了一种全新的诗学,他既克服了形式主义只重视文学的语言的片面性,又克服了庸俗社会学把文学等同于政治的错误,把语言和它所表现的意义艺术地联系起来,把外部规律与内部规律结合起来考察,提出了一系列新鲜、独到的观点,如他的社会学诗学、复调小说理论等,都是很有见地的。但在50年代,他处在社会和学术的边沿,直到70年代他的学说才为世人所瞩目,而且他的理论在西方的影响似乎比在俄国的影响要大一些。由此不难看出,50年代的苏联文论受冷战时期各种因素的影响,基本上是冷战时期的理论。

苏联50年代的文论当然也并非一无是处,起码有两点是值得注意的:①重视用列宁的反映论来解释文学现象;②对人道主义与文学的关系的肯定。前一点,使文论建立在唯物主义的基础上,后一点使文学重视人的地位,表现在文学创作中,就是敢于写人的命运和情感的变化,这与19世纪俄国文学的优秀传统是相通的。但无可否认的是苏联50年代的文论是带有"左"的烙印的政治化的、哲学化的、封闭保守的文论形态,是缺少活力的文学教义。

二 苏联50年代文论对我国建国以来文论建设的影响

50年代初中期,是一个全面学习苏联的时期。我国的文论建设也正是在这个时期起步。苏联的文论通过两条渠道进入中国,一是翻译,几乎在苏联占着主流地位的文论的专著和论文,以及重要的教材,都一

---

① 《日丹诺夫论文学与艺术》,人民文学出版社,1959年,第64、68页。

一被翻译过来，如季摩菲耶夫的三卷本《文学原理》，涅陀希文的《艺术概论》，在中国产生了很大的影响；一是请专家来华传授，如北京大学请了毕达科夫，北京师范大学请了柯尔尊，等等，他们在中国开班设课，编写讲义出版，其授课的对象是新中国第一代文艺学青年教师。他们的影响也是很大的。在一个时期里，我们这个有几千年文明史的国家竟然在文学上得了"失语症"，完全是亦步亦趋地跟在苏联文论后面。可以这样说，50年代的苏联文论在新中国开创时期取得了霸权地位，中国文论则完全臣服于苏联文论的脚下。这就带来了严重的后果。

第一，文学问题的政治化，堵塞了文学理论的普通知识，严重扼杀了敢于独立思考的、有真知灼见的一代文论家的创造。正像苏联把典型问题当政治问题一样，中国也把"写真实"论、"题材广阔"论、"中间人物"论、"人性"论、"人道主义"论当做修正主义来批判。发展到"文革"被概括为"黑八论"，要大批特批，一大批长期从事文学批评和文论研究的专家学者，遭到了惨无人道的摧残。由于随意把文学问题政治化，文论研究除了重复一些马列词句外，也就无法进行下去。文艺理论成果微乎其微，也就可以理解了。由于把文学问题混同于政治问题，就人为地设置许多禁区，这是文论的悲剧，这不能不说与苏联50年代文论的影响是密切相关的。

为什么苏联50年代和中国当代会把文学问题跟政治问题相混淆呢？这与如何给文艺学定位有关。按照马克思主义的论点，文学是更高悬浮在上层的意识形态，那么以文学为研究对象的文艺学，也是更高悬浮在上层的意识形态，文艺学与政治虽然有关，但这种关系是比较远的。我们认为，应该把文艺学定位在人文学科上面，它有意识形态性，但与政治的关系在非特殊的情况下是比较远的。或者可以这样说，人文精神和意识形态有一定的联系，但它们是两个不同层面的问题，主流的意识形态关心的是作为统治阶级如何延续和加强自己的统治的问题，它对个人的生活命运并不十分关心；人文精神则是关心人的生活的意义和价值，关心人的生活如何变得更丰富、更美好。在政治清明时期，这两个层面的问题有较大的一致性，但在政治走进误区的时期，这两个层面就可能会产生矛盾，如"文革"中，意识形态压倒人文精神，人文精神完全泯灭,人的生活不但失去了意义,而且人本身受到摧残。这样的时期自然没有真正的文学,也没有真正的作为人文学科的文艺学。

第二,文学问题的哲学化,使文论囿于哲学的视角,不能揭示文学所固有的特殊规律,丧失了理论应有的活力。当然,对文论来说,哲学的前提是重要的。但哲学的解决不能代替美学的解决和文艺学的解决。我们认为,反映论可以解释文学的本质问题,但必须是艺术的反映论,而不是哲学的反映论。如季摩菲耶夫的《文学原理》在谈到文学的本质时,说"形象是艺术反映生活的特殊形式",或者说文学是"生活的本质"、"生活的规律"的反映,他认为这是"文学原理的核心"。这样来界说文学实际上等于什么也没有说。因为不但文学反映生活的本质和规律,其他许多科学也反映生活的本质和规律,甚至反映得更精确一些。况且像"月是故乡明"这样的诗句,又如何反映月亮的本质和规律呢？月亮是地球的卫星,这才是月亮的本质规定。杜甫这句诗岂不根本没有揭示月亮的本质？如果文学仅是为了反映生活的本质,那么科学更能反映生活的本质,文学也就没有独立存在的权利了。至于"形象",则不但文学有,其他学科也有。况且有些没有形象的作品也不失为优秀的作品。由此一例,说明哲学化的文论,一旦进入分析艺术事实的时候,就暴露出它的软弱无力和混乱不堪。我国文论建设长期停滞不前的原因之一,就是我们囿于一般的哲学方法论,我们没有文艺学自身的方法论,因而在揭示文学自身的特性与特殊规律上面,就显得无能为力。

文艺学之所以能成为一门学科,就因为它有自身的概念、范畴、体系和自身的方法论,它不是哲学的附庸。哲学可以影响甚至指导文艺学,但它不能代替文艺学。文艺学中有宏观的哲学问题,但更多的是微观的艺术问题。如果把文艺问题都大而化之只作哲学的宏观的考察,那么文艺学也就可以取消了。

第三,由于苏联50年代文论自身的封闭性、保守性以及它在中国50年代的霸权,使我们的文论在很长的一段时间里,既失去了与西方20世纪文论交流、对话的可能,又割断了与传统文论的血脉的联系。因为我们搬过来的苏联50年代的文论处于自足状态,与西方文论和中国古代文论不但缺少通道,而且互相排斥。这样理论的僵化就是必然的了。20世纪被称为"批评的世纪",西方各种文论流派纷呈迭出,从各个不同的角度考察文学现象,提出了许多文学观念和批评方法,尽管这些理论流派有这样或那样的不足,但都把握到某些真理性的东西。以开放的心态与西方的20世纪的文论进行平等的交流与对话,肯定是有益的。世界各民族的思想家的思考和创造,是世界人民共同的精神财富,理应共享,这不能一味用阶级性加以反对。"反对世界主义"更是狭隘的民族主义心理的表现。至于中国古代和现代的文论遗产,是中华民族长期的精神创造的结果,它的精辟与丰富之论,经过必要的转化,完全可以作为当代文论建设的基础。

第四,苏联50年代的僵化理论培养了中国的一些自称"左派"的人。苏联50年代文论的一个突出特征就是以批判见长。这种理论思维习惯也传染给我们。在我们的队伍里也出现了一些缺乏思考能力,却善于抓人家的辫子、给人家戴帽子的人。他们以"左派"自居,口里念着马列的词句,以整人为职业。姚文元就是其中最突出的一个。苏式理论最大的危害就是它为我们社会造就了一批姚文元式的人物。不但为我们的文论建设带来了障碍,也给我们的国家政治生活带来了不健康的因素。这是事实证明了的。

如前所述,苏联文论也有长处,但很可惜的是,列宁的反映论在我们这里常常变成了机械的反映论,而人道主义在中国的命运则比苏联坏得多,经常遭到无情的批判。

三 我们应该汲取什么教训

苏联50年代文论之所以能在中国很长一段时间里获得霸权,根本原因在我们自身。在"文革"结束以前的近三十年中,以"阶级斗争为纲"的"左"的路线占了主导的地位。这样在我们的头脑中就很自然地形成了一种"左"的预成图式,当我们去吸取苏联文论时,就与其一拍即合。我们觉得我们需要的就是这些东西,这些东西很对我们的胃口。

例如，新时期以前的文学创作存在着严重的"图解化"的毛病，五六十年代就提出过"写中心、画中心、演中心、唱中心"的口号，这是"拉普"的口号在中国的翻版，1931年斯大林对经济工作作了《新的环境和新的经济建设任务》的报告，"拉普"领导立即作出《关于斯大林的讲话和"拉普"的任务》的决议，认为"斯大林讲话的每一部分都是艺术作品有价值的主题"。可以说"拉普"的做法，我们是心领神会的。因此，我们似乎不必对苏联50年代的文论说三道四，问题还是我们自己身上有"病"。先要治好自己的"病"，我们才可能心明眼亮，那么无论我们面对的是什么对象，都能放出眼光来，有所鉴别，有所取舍。

50年代中期以后，苏联的文艺思想进行了调整。特别是新出现的"审美学派"专注于文学艺术的审美特性的揭示，对20年代的形式主义文论流派也有重新的评价，符号论文论也取得了令人瞩目的成果，对西方也采取开放的态度，社会主义现实主义改为社会主义现实主义的开放体系。但在新时期以前的中国，还是延续苏联50年代初期的文论。而且后来60年代的"反修"斗争，大批人道主义等，不但没有抑制苏联50年代初期"左"的东西，相反把其"左"的东西更推进一步，一直发展到"文革"的极"左"的灾难。这是沉痛的教训，不能不吸取。我们这样说，丝毫没有把自己排除在外的意思。实际上，我们自己从学习苏联50年代的文论开始教学和研究的生涯，自己的著作中，也常跟着苏联50年代初期的文论的脚印走，错误是很多的。我们只是想把自己摆进去，进行理性的客观的反思，从中吸取必要的教训。

以史为鉴，今天我们在评介西方20世纪文论时，也不能全盘照搬，一定要放出眼光来，有所鉴别，有所取舍，学会博取众长，融古铸今，努力建设新的生气勃勃的文艺学形态。

第三章 周扬对毛泽东文艺思想的阐释

周扬的文学理论活动,可以分为上海时期、延安时期和北京前期、北京后期四个时期。上海时期和延安时期已经在第二编作了概括和分析。这里描写北京前期,即通常所说的中华人民共和国建国后的最初的十七年(1949—1966)的文学理论活动。在此期间周扬历任中央文化部常任副部长、党组书记、中共中央宣传部副部长、全国文联副主席、中国作协副主席。在17年中,他实际上主持了全国的文艺和文艺理论的工作。1949年以来出版的理论著作有:《表现新的群众的时代》(1949)、《论赵树理的创作》(1949)、《生活与美学》(1949)、《新的人民的文艺》(1949)、《坚决贯彻毛泽东文艺路线》(1952)、《文艺战线上的一场大辩论》(1958)、《我国社会主义文学艺术的道路》(1960)、《哲学社会科学工作者的战斗任务》(1963)、《高举毛泽东思想红旗,做又会劳动又会创作的文艺战士》(1965)。在周扬代表中国共产党领导解放后十七年的文艺理论工作,主要关注的是社会主义文艺建设问题。周扬的理论工作可以说成绩与错误并存。从积极的角度说,周扬在这个时期,在贯彻毛泽东文艺思想方面是不遗余力的,并且提出描写"英雄人物"问题,阐释和发挥了毛泽东的文艺思想,对艺术创作的规律也有所探索,如讲文学要通过形象说话,不能概念化。从消极的角度说,周扬时时在揣摩毛泽东的心思,一直忠实执行了"以阶级斗争为纲"的做法。1951年批判电影《武训传》运动,他忠实地执行了毛泽东的指示,对电影《武训传》作了十分不当的批判。1954年毛泽东发动反对胡风的运动,批判俞平伯的《红楼梦研究》和批判胡适的唯心主义思想,周扬写了《我们必须战斗》,尤其是对胡风的批判是不公正的;1957年毛泽东发动反右运动,周扬写了《文艺战线上一场大辩论》的长篇论文,对丁玲、陈企霞等文艺界许多同志残酷斗争、无情打击,周扬在文艺界反右派扩大化上负有不可推卸的责任。周扬的文艺思想是占主导倾向的"文艺从属于政治"思想的代表。尽管如此,1965年毛泽东还认为他"政治上不开展",毫不客气地指出:"你和文化界老人有千丝万缕联系,你不能再温情了"。"文革"中终于被打成中宣部的"二阎王",被残酷斗争,在北京秦城监狱关了九年之久。

一 人民文艺论——新时代文艺发展的方向

周扬文学思想的核心是他对社会主义现实主义在中国的极力提倡,对文学与人民群众关系的反复思考。对于文艺为人民的问题,他在30年代上海时期,他就提出文艺大众化问题。提出的动机当然是好的,而且经过热烈的讨论,但问题并没有解决。正如他在1944年所说:"'大众化,'我们过去是怎样认识的呢?我们把'大众化'简单看做是创造大众能懂的作品,以为只是一个语言文字的形式问题,而不知道同时甚至更重要、更根本是思想感情的内容的问题。"①直到他担任延安"鲁艺"院长期间,这个问题仍然没有解决。直到1942年毛泽东《讲话》后,文艺为工农兵服务的命题提出后,周扬才心悦诚服接受毛泽东的这一思想,这其中还有属于周扬自己的论证,而不是简单附和。周扬在其40年代最重要的论文《马克思主义与文艺·序言》中说:"文艺从群众中来,必须到群众中去。"②他通过毛泽东文艺理论的学习,对"大众化"有了新的理解和阐述,认识到,人民群众文艺论确立的关键在作家的人生观的改造过程中。他说:"毛泽东作了关于'大众化'的完全新的定义:大众化'就是我们的文艺工作者的思想感情和工农兵大众的思想感情打成一片',这个定义是最正确的。"③周扬的意思是,为人民群众服务的文艺能否产生,取决于作家的世界观、人生观是否得到真正的改造,是否把自己的立足点移到工农兵方面来,移到无产阶级方面

---

① 周扬:《马克思主义与文艺·序言》,《周扬集》,中国社会科学出版社,2002年,第53—54页。
② 同上书,第48页。
③ 同上书,第56页。

来。作家自己的感情是否属于工农兵,这才是文艺为工农兵的关键所在。周扬就这样提出对创造群众文艺的新理解。在日后他所领导的文艺工作中,也是按照这个标准和定义来评判作家和作品的。

值得特别指出的是,在周扬关于人民文艺的论述中,更重要的论点是歌颂和表现"新的英雄人物"。这是周扬对毛泽东的"表现工农兵"论点和描写"新的人物,新的世界"论点的发挥和延伸。这个理论是周扬在建国前后提出来的。1949 年 7 月在中华全国文学艺术工作者代表大会上,周扬在题为《新的人民的文艺》的报告中认为,中国人民在反对封建主义和帝国主义的斗争中,克服了困难,改造了自己,涌现了各种英雄模范人物。这种情况表现了新的人民时代的特点。他说:

> 我们是处在这样一个充满斗争和行动的时代,我们亲眼看见了人民中的各种英雄模范人物,他们是如此平凡,而又如此伟大,他们正凭着自己的血和汗英勇地勤恳地创造着历史的奇迹。对于他们,这些世界历史的真正主人,我们除了以全副的热情去歌颂去表扬之外,还能有什么别的表示呢?即使我们仅仅描画了他们的轮廓,甚至不完全的轮廓,也将比让他们湮没无闻,不留片鳞半爪,要少受历史的责备。①

这是周扬从历史唯物史观出发,根据新的时代的特点,对人民文艺提出的一个要求,如果不把这种描写当成是人民文艺的唯一要求,肯定是正确的,提出这一理论也是很有意义的。此后,在周扬的理论活动中,只要有机会,就不遗余力地提倡写"新的英雄人物"、写"先进人物"、写"完全新型的人物"的观点,进行了极为详细的论述。我们不能不看到,在写"新的英雄人物"的理论的倡导下,在建国之后一段时间里,一批对新的英雄人物确有体验的作家,创造出一批革命题材的优秀的文学作品,塑造出不少值得人们学习和敬仰的英雄人物形象,如《红旗谱》中的朱老忠,《红岩》中的江姐,《青春之歌》中的林道静,《林海雪原》中的杨子荣,《红色娘子军》中的琼花,等等。这些英雄人物经作

---

① 周扬:《新的人民的文艺》(1949),《周扬集》,第 67 页。

家的创造和出版阅读已成为家喻户晓的人物。这说明周扬的写"新的英雄人物"论的确是有理论价值和实践价值的。周扬在建国后一系列的文章、报告中反复强调写"新的英雄人物",甚至到了新时期,周扬仍然倡导要写与"四人帮"作斗争的"新型的英雄主义"。但是周扬在提出他的写"新的英雄人物"理论的同时,或多或少把它与鲁迅的描写"国民性"弱点的理论做对比,不能不给他的理论带来某种阴影。他上述的报告中说:"中国新文化运动的最伟大的启蒙主义者鲁迅曾经痛切地鞭笞了我们民族所谓的'国民性',这种'国民性'正是帝国主义、封建主义在中国长期统治在人民身上所造成的一种落后的精神状态,他批判地描写了中国人民性格的这个消极的、阴暗的、悲惨的方面,期望一种新的国民性的诞生。现在中国人民经过了三十年的斗争,已经开始挣脱了帝国主义、封建主义所加在我们身上的精神枷锁,发展了中国民族固有的勤劳勇敢及其他一切的优良品性。新的国民性正在形成之中。……我们不应当过分夸大人民的缺点,比起他们在战争与生产中的伟大贡献来,他们的缺点甚至是不算什么的。我们应当更多地在人民身上看到新的光明。这是我们所处的这个光明时代不同于过去一切时代的特点,也是新的人民的文艺不同于过去一切文艺的特点。"①从理论表述的角度看,也好像没有什么不妥。但问题是鲁迅批判的中国"国民性"的落后的精神状态真的过去了吗?中国人民真的挣脱了压迫者所加在他们身上的精神枷锁了吗?新的国民性真的在形成中了吗?我们承认在斗争中的确有英雄人物涌现出来,这是事实。但是人民身上的精神奴役的创伤真的就消失了吗?这里就没有遭遇到曲折性和复杂性吗?鲁迅在对于左翼作家联盟的意见中说:"就社会的根底原是非常坚固的,新运动非有更大的力不能动摇它什么,并且旧社会还有它使新势力妥协的好办法,但它自己是决不妥协的。"②周扬缺乏鲁迅这种对旧社会根底十分坚固的深刻认识,以为新中国的建立一切都

---

① 周扬:《新的人民的文艺》,《周扬集》,第68—69页。
② 鲁迅:《对于左翼作家联盟的意见》,《鲁迅全集》第4卷,人民文学出版社,1959年,第184页。

会焕然一新。实际上,在建国以后,旧社会的痼疾仍然顽强地表现自己,旧社会强加给人民的落后"国民性"继续存在,并给社会和人的发展带来极大危害,鲁迅批判国民性的文学主题至今没有过时。在"文革"中,封建主义的迷信、奴性、专制、残忍和落后,在一些人身上又来了一次集中爆发,这是周扬没有料到的。特别要指出的是,他的写"新的英雄人物"的理论一方面使像茅盾、巴金、老舍、曹禺等许多对旧社会黑暗对普通人的人性复杂性有深刻了解和体会的作家形成了一种压力,常感自己无法下笔,要熟悉新人新事也不是立刻就能做到的。当然,周扬在建国十余年后自己也意识到了这个问题,也说过:"老作家可以写现在,也可以写过去,过去的生活是年轻人所不能写的。"①但周扬说此话时似乎为时已晚,因为不久"阶级斗争天天讲"的时代开始了,谁还敢去写"过去"。同时周扬的"英雄"论也被"文革"期间"四人帮"发展到极端,构成了对中国文学发展的极大伤害。也许周扬的理论本身没有错,但它含有对人形成压力的可能,被人曲解的可能,从而产生负面效果,这不能不说是遗憾的事情。

二 艺术真实——艺术的最高原则

周扬文艺理论活动的兴奋中心,从 1942 年毛泽东的《在延安文艺座谈会上的讲话》起,直到建国前后,差不多一直都在如何贯彻毛泽东的《讲话》的精神以及如何解释苏联作协的"社会主义现实主义"方法。毛泽东的在《讲话》里提出了"进行文艺问题上的两条战线的斗争",意思是既要反对内容有害的作品,也要反对只讲内容不讲形式的所谓的"标语口号"的作品,达到政治与艺术的统一。周扬接过毛泽东的提法,提出"一方面文艺脱离政治的倾向,另一方面也反对概念化、公式

---

① 周扬:《在北京文艺座谈会上的总结报告》,《周扬文集》(四),人民文学出版社,1985年,第 49 页。

化的倾向"①。在文艺如何为人民服务的问题上,周扬的特殊贡献就是提倡写"新的英雄人物";但是如何写好"新的英雄人物"?由于各种原因,常常出现公式化、概念化的问题;那么如何在坚持文艺的革命方向的前提下,来消除公式化、概念化的问题,使作品"忠实于现实",就成为周扬经常思考的问题。周扬作为一位文学理论家,当然知道创作一旦陷入公式主义,文学的真实性也就消失殆尽,文学的魅力就必然失去,所以早在1951年,他就说:"文艺上公式主义的特点,就是把本来是多面的、复杂的、曲折的生活现象,理解成和描写成片面的、简单化的、直线的。公式主义不按照生活的多样性而按照千篇一律的公式去观察和描写生活,不但把复杂的生活现象简单化,而且把真正的政治,即群众的政治庸俗化。另一方面形式主义的特点,则是编造不现实的故事,绘声绘色加以描写,以人为的、'戏剧性'的矛盾和曲折的情节来代替生活本身的辩证法,掩盖生活内容的空虚。"②概念化、公式化与文艺的真实性是相对立的,而周扬认为:"无论表现现代的或历史的生活,艺术的最高原则是真实。"③

概括起来看,周扬从以下三个角度来分析这个问题:第一,违反艺术真实的公式化与概念化都是脱离现实、脱离实际的结果。周扬把这一点归结为有些文艺工作者对于毛泽东的"深入生活""时常发生模糊、动摇和抵抗"。周扬说:"毛泽东同志要我们'长期地、无条件地、全身心地'到群众斗争中去,而我们的有些文艺工作者却往往是'暂时地、有条件地、半身心地'。毛泽东要我们投入到群众的'火热的斗争'中去,而我们的有些文艺工作者却往往站在这个'火热的斗争'之外。有的文艺工作者甚至主张任何一种生活都有它的意义,不必特别地追求群众斗争的生活,这样来使自己脱离群众、脱离实际的现状合法化。"④既然作家脱离群众、脱离生活,如何能真实地写出群众生活的真

---

① 周扬:《毛泽东同志发表〈在延安文艺座谈会上的讲话〉十周年》(1952),《周扬文集》(二),人民文学出版社,1985年,第152页。
② 周扬:《坚决贯彻毛泽东文艺路线》,《周扬文集》(二),第54—55页。
③ 同上书,第177页。
④ 同上书,第54页。

实呢？第二，违反艺术真实的概念化、公式化是粉饰现实、不敢揭示生活矛盾的结果。周扬说："社会主义现实主义首先要求作家在现实的革命的发展中真实地去表现现实。生活中总是有前进的、新生的东西和落后的、垂死的东西之间的矛盾和斗争，作家应当深刻地去揭露生活中的矛盾，清楚地看出现实发展的主导倾向，因而坚决地去拥护新的东西，而反对旧的东西。因此当我们评论一篇作品的思想的时候，主要就是看它是否揭露了社会阶级——这种矛盾是无微不至地表现在生活的各个方面的——以及揭露是否深刻。任何企图掩盖、粉饰和冲淡生活中的矛盾的倾向，都是违背现实的真实，减低文学的思想战斗力，削弱文学的积极作用的。"①的确，粉饰生活和无冲突论是妨碍文学真实性的一个关键，这一点分析应该说比前面一点分析来得深刻。第三，违反艺术真实的概念化和公式化还由于没有写出"英雄的个性"和"成长过程"。周扬说："我们当然不应当把英雄'神话'或'公式化'。在现实生活中，作为特定的社会典型的人民英雄的性格是有共同性的，但各个英雄又具有自己的个性，他们的成长过程是各种各样的。英雄所具有的品质是不断地在革命斗争的火焰中，在克服困难中的斗争中锻炼出来的。在这里，我们必须把英雄人物在政治上思想上的成长过程，性格上的某些缺点以及日常工作中的过失或偏差和一个人的政治品质、道德品质的缺陷加以区别。"②周扬的意思是，为了使作家笔下所塑造的人民英雄人物更具有真实性和生动性，应该充分写出不同英雄人物的个性，也可以写他们的成长过程，还可以写他们性格上的某些缺点和工作上的偏差，从而使英雄人物的性格丰富起来，更具有真实感和艺术的光彩。这一点分析可以说接触到了人物形象塑造的核心问题。

总之，追求真实性，反对概念化和公式化，是周扬北京前期文艺理论活动的一个基本点，其目的也是为了更好地贯彻毛泽东的文艺路线。但是周扬在探讨这个问题的时候，过分强调深入"火热的斗争"，不承

---

① 周扬：《社会主义现实主义——中国文学前进的道路》，《周扬文集》（二），第188页。
② 周扬：《为创造更多的优秀的文学艺术作品而奋斗》，《周扬文集》（二），人民文学出版社，1985年，第252页。

认到处都有生活,不承认生活的各个方面应当联系起来把握,因此也就不能深刻地解决概念化、公式化的问题。违反文学真实性的问题是"十七年"文学发展中一个始终未能解决好的问题,这不能不说与周扬等人的文学理论的局限有一定的关系。

三 形象和形象思维——文学的特征与规律

周扬在北京前期文艺理论研究的另一成果是他对文学特征问题的揭示。他认为,与科学相比,创造形象以反映生活,是文学的基本特征。与科学家的逻辑思维相比,运用形象思维是作家艺术创作的基本特征。

1955年,周扬在电影创作会议上作了报告,报告的第四部分专门谈论艺术的特征。周扬说:"对艺术的规律、特性过去是存在不正确的认识,我想讲讲这个问题。艺术的规律是什么,艺术认识现实的手段是什么?——科学和艺术都是反映现实的,艺术反映现实的特点是通过形象。通过艺术的特殊规律——形象思维,不是艺术没思想,任何艺术都是有思想的,和科学、政治不同的地方是艺术通过形象表达思想,艺术的特点是形象思维。……"①很明显,关于艺术特征、艺术规律的这些论述,都没有超越别林斯基的观点,也没有超越高尔基的观点,只是对他们观点的一种重复,并不能给我们新鲜的启示。在形象和形象思维论方面稍有建树的是周扬对艺术概括和科学概括的区别的论述以及对文学的"潜移默化"功能的论述。

关于艺术概括,周扬说:"艺术同科学不同之处是艺术用形象,同科学相同的是都有概括的过程,科学的概括同艺术的概括不同,艺术要看许多人、许多个性、许多英雄,作了观察,抽出来变成一个人,这个人和普通人又同又不同;相同的是'一个人',不同的是经过了综合,如只是具体没有概括,那就变成画像,艺术要观察具体的,通过形象,形象要

---

① 周扬:《论艺术的特殊规律》,《周扬文集》(二),第336页。

通过概括的过程,和逻辑一样同是经过概括的过程。"①这个说法大体是对的,的确,艺术不是就个别写个别,它需要从具体的个别的事物出发,但也要有一个概括和综合的过程。这一点高尔基、鲁迅在谈到典型人物的创造的时候也都谈到了。

关于文学的"潜移默化"功能,周扬说:"中国还有句古话也很好,就是'潜移默化',使你看了以后,不知不觉就受了它的影响,造成一种环境,使你几个钟头内进入这个真实的环境,能不潜移默化?如果艺术不造成这种环境,就不能潜移默化,顶多是引起你的同感。而艺术是要在不知不觉中把你的灵魂塑成作品中的人物一样,让你不知不觉就像小说里的人物一样。"②周扬借用"潜移默化"这个词,来说明文学的功能的特点,强调文学就是要造成一种环境、氛围、韵调,使人不知不觉中进入到作品所展现的世界,在不知不觉中受到熏陶和感染,从文学功能的特性的角度,道出了文学的特性。

周扬 1949 年到 1960 年的文学理论活动涉及的问题还很多,但是真正发生影响的理论就是上述一个中心——人民文学论,两个基本点——艺术真实论和艺术形象论。人民文学论是周扬作为一个马克思主义的文艺理论家所坚持的,是他的文学理论的根本,也说明他的理论与列宁的"文学为千千万万劳动人民服务"的思想、与毛泽东"文艺为工农兵服务"的思想的密切联系。艺术真实论是为了反对艺术创作的概念化和公式化,艺术形象论强调为人民的艺术必须有感染力和艺术的魅力,这两个基本点说到底还是围绕着"人民文艺"论这个中心点。

四 文艺的善、真、美与教育工具

这里还要阐释一下周扬对于文艺的价值取向的理解。周扬的文艺

---

① 周扬:《论艺术创作的规律》,《周扬文集》(二),人民文学出版社,1985 年,第 337 页。
② 同上书,第 339 页。

思想的核心既然是"人民文艺"论,那么他认为文艺的价值首先是它能成为教育人民的工具,成为鼓舞人民的力量。所以周扬心目中文艺的"功利"("善")是首要的,认识、审美则放在次要的地位。对于文学的"功利"价值,周扬说:"为了满足群众的日益增长的文化需要,创造优秀的真实的文学艺术作品,用爱国主义和社会主义的崇高思想教育人民,鼓舞人民向着社会主义社会前进,这就是文学艺术工作的庄严的任务。"①又说:"文学艺术是整个文化战线的一个重要方面,是影响人民精神生活的一种有力工具。今天它必须在建设社会主义中发挥巨大作用。"②这里所说的文学"庄严的任务","巨大作用",实际上就是周扬所理解的文学所追求的文学的"善"的价值。为什么这样说呢?很清楚,在周扬的观念,唯有对热爱国家、热爱社会社会主义,这才是最大的"善"。"善"在他的理解中,不仅仅是个人的行为,首先是集体的行为。非常有意思的是,周扬有时候把文艺的这种价值说得非常具体,如把文艺的价值与"五爱"教育关联在一起。他说:"文学的主要教育作用是培养人民爱祖国,爱人民,爱劳动,爱科学,爱公共财产的品德,这'五爱'是彼此相互关联,不可分割的。爱祖国,就是爱祖国的人民,人民中劳动人民最多,当然要爱劳动,而科学与公共财产又都是人类精神劳动的产物,当然要爱科学和公共财产。"③从这些说法来看,周扬对文艺的价值总的归结为一种教育的"工具"。这种说法来源于毛泽东的《讲话》和社会主义现实主义的定义中,并没有更多新鲜的东西。

关于文艺的真的价值,则是周扬一贯加以肯定的。周扬早在1942年发表的长篇论文《关于车尔尼雪夫斯基和他的美学》中多次谈到"真"对于文艺的价值。在谈到车尔尼雪夫斯基强调文学作品要给人留下总的印象,不能一味在细节的修饰上面下功夫的时候,周扬说:"这种现象在我们的文艺界不也存在吗?摈弃一切矫揉做作,使作品

---

① 周扬:《为创造更多的优秀的文学艺术作品而奋斗》,《周扬文集》(二),人民文学出版社,1985年,第234页。
② 周扬:《让文学艺术在建设社会主义伟大事业中发挥巨大作用》,《周扬文集》(二),第472页。
③ 周扬:《文艺思想问题》,《周扬文集》(二),人民文学出版社,1985年,第270页。

首先到达'真实和自然'的标准,这也正是我们努力的目标。"①"真实与自然"成为周扬一生提倡的理论,上个世纪50年代,他在反对公式化和概念化的理论活动中,也总是提倡"忠实于生活"、"严格忠实于生活"。但周扬在讲"真"的时候,也反对照搬生活,而是主张通过艺术加工,达到"合情合理"。他说:"戏要合情合理。所谓合情合理不是完全照搬生活事实,而是合情合理的创造,并使人感到合情合理。"②但周扬所要求的"真"还是为"善"(革命功利目的)来服务的。

当然,在文学的"功利"价值优先的情况下,周扬不总是把真、善、美分开来说,他认为真、善、美是不能分割开来的。他说:"人民的精神需要第一是提高社会主义觉悟,第二是丰富文化知识。……我们的文艺作品应该帮助人们认识生活,扩大生活领域,丰富文化知识。第三,满足人民艺术欣赏的需要,提高人民的审美能力。……提高社会主义觉悟,丰富文化知识,提高艺术鉴赏能力,人的生活无非这三个方面,文艺的作用也是如此。这三个方面分开来说,就是教育作用、认识作用(认识现在和过去的生活,观察未来的生活)和美感作用。这三者结合,不能分开。……文艺的教育作用和认识作用,是通过美感作用来达到的……或者说这三个方面也就是真、善、美。善是道德,真是认识过去和现在的社会,美是欣赏。……三者总是结合在一起,不可分割。"③应该说,周扬的这段话是那个时期对于文艺价值和功能的比较全面的论述。他强调真、善、美三者的区别和联系,全面评价了文艺的价值和功能。后来写进教科书中的也就是这些论述。但有时候他把真、善、美与用共产主义精神教育人民的观念又联系起来理解。如他说:"文艺的特点,就是通过唤起美感的形象,来用共产主义精神教育人民,并培养人民新的审美观念。人们阅读文艺作品不只要问哪些是真实的,哪些是不真实的?什么是先进的,什么是落后的?而且要感受什么东西

---

① 见《生活与美学》,人民文学出版社,1958年,第134页。
② 周扬:《在长春观看吉剧演出后与主要演员的谈话》,《周扬文集》(四),人民文学出版社,1985年,第159页。
③ 周扬:《在北京文艺工作座谈会上的总结报告》,《周扬文集》(四),人民文学出版社,1985年,第48页。

是美的,什么东西是不美的?文艺作品应该帮助人民辨别真伪、善恶和美丑,我们的文艺作品和文艺批评,应当帮助人民提高共产主义觉悟和树立共产主义风格。共产主义的风格,是最伟大、最美的风格。"①周扬这段话无论今天看起来是否适当,可思路是比较清楚的,在他看来,我们的文艺作品和文艺批评帮助读者辨别真假、善恶、美丑,归根结底是为了用共产主义精神和风格教育人民,因为共产主义精神和风格就是真的善的美的。

五 探索社会主义文艺发展的规律

经过1958年的"大跃进",1959年的"反右倾",1960—1962年的三年困难时期,在检讨了"冒进"之后,当时中国共产党提出"调整、巩固、充实、提高"的八字方针。在1961—1962年间,各行各业都进行了总结经验教训的活动。当时的文艺界也不例外。如1962年文艺界召开了大连会议,邵荃麟等在会议上在总结如何克服文艺创作中的"公式化"、"概念化"的基础上,提出了"写中间人物"问题。周扬除继续领导文艺工作外,又负责指导文科教材的编撰工作。在这种背景下,周扬的理论思考转向寻求社会主义文艺发展的规律问题。他首次明确提出文艺发展的"共同规律"和"特殊规律"的问题。他在1961年说:

> 共同规律与特殊规律不要分开,分开是不对的。过去只谈共同规律,不谈我们自己的特殊规律;58年以后则只谈特殊规律,不谈共同规律,把共同规律当成资产阶级的东西,这都不对。要知道共同的规律是普遍的,既是共同,也就适用于社会主义文学。不要把共同的规律看成是资产阶级的东西。今天社会主义文学的规律,我们还在摸索。规律是反复多次的东西。探索规律,要有个认识的过程……对于社会主义的规律,有些我们还可能认识得不够,

---

① 周扬:《和工人业余作者的谈话》,《周扬文集》(三),人民文学出版社,1985年,第30页。

还没有探索到。过去的规律,由于时代变了,有些已不适用于今天;有些则仍然适用,因为今天和昨天,某些条件还是相同的,不然就没有继承性了。当然,今天适用的规律,发展到将来的新的社会阶段,也可能不起作用。但社会虽然变了,文学总是文学,总有共同的东西。因而我们对共同规律要好好研究。不要把共同规律跟社会主义规律割裂开来。①

周扬这段话表明:①社会主义文学发展的规律我们认识还不够,因此要进行探索;②文学的发展有适用于各个时代的普遍的规律,又有适用于某个特殊时代的特殊规律,这两者不能割裂;③时代变了,过去摸索到的规律可能不适用于今天,因此要随着时代的变化而探索新的规律;④不要把文学发展的共同的规律看成是资产阶级的东西。应该说,这些看法都是实事求是之论,与50年代那种一味强调无产阶级的特殊的口号是不同的。那么,周扬认为社会主义文学发展的规律是什么呢?或者说如何理解在社会主义文学发展中共同规律与特殊规律的统一呢?在这个问题上,周扬提出了"立足于工农兵,要一手伸向古代,一手伸向外国"的思想。他在1961年说:

> 我们的立足点是工农兵,要一手伸向古代,一手伸向外国,继承人类宝贵的遗产。立足点是根本问题,这个问题不解决好,只盲目地伸向古代、伸向外国,就危险了,要被淹死的。我们要努力学习党的文艺政策、毛泽东文艺思想,对我们自己的文艺应该怀有满腔热情。对古代的东西、对外国资产阶级的东西,也要了解,要分析。②

周扬的上述论述,如果把"立足于工农兵"、"一手伸向古代"和"一手伸向外国"分开来看,这并不是什么新鲜的论点,但把这三点连为一个整体,还是有新意的。就是说,社会主义的文艺,从根本上说要为人民群众服务,但要服务得好,则必须吸收本国的和外国的人类一切文学

---

① 周扬:《对编写〈文学概论〉的意见》,《周扬文集》(三),人民文学出版社,1985年,第245页。

② 同上书,第227页。

遗产中的养分。关于立足于工农兵,在毛泽东《在延安文艺座谈会上的讲话》后,是周扬一贯强调的。关于学习古代文学遗产问题,周扬有很好的分析:"我们的文化是社会主义的文化,不是资本主义的文化,也不是封建主义的文化。但是,社会主义的文化同封建主义、资本主义的文化有个继承的关系,我们的文化要继承过去的文化。过去的文化是在封建主义社会和资本主义社会里所形成的。为着保持文化的'纯净',以免沾染上资产阶级思想、封建主义思想,干脆不要那些遗产行不行? 不行! 没有遗产,文化就没有根了。"①在这里,周扬以清醒的理性分析了社会主义文化不是凭空产生,文化遗产是发展社会主义文化的"根"。这个提法比毛泽东《在延安文艺座谈会上的讲话》中把文化遗产看成是发展新文艺的"流"的看法更进了一步。"流"强调的是一种惯性,是不得不如此。"根"则是自觉意识到发展新的文艺要扎根于本民族原有的优秀遗产的土壤中。这是一个规律问题,是不能违反的。对此周扬从"历史经验"的角度来论证:"根据历史的经验,欧洲的文艺复兴也好,盛唐的文艺复兴也好,大体上都是研究了古代,大量吸收了外来的东西以后形成的。不研究古代,不大量吸收外来的东西,很难设想能有一个文化的高潮。"②这就是使"伸向古代"成为发展新文艺的一种规律。在更具体的论述中,周扬指出了中国古代文论中一些带有民族传统的普遍规律,说:"艺术要留有余地,就是要启发人的思想。这样的艺术有表现力。艺术表现要留有余地,这是中国艺术历来的传统,也是全世界的好的艺术规律。留有余地的问题也有强调得过分的,从司空图的'不着一字,尽得风流',《沧浪诗话》中的'水中之月,镜中之花','羚羊挂角,无迹可求','不落言筌',直到王渔洋的神韵、王国维的意境,其中有不要逻辑思维的东西,但他们探索艺术有味道这一点是对的。毛主席也不反对艺术要有味道,他给臧克家的信中,就提到诗应

---

① 周扬:《继承遗产,发展社会主义文化》,《周扬文集》(三),第20页。
② 周扬:《对文艺工作的希望和对作家的要求》,《周扬文集》(三),人民文学出版社,1985年,第71页。

有'诗味'。所谓有味，就是不要把话说尽。"①可见，在文艺为工农兵这个立足点不动摇的前提条件下，社会主义文艺的发展应该充分继承传统文艺和文论中有益成分，这是周扬在1961年后对于新文艺发展问题的一个基本理解。

发展社会主义文艺，仅仅是"一手伸向古代"还不够，还必须"一手伸向外国"。周扬一直热衷于谈论现实主义，对此发表了许多看法。他在谈到无产阶级现实主义文学和批判现实主义文学的时候，指出这两者之间既有区别又有联系："批判现实主义和无产阶级文学不是简单的对立，有继承的关系，也有朋友的关系，光讲对立，不完全。这两个阶级的文学是对立的，但又有统一的方面。许多无产阶级文学家继承了批判现实主义，在共同揭露和批判资产阶级问题上，可以说作了朋友。二者的世界观不同，理想不同，方法有一部分相同，比如在现实主义某些问题上。无产阶级文学家有理想，要革命。这和批判现实主义作家是不同的。"②周扬在50年代凡谈到资产阶级文学，特别是外国资产阶级文学，总是批判过分。但1962年这段话，则说得很理性很客观。

周扬在1962年前后对于发展社会主义文艺问题的探索，又一次用了"一个中心，两个基本点"的表述：中心是为工农兵服务，两个基本点是"一手伸向古代"，"一手伸向外国"。用今天的观点看，周扬当时的探索是符合马克思主义的，也在一定程度上总结了发展社会主义文艺的基本规律。但是，他的探索和总结来得太晚，因为这时候"文化大革命"即将开始了。

---

① 周扬：《在北京文艺工作者座谈会上的总结报告》，《周扬文集》（四），人民文学出版社，1985年，第56—57页。
② 周扬：《在文科教材外文组汇报会上的发言》，《周扬文集》（四），第3页。

第四章　王朝闻对毛泽东文艺思想的独特阐释

王朝闻(1909年4月18日—2004年11月11日),著名美学家、文艺评论家、雕塑家。早年在杭州国立艺专学习雕塑,1937年加入中国共产党。1940年奔赴延安,任教于延安鲁迅艺术学院美术系,期间创作了毛泽东像、鲁迅像、斯大林像等众多雕塑。1941年,为延安中央党校大礼堂创作毛泽东浮雕像,被推为解放区美术代表作。1942年参加延安文艺座谈会,受到极大启发。1949年出版文艺理论处女作——《新艺术创作论》,书中部分文章受到毛泽东称赞,由此逐渐"弃刀从文",转而从事文艺理论研究。新中国成立后,曾在中央美术学院、中宣部文艺处、中国美术家协会等部门工作。1954年主编《美术》月刊;1961年,主编《美学概论》;1966年以"走资派"、"反动学术权威"、"文艺黑线人物"等罪名被批斗;1974年被"解放",由"五七干校"分配到文化部文学艺术研究所工作;1977年,担任中国艺术研究院副院长,1988年离休。王朝闻从艺六十余年,出版了《新艺术创作论》、《一以当十》、《审美谈》等二十多部著作(1998年辑为《王朝闻集》,共22卷);主编了《中国美术史》、《美学概论》和《中国民间美术全集》等。其文艺理论研究以《在延安文艺座谈会上的讲话》为中心,以审美研究为主导,深入阐发和拓展了毛泽东文艺思想的合理内核。

众所周知,毛泽东文艺思想的核心是《讲话》,基于《讲话》所划定的两条衡量文艺的标准,读者对其解读呈现出两种完全不同的态势:一种是从政治出发,用马克思主义的基本理论去阐发、论证《讲话》思想的正确性;另一种则着眼于艺术本身,着意解决文艺工作者在实践《讲话》方针、进行创作时所遇到的各种问题。① 王朝闻对《讲话》的阐释属于第二种。与那些以引经据典态度对待《讲话》的教条主义者不同,王朝闻从不简单引用与重复《讲话》中的词句,而是从文艺的审美特质出发,以自己的创作与欣赏经验为基础,抓住文艺实践中的具体问题,有的放矢地对《讲话》做出了全新解读。正因为如此,相对于一般研究成果,王朝闻的阐释,更具普适性和可操作性。

具体地看,王朝闻对毛泽东文艺思想的独特阐释主要集中在以下四个方面:

一 对"生活是艺术的源泉"的再阐释

毋庸置疑,"源泉论"是《讲话》的关键词之一,也是最容易与大众达成共识的命题。随之而来的是,人们对其解读侧重运用的多,阐释其内涵的少。王朝闻对此颇不以为然,明确指出:"几十年来,艺术家和理论家对于生活是艺术的源泉这一理论的理解是不是有简单化的缺点?"②尽管这段话出自其80年代的文章,但我们注意到,王朝闻对"源泉"论阐释过程所表现出来的简单化倾向,很早就有所觉察。理由是,在《新艺术创作论》中,王朝闻就已开始着眼于生活与艺术家之间的关系来讨论"源泉"论。

总的来看,王朝闻对"生活是艺术的源泉"的解读,主要包括以下两个内容:

1. 生活是艺术创作与艺术欣赏的源泉

首先,生活对艺术创作具有源泉作用。在《想象、创造与生活经

---

① 刘纲纪:《中国马克思主义美学的建设者与开拓者——王朝闻美学研究的当代意义》,《文艺研究》,2005年第3期。
② 《王朝闻集》第14卷,河北教育出版社,1998年,第373页。

验》一文中,王朝闻深入剖析了艺术创作与生活的关系,认为想象、灵感、独创性等,都是生活经验直接作用的结果,巧妙地将"生活是艺术的唯一源泉"转化为"生活是想象、灵感、创作冲动、意境等要素的源泉",从而将"源泉"论真正下放到艺术创作的诸过程之中,为"源泉"论回归艺术实践找到了一条现实可行的道路。为了进一步论证生活对艺术创作的源泉作用,王朝闻又详细探讨了生活与艺术技巧、独创性、艺术修养、形象创造等艺术创作必备要素之间的关系。

> 技巧的独创性,永远和艺术家反映生活的强烈愿望分不开,和艺术家热爱的态度分不开,和艺术家对于生活的深切感受与深入的理解分不开,和艺术家深知人民的欣赏要求和懂得艺术的中国作风中国气派的修养分不开。这一切最终又是为艺术家的立场、观点、方法和生活实践所决定的。[①]

在这里,王朝闻将生活实践视为艺术技巧的前提条件,突出强调了生活对技巧的源泉作用。简言之,与大多数学者只是泛泛地指出"生活是艺术的源泉"不同,王朝闻立足艺术实践,紧紧扣住生活与艺术创作诸要素的关系这个中心环节,为原本被束之楼阁的"源泉论"回归实践,扫除了障碍。

除了论证生活对艺术创作诸因素的决定作用外,王朝闻还将"源泉"论与艺术欣赏进行了勾连,提出:"我们要着眼于艺术效果,对生活是艺术的源泉这句话不能简单地理解。"[②]"无限复杂的实际生活,不只是艺术所要反映的对象,而且是引起艺术创造欲的刺激物。现在看来,更重要的是,生活创造着有创造才能和欣赏美的主体。"[③]在他看来,生活对艺术的源泉作用是双重的:既是艺术创作的源泉,又是艺术欣赏的源泉。

值得一提的是,王朝闻之所以提出读者视角,其理论之思的源头是《讲话》。众所周知,《讲话》的中心论点是"文艺为大众"与"如何为大

[①] 《王朝闻集》第2卷,河北教育出版社,1998年,第289页。
[②] 《王朝闻集》第5卷,河北教育出版社,1998年,第126页。
[③] 《王朝闻集》第14卷,河北教育出版社,1998年,第149页。

众"。不管是前者,还是后者,都离不开"大众"这个关键词。而这个"大众"不是别人,正是"读者"的代名词。而王朝闻之所以提出生活对艺术欣赏的源泉作用,就是想把文艺创作拉回到"文艺为大众"的道路上来。我们注意到,上面所引的两段文字,出自其不同时期的文章:强调从"艺术效果"出发理解"源泉论"语出 50 年代;而提出"生活创造着有创造才能和欣赏美的主体",则出自 80 年代的论文集。它们的共同之处是都突出了"读者"对理解"源泉论"的重要作用。所不同者在于,前者注重读者对生活的评判,后者注重生活对读者的创造。50 年代提出从"艺术效果"角度理解"源泉论",立足点是"工农兵文艺方向";80 年代提出生活对读者的"创造"作用,更多地着眼于文艺本身的审美特质。

2. 对"深入生活"的解读:从"深入生活"到"认识生活"

作为"源泉"论的一个重要内容,"深入生活"在延安同样是一个被广泛运用的命题。从当时的文艺实践来看,"深入生活"基本上只是一个标语口号,很少有人对它的内涵进行深究。王朝闻在此再一次显示了他的洞见,将笼统的"深入生活"具体化为"认识生活",进而提出了"认识生活"说。在他看来,"生活是源泉,但它有待于开发,有待于平日对它的深入认识。也要看,我们对自己经常接触的生活有没有自己的独特的认识。"[1]不仅要求作家深入认识生活,更进一步提示对生活的认识,必须是"独特的认识"。出于对"认识生活"说的肯定,80 年代,王朝闻曾不无自豪地在文章中写道:"在大家都强调深入生活的重要时,我一再强调认识生活的重要。"[2]

具体地看,"认识生活"说的理论内涵主要包括以下几点:

第一,认识生活是艺术创作成功的保障。首先,认识生活是形象及典型生成的前提条件。为了说清楚形象与认识生活的关系,王朝闻从

---

[1] 《王朝闻集》第 12 卷,河北教育出版社,1998 年,第 481 页。
[2] 《王朝闻集》第 11 卷,河北教育出版社,1998 年,第 448 页。

形象的典型性、独特性等方面展开了深入论证,提出:"决定典型性的强弱,主要不在于作家创作手段的巧妙,主要在于艺术家的革命理想的高度,认识生活的深度。"①

其次,认识生活的准确性和深刻性不只是形象生成的前提条件,同时也是主题与题材的重要来源。

> 不论作者是否自觉,如果没有经过一定的认识活动,题材就不可能真正成"我的"题材。……艺术美不等于形象的真实感或主题的是非感,但美的艺术形式也离不开作家的认识,至少不完全决定于他对艺术手段的掌握。总之,写什么与怎样写,都离不开作家对生活以及艺术的认识。②

需要特别指出的是,从"深入生活"到"认识生活",经历了一种深刻的变革。按照一般的提法,"深入生活"突出强调的是作家深入"工农兵的生活",从而达到与工农兵的同一。而"认识生活"则隐含着一个作家之我,是用作家之"我"去感受与认识工农兵之"你"或"他"的生活。不难看出,"认识"比"深入"的主观色彩更浓,能动作用更突出,因而"认识生活"比"深入生活"更能体现文艺创作的客观规律。

第二,对"认识"的质的规定:感性与理性的统一,指出"深入生活是不能停留在对现象的感性认识上,而是要着重理性的分析,使感性认识进入理性认识"③。

第三,"认识生活"必须用艺术家自己的眼光,形成"我的生活",提出:"如果我们不能用自己的眼光去认识生活,任何'有深意'的生活都不能为我所用;因为它还不算是我所掌握了的,即我的生活。"④。历史经验表明,当每一个作家都能将现实生活内化为"我的生活"时,文艺园地的"百花齐放"也就指日可待了。

第四,作家创作必须为读者深入认识生活提供诱导。在王朝闻看

---

① 《王朝闻集》第 1 卷,河北教育出版社,1998 年,第 137 页。
② 《王朝闻集》第 9 卷,河北教育出版社,1998 年,第 204 页。
③ 《王朝闻集》第 10 卷,河北教育出版社,1998 年,第 457 页。
④ 同上书,第 127 页。

来,"革命文艺的艺术性,是一种动员艺术欣赏者参加到认识生活这一活动中来的启发诱导,而不是讨好欣赏者的附加物"①。也就是说,艺术创作是引导读者认识生活的线索,而不是对读者的讨好与迎合。

二 对"二为"的阐释

众所周知,《讲话》的中心议题是"文艺为大众"与"如何为大众"(以下简称"二为")。作为毛泽东文艺思想的阐释者,王朝闻理所当然会对"二为"投以深情一瞥。王朝闻对"二为"的阐释,最大的亮点是突显了文艺的审美维度。关于前者,王朝闻大大扩展了"工农兵"概念的内涵,重点关注了读者的审美功能,使之由政治一体化世界中的"无为"之躯,变身为艺术审美世界中的"有为之体";对"如何为"的问题,王朝闻将研究视角转向了作家的审美功能,突显了作家作为创作主体的能动性。

1. 从"为大众"到读者的审美功能

王朝闻对"文艺为什么人"的阐释成果要有二:一、将"读者"作为文艺研究的对象确定下来;二、突出了读者的审美功能。关于前者,据王朝闻的夫人简平女士说,王朝闻在60年代,"主持文科教材《美学概论》的编写工作的同时,准备写一部《论观众》的美学专著,但因为人所共知的历史原因而未能实现"②。尽管专著没有写成,但王朝闻对观众的研究兴趣却丝毫不减,在条件成熟的80年代,明确提出了"观众学"的概念。"既然艺术欣赏也是有客观规律可寻的,可否考虑建立一种系统地研究审美心理、研究审美的需要、兴趣、经验与艺术创作

---

① 《王朝闻集》第4卷,河北教育出版社,1998年,第318页。
② 《王朝闻集》第5卷,河北教育出版社,1998年,第2页。

的关系的学科。这种学科,姑且叫做观众学。"①我们注意到,王朝闻设想的"观众学"是置于"审美学"前提之下的,而这,正是其阐释毛泽东的"读者"论带来的新质。众所周知,毛泽东的文艺思想孕育于战争年代,其文艺之思带有明显的战时特征。王朝闻的功绩在于,与时俱进地把毛泽东的"读者"论推向了新的历史高度。早在50年代末,王朝闻就提出:"文艺的审美特性的问题,也是文艺怎样为大众服务的根本问题中的一个重要问题。"②因而,在设计"观众学"时,王朝闻做的第一件事情,便是解除了读者与政治的联姻,将其与艺术审美之维进行重组。王朝闻阐释"文艺为什么人"最出彩的地方恰恰也在于,提出了读者的审美功能问题。读者审美功能论的提出,是对"文化为什么人"问题的进一步深化,它不仅关注了文艺的对象——读者,还从审美维度,提出了一个"能动的读者"概念,读者的能动性就是其审美功能。具体地看,王朝闻的读者审美功能论包括以下三点:

第一,艺术欣赏作为一种审美活动。

众所周知,在《讲话》的时代氛围中,被突出的是文艺的意识形态性,"审美"则是一个被束之高阁的词汇,欣赏艺术不可能成为审美享受,只能是一种受教的方式。在这样的语境中,王朝闻能够大胆提出,"艺术欣赏是一种审美活动,艺术教育群众的功利性是潜在的"③,其勇气着实令人钦佩。

第二,读者是具有多方面审美需求的能动主体。

尽管毛泽东在《讲话》中将"工农兵群众"提升到了一个神圣不可侵犯的位置,但真正掌管文艺的却不是这个至高无上的"群众"。因为没有一次文艺运动的始作俑者是"群众",能够对文艺问题盖棺定论的也不是"群众"。这样一来,所谓的"群众"就成了一个被预先设定并架空了权利的存在,是一个没有个性的被动存在。这是事情的一面。事情的另一面是,既然文艺要为群众服务,就要以人民群众的喜好作为革

---

① 《王朝闻集》第12卷,河北教育出版社,1998年,第167页。
② 《王朝闻集》第4卷,河北教育出版社,1998年,第341页。
③ 《王朝闻集》第5卷,河北教育出版社,1998年,第159页。

命文艺的评判标准。为了鼓励工农兵的审美实践,1943年1月7日,《解放日报·文艺》第四版登载了"本版征稿启事",正式征集"工农士兵的写作及一切通俗启蒙性质的著述"①。1943年3月19日《解放日报》开始增设"大众习作"专栏,发表工农兵自己的作品。这些稿件分为"原作"和"改作"两种,"原作"基本上是未经编辑之手加工的原汁原味的工农兵作品。虽然这种实验精神极为可贵,但问题是,这种探索,究竟能在多大程度上满足农民的审美需求?又能在多大程度上促进农民审美能力的提升呢?

换个角度,不管历次文艺运动的目的是什么,但从对"人性"论、"中间人物"论等的批判来看,它们所起的作用,不是拓宽了群众的审美需求,而是在很大程度上扼杀了文艺的审美特性,将人性、人情、爱情、家庭通通放逐在文艺的范围之外。王朝闻的独特之处在于,不仅强调了艺术欣赏的审美特性,而且重点提示了读者的审美能动性。早在40年代末,王朝闻即明确指出:

> 如果以为周到是最高目的,不给观众提供想象活动的余地,或者强调了不应该强调的某些细节,缩小和不适当地规定想象的范围,其作品也不能产生强烈的持续的感人的力量,同时也不能恰当地表现应该得到充分表现的思想感情,不能算是完美地创造了艺术形象的。②

显然,过分强调或者不适当地缩小读者的想象范围,都不利于读者的艺术欣赏。在王朝闻看来,只有那种能够为艺术欣赏提供足够想象空间,最大限度地调动读者主观能动作用的创作,才能算得上是完美的艺术。

第三,读者的审美活动是由两个对立统一构成的复杂过程,它们是:情与理的对立统一、被动与主动的对立统一。关于第一个对立统一:首先,文艺欣赏"是一种作用于思想感情的变化的自我教育"③。在

---

① 《本版征稿启事》,《解放日报》1943年1月7日。
② 《王朝闻集》第1卷,河北教育出版社,1998年,第88页。
③ 《王朝闻集》第4卷,河北教育出版社,1998年,第320页。

这里,王朝闻不仅明确指出了文艺创作情感优先的艺术特性,而且将"情感"因素引入到艺术欣赏的环节,从而有效打破了创作与欣赏的坚固壁垒,为作家与读者的交流、对话找到了中介。

其次,"欣赏活动具有审美作用和认识作用"①,情理交融是艺术欣赏的特性之一。

> 艺术的审美作用与认识作用,在有些论者的理解中有片面性。他们往往忽视了一个事实:艺术接受者的审美活动与认识活动,往往互相依赖而不自觉。……如果不理解审美实践中的情与理的交叉,对艺术的审美作用与认识作用的理解难免含混不清,以至把二者割裂开来和对立起来,那是读者自己的不幸。②

王朝闻不仅将情感与理智同时并举,而且明确指出这种并举不是并行不悖,而是相互交叉,是"你中有我,我中有你"。正是这种交叉,一方面使艺术欣赏过程充满了情与理的纠缠;另一方面,又反过来促成了读者欣赏的审美情趣。

关于"被动与主动"的对立统一。在王朝闻看来,不管是创作,还是欣赏,都是一种在被动中求主动的活动。"审美活动是在被动中求主动的,主动性表现在审美主体和审美对象相接触的时候,调动着自己那包括思考在内的各种心理因素,才算是在进入客观存在着却不那么容易进入的艺术境界。"③由于文艺欣赏的对象——文学作品是事先确定的,因而读者在进行文艺欣赏时就不能不处于一种被动状态。但是这种被动又不是绝对的,因为读者是能够在被动中争取主动的能动主体。并且,"欣赏活动所以有趣,不只因为欣赏者被动地接受了什么,也因为他可能主动地发现了什么,补充了什么"④。可见,读者"主动"权的实现是确保文艺欣赏有趣的必要条件。

---

① 《王朝闻集》第 4 卷,河北教育出版社,1998 年,第 65 页。
② 《王朝闻集》第 16 卷,河北教育出版社,1998 年,第 266 页。
③ 《王朝闻集》第 11 卷,河北教育出版社,1998 年,第 150 页。
④ 《王朝闻集》第 3 卷,河北教育出版社,1998 年,第 76 页。

2. 从"如何为大众"到作家的主观能动作用

众所周知,在"十七年"文学版图中的作家是一个需要不断改造、身份缺失的存在。对作家的"被改造者形象",王朝闻颇不以为然。这种不满在对"如何为"的阐释上得到了宣泄。作为反拨,王朝闻对"如何为"的阐释,没有沿袭"工农兵方向",而着眼于作家的主观能动性。在《一以当十》一文中,王朝闻明确提出:"只要不违反辩证唯物主义反映论的原则,正确处理艺术家的主观能动性与描写对象的客观,不墨守成规,而是标新立异地创作,对于人民有利,是值得欢迎的。"[①]王朝闻对作家主观能动性的探究,关注的层面有二:一是提出了艺术认识生活的能动性问题;二是突出了感情的重要性。

首先,艺术家具有认识生活的能动性。这一点,在讨论"认识生活"说时已有所涉及。不管王朝闻将"深入生活"改为"认识生活"的初衷何在,我们都可以从中读出一些意味深长的东西。从目的来看,"深入生活"的主旨是通过深入工农兵的生活,达到感情上与之同一,是作家实现"工农兵化"唯一途径。从结果上看,深入生活是一个从"有我"到"无我"的过程,深入前,作家是具有独立人格特征的"艺术家之我";深入之后,则是泯灭了自我的"工农兵之我"。一言以蔽之,"深入生活"说的根本的问题是实现知识分子的思想改造,而思想改造的实质是泯灭自我,重新做人,即所谓的"脱资产阶级之胎,换知识分子之骨"[②]。"认识生活"说则不同。不管历史需要这个主体如何去认识眼前的生活,也不管这个主体最终的认识将他引向何方,艺术家始终是"认识生活"的主体。通过这样的转化,王朝闻将主观能动性还给了艺术家。王朝闻之所以着重提出作家的主观能动性问题,其理论之思的源头依然是《讲话》。因为毛泽东在《讲话》中曾通过"六个更"和对"文学"的界定对作家的主观能动性给予充分肯定。王朝闻对此显然

---

① 《王朝闻集》第 3 卷,河北教育出版社,1998 年,第 300 页。
② 《诗刊》编辑部:《新诗歌的发展问题》第 3 辑,作家出版社,1959 年,第 138 页。

心领神会。

在充分肯定了"艺术家认识生活的能动性"之后,王朝闻进一步提出:"艺术是创造性的劳动。"① 尽管这句话在今天已经不可能引起轰动效应了,但如果我们将历史定格在上个世纪四五十年代,这句话就显得非同小可了。陶东风指出,自 1942 年《在延安文艺座谈会上的讲话》以来,党的知识分子改造实践的核心是对于知识分子的政治立场、文化人格以及审美—艺术个性的全面规训,借此确立新的统一的文化—文艺规范,把作家的艺术个性纳入同一框架中。通过一系列的规训事件,比如 1951 年的《武训传》批判、1954 年《红楼梦》研究批判、1955 年对胡风文艺思想的批判……,使作家与人文知识分子自觉或不自觉地、自愿地或被迫地扼杀自己的精神主体性与艺术个性。② 既然作家的精神主体性与艺术个性被消弭于无形,那么"艺术是创造性的劳动"这句话自然也就被完全架空了。难能可贵的是,王朝闻的论述没有就此止步,而是更大胆地提出,"我以为只强调忠实于生活,而忽视艺术家的主观能动作用,既是片面的,绝对化的,也是不利于艺术的繁荣和发展的,更不可能解释客观存在着的艺术现象"③。在那个工农兵至上,作家身份被长期搁置的时代,将艺术的繁荣与发展诉诸作家的主观能动不能不说是一次冒险,王朝闻的勇气令人钦佩。

感情的充分表达,是作家发挥主观能动作用的另一个重要途径。由于"人性"论在中国当代文论史上的长期被禁,任何涉及"情"的话语都会有意无意地构成对"人性"论的挑战。在历史语境面前,王朝闻没有退缩。我们注意到,从第一本艺术论著开始,王朝闻即对"感情"问题进行了开荒。

> 感情在创作中有特别重要的地位,没有感情还算什么艺术创作?但是如果不在创作过程中深刻理解描写对象,正确估计艺术

---

① 《王朝闻集》第 2 卷,河北教育出版社,1998 年,第 277 页。
② 陶东风:《大众化与文化民族性的重建——社会理论视野中的 58、59 年新诗讨论》,《文艺研究》2002 年第 5 期。
③ 《王朝闻集》第 5 卷,河北教育出版社,1998 年,第 312—313 页。

形象的社会效果,对事物的爱憎的浓度有问题,劳动成果也不免有问题。创作时只凭一时的冲动,不能取得理智与感情的统一。①

此后,关于感情的话题在王朝闻的文章中从未中断过。不管是"感情是构成艺术形象的不可缺少的因素,是文艺作品的重要内容,是文艺作品能够作用于群众的精神世界的重要条件"②,还是"艺术家应该带着有爱憎的热情来反映生活,带着深邃的眼光来评价生活"③,王朝闻乐此不疲地在自己的文章中为感情正名。

接下来的问题是,为什么感情的表达是作家主观能动性的一种表现呢?表面上来看,似乎很难言之成理。但如果我们对这个问题稍加追究,便会发现,在唯政治至上的时代,王朝闻的"感情"论,从某种意义上来说,的确可以归结为作家的主观能动性之一种。有"延安文艺总管"之称的周扬,曾不无感叹地在50年代初的文章中写道:"我们在作品中,每每写到感情时,就不敢写了,怕露出小资产阶级感情来,如张伐同志演《翠岗红旗》中的二猛子,他说他不敢用感情,他的宗旨,就是不求有功,但求无过,由于他的慎重,结果把解放军演得见人见事都是不动感情。……如《人民的战士》中,刘兴告诉了小万父亲说小万负伤了,而小万的父亲都不敢表示悲痛;还有刘兴打回家乡意外地看到了妻子和小孩,也都一点表情都没有。"④由此足见"感情"作为一个话题,在当时的尴尬处境。正因为"感情"成为一个被压制的对象,作家对其表达才构成了一种宣泄主观能动的重要途径。

首先,知识分子人格、身份的缺席,"改造"、悔罪心态压倒一切的历史语境赋予了王朝闻这场为"感情"正名的战役以独特的历史意义。文坛领袖郭沫若曾在1948年1月1日出版的《野草》丛刊上,以耸人听闻之笔响亮地提出"尾巴主义万岁"的口号,要求知识分子"心安理得地做一条人民大众的尾巴或这尾巴上的光荣的尾巴","毫无保留地不

---

① 《王朝闻集》第1卷,河北教育出版社,1998年,第32页。
② 《王朝闻集》第4卷,河北教育出版社,1998年,第346—347页。
③ 《王朝闻集》第5卷,河北教育出版社,1998年,第62页。
④ 《周扬文集》(二),人民文学出版社,1985年,第210页。

闹独立性"。① 至此,作家创作就不再是一种个性创造,而沦为一种"他人化"写作,是为工农兵代言的集体事业,这样一来,作家的主体地位可谓名实两亡。因而将"感情"作为文艺创作的一个重要因素,就具有非比寻常的意义。

其次,感情的充分表达是创作成功的有力保障。"如果画面不能表现作画者的真情实感,即使形象画得象自然形态一样,画得足以乱真,画得足以和彩色照相比美,那不过是技术而不是艺术。"②在这里,王朝闻强调的不是画家的技艺,而是其抒情主人公的形象。按照他的理解,只有确保了作家的情感功能,文艺的社会作用才能有据可查。

> 感情的普遍性如何,是作品能否密切联系群众的重要问题。不论是抒情诗还是纪念碑雕塑,一切作为审美对象的文艺作品,如果缺乏真挚而健康的感情,正如缺乏深刻而正确的思想一样,它就不能提供更大程度的审美享受,它就不符合革命群众的需要。③

这段话在王朝闻建构"感情论"的过程中具有非同小可的意义:第一,明确提出了将感情的普遍性作为判断作品成功与否的重要条件,感情越具有普遍性,作品就越符合群众的审美需要,因而也就越能密切联系群众。第二,通过感情与群众的联姻,王朝闻非常巧妙地将"感情论"拉回到《讲话》的中心议题上,从而为其合法性找到了依据。

三 "适应为了征服"——对"普及与提高"的再阐释

王朝闻在 40 年代提出了"适应为了征服"说。事实上,"适应与征服"说并不是王朝闻凭空创造的概念,而是对毛泽东"普及与提高"说的再阐释。"普及与提高"是归属于"如何为"的一个子问题。

---

① 转引自钱理群《1948:天地玄黄》,山东教育出版社,2002 年,第 7 页。
② 王朝闻:《总要选最"趣"的画——民间美术研究漫谈》,《文艺研究》1983 年第 10 期。
③ 《王朝闻集》第 4 卷,河北教育出版社,1998 年,第 348 页。

值得注意的是,虽然毛泽东在讨论"普及"与"提高"时,着眼点在于二者的统一而非对立,但基于当时的历史条件,在具体考量"普及"与"提高"何者为第一性时,毛泽东又不得不高调突出农民的欣赏水平和习惯,要求"普及第一"。应该说,产生于战争时期的"普及"与"提高"说,在当时的历史语境下发挥了极其重要的指导作用。随着历史的不断前进,这一原本正确的学说渐渐失去了昔日的光彩,变得越来越不能适应时代的发展要求。遗憾的是,学人们对其理解却依然固守着战时思维,不敢越雷池半步。于是,在很长一段时期里,重"普及"非"提高"几乎成了一种时尚。一个极具说服力的例子就是,时任文化部副部长的刘芝明,在 1958 年讨论建设共产主义文艺的会议上,竟然明确提醒与会者:强调提高是要犯政治错误的。① "普及"一统天下之势由此可见一斑。"普及"至上,难免泥沙俱下。最普遍的问题就是将"普及"变而为"迎合"。于是才有了以群的长文——《论文艺工作中的迎合倾向》。该文旗帜鲜明地批评了迎合落后人民要求的作品,指出:在今日的文艺有另一种相反的现象,"即作家不是在教育大众(读者或观众),而是在迎合大众。……作家失却了自己应有的判别,放弃了自己应有的坚持,而只追随着落后的人民(特别小市民)底的趣味,造成艺术的庸俗化,这就是今日的'迎合'现象。"②

在"普及与提高"的阐释上有所突破的是王朝闻。其高明之处有二:一是引入了审美观照视角,将"普及"与"提高"说向艺术审美之维进行了延伸与拓展;二是突显了"普及"与"提高"的辩证关系。

"适应为了征服"说形成于上个世纪 50 年代。据王朝闻回忆,"50 年代我用'适应为了征服'作过文章的篇名,认为征服(教育)群众的艺术必须以适应群众的审美需要为前提"③。这句话一语中的地道出了"适应为了征服"说的理论内涵,也揭示了它与"普及与提高"的内在联系。为了深入剖析王朝闻的"适应为了征服"说,本文从以下几个方面

---

① 黎之:《文坛风云录》,河南人民出版社,1998 年,第 144 页。
② 刘长鼎、陈秀华编《中国现代文学运动史料编年》,山西高校联合出版社,1996 年,第 365 页。
③ 《王朝闻集》第 11 卷,河北教育出版社,1998 年,第 524 页。

进行探讨:

一、"适应"与"征服"的理论内涵。在上个世纪50年代,王朝闻即明确指出,"艺术家的本领之一,在于适应广大欣赏者的生活经验,情绪记忆,欣赏要求、习惯、理想和愿望,塑造出容易了解,同时又是能够唤起相应的'再创造'和'再评价'的心理活动的形象,让人们获得审美享受"①。显然,"适应"是针对读者的审美享受而言的。这与当时的历史语境可说格格不入。历史看重的是文学的"实际功用"而非审美功能。除了将"适应"与读者的审美享受联系起来外,王朝闻对"适应"与"征服"的界定同样值得注意。在王朝闻那里,所谓适应"是艺术如何具体地为人民服务问题的重要环节"②。至于"征服",在论及戏曲艺术时,王朝闻指出:"用什么征服听书人,同如何征服听书人一样,是对于说书人在为谁服务的问题方面的严正考验。"③通过这样的论述,王朝闻将"适应"与"征服"分别与"文艺为什么人"及"如何为人民服务"联系起来。其中,"适应"是艺术如何"为人民服务问题的重要环节",而"征服"则是对"为谁服务"的"严正考验"。王朝闻将"适应与征服"与"二为"进行勾连,意义有二:一是将"适应与征服"拉回到《讲话》的历史语境中,为其正面展开找到了理论依据;二是明确提出"适应为了征服"是从群众观点出发,对艺术创作与欣赏之间错综复杂的关系进行深入探索之后给出的答案,隐含着浓厚的读者意识。

二、"适应"与"征服"的相互关系。首先,"适应"与"征服"表现为一种主次关系,"征服"是"适应"的最高目的,"适应"是"征服"的前提。其次,"适应"与"征服"不是处于封闭体系之中的两个矢量,而是始终处于运动发展过程中的两个变量。"创作对欣赏来说,永远处于适应—不适应—适应,即发展和变革过程的矛盾之中。"④在这里,王朝闻将"适应"作为一个动态过程加以描述,认为作品与欣赏者之间永远不可能一劳永逸地建立起一种稳定的"适应"关系。关于"征服"的可

---

① 《王朝闻集》第3卷,河北教育出版社,1998年,第285页。
② 《王朝闻集》第5卷,河北教育出版社,1998年,第164页。
③ 《王朝闻集》第10卷,河北教育出版社,1998年,第212页。
④ 《王朝闻集》第11卷,河北教育出版社,1998年,第525页。

逆性,王朝闻虽然没有正面提及,但从上述文字中,我们不难推导出同样的结论。既然"适应"是"征服"的前奏,"不适应"就是"征服"的另一种表述。退一步,即使"不适应"与"征服"不是完全对等的关系,至少可以认为,"不适应"是从"适应"走向"征服"的临界值。换个角度看,如果"适应"与"征服"的关系一旦建立便牢不可破,"适应"本身也应该是一种稳定状态,不然,它与"征服"便不可能形成稳定的组合。但是我们发现,"适应"作为"征服"的前状态,其性质并不稳定,充满了"发展与变革"。如此一来,"适应"与"征服"便只能处于变动不居之中。另外,王朝闻在文章中还提到:"只有适应观众才能控制观众。控制和适应之间,是一种辩证的关系。……在适应中求控制。"①显然,这里的"控制"与"征服"之间存在某种内在关联,甚至可以说,"控制"在某种意义上就是"征服"。如果此说成立的话,那么,我们可以认为,在王朝闻的眼里,不管是"适应",还是"征服",其实都不是艺术创作的最终状态,因为其中的任何一个,都不可能在某一个点上达到完全静止。更重要的是,二者之间既然是一种辩证关系,顺理成章,能"在适应中求控制",自然也可以反过来,"在控制中求适应"。也就是说,在真正的艺术欣赏中,纯粹的"适应"或者"征服"都是不可能达到的,只能在"适应中求征服",在"征服中求适应",而这,正是"适应为了征服"说所要求的最高境界。

三、"适应"与"征服"和"普及"与"提高"的内在关系及"适应为了征服"说提出的历史语境。首先,关于"适应"与"征服"和"普及"与"提高"的内在关系,王朝闻曾明确提出,"适应是为了提高,适应是如何提高的一种途径"②。从某种意义上可以说,"适应为了征服"是对"普及与提高"问题从艺术创作与艺术欣赏角度做出的回应。"普及与提高"作为文艺运动的一个指导方针,对文艺问题的规定具有宽泛性和导向性,而"适应与征服"则是一个具体的艺术观点,是从艺术特性角度对"普及与提高"论做出的细化与具体化。通过这个中介,将一个

---

① 《王朝闻集》第3卷,河北教育出版社,1998年,第67页。
② 《王朝闻集》第5卷,河北教育出版社,1998年,第178页。

原本大而化之的艺术指导方针落实到具体的艺术创作与欣赏过程之中。其中,"适应"体现了"普及"的基本要求,"征服"体现着"提高"的原则。尤为重要的一点是,"适应为了征服"完全着眼于艺术的审美特性,将"普及与提高"引入到美学的范畴之内。

其次,"适应为了征服"说的历史语境。关于这一点,王朝闻曾明确表示,"50年代我强调适应为了征服,客观原因是当时某些观念引起我的反感。作者只求艺术在思想上征服读者或观众,不顾作品有没有适应群众审美需要的艺术的美"[①]。在此基础上,王朝闻进而指出,"适应观众与征服观众,就是从审美角度入手,来调整我们的创作"[②]。这两句话,都有一个共同的关键词——"审美"。而从"审美"角度切入艺术问题,正是王朝闻理论研究的独特价值之所在。众所周知,"审美"作为一个外来词,在四五十年代的延安是不受重视的。在《讲话》之后的文艺实践中,"政治"、"工农兵方向"、"立场"等,才是当时最流行的词汇。茅盾在《关于目前文艺写作的几个问题》中说:"姑且不问你写的是甚么,写给谁看,先问你站在甚么立场写作,如果立场错了,写甚么都会成问题的。"[③]邵荃麟在论述文艺的真实性时也说:"艺术的真理事实上也就是政治的(阶级与群众的)真理,文艺不是服从于政治,又从哪里去追求独立的文艺真实性呢?"[④]由此足见,文艺的根基并不在其艺术性,而在于政治方向的正确。

四 对"喜闻乐见"的再阐释

"喜闻乐见"是毛泽东1938年在《中国共产党在民族战争中的地位》一文中提出来的重要观点,"洋八股必须废止,空洞抽象的调头必

---

① 《王朝闻集》第13卷,河北教育出版社,1998年,第41页。
② 《王朝闻集》第12卷,河北教育出版社,1998年,第639页。
③ 茅盾:《关于目前文艺写作的几个问题》,《新民主主义的文学》,上海新生书局,1949年,第53页。
④ 邵荃麟:《文艺的真实性与阶级性》,《文艺生活》,1948年7月7日。

须少唱,教条主义必须休息,而代之以新鲜活泼的、为中国老百姓所喜闻乐见的中国作风和中国气派"①。《讲话》发表之后,"喜闻乐见"逐渐成为文艺批评中的常用词汇。1962年,王朝闻以《喜闻乐见》为题作为纪念《讲话》发表二十周年的献礼。我们注意到,以专题的形式阐释毛泽东文艺思想,在王朝闻的理论研究中极为少见。关于《喜闻乐见》的理论内涵,王朝闻的夫人简平如是说:

> 《喜闻乐见》一文,是王朝闻为纪念《讲话》发表20周年撰写的专题文章。遵照毛泽东"从群众中来,到群众中去"的思想,着重从审美关系的角度论述了文艺的社会功能的特殊点,即艺术如何在审美活动中表现群众并作用于群众的问题。这是著者以美学观点阐述毛泽东文艺思想的重要论文之一。②

由于"喜闻乐见"一词并不首见于《讲话》,因而在多如牛毛的纪念文章中,我们很难找到同类文章。那么,王朝闻为什么要选用一个与《讲话》并无直接关联的词汇来作为《讲话》二十周年的献礼呢?在该文的开篇处,王朝闻即已明确给出了答案:

> 毛泽东同志《在延安文艺座谈会上的讲话》,正确指出了为工农兵服务的方向,指出了怎样为工农兵服务的途径。文艺怎样更好地为工农兵服务,换句话说,怎样使作家艺术家的劳动成果为群众所需要、所喜闻乐见,从而产生教育人民,团结人民,打击敌人,消灭敌人的作用,是革命文艺在前进道路中的一个重要问题。
>
> 只有当我们的产品真正成为群众喜闻乐见的欣赏对象,它才在实际上可能实现服务于群众的目的,在实践中发挥文艺这一思想武器的作用。看来文艺怎样为群众所喜闻乐见的问题,是关系到文艺如何为工农兵服务的一个重要问题。③

---

① 《毛泽东选集》第2卷,人民出版社,2007年,第534页。
② 简平编:《王朝闻集》第4卷,河北教育出版社,1998年,第1页。
③ 王朝闻:《喜闻乐见——纪念毛泽东同志〈在延安文艺座谈会上的讲话〉发表二十周年》,简平编:《王朝闻集》第4卷,河北教育出版社,1998年,第302—363页。为避免重复标注,本节其他引文如未标注,均出自该文。

综观《喜闻乐见》其文，王朝闻对"喜闻乐见"的理解包括以下三点：

第一，文艺成为群众的代言人，反映群众对文艺的需要，它才能成为群众需要的教育者，才能实现教育群众的目的。第二，文艺欣赏有特殊规律，群众在文艺欣赏这一特殊的精神活动中认识文艺所反映的生活，从而接受教育。第三，适应群众对文艺的需要，文艺必须发挥它所特有的审美特性，依靠这种特性的发挥，才能达到教育群众的目的。

关于第一点，王朝闻首先分析了文艺之所以能够反映群众需要的两个原因：一、文艺的思想内容能够提高群众对生活的认识。二、"文艺作品相应地曲折地表现了群众的审美经验和习惯，审美趣味和能力。"接着，王朝闻详细讨论了群众需要与文艺之间的关系：第一，群众对文艺的需要是多方面的，除了"政治的需要"，还包括的审美愉悦。在政治挂帅的时代，将群众阅读的审美享受作为一种需要重重拈出需要极大的勇气与智慧。第二，"文艺能不能和群众的需要相适应，问题相当复杂。"之所以复杂，在于"群众的思想条件和欣赏艺术的条件各有高低，各人具体的需要不完全一致"。为了帮助作家艺术家妥善解决好文艺与群众的需要问题，王朝闻为作家艺术家设置了双重身份，既是创造者，又是欣赏者，唯其如此，才能真正走进群众的内心世界，找到彼此相契合的临界点。最后，也是最重要的一点，文艺与群众的需要之间还存在一种相互创造的关系。"文艺适应群众的需要，也为群众创造了新的需要。群众发展着的欣赏需要，是提高文艺作品的推动力。作家艺术家为群众提供了审美对象，同时也提高了群众的审美能力和审美兴趣，从而又反过来向文艺提出了更高的要求。"这样一来，王朝闻不但彻底打通了文艺与群众之间的关系，还为二者搭起了一座桥梁，使得文艺与群众成为一对互相指涉的概念。

第二，为了达到"喜闻乐见"，必须着眼于文艺欣赏的特殊规律。所谓文艺欣赏的特殊规律，主要包括以下几个方面：

首先，文艺欣赏是情与理的双重律动。在王朝闻看来，艺术欣赏作为直觉思维和形象思维的产物，并不是理性或感性单独作用的结果，而是理智、情感交互作用的结果,二者的有机结合是读者展开艺术欣赏活动的前提与保障。

其次,想象对文艺欣赏具有重要作用,这种重要作用表现在,想象"不只关系欣赏的愉快,而且关系作品的思想内容对他的影响。一方面欣赏者在对象中有所发现从而有所补充,他也像文艺创造者似的感到创造的喜悦,这种作品对他才是更有魅力的。另一最重要的方面,是这一活动可能成为他接受教育的过程。"换句话说,想象是确保艺术欣赏者获得审美享受与接受教育的必备条件,而这两点,正是艺术欣赏最重要的目的与旨趣。

第三,"喜闻乐见"有赖于文艺审美特性的充分展开。王朝闻之所以将文艺的审美特性作为"喜闻乐见"的内涵之一,用他的话来说,是因为"文艺的审美特性问题,也是文艺怎样为大众服务的根本问题中一个重要问题。"审美特性的充分展开,是决定艺术能否喜闻乐见的前提条件。

那么,什么又是文艺的审美特性呢?这就涉及文艺的对象与内容。关于文艺的特殊对象和内容,在今天看来,已经是一个无须验证的问题。但在"十七年"的文学实践中,它的的确确是一个有待于解决的问题,而且是一个极其重大的问题。对此,王朝闻曾经说过一段语重心长的话:

> 文艺所反映的主要对象是人,文艺的中心内容是人的生活和人的精神面貌。如果文艺的特殊任务被生产知识的教育任务所代替,那就和把文艺当成政治口号的代用品一样,不能使群众对文艺的特殊需要得到满足。当然,生产活动是社会主义建设的重要内容,排斥生产活动的描写是不行的,但技术描写不能构成文艺的基本特性。

这段话显然是针对以文艺普及生产知识的艺术实践有感而发的。由此不难理解,为什么我们说文艺的内容与对象,在"十七年"是一个有待解决的重大问题。

其次,文艺的审美特性离不开感情的充分表达,"革命文艺创作中的新胜利,对群众思想所起的启发、培养、丰富和改造的巨大作用,首先是艺术使他们受了感动,在自然而然的甚至不知不觉的状态中接受了教育。"这里的"感动",特指文艺作品通过充分调动读者的情感体验,从而使读者"在自然而然的甚至不知不觉的状态中接受教育"。换句话说,"感情的共鸣"是艺术实现寓教于乐的重要途径。

再次,文艺的审美特性与艺术形式密切相关。众所周知,形式美是艺术性必不可少的条件。但由于历史原因,从《讲话》到"文革",所有的文艺实践,基本上都围绕"写什么"而展开,"怎么写"基本上不受重视。形式问题作为"怎么写"中的一个重要问题,其命运可想而知。在这样的历史语境中,突出"形式美",将其作为艺术特性的一个重要方面加以强调,无疑具有深意。王朝闻的睿智还在于,不仅明确提出了"形式美"问题,而且还为其合法性问题找到了依据。这个依据,不是别的,正是群众的"思想教育"。"形式美在艺术中并不只是构成艺术的悦目和悦耳的条件,而且对群众的美感教育与对群众的思想意识的影响都有联系。"将"形式美"置于群众思想教育的大旗下,为其穿上"群众"的外衣,从而使得王朝闻在谈论形式问题时少了许多顾忌,多了几份洒脱。

最后,文艺的审美特性还与民族风格、民族气派有关。在王朝闻看来,群众喜闻乐见的作品,必须是充分民族化了的东西,尚未民族化,不具备民族风格、民族气派的作品,是很难产生喜闻乐见的效果的。将民族化问题作为文艺审美特性的重要因素的思路与毛泽东的"民族化"思想可说是一脉相承。毫无疑问,将民族风格、民族气派放到对"喜闻乐见"的阐释当中,非常切合毛泽东的本意。

综上所述,王朝闻从文艺与群众关系、文艺的审美特性、艺术欣赏的特殊规律三个角度,对"喜闻乐见"做出了有益地探索,其阐释充分揭示与拓展了毛泽东的"喜闻乐见"说。

第五章　胡风的"主观战斗精神"论

胡风(1902—1985),原名张光人,湖北省蕲春县人。1920年考入武昌启黄中学。1925年在南京东南大学附属中学读高中期间,开始阅读"五四"革命文学作品,受革命思想的影响,并于同年参加了中国共产党青年团。1925年暑期进入北京大学预科,一年后改进清华大学英文系。在北京因为革命热情得不到满足,南下回乡参加革命活动。1929年秋,赴日本留学,考入东京庆应大学英文科。在东京学习期间,他受当时日本普罗文学运动和苏联文学的影响,参加了当地的马克思主义学习组织和普罗文学运动。他曾是中国左翼作家联盟东京分盟的负责人之一。1933年春,他因在留学生中组织抗日文化团体,被日本当局逮捕,关押数月后,遭驱除出境,返回上海。胡风在上海参加左翼文艺活动,曾任左联宣传部长、行政书记。1937年抗日战争爆发后,他在上海出版了《七月》文学周刊,同时还编辑出版《七月诗丛》和《七月文丛》。1938年中华全国文艺界抗敌协会成立,他当选为常委。1941年1月"皖南事变"后,《七月》被迫停刊,他继续编辑出版文学杂志《希望》。在此期间发表了大量理论作品。其中最重要的是出版了文艺论集《论现实主义的路》。1949年7月他当选为全国文联委员和中国作协常委,同年还参加了中国人民政治协商会议第一次全体会议。1954年当选为全国第一届人大代表。

胡风是中国现代文学史上一位重要诗人和独特的理论家。早在40年代,他的文学理论著作就引起了讨论。50年代初,他的文学理论再次遭遇批评。胡风于1954年写了《关于几个理论性问题的说明材料》,对"五四"以来的新文学运动的历史与现状,发表了自己的看法,同时进行反批评。同年7月胡风向中共中央写了《关于几年来文艺实践情况的报告》(即"三十万言书"),进一步为自己的思想进行辩护。对胡风文学思想的批评终于演变为"反胡风运动"。胡风被当成"阶级敌人"、"反革命",被捕入狱,所谓的"胡风分子"也受到牵连。学术讨论演变为政治运动,几乎是50年代许多运动的一种逻辑。直到1979年,胡风才获释。1980年中共中央本着实事求是的原则,重新审理胡风一案,决定予以平反昭雪,恢复胡风在文艺界的地位。

胡风的文学理论研究跨越了新民主主义革命和人民共和国建立两个时期,他的许多思想都是在人民共和国建立以前就发表过的,但是他的理论受到广泛关注和批判则是在人民共和国建立后,所以我们把胡风放在人民共和国建立后来讨论,但我们所研究的则不局限于人民共和国建立后。

一 在新文学运动中,胡风对两种倾向提出批评

胡风的文学理论活动主要在30年代和40年代初的上海以及抗日开始以后的"国统区"。他在当时主要对两种倾向不满,一种是周作人和林语堂的脱离现实的"兴趣主义"和"性灵主义",认为这是与时代精神背离的;一种是"左联"内部的从苏联引进的所谓"辩证唯物主义创作方法"以及其后在"左联"作家队伍中所产生的"主观公式主义"、"客观主义",认为这是违背"现实主义"创作原则的。他在这既反右又反"左"的斗争中,从自己和同行的创作中,领悟并创构了一个理论,这就是后来给他带来无穷灾难的"主观战斗精神"论。在论述胡风的这个独特的理论形态之前,我们先要看看置身于当时文坛的胡风,究竟对上述两种他所不满的倾向,做了什么,说了什么。

1933年胡风从日本返回上海,参加当时上海的左翼作家同盟的工作。他的文学思想是现实主义的,文学关怀现实、拥抱现实和真切地反映现实,是他所主张的。当时中国的文坛,首先让他感到不满意的是周作人、林语堂的拒绝社会现实、脱离社会现实的"个性至上主义"、"性灵主义"和"兴趣主义"。胡风于1934年发表了《林语堂论》,对林语堂的思想进行了解剖。他指出林语堂有"他的中心哲学的,那概括了他的过去,也说明着他的现在",这个中心哲学就是意大利克罗齐的表现

主义美学。胡风引了林语堂对克罗齐表现美学的概括:"……他(指克罗齐——引者)认为世界一切美术,都是表现,而表现能力,为一切美术的标准。这个根本思想,常要把一切属于纪律范围桎梏性灵的东西,毁弃无遗,处处应用起来,都发生莫大影响,与传统思想冲突。其在文学,可以推翻一切文章作法骗人的老调;其在修辞,可以整个否认其存在;其在诗文,可以危及诗律体裁的束缚;其在伦理,可以推翻一切形式上的假道德,整个否认'伦理'的意义。因为文章美术的美恶,都要凭其各个表现而论。凡能表现作者意义的都是'好'是'善',反之都是'坏'是'恶'。去表现成功,无所谓'美',去表现失败,无所谓'丑'。即使聋哑,能以其神情达意,也字成为一种表现,也字成为美学的动作。(《新文法之推翻与新文法之建造》,《大荒集》83—84页)"① 胡风认为林语堂因为推崇克罗齐的表现论美学,所以在文学批评上也就必然欣赏斯宾加恩(Spingarn)的表现主义批评,也就是"创造与批评本质相同"的创造批评。胡风又引了林语堂对斯宾加恩批评宗旨的概括:"Spingarn所代表的是表现主义的批评,就文论文,不加任何外来的标准纪律,也不拿他与性质宗旨、作者目的及发生时地皆不同的他种艺术作品作衡量的比较。这是根本承认各作品有活的个性,只问他于自身所要表现的目的达否,其余与艺术之了解无关。艺术只是在某地某作家具某种艺术宗旨的一种心境表现——不但文章如此,图画、雕刻、音乐,甚至于一言一笑,一举一动,一唧一哼,一咩一呕,一度秋波,一弯锁眉,都是一种表现。这种随地随人不同的,活的,有个性的表现,叫我们拿什么规矩准绳来给他衡量。(《新的文评序言》,《大荒集》92页)"② 胡风对林语堂的"中心哲学"和文学批评很不以为然。为什么?难道"五四"新文学运动不是主张"个性解放"吗?在胡风看来,"五四"新文学运动所主张的"个性解放"是反封建社会的礼教的束缚的,是深深地介入社会斗争的;但林语堂所主张的"表现论美学"和"表现主义"批评,则是完全脱离开社会现实的。胡风指出:

---

① 胡风:《林语堂论》,《胡风选集》第1卷,四川人民出版社,1995年,第96—97页。
② 同上书,第97页。

林氏(或者说克罗齐氏)的个性至上主义作为对几千年来愚民的封建僵尸底否定原应该是一副英气勃勃的风貌,但可惜的是,在这个大地上咆哮着的已经不是"五四"的狂风暴雨了。我们并不是不神往他所追求的"千变万化"的个性,而是觉得,他底"个性"既没有一定的社会的土壤,又不受一定社会限制,渺渺茫茫,从屈原到袁中郎都没有区别,追根到底,如果不把这个社会当做"桃花源"世界就会连接到"英雄主义"的梦幻,使那些德、意等国竖起了大气的先生们认为知己。林氏忘记了文艺复兴中觉醒的个性,现在已变成了妨碍别的个性发展的存在;林氏以为他的批判者"必欲天下人的耳目同一副面孔,天下人的思想同一副模样,而后成快"(《说大足》,《人世间》第13期),而忘记了再食不果腹衣不蔽体的人们中间赞美个性是怎样一个绝大的"幽默"。忘记了大多数人底个性之多样发展只有在争得一定的前提条件以后。问题是,我们不懂林氏何以会在这个血腥的社会里面找出来路不明的到处通用的超然的"个性"。①

胡风在这里清楚地说明了,那个时代多数人仍然处于食不果腹、衣不蔽体的状态,那是一个"血腥的社会",而作为曾经"向社会肯定'民众'"的作家林语堂,却不去关怀那些在饥饿里死里求生的民众,不对残暴的社会提出控诉,却一味主张脱离现实土壤的超然于社会之上的"个性",这是胡风所不能容忍的。他不能不指出,林语堂已经"丢掉了向社会的一面,成为独来独往"的对人民群众没有同情心的人。对于林语堂极力主张的"幽默",胡风也同样表示不满,他批评说:

……第一是,如果离开了"社会的关心",无论是傻笑冷笑以至什么会心的微笑,都会转移人们底注意中心,变成某种心理的生理的愉快,"为笑笑而笑笑",要被"礼拜六派"认作后生可畏的弟弟。第二是,就是真正的幽默罢,但那地盘也是非常小的。子弹呼啸叫的地方的人们无暇幽默,赤地千里流离失所的人们无暇幽默,

---

① 胡风:《林语堂论》,《胡风选集》第1卷,四川人民出版社,1995年,第99页。

彳亍在街头巷尾的失业的人们也无暇幽默。他们无暇来谈谈心灵健全不健全的问题。世态如此凄惶,不肯多给我们一点幽默的余裕,未始不是林氏的"不幸"罢。①

胡风把林语堂所倡导的"幽默"一棍子打下去,其批评的标准是很明确的,那就是这种幽默在现实生活中,有谁会喜欢。社会问题如此之多,不幸的人们如此之多,你一味在那里提倡什么"幽默",不过是想转移人们对于社会问题注意的中心,不过是让少数人获得某种心理的生理的愉快,对于广大的不幸的人们并无丝毫益处。对社会的关心、对社会中不幸人们的关心,比什么幽默重要一万倍。不但如此,由于对林语堂不满,又关连到对周作人的"趣味主义"的指责。林语堂对周作人十分欣赏,他曾写《周作人诗读法》,鼓吹周作人能"寄沉痛于幽闲"。胡风就这意思找到了周作人的话给林语堂的话作注释,其中引周作人的话是:"……戈尔登堡(Lsaac Goldberg)批评霭理斯(Havelook Ellis)说,在他里面有一个叛徒与一个隐士,这句话说得最妙,并不是我想援霭理斯以自重,我希望在我的趣味之文里也还有叛徒活着。(《泽泻集·序》)"胡风在引了这段话来解释他的"寄沉痛于幽闲"之后,又发了这样的议论:

> 这虽是一个古典的说法,明白不过,但可惜的是,在现在的尘世里却找不出这样的客观存在,霭理斯时代已经过去了,末世的我们已经发现不出来逃避了现实而又对现实有积极作用的道路。就现在的周作人氏说罢,要叫"伧夫竖子"的我们在他里面找出在真实意义上的"叛徒"来,就是一个天大的难题。

很显然,这已经不仅仅是批判林语堂了,而是连周作人也一起批判了。周作人以为自己的"趣味之文"里既有"隐士"也有"叛徒",似乎在追求所谓的"趣味"里,也还能对现实起积极的作用。胡风戳穿了这一点,指出我们现在已经不是霭理斯时代,既然是逃避现实,寻找个人的趣味去了,那么也就不能再侈谈什么还能促进现实的变革。

---

① 胡风:《林语堂论》,《胡风选集》第 1 卷,四川人民出版社,1995 年,第 103 页。

在胡风看来,1934年前后,国家民族的危亡问题已经十分突出,作为文人的知识分子,高谈什么"个性至上"、"趣味第一",就是脱离现实和逃避现实,就没有尽到一个知识分子的起码责任。由此看来,胡风的文学现实主义,主张联系现实,拥抱现实,反映现实,是扎根于当时中国现实的土壤中的,同时与他对中华民族的热爱的感情也是分不开的。

如果说,胡风对于周作人、林语堂的不满所进行的批判,表现了他的文学现实主义思想的客观现实性特征的话,那么后来他对"左联"内部庸俗社会学的不满,导致了他对现实主义理论研究的深化,"主观精神"、"主观战斗精神"就是在反对庸俗社会学和公式主义中提出来的。那么,"左联"内部是否存在使胡风感到不满的庸俗社会学和公式主义呢?胡风从哪里感受和认识到这些东西呢?

首先必须说明的是,1933年胡风从日本回到上海,他面对的"左翼"文学理论和批评,还是相当的幼稚和混乱。此前不久,"左联"批判了蒋光慈的"革命加恋爱"的公式主义创作,又清算了钱杏邨的公式化"新写实主义"的文学理论。但是正是在1932年批判钱杏邨的时候,瞿秋白作为当时比较成熟的马克思主义文学理论家提出了苏联"拉普"的"辩证唯物主义创作方法"。文学与政治的纠缠并没有解决,理论上的庸俗社会主义问题没有解决,创作中的公式化问题并没有解决。这样,"左联"的文学理论一方面正与"第三种人"进行论争,拒绝文学超阶级的理论;一方面还得清理内部的庸俗社会学和公式化倾向,要把现实主义的理论真的弄清楚。对于"左联"内部的这种公式主义,胡风的印象是深刻的。1935年胡风很认真地阅读了张天翼的作品,并写了给他的文学理论和批评带来声誉的《张天翼论》。作者从倾向上肯定了张天翼的作品,但同时也明确指出了张天翼作品的公式化、概念化倾向。他说张天翼的作品"第一是人物色度(Nuance)底单纯。他的大多数人物好象只是为了证明一个'必然'——流俗意义上的'必然',所以在他们里面只能看到单纯地说明这个'必然'的表情或动作,感受不到情绪底跳动和心理底发展。他们并不是带着复杂多采的意欲的活的个人,在社会地盘底可能上能动地丰富地发展地开展他的个性,常常只是作者所预定的一个概念一个结论底扮演脚色。"①"第二,非真实的夸大。因为作者只是热心地在他的人物里面表现一个观念,为了加强他所要的效果,有时候就把他们的心理单纯向一个方向夸张了。"②"第三是人间关联图解式的对比。人世随处都存着矛盾或对立,作家进步的意识差不多时时都敏锐地倾射在这上面。然而,现实生活旋涡里的每个人都或多或少地接受了种种方面的营养,他的心理或意识不会是一目了然地那样单纯。天翼底这个注意焦点使他的作品得到了进步的意义,但因为他用得过于省力了,同时也就常常使他的人间关联成了图介式的东西。"③胡风这篇对张天翼作品的长篇评论,不是一般感想式的东西,他是要通过解析张天翼的作品来表达他的关于现实主义的观念。他一方面肯定了张天翼,认为张天翼的创作,从开始到现在,"始终是面向现实人生";但另一方面,他不得不指出张天翼的创作存在着概念化问题,人物单色调,常常为作者所预定的概念扮演脚色;人物之间对比关系被图解化、简单化,这是现实主义的不足。那么这种概念化、图解化的问题是怎样产生的呢?胡风认为就在于作者与他所写的人物距离太远,不能向表现的人生作更深的突进。胡风就这一点展开说:"读着他(指张天翼)的作品的时候,常常会浮起一个感想:似乎他和他的人物之间隔着一个很远的距离,他指给读者看,那个怎样这个怎样,或者笑骂几句,或者赞美几句,但他自己却'超然物外',不动于衷,好象那些人物与他毫无关系。在他看来:一切简单明了,各个在走着'必然'的路,他无需而且也不愿被拖在里面。他为自己找出了一个可以安坐的高台,由那坦然地眺望,他的'工作'只是说出'公平'的观感。"④胡风对于张天翼的批评,可以说是对当时的流行的主观公式主义的批评,把人物只是当做自己观念的注脚,这不是主观主义是什么;同时又是对客观主义的批判,让作者与人物的距离那么远,作者不动于衷,超然物外,冷眼旁观,这不是客观主义是什么。胡风在《林语堂论》

---

① 胡风:《张天翼论》,《胡风选集》第 1 卷,四川人民出版社,1995 年,第 120 页。
② 同上书,第 121—122 页。
③ 同上书,第 127 页。
④ 同上书,第 129—130 页。

和《张天翼论》中已经开始形成他的现实主义的两个基本点:第一你必须投身于现实人生,面对现实人生,脱离现实,搞什么个性至上主义,兴趣主义,这不是现实主义;第二,作者必须突进现实人生,所写的人物不能与自己无关,更不能远距离地超然地看,要有"痛烈的自我批判精神"。后来胡风把这里所说的第二点加以发挥,提出了"主观精神"论和"主观战斗精神"论。

当然,胡风不仅仅是从张天翼一个作家的创作中看到了庸俗社会学和公式化的弊端,他看到和感受到的是很多的。这就决定了他后来的理论创造始终没有离开文学现实主义这个题目。

二 胡风"主观精神"论的内涵

胡风的文艺思想究竟属于哪种美学形态?这是我们论述他的"主观精神"论或"主观战斗精神"论前必须弄清楚的。1954批判胡风的时候,有人把他的"主观战斗精神"论硬说成是"唯心主义",这不是实事求是,完全没有搞清楚胡风的文学思想的美学属性。胡风是主张辩证唯物主义的,而他的文学思想几乎没有别的选择,只能是唯物主义的反映论。这是胡风文艺思想大体的美学属性。胡风在1935年所写的《关于创作经验》一文中明确地谈到文学的源泉问题,他说:

> 说作家应该从生活学习,当然是千真万确的,离开了生活从哪里去找创作内容呢?然而,这种说法,适用在两种场合:一是为了抨击那些把艺术活动和社会的内容割开,因而就把作家的成长和实践分开的幻想,一是为了提醒那些虽然有高度的修养然而和社会生活离开了,因而作品的内容也渐渐空虚了作家底主义。但如果一个青年作者迷困在现实生活的海里,不晓得如何处理他的题材,不晓得选取哪一些具体的形象来写出它的人物的时候,我们依然用'向生活学习吧'这种所答非所问的话来压死他们的困难,那

恐怕是无徒无益而且有害的罢。①

胡风在这里把问题说得很清楚,对于作家来说,生活是第一位的,如果没有生活,你从哪里去寻找创作的内容呢？生活是创作的内容,"现实的认识是创作的源泉",这应该是创作的前提;但是对于那些已经获得了创作的生活源泉的作者来说,那么问题就转移到如何去处理你所获得的题材,就是对题材的艺术加工问题。胡风对于生活和生活经验的重要性,曾反复强调过,如说:"如果靠一两篇或几篇作品走上文坛以后,就从此脱离了生活,戴着纸糊的桂冠趾高气扬地走来走去,失去了对现实人生的追求的热情和搏斗的魄力,那他的生活经验的'本钱',过不几天就会用得精光,只好乞丐似糊扎纸花度日了。"② 胡风提出的"主观精神"恰恰是在有了生活经验后如何对题材进行艺术加工的一种见解。不能把胡风的"主观精神"孤立起来理解,它处于主客观关系的结构中,我们只有从主客观结构关系来分析它,才能正确理解胡风的思想。关于这一点,胡风在1935年写的《为初执笔者的创作谈》重点谈到这一点。这是一篇评述当时苏联作家创作谈的文章。法捷耶夫的《我的创作经验》一文中提出仅有生活题材是不够的,这种题材只有与作家蓄积于心中的思想、观念,"起了某种化学上的化合",零乱的现实典型,才集合成一个整体。胡风从这里受到启发,展开了他的客观与主观关系的论述:"作家用来和材料起化合作用的思想、观念,原来是生活经验的结果。也就是特定的现实关系底反映,它本身就是作为在矛盾的现实生活里的一种生活欲求而存在的。这种思想或观念的历史动向如何,主要地决定了作家面貌的轮廓。所以,作家在创作过程中和它的人物一起苦恼、悲伤、快乐、斗争,固然是作家把他的精神活动紧张到了最高度的'主观'的'自由'的工作,但作者主观的'自由'却有客观的基础,'客观'的目的,它本身就是'客观'底成分之一,是怎样地对待'客观'的主体。这样的'主观'愈强,这样的'自由'愈大作品的价值就愈高,和和尚主义的所宣传的'主观'和'自由'也就愈加风

---

① 胡风:《关于创作经验》,《胡风选集》,四川人民出版社,1995年,第201页。
② 胡风:《关于创作发展的二三感想》,《胡风选集》,第264页。

马牛不相及了。"①胡风的意思很清楚,主观的思想、观念看起来是主观的,但它们是客观现实关系的反映。没有客观,也就没有主观。在创作中也是如此,作家与他的人物一起动情,看起来是主观的,其实这动情的主观是由客观作为基础的,离开这个基础,那主观就变成为毫无根据的胡思乱想了。

胡风的"主观精神"论或"主观战斗精神"论可以分为文学创作的认识论和作家成长的人格论两个层面来理解:

从文学创作的认识论的层面看,胡风的"主观精神"论是一种独特的有价值的创作美学。胡风既反对那种革命文学流行的概念化和公式主义,这种概念化和公式主义表面看很"革命",所要注释的都是革命的词藻,可是从文学创作来看,创作变成了用形象去注释观念,或者说文学形象不过成为概念、观念的注脚,完全违背了创作的规律,当然也不可能达到艺术的真实。其实,这种概念化、公式化的创作,早于17世纪法国古典主义时期就有了,古典主义的创作就是从观念出发,去寻找形象与之相配。古典主义诗学家波瓦洛说:"首先爱义理,愿你的文章永远只凭着义理获得价值和光荣。"②义理是最为重要的,哪怕是标语口号,只要有义理,那就是诗歌。苏联初期的文学理论,以弗理契的文艺社会学为代表,在中国产生了很大的影响,也是公式主义的,也是以形象注释观念。胡风为了消除庸俗社会学对于中国文学创作的影响,提出了他的"主观精神"论。胡风反对的另一倾向,就是他所讲的"客观主义",表面上看,这些创作也模仿现实、反映现实,实际上由于对于生活没有经过作家的体验、感受、突进、情感的燃烧,结果所反映的现实只是表面的、冷漠的、浮光掠影的东西。上述两种创作现象,无论在"左联"时期,还是在抗日战争时期,都有突出的表现,这样就使我们的文学很难达到现实主义的深度。这可以说就是胡风一生的理论活动想要解决的主要问题。

---

① 胡风:《为初执笔者的创作谈》,《胡风选集》第1卷,四川人民出版社,1995年,第219页。

② 波瓦洛:《诗的艺术》,人民文学出版社,1959年,第4页。

胡风提出的理论方案就是主观和客观的相互突进、相克相生。胡风引用了苏联阿·托尔斯泰的话:"写作过程——就是克服的过程。你克服着材料,也克服着你本身。"胡风解释说:

> 这指的是创作过程的创作主体(作家本身)和创作对象(材料)的相克相生的斗争;主体克服(深入、提高)对象,对象也克服(扩大、纠正)主体,这就是现实主义的最基本的精神。要实现这基本精神,艺术家对于他的"材料",就不能仅仅是观察、搜集、研究、整理之类,在这之上,还有别的要紧得事情去做,那就是要决定我自己对于我底材料的态度。换句话说,那就是一切都生活过,想过,而且中心感受。……这就使艺术家深入了对象内部,开始了那个相克相生的现实主义的斗争。……勇敢地在人道主义和现实主义道路上向现实人生突进,向改造人类精神的革命海洋突进。①

胡风在这里突出提出了艺术家与其对象"相克相生",强调主体以强大的精神力量突进客体。后来对于"主观精神"、"主观战斗精神"和"主客观化"论还有许多表述,强调的方面可能有不同,但大体的意思都包括在这里了。胡风在《论〈北京人〉》中说:

> 我们知道,作家创作一个作品,一定是对于现实生活有所感动,他底认识能力和现实生活发生化学作用的时候,才能够执笔。当然,也有不少不从这个基本态度出发的作家。但一个诚实的作家,一个伟大的作家,没有不是这样的;一个好的或伟大作品的完成,没有不是依据这个根本态度的。通常说作家要写他所熟悉的、他所理解的题材,那原因就是我们一方面积极地要求把握现实主义的作者底主观力量,一方面也积极地要求被作者把握的现实生活的客观性的缘故。②

这里胡风提出了主观认识能力与客观现实生活的"化学作用",提

---

① 胡风:《人道主义和现实主义的道路》,《胡风选集》第1卷,四川人民出版社,1995年,第69—71页。
② 胡风:《论〈北京人〉》,《胡风选集》第1卷,四川人民出版社,1995年,第171页。

出了"主观力量",但整个理论与前面所述是一样的。在《青春的诗》一文中,胡风又进一步申述了他的关于创作的观点:

> 原来,作者的对于生活的敏锐的感受力正是被燃烧似的热情所推进、所培养、所升华的。没有前者,人就会飘浮,但没有后者,人也只会匍匐而已罢。没有前者,人当然不能突入生活,但没有后者,人即使能多少突入生活,但突入之后就会可怜相地被裂缝夹住"唯物"的脑袋,两手无力地抓扑,更不用说能否获得一种主动的冲激的精神了。①

胡风这里说的前者是指"生活感受力",后者是指"被燃烧似的热情",前者基本上是客观的,后者则是主观的,在这里胡风兼顾了两者的重要性,但似乎更注重主观。他强调主观要突入客观。胡风在《略论文学无门》一文中,针对对于某些作者以生活经验不够来说明自己创作的失败,提出了创作三要素的思想:

> ……一边是生活"经验",一边是作品,这中间恰恰抽掉了"经验"生活的作者本人的在生活和艺术中间的受难(Passion)的精神。②

这句话虽然很短,却正说明了胡风的创作美学的基本观念。在胡风看来,文学创作中有三个要素:第一是生活经验,很多人都认识到这一点,以至于创作不成功都归结于生活经验不够;第二是作者的"受难"精神,他用了一个英文字passion,passion既有"受难"的意思,也有"激情"、"激越"等意思;经过"受难"精神的"燃烧",经过文字的表现,那么才会有第三要素:作品。胡风显然认为,作家的"受难"精神的"燃烧"这才是最重要的,才是创作成功的关键。

这样一来,胡风把创作"技巧"放到什么地位呢?难道文学创作不需要创作能力吗?胡风这样说:

> "技巧",我讨厌这个用语。从来不愿意采用,但如果指的是

---

① 胡风:《青春的诗》,《胡风选集》第1卷,第186页。
② 胡风:《略论文学无门》,《胡风选集》第1卷,第231页。

和内容相应相成的活的表现能力而要借用它,那也就只好听便。然而表现能力是依据什么呢?依据内容的活的特质的性格。依据诗人的主观向某一对象的、活的特质的拥合状态。平日积累起来的对于语言的感觉力和鉴别力,平日积累起来的对于形式的控制力和构成力,到走进了某一创作过程的时候,就溶进了诗人底主观向特定的对象的、活的特质的拥合方法里面,成了一种只有在这一场合才有的、新的表现能力而表现出来。

总的来说,胡风的"主观精神"论首先是一种创作认识论。胡风较有说服力的说明,只有生活,只有题材,只有技巧,都还不是创作的全部条件。最重要的条件是作家在有了创作题材之后,还必须有作家的"主观精神"的"突入"、"拥合"、"受难"、"发酵"、"燃烧"、"蒸沸"等,即"经过我们的精神世界的一盆圣火"之后,题材才会带有艺术的养料,艺术的凤凰才经过洗礼,才会自由地飞腾起来。如果我们把胡风的这个思想与毛泽东 1942 年的《在延安文艺座谈会上的讲话》作一比较,也许我们就更能理解胡风的理论贡献。毛泽东在《讲话》中更多地强调文艺是社会生活的反映,强调社会生活是文艺的唯一源泉;当然,在这个基础上,毛泽东也认为文艺作品不等同于生活,"文艺作品中反映出来的生活却也可以而且应该比普通的实际生活更高、更强烈、更有集中性、更典型、更理想,因此就更带普遍性"[1]。但是如何才能达到这"六个更"呢?毛泽东也提出"观察、体验、研究、分析"生活。毛泽东提出的观点是对的,但他没有就作为创作主体的作家与作为创作的课题的题材之间的关系展开详细的论述。胡风恰好在这个方面详细地补充了毛泽东的意见。在胡风看来,生活是创作的源泉,这是创作的基础,但如何把从生活中获得的材料变成具有艺术素养的题材呢?这是更重要的。就是说,作家在获得写作材料之后,作家必须以主观精神突进材料之中,使材料在主观精神的作用下"发酵",做到材料中有"我",同时又必须是材料进入作家的心灵深处,做到"我"的心中有材料。不但如

---

[1] 毛泽东:《在延安文艺座谈会上的讲话》,《毛泽东文艺论集》,中央文献出版社,2002年,第 64 页。

此,要使材料与"我",做到相互搏斗、"相克相生",作家完全用自己的情感"燃烧"着材料,材料成为作家的血肉的一部分。这样题材不再是外在之物,而是作家心灵中的热情、真情。从今天的观点来看,胡风的以"主观精神"论为精髓的创作心理美学,也是精到的、有价值的。

从作家人格论的层面看,胡风在他的文学理论生涯中,追求的是现实主义文学理论与人格塑造有关。他认为,作家必须敢于面对惨淡的人生,有深刻理解现实人生人格力量,才能达到现实主义的深度。胡风的"主观精神"论或"主观战斗精神"论与他所追求的人格精神有密切关系。

胡风是鲁迅的忠实的信徒。他特别钦佩鲁迅的为人。1944年他的《现实主义在今天》一文中,他把现实主义和鲁迅的人格胸襟联系起来思考。他说:

> 新文艺底发生本是由于现实人生的解放愿望,所谓"言之有物"的主张就是这种基本精神的反映。但说得更确切的是,"我的取材,多采自病态社会的不幸的人们中,意思是在揭示病苦,引起疗救的注意。"(鲁迅《我怎样做起小说来》)这里才表出了真实的历史内容,而不是模模糊糊的"物"了。于是,才能说"为人生",要"改良这人生"。

> 然而,"为人生",一方面须得有"为"人生的真诚的心愿,另一方面须得有对于被"为"的人生的深入的认识。所"采"者"揭发"者本人就要有痛痒相关地感受到"病态社会"的"病态"和"不幸人们"底"不幸"的胸襟。这种主观精神和客观真理的结合或融合,就产生了文艺底战斗的生命,我们把那叫做现实主义。①

这段话在50年代被当做典型的唯心主义遭到批判。其实在这段话中,胡风以鲁迅为例,说明现实主义的精髓在于,作者既要有为人民的"愿望",还要有对现实的深刻的认识。不但如此,作家还必须有敢于面对现实的人格胸襟,而完全不考虑自己的得失。由这里可以看出,

---

① 胡风:《现实主义的今天》,《胡风选集》第1卷,四川人民出版社,1995年,第370页。

胡风所提倡的"主观精神"实际上也是一种人格力量的表现。

1945 年胡风写了悼念阿·托尔斯泰的文章《人道主义和现实主义的道路》,这篇文章分析了阿·托尔斯泰如何由旧俄的伯爵到保卫苏联的热诚的爱国主义者,由批判的现实主义小说家到社会主义现实主义的大师,胡风分析的结果不是别的,主要是托尔斯泰的"工作精神"。什么"工作精神"呢？那就是他对于现实主义的力量,现实主义使"历史的内容""突入"到他的"主观精神里面"。胡风认为,现实主义的艺术创作能使历史要求"侵入"作家内部,由这达到加深或者纠正作家底主观的作用。即历史的现实的要求会以强大的力量扩大和纠正主体的思想感情的偏见。① 这种现实主义的历史内容可以纠正主观扩大主体的说法,强调了人生与艺术的一致,比上面联系鲁迅论述,更进了一步。

实际上,早在 1937 年胡风在《略论文学无门》一文中,已经把这个意思表达得很清楚。在这篇谈论到日本作家志贺直哉、中国作家鲁迅和苏联作家奥斯特洛夫斯基的文章中,胡风提出了与"主观战斗精神"相似的作家"受难"精神,认为在生活和艺术之间,作家主观的"受难"精神最为重要,经过"受难"精神的洗礼,生活才有可能变成艺术。并进一步提出了后来让大家争论不休的现实主义可以"补足作家底的生活经验上的不足和世界观上的缺陷"论点②。但统观全篇,文章所极力倡导的不是锤词炼句,而是"艺术与实人生的一致","作者和人生的拥合","人生与艺术的拥合","作家的本质的态度问题",实际上也就是作家的人格与文格一致的问题。这些论述,让我们想起了我们古人所说的"文如其人"、"因内符外"、"表里比符"、"文格即人格"等说法。

值得注意的是,胡风在他的理论研究中曾提出过"第一义诗人"和"第二义诗人"的区别。他认为那种为艺术而艺术的诗人,那些把文字弄得像变戏法的诗人,那些不圣洁的诗人,那些不能把自己的精神突入人生的诗人,只是"第二义诗人"。只有那些"抱着为历史真理献身的心愿再接再厉地像前突进的精神战士"才是"第一义诗人"。主观精神

---

① 参见《胡风选集》第 1 卷,第 68—69 页。
② 胡风:《略论文学无门》,《胡风选集》第 1 卷,第 229 页。

的突入对象,是为了表达精神战士的人格力量。

概而言之,胡风的"主观精神"论,一方面是为了创作,只有"主观精神"介入生活,才能使生活变成具有艺术品性的题材,才能达到现实主义的深度;另一方面,"主观精神"论,其实就是要求人生追求、艺术理想的一致,这是一种崇高的人格论。胡风的表述可能有不够准确的地方,但其思想和精神是很有价值的。特别在反对主观公式主义和客观主义的弊病中是起了巨大作用的。应该说,这是20世纪中国马克思主义文论的一次理论创新,应给予充分评价。马克思主义的客体与主体的关系理论,从来不抹杀主体对客体的作用,有时候把这种主体的作用看成是主客体关系中的关键之点。马克思在著名的《关于费尔巴哈的提纲》中,开篇即说明:"从前的一切唯物主义(包括费尔巴哈的唯物主义)主要的缺点是:对对象、现实、感性,只是从客体的或者直观的形式去理解,而不是把它们当作感性的人的活动,当作实践去理解,不是从主体方面去理解。因此,和唯物主义相反,能动的方面却被唯心主义抽象地发展了,当然,唯心主义是不知道现实的、感性活动本身的。"[①]马克思这段话可以说是理解一切人的活动中主体与客体关系的一把钥匙。马克思想要说的是,人的活动(当然也包括文学创作活动)是一种对象性的实践活动,在这种活动中,客体是不能离开主体而存在的,主体则在对象中实现自己的力量。文学创作也是如此,单纯有一个什么素材并没有意义,重要的是作为主体的作家的精神,要深入到这个素材中去,熟悉它、温暖它、改造它,在素材这个对象里面实现自己的力量。应该说,胡风以他自己独特的语言接近了马克思。

三 "主观精神"论的价值取向

胡风的"主观精神"论,如前所述,是为了反对"妨碍了创作实践成长的主观公式主义和客观主义这两个顽强的倾向",其价值取向是为

---

① 《马克思恩格斯选集》第1卷,人民出版社,1995年,第54页。

了追求高度的艺术真实。应该说,真、善、美都是胡风理论的价值取向,但尤以真实性的价值取向为重。

首先,胡风认为"主观公式主义"是违背真实的。胡风说:"主观公式主义从脱离了现实而来的。因而歪曲了现实。或者漂浮在没有深入历史内容的自我陶醉的'热情'里面;或者不能透过政治现象去把握历史内容,通过对于历史内容的把握去理解政治现象,只是对于政治现象无力地演绎;或者僵化在抽象的(虚伪的)爱国主义里面……"①在胡风看来,主观公式主义既脱离了现实,作者又没有突入对象,完全根据自己一些热情和漂浮的想象来写作,当然是不可能深入历史内容,达到现实主义的真实的。

其次,胡风又认为,客观主义离现实主义真实性也是很远的。他说:"客观主义是从对于现实底局部性和表面性的屈服、或漂浮在那上面而来的,因而使现实虚伪化了,也就是在另一种形式上歪曲了现实。"②胡风为什么这样说呢?这主要是因为这种客观主义"只是凭着'客观'的态度,没有通过和人民共命运的主观思想要求突入对象,进行搏斗,在作者的考验里面把捉到因而创造出来综合了丰富的历史内容的形象,这正是只能漂浮在现实底局部性或表面性上面,向那屈服的根源"③。可见,客观主义貌似客观,似乎可以达到真实,实际上只是浮光掠影,局限于局部和表面上,根本达不到现实主义的真实。

那么要怎样才能达到现实主义的真实性呢? 胡风认为,艺术的真实性"是不可能自流式地进入人的意识里面的",这里要靠创作实践,靠创作实践中"火热而坚强的主观思想的要求",因为"客观的历史内容只有通过主观的思想要求所执行的相生相克的搏斗过程才能够被反映出来"。④胡风这里所讲的道理是容易理解的。的确,历史内容并不是摆在表面上的东西,它往往是深藏在历史深处的东西,如果作家不能

---

① 胡风:《论现实主义的路》,《胡风选集》第 1 卷,四川人民出版社,1995 年,第 414—415 页。
② 同上书,第 415 页。
③ 同上。
④ 同上。

进入对象,不能以自己主观的与人民共甘苦的精神深入对象,透过现象看本质,怎么能够把历史内容的真实性揭示出来呢?所以我们可以说,胡风的"主观精神"或"主观战斗精神"不是别的,它是一种敏锐的历史感觉,是一种犀利思想锋芒,它能够深入到人生现实和历史的深处,把真相、真实、真理揭示出来。因此,胡风的"主观精神"论的价值取向主要是"真"。

另外,对于胡风的"主观精神"的解释,我们也不能不联系到胡风在文学上的其他主张。因为这些主张也是胡风的"主观精神"。1936年,在抗日战争开始的时候,胡风提出了"民族革命战争的大众文学"。胡风在《人民大众向文学要求什么?》中说得很清楚。他说:"'九一八'以后,民族危机更加危急了。华北问题发生以后,整个中华民族就已经走到生死存亡的关头。因为这,人民大众的生活起了一个大的纷扰。产生了新的苦闷新的焦躁,新的愤怒,新的抗战,凡这一切形成了一个新的历史阶段。这个历史阶段当然向文学提出反映它的特质的要求,供给了新的美学的基础,因而能够描定这个文学本质的性质的应该是一个新的口号——民族革命战争的大众文学!"[①]以反帝国主义为主要诉求的现实主义,统一了一切社会纠纷的主题,反封建,反压迫,团结民众,抗战到底,成为那个时代现实主义的文学主题,也是胡风在特定历史条件的"主观精神"的"善"的诉求。

胡风对于文艺的"美"是看重的。他在评论张天翼、田间和别的许多作家的作品的时候,都提出过艺术美的要求。但是与那些只讲究词句韵律和一般的技巧的美的人不同,胡风所要求的作品的美也是与他的文学现实主义与"主观精神"相联系的。胡风拒绝那种表面的东西,拒绝那些从旁观的角度去看的不关痛痒的东西,拒绝那些"戏画"的东西。胡风从他的"主观精神"理论出发,要求作品能让读者发生真的感动。他说:"艺术家不仅是使人看到那些东西,他还得使人怎样地去感受那些东西。他不能仅仅靠着一个固定的观念,需要在流动的生活里面找出温暖,发现出新的萌芽,由这来孕育他肯定生活的心,用这样的

---

① 胡风:《人民大众向文学要求什么?》,《胡风选集》第1卷,第274页。

心来体认世界。"①就是说,胡风所要求的美是建立在打动人心的基础上的,是与作者的主观精神一起燃烧的那种情感的美。

概而言之,胡风的"主观精神"论或"主观战斗精神"论的价值取向,有其独特的历史内容,那就是求反封建反帝国主义的历史内容之"真",求抗日战争时期人民大众要求之"善",求人民大众所感动之"美"。

---

① 胡风:《张天翼论》,《胡风选集》第1卷,四川人民出版社,1995年,第138页。

第六章 黄药眠的"生活实践"文艺论

黄药眠(1903—1987),广东梅县人,1925年广东高等师范学校(中山大学前身)毕业。中学时代即参加爱国学生运动。1927年蒋介石发动"四·一二"政变后,黄药眠逃亡到上海,经成仿吾介绍,参加了创造社,开始写诗和文艺论文。学习马克思主义方面,翻译了 La Briola 著《辩证唯物主义和历史唯物主义》,并于1928年参加了中国共产党。1929年秋被派往苏联青年共产国际东方部工作。在苏工作期间,他学会了俄文,接触和阅读了更多的马克思主义经典作家的原著,他的马克思主义水平有了很大的提高,同时更坚定了革命信念。1933年回国,任中国共青团中央局宣传部长。由于叛徒的出卖被国民党政府逮捕,被判十年徒刑。抗战爆发后,经八路军办事处保释出狱,随即奔赴延安。1938年到武汉养病。后撤往桂林,在桂林期间,他担任了中国文协桂林分会的常务理事兼秘书长,实际上负责除四川之外的西南大后方的抗战文艺的理论导向工作,发表了《抗战文艺的任务及其方向》、《目前文艺运动的主流》等论文,参与"关于民族形式问题"的讨论。皖南事变后,他逃亡香港,从事抗日宣传工作。香港沦陷后,他回到家乡,一面等待时局的变化,一面从事著述,散文集《美丽的黑海》和文艺论集《诗论》就是这个时期的著作。1946年再度到香港,与朋友创立达德学院。1949年应邀参加第一次文代会和全国政协会议。不久被聘任为北京师范大学中文系教授。

1950年到1956年的在这段时间里,是北师大文艺学学科的草创时期。这个时期的北师大文艺学的教学和科研都与黄药眠这个名字分不开。在他的亲自指导下,1953年北师大率先在全国成立了第一个文艺理论教研室,他亲任教研室主任,同年受教育部的委托牵头编写高校第一个文学概论教学大纲,1954年他主编了当时在全国影响极大的《文学理论学习参考资料》,1956年他又第一次招收了新中国的第一个文艺学研究生班，1957年反右运动之前，又是他领头举办了新中国第一个美学问题系列讲座，到校作讲演的有他的"论敌"朱光潜教授、蔡仪教授和他的"论友"李泽厚先生，当然他自己也置身其中，作了两次重要的美学讲演，一时成为美谈。正是在这段时间里，他对美学、文艺学问题的思考是具体的、深入的和带有独创性的，他在这个时段里发表的论文，如《矛盾论与文艺学》、《论人物描写》、《论小说中人物的登场》、《论文学中的人民性》、《论食利者的美学》、《问答篇》，还有来不及整理发表的美学讲演《不能不说的话》等，学术质量之高，创见之多，论证之充实，就是从今天的视野来看，也是很有价值和意义的。不幸的是1957年的反右派头运动，黄药眠被错划为右派分子，中断了他所热爱的文艺学和美学的研究。黄药眠是一位永不疲倦的真理追求者。他在1957年写的《问答篇》说："真理是客观的，人人不得而私；至于谁先找到它，那不是十分重要的事情。"这句精警的话既是黄药眠的自况，也为文艺学学科的发展指出了正确之路。

黄药眠上个世纪50年代初中期发表的那些论文，与当时的美学大讨论等密切相关，他的关于文艺主客观关系问题的研究，用"生活实践"的观点，并联系中国的文艺实际，作出了马克思主义的深刻回答。

一 以"生活实践"观点论美和艺术

上个世纪50年代初中期，在"苏联的今天就是我们的明天"的气氛中，"全面学习苏联"成为当时各个行业的口号，尤其在哲学、文艺学这些领域，更是以苏联的理论为真理的标准。比如在文学理论方面，当时苏联正统派文艺学家季莫菲耶夫的《文学原理》（3卷本，平明出版社1954年版）、谢皮洛娃《文艺学概论》（人民文学出版社1958年版）、涅铎希文《艺术概论》（朝花美术出版社1958年版）、毕达可夫《文艺学引论》（高等教育出版社1958年版）等几个本子成为文艺学的"经典"，成为流行的套子和引用的基本资料。这些本子关于文学的主要观念是文学是现实的反映，而且要反映现实的本质，因此文学是生活知识是思维,他们甚至把作家的观察和体验也说成是唯心主义的。如季莫夫耶夫说:"马克思列宁的文学科学,它的基本观点在于承认文学是思维,文学主要递给我们生活的知识。这观点是我们作进一步讨论的基本前提。"①又如毕达可夫在批判了康德的和黑格尔的唯心主义之后说:"主观的唯心主义无论过去和现在,都把作家的创作看成是作家个人对世界观察的结果,对现实直接感受的结果,看作是作家的灵魂、主观的感觉和体验的反映,作家似乎是由于自己有天才,才能用这些东西来'感染'读者。"②这些理论竟然把作家个人的"观察"、"感觉"、"体验"也说成是唯心主义,而我们当时不少理论家也亦步亦趋地照搬,有的更把这些理论发展到极端。

但是,当时也有一些具有马克思主义理论准备的学者,并没有照搬苏联的一套,而是根据中国文艺发展的实际,以马克思主义的观点,对文艺学问题进行独特的研究,提出一些新鲜的观点。黄药眠就是这些学者中很杰出的一位。

黄药眠给人的印象是一位美学家,经常谈论美学问题,最引人注目的是他积极参与了1956年开始的"美学大讨论",发表了著名的《论食利者的美学》的长篇论文;实际上他关心美学问题,并不是喜欢那种哲学的玄思,而是关心如何用正确的美学观念来解释文学艺术问题。他在1950年发表的《论美与艺术》的论文中说:美和艺术"这两个东西,我想是相连贯的。我们为什么要花这么多功夫去研究,什么是美,怎样才是美的问题呢? 我们如果只是一般的去研讨,那是毫无意义的。我们之所以要研究它,目的是在于探究出美的规律性,并从而建设美的艺术。所以,从现代人的眼光来看,美学的问题,主要的就是艺术学的问题。"③黄药眠是一位作家,他关切的显然是文学问题,研究美学,提出美学观念,也是为了更深刻地解决文学问题。

在1950年发表的《论美与艺术》的论文,可以说是新中国最早尝

---

① 季莫菲耶夫:《文学原理》第一部《文学概论》,平明出版社,1953年,第13页。
② 毕达可夫:《文艺学引论》,高等教育出版社,1958年,第41页。
③ 黄药眠:《论美与艺术》,《黄药眠美学文艺学论集》,北京师范大学出版社,2002年,第23页。

试用马克思主义的观点来研究美学、文学的论文之一。在这篇论文中,黄药眠提出了自己对美的解释:

> 美是人们在当时历史的具体的条件下,各自根据其阶级立场、民族传统,从生活实践中去看出来的一个序列的客观事物的典型性。①

在这个关于美的定义中,美是客观事物的典型性,并不新鲜。美是典型的说法早就有了,如俄国思想家车尔尼雪夫斯基的《艺术与现实的美学关系》的论文中就引过这样的话:"凡是出类拔萃的东西,在同类中无与伦比的东西,就是美的。"②当然这种东西就是同类中具有普遍的代表性和典型性的。黄药眠的贡献是对于这个"美在典型"的观点用"生活实践"的观点进行了改造。他说:

> 所谓同一种类型中的典型性,并不是固定不变的,它本身固然是在推移,但尤其重要的是这些种类,这些典型性,都不是独立地存在,它是和其他的许多事物网状地相关联着,同时,每一件事物都有各种不同的侧面,而所谓事物的典型,则是从这许多事物的关系去看出来的,也就是说某一种系列中去看出来的。所以这里所说的种类不是自然科学的种类,也不是如费尔巴哈他们所了解的"仅仅靠自然的连结,把无数个体联系起来的盲哑的共同性"的种类。这里举个例子来说吧。比方,从这一个角度,这一个系列,来看这一个事物的这个侧面,这个事物是有典型性的,可是另外一个角度,另外一个系列来看这个事物的这个侧面,这个事物却没有典型性了,所以更具体些说,美的典型性,虽然是客观存在着,但它是从人类生活实践中的立场去显现出来的,各人的立场不同,因而各人所遵循着的序列不同,而所谓的典型也就不同了。③

---

① 黄药眠:《论美与艺术》,《黄药眠美学文艺学论集》,北京师范大学出版社,2002年,第22页。
② 车尔尼雪夫斯基:《生活与美学》,人民文学出版社,1953年,第4页。
③ 黄药眠:《论美与艺术》,《黄药眠美学文艺学论集》,北京师范大学出版社,2002年,第20页。

在黄药眠看来,美作为典型性是"客观存在着"的,没有山川,我们就无从去领略山川的美,这是一方面;另一方面,单个的事物的存在,比方孤立的山川的自然形态的存在,如果它不是与其他事物关联着,譬如这个山川有种种传说,这个山川上面有著名的庙宇,这个山川上面留有古代诗人的诗篇,这个山川曾经是一段重要历史的见证,仅仅是那些自然的树木、自然的流水,还是属于"自然科学的种类",那么这个山川就与人的"生活实践"没有密切联系在一起,因此也就还不是美的对象。美的对象是"从人类生活实践中的立场去显现出来的"。每个人的生活实践不同,对统一各个对象的美的判断也就不同。所以黄药眠在谈到自然美的时候,并不承认有单纯的自然美,他曾说:"文学描写自然形象的时候,常常是人的本质力量的对象化,即把自然加以人化,其所描写的是物的形象,而所表现的却是人的境界,人的感觉和理想。"①他举梅花为例:"梅花之所以能成为某一些人的审美对象,成为吟咏的主要题材,其原因并不是梅花的'孤立绝缘的形相'或具有什么神秘的意义。梅花的形象,虽然客观地具有美的因素,但是,它之所以能成为诗的形象,原因是在于,诗人们把梅花这个形象和自己的生活实践、过去的经验联系起来,这样才看出形象的意义。"②黄药眠对于美的这种理解显然是从马克思的《关于费尔巴哈的提纲》这篇重要的著作中受到启发。黄药眠从马克思实践的观点出发,认为美不是自然科学的种类,也不是脱离开社会实践的孤立的存在,美是与生活实践相伴而生的。

那么,黄药眠认为美赖以产生的"生活实践"是什么呢?他指出:

什么叫做从生活实践去看出美来呢?如果用更具体的话来解释,意思就是说,当人们认识美的时候,是根据于他在特定的历史发展的社会形态中所处的地位去进行的。每一种社会形态都是受当时的下层建筑所决定的,从而每一种社会形态,都有它自己特定形态的阶级,特定形态的阶级对立,和阶级斗争,因此也就是说,当

---

① 黄药眠:《论食利者的美学》,《黄药眠美学文艺学论集》,第51页。
② 同上书,第48页。

人们认识美的时候,是根据于那一社会形态的阶级斗争的情况,和他们所属的阶级要求来去进行的。

在这里,黄药眠清楚地表达了他对影响认识美的"生活实践"的理解。就是说,在1950年的黄药眠看来,所谓"生活实践"就是人在"特定的历史发展的社会形态中所处的地位",具体说就是人与人之间的"阶级斗争",每个人在阶级斗争中都有自己所属的阶级,都有自己的立场,那么他们也就必然从阶级斗争中所形成的观点去认识美。人只有在这类实践中,才能体现出美,他人也才能产生感动从而认识美。正是从生活实践的观点出发,黄药眠说:"我们的美不是超越的美,而是生活的美,不是徒供玩赏的美,而是为最大多数人民谋取最大幸福的美,不是从形式上去讲究的美而是反映客观真实的本质的美,不是个人的苦闷的象征的美,而是具有人类的崇高的理想的美。所以这是真善美统一的美。"①尽管黄药眠这些话说得有点片面,如人们休息时候玩赏一些形式的美又有何不可?但我们从他的这些带有片面性的话里,可以体会出黄药眠反复强调的是美与革命的生活实践的联系,强调美的社会性,强调美是通过"特定历史发展的社会形态"才能显现出来。这一点的确是对于美的问题的马克思主义的解释。

那么,人们为什么一定就能从生活实践中看出美来呢?人们怎么会把阶级斗争的实践和生产斗争中人的表现与美联系起来呢?对此,黄药眠又提出另一种实践,这就是继承民族传统的"实践"。他说:

从生活实践去看出美来的感觉,是从许多世纪以来历史发展的层积所陶养成功的。必须知道,我们今天所接触的世界,也是几百年或者几千年人类历史的层积所堆积成功的,我们从小就在这个环境下成长,它不能不在我们的美的观赏上起着作用。因此美的典型性之传统民族的因素,就占有重要的位置。②

在黄药眠看来,民族传统也是我们的先辈的实践,这些实践的经验

---

① 黄药眠:《论美与艺术》,《黄药眠美学文艺学论集》,第22页。
② 同上书,第23页。

被"堆积"下来,我们自然而然地会把这种实践继承下来、延续下去。这种继承和延续,也要我们自觉的行动,也是一种实践。由此我们可以概括出黄药眠美学思想的框架:美是一种社会现象,具有鲜明的社会性,现实的生活实践(它应该包括生产斗争、阶级斗争和科学实验等)孕育着美,实践是美的第一根源,是美的首要客体;但为什么生活实践会让我们感受到美,这就与继承民族传统的实践有关。民族传统也是客观存在,是美的第二根源,是使美成为美的深层原因。可以说,美是现实的生活实践与继承民族传统实践这双重实践的产物。顺便说一句,黄药眠对于阶级斗争的实践更重视,而对于更基本的生产劳动的实践则谈得不够,这可能与新中国刚刚建立不久的情况相关。

进一步的问题是,在黄药眠这个美学框架中,文学艺术占有什么样的地位呢?对此黄药眠回答说:

> 人类是从生活实践中去寻找美。但好事的人类,在他从客观事物的序列里看出美来的时候,同时他也想自己主动去创造出美来。这即是说,人类不仅经由阶级生活的(这是指社会有了阶级以后)实践去认识客观事物的典型,同时它也在阶级生活实践的过程中(即在阶级斗争中),在各种复杂矛盾过程中,为了贯彻自己阶级的(或作为阶级的代表的个人的)要求而自己动手来创造美的典型。所以艺术乃是人类的主动的战斗精神的表现。①

这就是说,人类有两种美的活动:在生活实践中鉴赏美,在生活实践中创造美。文学艺术活动属于人类创造美的活动。因此,美的问题与文学艺术问题具有同一性。谈美实际上也是谈艺,反之谈艺也实际上是谈美。文学艺术作为美的创造,当然也是要遵循发现美的规律,即文学艺术要创造典型,但这典型的创造,第一要根据"生活实践",那么"作家、艺术家应深入到生活中去,在斗争和劳动中看出美的境界"②,没有生活实践,也就离开文学艺术创造的根源,是不可能创造成功的;第二文学艺术创造成为可能,还有赖于对于"民族传统"的"堆

---

① 黄药眠:《论美与艺术》,《黄药眠美学文艺学论集》,第23页。
② 黄药眠:《论食利者的美学》,《黄药眠美学文艺学论集》,第72页。

积"的实践,所谓"实用的东西变成形式的东西",所谓"习惯相沿",离开这后一种实践,文学艺术创作也是不可能成功的。

可以看出,黄药眠在50年代初中期以"生活实践"来解释美和艺术,用"实践"一词把文学创作的主观和客观辩证地联系起来,既反对唯心主义,也反对机械唯物主义,是属于马克思主义实践论的一种创造。

二 文学活动:从"生活实践"到文学主体性

黄药眠在20世纪50年代,曾撰文批判过胡适的唯心主义,也认为朱光潜的理论中有唯心主义的东西,可他对那种机械唯物主义实在也不能容忍。到了1957年2、3月,黄药眠对一味照搬苏联的文论感到不满,特别对那种把唯物主义说得那样僵硬的做法感到不满,对于那种动不动"抓唯心论"也很不以为然。这个时候他从马克思的《关于费尔巴哈的提纲》的观点出发,转向了对文学主体性的思考。

应该说,文学的主体性问题不是上个世纪80年代中期才提出来的问题.在50年代初中期朱光潜、黄药眠、李泽厚等人都从不同的角度提出来了。朱光潜提出的美是主客观的统一的命题,李泽厚从"人化的自然"的观点对美和艺术作出的分析中,都触及了这个问题。黄药眠对于文学的主体性问题则直接从文学创作的主体、文学对象的主体、文学鉴赏的主体提出了自己的看法。关于文学创作的主体,黄药眠对于那种一味强调文学的客体而不顾主体的创造的观点表示了不满,指出某些人"一看见人谈论到'主观世界',马上就以为你是从主观出发,从主观出发就是唯心主义",他在1957年2月明确指出:

> 作者之所以创作这样的作品,而不创作那样的作品,描写这些的现象,而不描写那些现象,喜爱这些东西,而讨厌那些东西,是受当时的时代,当时的阶级总和的客观形势,和作者的阶级立场的所制约的。但同时,作家的创作时要通过作家个人的具体的感受,通过他个人的全部生活经验和体验,通过他个人的全部智慧来创造

的。因此,我们对于作品,除了从社会科学这方面去研究以外,也还要从作者个人的主观世界去探索,探索出其中的客观规律。比方,在创作过程最常见的如表象,如联想,如想象,如情感,如情感和想象的关系,等等。①

显然,到了1957年初,黄药眠已经开始意识到,反对"唯心主义"已经反过了头,有可能把文学创作中作家的主体性也反掉了,把创作的基本常识也反对掉,所以他转而强调"作家个人的具体感受"、作家的"主观世界"、作家的"创作心理",认为时代的和阶级的东西是不能直接宣讲出来的,必须通过作家个人的全部的经验和体验以及全部的智慧才能进行创造。黄药眠十分清楚,"作家是有个性的,是有个人的风格的,因此对象化的时候(这里指文学反映的对象——引者),也必然带有个性色彩。诗人对月抒情,这是完全可以允许的。'借物抒情'这是文学艺术中常见的现象。但是现在有人一看见你说'借物抒情',马上就说你是'唯心论';他们闭着眼睛不去看事实………倒是一开头就先从抽象的理论出发去抹杀事实。"②作家个性问题并不是黄药眠的独创,但在1957年初那样一个凡看到什么"主观"、"个人"就要遭到批判的年代,他重提作家个性的重要,其意义是很明显的。

与此相联系,他质疑"文学反映客观现实的本质"这个当时流行的命题。这个命题是苏联50年代文论的基本命题,也是当时中国文论界一个挥之不去的命题,它简直是不容置疑和讨论的。但是黄药眠的《问答篇》借"客乙"之嘴说:

> 凡是一种理论,总是要在实践中经得起考验才能算得上正确的理论。而现在"文学反映客观现实的本质"这个命题,我就可以举出许多例子来证明,文学并没有反映出事物的本质。比方,天上的云本来是水蒸气,但文学中描写的云,何尝反映出这个事物的本质呢?比方,植物的花本来是植物的生育器官,但文学中所描写的

---

① 黄药眠:《问答篇》,《黄药眠文艺论文选集》,北京师范大学出版社,1985年,第471页。

② 黄药眠:《问答篇》,《黄药眠文艺论文选集》,北京师范大学出版社,1985年,第474页。

花,何尝反映出这个事物的本质呢? 月亮本来是地球的卫星,但文学中描写的月亮,又何尝反映出了月亮的本质呢? ……由于这许多事例所以我就对"反映现实的本质"的说法,有点怀疑起来了。

如果联系当时正当批判胡适唯心主义运动之后,正当苏联的"社会主义现实主义"文学理论在中国广泛传播之时,可以看出黄药眠对"文学反映客观现实的本质"的命题提出质疑,表现了他作为一个理论家的锐利的眼光和勇气。的确,如果说把文学界定为"反映现实的本质",那么请问哲学、历史学、法学、经济学、教育学等哪一种人文社会科学不是"反映现实的本质"呢? 这个命题根本无法区分文学与非文学的界限。黄药眠不但质疑这个命题,而且对这个命题以马克思的"人化的自然"的观点作出了深刻的辨析。他认为:"自然现象在文学中的反映,是遵循着另一种规律的,那就是自然的人化,人的本质的对象化。也就是说,文学中所描写的自然乃是人化了的自然,文学(除了某些科学小品以外)并不反映自然的本质,而常常是客观地揭开人的本质的丰富性。所以在文学里面,月亮并不是被当作卫星来描写,而是通过自然现象的月亮,来表现人的社会本质和人对生活的看法。客观事物早就存在了,但只有当人的社会越发展,人的本质力量越丰富,它才能更多地发现客观事物,并通过他来揭开或表现人的本质的丰富性。"[①]在这里黄药眠先生深刻地说明了:文学可以描写客观的对象,但并不是要揭示客观的什么本质,而是通过对象的描写反观人自身,揭示人的本质力量的丰富性。就是说,写的可能是"物",但实际揭示的则是人自身的思想、感情。这里突出了"人"在文学描写中的主体性位置,是十分深刻的。而且从他的这种看法,说明他感觉到文学艺术问题的解决,不能停留在哲学认识论的存在决定意识、意识反映存在的套路上面,而要从别的更有效的理论来解释文学艺术问题。

不但在作家的主体性问题上,而且在文学对象的主体性问题上,黄药眠都提出了自己的看法。在他看来,作家笔下的人物、景物作为文学的对象,都有自身的运动轨迹。它们也是主体,有自己活的生命,有自

[①] 黄药眠:《问答篇》,《黄药眠文艺论文选集》,北京师范大学出版社,1985年,第473页。

己的喜怒哀乐,有自己的性格和命运,作家不应该为了某个政治性的概念把它们当成傀儡,任意地摆布,随意地驱遣。黄药眠对当时一些公式化和私人化的创作现象表示不满,公式化是把一些概念、公式强加给笔下的人物,私人化则是把笔下所有的人物都当成是自己的化身。概念化当然不好,私人化也许更糟。黄药眠说:有的作家"企图以作者之心去猜度人物之腹。作品里面虽然有各个阶级的人物,也有男女老少,穿着不同的衣服,比着不同的手势,但仔细一看,这些人,都有一个共同的特征:那就是都有点像作者自己。有时作者甚至粗暴地把自己的话装进作品人物的口中,硬要六十多岁的老太太说出一些作者希望她说而实际上她是不可能说的话"①。黄药眠这样告诫作家:

> 必须记住:作者所描写的人物,他们本身是有着独立的意志的,他们的行动也有着一定的自身的规律的。作者绝对没有权利把笔下的人物当傀儡一样随意地加以驱使。如果作者都把自己所写的人物当成傀儡,那么他还有什么理由去要求读者们相信他们都是真的人呢?②

如果把黄药眠的这些表述与上个世纪80年代中期所讲的"文学主体性"相比较,就不难看出,80年代"文学主体性"的呼唤,黄药眠在三十年前就开始部分地提出来了。这里着重要指出的是,黄药眠还认为要使描写的对象获得独立的意志,作家除了观察之外,"作者还必须以自己所经历的思想感情去体会和设想人物的内心的感觉"。他举了巴尔扎克和阿·托尔斯泰的例子,然后说:"作者对于自己所写的人物,不仅好像亲自看见这些人,好像亲自和自己一道交谈,一道工作,而且作者好像就是这些人物本身,心里也正经历着人物所经历的一切。"③他在这里提出了"体验人物"的理论命题,强调"以作者自己的经验去体会人物的内心",正是达到尊重对象的主体性的最重要的途径。

---

① 黄药眠:《谈人物描写》,《黄药眠文艺论文选集》,北京师范大学出版社,1985年,第312页。
② 同上书,第313页。
③ 同上书,第321页。

黄药眠于上个世纪50年代初期,十分关心中小学的语文教学,曾先后发表过两篇很有质量的论文,对于鉴赏者的主体性提出了自己独到的看法,至今仍有启发性。首先,他认为,一个文学教师帮助学生去理解文学作品,一定要充分估计学生已有的主体的能力,并调动他们的主体的已有的能力。他说:

> 我想问题是在于了解同学们的理解的程度。如果我们以他们所已知的去揭示它们所已知的,那他们就一定会感到重复和乏味了,如果我们以他们所未知的去揭示他们所未知的,那他们一定会以为过于深奥,难于索解了。但如果我们善于运用他们所已知的来揭示他们未知的,那他们就一定会表示欢迎。①

这里,黄药眠已经充分认识到了学生在接受作品之前所存在的"预成图式"的重要性,作为读者的学生在阅读作品前已有一个预成图式,这就是他们的"已知",是他们理解和鉴赏作品的基础。作为引导者的教师必须充分了解学生"已知"——预成图式,积极调动具有"已知"内容的预成图式,积极引导学生从原有的基础出发主动地去理解作品。我们知道这种预成图式理论是后来发展起来的"接受美学"、"读者反应理论"的基础,读者之所以对同一篇作品会有不同的读解,就根源于不同读者的"预成图式"之不同。对于这一思想黄药眠早于50年代初已经意识到,并作出了自己的独特的表述。其次,黄药眠认为,文学教师要引导学生理解作品,自己"要能体验和领会作品中的形象";但这还不够,更重要的是,文学教师必须引导学生在阅读课文的时候,主动投入自己的想象和情感,他说"指导阅读的人的任务之一,是发展阅读者的想象力,鼓舞他去想象作家所描写的生活与自然界的能力;使他看见和听见这样的生活。"②又说:"要使同学们对作品的叙述和描写有情感上的反应。"显然,想象和情感的投入是阅读主体能动性的主要表现。再次,黄药眠特别指明文学是一种语言的艺术,提醒大

---

① 黄药眠:《关于文学教学中的几个问题》,《黄药眠文艺论文选集》,北京师范大学出版社,1985年,第369页。
② 同上书,第370页。

家文学的形象"正是通过文学的语言表现出来的","所以这里文学教师就必须将作者在文字中所暗示的东西,文中所隐藏着的东西显示出来"。① 进一步,黄药眠要求文学教师要善于引导学生捕捉语言中所表现的感觉。他说:"一般的教师在教文学课的时候,常常只注意文字的音、词、义,而忽略了如何去培养同学们关于语言的感觉;常常把词看成为只代表一定的物体、一定的概念、一定的形态和一定的动作的东西,而没有注意到作者通过这个词所表现出来的感觉和情绪。"②黄药眠告诉大家:文学语言就是"富于联想的、旁涉的、暗示的和富于情绪色彩的语言",因此"语言所表现出来的感觉和情趣,是不能完全从字典意义的解释去获得的。我们必须教导同学们从前后文的关系中去体验语言的情趣"。③ 这就是说,文学语言所呈现出来的意味、情趣,不会自动呈现出来,也并非通过查字典可以获得的,读者必须以自己的全部的人生体验的积累,以主动介入的精神,才可能理解那些联想的、旁涉的、暗示的意义,才有可能理解前后语境,才可能进入文学的丰富世界。在这里黄药眠的确揭示了从文本到作品的实现,必须依赖读者的主体及其能动性。

特别值得注意的是,黄药眠强调作家的主体性、描写对象的主体性和欣赏的主体性的时候,很注重"体验"这个概念。实际上在他那里"体验"的概念是与"生活实践"的观点密切联系在一起的。作家如果不深入生活,如何去体验生活呢?所以主体体验是与生活实践密切关联在一起的。"文学主体性"这个在上个世纪80年代中期成为热点的问题,黄药眠先生早在三十年前就有相当深刻的揭示,只是那时大家都还热衷于"文学反映客观现实"一类的命题,热衷与批判唯心论,他的思考被忽略了。

---

① 黄药眠:《关于文学教学中的几个问题》,《黄药眠文艺论文选集》,北京师范大学出版社,1985年,第371页。
② 同上书,第373页。
③ 同上书,第374页。

三 美与艺术：从"生活实践"到"美是评价"

黄药眠是上个世纪 50 年代的美学大讨论中最为活跃的人物之一，但是他的关于美学的理论贡献是否得到了恰当的评价了呢？我认为没有。50 年代的美学大讨论，被后来的学者总结为蔡仪先生的"客观派"、吕荧、高尔泰的"主观派"、朱光潜的"主客观统一派"和李泽厚的"实践派"，黄药眠先生的理论只是被提到，但认为他没有"派"。我们觉得既然要总结那个时代的一次学术讨论，那么就应该客观一些，把大家的理论贡献都全面地挖掘出来。根据我的考察，黄药眠先生在诸种美论中，比较同意李泽厚的"实践"观点，这并不是偶然的。如上面所述，他在 1950 年所发表的《论美与艺术》一文比李泽厚更早提出揭示美的"生活实践"观点。他后来继续思考美学和艺术问题，又提出了"美是评价"的理论观点。他可以说是中国运用马克思的价值理论对美学问题进行考察的第一人。

黄药眠在 1957 年 6 月 3 日作了讲演《不能不说的话》①，这是一篇兼论美与文学艺术问题的精彩讲演，他强调美与艺术的问题是不能完全切割开的，因为美的最高表现就是艺术，而艺术建立于人的审美判断的基础上，是审美现象的一部分。在这次讲演中，他结合文学艺术的实际提出了"美是评价"的观点。黄药眠提出这个观点是出于对当时流行的所谓"唯物主义"的"美是客观"的观点的不满。黄药眠认为，"美是人类社会生活现象"②。他反对把客观现实与美混为一谈。他说："物的存在离开我们仍然存在，但美却不能离开人的感觉而存在，假如美可以离开感觉而存在，那就归到蔡仪先生所说的是物本身有美的属性。……如果说美可以离开人的感觉而存在，等于说美可以离开人而

---

① 《不能不说的话》的讲演，留下详细记录，后经整理，发表于 1999 年《文艺理论研究》第 3 期，此文又收入 2002 年北京师范大学出版社出版的《黄药眠美学文艺学论集》。
② 黄药眠：《美是审美评价：不得不说的话》，《黄药眠美学文艺学论集》，第 28 页。

存在。"①在黄药眠看来,现实如果离开人和人的感觉,就不存在什么美。"一个人若是感到某一事物的存在,这是生理的事实。我们看到花,并不一定构成美的现象。我们看到山水田野,感到有山水田野的存在,并不一定构成审美的现象。"②在黄药眠看来,客观现实中的颜色、形状,如对称、比例、节奏、黄金分割等,如果不与人的感觉、情感以及各种社会关系发生关联,是不能构成审美活动的。

黄药眠认为,审美活动必须有审美的人,"离开人的生活去谈线条、色彩是不对的,因为线条和色彩在人的社会生活实践中才有意义。美不是存在于事物本身,而是人对于客观事物的美的评价"③。黄药眠也不认为朱光潜的"感觉加上意识形态的反映就构成审美"是对的。黄药眠认为,"审美首先应从生活和实践中去寻找根源"④,他以原始人的生活和实践为例,说明人在生产实践中,人作用于对象,对象也作用于人,如此反复多次,人与对象之间就建立起了联系,终于人最初对于对象作出了评价,作出了审美的评价。"由于人不断地劳动创造,接触了不少的对象,接触面越来越广,越来越深,人对周围的感觉力也增多了,这样产生了人的主观力量,这个主观力量可以说是为对象所创造与提高的,这个主观力量同时又是对象的对立物,没有对象,主观力量也就会没有。"⑤黄药眠认为主观力量是人评价对象的前提,没有这个前提,评价活动不会发生,审美活动也不会发生。

但是,黄药眠没有抹煞客观对象物的重要,客观对象物的价值性仍然是重要的。他说:"我们承认美是客观事物在人脑中的主观的反映,并不是说美没有客观性,例如丰收得到的谷物与狩猎得到的野兽,原始人都感到快乐,因为满足他们的物质需要,所以感到是美的","显然,美是有客观性的,不以某个人的意志为转移。我们假设任何原始人类放在狩猎到许多野兽的环境下会感到这些事物是美的。这样看来,可

---

① 黄药眠:《美是审美评价:不得不说的话》,《黄药眠美学文艺学论集》,第30页。
② 同上书,第28—29页。
③ 同上书,第28页。
④ 同上书,第29页。
⑤ 同上书,第29页。

可以说美是有客观性,但是通过人的意识表现出来"。① 黄药眠的意思是,美的客观对象不是那种与人没有联系的或只发生生物性联系的对象,如"人的奋斗史,以整个历史来看,它是有客观性的"。抗日战争、解放战争是中国人民的斗争史,它是客观的,它本身具有价值性,可以成为我们的积极评价对象,所以它是美的。由此我们不难看出,黄药眠所理解的客观现实是人的实践的产物,也就是"人化的自然",不是那种纯然的物自体。这个观点与他1950年《论美与艺术》一文中的观点是一脉相承的。

有人可能会问,这样一种美论与朱光潜的"主观与客观的统一"的美论不是一样的吗?这还是不一样的。关键在黄药眠不是谈哲学上的"统一",而始终认为美是主体对于客体对象的"评价"。在《不能不说的话》的讲演录中,"评价"一词出现了12次之多,而且语境都差不多,即认为美是对客观事物的评价。这就是说,黄药眠对哲学上的这个"统一"、那个"统一"不感兴趣,他在讲演开始时就说:"将哲学上的认识论的存在先于认识的理论套在美学上,是不适当的。"又说:"我以为只抓着哲学上的教条,对美学上的问题是不能解决的。"②他转而从马克思思想武器中寻找新的理论支持,这就是价值论。在"美是一种评价"的命题中,客体要有价值性,主体要有评价的能力,而主体以自己的审美能力揭示客体的价值性的过程,是一种评价的过程,而评价过程是人的一种活动。这样,黄药眠先生就在很大程度上摆脱了简单揭示"美的本质"的命题,而把这个问题转化为"人的审美活动是什么"的问题。这一提问的转变,以及阐述视角从哲学转向价值学,把美和美感联系起来考察,大大推进了当时的讨论。如果当时有人沿着他的思路研究下去,那么上个世纪80年代苏联学者斯托洛维奇的《审美价值的本质》也许就不那么新鲜了。

特别值得注意的是,黄药眠用他的"美是评价"的观点来解释文学艺术问题。他认为文学作为人的创造,"写出了人类生活的评价,又写

---

① 黄药眠:《美是审美评价:不得不说的话》,《黄药眠美学文艺学论集》,第30页。
② 同上书,第28页。

出了艺术家对人的审美生活的评价。故说,艺术既反映了现实生活的美,又反映了艺术家对生活的艺术评价"①。他举了保尔·柯察金这个人物形象为例,说保尔说,人生应该如何如何过,才是有意义的,这是保尔对生活的评价;而作家写出了保尔这样一个英雄人物并加以赞美,则是作家对生活的评价。所以黄药眠认为,我们一方面要承认生活高于艺术,因为生活中许多丰富的东西,艺术都没有完全反映出来;但另一方面,又必须说艺术高于生活,因为艺术家对生活必须加以评价。为了更深入说明这一点,他又提出丑的事物为什么在艺术中可以变成美的问题。这里的关键还是"评价",他说:"丑的事物是由于我们对它的批判所引起的美感。"②所谓"批判"也就是一种评价活动。

作为一个文学理论家和美学家的黄药眠,给我们留下了许多具有独创性并具有普遍的理论价值的东西,需要我们进一步去学习去探讨。他的"生活实践"的观点和"美是评价"的观点,其突出的意义在于在上个世纪 50 年代,他意识到单一的认识论,即"存在—意识"的二项关系式,不能解决全部文学问题,而认为马克思的实践论和价值论对于文学艺术问题更具有阐释力,这是很了不起的见解。在上个世纪的 50 年代,黄药眠无疑是中国一个重要的文艺理论家。他的声音不应该被埋没,也不会被埋没。

---

① 黄药眠:《美是审美评价:不得不说的话》,《黄药眠美学文艺学论集》,第 36 页。
② 同上书,第 37 页。

第七章　朱光潜的"美学实践论"文艺思想

朱光潜是我国现代美学的开拓者和奠基者之一。他学贯中西,博古通今。他的学术研究一般而言以1956年为界分为前期与后期。他前期所撰写出版的《文艺心理学》、《谈美》、《诗论》等专著,对于我国现代美学的发展具有开拓意义。新中国成立后,朱光潜对自己以前的唯心主义美学思想进行了自我批判。1956年美学问题大讨论中,他清理了自己前期学术研究中的唯心主义思想,努力学习马克思主义,提出了"美是主客观的辩证统一"的观点,并以马克思主义的"美学的实践观点"不断丰富和发展自己的美学思想和文艺思想,他运用他的"美学的实践的"观点来解释文艺问题,对于中国当代的马克思主义的文学理论作出了重大的贡献。朱光潜用了大量时间从事西方文论著作的翻译,他自己的主要著作有《悲剧心理学》(1933年英文版,1983年张隆溪翻译成中文出版)、《谈美》(1932)、《文艺心理学》(1936)、《诗论》(1942)、《美学批判论文集》(1958)、《西方美学史》(1963)、《谈美书简》(1980)、《美学拾穗集》(1980)等。

从1952年开始,朱光潜开始学习马克思主义。1956年在批判胡适唯心主义运动的思潮中,他对自己学术研究前期的唯心主义作了检讨,写了《我的文艺思想的反动性》一文,发表在《文艺报》上。他当时这样做一方面是承受着外部的压力,另一方面也是出于他真诚地认识到自己学术思想的缺陷,认识到"在唯心阵营里调和折衷的,'补苴罅漏'的,所以思想系统驳杂,往往自相矛盾的"[①],就是说是出于反思自己学术思想的需要。他讲给他影响最深的书籍是《庄子》、《陶渊明诗集》、《世说新语》,最推崇"魏晋人"的人格理想。他前期的主要著作

---

① 朱光潜:《我的文艺思想的反动性》,《美学批判论文集》,作家出版社,1958年,第11—12页。

《文艺心理学》,评介了克罗齐的直觉论、立普斯的移情说、布洛的心理距离说,并联系中国古代的诗歌创作和文论作了详细的发挥,为中国现代的文艺心理学奠定了基础,为中西美学、诗学的比较作出了示范,但的确存在着唯心主义的缺陷。朱光潜在清理自己的唯心主义的基础上,发愤学习马克思主义。在新时期开始以后,他的"中心工作还是对马克思主义经典著作的摸索。我重新试译了《费尔巴哈论纲》和《经济学—哲学手稿》中一些关键性的章节,并作了注释和评介,想借此澄清一下'异化'、实践观点、人性论和人道主义、美和美感、唯心和唯物的分别和关系等这些全世界学术界都在关心和热烈争论的问题"①。朱光潜这种学习和钻研马克思主义经典著作的精神是令人感动的。也正因为他有这种精神,他取得了马克思主义实践论的真经,对美学和文艺学问题作出了新的阐释,对中国当代的马克思主义文学理论作出重要的贡献。

一 "美学实践论"观念的形成及其基本框架

朱光潜的"美学实践论"的观念来源于马克思的几部重要著作。与那些认为马克思早期的著作《1844年经济学—哲学手稿》是不成熟的学者不同,朱光潜始终认为马克思的经典著作前后既有发展而又有连贯,或者说在实践观点上,前后是一贯的。朱光潜在《对〈关于费尔巴哈的提纲〉译文的商榷》一文中说:"《论纲》决不能孤立地看。《论纲》是紧接着《经济学—哲学手稿》写的,《德意志意识形态》又是紧接着《论纲》写的。这三部著作如果结合到后来的《政治经济学批判"导论"和"序言"》,《资本论》第一卷的论'劳动过程'段以及恩格斯的《劳动从猿到人的转变过程中的作用》和《费尔巴哈与德国古典哲学的结果》来看,《论纲》就较易理解。"②不难看出,朱光潜通过深入的钻研,

---

① 《朱光潜全集》第1卷,安徽教育出版社,1987年,第8页。
② 《朱光潜全集》第5卷,安徽教育出版社,1987年,第397页。

认为马克思早期的著作和成熟期的著作,在实践观点上,是一致的。朱光潜也主要是从上面所提到的这些著作中,获得了对马克思主义的实践观点的理解,并把这些著作的实践观点运用于美学和文艺学的研究中。

众所周知,朱光潜关于美学与艺术的基本观点是"美是主观与客观的统一"。那么这个基本观念是怎样形成的呢?这个基本观念又包含哪些内涵呢?我们可以从朱光潜对马克思主义的认识论、实践论和世界观的理解这三个角度来加以考察:

朱光潜对于马克思主义的认识论基本原理,即存在与意识的关系,他一方面承认存在是第一性的,存在决定意识,但更为强调的是意识对存在的反作用。他说:"马克思列宁主义的文艺理论和美学有一个总的出发点,那就是反映论。反映论与'存在决定意识,而意识又反过来影响存在'的辩证唯物主义的基本原则是分不开的。这个基本原则肯定了物质的第一性,也肯定了人的主观能动性与创造性,揭示了存在与思维、客观世界与主观世界、人与自然是既对立又统一的辩证关系。"①朱光潜在论述完这个基本原则后,针对上个世纪50年代某些一味强调"客观"的庸俗社会学,重点批判了美是"不依人的意志为转移"绝对的客观存在的观点,强调美必须有人的主观能动作用在内。他的理由是反映过程中主观世界和客观世界的矛盾,必须经过一番斗争及其这斗争的克服,才能达到统一,这里克服矛盾的方式不是机械的,而是要发挥主观能动性和创造性。所以在主客观的对立的解决过程中,朱光潜认为主观能动性的发挥具有根本的意义。对于艺术和美,朱光潜根据他对反映论的理解,提出了著名的"物甲/物乙"说。他说:

> 在这个反映的关系上,物是第一性的,物的形象是第二性的。但是这"物的形象"在形成之中就成了认识的对象,就其为对象来说,它也可以叫做"物",(姑简称物乙),不同于原来产生形象的那个"物"(姑称物甲),物甲只是自然物,物乙是自然物的客观条件加上人的主观条件而产生的,所以已经不是纯自然物,而是夹杂着

---

① 《朱光潜全集》第10卷,安徽教育出版社,1987年,第289页。

人的主观成份的物,换句话说,已经是社会的物。①

朱光潜的物甲/物乙说对他来说很重要,他的美是主观与客观的统一,艺术是主观与客观的统一,都从这里引申出来。因为艺术作为美,尽管是要有反映对象的,即"物甲",就像竹子的美或画竹的美,的确应有竹这个事物的具体存在,离开这个竹的具体存在和画竹的存在,人们就失去了对象,从何处来说竹之美和画竹之美呢?但仅仅确定这一点是很不够的,竹子这个事物如何不被人所感知,没有进入人的心中,没有竹子的形象,这竹子的美又从何说起呢?美是不能脱离人的审美器官和审美心理而存在的。所以朱光潜着重提出了"物乙",如果说"物甲"是"自然物"的话,那么"物乙"就已经不是"自然物",它是经过人的认识、反映和欣赏的形象,已经是"情感物"了。因为如朱光潜先生所说的"物乙是自然物的客观条件加上人的主观条件而产生的","夹杂着人的主观成分"。朱光潜的美是主观与客观的统一就是建立在这种合理的理解上的。对艺术的理解的基础也在这个道理上面。所以朱光潜的认识论与某些人一味强调存在的第一性是不同的,他更强调是人的主观能动性。

但是朱光潜最重视的还不仅仅是反映论,而更是实践论。朱光潜认为对于反映论的解释,必须结合实践论才能达到真正的理解。50年代文艺学界存在的一大问题,就是只从认识论这一个角度去理解文学,反反复复强调文学是生活的反映。朱光潜心中显然对此不满,他于是强调实践论才是马克思主义哲学的真髓。可以说朱光潜在研究美学和文艺学问题的时候,更独钟情于马克思主义的实践论,而不看好"直观的"认识论。或者说对于美学和文艺学来说,实践论要高于认识论。对此,朱光潜有过明确的说法:

> 马克思在《费尔巴哈论纲》第一条提到从前唯物主义的缺点"在于把事物、现实、感性(指感性世界——引者)只是从客观方面或从直观方面加以理解,而不是理解为人的感性的活动,不是理解

---

① 朱光潜:《美学批判论文集》,作家出版社,1958年,第48页。

为实践,不是从主观方面加以理解",至于"能动的方面",却被唯心主义"抽象地发展"了。这段话指出了马克思主义哲学不同于过去形形色色的美学的关键所在。懂透这段话的深广的含义,这应该是学习马克思主义美学的第一课。①

朱光潜对马克思的实践论的这种理解,认为有两种片面地理解现实的方式,一种是机械唯物主义的片面的仅从客观方面的、直观所得的方式去理解现实,一种是唯心主义的片面的仅从主观能动的方式去理解现实。这两种理解现实的方式,都不可取。"马克思主义理解现实,既要从客观方面去看,又要从主观方面去看。客观世界与主观能动性统一于实践。所以在美学上和在哲学上一样,马克思主义所用的是实践观点,和它相对立的是直观的观点。直观观点把现实世界看成单纯的认识对象,只看到事物的片面的静止面,不是像实践观点那样就主客观的统一来看在实践中的人与物互相因依、互相改变的全面发展过程。就这个意义来说,不仅是机械唯物论用的是直观观点。实践观点是马克思主义以前所没有的,是马克思主义以前所特有的。"②那么落实到具体美学对象上面,这种实践观点是如何体现出来的呢?为此朱光潜举了一个"茶壶"的具体例子来加以说明。他说,比如说茶壶,这是现实世界中一个对象,如果从直观观点去看,那么它只是一个现成的、孤立的、静止的客观事物,只是一个单纯的认识对象。如果持单纯的认识论的直观观点的美学家来认识它,所提的问题不过是:它是否美?如果说它美,它的美究竟在哪里?在主观方面还是在客观方面?有哪些属性和形式凑合起来才是美?人对它何以起美感?美感是天生的还是后天培养的?如此等等。假如我们只用这种客观的直观式的观点看待茶壶和别的事物,那么任何一种事物都只是现成的、孤立的、静止的存在,这就不能全面地正确地看待事物。实践的观点不是这样,它以唯物辩证的、发展的、全面的观点,与人密切相关的观点去看待事物。例如从实践的观点看茶壶,我们首先要把它看成是人的一种用具,一件有社会

---

① 《朱光潜全集》第 10 卷,安徽教育出版社,1987 年,第 188 页。
② 同上书,第 188—189 页。

意义的东西,一件创造出来的东西;而人创造这种东西,无论是从主观认识和主观能力方面,还是在客观物质条件方面,都有人类生活的悠久的具体的历史条件在起作用。所以持实践观点的美学家看待这茶壶,所提的问题就会是:人在改变自然从而改变自己的长久的生产实践中,为什么要生产这种东西?怎样生产它?在长久的生产过程中,人怎样感觉茶壶的美?人对客观世界的审美关系是怎样一种关系?这关系取决于哪些历史的、社会的、物质的、个人的等等因素?它是如何随历史的发展而发展?这就是把茶壶放到社会历史发展的过程中和具体的历史条件的大轮廓中去看。不把茶壶当做单纯认识的对象,而是把茶壶当做实践的对象。最后朱光潜指出:"这样看来,美就不是孤立的静止面的一种属性,而是人在生产实践中既改变世界又从而改造自己的一种结果。发现事物美是人对世界的一种关系,即审美的关系。"① 这种审美关系中,包含了主观与客观以及两者的统一,这是朱光潜从实践论的更深的层次来说明美和艺术是主观与客观的统一。

从马克思主义实践论的论述过程中,朱光潜发现了马克思主义的世界观从根本上说,就是如何看待世界上两个最根本的事物,即人与自然的关系问题。实践论的特点就在于它不仅重视自然,更重视人对自然的改造,以及人在改造自然中又改造了自己。这一点是朱光潜反复强调的。朱光潜对马克思早期的著作《1848年经济学—哲学手稿》中的关于共产主义的定义特别感兴趣,马克思认为共产主义作为充分发展的自然主义就等于人道主义,作为充分发展的人道主义就等于自然主义,共产主义就是人与自然、人与人的对立的真正解决,即达到了自然主义与人道主义的完全的统一。朱光潜认为马克思给共产主义所下的定义是深远的,他解释说:"人道主义与自然主义的辩证统一的含有两点互相因依的要义:人之中有自然,自然之中也有人。人得到充分发展要靠自然得到充分的发展,自然得到充分发展也要靠人得到充分发展。自然是人的肉体食粮和精神食粮的来源,是人的生产劳动的基础与手段。人在劳动中才开始形成社会。生产劳动就是社会性的人凭他

---

① 《朱光潜全集》第10卷,安徽教育出版社,1987年,第190页。

的本质力量对自然的加工改造。在这个过程中,自然日益受到人的改造,就日益丰富化,就成为'人化的自然';人发挥了它的本质力量,就是肯定了他自己,他的本质力量就在改造自然中'对象化'了,因而他日益加强和提高了。这就是人在改造自然中也改造了自己。人类历史就这样日益发展下去,直到共产主义,人和自然双方都得到充分的发展,这就是'人的彻底的自然主义和自然的彻底的人道主义'的辩证统一。"①更进一步,朱光潜用中国古代的名言来加以阐发,说:"中国先秦诸子有一句老话:'人尽其能,地尽其利。''人尽其能'就是彻底的人道主义,'地尽其利'就是就是彻底的自然主义。不过中国这句老话没有揭示人与自然的统一和相互因依,只表达了对太平盛世的一种朴实的愿望。马克思却不仅揭示了人与自然的统一,而且替共产主义奠定了一个稳实的哲学基础,实际上也替美学与艺术奠定了一个马克思主义的哲学基础。"②朱光潜为什么说马克思关于人与自然的理论为美学与艺术奠定了哲学基础呢?这显然是说,美和艺术既是人的本质力量的对象化,又是人在改造自然中通过美与艺术对自己的丰富。朱光潜强调单靠纯自然不能产生美与艺术,要使自然成为美,人的意识一定要起作用。他解释说:从历史发展看,在人类社会出现以前,自然本身无所谓美丑,美是随着社会的人的出现而出现的。自然本来是与人对立的。人自从从事生产劳动,成为社会的人之日起,自然成为人的认识和实践的对象,成为人所征服与改造的对象,只有到了这个时候自然才对人有意义,有价值,有美丑。③ 所以美和艺术只能是人(主体)和自然(客体)的统一。

由此不难看出,朱光潜后期的美学和艺术理论,是从马克思理论那里引伸出来的"美学实践论",这个理论的基本框架是由能动的反映论、重视主体的实践论和人与自然的统一的世界观三者组成的,他充分肯定存在的、客观和自然的力量,认为这是第一性的东西,但同时又特

---

① 朱光潜:《谈美书简》,上海文艺出版社,1980年,第49页。
② 同上书,第50页。
③ 参见《朱光潜全集》第10卷,安徽教育出版社,1993年,第223页。

别强调意识的能动性、主观的视角和人的本质力量的作用。美学和艺术只能在存在与意识、主观与客观、人与自然的交涉和统一中获取规律性的解释。

二 "美学实践论"文艺思想的几个重要命题

朱光潜从马克思主义的美学实践论出发,论述了一系列文艺问题,本章不可能面面俱到,一一论列,只是从其中寻绎出几个重要命题加以论述。

朱光潜的美学实践论十分重视艺术美的研究,他认为"由于把艺术美看作最高发达形式的美,由于马克思主义的科学方法论明确指示'人的解剖使我们又可能去理解猴子的解剖',对高级现象的分析,有助于对低级现象的认识,因此我认为美学对象应该主要的是艺术美。了解艺术美,就有助于了解现实美"①。由此朱光潜对于文艺问题的研究是十分重视的。在所有的文艺问题中,艺术创造的基本原则问题又是他最为重视的。朱光潜从他的美学实践论出发,特别重视马克思的关于"劳动生产"的观念。他引了马克思《资本论》中的如下的话:

> 通过他的生产而且由于他的生产,自然现为人的作品,人的现实,所以劳动的对象就是人的种族存在的对象化;因为人不仅在认识里以理智的方式复现自己(即意识到自己——朱引),而且还在实际生活中以行动的方式复现自己,他就在自己所创造的世界里观照自己。

朱光潜在这段话的后面说明,自然经过了"人化"之后具有了人的意义,即社会的意义;同时人在生产劳动中改变了自己,使自己成为社会的人("种族的存在"),发挥了自己的本质力量,在对象中肯定自己,观照自己,认识自己,因而丰富了自己的物质生活和精神生活。这对于

---

① 《朱光潜全集》第 10 卷,安徽教育出版社,1993 年,第 278 页。

理解艺术创造的基本原则就寓含在自然的人化和人的本质力量的对象化的反复回流的过程中。朱光潜继续说:"对美学特别有意义的是人'在自己所创造的世界里观照自己'这句话。这正是'用艺术方式掌握世界',说明了劳动创造正是一种艺术创造。无论是劳动创造,还是艺术创造,基本的原则都只有一个:'自然的人化',和'人的本质力量的对象化'。基本的感受只有一种:认识到对象是自己的'作品',体现了人作为社会的人的本质,见出了人的'本质力量',因而感到喜悦和快慰。"①我们可以这样来理解朱光潜的论述:文艺创造作为一种艺术美的创造,其基本原则是自然的人化和人的本质力量的过程,首先是自然的人化,即不是刻板地一丝不改地照搬自然本身,而是经过具有社会性的作家,进行改造加工,赋予自然以意义和价值,最终使创作的对象显示出人的诗性的意义来。朱光潜曾论及"山水诗与自然美",认为文艺中的自然不是纯自然,不是自然本身的属性。文艺中的自然"反映了自然,也表现了他自己"②。他还说:"人在觉得自然美时,那自然里一定有自己在内,人与自然必然处于统一体。"③他举《诗经》首篇《关雎》前四句为例,说"这是一篇歌颂新婚欢乐的诗,头两句是自然,后两句是人事,表面上是两回事,实际上是统一体。'关关雎鸠'两句因'窈窕淑女'两句而得到意义,'窈窕淑女'两句因'关关雎鸠'两句而得到具体而生动的形象"④。在朱光潜看来甚至像王维的山水诗也"毕竟有诗人自己在里面"。其次,文艺创造不但是自然的人化,同时又是"人的本质"的对象化。朱光潜也引过黑格尔的话:"人有一种冲动,要在直接呈现于他的面前的外在事物之中实现他自己,而且就在这实践过程中认识他自己。人通过改变外在事物来达到这个目的,在这些外在事物上面刻下他自己的内心生活的烙印,而且发现他自己的性格在这些外在事物中复现了。"朱光潜的意思是,作家对待他创作的对象,有一个从"主观"的角度去看的问题,这就是为什么同样的对象在不同性格

---

① 《朱光潜全集》第10卷,安徽教育出版社,1993年,第196页。
② 同上书,第223页。
③ 同上书,第225页。
④ 同上书,第227页。

的作家笔下可能被写得完全不同的原因。前面所举"茶壶"例子,也充分说明了这一点。茶壶作为人的生产与制作,这就是劳动,劳动的结果是生产了茶壶,这样人就在茶壶这个对象中实现了自己,在茶壶中刻下了自己内心生活的烙印。

朱光潜由于重视自然的人化和人的力量的对象化,这就使他特别关注文艺创作中的主体与客体的关系问题。创作的主体与客体关系的问题,一直是文艺创作的重要问题,又常常是纠缠不清的问题。例如,"文革"和"文革"以前一直认为题材问题是文艺的根本问题,对文艺的价值似乎具有决定的意义。所以很长时间流行"题材决定"论。这实际上过分强调创作客体的重要性,而忽略创作主体的意义。朱光潜从实践论出发,对此问题作了辩证的理解。他说:"'艺术'(art)这个词在西文里本义是'人为'或'人工造作'。艺术与'自然'(现实世界)是对立的,艺术的对象就是自然。就认识观点看,艺术是自然在人的头脑里的'反映',是一种意识形态;就实践观点说,艺术是人对自然的加工改造,是一种劳动生产,所以艺术有'第二自然'之称,自然也有'人性'的意思,并不全是外在于人的,也包括人自己和他的内心生活。"①这段话可以看做朱光潜对文艺本质的基本理解,这里特别强调文艺与自然是对立的,他曾引用过狄德罗的话"自然有时是枯燥的,艺术却永远不能枯燥"借以说明自然不等于艺术,必须通过人对自然的加工,克服了这种对立,转化为"第二自然",实现了主客观的统一。

朱光潜基于对文艺的这种理解,对创作主体和客体问题提出了他的见解:"一切艺术都要有一个创作主体和创作对象,因此,既要有人的条件,又要有物的条件。人的条件包括艺术家的自然资禀、人生经验和文化教养;物的条件包括社会类型、时代精神、民族特色、社会实况和问题,这些都是需要不断加工改造的对象;此外还要加上用来加工的改造的工具和媒介(例如木、石、纸、帛、金属、塑料之类材料,造型艺术中的线条和颜色,音乐中的声音和乐器,文学中的语言之类媒介)。所以

---

① 朱光潜:《美学书简》,上海文艺出版社,1980年,第107页。

艺术既离不开人,也离不开物,它和美感一样,也是主客观的统一体。"①在这里,他不但对创作的主体和客体的关系作了明确的解释,强调艺术加工是连接主体与客体关系的中介,而且对创作主体和创作客体的条件也加以详细的说明。例如主体的条件,包括自然资禀、人生经验和文化教养。自然资禀是先天的条件,人生经验和文化教养则是后天的条件。人生经验按照朱光潜的理解是生活实践的结果。人总要与外界打交道,其中包括与自然打交道,与社会打交道,这就是生活。生活是人从实践到认识,又从认识到实践的不断反复流转的过程。人就在改造自然和改造自己的过程中获得了"生活经验"。生活经验是创作主体的基本条件,没有刻骨铭心的生活经验(包括体验),创作主体就不具备创作的条件。而且按照他的物甲/物乙说,只有生活实践所形成的生活经验,才能把外在的物,变为心中之物,这样创作主体才能与创作客体打通,实现物我交融和主客体的统一。

朱光潜早期的艺术思想由于从克罗齐的直觉论出发,所以更高地评价浪漫主义文学,而或多或少地贬抑现实主义文学。后期的艺术思想已经转到马克思主义方面,在文艺界大家都只重视现实主义的气氛中,为何依然钟情于浪漫主义呢?显然,这与他的实践论的美学观念有关。

朱光潜承认现实主义与浪漫主义的区别是普遍存在的。他引了亚里士多德《诗学》第25章中的观点:"像画家和其他形象创造者一样,诗人既然是一种摹仿者,他就必然在三种方式中选择一种去摹仿事物:按照事物本来的样子去摹仿事物,按照事物为人所说所想的样子去摹仿事物,或者按照事物应当有的样子去摹仿事物。"朱光潜说,所谓按照事物本来的样子去摹仿事物,就是现实主义;按照事物应当有的样子去摹仿事物,就是理想主义,也可以叫做浪漫主义。虽然人们看出这种区别却没有在这上面大做文章。到了欧洲的18、19世纪,作为文学流派的浪漫主义和现实主义才各树一帜,互相争执,不自觉的区别才变成自觉的区别。

---

① 朱光潜:《美学书简》,上海文艺出版社,1980年,第108页。

但朱光潜对这种区别不以为然。朱光潜说:"我个人仍然认为两种创作方法是客观存在,却不宜过分渲染,使旗帜那样鲜明对立。我还是从主客观统一的观点来看待这个问题。诗是反映客观事物的,而反映客观事物却要通过进行创作的诗人,这里有人有物,有主体,有客体,缺一不行。这个问题的正确答案还是所引过的高尔基的那段话:不妨重复一下其中关键性的一句:

> 在伟大的艺术家们身上,现实主义和浪漫主义时常好像结合在一起的。

高尔基指责批判现实主义'不能给人指出一条出路',出路何在?当然在革命。所以在我们的社会主义时代,我还是坚信毛泽东同志的'革命现实主义与革命浪漫主义相结合'的主张。是否随苏联提'社会主义现实主义'较好呢?我还没有想通,一,为什么单提现实主义而不提浪漫主义呢?二,如果涉及过去的文艺史,是否也应在'现实主义'之上安一个'奴隶社会'、'封建社会'或'资本主义'的帽子呢?"[①]显然,朱光潜从他的实践论的美学观念出发,认为只要是文学创作必然是主客观的统一,在创作中必然留下了作家本人的思想情感的烙印,不可能没有浪漫主义的成分。因此现实主义总是和浪漫主义结合在一起的,而浪漫主义也总是和现实主义结合在一起的,完全的现实主义或完全的浪漫主义是没有的。朱光潜的这种观点应该说是比较符合创作实际的,对于如何完善现实主义和浪漫主义理论是有启发意义的。

三 关于文学起源于劳动观点的新论证

关于"文学起源于劳动"的观点并不是朱光潜提出的。早在俄国的马克思主义者普列汉诺夫那里,这个观点就被鲜明地提出来了,而且得到了论证。普列汉诺夫认为,在原始人类那里,审美与实用密切相

[①] 朱光潜:《美学书简》,上海人民出版社,1980年,第133—134页。

关,艺术与劳动密切相关,前者起源于后者,以实用观点对待事物先于以审美的观点对待事物。他通过许多事实证明:能在原始人那里,"人的觉察节奏和欣赏节奏的能力,使原始社会的生产者在自己劳动的过程中乐意按照一定的拍子,并且在生产劳动上伴以均匀的唱的声音和挂在身上的各种东西发出的有节奏的响声。但是原始社会的生产者所按照的拍子又是由什么决定的呢?为什么在他们的生产劳动中恰好遵照着这种而非那另一种的节奏呢?这决定于一定生产的技术。"①普列汉诺夫用事实证明,劳动过程决定节奏和拍子,劳动在先,艺术在后,劳动是艺术的源头。

但是朱光潜通过学习马克思和恩格斯的著作,对此有了新的论证,这也应该视为对马克思主义文学理论的一种推进。朱光潜特别重视马克思的《1844年经济学—哲学手稿》、《资本论》第一卷第三篇第五章和恩格斯的《自然辩证法》中"从猿到人"一节。朱光潜认为在这些章节中,集中揭示了人与自然的对立与冲突。这就是说,自然界起初是作为一种完全异己的、有无限威力和不可制服的力量与人对立的,人们同它的关系完全像动物同它的关系一样,人们就像牲畜一样服从它的权力。在人最初成为人的时候,人与自然的关系的确是对立的。自然界蕴含有丰富的食物,但它不会甘心情愿地送到人类的手里,人类要获取食物,必须冒着生命的危险,去与自然作斗争的。但是,随着人类的劳动实践的深入和发展,人改造了自然,同时也在改造自然的过程中改造了自己。自然因劳动受到人的改造,自然日益丰富化,成为"人化的自然";人因为发挥了本质力量,从劳动中肯定了自己,那么他的本质力量也就对象化,也日益丰富了自己,使自己的力量变得自由了。这里充分肯定了劳动对人的作用,正是因为劳动,使人获得了创造的自由,最终才创造了艺术。朱光潜引了恩格斯"从猿到人"中的话,并说:"恩格斯也是从生产劳动来看人和社会的发展的。他一开始就说:'劳动和自然界一起才是一切财富的源泉,……它是整个人类生活的第一基本

---

① 普列汉诺夫:《没有地址的信·艺术与社会生活》,人民文学出版社,1962年,第39页。

条件,……劳动创造了人本身。'在人本身各种器官之中恩格斯特别强调了人手、人脑和语言器官的特殊作用。人手在劳动中得到高度发展,到能创造劳动工具时,手才'变得自由','所以人手不仅是劳动的工具,它还是劳动的产物'。人手在长期历史发展中通过劳动愈来愈完善,愈灵巧:'在这个基础上人手才能仿佛凭着魔力似地产生了拉斐尔的绘画,托尔瓦德森的雕刻以及帕格尼尼的音乐。'这个实例就足能生动地说明艺术起源于劳动了。"① 朱光潜从人与自然对立中,人的劳动不但改造自然,而且改造人自己的手、脚、语言、头脑这样的思路,证明了:说到底是劳动创造了艺术,艺术的起源应从人类最早的劳动实践中去寻找。朱光潜没有充分展开他的论述,但他的论点来自马克思和恩格斯,是十分深刻的。

普列汉诺夫通过格罗塞等人所提供的资料,强调劳动本身需要节奏、拍子,是劳动呼唤艺术的产生,说明劳动对艺术的直接作用。朱光潜则通过马克思、恩格斯关于人与自然的对立如何得到解决的过程的角度,强调人在劳动中得到改造,日益变得丰富,人的手、脚、语言、头脑获得了创造的自由,最终才产生了艺术。应该说朱光潜从人作为主体在劳动中获取自身的丰富性、自由性和创造性,并从而创造了人,创造了人类社会,创造了物质和精神财富,创造了艺术的新论证,深刻地重新改写了"劳动创造了艺术"的新命题。

十分可惜的是,朱光潜从美学实践论出发所提出来的这些有价值的文艺思想,在整个"十七年"没有成为主导的文艺思想。当时流行的主要是周扬等人的带有"左"的印记的文艺思想,政治学的文艺理论流行一时,给文学创作带来"公式化"、"概念化"的影响。朱光潜等的具有学理性的马克思主义的文学理论,则处于边缘地位,并没有很大影响。在建设马克思主义新的形态的文学理论中,这是必须吸取的教训。

---

① 朱光潜:《美学书简》,上海文艺出版社,1980年,第58页。

第八章 秦兆阳:"现实主义——广阔的道路"论

1956年秦兆阳发表了《现实主义——广阔的道路》(副标题为"对于现实主义的再认识")的长篇论文,用马克思主义的观点,并结合中国当代文学发展的实际,是具有很强学理性的研究文学现实主义的著作。作者在这篇论文中,对当时的文坛的主流话语——社会主义现实主义——提出了质疑,深入地探索了文学现实主义的基本特征,结合中国生动的文学实际,发展了马克思主义关于现实主义的论点,对于健康地发展社会主义文学,是具有重要意义的。这一重要论著及其作者在"极左"思潮中遭受不应有的批判,但在新时期开始以后,得到了公正的评价。今天仍显示出秦兆阳这一论著的重要价值。

一 《现实主义——广阔的道路》发表的前前后后

秦兆阳(1916—1994),湖北黄冈人,1936、1937年即在武汉的报刊上开始发表诗歌、散文作品,1938年投身革命工作,解放战争时期开始文学写作,逐渐成为华北解放区小有名气的青年作家。在此期间他学习了毛泽东的《在延安文艺座谈会上的讲话》等马克思主义著作。中华人民共和国成立后出版了短篇小说集《幸福》。秦兆阳最重要的经历是他曾于1949—1952年、1956—1957年两度担任《人民文学》杂志编辑(1956—1957年为副主编)。在担任编辑的过程中,他以自己的独特眼光发现了一些优秀的作品,这些作者有些日后成为著名作家,如白桦、孙俊青、马拉沁夫等,同时也发现了当时来稿中存在的许多公式化、概念化问题。他对这些问题进行深入的思考,不断发表分析青年作者创作中所存在的公式化、概念化问题,总结创作的规律,后来这些文章以《论公式化、概念化》结集出版,为他后来撰写《现实主义——广阔的道路》一文作了感性的准备。他在新的条件下,阅读和研究恩格斯的关于"典型环境的典型性格"的论述,则为他现实主义创作的思考作了理论上的准备。

秦兆阳作为一个作家于1952年请创作假,深入到华北农村体验生活,写出了许多具有诗情画意的作品,出版了短篇小说集《农村散记》。后来创作了现实主义的长篇小说《在田野上,前进》。这些创作经历也为他后来撰写《现实主义——广阔的道路》提供了感性的实践的基础。

1956年5月,当时主管意识形态工作的中央宣传部长陆定一代表党中央作了《百花齐放、百家争鸣》的重要报告。"6月上中旬,作协党组两次开会讨论贯彻双百方针,要求所属刊物带头鸣放。作为作协机关刊物《人民文学》的负责人,秦兆阳在会上说:作协的刊物不宜草率应付,应该善于提出像样的学术问题。但要找人带头写这样的文章很难。关于文学创作问题,我多年来积累了一些想法,想写,却不敢。党组副书记刘白羽高兴地说:写嘛,写出来大家看看。前来参加会的中宣部文艺处长林默涵也在会上说:重大政策出台了,作协不能没有声音、没有反映,这是对主席的态度问题。会后,秦兆阳考虑,写文章的事要慎重。他决定邀约《人民文学》的编委先谈一谈。在何其芳家里,编委们就如何贯彻双百方针——当前文学创作中遇见的普遍关注的问题展开了热烈讨论。秦兆阳讲了自己的看法,比如苏联社会主义现实主义存在的缺陷,我国长期存在的对文艺为政治服务的简单理解和做法,文艺批评中脱离生活、不重视艺术规律的教条主义倾向,某些作品的公式化、概念化,这都对文学创作的发展,产生了消极影响。谁知大家想到一块儿了。何其芳说:文艺为政治服务问题解决不好对贯彻双百方针非常不利。严文井说:艺术规律问题,现实主义问题,很值得思考研究。编委会开过后,秦兆阳信心倍增,他不顾暑热,在小羊宜宾3号那间每天面临西晒的斗室里冥思苦想,突击写成《现实主义——广阔的道路》数万字的论文草稿。他先给同事葛洛阅看。字斟句酌地推敲修改后,改题为《解除教条主义的束缚》,又给编辑部同仁阅读,征求意见。但文章的题目接受一位编辑意见仍恢复《现实主义——广阔的道路》,副题为'对于现实主义的再认识',他觉得这样更切合学术文章的题目。文章送呈周扬、刘白羽等同志阅看,他们阅后还给作者,没有发表赞成或反对的意见。7、8月间秦兆阳去北戴河海滨再次修改此文,9月,在《人民文学》发表。"①这些情况足以说明,秦兆阳的论文中的观点是与当时作协领导沟通过的,也在很大程度上取得了他们的同意,从某种程度上是他们共同的看法。

秦兆阳的文章发表后,产生了很大影响。各地都有一些作者赞成他论文中的观点。如武汉青年学者周勃发表了论文《论现实主义在社会主义时代的发展》,从现实主义历史发展的角度来说明"社会主义现实主义"的口号是有缺陷的。

同年12月,当时任《文艺报》主编的张光年在该刊上面发表了《社会主义现实主义存在着、发展着》一文,文章的批判矛头直指秦兆阳的文章,认为社会主义现实主义和社会主义文学不容否定,作者的姿态是要捍卫"社会主义现实主义",捍卫"社会主义文学"。这样,这篇文章未能就秦兆阳在文章中提出的学术问题进行讨论,就被纳入是反对还是赞成"社会主义现实主义"、"社会主义文学"的政治模式中。张光年的文章一出,各类大批判的文章就一致地兴师问罪,秦兆阳一下子就成为否定"社会主义现实主义"和"社会主义文学"的人。一个学术问题,不容许讨论,就被是认为是政治问题,不问学术上的青红皂白,扣上各种各样的"帽子",是那个时代的一种政治运动的惯性。

"1957年春,在有许多著名作家参加的全国宣传工作会议上,秦兆阳说,我响应号召,贯彻双百方针写了篇文章,没想到引起这么大的反响。一下子变成了政治方面的论争,我很害怕。社会主义现实主义定义作为一个学术问题,难道不可以讨论吗?我希望周扬同志能将我的想法反映给毛主席,听听他老人家的意见。周扬连忙说:秦兆阳你不要紧张嘛!不久,周扬告诉秦兆阳,我已按你说的给毛主席汇报了,毛主席会见几位作家时说:秦兆阳不要紧张,社会主义现实主义是可以讨论

---

① 涂光群:《五十年文坛亲历记》上,辽宁教育出版社,2005年,第141—142页。

的。毛主席不是凭空说的,他有自己的想法。例如延安文艺座谈会上的讲话,他当时讲的是新现实主义或无产阶级的现实主义,没说社会主义现实主义。只是全国解放后为了跟苏联保持'一致',才改用了'社会主义现实主义'这个提法。"[①]但是,就是毛泽东说了这些话,也没有"救"得了秦兆阳。1958年夏天,在反右运动即将结束之际,秦兆阳还是被划为右派分子,下放到广西劳动改造。在"文革"开始之际,秦兆阳的"现实主义——广阔的道路"论,被江青在部队文艺座谈会上的讲话打成"黑八论"之一,遭受空前无理的批判。秦兆阳为他的"现实主义——广阔的道路"论付出了22年遭受迫害的代价。直到新时期开始,秦兆阳连同他的"现实主义——广阔的道路"论,才真正地被平反。

这里我们说明秦兆阳的"现实主义——广阔的道路"论诞生的前前后后的情况,充分说明了要坚持和发展马克思主义的文艺思想,在中国20世纪50年代的"极左"思潮弥漫的情况下,要实事求是,要解放思想,勇于探索真理,是十分不容易的事情。

二 "现实主义——广阔的道路"论产生的历史文化背景

秦兆阳的《现实主义——广阔的道路》一文,最重要的一点是对"社会主义现实主义"这个苏联的文学定义的内容提出质疑。为此,我们必须探询一下苏联的"社会主义现实主义"是怎样产生的?它在苏联文学发展中扮演了什么角色?它在苏联"解冻"时期遭受到什么质疑?

社会主义现实主义的经典定义,最早见于1934年第一次苏联作家代表大会通过的《苏联作家协会章程》中:

> 社会主义现实主义,作为苏联文学与苏联文学批评的基本方法,要求艺术家从现实的革命发展中真实地、历史具体地去描写现

[①] 涂光群:《五十年文坛亲历记》上,辽宁教育出版社,2005年,第143页。

实；同时，艺术描写的真实性和历史具体性必须与用社会主义精神从思想上改造和教育劳动人民的任务结合起来。

更准确地说，社会主义现实主义最早是1932年5月20日由斯大林提出的。据了解情况的人回忆，当时准备起草作协章程的小组成员斯捷茨基和格龙斯基到斯大林那里谈文学问题，其中格龙斯基提出，要用"共产主义现实主义"的口号作为苏联艺术理论的基础。但斯大林有不同意见：

> 斯大林思考了片刻，然后不慌不忙地说、若有所思地说："共产主义现实主义……共产主义现实主义……也许还为时尚早……不过如果您同意的话，那么社会主义现实主义应该成为苏联艺术的口号。"据他的理解，他作了这样的解释：应该写真实。真实对我们有利。不过真实不是轻而易举的得到的。一位真正的作家看到一栋正在建设的大楼的时候应该通过脚手架将大楼看得一清二楚，即便大楼还没有竣工，他决不会到"后院"东翻西找。①

格龙斯基在莫斯科文学小组传达了斯大林的指示，后经中央政治局讨论，确定了社会主义现实主义这个名称。这就是说，社会主义现实主义的提出完全出于政治考虑，这里没有更多的学术层面的研究。后来，苏联30、40、50年代的关于社会主义现实主义一整套理论的建构，就是建立在这个纯政治考虑基础上的。特别是斯大林的对"写真实"的解释更是为后来的廉价的乐观主义、理想主义埋下了伏笔。但在很长的一段时间里，社会主义现实主义在苏联文学发展中扮演了重要角色，被当成苏联文学的旗帜和标志。甚至说"社会主义现实主义提出了世界历史上最崇高的美学理想，就是社会主义社会创造者的理想"②。它是最基本的美学原则，是决不许更改的。可是据西蒙洛夫的说法，1932年通过的章程，其中只有"社会主义现实主义，作为苏联文

---

① 奥普恰连科：《致格龙斯基的信》，转引自倪蕊琴主编的《论中苏文学发展进程》，华东师范大学出版社，1991年，第341页。

② 季摩菲耶夫：《文学发展过程》（《文学原理》第三部），平明出版社，1954年，第72页。

学与苏联文学批评的基本方法,要求艺术家从现实的革命发展中真实地、历史具体地去描写现实"这一句,1934发表的章程加上了"同时,艺术描写的真实性和历史具体性必须与用社会主义精神从思想上改造和教育劳动人民的任务结合起来"这后面一句。① 恰恰就是这后面一句给后来的社会主义现实主义文学的实践留下了隐患。

概括地说,在四五十年代苏联文学的实践中出现了创作中的"无冲突论"。如我国的苏联文学研究专家后来所说的那样,"很长的一段时间里,社会主义现实被当做一套僵死不变的文学创作公式,被片面地理解为'只是肯定的现实主义',因而使文学作品成为某种政治的概念或某项政策的图解与传声筒,文学创作只写些'甜言蜜语',文学的路子越走越窄。当然,这里的原因是复杂、多方面的,有着深远的思想和社会根源。但不可否认,与社会主义现实主义理论上的缺陷有密切的关系。"②

在新中国刚开始的50年代,我们是如何对待"社会主义现实主义"的呢?社会主义现实主义在中国产生什么影响呢?特别是对我们的文学创造产生什么影响呢?秦兆阳写《现实主义——广阔的道路》一文,主要针对的是社会主义现实主义在中国的影响。在50年代初期"全面学习苏联"的"一边倒"的热潮中,我们接受了苏联的"社会主义现实主义",不但译介了苏联理论家关于社会主义现实主义的论文,将其奉若神明,而且我们自己的理论家也开始大肆宣扬社会主义现实主义,创作上也深受其影响。中国在1953年9月召开的第二次全国文代会正式确认"社会主义现实主义作为我们文艺界创作和批评的最高准则",但此前早就有各种宣传与解释,如1952年冯雪峰为《文艺报》所撰写的题为《学习党性原则,学习苏联文学艺术的先进经验》的文章中指出:"我们现在必须加倍深刻理解:如果社会主义现实主义,不以实践党性原则为其基本原则,那么,它就不能成为我们的正确的文学艺术方法。苏联的文学艺术最重要、最中心的经验,就在于它证明了这一

---

① 参见1954年第二次苏联作家代表大会上西蒙洛夫的发言。
② 冯克熙主编《苏联文艺学派》,北京大学出版社,1999年,第367页。

点。正因为苏联的同志们能够努力遵循列宁、斯大林和联共党中央的指示去从事创造,所以他们能够实现了社会主义现实主义。这就是苏联文学艺术的先进经验中的最先进的东西。"① 这种解释完全把社会主义现实主义与党性直接捆绑在一起来理解,那意思就是社会主义现实主义等于党性,只要有党性也就有了社会主义现实主义。这种解释与作为文学的社会主义现实主义完全不沾边,连斯大林的"写真实"也被忽略了。高尔基如下的话也被忽略:党性不是一种附加物,不是从外面贴到作品上面去的东西,社会主义现实主义的党性是溶化在思想体系中的美学因素。社会主义现实主义原本就有缺陷,再加上这种完全政治化的解释,那么社会主义现实主义在中国的实践,就不能不遭遇到苏联几乎同样的问题和矛盾。反映到文学创造上面,就是秦兆阳一直关注的公式化、概念化和对现实的肤浅的廉价的粉饰和歌颂。

但是,在中国确立了社会主义现实主义作为文学创作和批评为最高准则之后的1956年,秦兆阳究竟从哪里获得向社会主义现实主义质疑和挑战的勇气呢?这里要简要指出三点:

(一)1953年斯大林逝世后,1954年苏联开始了一个"解冻"时期,对各种问题进行一些反思,其中也包括对"社会主义现实主义"的反思。最突出的就是当时苏联著名作家西蒙洛夫等人在1954年第二次苏联作家代表大会对原有的社会主义现实主义定义提出质疑,秦兆阳在他的文章中特别引了西蒙洛夫的很长的一段话,基本意思是:社会主义现实主义定义的第二句话("同时艺术描写的真实性和历史具体性必须与用社会主义精神从思想上改造和教育劳动人民的任务结合起来")是不确切的,甚至容许有歪曲原意的可能。好像真实性和历史具体性能够与这个任务结合,也能够不结合。作家和批评家则借口现实要从发展的趋势来表现,力图"改善"现实等。由于西蒙诺夫等人的批评,第二次苏联作家代表大会对社会主义现实主义的定义修改为:"社会主义现实主义是要求艺术家从现实的革命发展中真实地、历史地、具体地反映现实。要高度达到社会主义现实主义的任务,这就是说,要透

---

① 《文艺报》1952年第21号。

彻地了解人们的真正的生活,了解他们的思想和感情,对他们的感受息息相关,并且要善于用配得上现实主义文学的真正典范的动人的艺术形式来表现,同时应当使人领会工人阶级和全体苏联人民争取进一步巩固我国现在已经建成的社会主义社会和争取共产主义胜利的伟大斗争。"① 苏联所发生的这种情况,使秦兆阳以为,既然西蒙诺夫可以批评社会主义现实主义的不完善,既然在苏联那里社会主义现实主义的定义已经做了修改,那么作为中国的作家和学者也可以对社会主义现实主义提出质疑。

(二)更重要的是秦兆阳在长期的编辑工作中对社会主义现实主义在创作中所产生的弊端深有所感,他把他的所感所思用理论讲出来。如他在1951年就根据自己在编辑小说稿过程的问题进行思考,发表了《概念化公式化剖析》一文,1952年又发表了《再谈概念化公式化》和《形象与感受》,1953年又发表《环境与人物》和《理想与现实》等文章,都是针对当时文学创作中存在的图解政治和政策的问题,概念化和公式化问题,进行深入的思考与剖析。不能说所有这些问题都归结到社会主义现实主义的定义的缺陷上面去,但的确是与社会主义现实主义的刻板规定有密切的关系。秦兆阳作为一个思考性的正直的编辑和作家,他心里有话要说,要提高到理论上面来说。

(三)与1956年的政治文化环境有关。这一年对于中国来说,最大的政治事件,就是完成了"社会主义改造";召开了"八大",中央作出决议,认为急风暴雨式的阶级斗争已经过去,国内的主要矛盾已经转变为建立先进的工业国的要求同落后的农业国的现实之间的矛盾,是人民对于经济文化迅速发展的需要同当前经济文化不能满足人民需要的状况之间的矛盾;确立了"百花齐放,百家争鸣"的方针。4月,毛泽东发表了《论十大关系》,其中谈到"中国与外国的关系"时,他指出:"我们的方针是,一切民族、一切国家的长处都要学,政治、经济、科学、技术、文学、艺术的一切真正好的东西都要学。但是,必须有分析有批判地学,不能盲目地学,不能一切照抄,机械搬用。他们的短处、缺点,当

---

① 《苏联人民的文学》上册,人民文学出版社,1955年,第4页。

然不要学。对于苏联和其他社会主义国家的经验,也应当采取这样的态度。"①这与建国初"全面学习苏联"的提法是不同的。秦兆阳肯定是听到了的这些话,他觉得对苏联的社会主义现实主义议论一番,是在政策允许之内的。5月2日,毛泽东在最高国务会议上再次讲十大关系问题。他正式宣布了"百花齐放、百家争鸣"的方针。秦兆阳据说是一位古板的认真的人,听了毛泽东说可以百家争鸣了,能不欢欣鼓舞吗?能不响应党的号召吗?于是他在文章开篇就说:"在学术问题的研究上,有意见应该讲出来,如果说错了,可以衬托出别人的正确意见来;只要多少有一点道理,就可以起抛砖引玉的作用——这就是我写这篇文章时的心情。"②

三 "现实主义——广阔的道路"论的马克思主义内涵

秦兆阳的"现实主义——广阔的道路"论是不是马克思主义的呢?马克思主义的精髓就是实事求是。因此看一篇论文是否是马克思主义的,首先要看论述是否从客观的实际出发,其次,看它是否用历史唯物主义和辩证唯物主义的观点,总结出若干规律性的东西来。在这两点上,我们认为秦兆阳的论文不但不是修正主义的,而且是中国当代作家和理论家对于现实主义问题的一次联系生动实际的历史总结,是对于马克思文艺思想的贡献和发展。

1. 现实主义:文艺与政治的关系——"一个长远性总的要求"

社会主义现实主义作为一种艺术方法首先遭遇到的问题是,这种

---

① 毛泽东:《论十大关系》,《毛泽东文集》第7卷,人民出版社,1999年,第41页。
② 秦兆阳:《现实主义——广阔的道路》,《文学探路集》,人民文学出版社,1984年,第136页。

现实主义仅是"要求艺术家从现实的革命发展中真实地、历史具体地去描写现实",强调艺术的真实性呢,还是从外面去贴上社会主义的思想,让文学创作直接地从属于当时的政治或政策?在苏联,这个问题在1954年以后的"解冻"时期被不少作家和理论家提出来了,并作出了这样或那样的回答,但是这个问题在当时的中国(实际上直到"文革")都没有理论的解决。秦兆阳认为,在中国的文艺创作中,常常出现"艺术消失于一般性、抽象的政治概念之中",让作品"去替某些政策条文作简单的注释","机械地去配合某一个具体的工作任务",这样做怎么能达到现实主义的艺术真实性的要求呢?秦兆阳认为这种情况的产生,一方面与对毛泽东《在延安文艺座谈会上的讲话》的庸俗化理解有关,另一方面也"跟社会主义现实主义的定义所反映出来的不科学的相一致、相结合、相助长"①。

在文艺与政治的关系上,秦兆阳一方面肯定毛泽东《在延安文艺座谈会上的讲话》中的观点,他认为:"文学事业是人民的革命的事业的一部分,应当为政治服务和为劳动人民服务,这应该是没有疑问的事。……在这阶级斗争异常尖锐的时代里,特别是针对着那些所谓艺术至上主义者、脱离政治脱离人民的个人主义者、人性论者等等,提出文艺为政治服务与为劳动人民服务等原则来,是具有重大意义的。在这样的时代里,如果作家们企图游离于伟大的群众斗争和重大的社会变化之外,把自己蜷缩在知识分子狭小的个人主义的生活圈子和思想领域里,他怎么可能脚步坚实地走上现实主义的道路呢?"②从全文来看,秦兆阳这些话完全是真诚的,丝毫不带勉强;但另方面他对文艺如何为政治服务、如何为劳动人民服务提出了他的独特的看法:

> 文学艺术怎样为政治服务和为人民服务呢?在考虑这个问题的时候,首先应该考虑到这是**一个长远性的总的要求**,是针对着文艺脱离政治,脱离群众等等落后现象而提出来的要求,是一个加强文学艺术对于客观现实的自觉性和战斗性的要求,是一个改造作

---

① 秦兆阳:《现实主义——广阔的道路》,《文学探路集》,第146页。
② 同上书,第144页。

家的思想意识(世界观)的要求。为了很好实现这一原则,必须经常性加强作家们与现实生活的联系,加强作家们思想意识的锻炼,必须充分发挥文学艺术的特点和现实主义原则,充分发挥作家们的政治热情和对于现实生活的敏感性。①

这就是说,所谓文艺为政治服务、为劳动人民服务,对于正在发展的政治来说,文学艺术不是近距离地直接地配合,而是一种远距离的间接的"长远性"要求。如何达到这种远距离的"长远性"要求呢?秦兆阳关注的是作家们生活源泉的获得、思想意识的锻炼和对于现实生活的敏感,只有做到这三者,那么作家们才能在自己的"艺术思维里起血肉生动的作用",也才能"探索出一条充分发挥创造性的、现实主义的道路"。

按照马克思主义的理论,政治、法律、哲学、文学、艺术等都属于社会经济基础的上层建筑,都是意识形态,它们之间不可能没有关系,因此文艺是无法脱离政治的。那么,从科学的角度看,文艺与政治的关系问题是无法回避的。问题是像"极左"思潮流行的时候,把两者的关系看成是近距离的直接的配合关系,理解成文艺对于政治的图解关系,还是像秦兆阳这样把文艺对于政治的关系理解为一种远距离的效应关系,或者叫做间接的"长远性的总的要求",即不求一时之功,但求长远之效。这两种不同的理解哪一种更合乎马克思主义思想呢?在恩格斯看来,全部庞大的上层建筑可分为两大部分:一部分是"政治和法律等上层建筑",距离经济基础较近,同经济基础的关系较为直接;另一部分是"哲学等意识形态的形式",如哲学、宗教、文学、艺术等,距离经济基础较远,是一种"更高地悬浮在空中的思想领域"。② 从这里我们不难想见,文学艺术不但距离经济基础较远,距离与经济基础靠近的政治也较远。因此,文艺对于社会经济基础和政治的作用都不是直接的、近距离的。秦兆阳的文艺与政治的远距离论毫无疑问是对于恩格斯上述

---

① 秦兆阳:《现实主义——广阔的道路》,《文学探路集》,第146页。
② 恩格斯:《致康·施密特(1890年10月27日)》,《马克思恩格斯选集》第4卷,人民出版社,1995年,第703页。

思想的发挥,是有道理的。

与文艺和政治关系密切相关的就是文艺的真实性问题。就是说在文艺与政治直接配合下,人们是如何来理解"写真实",而在把文艺与政治的关系理解为一种远距离的"长远性的要求",则"写真实"的内涵又应该什么呢?前一种情况下,那就如斯大林所提示的那样,"真实不是轻而易举的得到的。一位真正的作家看到一栋正在建设的大楼的时候应该通过脚手架将大楼看得一清二楚,即便大楼还没有竣工,他决不会到"后院'东翻西找'。"就是讲把真实性看成是一个革命信念,即"真实"还未完成,也要相信它已经完成,而且不要到"工地"上面"东翻西找",把那现实中显示的真实说出来。这样来理解真实,那么真实不过是政治信念的代名词而已。也许是因为斯大林的这个指示,在1934年的社会主义现实主义的定义中,特别加上了"同时,艺术描写的真实性和历史具体性必须与用社会主义精神从思想上改造和教育劳动人民的任务结合起来"这一遭到诟病的句子。对此秦兆阳的批评说:

> 如果认为"艺术描写的真实性和历史具体性"里面没有"社会主义精神",因而不能起教育人民的作用,而必须要另外去"结合",那么所谓的"社会主义精神"到底是什么呢?它一定是不存在于生活的真实与艺术的真实之中,而只是作家脑子里的一个抽象的概念式的东西,是必须硬加到作品里去的某种抽象的观念。这就无异于是说,客观真实并不是绝对地值得重视,更重要的是作家脑子里某种固定的抽象的"社会主义精神"和愿望,必要时让血肉生动的客观真实去服从这种抽象的固定的主观上的东西;其结果,就很可能使得文学作品脱离客观真实,甚至成为某种政治概念的传声筒。①

秦兆阳显然认为,现实主义既然把政治对于文学的关系理解为一种"长远性"的要求,就不能从抽象的固定的政治观念中去寻找现实主

---

① 秦兆阳:《现实主义——广阔的道路》,《文学探路集》,第142页。

义的"真实","真实"首先存在于"血肉生动的客观"中,作家写真实,第一位的事情是尊重客观的真实。真实必然是存在于现实生活的逻辑性中。关于真实性,秦兆阳多次谈到,他解释角度从来不是从主观的抽象的固定的现成的政治概念的,而首先是客观现实生活的"逻辑性"的。新时期开始以后,秦兆阳也是采取这个角度。如他说:"在现实生活中,每一件大小事情,每个人的性格,每种心理状态,在一定条件下都有其发展的必然性和规律性。反映到文艺作品里,就成了事件、结构、情节、性格、环境与性格的关系等方面是否合理,是否真实的客观标准。我把这种可能性、必然性和合理性,叫做生活的逻辑性。……生活本身的逻辑性就应该是达到艺术真实性的一个重要依据,同时也应该是衡量文艺作品真实性一个重要尺度。"①当然,秦兆阳当然也知道艺术真实并不是纯客观的东西,作家的主观的参与也很重要。他说:"既然是'真实的',就必然要符合客观现实的规律;既然是'艺术的',就必定是经过了作家的主观,既然是'艺术的真实',就必然是主观与客观的结合;结合得是否正确,是否好,艺术的形象性是否强,其检验的标准无疑的首先应该是生活的真实性——逻辑性。"②秦兆阳把写真实问题,摆脱政治概念的要求的研究角度,转而从主观与客观结合研究角度,这就得出了具有普遍意义的结论。

2. 现实主义:与现实的关系——"以无限广阔的客观现实为对象"

在对社会主义现实主义的理解中,究竟它的对象有多么广阔,无论在理论上还是在创作上一直存在着争论。在苏联,一直到"解冻"时期,所谓社会主义现实主义"只是肯定的现实主义",应该描写"社会主义的英雄"和"肯定的主人公"的声音,一直占据上风,这种理论导致了创作上的"无冲突"论,在许多创作中回避现实的矛盾,甚至粉饰现实,"改善"现实。如马林科夫在联共十九次党代表大会的报告里曾经说

---

① 秦兆阳:《断丝碎缕录》,《文学探路集》,第267页。
② 同上书,第269页。

过这样的话:"现实主义艺术的力量和意义就在于:它能够而且必须发掘和表现普通人的精神品质和典型的正面的特质,创造值得做别人的模仿和效法对象的普通人的明朗的艺术形象。"秦兆阳在论文中引了这段话,并说明日丹诺夫在更早的时候也说过类似的话。① 这种情况在50年代初的中国,在确立社会主义现实主义为主导思想后,也是如此。秦兆阳所撰写的《现实主义——广阔的道路》就是想通过理论的研究,改变这种情况。秦兆阳指出,苏联的这种种论调和我们自己的教条主义结合起来,于是就产生了"片面地强调歌颂光明,片面地含糊地理解了所谓'用社会主义……教育……人民的任务',就产生了我们自己的无冲突论,由于我们片面地机械地解释了为工农兵服务的方针,就缩小了我们观察生活和选择题材的范围"②。突出的问题是要求文学创作描写"新英雄人物",所谓写"好人好事",导致文学创作脱离充满矛盾的现实,文学描写现实范围的大大压缩。秦兆阳作为《人民文学》的编辑,看到大量这样回避现实矛盾的作品和文学创作天地的狭小,他觉得这样来理解社会主义现实主义是不正确的。他明确提出:

> 现实主义既是以整个现实生活以及整个文学艺术的特征为其耕耘园地,那么,现实生活有多么广阔,它所提供的源泉有多么丰富,人们认识现实的能力和艺术描写的能力能够达到什么样的程度,现实主义文学的视野,道路,内容,风格,就可达到多么广阔,多么丰富。它给了作家们以多么广阔的发挥创造性的天地啊!如果说现实主义文学有什么局限性的话,如果说它对作家有什么限制的话,那就是现实本身、艺术本身和作家们的才能所能允许达到的程度。③

秦兆阳这些话说得很正确,也说得很透彻。如果我们这样来理解现实主义的边界,那么我们过去所反复讨论的许多问题就迎刃而解。例如是要"肯定的现实主义"还是要"否定的现实主义"问题。当然

---

① 秦兆阳:《现实主义——广阔的道路》,《文学探路集》,第153页。
② 同上书,第154页。
③ 同上书,第137页。

两者都要,因为它们都只触及生活的一部分,只有两者的结合,生活的全面性才能在作家笔下展现出来。例如歌颂与暴露的问题,歌颂当然要,暴露也当然要,因为光明与黑暗都是现实的存在,而且它们之间是相互联系相互转换的。例如是写英雄人物还是写普通人物问题,当然可以写英雄人物,也可以写普通人物,因为英雄人物和普通人物都是对于现实的反映,而且他们之间也是相互联系相互转化的。在秦兆阳看来,在写什么问题上争论不休没有多少意义,因为我们的时代是一个"集中表现各阶级人们意志特点的时代",是一个"出现许多杰出的英雄和出奇的坏蛋的时代",是一个"人们充分表现其性格特点的时代",是一个"急剧变化的时代",我们有许多机会可以创作出各种各样的艺术世界,各种各样的艺术形象。重要的是要有"独特而深刻的眼光和感情,和独特的文字风格"。① 写普通人也好,写英雄人物也好,重要的以"深沉的眼光去看",是写出人物"内心的、个性的、生命的光彩"。

显然,如果我们当时要是能听取秦兆阳的这些意见,那些在建国时候不过40—50岁的老作家,如郭沫若、茅盾、巴金、曹禺、老舍、艾芜、胡风等,都可以写自己熟悉的东西,我们的文学创作的天地会更宽阔,我们的文学人物形象的走廊会更丰富,我们的文学现实主义会焕发出更灿烂的光辉。

从今天我们的观点来看,秦兆阳这里所理解的现实主义"以无限广阔的客观现实为对象,为依据,为源泉",不但符合唯物辩证法世界相互联系的观点,而且也符合历史唯物论。历史唯物论认为人们认识历史,并非把历史切割成部分,把过去与现在切割开,把正面人物与反面人物切割开,把光明与黑暗切割开,这都是无法切割开的,相反是"要求把历史的内容还给历史"(恩格斯),"把历史当做一个十分复杂并充满矛盾但毕竟是有规律的统一过程"(列宁)。毛泽东在谈到文艺为工农兵服务和深入生活的时候,也说作家应该"观察、体验、研究、分析一切人,一切阶级,一切群众,一切生动的生活形式和

---

① 秦兆阳:《现实主义——广阔的道路》,《文学探路集》,第155,154页。

斗争形式,一切文学与艺术的原始材料,然后才有可能进入创作过程"①。

3. 现实主义:生活与艺术的关系——艺术"不是生活的翻版"

在秦兆阳看来,现实主义还必须正确理解生活如何转化为艺术的问题。秦兆阳在当文学编辑期间看到的作品中,最容易犯的毛病是:或者从政治概念出发,写党的政策的一般的贯彻过程,或者在"按照生活的本来面貌"的口号下,变成了生活的翻版。这两类作品都忽略现实主义的艺术特点。秦兆阳很重视这个问题。他认为这个问题的解决要回到马克思和恩格斯关于典型问题的论述。他特别重视恩格斯的如下论点,并对其加以阐释:

> 马克思和恩格斯给我们作了许多有名的阐述。恩格斯有几句简明扼要的话:"照我看来,现实主义是除了细节的真实之外,还要正确地表现典型环境的典型性格"——在现实主义的领域内,这其所以是有名的原则,是因为,一方面,它是根据现实主义是以现实生活为土壤、为目的而不是生活的翻版这一大前提发生出来的;其次,它确定了怎样把现实生活集中地表现在作品里的最合理的艺术途径(或者说是"方法");因而它也最充分地阐明了、同时也是最充分适合于艺术的特点。②

生活本身还不是艺术。生活的翻版也不是艺术。生活必须经过作家的典型化(这里强调的是典型环境与典型性格的关系),才有可能转化为艺术。这一点秦兆阳在1956年那个年代就加以注意,是很难得的。对于典型化作为创造现实主义艺术的方法,秦兆阳有许多精彩的论述。例如对于"极为普通的普通人的典型形象",他认为:"劳动人民每一个人都是很普通人的。但是,作为一个作家,不但要看得见他们普通的一面,也要看得见他们身上和他们生活里那种一

---

① 毛泽东:《在延安文艺座谈会上的讲话》,《毛泽东文艺论集》,第64页。
② 秦兆阳:《现实主义——广阔的道路》,《文学探路集》,第138页。

般人所注意不到的、深刻的、因而也是似乎不大普通的东西。把一般人习以为常但并不注意也不理解的东西突现在一般人面前,这是一个作家发挥其独创的创造性的一个重要方面,是每一个现实主义者应该追求的本领。"① 如何才能从普通的人中写出不普通的东西来呢?如何创造出典型环境中的典型性格呢?秦兆阳认为这里没有现成的公式可找,不能定出"一个死板而狭小的公式",他推荐大家去读鲁迅、高尔基、肖洛霍夫的作品以及莎士比亚、塞万提斯的作品。他分析了其中的一些作品,引导大家通过这些作品的阅读去总结现实主义创作的艺术规律。

4. 现实主义:传统与时代——"社会主义时代的现实主义"

社会主义现实主义在苏联的提出,不过是斯大林一时的提议,并未经过充分的学术讨论。对于其定义有过许多解释,"常常是昨天还认为是很正确的解释,今天又被人推翻了"。针对这种情况,秦兆阳把文学现实主义理解为一个历史发展过程。现实主义不是今天才有的,古往今来都有现实主义,都有一些共同的特点。就是今天存在于资本主义社会的现实主义,也很难说明它们是哪一类现实主义,"因此,想从现实主义文学的内容特点上将新旧两个时代的文学划分出一条绝对不同的界线来,是有困难的"②。据此,秦兆阳就提出了后来遭到无穷麻烦和批判的"社会主义时代的现实主义"的论点:

> 我认为,如果从时代的不同,从马克思主义和革命运动对于人类生活的巨大影响,从现实主义文学已经发展到了对于客观现实的空前自觉的阶段,以及由此而来的现实主义文学的某些必然的发展,我们也许可以称当前的现实主义为社会主义时代的现实主义。我们可以、而且应该号召作家学习马克思主义,改造自己的思

---

① 秦兆阳:《现实主义——广阔的道路》,《文艺探路集》,154页。
② 同上书,第143—144页。

想意识,使得文学能够更好地反映现实和影响现实。①

这样一个结论应该说是符合马克思主义的历史发展的辩证法的。在马克思主义看来,一切观念、原理,都不具有永恒的性质,都必然要随着社会关系的发展而发展,都是一种暂时的存在。马克思在《哲学的贫困》一书中说:"人们按照自己的生产方式建立相应的社会关系,正是这些人又按照自己的社会关系创造了相应的原理、观念和范畴。所以,这些观念、范畴也同它们所表现的关系一样,不是永恒的。它们是历史的、暂时的产物。"②文学现实主义也是一种观念、范畴,也是"历史的、暂时的产物",因此把"社会主义现实主义"理解固定化、永恒的概念,并不很科学。提出"社会主义时代的现实主义"无非是把历代的文学现实主义都看成是"历史的、暂时的产物",把现实主义作为一个历史发展中的概念,这样做也许更合乎历史发展的辩证法。

秦兆阳1956年提出的"现实主义——广阔的道路"论是马克思主义与中国生动的文艺实际相结合的产物。就秦兆阳所提出的观点看,是从马克思主义立论的,无论他对文艺与政治关系的理解,还是对文艺与现实关系的理解,对艺术与生活关系的理解,对现实主义传统性与时代性的理解,都是从马克思主义出发,同时又有所发挥。更重要的是秦兆阳的理论建树,不死守固有的理论观念,而能从中国当代的文艺实际出发。特别他在担任文学编辑和从事文学创作期间,对于如何实现现实主义的真实性、艺术性、思想性等,有正反两方面的真切体验,依据这些真切的体验,他进行了深入的思考,真正做到把马克思主义与中国文学实际结合起来,形成了理论的创新。

秦兆阳的"现实主义——广阔的道路"论的影响是深远的。特别是到了新时期,在解放思想、改革开放的旗帜下,文艺与政治的关系的问题,现实主义的对象问题,再次被提出,并进行了反思。尽管这是一个"艰苦的过程",但秦兆阳关于文艺与政治关系的论述,特别是他的

---

① 秦兆阳:《现实主义——广阔的道路》,《文艺探路集》,第144页。
② 马克思:《哲学的贫困》,《马克思恩格斯选集》第1卷,人民出版社,1995年,第142页。

文艺为政治服务,不应该是临时性的对政治的图解,首先应该考虑到这是一个长远性的总的要求的思想,终于被新时期党的领导集体接受,提出以后不再提"文艺为政治服务"的口号,这样就为文艺的发展开辟广阔的发展道路。

第九章　以群、蔡仪的哲学化文学理论教材

　　1960年,党中央对全国的经济工作提出了"调整、巩固、充实、提高"的八字方针,对农业、工业、商业等制定了调整的政策和工作条例。与此同时,教育、科学、文艺的调整也提上日程,积极进行,文学艺术方面的变化更为显著。1962年3月,文化部和中国剧协在广州召开话剧、歌剧、儿童剧座谈会(史称"广州会议"),对表现新时代新生活、题材风格多样化问题、戏剧冲突和表现人民内部矛盾问题等进行了热烈的讨论;还对几个受过批判的话剧作了新的、肯定的评价,给受到错误处理的作者平了反。同年4月30日,中央批准《关于当前文学艺术工作若干问题的意见(草案)》,简称《文艺八条》,其中包括:一、进一步贯彻执行"百花齐放,百家争鸣"的方针;二、努力提高创作质量;三、批判地继承民族遗产和吸收外国文化;四、正确地开展文艺批评;五、保证创作时间,注意劳逸结合;六、培养优秀人才,奖励优秀人才;七、加强团结,继续改造;八、改进领导方法和领导作风。同年8月,中国作家协会在大连召开农村题材短篇小说创作座谈会(史称"大连会议")。这次会议提出,文艺创作要打破简单化、教条主义和机械论,向现实主义深化,提倡人物形象塑造的多样化,不但要写正面、反面,还要写中间人物。中央调整了关于文艺问题的方针政策,在一定程度上批评了"左"的文艺路线,重新确定了"百花齐放,百家争鸣"的方针,总结了建国以来文学艺术建设的经验和教训,同时提出了一些符合艺术规律的意见和看法,如"没有形象,文艺本身不能存在","寓教育于娱乐之中","以政治代替文化,就成为没有文化"等。文学理论界的思想相应地也得到一定程度的激活,"题材"问题、"现实主义深化"问题、"人情"问题、"时代精神"问题都受到了深入关注和探讨。理论批评界一度出现少有的繁荣气象。

一 编写文学理论教材的指导思想

正是在这种环境中,1961 年,中央决定,集中中青年学者,在老专家的带领下开始文科教材的统一编写工作,由当时中央宣传部副部长周扬直接领导。周扬作为文艺界的领导,一直坚持"文艺从属于政治"的主导倾向,但经过了1958 年到1960 年"三年困难"时期,思想上多少有所反思,文艺思想的倾向也有了一些变化。他在中央的支持下,指导文科教材的编写,提出了各个领域的规律的探讨问题。所以他多次针对教材建设发表意见,这些意见既包括编写教材的原则和方向,也包括非常细致的具体实施建议,多有新的见解。

比如,关于如何认识毛泽东文艺思想的指导作用,周扬表现得既清醒又大胆,既强调教材"要把毛泽东文艺思想贯穿在里面",因为"毛泽东的文艺思想是发展了的马克思主义文艺观点",又指出"我们用毛泽东思想挂'帅',是把它作为红线,作为灵魂,进行总结。教科书不同于具体政策,如果句句都引用毛泽东主席的话,就会使'帅'变成兵将,红线变成红布,灵魂变成肉体了"。① 在如何正确处理文艺与政治的关系的问题上,周扬指出不要混淆二者的界限,注意避免将文学理论政策化,防止产生不良影响:"我们要研究特殊规律,不把一般代特殊,以政治代文艺。……同样,政治只能包括而不能代替文艺,一般只能包括而不能代替特殊。""我们既然要领导文艺工作,就得研究艺术的客观规律。研究它在各时代、各民族的共同规律,也研究它在中国、在社会主义时代的特殊规律。""文艺是要通过它的特点来为政治服务的。不通过文艺特点,也可以服务,但服务得不好。比如标语口号式的文学,可以服务而作用不大。只有通过文艺的特点,通过艺术感染力才能服务得好。""文学概论要写得生动,引人入胜,不要形成仅仅是对文艺政策的解释。""不要把文学概论写成对党的文艺政策的解释。""不至于仅

---

① 《周扬文集》第 3 卷,人民文学出版社,1991 年,第 228、198 页。

仅把政策看成条文,而知道政策是从事物的发展规律中总结出来的,有着深刻的理论根源。"①

再比如,在文学理论教科书的具体写法上,周扬也强调要注意科学性和准确性,贯穿历史与逻辑相结合的研究方法和编写原则,文学规律应当从历史研究中来。他说:"理论教科书回答的是'是怎样'或'不是怎样',而不是'应当'怎样和'必须'怎样。'是'与'不是'对于'应当'和'不应当'有参考作用,但教科书不要去解决'应当''不应当'的问题。""写这本书,要照顾到容易为人接受,高深的著作也应如此。深入浅出,篇幅多些也不要紧。条理逻辑要清楚,要有史有论。""研究问题,从历史出发就好办;反之,从理论概念出发,就得不到正确的认识。""规律一定要从历史研究中得来。没有找到规律,就不要凭空编造,老老实实,没有就不写。研究文学史固然要总结规律,但不要勉强,也不要硬搬外国的概念。""写理论,历史的方法和逻辑的方法要统一,文学发展的过程需要讲,在文学概论中要贯穿历史的观点,这样,知识、材料才会丰富,否则,单在概念中兜圈子,会陷在里面走不出来的。""在叙述上应当采用历史的方法,不要只用概念的方法。""总之,要有阶级观点和历史观点。不要以今天的眼光去套古人,要按历史的具体状况去研究。"②

再比如,关于教材建设要注意批判继承、科学吸收古今中外的优秀文化遗产,从而更好地建立中国化的文学理论问题,周扬认为:"我们的立足点是工农兵,要一手伸向古代,一手伸向外国,继承人类宝贵的遗产。""我们现在是根据马克思主义普遍真理,回过头来总结中国的文艺遗产和'五四'以来的文学经验。再从中得出我们的马克思主义理论——中国化的理论。我们的方向就是这样。""通过这次搞教材,我们应该把中国的历史经验和几十年革命文学的理论经验条理化一下。历史就是过去的经验,没有历史就没有理论。文学理论如果不总结中国的经验就很难成为我们自己的理论。""总结经验需要时间。中

---

① 《周扬文集》第 3 卷,人民文学出版社,1991 年,第 347、346—347、348、235、236、240 页。
② 同上书,第 246、248、230、232、240、262 页。

国文学的经验,理论的遗产,过去长期被忽视。中国的文论、画论、诗论都非常丰富,问题是没有很好地系统化。在世界上像《文心雕龙》那样的书是很少的。""还要继续吸收外国的好东西。所以要编出一个好的教材首先要总结自己的经验,整理自己的遗产,同时要有选择有批判地吸收外国的东西,只有这样,才能编出具有科学水平的教材,才是中国的教育学,中国的文艺学。"①

再比如,周扬指出,教材要处理好文学的外部关系和内部关系:"关于文学概论研究的对象、内容。要讲两个方面:文学的外部关系——文学与社会生活的关系,基础、上层建筑与政治的关系;文学的内部关系——内部结构。""先要把文艺在社会中的位置、地位、作用摆好,再来分析内部结构,位置没摆好先谈内部结构,就会把文艺当做一个孤立的、高于一切的东西。"②周扬甚至还就教材的结构和章节提出了自己的设想:第一编(即第一章)"文学的本质与基本特征";第二编包括二、三、四章,讲"文学发展与社会经济发展的关系","文学与政治"和"文学发展的继承、革新与相互影响";第三编五、六、七、八章,是关于文学创作的。包括"文学的创作过程","文学作品的内容和形式","世界观与创作方法","作家的劳动和修养";第四编包括九、十章,第九章"文学的鉴赏与批评";第十章"文艺批评和思想斗争";第五编(第十一章)"社会主义文学的发展与共产党的领导。"③即以现在看来,周扬对教材编写的指导原则大多都是符合文艺规律的,对文学理论教材编写起了极大的促进和指导作用。

但我们不要把周扬文学思想的变化估计过高,他当时的文学思想处于政治论的文艺学与认识论的文艺学之间,突出的还是文学反映论,反映论在上个世纪60年代初的历史语境中就是中国文学思想所能达到的高度了。

---

① 《周扬文集》第3卷,第227、231、241、256、303页。
② 同上书,第231、232页。
③ 同上书,第250—254页。

二 教材的文学本质特征论与认识论

在周扬的领导下,以群和蔡仪分别担任主编,汇集了一大批专家、学者,成立了两个文学理论教材编写组,新教材的编写工作全面启动。不久,以群主编的《文学的基本原理》出版(1961年成稿,1963、1964年分上下册出版),蔡仪的《文学概论》(讨论稿,1963年完成)两部统编教材诞生。

以群本的绪论和蔡仪本的第一章,在界定文学的本质时,所提出的文学观念是基本一致的。他们都认为文学是社会意识形态。以群主编的《文学的基本原理》在讲到文学性质时候,首先肯定文学是一种社会意识,这种社会意识是社会存在的反映。其次,说明了这种社会意识如何演变为"社会意识形态":"人不是孤立的存在,他总是生活在一定的社会、一定的人与人之间的关系中,因此,他的思想情感,他对于周围世界的反映,不能不受到社会发展、受到人与人之间的关系的制约,具有一定的社会性。换句话说,文学艺术同哲学、科学一样,从本质上看,都是社会意识。"接着教材在引用了恩格斯在马克思墓前的演说那段最著名的话后,指出:"人类社会的一切精神活动的产物,包括政治、法律的观点以及宗教、道德、哲学、科学和文学艺术等等,统称之为社会意识形态。文学属于社会意识形态,而社会意识形态又是上层建筑的一个部分;上层建筑最终为经济基础所决定,而又反转过来为基础服务,对基础发生反作用。"[①]蔡仪主编的《文学概论》对于为什么文学是"特殊的意识形态"则主要通过生活是文学的源泉、文学反映生活的角度加以论述。具体说法虽略有差异,前者为"社会意识形态",后者为"特殊的意识形态"。这里需要评述的是,两部教材都把文学看成是"意识形态",完全符合马克思主义的历史唯物主义对于文学的规定。马克思在《〈政治经济学批判〉序言》中说:"随着经济基础的变更,全部庞大的

[①] 以群主编:《文学的基本原理》上册,上海文艺出版社,1963年,第14、16页。

上层建筑也或快或慢地发生变革。在考察这些变革时，必须时刻把下面两者区别开来：一种是生产的经济条件方面所发生的物质的、可以用自然科学的精确性指明的变革，一种是人们借以意识到这个冲突并力求把它克服的那些法律的、政治的、宗教的、艺术的或哲学的，简言之，意识形态形式。"①马克思的这段话明确把艺术与法律、政治、宗教、哲学相并列，说明这些精神领域的部门，不论是理性的观点还是感性的情感与形象，都是"意识形态"的某种形式。这两部教材都从马克思的历史唯物主义的社会结构理论出发来确定文学在社会结构中地位，并从这一角度来理解文学的性质。

在论述文学作为意识形态的特征的时候，两部教材都引了别林斯基《1847年俄国文学一瞥》中关于文学与哲学的区别的说法："哲学家用三段论法，诗人则用形象和图画说话，然而它们说的都是同一件事。政治经济学家被统计材料武装着，诉诸读者和听众的理智，证明社会中某一阶级的状况，由于某一种原因，业已大为改善，或大为恶化。诗人被生动而鲜明的现实描绘武装着，诉诸读者的想象，在真实的图画里面显示社会中某一阶级的状况，由于某一种原因，业已大为改善，或大为恶化，一个是证明，另一个是显示，可是他们都是说服，所不同的只是一个用逻辑结论，另一个用图画而已。"以群的本子虽然也引了马克思的关于"对世界的艺术的、宗教的、实践—精神的掌握"的论述，但没有展开论述，编者更重视的还是别林斯基的论点。用"图画"与"逻辑结论"能不能区分开文学与哲学呢？仅用"图画"作为文学的特征能不能成立呢？这完全是可以讨论的。

从周扬到这两部教材的编者都用"图画形象"来规定文学的特征，这里存在两个层面的问题：第一层面，别林斯基的看法明显是一种认识论的文学特征论。他认为文学与哲学认识的对象是"同一件事"，对象完全相同，所不同的仅仅是形式，即一个用图画，一个用逻辑。这种理解把文学看成是对社会生活的一种认识。这是不符合文学实际的。应该看到，文学有认识，但又不止于认识。文学从其本性上说更多的是价

---

① 《马克思恩格斯选集》第2卷，人民出版社，1995年，第33页。

值,甚至可以说文学基本上是一个价值系统。一部作品可以不提供什么认识的内容,但却是具有审美价值的。像李白的诗句"黄河之水天上来"、"白发三千丈",杜甫的诗句"月是故乡明","钟声云外湿",从认识上说,可以说毫无意义,甚至可以说它们遮蔽了事物的本质,但它们流传千古,因为它们提供了诗情画意,具有审美的价值。也正因此种理解,两个本子都特别看重典型,设专章专节来讲典型。因为典型与认识的关系特别密切。实际上,优秀的文学作品往往比认识宽阔得多,或者说有很多非认识因素。有的作品,只是一种情绪,一声叹息,一种氛围,一种气息,一点情调,一些色泽,一种气势,甚至只是一点诗意的议论,所以形象特征论并不确切。两书的编者还不太理解马克思提出的"艺术的掌握"、"诗意的裁判"、"莎士比亚化"的真正意义。

第二层面,形象特征论特别适合于文艺服从政治的思想,与中国建国后占主导倾向的"文艺从属于政治"特别合拍。因为这种政治论的文艺学,过分强调文艺为政治服务,解释政治结论和政策条文成为创作中不易解决的公式化、图解化的顽疾。这种被歌德称为"为一般找特殊"的弊病,恰好需要文学的特征是形象的理论,因为一般的政治概念如何能够成为"文学"呢?那就通过特殊的形象,来对一般的政治概念作生动的解释。这样作家所面对的不是整体的、具有审美价值的生活,更不必研究这种生活,而只需要寻找到可以与某些政治观念相匹配的形象就可以了。实际上,建国后一些被赞扬的作品,如短篇小说《不能走那条路》等,都是对政治观念的形象图解,都是"席勒式"的作品,但符合文学的特征是"用图画说话"的理论。

这两部教材存在的另一个问题,就是继续强调"文艺从属于政治"。以群主编的教材列"文学与政治"一章,重点讲文学的阶级性,强调"文学为一定的阶级的政治服务"。蔡仪的教材列了专节阐述"文学与政治的关系",节下分三个标题:一、阶级社会的文学的阶级性;二、文学从属于政治并为政治服务;三、无产阶级的党的文学原则。

由此看来,从两部教材的文学观念和对文学特征的理解看,是政治论的文艺学与认识论的文艺学结合的产物。它们比之于1958年只讲"毛泽东文艺思想"当然有了改变,学理性也加强了,也有了某些对文学规律的探索,但从实际内容看,处处流露出对主导的"文学从属于政治"的倾向与思潮的臣服。

三 教材体系内容与反映论哲学

我们再从这两部教材的体系结构看它们与反映论哲学的关系。以群《文学的基本原理》分为十一章,前面设"绪论":

绪论①
第一章　文学与社会生活
第二章　文学与政治
第三章　文学的继承、革新与各民族的相互影响
第四章　文学的形象与典型
第五章　文学的创作方法
第六章　文学作品的内容与形式
第七章　文学语言
第八章　文学的体裁
第九章　文学的风格、流派和民族特点
第十章　文学鉴赏
第十一章　文学批评

蔡仪本没有分编,具体包括九章:

第一章　文学是反映社会生活的特殊的意识形态
第二章　文学在社会生活中的地位和作用
第三章　文学的发生和发展
第四章　文学作品的内容和形式
第五章　文学作品的种类和体裁

---

① 该绪言分为"历来关于文学的基本性质与特点的见解"、"文学是一种社会意识形态"、"文学是语言的艺术"三节。

第六章　文学的创作过程
第七章　文学的创作方法
第八章　文学欣赏
第九章　文学批评

我们可以看到，不管是以群主编的本子还是蔡仪主编的本子并没有完全照搬周扬的"五编"来撰写，而是基本将全书分为四编，即本质论、发展论、创作论、鉴赏论。具体而言，两本书去掉了周扬的第五编，但其内容已消化到前四编之中。

这种本质论、发展论、创作论、鉴赏论的结构模式后来成为文学理论教材的基本结构。60年代的这两部教材标志着我国文学理论教材对苏联模式的文学理论的某种克服，体例与表达也逐步走上了中国化道路。应该肯定，这两部教材基本上运用马克思主义的观点与方法，结合我国的文学实际，总结了此前文艺理论的某些研究成果，建立起自己相对完整的理论体系，为我国建设具有自己特色的文艺理论迈出了第一步。这两部教材一方面力图阐明马克思主义的文艺思想，也较清晰地描绘了当时的文学状态。它们既是对苏联理论的突破，也是在模仿中实现的第一次创新；它们的框架结构与理论言说方式对以后的文学理论教材编写产生了极其深远的影响。

以群主编的《文学的基本原理》和蔡仪主编的《文学概论》是新中国成立以来两部比较成功的教材，影响很大。这两部教材有几个重要的特点：一、坚持文学反映论，但不完全生搬硬套，并且开始对文学规律的探讨；二、与原来的苏式教材相比，出现了较新的思路和体系，在原来以本质论、作品论和发生与发展论的基础上，增加了与文学的本质紧密相关的创作论与欣赏论的内容；三、消除了对文学与政治的关系的单线条描述，揭示了文学与生活的多维联系。最为重要的是，在重视文学外部规律的前提下，加强对文学自身规律问题的探讨，如对文学形象、文学创作、文学批评等问题的解说已呈现出不同以往的面貌；四、较为空洞的纯粹政治说教减少了一些，富有学术意味的言说则有所增加，注意文学理论问题研究；四、开始逐步重视中国古代文学理论资源，以科学的态度继承、吸收中国古代文学理论的宝贵资源。以群主编的《文学的基本原理》和蔡仪主编的《文学概论》的诞生标志着我国文学理论教材建设的真正起步。两部教材的问世,受到文学理论界和高校师生的普遍欢迎,文学理论教学也出现了较为可喜的新局面。对于这两部教材在中国发展马克思主义文艺思想的贡献必须充分肯定。

但是从这两部教材的体系结构、具体内容看,对于马克思主义的文学方法论是什么,仍然没有解决。无论是体系结构,还是具体内容,主要的是把文学问题提到哲学的层面来加以安排与阐释。体系结构,从文学的一般问题到文学的特殊问题的安排,是完全哲学化的。更重要的是对于文学问题的解说,也是哲学化的。如,文学性质是"文学以形象反映社会生活"。对于文学创作的规律,则说"文学创作是对生活素材的加工改造","关键在于形象的典型化"。对于"内容与形式的关系"则完全套用哲学的思路:"作品的内容和形式的相互依存关系又有主导的一面,即内容决定形式,形式服从于内容。作品有怎样的内容就要求有怎样的形式,而它的某种形式总是为了表现特定的内容。"[1]对于文学的典型,则说"典型人物就是指在典型环境中形成的具有鲜明的个性又足以表现一定历史条件下的阶级、阶层或集团的某些共同本质的人物形象"[2]。这个定义只是对典型是个性与共性的统一的一种变化而已。教材对主要文学问题阐述都是哲学化的。问题是哲学方法论能不能替代文学方论呢?哲学的反映论是不是马克思主义文艺方法论呢?这就是值得思考的问题。

首先,哲学方法论不能替代文学方法论。两部教材显然认为马克思主义的辩证唯物主义和历史唯物主义就是马克思主义的文学方法论。我们不否认辩证唯物主义和历史唯物主义作为解决文学问题的前提的重要意义,但是用哲学方法论替代文学方法论是不是正确呢?按照两部教材的理解,似乎文学理论就是用文学的具体事例去填充哲学观念,文学理论自身并没有方法论。文学理论如果没有自己的方法论,那么文学理论还能不能成为一个独立的学科呢?更进一步,我

---

[1] 蔡仪主编:《文学概论》,人民文学出版社,1979年,第142页。
[2] 以群主编:《文学基本原理》上册,上海文艺出版社,1963年,第211页。

们可以来考察一下,哲学能不能解决文学中的复杂、微妙问题。其实这个问题,在苏联"解冻"时期就被当时具有独立思想的一些文学理论家提出来了。如阿·布罗夫在1956年的《文学报》上发表了题为《美学应该是美学》的文章,其中说:"美学科学——这首先是一种方法论,因此它对哲学科学比对任何其他科学总要接近得多。但是应该注意,这正是美学的方法论。因此,它不能仅仅用一般哲学的方法论原理和概念来说明自己的对象。它必须揭示对象的内在的特殊的规律性,即制定自己的方法论和专门术语。然而这并不是说,哲学的前提可以忽视。……但是局限于哲学的前提,就等于停留在美学科学的哲学阶段上;然而可惜得很,这种情况常常发生,并且还有发展为一种方法论的危险。例如,在典型的理论方面,可以把一般和个别的辩证关系的一般规律重述和确认多少次,难道现在不应该提出艺术中一般和个别的特征问题吗?!把典型看成是通过具体的和单一的事物来表现'一定现象的实质',这个定义早已不能令人满意了。从一般哲学意义上来看,这个定义仍旧是对的,但从美学上看,则丝毫不能说明什么。这里指的是什么样的'实质'呢?大家知道,任何意识形态都力求揭示'一定现象的实质'。但是各有各的实质。雷雨的真正实质在于:这是一种大气中的电的现象。是否可以说,诗人在描写雷雨的时候给自己提出的任务是揭示这种物理实质呢?显然,不能这样说。请想一想,'我喜爱五月初的雷雨……'这句诗。这里不仅没有表明雷雨的实质,而且从严格的科学观点来看,这种实质似乎被遮盖起来了,加入愿意的话,还可以说是被歪曲了。"[1]阿·布罗夫所提的方法论问题是很重要的,也很有启发意义。的确,文学所描写所抒发的东西,并不是物理学意义上的事物,是诗人、作家诗意化的事物,如果只是从辩证唯物主义的角度,即科学的角度去解释,有许多文学描写和情感的抒发以及想象、夸张、象征等,都是无法解释的,因为这属于美的领域,属于艺术的领域。文学理论和批评在辩证唯物主义、历史唯物主义的前提下,寻找

---

[1] 阿·布罗夫:《美学应该是美学》,见《美学与文艺问题论文集》,学习杂志出版社,1957年,第39—40页。

自己的独特的方法论。两部教材的编者可能因为当时"反修批修"的关系,而忽视了诸如阿·布罗夫的提醒,仍旧用哲学的方法论取代文学理论的方法论,这种文学理论哲学化的倾向,是当时留下的重要问题之一。

其次,在马克思看来,文学理论的方法论究竟是什么呢?马克思恩格斯对于文艺问题有许多论述,如关于文艺要表现无产阶级的斗争,关于"莎士比亚化"与"席勒式",关于"典型环境中的典型人物",关于文艺的真实性问题,关于"诗意的裁判"问题,关于"按照美的规律"创造问题,关于"艺术掌握"方式问题,关于文学生产问题,关于批判地继承和革新的问题等。我们认为关系到文学理论与批评的方法论的阐述从恩格斯在1859年《致拉萨尔》的信中,对拉萨尔的历史剧《弗朗茨·冯·济金根》作出的评论中提出来的。马克思和恩格斯都先后给拉萨尔写了信,他们对拉萨尔的剧作的批评很接近,都肯定是一部经得起批评的、感动人的、有价值的剧作,但同时又都提出了类似的批评。恩格斯在批评之后说:"我是从美学观点和历史观点,以最高的标准来衡量您的作品的。"[①]"美学观点和历史观点"看起来似乎是讲文学批评的标准问题,实际上远远超出批评标准的范围。正是在两封给拉萨尔的信中,马克思批评说:"……你就得更加莎士比亚化,而我认为你的最大缺点是席勒式地把个人变成时代精神的单纯传声筒","描写得太抽象了"[②]等;恩格斯则提出"一个人物性格不仅表现在他做什么,而且也表现在他怎样做",并同样认为"我们不应该为了观念的东西而忘掉现实主义的东西,为了席勒而忘掉莎士比亚"。[③] 文学首先应该是"美学"的园地,要有审美的特性,离开审美的特性,文学就不成为文学,这是马克思和恩格斯共同要表达的观点;但仅有"美学观点"对文学来说是不够的,还必须有"历史"感,把文学所描写的主要的内容放到历史原有的语境中去把握,所以马克思、恩格斯都不约而同地批评了在拉萨尔的剧

[①] 《马克思恩格斯论文学与艺术》(一),人民文学出版社,1982年,第182页。
[②] 同上书,第174、175页。
[③] 同上书,第179、180页。

作中,没有写出历史的必然性,脱离开了原有的历史的环境。他们都认为拉萨尔的剧作中,贵族代表"占去了全部注意力",而"农民和城市革命分子的(特别是农民的代表)倒是应当构成十分重要的积极的历史背景"。① 美学,是根植于历史的美学,历史是根植于美学的历史。美学—历史的合力,成为一个整体,成为一种方法论。如果我们把马克思、恩格斯在这里的美学的、历史的论述与他们的关于"艺术的掌握"、"诗意的裁判"、"伟大的历史感"等思想联系起来思考,那么"美学的—历史的"方法,应该是文学理论和批评这个学科的独特的方法,真正的文艺学的方法。但是,在上个世纪60年代初,一些政治观念占去了编者过多的注意力,而没有能深入地学习马克思主义文艺经典著作,因此也还不可能提出文艺学自身的方法来。哲学的方法取代了文艺学的自身方法,这是历史的局限。

---

① 《马克思恩格斯论文学与艺术》(一),人民文学出版社,1982年,第174页。

第十章 "文革"十年(1966—1976)

——"极左"意识形态霸权的文学理论话语

"文革"的发生是毛泽东对当时阶级斗争形势,特别是对党内斗争错误估计的结果。"文革"的发生与苏联在斯大林逝世后的变化密切相关。如前面所说苏联共产党总书记赫鲁晓夫于1956年2月24日的深夜至凌晨作了长达四个半小时的《关于个人崇拜及其效果》的秘密报告,无情地揭露斯大林执政期间所犯的各种错误,这不能不引起毛泽东的警惕。毛泽东忧虑对斯大林全盘否定,会带来一系列严重后果。1957年发动了"反右派斗争",反映了毛泽东对于阶级斗争的形势已经作出了过于严重的错误判断。在1958年的"大跃进"运动之后,所遭遇的三年困难时期,是毛泽东的一个观察国内斗争动向的时间。那么他从这三年观察到什么呢?他的观察首先反映在1962年10月召开的中共八届十中全会的讲话中,他说:"社会主义是一个相当长的历史阶段。在社会主义社会是一个相当长的历史阶段。在社会主义这个历史阶段,还存在着阶级、阶级矛盾和阶级斗争,存在着社会主义同资本主义两条路线的斗争、存在着资本主义复辟的危险性。要认识这种斗争的长期性和复杂性。要提高警惕。要进行社会主义教育。要正确理解和处理阶级矛盾和阶级斗争问题。不然的话,我们这样的社会主义国家就会走向反面,就会变质,就会出现变质,就会出现复辟。我们从现在起,必须年年讲,月月讲,天天讲,使我们对这个问题有比较清醒的认识,有一条马克思列宁主义路线。"这段话被称为党的"基本路线"。特别是对所谓的"六二年的歪风",即"单干风"、"翻案风"和"黑暗风"毛泽东一直记在心里。1965年他在听取了罗瑞卿的一次汇报后说:"修正主义是一种瘟疫。""领导人、领导集团很重要。我曾经说过,人长了个头,头上有块皮。因此,歪风来了,就要硬着头皮顶住。六二年刮歪风,如果我和几个常委不顶住,点了头,不用好久,只要薰上半年,就会变颜色。许多事情都是这样：领导人一变就都变了。"①这些话说明毛泽东在头脑中思考的已经不是基层出歪风的问题，而是"领导人"、"领导集团"出修正主义的问题。党内出了修正主义，领导集团里面出了修正主义，这就是当时毛泽东对国内形势的判断。这个判断直接导致毛泽东决定发动自下而上的"文化大革命"。1966年5月16日的《中国共产党中央委员会通知》中，毛泽东亲自加了两段话，其中一段说："混进党里、政府里、军队里和各种文化界的资产阶级代表人物，是一批反革命的修正主义分子，一旦时机成熟，他们就会要夺取政权，由无产阶级专政变为资产阶级专政。这些人物有些已被我们识破了，有些则还没有被识破，有些正在受到我们信用，被培养为我们的接班人，例如赫鲁晓夫那样的人物，他们现在正睡在我们的身旁，各级党委必须充分注意这一点。"②"五·一六"通知的发表，"文革"正式开始，灾难的十年由此揭幕。"文革"时期的文学理论是整个"文革"的一部分，以"极左"的意识形态为标志，以阶级斗争为纲领，成为"四人帮"篡党夺权的一种工具，也就是必然的了。

一 "文艺黑线专政"论及其真实内涵

"文革"时期主流文学理论的唯一代表作品就是1966年2月炮制的《林彪同志委托江青同志召开的部队文艺工作座谈会纪要》一文（下文简称《纪要》），此外就是上海和北京的一些写作组对《纪要》的一些解释。这篇《纪要》不简单。虽然是江青对当时部队文艺方面领导数人的谈话，但先后经过张春桥、陈伯达的修改，毛泽东前后审阅三次，也做了增益和修改。发表时林彪也有批示。那么这篇《纪要》主要的观点是什么呢？这就是江青发明的"文艺黑线专政"论，《纪要》说：对于毛泽东文艺思想，"文艺界在建国后的十五年来，却基上没有执行，被

---

① 《毛泽东传》（下），中共中央文献编辑室编，中央文献出版社，2003年，第1393页。
② 同上书，第1409页。

一条与毛主席思想相对立的反党反社会主义的黑线专了我们的政,这条黑线就是资产阶级的文艺思想、现代修正主义的文艺思想和所谓三十年代文艺的结合。'写真实'论、'现实主义广阔的道路'论、'现实主义的深化'论、'反题材决定'论、'中间人物'论、反'火药味'论、'时代精神汇合'论,等等,就是他们的代表性论点,而这些论点,大抵都是毛主席《在延安文艺座谈会上的讲话》中早已批判过的。电影界还有人提出所谓'离经叛道'论,就是离马克思列宁义、毛泽东思想之经,叛人民革命战争之道。在这股资产阶级、现代修正主义文艺思想逆流的影响或控制下,十几年来,真歌颂工农兵的英雄人物,为工农兵服务的好的或者基本上好的作品也有,但是不多;不少是中间状态的作品;还有一批是反社会主义的毒草。我们一定要根据党中央的指示,坚决进行一场文化战线上的社会主义大革命,彻底搞掉这条黑线。搞掉这条黑线之后,还会有将来的黑线,还得再斗争。所以,这是一场艰巨、复杂、长期的斗争,要经过几十年甚至几百年的努力,这是关系到我国革命前途的大事,也是关系到世界革命前途的大事。""十七年"时期,成绩还是很大的,尤其是创作了一批具有现实主义艺术力量、格调高昂的文学作品,也有问题,但主要是"左"的问题,用"文艺从属于政治"束缚创作和理论创造的问题,是对中国古代和外国的学习不够的问题,决不是江青所说的"文艺黑线专政"的问题。

  江青有意制造"文艺黑线专政"论,其内涵是就是"三黑",文艺路线是"黑路线",文学理论是"黑理论",文艺创作是"黑作品"。

  所谓"黑路线"就是指"十七年"的文艺界"离马克思列宁义、毛泽东思想之经,叛人民革命战争之道"。江青这番话显然是对党在文艺界的领导人周扬发的难。因为不是领导人或领导集团的成员,这不可能提出什么"路线"的。这种"黑线"专政论完全是对事实的歪曲。应该说,"十七年"时期,占主导的是不断地阐释毛泽东文艺思想。代表党领导文艺工作的周扬,自《在延安文艺座谈会上的讲话》之后,毕生都在努力阐释毛泽东文艺思想和党的文艺路线。他在"十七年"的失误不是违背毛泽东文艺思想,而在他没有面对和平建设的新情况,对党的文艺政策进行新的必要的调整,把文艺创作和文艺理论引导到更加开阔和自由的方向去。他的许多讲话都还太"左"。这一点直到改革开放以后,他自己才觉悟到。他在1979年四次文代会上重新解释毛泽东的文艺反映生活的论点,说:"文艺是社会生活的反映,它把生活的整体作为自己的对象。它从生活出发又落脚于生活,并给伟大影响于生活。作家任何时候都应当深入生活,忠实于生活,写他自己所熟悉的、有兴趣的、感受最深的、经过深思熟虑的东西。作家不应只根据一时的政策,而应从更广阔的历史背景来观察、描写和评价生活。正是在这个意义上,文艺的真实性与政治性是统一的。"①在这句话中,周扬对于文艺反映社会生活的理解,不再停留在"十七年"时期反复重申深入生活这一点上,而提出过去从未提出过的作家可以"写他自己所熟悉的、有兴趣的、感受最深的、经过深思熟虑的东西","应从更广阔的历史背景来观察、描写和评价生活"。这是考察视点的变化,不是从政策的统一视点去看生活,而是从个人体验为本位的视点去看生活。这两个不同的视点是有根本的区别的。后一个视点才真正符合创作的内在规律。

所谓"黑八论"就是江青所指的"写真实"论、"现实主义广阔的道路"论、"现实主义的深化"论、"反题材决定"论、"中间人物"论、反"火药味"论、"时代精神汇合"论。这些理论究竟是不是"黑"的呢?当然不是。它们都是针对"十七年"时期文艺创作的公式化、概念化提出来的理论,不但具有鲜明的问题意识,而且具有深厚的现实主义美学意涵的理论。对此,我已经在上节讨论过,此不赘述。要说明的是,江青反对这些具有现实主义品格的理论,只能证明他们自己的文艺思想背离马克思主义的文艺理论很远很远。

所谓"黑创作",就是指江青把古今中外优秀文艺作品统称为"封资修黑货"。周扬在新时期针对四人帮横扫一切文化的言行批判说:我们一向主张批判地吸收其精华,既不是全盘吸收,也不是一概排斥。"四人帮"对文化遗产采取"彻底扫荡"的态度,他们不但否定30年代

---

① 周扬:《继往开来,繁荣社会主义新时期的文艺》(1979年),《周扬集》,中国社会科学出版社,2000年,第222页。

的革命文艺,开国以来的文艺工作的成绩,而且否定马克思主义以来世界无产阶级文学的成就,否定整个人类进步文化的财富,对人类所创造的一切采取虚无主义的态度,大批的古典的进步的文艺书籍被禁止出版和阅读,说什么从《国际歌》到那几个"革命样板戏"一百多年中间,全世界无产阶级文艺是一片"空白",只有到了江青,才开辟"无产阶级的新纪元"。① 的确,"四人帮"做得最极端的事情之一,是把一切文化遗产都说成是"封资修"的大黑货。文化的饥饿、审美的饥饿是空前的。周扬说:"不介绍、不研究外国文学,不了解外国文学的情况,不同它交流,不向它学习于我们有用的东西是不行的。这是一种愚蠢的政策。另一方面,盲目崇拜外国文学,对它亦步亦趋,不用马克思列宁主义、毛泽东思想为指导来对它进行评价和批判,对它们的反动倾向不进行坚决的斗争,那就是投降主义,当然也不行。"②采取这种既吸收又批判的态度,才是对待中华文化遗产和世界文化遗产的正确态度。

江青的"文艺黑线专政"论所得出的"三黑"论,其真实内涵是凭借他们手中的权力,宣扬极左的意识形态霸权的话语,为整人找根据,为"四人帮"的狭隘集团谋利益服务;他们以"写英雄人物"和"文化方面的兴无灭资"为借口,来扫荡古往今来的一切文化,突出他们的所谓的阶级斗争观念。这是文化虚无主义的极端化,在理论上是完全是站不住脚的。

二 "革命样板戏"及其理论

江青在《纪要》中说"文化革命要有破有立,领导人要亲自抓,搞出好的样板。资产阶级有所谓'创新独白',我们也要标新立异,要标社会主义之新,立无产阶级之异。"以"文艺黑线专政"论来"破"除他们所

---

① 参见郝怀明《如烟如火说周扬》,中国文联出版社,2008年,第338页。
② 周扬:《在外国文学规划座谈会上的讲话》(1978),《周扬集》,中国社会科学出版社,2000年,第122页。

要破除的东西,这是一方面,另一个方面就是要"立",这就江青及其同伙所搞的"革命样板戏"。对于"革命样板戏"应从两个层次来分析,第一层次,即你搞样板戏,也让人家根据自己的生活体验来搞创作,实际不是这样。江青搞"革命样板戏"是排他性的,即不许人家根据实际来搞创作。不但不让别人搞创作,还让图书馆把古今中外所有优秀的作品都封存起来,使广大群众除了面对几个"样板戏"之外,就没有书籍可以阅读,没有作品可以欣赏。八亿中国人只有八个样板戏,这能让广大人民群众不陷入审美的饥饿中吗?这完全是江青一伙的"文化霸权"心态。第二个层次,即"革命样板戏"究竟怎么样,是不是像江青说的那样好?江青从她的阶级斗争的角度出发,把"革命样板戏"吹到天上去,《纪要》写道:"近三年来,社会主义的文化大革命已经出现了新的形势,革命现代京剧的兴起就是最突出的代表。从事京剧改革的文艺工作者,在党中央的领导下,以马克思列宁主义和毛泽东思想为武器,向封建阶级、资产阶级和现代修正主义文艺展开了英勇顽强的进攻,锋芒所向,使京剧这个最顽固的堡垒,从思想到形式,都起了极大的革命,并且带动文艺界发生着革命性的变化。革命现代京剧《红灯记》《沙家浜》《智取威虎山》《奇袭白虎团》等和芭蕾舞剧《红色娘子军》、交响音乐《沙家浜》、泥塑《收租院》等,已经得到广大工农兵群众的批准,在国内外观众中,受到了极大的欢迎。这是对社会主义文化革命将会产生深远影响的创举。它有力地证明:京剧这个最顽固的堡垒也是可以攻破的,可以革命的;芭蕾舞、交响乐、雕塑这种外来的古典艺术形式,也是可以加以改造,来为我们所用的,对其它艺术的革命就更应该有信心了。"这些自吹自擂的话,是为她后来掌握权力捞取政治资本。

那么为什么要搞这些"革命样板戏"呢?除了"向封建阶级、资产阶级和现代修正主义文艺展开了英勇顽强的进攻"之外,其主要目的是什么呢?《纪要》说:"要努力塑造工农兵的英雄人物,这是社会主义文艺的根本任务。我们有了这样的样板,有了这方面成功的经验,才有说服力,才能巩固地占领阵地,才能打掉保守派的棍子。"为什么"塑造工农兵的英雄形象"就是"社会主义文艺的根本任务"呢?江青自己没有说,但一些"写作组"替她说:把"塑造无产阶级英雄人物"看成是"无产阶级文艺同一切剥削阶级文艺,包括资产阶级的文艺'复兴'、'启蒙运动'及 19 世纪批判现实主义文艺的根本区别。"①这种完全拒绝一切优秀文学遗产的观点,与马克思主义对待文化遗产的批判地继承的观点是对立的,显得十分幼稚和无知。至于只有让"无产阶级英雄人物"占领舞台,才能实现无产阶级对资产阶级专政,则更是"文革"八股,也不用多谈。

进一步的问题是,他们搞"革命样板戏"积累了哪些创作经验呢?这就是"文革"期间尽人皆知的所谓"三突出"的"无产阶级创作原则"。于会泳 1968 年 5 月 23 日在《文化报》发表了《让文艺舞台永远成为宣传毛泽东思想的阵地》一文,文中说,江青"特别重视突出主要英雄人物的塑造。我们根据江青同志的指示,归纳为'三个突出',作为塑造人物的重要原则,即:在所有人物中突出正面人物来;在正面人物中突出主要英雄人物来;在主要英雄人物中突出最主要的即中心人物来"。这就是后来的"三突出"的来由。此外还总结出"主题先行"、"高、大、全"、"从路线出发"等创作经验。从思想上看,这些原则与经验,不是从作家的生活体验出发,不重视观察、研究、分析生活,而从观念出发,从概念出发,把各类人物类型化、脸谱化,背离了生活源泉的基本观点和典型化的要求。同时也反映了江青一伙的极端个人主义。革命的英雄人物是需要我们去塑造的,但英雄也是人,也是平凡的人,也有七情六欲,也要有家庭的生活,也会有缺点,他们不是神,不能搞个人偶像崇拜。江青一伙这些理论和经验与马克思主义文艺思想中的现实主义美学原则离得很远。

当然,在"文革"已经过去了三十多年后,样板戏中个别的唱段,仍然能够得到部分群众的欣赏,这是因为部分群众中有怀旧的心理,愿意再听听过去熟悉的唱腔;另外样板戏的原作品一般是优秀的作品,如《林海雪原》、《芦荡火种》等,其改编者中也不乏像阿甲、汪曾祺这样的专家和艺术家,他们的努力也使样板戏的部分场景、唱段和对话写得比

---

① 上海京剧团剧组:《努力塑造无产阶级英雄人物的光辉形象》,《红旗》杂志 1967 年第 6 期。

较生动。

总体看,"文革"十年,文艺界受到江青的"文艺黑线专政"论的压迫,他们把文艺变成为政治的婢女,变成为所谓专政的工具;许多作家、艺术家和理论家遭受到不应有的批判斗争,有的被投入监狱,有的还被迫害致死;文坛消失;文艺创作是失败的,文学理论更一无建树。连毛泽东也不时抱怨,如1975年毛泽东同邓小平谈话时提出:"样板戏太少,而且稍有点差错就挨批。百花齐放都没有了。别人不能提意见,不好。"又说:"怕写文章,怕写戏。没有小说,没有诗歌。"[①]我们似乎还可以补充一句:没有文学理论,有的是极"左"的意识形态霸权话语。

值得指出的一点是,"文革"时期极"左"的文学理论霸权话语的横行,与"十七年"时期占主导倾向的文学理论不是没有联系的。"十七年"时期就把"文艺从属于政治"提到很高的程度,已经影响了创作和理论的发展。"文革"是把"十七年"时期的"左"的东西,提升为极"左"的东西。这里的内在逻辑关系必须予以重视,才有利于我们总结文学理论建设中的经验与教训。

[①] 《毛泽东传》(下),中央文献研究室编,中央文献出版社,2003年,第1742页。

第四编

新时期三十年的文学理论建设

第一章 1978—2008年文学理论转型概说

新时期是对从1976年(或从1978年十一届三中全会起)中国共产党打倒"四人帮"、实行解放思想、改革开放三十多年的一个总称。它是对此前十年"文革"时期一次告别。从1978年起,在"实践是检验真理的唯一标准"的讨论后,在党的十一届三中全会后,解放思想,实事求是,改革开放,"以经济建设为中心"的政治路线取代了"以阶级斗争为纲"的错误路线。在这种情况下,文艺界和其他各界一样进行了反思,终于迎来了文学理论发展的最好时期。从20世纪初到21世纪初,文学理论发展的最好时期有两个,一个是20世纪初20年,以王国维、梁启超和鲁迅(早期)为中心的文学理论现代化的草创时期,一个是1978年改革开放以来一直到现在的文学理论转型时期。这两个时期的共同特点是学术话语专业化、学术化,并且都追求古代文论的现代转化,西方文论的中国转化。

从1978年到现在的三十多年中,文学理论虽说仍然存在许多问题,但这成绩诚如有的学者所说的,虽然不能说是"辉煌"的,但可以说是"耀眼"的,终于实现文学理论的转型。这"转型"可以概括为三个"转变":从一家"专政"式的独语,转变为"百家争鸣"式的对话;从政治话语转变为学科的学术话语;从非常态的中心话语转变为自主发展的常态话语。这三种变化也可称为对话化、学术化和常态化。这是在解放思想的旗帜下,依靠文论界老中青三代人的共同努力所获得的丰富成果。

下面我试图把这种转型概括为反思期、追求文学理论自主期和多元综合创新期加以概要的描述。

一　反思时期(1978—1984)

在新时期开始的时候,文学理论的反思从何开始呢?应该着重指出的是,从 1957 年开始,中国实行的就是"以阶级斗争为纲"的路线。到了 1962 年,在中苏论战的背景下,在"反修防修"的背景下,毛泽东不但认为国际上阶级斗争没有解决,国内的阶级斗争也很严重,甚至认为党内也有阶级斗争。所以毛泽东提出,"要承认阶级斗争的存在",对于阶级斗争"从现在讲起,年年讲,月月讲"。[①] 从中苏论战、社会主义教育运动,全党"以阶级斗争为纲",直至演变为"文革"的十年内战。中国现代以来的政治文化具有极强的制约力和渗透力,政治文化改变了,各行各界都要跟着改变。"以阶级斗争为纲"的政治路线直接影响到文艺理论。文艺理论理所当然也成为阶级斗争的工具。凡是离开阶级斗争的文艺理论都反动的,都在"文艺黑线"之内。因此,在"文革"结束之后,在新时期开始之际,文学理论界的"反思"尽管是多方面的,如当时"形象思维"的讨论(针对概念化)、"共同美"讨论(针对文艺的阶级性)、"真实性"问题的讨论(针对单一的政治倾向性)和典型问题的讨论(针对"样板戏"的类型化、脸谱化),尽管也很重要,也解决了一些问题,但都还不是根本问题。这个根本问题是关于文艺与政治关系的讨论,即文艺是从属于政治,还是要解除文艺对政治的从属关系?文艺是为政治服务呢,还是不再提文艺为政治服务?文艺是阶级斗争的工具呢,还是文艺对于阶级和政治可以有相对的独立性?这才是要反思的根本。

1. 不继续提"文艺从属于政治"的口号

《上海文学》编辑部于 1979 年第 4 期以评论员的署名,发表了《为

[①] 逄先知、金冲及主编《毛泽东传》(1949—1976),中央文献出版社,2003 年,第 1251 页。

文艺正名——驳"文艺是阶级斗争的工具"说》一文,文章认为,"文艺是阶级斗争的工具"说,是造成文艺公式化概念化的原因之一,是"四人帮"提出的"三突出"、"从路线出发"和"主题先行"等一整套唯心主义创作原则的"理论基础"。"如果我们把'文艺是阶级斗争的工具'作为文艺的基本定义,那就会抹煞生活是文艺的源泉,就会忽视文艺的多样性和丰富性,就会仅仅根据'阶级斗争'的需要对创作的题材与文艺的样式作出不适当的限制与规定,就会不利于题材、体裁的多样化和百花齐放。"①文章的作者意识到,"文艺是阶级斗争的工具"说,与文艺从属于政治的提法有关,因此提出,"工具说"离开了文艺的特点,离开了真善美的统一,从而把文艺变成政治的传声筒。虽然还不敢说文艺从属于政治的提法不科学,但强调毛泽东的"政治不等于艺术"。应该说《上海文学》这篇文章触及了文艺从属政治、文艺为政治服务的根本问题,引起了一场大讨论。从《上海文学》的文章开始,1979年到1980年,文艺理论界对文艺与政治的关系问题进行了讨论,维护文艺从属于政治的学者和认为文艺不从属于政治的学者,进行了针锋相对的争辩。双方都从马克思恩格斯的著作里面找根据,从文学发展的历史里找根据,但由于大家都只找对自己的观点有利的方面,所以当时的讨论真如"盲人摸象",交集点很少,当然不能得出一致的结论。

这个问题的转机是从周扬在1979年11月1日全国第四次文代会的报告《继往开来,繁荣社会主义新时期文艺》的"征求意见稿"开始的。当时担任中国社会科学院院长的胡乔木和副院长的邓力群就"征求意见稿"于当年9月8日给胡耀邦写了一封信。信中说:"全文的关键似在对文艺与政治的关系作出新的提法,不再因袭过去的文艺为政治服务、文艺从属于政治的提法。过去的提法有许多讲不通的地方,过于简单化,但现在不必加以批评,还是要给以历史的积极的解释和估价,因为它是时代的产物,也发挥了积极的作用(当然也产生了消极作用),但现在仍然因袭就不适当了。我们想这可能是这次文代会能否

---

① 《上海文学》1979年第4期。

开好的一个关键。"①这是从毛泽东《在延安文艺座谈会上的讲话》以来,党内专家第一次提出不提"文艺从属于政治"。但那次文代会周扬的报告并未否定"文艺从属于政治"的口号。邓小平《在中国文学艺术工作者第四次代表大会的祝词》(1979年10月30日)中说:"党对文艺工作的领导,不是发号施令,不是要求文学艺术从属于临时的、具体的、直接的政治任务","写什么和怎样写,只能由文艺家在艺术实践中去探索和逐步求得解决。在这方面,不要横加干涉"。② 随后不久,邓小平又在《目前的形势与任务》(1980年1月16日)中说:"不继续提文艺从属于政治这样的口号,因为这个口号容易成为对文艺横加干涉的理论根据,长期的实践证明它对文艺的发展利少害多。但是,这当然不是说文艺可以脱离政治。文艺是不可能脱离政治的。"③胡乔木在《当前思想战线的若干问题》(1981年8月8日)中,对此作了进一步阐释:"我们的一切政治归根结底都是为大多数人谋利益的手段,政治本身并不是目的","我们不能为政治而政治,所以也不能为政治而文艺等等。"

1980年7月26日《人民日报》发表了《文艺为人民服务,为社会主义服务》的社论,正式以"文艺为人民服务、为社会主义服务"的口号取代"文艺从属于政治"、"文艺为政治服务"的口号,这对新时期的文学理论界来说,是在反思中所实现的重要的一步,从根本上解决了一个大问题,为文艺的发展、文学理论的发展开辟了广阔的道路。

当然问题不仅仅在于不继续提文艺从属于政治、文艺为政治服务的口号本身,而在于这真是一次"拨乱反正"。所谓"乱"者,是长期以来,完全把政治意识形态与文学意识形态之间的关系,看成是不平等的父子关系。所谓文艺从属于政治,就是文艺是政治的依附和附庸。马克思主义从来不是这样来理解意识形态之间的关系的。按照马克思主义的社会结构理论,社会经济基础决定上层建筑,上层建筑分成两部

---

① 参见《从胡乔木、邓力群给胡耀邦一封信谈起》,《人民政协报》2004年10月21日,又见《光明网》2005年1月20日。
② 《邓小平论文艺》,人民文学出版社,1989年,第9、10页。
③ 同上书,第108页。

分,即制度的部分和意识形态的部分。意识形态多种多样,有政治、法律、哲学、历史、宗教、艺术等,它们之间相互联系相互作用,但又相互独立。就是说,政治意识形态、法意识形态、历史意识形态、宗教意识形态、艺术意识形态,他们之间的关系不分主仆,是平等的,但又相互作用,这里没有父子、主仆之分。这才是"正"。我们不继续提"文艺从属于政治"、"文艺服从于政治",这是20世纪30年代以来第一次"拨乱反正"。文艺的相对独立性,强调文艺自身的特点,使文艺和文艺理论摆脱了狭窄的约束,获得了前所未有的广阔的空间。在这期间,不少理论家发表了不少很好的意见,如王春元的《"文艺为政治服务"是个错误的口号》(《文艺理论研究》1980年第3期),林焕平的《文艺为社会主义服务》(《文艺研究》1980年第3期),邹贤敏、周勃的《文艺的歧路》(《新文艺论丛》1980年第3期),曹廷华的《"文艺从属于政治"是不科学的命题》(《文艺研究》1980年第3期)等等。

2. 从人性、人道主义的讨论到"文学是人学"命题的重新确立

实际上,"文艺从属于政治","文艺为政治服务"等口号,更深的根源在我们是否承认人性、人道主义是马克思主义的一部分,在于是否承认文艺要表现人性、人情才会有魅力。众所周知,鲁迅批判过人性论,毛泽东的《在延安文艺座谈会上的讲话》,也批判过人性论和人道主义。这样人性论与人道主义问题就一直成为学术的"禁区"。如果有人重提人情、人性、人道主义这些与文艺问题息息相关的话题,那么就必然会遭到毫不留情的批判。

但是"反思"的声音终于出现,从1978年到1984年这段时间,讨论人性、人道主义的文章达到三四百篇,形成了理论界的一个热点问题。老一代的文艺理论家如朱光潜、周扬、黄药眠、王元化、汝信、钱谷融等都发表了论文,参与这一重要的讨论。为什么这些大家都参与这些问题的讨论呢?我想原因起码有二:第一,在"文革"中,不尊重人、不把人当人的现象到处都是,不讲人性、人道的思想和行为达到一个顶峰,大家不但目睹,而且深受其苦;第二,这个问题是比"文艺从属于政治"

更深层次的问题,这个问题的真正解决,文艺与政治关系问题才能理顺,也才能得到真正的科学的解决。

文学理论界提出的问题主要有:(1)人性、人道主义是什么?(2)人性、人道主义与文学的关系是什么?(3)人性、人道主义是否是马克思主义理论的一部分?下面就这三个问题简单评述前边提到的几位大家的观点。

朱光潜的观点。(1)"人性就是人的自然本性"。"人的肉体和精神两方面的力量"就是人性。"据说是相信人性论,就要否定阶级观点,仿佛是自从人有了阶级性,就失去了人性,或者说,人性就不起作用。显而易见,这对马克思主义者所强调的阶级观点是一种歪曲。人性与阶级性的关系是共性与特殊性或全体与部分的关系。部分并不能代表或取消全体,肯定阶级性并不是否定人性。"①(2)朱光潜说"人情"是人性中的一个重要因素。"在文艺作品中的人情味就是人民所喜闻乐见的东西。有谁爱好文艺而不要求其中有一点人情味呢?"②同时朱光潜认为只有肯定人性、人情的存在才有"共同美感"的存在,而历代作家创作的许多悲剧、喜剧等都是具有共同美感的。(3)朱光潜认为"马克思《经济学—哲学手稿》整部书的论述,都是从人性论出发的,他证明人的本质力量要尽量发挥,他强调的"人的肉体和精神两方面的本质力量"便是人性。马克思正是从人性论出发来论证无产阶级革命的必要性和必然性……"③就是说,朱光潜认为人性作为人的自然属性是天然的存在,文艺作品要有人情味、写出共同美,才是人民喜闻乐见的。而人性论是马克思所强调过的,甚至是他论证无产阶级革命的必要性和必然性的一个出发点。这就冲破了长久以来的一个学术禁区。

黄药眠的观点。黄药眠的观点与朱光潜不一样。(1)他不同意人性是人的自然属性,他认为是所有人类共同的特质,是人类有别于动物

---

① 朱光潜:《关于人性、人道主义、人情味和共同美问题》,《文艺研究》1979 年第 3 期。
② 同上。
③ 同上。

的所特有的东西。他在承认有自然人性存在的前提下,认为"马克思主义者并不首先强调生物的本性,好像这个本性因为受外界事物的刺激,于是形成了感觉。不,马克思主义者认为,人并不是被动地去感受外在的刺激,而首先是在劳动实践中,改造世界的过程中,主动地去感觉和认识世界,同时并在感觉和认识世界的历史过程中积累了许多经验,因此人的感觉,有别于动物的感觉,它是社会文化历史所造成的结果。人一生下来,就在社会历史环境中生活、劳动,人们所闻所见以及其他一切感觉所及,几乎全部是人化的事物。人们就是在和这些事物接触中养成了人化的感觉,因此人的感觉也只能是社会化的感觉。"①总起来看,黄药眠认为人的感觉,这是人区别于动物的感觉,也就是人性,人性是人在社会实践中形成的,人性的本质是它的社会性。(2)他用上述观点来理解人性与文学的关系。他肯定文学作品是要写人性的。但不是写动物性,是写具有社会性的人性。"古往今来的文学艺术作品,就可以看出它们并不表现自然人的赤裸裸的本能。同样是写恋爱,在'五四'前后,我们对于描写男女青年的恋爱小说,是把它当做为提倡民主反对封建礼教的进步运动的一部分来看的。至于到了后来没完没了的卿卿我我的恋爱小说,那就被当做左翼文艺的对立物而加以批判了。《金瓶梅》对性行为方面的赤裸裸的描写是比较多的,但我认为这本书的好处恰恰不是在这个地方,而是在作者把小城市的恶霸生涯以及人情世态写得栩栩如生。"②(3)马克思主义是阶级论者,不是人性论者。应该说,黄药眠的看法,特别是他对人性的社会性的看法,是符合马克思主义的社会实践理论的;他对文学与人性描写的见解也较切合文学作品的实际。

周扬的观点。周扬在1983年3月16日的《人民日报》上发表了《关于马克思主义的几个问题的探讨》一文,最后一个问题是"马克思主义与人道主义的关系"。周扬首先说明"文革"前17年,我们对人道主义、人性问题的研究,以及有关文学作品的评价,曾经走过一些弯路。

---

① 黄药眠:《关于文学中的人性、阶级性等问题试探》,《文艺研究》1980年第1期。
② 同上。

现在认识到,那时把人道主义、人性论当做修正主义来批判,"有很大的片面性"。他提出现在要"恢复人的尊严,提高人的价值"。周扬关于人道主义的主要论点是:(1)马克思主义包含人道主义。他说:"我不赞成把马克思主义纳入人道主义的体系中,不赞成把马克思主义归结为人道主义;但是,我们应该承认,马克思主义是包含着人道主义的。当然,这是马克思主义的人道主义。"①"马克思主义确实是现实的人道主义。"②(2)马克思改造唯心主义的人道主义,提出无产阶级的人道主义,这一转变过程中,与"异化"问题有密切关系。他提出社会主义社会仍然存在异化。"彻底的唯物主义者应当不害怕承认现实。承认有异化,才能克服异化。"③在舆论的压力下,周扬于1983年11月对社会主义异化论做了检讨。1984年1月胡乔木发表了《关于人道主义和异化》的长篇论文,对周扬的社会主义异化论提出批评。非常遗憾的是周扬没有谈到人性、人道主义与文学的关系。在五六十年代,周扬是批判人性论、人道主义的主将之一,他在新时期的这一转变是具有解放思想的意义的。

  20世纪五六十年代直到"文革"十年,人性、人道主义问题都是理论禁区。当时仍有一些追求真理的人发表了这方面的文章,如巴人在《新港》1957年1月号发表了《论人情》,钱谷融在《文艺月刊》1957年5月号发表了《论"文学是人学"》,王淑明在1963年第3期的《文学评论》发表了《关于人性问题笔记》,都遭到了无情的批判,"文革"中被说成是"黑八论"。新时期开始以来的这次人性、人道主义和文学问题的讨论,的确是冲破了禁区。尽管对人性问题、人道主义问题存在着不同的意见,但总的发展趋向是肯定人性、人道主义是存在的,而且认为是马克思主义的一个命题,如认为虽然不能说人道主义是马克思主义的历史主义,却可以说是马克思主义的伦理原则,人学成为新兴起的一门学科。人性、人道主义的正面探讨,大大促进了文学理论的发展。如认

---

① 《周扬集》,中国社会科学出版社,2000年,第386页。
② 同上书,第388页。
③ 同上书,第389页。

为文学实际上是人、人性的全部展开,是人的本质力量的对象化等论点已经被普遍接受。这种认识表明了在新时期开始之际,在文学理论领域,人和人性的觉醒成为一个明显而重要的表征。

人性和人道主义问题的深入讨论的一个结果,就是"文学是人学"命题的重新确立。"文学是人学"是高尔基提出的命题。1957年钱谷融发表了《论"文学是人学"》一文,他发挥了高尔基的"文学是人学"的思想,阐明了文学与人性、人道主义的内在联系,认为"文学的对象,文学的题材,应该是人,应该是时时在行动中的人,应该是处在各种各样复杂的社会关系中的人"。在文学创作中,"一切都以人来对待人,以心来接触心"。"人"是文学的中心、核心,"文学是人学"。在这个命题中,"伟大的人道主义精神"还得到特别强调。① 该文发表后长期受到批判。新时期开始,钱谷融再次强调,"文学既然以人为对象,当然非以人性为基础不可,离开人性,不但很难引起人的兴趣,而且也是人所无法理解的。不同时代、不同民族、不同阶级所产生的伟大作品之所以能为全人类所爱好,其原因就是由于有普遍人性作为共同基础。""作家的美学理想和人道主义精神,就应该是其世界观中对创作起决定作用的部分。"在文学领域,"一切都是为了人,一切都是从人出发的","一切都决定于作家怎样描写人、对待人"。② 王蒙指出,人性具有多样性和可塑性,"文学作品是写人的,一篇作品的思想力量和道德力量和他们具有的人道主义精神是不可分的","三中全会以来的文学作品中,人道主义精神的发扬,对于人性和人情的诸多方面的关注、刻画或美化,对于人的尊严的维护和召唤,成为一个重要的特点",但"作品的内容决不限于人道主义和人性等等",马克思从未反对也不拒绝真正的人性和人道主义,不敢描写具体的活生生的人性就不可避免地导致创作的模式化、概念化而走向反艺术的道路。③ 钱中文认为人性的共同形态是人物性格、典型的构成要素,可从真实性、历史性与道德要

---

① 钱谷融:《论"文学是人学"》,《文艺月报》1957年5月号。
② 钱谷融:《〈论"文学是人学"〉一文的自我批判提纲》,《文艺研究》1980年第3期。
③ 王蒙:《"人性"断想》,《文学评论》1982年第4期。

求等三方面评价人性共同形态的描写。他认为以往把人性片面理解为阶级性,并将阶级性进一步狭隘化为人为的斗争,这在文学作品中表现为对人的血肉之躯的恐惧,反映于文艺理论中表现为对于人性的恐惧。经过讨论,大家大体上确认除了阶级性,还有共同人性,这"乃是这场人性问题讨论的重要收获"。而共同人性,与阶级性一样是现实的人的根本特征,是社会现实关系的组成部分。问题不是文学中有无共同人性,而是如何认识和描写人性。文学中人性描写具有抽象性与具体性两重性,因此不能把对于人性的共同形态的反映笼统地称为抽象的人性描写,也不能把文艺人性描写统称为人性论宣传。唯物史观反对人性论,但不排斥人性。"只有那些具体、生动地描写了健康的、符合生活逻辑的人性共同形态的作品,才能给人以审美享受。"人性的共同形态是人物性格、典型的构成要素,有时人物性格的刻画直接通过人性的共同形态来表现,人性论的典型和庸俗社会学的典型论都离开了现实的人。对于人性共同形态的描写可以从真实性、历史性与道德要求等三方面进行评价,"这三个方面大致可以用来区别文学创作中的资产阶级人性论和无产阶级文学中的人性形态描写之间的不同,也可以用以区别无产阶级文学和优秀的古典文学中人性共同形态描写的同异"①。

钱谷融、钱中文和王蒙的论述获得文论界多数人的认同,可以视为"文学是人学"命题的重新确立。从 20 世纪 30 年代以来,由于社会斗争和其他各种原因,人性论、人道主义一直遭受批判。在新时期开始之际,人性、人道主义这个与文学创作和评论密切相关的问题,被肯定为马克思主义的命题,这是一个根本的转折,是文学理论界的重大收获,也从更深的层次否定了"文艺从属于政治"的口号。应该说,从 1978 年到 1984 年文学理论界讨论的问题很多,但以文学与政治的关系问题,人性、人道主义与文学的关系这两个问题最为重要。可以说,新时期的文学理论由于反思了上述两大问题,真正获得了发展的新起点。

总的看来,1978—1984 年的文艺理论是与那个时期整个社会的"拨乱反正"的进程是相一致的。就文艺理论来说,所谓的"拨乱",就

---

① 钱中文:《论人性共同形态描写及其评价问题》,《文学评论》1982 年第 6 期。

是要消除、批判"文革"时期的极"左"的意识形态霸权话语;所谓"反正",就是要在"实践是检验真理的唯一标准"的旗帜下,返回到1961年时期三大会议(广州会议、北京会议和大连会议)所提出的调整文艺思想的路子上去,重新确立文学"现实主义"的地位,并在这个基础上提出了"不再提文艺从属于政治","写什么和怎么写,只能由文艺家在艺术实践中去探索和逐步解决"等,也提出"人民是文艺工作者的母亲",提出"自觉地以人民创造历史的奋发精神来哺育自己。这就是我们社会主义文艺事业兴旺发达的根本道路"。

二 追求文学理论自主性时期(1985—1990)

如果说20世纪80年代初的反思时期,主要的努力是在拨乱反正,破除极"左"思潮的"泛政治"语言对文学理论的束缚的话,那么到了80年代中后期,文学理论研究者似乎获得了充分的信心,开始文学和文学理论的自主性的追求,开始了文学理论作为一个学科特有的话语的建设,文学理论学科意识的生长也大为加强。

1. 追求文艺学方法论的突破

新时期文学理论自主性的追求是从"文艺学方法论"讨论切入的。1985年被称为"方法年"。北京、厦门、扬州、武汉等地都召开了的专门讨论文艺学方法的学术会议。为什么文艺学的方法会引起大家的关注呢?这原因可能是多方面的,但主要是传统的社会历史批评方法,不但没有获得生动的丰富的发展,反而某种程度上被庸俗社会学化。单向的、孤立的、静止的、线性因果关系、机械的思维方式,使文艺学研究陷入狭窄的学术空间,大家对此的不满演变为对于方法的多样性讨论。其目的是通过各种不同的方法的运用,获得不同的学术视角,对于文学事实进行不同的解释,对文学经验获得不同的理解,对文学问题作出不同的解答,这样文学理论不但可以学术化,而且研究空间和维度也大为扩大,而不必紧紧地跟随政治的单一风向的变化而变化。换句话说,文学理论能不能变成一种自主的学问,很大程度上依赖研究方法的自觉性和多样化,研究空间的拓展,特别是对文学问题解释的多样化。

1985年,刘再复发表的论文《文学研究思维空间的拓展——近年来我国文学研究的若干发展动态》影响很大。刘再复把方法论发展趋向视为文学研究思维空间拓展的需要,认为文艺研究必须注意新观念和方法,并对传统观念和方法作某种程度的反省。新方法论的介绍和运用,目的在于从更深的层次上理解文学自身各方面的本质特征,揭示文学历史发展进程,以促进文学创作与文学研究的繁荣。认为近年来文学研究在方法论上除了从破到立这个总趋向之外,还有四个突出的趋向:(1)由外到内,由着重考察文学的外部规律转向深入研究文学的内在规律;(2)由一到多,由单一的哲学认识论或政治阶级论维度来考察文学现象转变为从美学、心理学、伦理学、历史学、人类学等多种角度来考察文学;(3)由微观分析到宏观综合,由孤立地就一个作品、一个作家或一个命题进行思考、分析转变为从联系的、整体的观点进行系统的宏观综合;(4)由封闭体系到开放体系,吸收外来的西方的文论的养料和不断吸收文学之外的其他学科的养料。最后指出这四种趋向的七个较突出的具体表现。①

从今天的观点看,1985年的文艺学方法问题的讨论,是两种思想倾向的表演:一种是科学主义的方法,一种是人文主义的方法。两种方法代表了两种不同的思潮,代表了两种对文学的不同理解。

科学主义方法,在当时最主要就是"新三论"和"老三论"的兴起。"新三论"就是系统论、控制论和信息论。"老三论"则是协同论、突变论和耗散结构论。在这新老"三论"被引进文艺学研究的同时,生物学的、物理学的、神经生理学、脑科学、模糊数学等自然科学的方法也纷纷被引进文艺学研究领域。他们力图把文艺学纳入到定量化、精密化和科学化的轨道,使文艺学学科的研究获得完全的科学性,可以避免文艺学的研究随着政治风向的变化左右摇摆。当时有不会少学者热衷于科

---

① 刘再复:《文学研究思维空间的拓展》,《读书》1985年第2、3期。

学主义的方法,发表的文章很多,生僻的自然科学术语被大量运用,自然科学术语"大爆炸",晦涩艰深的文章流行于文学研究刊物与报纸。方法热中这一股科学主义思潮,形成了对传统的文艺学的冲击。不过在过了20年之后的今天,我们已经很少能记住这些文章说了什么。真正给人留下印象的是林兴宅教授发表于1984年《中国社会科学》第4期的论文《论文学艺术的魅力》。它运用系统论、信息论、控制论等现代自然科学的方法论描述和研究文学的魅力,他突破了以往对文艺的经验性描绘,建立起了艺术魅力的结构模式、对应模式和个体发生模式,力图打升探索文艺魅力的新视角。他指出,艺术魅力本质上是文艺作品的复杂功能体系产生的综合美感效应,它不是纯粹的对象的客观属性,而是欣赏者对作品的审美关系的产物。真实性、新颖性、情感性、蕴藉性是文艺作品的四种基本审美素质,魅力产生的内在根据是文艺作品的美学结构与欣赏者的审美心理结构的对应。艺术魅力作为艺术认识的一种表现,它的实现是一个生成过程。艺术魅力是文艺作品的美的信息对欣赏者的刺激导致欣赏者的审美心理结构历史积淀和心理组织作用形成的合力。① 特别要提到的是他运用了这种新方法,对一些文学现象进行新的阐释,发掘出传统文学方法论不曾发现的新视阈,比如在《论阿Q性格系统》②中对于阿Q性格系统的阐释,给人以耳目一新之感,在当时引起了学界的轰动。这篇论文可以看成是科学主义方法在当时取得的实绩。

很明显,科学主义的方法论者认同唯有科学才能解决一切问题,并认为文学领域的问题也完全是属于认识论的,既然完全属于认识论的,那么就可以借助于科学一步步去接近文学问题的本质,从中寻找出不可更改的规律来。但是科学主义的方法在短暂的流行之后,遭到了批评。这主要是由于不少科学主义的文艺学研究论文,生搬硬套,滥用术语,晦涩费解,未能与研究的对象——文学事实、文学经验和文学问题——相契合。很自然地,另一些主张人文主义方法的学者对科学主

---

① 林兴宅:《论文学艺术的魅力》,《中国社会科学》1984年第4期。
② 林兴宅:《论阿Q性格系统》,《鲁迅研究》1984年第1期。

义方法提出质疑。如有的学者提出:"艺术精灵"的意义永远是"测不准"的,"从学科的整体意义上看,建立一门'严密的'、'精确的'、'客观的'、'规范的'文艺科学是不切实际的"。① 有的人的批评更为尖刻,说:不要将刚刚从政治中解放出来的文艺学匆匆卖给自然科学。当然这些说法都言过其实。因为后来的事实证明,科学主义的文论引进了俄国20世纪初的形式论文论、英美的"新批评",法国20世纪60年代兴起的结构主义批评(包括叙事学),此外还有文体学批评、符号论批评、语义学批评等,经过中国学者的加工改造,都取得了一定的成果。

那么,人文主义方法论这一派学者对于文学是怎样理解的?对于文学学科又有何见解?他们又提出来什么方法呢?他们显然认为文学是情感的领域,是美的领域,情感和美的领域的事情是极为微妙的,是测不准的,绝对不可以定量化、精确化、严密化和模式化。文学学科主要是情感评价问题,对于文学事实、文学经验和文学问题,更多要靠体验,在由感性体验的基础上,才可能上升为理论的概括和分析。这种理论的概括和分析不是纯科学的,经常糅进了主观的因素,对同一事实可以作出不同的个性化的解释。因此,他们提出的人文主义的文艺学方法,在那时主要是文艺心理学的方法。出版于1982年的金开诚的《文艺心理学论稿》,尽管仍然使用普通心理学的观念解释文学,但受到青睐。1985年出版的陆一帆的《文艺心理学》、余秋雨的《戏剧审美心理学》、鲁枢元的《创作心理研究》也受到好评。稍晚一些的还有余秋雨的《艺术创造工程》(1987)、王先霈的《文学心理学》(1988)、夏中义的《艺术链》(1988)等。这些著作作为人文主义方法的第一批成果,有一定的理论深度,在朱光潜30年代的《文艺心理学》基础上结合新的文艺实际大大前进了一步。后来随着西方现代文论的引入,直觉主义、生命哲学、精神分析学、现象学、存在主义、接受美学等方法,成为人文主义文艺学方法论的一些流派。

对于科学主义和人文主义的文艺学方法,当时就有学者指出,这两种方法是相反的,但又是可以互补的。朱立元说:"在我看来,文艺现

---

① 《艺术精灵与科学方法》,《文艺报》1985年7月13日。

象本身是极为复杂的动态网络结构系统,它允许人们从各个方面、视角、层次去剖视它,从总体上把握它,从静态方面去考察它,从动态中去研究它。若就其能否定量化、精密化、模式化地研究这一角度而言,我认为文艺存在着两重性:它既有理性、形式、结构等可测定的方面,也有感情、内容、灵感等'不可测关系'。这就为科学主义与人文主义两种方法论都提供了用武之地。文学就是人学,文艺学的研究中心也应该是艺术活动的主体——人。人的艺术活动同样有可测定与不可测定两方面。所以,目前科学主义方法论并不排斥人,而且也往往把研究的触角伸进主体领域。在这一点上,两者是互相渗透的。"①

当时,对于文艺学方法论的讨论,也发表过一些为传统的社会历史方法辩护的论文,这些论文一方面坚持马克思主义的历史唯物主义和辩证唯物主义的方法,这诚然是正确的,但另一方面又批评这种方法论的更新是违背马克思主义的。从今天的观点看,1985年开始的方法论讨论,不论科学主义或人文主义都从不同的角度坚持了辩证思维,应该说在哲学层面上没有动摇马克思主义的根本,但在具体方法上有所探索、有所发展,这对于文艺学研究如何解放思想、如何开创新局面影响深远。更何况在文艺学方法论的讨论中,马克思主义的"美学的、历史的"方法,得到深入的讨论,有的学者较深入地考察了马克思、恩格斯在文学批评中运用比较方法的特征,指出:第一,在文学的比较研究中,自觉地贯彻和坚持唯物辩证法;第二,自觉地把比较对象置于一定的历史联系中,强调历史主义的观点;第三,注重文艺的特殊规律,把美学的观点渗透到作家、作品的比较研究中,又通过作家、作品的深入比较总结出艺术创作的美学规律。辩证逻辑的、历史的、美学的观点三者的统一是马克思、恩格斯文学研究的基本特点。马克思、恩格斯文学批评运用的辩证性、历史性和美学性三大特征,恰恰反映了这种统一的三个侧面。这种三统一的特点,对于我们文艺学等研究都具有普遍性的指导

---

① 朱立元:《对文艺学方法论更新的若干思考》(1986),《理解与对话》,华中师范大学出版社,2000年,第57页。

意义。① 这些讨论都加深了对马克思主义关于文艺学方法论的理解，这不能不说是重要的收获。

2. 文学主体性问题的论争

1986 年被称为"文学观念年"。文艺学方法的讨论首先要落实到文学观念的革新上面。特别是"文学是人学"这个命题的重新确立，很自然地要从文学之"根"的人的角度去思考文学观念的革新。政治功利主义、庸俗社会学和机械反映论的思想相结合，从根本上说，就是忽视人和人性。如在文学活动中忽视主体的人的问题变得十分严重，如创作问题上，一味强调写重大题材，而忽略了作家作为实践主体的感受与体验；对文学作品中人物命运的轨迹和性格逻辑的破坏，被人物当做傀儡来调动；作品写出来，不论读者喜欢不喜欢，硬塞给读者，忽视读者在文学活动中的能动作用等。这些情况都在呼唤文学主体性的出场。

1985 年《文学评论》第 6 期和 1986 年第 1 期，刘再复发表了长篇论文《论文学的主体性》。刘再复的论文的主旨是："构筑一个以人为思维中心的文学理论与文学史研究系统"，"我们的文学研究应当把人作为主人翁来思考"，"把人的主体性作为中心来思考"。② 论文的这个主旨是有明确的针对性的。那就是苏联的"社会主义现实主义"的庸俗社会学和机械认识论倾向及其对中国当代文学的影响。在批判极"左"思潮和教条主义中，主体性问题的提出可以说恰逢其时。《论文学的主体性》主要论点是"文学中的主体性原则，就是要求在文学活动中不能仅仅把人(包括作家、描写对象和读者)看作客体，而更要尊重人的主体价值，发挥人的主体地位，以人为中心、为目的。具体说来就是：作家的创作应当充分发挥自己的主体力量，实现主体价值，而不是从某种外加的概念出发，这就是创作主体的概念内涵；文学作品要以人

---

① 朱立元：《马克思、恩格斯在文学批评中运用比较方法的特征》，《复旦大学学报》1984 年第 4 期。
② 刘再复：《论文学的主体性》，《文学评论》1985 年第 6 期。

为中心,赋予人物以主体形象,而不是把人当成玩物与偶像,这是对象主体的概念内涵;文学创作要尊重读者的审美个性和创造性,把人(读者)还原为充分的人,而不是简单地把人降低为消极受训的被动物,这是接受主体的概念内涵。"①刘再复就上述观点展开了洋洋洒洒的论述。刘再复论文的意义不在于具体论述一个问题,而在于文学观念的转变。即从过去的机械的反映论文学观念,转变为价值论的文学观念。因为再强调文学的主体性的时候,刘再复核心的思想要论证人、主体的人、人的经验、人的尊严、人的思想感情、人的性格、人的命运、人的活动等才是最具有意义和价值的。一切离开"人"这个主题的文学是没有意义和价值的。

刘再复的"文学主体性"论受到多方面的肯定。如孙绍振认为:"刘再复主体性论的提出,标志着在文艺理论上被动的、自卑的、消极反映论统治的结束,一个审美主体觉醒的历史阶段已经开始。这不是低层次经验的复苏,而是理论上的自觉。在新的逻辑起点上,刘再复提出新的范畴:实践主体性和精神主体性,创作主体性和欣赏主体性。"这些范畴对于认识实践真理、对于从反映论向认识结构的本体深化、对于突出个体的主体性有重要意义。② 有的学者认为,艺术家在社会生活中不仅是实践、认识和创造新生活的主体,而且是审美的主体。在艺术家和社会生活之间横亘着的不是镜子,而是具体的活生生的人。文艺对社会生活的反映势必带有个人色彩,打上人的烙印,因此反映的过程就是主体积极活动的过程。社会生活是艺术的源泉首先在于它造就了艺术创造的主体。写心灵是体现创作深度和创作广度的艺术原则,作家就是用自己的心灵浇铸自己的艺术形象,从而在其文艺产品中自然地显示出自己的心灵和人格。③ 但刘再复的理论也遭到了一些人的质疑。比较有代表性的是陈涌对刘再复的主体性文学论提出严厉批评,认为刘再复主体性理论否定了马克思主义观点、方法和指导思想,

---

① 刘再复:《论文学的主体性》,《文学评论》1985年第6期。
② 孙绍振:《论实践主体性、精神主体性和审美主体性》,《文学评论》1987年第1期。
③ 鲁枢元:《审美主体与艺术创造》,《文艺报》1983年第5期。

歪曲了中国革命文艺以来文学发展的实际,对马克思主义文艺原理进行了错误的概括,这是"直接关系到如何对待马克思主义基本原理的问题,是关系到社会主义的命运的问题"①。姚雪垠认为刘再复主体性理论把作家和作品中人物的主观能动性"作了无限夸张","违背了历史科学","包含着主观唯心主义的实质","基本上背离了马克思主义"。② 当然对这种批评也有反批评。

那么刘再复的文学主体性理论是反马克思主义,还是合乎马克思主义呢? 刘再复在论文中援引了马克思《1844年经济学—哲学手稿》中的论述。马克思曾说:"人是一个特殊的个体,并且正是他的特殊性使他成为一个个体,成为一个现实的、单个的社会存在物。同样地他也是总体,观念的总体,被思考被感知的社会主体的自为存在,正如他在现实中既作为社会存在的直观和现实享受而存在,又作为人的生命表现而存在一样。"刘再复还引了马克思关于人的生命活动与动物的生命活动的区别的论述。然后他指出:对于被作家描写着的对象的人来说,他是被描写的客体;但对于生活环境来说,他又是主体。所以要把人当成人。作品中的人物是有自主意识和自身价值的活生生的人,按照自己的灵魂和逻辑行动着、实践着的人。而在后来的论争过程中,更多的学者引用马克思的《关于费尔巴哈的提纲》中的一段话:"从前的一切唯物主义(包括费尔巴哈的唯物主义)的主要缺点是:对对象、现实、感性,只是从客体的或直观的形式去理解,而不是把它们当做感性人的活动,当做实践去理解不是从主体方面去理解。"③由此看来,主体性问题是马克思主义之义,文学主体性的见解大体上也是合乎马克思主义的,是马克思主义在文学活动问题上的具体运用。

总的看来,刘再复1985—1986年间提出文学主体性,不是没有逻辑的概念的缺陷,可作为一种与单一的认识论不同的文学观念,文学主体性理论对单纯认识论文艺学的批评有某种程度的合理性,标志着不同于

---

① 陈涌:《文艺学方法论问题》,《红旗》1986年第8期。
② 姚雪垠:《创作实践和创作理论》,《红旗》1986年第12期。
③ 马克思:《关于费尔巴哈提纲》,《马克思恩格斯选集》第1卷,人民出版社,1995年,第54页。

认识论文艺学的主体性文艺思想的出现,这对于中国文艺学的变革与发展是有重要意义的。

3. 走向审美意识形态论

文学主体性问题论争没有获得一致的成果,许多问题被转化为文艺心理学的研究。但相对自主的文学观念寻求,仍然困扰着许多学者。于是"审美"一词在经过数年的积累后被凸显出来。其实用美学的观念来界说文学的做法早在70年代末80年代初就有了。1979年李泽厚在《形象思维再续谈》中说:文学是"一种强大的审美感染力量。审美包含认识—理解成分或因素,但决不能归结于等同于认识"①。这里力图把文学中的认识与审美区分开来。蒋孔阳于1980年发表了《美和美的创造》一文,其中说:"艺术的本质和美的本质,基本上是一致的。美具有形象性、感染性、社会性以及能够实现人的本质力量的特点,艺术也都具有这些特点,正因为这样,所以我们说,美是艺术的基本属性。不美的"艺术"不能成为真正的艺术。"②这里把艺术的本质和美的本质联系起来思考,已经暗示出以"美"为属性的文学观念。李泽厚和蒋孔阳的论述是新时期文学观念转向文学审美特征论的先声。

80年代中期,文学"审美反映"论文学观念终于诞生。基于对"认识反映"论的不满,他们认识到,仅仅把文学看成是社会生活的一般反映是不够的,这种看法只是在认识论的层面给文学定位,不能说明文学的特殊性。童庆炳在1984年出版的《文学概论》(上下卷)第一章第三个标题是"文学是社会生活的审美反映"③。1986年钱中文教授也提出文学"审美反映"论。王元骧对文学的"审美反映"做出了很具体深入的解说。

与此相映成趣,这几位学者又提出文学"审美意识形态"论。钱中

---

① 李泽厚:《形象思维再续谈》,《美学论集》,上海文艺出版社,1980年,第559页。
② 蒋孔阳:《美和美的创造》,江苏人民出版社,1981年,第52页。
③ 童庆炳:《文学概论》上,红旗出版社,1984年。

文于 1984 年提出了文学"审美的意识形态"论①,1987 年他又发表了题为《文学是审美意识形态》的论文,正式确认"文学是审美意识形态",并展开了论证。② 王元骧在他的《文学原理》中也赞成"审美意识形态"论。童庆炳则不但在其主编的《文学理论教程》中把"审美意识形态"列为核心概念,而且于 2000 年还提出"审美意识形态"是文学的第一原理。③ "审美反映"论与"审美意识形态"论是一致的。文学"审美反映"论、文学"审美意识形态"论,是一个时代学人(除了前面已经提到的钱中文、王元骧和童庆炳外,从不同角度提出类似观点的还有胡经之、杜书瀛、陈传才、王向峰、孙绍振、王先霈、朱立元等)根据时代要求提出的集体理论创新。

从文艺学方法论的探求,中间经过文学主体性问题的论争,到文学反映论、文学审美意识形态论的提出和完成,经过十余年的努力,中国当代文学理论学人对于建设相对独立自主的文艺学学科,付出艰苦的劳动,取得了相当巨大的学术成果。

这个时期的文学理论突显了文学理论对于"五四"启蒙主义的接续。"五四"时期的启蒙主义是为了反对封建礼教思想的束缚,突出地吸收了西方的科学、民主、自由、个性解放。新时期在经过了最初的"拨乱反正"之后,已经感到 1961 年文艺调整的话语已经不够,需要进一步解放思想,以求得文艺的新发展,在经过了西方文论再一次涌入之后,文艺理论家们觉得应该"接着""五四"的"启蒙"话语"说",文艺理论方法论的讨论明显是"科学"的,而"文学主体性"的讨论则是带有个性解放的烙印,文学"审美"论的话题则是通向"自由"的一个标志。这说明了新时期文艺思想的变革不是突然出现的现象,它是"五四"思想解放运动的一种继续,是有其必然性的。

---

① 钱中文:《文学艺术中的'意识形态本性论'》(1984),《文学理论:走向交往与对话的时代》,北京大学出版社,1999 年,第 87 页。
② 钱中文:《文学是审美意识形态》,《新理性精神文学论》,华中师范大学出版社,2000 年,第 136 页。
③ 见《学术研究》2000 年第 1 期。

三 综合创新期(1991—2007)

90年代以后,中国社会状况发生了很大的变化,这主要是社会正式步入市场经济轨道,国民经济迅速发展,而社会问题也进一步呈现出来。在文学创作方面,文学形式的探索方兴未艾。作为理论对变化了的现实的回应,文艺学形成进一步开放的态势:文艺学研究的资源进一步得到开发,如当时学者们所说,中国当代文论建设面对四种资源:马克思主义文论资源、中国古代文论资源、西方古代和当代文论资源、中国"五四"以来文论新传统所形成的资源;文艺学研究的视角进一步开放,文艺社会学的视角,文艺心理学的视角,文艺美学的视角,文艺人类学的视角,文艺符号学的视角,文艺解释学的视角,文艺文体学的视角,文艺叙事学的视角,文艺语言学的视角,比较文论的视角,文艺文化学的视角等等,各种视角的研究都有人在尝试,也都获得了不少结实的成果;文学观念进一步多样化,每一种视角的背后几乎都存在一种文学观念。正如有的学者所说,这是一个"多元共生"的时期。但在上述所谓"多元"的"杂语喧哗"中,"语言论转向"、"古代文论的现代转化"和"人文精神的呼唤"成为最重要的三种思潮。

语言论转向。90年代以来最早出现的是所谓的"语言论转向"。"语言论转向"是西方引进的一个词语。语言论文论是指西方19世纪末期发生"语言论转向"以来盛行于20世纪的以语言问题为中心的文学批评流派,最重要的是俄国形式主义、英美"新批评"、分析美学、结构主义、后结构主义等批评流派。其主要特征是:语言取代理性而成为文艺批评的中心问题;放弃对文艺本质及其他本质问题的追问,注重用语言学模型去分析文艺作品;不要理论的系统化和体系化,强调具体文本分析。这些理论被引进后,有人述评梳理西方的相关理论,重在介绍;但也有人加以改造,发展为中国化的文学文体学理论、文学语言学理论、文学叙事学理论等。西方文学批评的"语言论转向"转变为中国文论话语后,其一个重要特征是它没有局限于语言形式本身,没有回避社会历史，没有看成是完全的所谓的"内部研究"。其中最具代表性的是童庆炳主编的《文体学丛书》（共五部）。童庆炳《文体与文体的创造》①在对中西文体论进行历史回顾和反思的基础上对文体做出新界定："文体是指一定的话语秩序所形成的文本体式，它折射出作家、批评家独特的精神结构、体验方式、思维方式和其他社会历史、文化精神。"从表层看，文体是作品的语言秩序、语言体式，从里层看，文体负载着社会的文化精神和作家、批评家的个体的人格内涵。该书从对中西文体的历史回溯入手，深入论述了文体系统、文体功能、文体创造等问题，在对于语体的认识以及内容与形式的辩证关系等上都有新的理解和推进。陶东风《文体演变及其文化意味》②从语言学、心理学和文化学的角度考察了文体演变问题，阐释了文体演变的社会文化心理内涵，认为文体不仅是符号的编码方式，而且是社会文化的表征，文体的演变折射出人的生活方式以及人对于自身与世界的理解方式。在此基础上对于当代中国实验文学的文体特征进行了描述和评价，并揭示出其文体产生演变的内在文化机制。另外，文学叙事学研究可以说是"语言论转向"中所取得的最重要的成果，主要著作有：徐岱的《小说叙事学》、罗钢的《叙事学导论》、傅修延的《讲故事的奥秘——文学叙事论》和《先秦叙事学——关于中国叙事传统的形成》、高小康的《市民、士人与故事：中国古代社会文化中的叙事》、杨义的《中国叙事学》、申丹的《叙事学与小说文体学研究》、格非的《小说叙事研究》、赵毅衡的《当说者被说的时候——比较叙事学导论》、胡亚敏的《叙事学研究》等，其中那些结合中国古代、现代和当代文学叙事的研究，特别具有意义。一批文学语言问题的研究、文学形式问题的研究也都新意迭出，冲破了此前的语言工具论的研究模式。

中国古代文论的现代转化。这个命题是1996年提出来的，在当年西安的专题讨论会议上和在《文学评论》上进行过热烈的讨论，包括季羡林、陈良运等一大批学者参与了讨论，绝大多数持肯定的态度。实际

---

① 童庆炳：《文体与文体的创造》，云南人民出版社，1994年。
② 陶东风：《文体演变及其文化意味》，云南人民出版社，1994年。

上文论研究中古今比较的研究并不是90年代才有的。20世纪以来，许多文论大家都参与了这种把古代文论转化为现代性文论的研究。王国维、鲁迅、宗白华、朱光潜、邓以蛰、梁宗岱、钱锺书等，就是其中最具有代表的学者。对于中国古代文论的研究，可取的路径有资料学的研究、语义学的研究、解释学的研究、比较诗学的研究。1996年提出的"中国古代文论的现代转化"属于比较诗学的研究，具体说就是古今、中西对比中相互阐发的研究，通过比较和阐发，揭示中国古代文论中某些具有普适性的命题，使中国古代文论资源重新获得生命活力，使其中一些范畴在经过解释后融合到现代文论的体系中。新时期以来，早就开始了这方面的工作，并取得了一些可喜的成果。如王元化的《文心雕龙创作论》(1984)、叶维廉的《比较诗学——理论的构架的探讨》(1983)、曹顺庆的《中西比较诗学》(1988)、黄药眠、童庆炳主编的《中西比较诗学体系》(上下卷，1992)、陶东风的《中国古代心理美学六论》(1992)、顾祖钊的《艺术至境论》(1993)、张隆溪的《道与罗格斯》(英文，1992)、狄兆俊的《中英比较诗学》(1992)、张法的《中西美学与文化精神》(1994)等。1996年开始的"中国古代文论的现代转化"不过是从王国维开始以来的中西诗学互释互证互动研究的延伸，它力图寻求中西共同文学规律和共同的美学据点，或者在中西碰撞中延伸出新的理论，这是一个广阔的很有学术前景的领域，并不像某些人所说的这是什么"伪命题"。1996年后，这一方面发表的论文很多，著作则有曹顺庆的《中外比较文论史（上古时期）》(1998)、杨乃乔的《悖立与整合——东方儒道诗学与西方诗学的本体论、语言论比较》(1998)、赵毅衡的《当说者被说的时候——比较叙述学导论》(1999)、李思屈的《中国诗学话语》(1999)、余虹的《中国文论与西方诗学》(1999)、饶芃子主编的《中西比较文艺学》(1999)、饶芃子的《比较诗学》(2000)、童庆炳的《现代学术视野中的中华古代文论》(2000)和《中国古代文论的现代意义》(2001)、赖干坚的《二十世纪中西比较诗学》(2003)、顾祖钊的《中西文学理论融合的尝试》(2004)等。这些著作所提出的新见解，是"中古代文论转化"所取得的实绩，可能要很长时间才能被逐渐消化。

人文精神的呼唤。随着 90 年代以来商业主义的流行,文学艺术中的价值取向低俗化,文艺的真、善、美的价值遭到挑战,这不能不引起人们的思考和回应。1993 年第 6 期的《上海文学》,发表了王晓明等人的《旷野上的废墟——文学和人文精神的危机》,提出了文学和人文精神危机的问题。不久《读书》、《东方》、《文汇读书周报》等报纸杂志也纷纷发表文章参与了讨论,这就是人文精神讨论。这次讨论主要涉及人文精神危机、人文精神的内涵和人文精神重建等问题。在讨论中有争论,如对人文精神的理解、对人文精神是否"失落"等问题上,都存在不同的理解,但不能不说,这次讨论是针对当代文学所面临的精神价值的失落而提出的。随着讨论的深入,人们超越了单纯的文学危机问题,进一步去探讨世纪之交整个人文学科的现状问题、知识分子的人文环境、知识分子自身的生存方式、终极关怀和精神追求等问题。讨论中呼唤"重建人文精神",重新确立文学的意义、价值,重新确立人类精神生活的终极追求。这次人文精神讨论体现出当代知识分子对于当代社会现实的主动介入和深入思考,是学者们为恢复和确立文艺的地位和价值所作出的一次努力。实际上,这次人文精神的讨论的意义,主要是在物质主义、商业主义和科技主义流行的条件下,对人的关注,对人性的关注,对文学的精神价值的关注。

值得注意的是,在这次的人文精神讨论中,文艺学界的学者提出了一些新说,以回应现实人文精神的失落。这里主要有钱中文提出的"新理性精神文学论"(1995)、童庆炳提出的"文化诗学"(1998)和鲁枢元、曾永成、曾繁仁的"生态文艺学"、"文艺生态学"和"生态美学"等。限于篇幅,这里仅就"新理性精神文学论"简要做点述评。钱中文认为,文学艺术价值的下滑、人文精神的淡化和贬抑,与人的生存质量、处境密切相关。当前,我们需要寻找一个新的立足点,重新理解和阐释人的生存和文艺的意义和价值。他认为,新的人文精神的立足点,就是新理性精神。新理性精神的大视野是历史唯物主义。从历史唯物主义大视野出发,首先来审视人的生存意义,看到了人的生存的挫折感,物对人的挤压,科技进步造成的人文精神的下滑。在对"新理性精神"具体内涵的理解上,钱中文认为,新理性精神作为一种对于文化(包括文学艺术）内在的精神信念，是对旧理性的扬弃，它从现代性、新人文精神、交往对话精神、感性与文化问题等四个方面确立自己的理论关系：①新理性精神的出发点不是返回古典，而是要促进社会进入现代社会发展阶段，使社会不断走向科学和进步。因此新理性呼唤一种与现代社会相适应的理性精神、启蒙精神，一种现代意识精神和时代的文化精神。现代性本身是一个矛盾体，应当看到它的两面性，以避免使其走向极端。现代性与传统有密切联系，但又要使传统获得不断发展。②新理性精神把新人文精神视为现代社会的血脉。人文精神是针对现实生活中的非人性与反人性来说的，是针对物的挤压、人的异化来说的，是针对现实生活中大大小小而极有威力的钱性暴力来说的，是针对文学艺术漠视人的精神伤残来说的。新理性精神的核心就是要弘扬人文精神，以新的人文精神充实人的精神，以批判的精神对抗人的生存的平庸与精神的堕落。③在现实的人的异化、精神的堕落的状况下，人与人之间常常无法对话，古今中西的对话也遭到障碍，所以新理性奉行交往对话精神，倡导人与人之间、思想与思想之间确立起一种新型的平等的交往对话关系；在对历史现实、文化遗产的评价中，提倡一种可以去蔽的、历史的整体性观念，一种走向宽容、对话、综合、创新的包含了一定的价值判断、总体上亦此亦彼的思维。这是对阻碍文艺学、美学突破、创新的二元对立思维方式的重要超越。④新理性精神虽然崇尚理性，但也给感性以重要的地位，因为生活本身就是感性的表现。人的感性需求应是人的文化的需求，即具有文化内涵的感性的需求。新理性精神承认非理性乃至反理性的存在的合法性，特别承认在文艺创作中非理性有着理性所不可取代的重要作用，但同时它反对以非理性的态度与非理性主义来解释现实与历史。总结这四个方面，可以把新理性精神理解为一种以现代性为指导，以新人文精神为内涵与核心，以交往对话精神确立人与人的相互关系，建立新的超越二元对立模式的思维方式，包容了感性的理性精神。这是以我为主导的、一种对人类一切有价值的东西实行兼容并包的、开放的实践理性，是一种文化、文学艺术的价值观。① 很明显,钱中文的"新理性精神"作为一种文化精神的呼唤,完全是根据自己对于现实生活的体验,针对现实问题而发的,不是那种从书本出发的纯概念的拼凑。新理性精神文学论的重要贡献在于把现代性、人文精神、交往对话和理性与感性关系这四者,连成一个具有内部联系的整体来思考,建立起一种回应现实的新的文化精神和思维的方法。这四者分别来看,的确不是新东西,是人们长期谈论的问题,但新理性的作者,以反思和批判精神,使这些问题深刻化和现实化,构成了一种新的精神,也构成一种方法论,成为显示作为人文知识分子存在身份的根据、对社会的应履行的责任和思考社会文化问题的方法。

这一时期的文艺思想话语,如人文主义、新理性主义、文化诗学、生态批评等,都意识到社会转型已经到了这样一个时候,即经济的开放,商业化的潮流,社会的负面现象已经严重地显露出来。文学不能不关注社会转型时期发生的违反人性、人道的问题,所以文艺学家呼吁人文精神、新理性精神等就是适应时代的要求的。但由于各种媒介的发展,人们休闲、娱乐活动的多样化,文学和文学理论已经边缘化,文学和文学理论的声音也就不能不微弱下来。

---

① 钱中文:《新理性精神与文学理论》,《东南学术》2002 年第 2 期。

第二章 邓小平的文艺思想

邓小平的文艺思想作为邓小平理论的一部分,最主要的特征,是把文艺放到社会主义现代化的整个体系中去考察,他认为社会主义建设,有物质文明建设和精神文明建设两个方面,文艺事业属于精神文明建设的领域。这就把文艺纳入到当代中国整个的社会主义现代化中去,文艺有自己的特性,这是不能抹杀的,但文艺必须在尊重特性的条件下,为社会主义服务。

邓小平文艺理论是邓小平理论体系的有机组成部分。邓小平文艺理论具有鲜明的时代性、民族性、实践性和阶级性。解放思想、实事求是是邓小平理论的精髓,也是邓小平文艺理论的哲学基础和方法论原则。解放思想、实事求是,使我们广大文艺工作者,走出了神学的误区,以独立思考代替了虔诚的偶像崇拜,从而打破了林彪、江青制造的现代迷信,推倒了"文艺黑线专政论",划清了马克思主义与假马克思主义的界限,自觉地认识到作为"人类灵魂工程师"的历史使命和光荣职责。

一 不再提"文艺从属于政治","但文艺是不能脱离政治的"

邓小平文艺理论是具有中国特色的马克思主义文艺理论,是毛泽东文艺思想的继承、丰富和发展。在文艺发展方向问题上,邓小平说:"我们要继续坚持毛泽东同志提出的文艺为最广大人民群众、首先是为工农兵服务的方向,坚持百花齐放、推陈出新、洋为中用、古为今用的方针,在艺术创作上提倡不同形式和风格的自由发展,在艺术理论上提倡不同观点和不同学派的自由讨论。"① 但邓小平并没有仅仅停留在坚

---

① 《邓小平论文艺》,人民文学出版社,1989年,第6—7页。

持毛泽东文艺思想上面,而重点是放在发展上。"发展是硬道理","重点在建设"。依据20世纪文艺实践,特别是社会主义文艺运动实践的经验教训,邓小平重新调整了我国社会主义文艺的方向,明确提出了"文艺为人民服务、为社会主义服务"的方向,不再提文艺从属于政治这样的口号。"因为这个口号容易成为对文艺横加干涉的理论依据,长期的实践证明它对文艺的发展利少害多。但是,这当然不是说文艺可以脱离政治。文艺是不可能脱离政治的。"①在文艺与政治的关系上,邓小平在理论上作出了重大突破与发展。文艺从属于政治的口号,在战争年代的确发挥了积极的作用,并产生了一批好的和比较好的作品。随着时间的推移,在社会主义制度基本建立以后,这个口号的片面性就日益显露出来。伴随着"左"的文艺思潮的形成和发展,在我国开展的一次又一次文艺斗争,都是从文艺背离无产阶级政治中找到它的理论根据。这样一来,文艺发展的路子越走越窄,最后走进了"文化大革命"的绝境和死谷。邓小平对马克思主义文艺理论的重大贡献,首先就表现在他以理论家的勇气和胆识,科学地总结了近一个世纪的文艺实践正反两个方面的历史经验,回答了时代提出的重大理论问题,辩证地阐明了文艺和政治的关系,一方面是不再提文艺从属于政治的口号,为文艺的发展开辟了辽阔的空间;但另一方面,又认为文艺不能脱离政治,在今天文艺仍然要为社会主义服务,社会主义就是政治,所以文艺应以自己的独特性为社会主义的政治服务,文艺必须充分表现我们人民的优秀品质,赞美人民在革命和建设中、在同各种敌人和各种困难中所取得的伟大胜利,这又坚持了文艺的正确的方向。

二 "双百方针"的新内涵、新阐述

文艺与政治关系问题在理论上的解决,"二为"方向的确立,为文艺工作者解除了最大的精神绳索,大大解放了文艺的生产力。在此基

---

① 《邓小平论文艺》,人民文学出版社,1989年,第108页。

础上,邓小平从改革开放的时代高度,重新解释了"百花齐放、百家争鸣"的内涵,提出了文化学术交流的理论。1956年毛泽东提出了"百花齐放、百家争鸣"的理论,揭示了文化学术发展的一条重要规律。但在理论说明与具体实践中,却与提出的初衷相悖。由于毛泽东将"双百"方针安放在"以阶级斗争为纲"的基础上,因此他把"百家"变成了"两家",即无产阶级一家,资产阶级一家。因而自然也就把自由讨论和争鸣双方的关系,变成批判与被批判的关系,贯彻"双百"方针的过程,实际变成了一个"谁战胜谁"的过程。这样在实践上必然造成混淆政治与艺术、政治与学术的界限,出现批判"封、资、修"的浪潮一浪高过一浪的态势。发展到"文化大革命",对外闭关锁国,夜郎自大,杜绝了一切中外文化交流和对话的渠道;对内则实行"无产阶级对资产阶级的全面专政",杜绝一切探讨真理、发展艺术的道路,从而使"百花齐放"变成百花凋零,"百家争鸣"变成万马齐喑一言堂。鉴于历史的教训,邓小平在为我党制订社会主义初级阶段基本路线的过程中,强调在经济上实行改革开放的同时,提出"对外文化交流也要长期发展"①。并且重申:"我们要永远坚持百花齐放、百家争鸣的方针。"②针对"百家"即"两家"的看法和闭关锁国的教训,他说:"我们要坚持百家争鸣的方针,允许争论。不同学派之间要互相尊重,取长补短。要提倡学术交流。任何一项科研成果,都不可能是一个人努力的结果,都是吸收前人和古人的研究成果。一个新的科学理论的提出,都是总结、概括实践经验的结果。没有前人或今人、中国人或外国人的实践经验,怎么能概括、提出新的理论?搞封锁是害人又害己。我们要把对待封锁的态度,作为检验一个人世界观改造得如何的重要内容之一。凡是搞封锁的,就说明他的世界观没有得到很好的改造。"③邓小平充分尊重争鸣双方的独立性和创造性,提倡学术交流,强调各学派之间要互相尊重,取长补短,平等地进行对话与交流。这里不存在什么批判与被批判,谁战胜

---

① 《邓小平论文艺》,人民文学出版社,1989年,第84页。
② 同上书,第109页。
③ 同上书,第100页。

谁的问题,大家的共同目标是追求真理,既可异中求同,也可同中求异,或争鸣各方各自保留自己的不同见解。在科学研究中,邓小平认为应全方位地吸收前人和今人、外国人和中国人的研究成果。对于外国人,"我们要向资本主义发达国家学习先进的科学、技术、经营管理方法以及其他一切对我们有益的知识和文化"①。属于文化领域中的东西,一定要用马克思主义对它们的思想内容和表现方法进行分析、鉴别和批判,盲目推崇和照搬是错误的。闭关自守,故步自封,拒绝接受一切外来文化则是愚蠢的。

三 揭示社会主义文艺的本质特征、价值取向和发展规律

邓小平文艺理论深刻揭示了社会主义文艺的本质特征、价值取向和发展规律。它继承前人,突破陈规,开拓了有中国特色的马克思主义文艺学的新境界。

第一,关于社会主义文艺的本质特征。邓小平指出:"我们的社会主义文艺,要通过有血有肉、生动感人的艺术形象,真实地反映丰富的社会生活,反映人们在各种生活关系中的本质,表现时代前进的要求和历史发展的趋势,并且努力用社会主义思想教育人民,给他们以积极进取、奋发图强的精神。"②社会主义文艺具有生动感人的形象性、艺术的真实性、鲜明的时代性和民族风格的多样性,它不是以抽象的说教去说服读者,而是以巨大的艺术感染性,激发人民群众的社会主义积极性,推动他们从事四个现代化建设的历史性创造活动。

第二,关于社会主义文艺的任务和目的。邓小平在马克思主义文艺思想史上,第一次明确提出了社会主义新人的范畴概念,并以此体现人民的审美理想,进而达到培养社会主义新人的目的。邓小平说:"我们的文艺,应当在描写和培养社会主义新人方面付出更大努力,取得更

---

① 《邓小平论文艺》,人民文学出版社,1989年,第84页。
② 同上书,第6页。

丰硕的成果。"①社会主义新人是体现时代精神和人民审美理想的新颖生动的个性。他们不是那种不食人间烟火的"高、大、全"式的"时代精神的传声筒",而是普通的有着七情六欲、悲欢离合的丰富多样的社会主义个性。他们是"四化"的建设者、创造者和为实现祖国统一、民主、文明、富强而奋斗的炎黄子孙。在他们身上表现出的那种有革命理想和科学态度、有高尚情操和创造能力、有开阔眼界和求实精神的崭新面貌,体现了社会主义文艺的合规律性和合目的性的统一。这种社会主义新人的艺术形象和典型性格的塑造,必将给人民群众以美的享受,提高他们的审美情操和审美能力,有力地影响着"四有"新人的培养。

第三,社会主义文艺的价值取向与评价标准。为人民服务、为社会主义服务既是社会主义文艺发展的方向,也是社会主义文艺最根本的价值取向。社会主义文艺属于社会主义精神文明建设的组成部分。"满足人民精神生活多方面的需要","把最好的精神食粮贡献给人民","提高人民的精神境界",以爱国主义、集体主义、社会主义精神鼓舞教育人民,培养四有新人——这是邓小平反复阐明的社会主义文艺的价值观。在对作品的评价上,邓小平特别提出了"社会效果"检验问题。实现四个现代化是人民最高利益的所在,以"社会效果"检验,自然"对实现四个现代化是有利还是有害,应当成为衡量一切工作的最根本的是非标准"②。1992年邓小平又进一步提出了三个有利于的判断标准,即主要看是否有利于发展社会主义生产力,是否有利于增强社会主义国家的综合国力,是否有利于提高人民的生活水平。人民是社会实践的主体,也是鉴赏、评价文艺作品的审美主体。因此,"作品的思想成就和艺术成就,应当由人民来评定。"③邓小平还从历史发展的高度,向文化教育提出"面向现代化,面向世界,面向未来"的要求,这"三个面向"也是人民鉴赏、评价文艺作品成就高低的重要依据。

第四,社会主义文艺发展的道路。邓小平从文艺与人民关系的视

---

① 《邓小平论文艺》,人民文学出版社,1989年,第6页。
② 同上书,第5页。
③ 同上书,第8页。

角,深刻阐明了社会主义文艺发展的基本规律和根本道路。他说:"人民是文艺工作者的母亲。一切进步文艺工作者的艺术生命,就在于他们同人民之间的血肉联系。忘记、忽略或是割断这种联系,艺术生命就会枯竭。人民需要艺术,艺术更需要人民。自觉的在人民的生活中吸取题材、主题、情节、语言、诗情和画意,用人民创造历史的奋发精神来哺育自己,这就是我们社会主义文艺事业兴旺发达的根本道路。"①沿着这条康庄大道前进,文艺工作者应在三个方面下工夫:①应深入人民生活、贴近生活,在丰富的生活沃土中获取创作源泉,哺育和激发自己的艺术生命力;②应努力学习马列主义、毛泽东思想和邓小平理论,提高自己认识生活、分析生活、透过想象抓住事物本质的能力;③应当认真钻研、吸收熔化和发展古今中外艺术技巧中一切好的东西,要不畏艰难,勤学苦练,勇于探索,不断丰富和提高自己的艺术表现能力,创造出具有民族风格和时代特色的完美的艺术形式,不断攀登艺术的新高峰。

社会主义文艺事业是党所领导的整个建设有中国特色社会主义伟大事业的不可缺少的一部分。党如何领导文艺,能否不断地解放艺术生产力,培养一批又一批的文艺生力军,并为文艺工作者能够充分发挥自己的积极性和创造性开辟一个更为广阔自由的天地和文化氛围,这是社会主义文艺能否真正走向发展繁荣之路的根本保证。

四 总结20世纪无产阶级政党领导文艺工作的经验教训

邓小平总结了20世纪无产阶级政党领导文艺工作的经验教训,从两个方面作出了新的理论概括。

第一,根据文学艺术的特征和发展规律来领导文艺。邓小平从历史的经验中深刻地认识到,党对文艺工作的领导,不是发号施令,不是要求文艺从属于临时的、具体的、直接的政治任务。由于文艺是一种复杂的个体的精神劳动,"非常需要文艺家发挥个人的创造精神。写什

---

① 《邓小平论文艺》,人民文学出版社,1989年,第8页。

么和怎么写,只能由文艺家在艺术实践中去探索和逐步求得解决。在这方面,不要横加干涉"①。"衙门作风必须抛弃。在文艺创作、文艺批评领域的行政命令必须废止。"②成功的正确的领导,应是"根据文学艺术的特征和发展规律,帮助文艺工作者获得条件来不断繁荣文学艺术事业,提高文学艺术水平,创作出无愧我们伟大人民、伟大时代的优秀的文学艺术作品和表演艺术成果"③。

第二,关于反"左"防右,主要是防"左"的问题。"左"、"右"本来是党内领导政治运动使用的两个概念。早在1929年斯大林就指出:"'右倾'和'左倾'的概念目前在我国是党的概念,更确切的说,是党内的概念。'右倾分子'或'左倾分子'就是离开真正党的路线而倾向于这一或那一方面的人。因此把这些概念应用于像文艺、戏剧等等非党的和无比广阔的领域,那就奇怪了。"④中国由于文艺从属于政治的观点长期居于支配地位,因此政治上"左"、"右"的倾向不时地影响到文艺事业的发展。邓小平从社会主义文艺发展的视角,对文艺上的反"左"防右问题作了理论分析,提出了中肯的、可行的意见。他说:"现在,有右的东西影响我们,也有'左'的东西影响我们,但根深蒂固的还是'左'的东西。有些理论家、政治家,拿大帽子吓唬人的,不是右,而是'左'。'左'带有革命的色彩,好像越'左'越革命。'左'的东西在我们党的历史上可怕呀!一个好好的东西,一下子被他搞掉了,右的可以葬送社会主义,'左'也可以葬送社会主义。中国要警惕右,但主要是防止'左'。"⑤邓小平说的右,主要是指搞资产阶级自由化、全盘西化;"左"主要是把改革开放说成是引进和发展资本主义,认为和平演变的主要危险来自经济领域。"左"的极端是无产阶级文化大革命,以阶级斗争为纲,动不动就抓辫子、扣帽子、打棍子。对于为什么主要要反"左",邓小平根据中国思想文化界的实际,作了具体分析,他认为主

---

① 《邓小平论文艺》,人民文学出版社,1989年,第10页。
② 同上书,第9—10页。
③ 同上书,第9页。
④ 《斯大林论文学与艺术》,人民文学出版社,1962年,第55页。
⑤ 《邓小平文选》第3卷,人民出版社,1993年,第375页。

要有两个原因。一是"左"有很深的历史根源。在党的历史上曾出现过王明、李立三、瞿秋白三次"左"倾路线,给革命造成极大危害。"建国后,从1957到1978年,我们吃亏都在'左'。"①二是传统的习惯势力。邓小平说:"'左'的干扰更多是来自习惯势力。旧的一套搞惯了,要改不容易。"②邓小平关于在文艺领域反"左"防右,主要是反"左"的观点,有重要的现实指导意义。

党的十一届三中全会以来,中国社会主义文艺事业取得了重大的成就,但离满足人民日益增长的审美需要还有相当的差距,称得上有世界重大影响的作家艺术家和文艺作品还未出现。"一个伟大民族的过去、现在和未来,都会有文艺的发展和繁荣相伴随。"③

---

① 《邓小平文选》第3卷,人民出版社,1993年,第249页。
② 同上书,第248页。
③ 《江泽民在第六次全国文代会、第五次全国作代会上的讲话》,《人民日报》1996年12月26日。

第三章　周扬晚期的文艺思想

在"文化大革命"中,周扬作为中宣部的副部长,被当成"二阎王"和"文艺黑线"的"祖师爷"遭到无情的批判与斗争。被关到秦城监狱,孤独、悲惨地度过了9年的时光。1975年7月2日毛泽东在林默涵给他的信上写批语:"周扬一案,似可从宽处理,分配工作,有病养起来并治病,久关不是办法。"当年7月14日,周扬走出秦城监狱。直到1976年"四人帮"垮台之后,周扬才获得了真正的解放。1977年10月被任命为中国社会科学院院长兼研究生院院长。1979年9月召开中共十一届四中全会上增列为中央委员。同年10月第四次文代会后,周扬官复原职,回到中央宣传部,继续担任副部长,主管全国文艺工作。他的许多讲话和文章,与时代思潮同步,对全国文学艺术的发展产生了影响。周扬晚年(1977—1989)的文艺思想对于马克思主义文艺思想的中国化作出了独特的贡献。他晚年的文艺思想由于是在改革开放、实事求是的路线形成的前后发表的,这里有对于"四人帮"的文艺思想有着痛彻骨髓的批判,对于自己在50年代和以前的种种言行,特别是对于历次政治思想运动"左"的不当做法和说法有着深刻的反省和真诚的检讨,对于文学艺术问题有着难得的自由的感悟,因此周扬晚年的新鲜活泼文艺思想应该受到特别的重视,这些思想可以说是中国化的马克思主义文艺思想的一部分。

一　批判"四人帮"文艺思想

批判"四人帮"对于文艺事业的破坏,批判"四人帮"的文艺思想,是周扬晚年几乎在所有的讲话和文章中首先要做的事情。周扬认为,我们与"四人帮"在文艺问题上有着根本的分歧。1977年12月30日

《人民文学》编辑部召开座谈会,批判"文艺黑线专政论",周扬讲了三个问题,一是正确评价30年代革命文学的历史;二是正确估价建国以来的文艺工作;三是我们同"四人帮"在文艺问题上的分歧。在谈到最后一个问题时,周扬认为我们同"四人帮"文艺思想的分歧主要表现在以下三个方面。这里我们以此讲话为主,兼及周扬的其他文章,做一个梳理。

第一,如何对待文化遗产。我们一向主张批判地吸收其精华,既不是全盘吸收,也不是一概排斥。"四人帮"对文化遗产采取"彻底扫荡"的态度,他们不但否定30年代的革命文艺,建国以来的文艺工作的成绩,而且否定马克思主义以来世界无产阶级文学的成就,否定整个人类进步文化的财富,对人类所创造的一切采取虚无主义的态度,大批的古典的进步的文艺书籍被禁止出版和阅读,说什么从《国际歌》到那几个"革命样板戏"一百多年中间,全世界无产阶级文艺是一片"空白",只有到了江青,才开辟"无产阶级的新纪元"。① "四人帮"把一切文化遗产都说成是"封资修"的大黑货。文化的饥饿、审美的饥饿是空前的。周扬说:"不介绍、不研究外国文学,不了解外国文学的情况,不同它交流,不向它学习于我们有用的东西是不行的。这是一种愚蠢的政策。另一方面,盲目崇拜外国文学,对它亦步亦趋,不用马克思列宁主义、毛泽东思想为指导来对它进行评价和批判,对它们的反动倾向不进行坚决的斗争,那就是投降主义,当然也不行。"② 采取这种既吸收又批判的态度,才是对待中华文化遗产和世界文化遗产的正确态度。

第二,需要什么创作方法。我们坚持现实主义的传统,"四人帮"主张"主题先行"、"三突出"之类的主观主义、公式主义,创作可以不从生活实际出发,而从主观概念出发,闭门造车,向壁虚构。"三突出"的思想基础是英雄创造历史的反动的唯心主义历史观和极端个人主义思想。③ 周扬认为英雄人物还是要写,但不能像"四人帮"那样写。他说:

---

① 参见郝怀明《如烟如火说周扬》,中国文联出版社,2008年,第338页。
② 周扬:《在外国文学规划座谈会上的讲话》(1978),《周扬集》,中国社会科学出版社,2000年,第122页。
③ 参见《如烟如火说周扬》,第339页。

"要塑造我们时代的英雄人物,但不能要求把这种人物写成天生的英雄,十全十美,高大完美,没有任何缺点,没有成长过程,这样的英雄在现实生活中是没有的,按照'四人帮'的'三突出'公式制造出来的什么'英雄人物',正是英雄人物的反面和丑化,只能引起读者的厌恶与嘲笑。"①"四人帮"笔下的英雄是编造出来的,没有现实生活基础的;周扬所说的英雄则是真实生活中有血有肉的人,这就把我们写英雄与"四人帮"写英雄区别开来。

第三,要不要实行"百家争鸣,百花齐放"方针。周扬认为是实行"百花齐放、百家争鸣"的方针,发展科学和繁荣艺术,还是实行法西斯文化专制,毁灭文化,毁灭艺术,这是我们同"四人帮"的根本分歧之一。"四人帮"将"百花齐放、百家争鸣"的方针束之高阁,多少年都不提它。② 周扬在批判"四人帮"的时候,特别谈到"科学无禁区"的问题,他说:"科学无禁区这句话原来是针对'四人帮'设置的大大小小的禁区讲的,这些禁区窒息了人民的民主空气和活泼思想,严重阻碍了科学与艺术的自由发展,造成了封建法西斯的恐怖局面。不打碎他们他们设置的禁区,人们的思想就不能解放,我们的科学就不能发展。给科学设置禁区,那就是承认某些客观事物的领域是科学所不能接触、不能探索的,那就是否定了科学之所以为科学,就是扼杀科学,宣布科学的死亡,那就必然要引导到不可知论、怀疑论、神秘主义、迷信和宗教。我们就不能实现从必然的王国向自由的王国的转化,就不能有所发现、有所发明、有所创造、有所前进。"③

在全国第四次文代会上,周扬的报告把对"四人帮"的批判提高到路线的高度加以揭示。他说:"'四人帮'推行的路线,是一条为篡党夺权阴谋服务的极'左'路线。他们篡改和歪曲毛泽东同志的文艺思想,割断文艺和人民的血肉联系,否定社会生活是文艺创作的唯一源泉,用谎言和伪造代替生活和艺术的真实,极大地败坏了革命文艺的声誉。

---

① 周扬:《关于社会主义新时期的文学艺术问题》(1978),《周扬集》,中国社会科学出版社,2000年,第168页。
② 同上。
③ 周扬:《关于真理标准的讨论》(1978),《周扬集》,第139页。

他们歪曲文艺与政治的正确关系,用反革命政治奴役艺术,使文艺成为'阴谋文艺',成为反动政治的奴婢。他们在文艺上传播的诸如'三突出'、'主题先行'之类的谬论和帮八股的恶劣文风,及其所推行的各种荒诞措施,给党的文艺事业造成了严重的灾难,其流毒之深,至今尚待肃清。"①这些批判是严正的,打中要害的,它为新时期文艺界的思想解放开辟了道路。

二 对毛泽东文艺思想全新的阐释

周扬对毛泽东文艺思想情有独钟,不但在延安时期,在建国后的五六十年代致力于对毛泽东文艺思想的阐释,就是在新时期开始以后,在实践证明毛泽东在文艺问题上也有不当说法之后,周扬晚年仍然充满热情重新阐释毛泽东文艺思想。但是他的阐释有了全新的内容,这是他顺应时代变化的结果。周扬从文艺与生活的关系、文艺与政治的关系、文艺上继承传统与革新创造关系三个方面,重新阐释毛泽东文艺思想。

1. 文艺与生活的关系

周扬不再过分强调过去反复强调的深入生活,深入工农兵的斗争和改造自己的思想问题。他说:"文艺是社会生活的反映,它把生活的整体作为自己的对象。它从生活出发又落脚于生活,并给伟大影响于生活。作家任何时候都应当深入生活,忠实于生活,写他自己所熟悉的、有兴趣的、感受最深的、经过深思熟虑的东西。作家不应只根据一时的政策,而应从更广阔的历史背景来观察、描写和评价生活。正是在这个意义上,文艺的真实性与政治性是统一的。"②在这句话中,周扬对

---

① 周扬:《继往开来,繁荣社会主义新时期的文艺》(1979),《周扬集》,第216页。
② 同上书,第222页。

于文艺反映社会生活的理解,不再停留在深入生活和改造思想这一点上,而提出过去从未提出过的作家可以"写他自己所熟悉的、有兴趣的、感受最深的、经过深思熟虑的东西","应从更广阔的历史背景来观察、描写和评价生活"。这是考察视点的变化,不是从政策的统一视点去看生活,而是从个人体验为本位的视点去看生活。这两个不同的视点是有根本的区别的。后一个视点才真正符合创作的内在规律。

对于文艺与生活关系相关的歌颂与暴露的问题,周扬也有了新的解释。他说:"作家和艺术家在认识和反映生活的时候,应该努力以马克思主义的科学世界观作指导。这种世界观承认社会生活是充满矛盾的,没有矛盾就没有世界。社会主义文艺要勇于揭露和反映生活中的矛盾与斗争。是正视矛盾、揭露矛盾,还是回避矛盾,掩盖矛盾,这是两种不同的世界观、艺术观的反映。所谓歌颂与暴露,并不是彼此对立的、不相容的,而是一个问题的两方面,关键在于站在什么立场,歌颂什么,暴露什么。文艺创作既要描写人民生活的光明面,也要揭露社会的阴暗面。有光明面就有黑暗面,有颂扬就有批判。社会主义文艺负有批评与自我批评的任务。'辩证法不崇拜任何东西,按其本质来说是批判的和革命的。'(马克思)丢掉这种批判精神,它的革命性就丧失了。"①这个问题从根本上说,还是要不要和敢不敢呈现生活的真相问题,如果敢于呈现生活的真相,那么无论是光明的还是黑暗的,都是可以进入文学作品中,因为的确是有光明就会有黑暗,在这里对创作不要设置禁区,是理所当然的。

2. 文学与政治的关系

邓小平1980年提出以后不再提文艺从属于政治的口号,周扬在此前与此后对于文艺与政治的关系问题都有所阐述。1979年周扬在第四次文代会上的报告中对于文艺与政治关系的阐述,从两个角度切入。

---

① 周扬:《继往开来,繁荣社会主义新时期的文艺》(1979),《周扬集》,第223—224页。

首先他认为这个问题实际上"也就是文艺与人民的关系",周扬认为:"我们所说的政治,是指阶级的政治,群众的政治,不是少数政治家的政治,更不是一小撮野心家、阴谋家的政治,我们党所制定的政治路线与政策,归根到底,都是为了实现人民的长远利益和当前利益。因此,文艺反映人民的生活,不能与政治无关,而是密切相连,只要真实地反映人民的需要和利益,也就必然给予伟大政治于影响。"①这第一个角度是把政治理解为人民的利益与需要,所以文艺不能脱离政治。其次,周扬又在这个问题上,考虑到党如何领导文艺工作的问题,是不是党提什么政治口号,就要求文艺紧跟,也去图解这个政治口号呢?在这里周扬提出:"党对文艺工作的领导,应当是依靠群众包括尊重专家的群众路线的领导,应当是由外行变为内行,按照文艺规律办事的实事求是的领导,而决不应当是凭个人感情和主观意志发号施令的领导。作家写什么和怎样写,应有自己的自由,领导不要横加干涉……"这第二角度是从党领导文艺的方式进行论述。尤其是最后一句"作家写什么和怎样写,应有自己的自由,领导不要横加干涉",真正解放了作家和艺术家的思想,给创作带来了广阔的自由的空间。这两个角度互相补充,一方面说文艺不能脱离人民的政治,一方面呼吁给作家创作的自由,这种理解是可取的。

1980年邓小平提出以后不再提"文艺从属于政治"但"文艺也不能脱离政治"后,周扬对文艺与政治的关系做了进一步的阐述。周扬首先是从唯物史观出发,来梳理文艺与政治与社会经济基础的关系。他说:"文艺作为一种意识形态,它从属于经济基础,往往要通过政治作为中介,因为政治是经济的集中表现,但推动文学艺术发展的最后动力还是经济基础。政治是上层建筑,文艺也是上层建筑,最后决定它们的发展的还是经济基础。"②"经济基础与上层建筑之间,以及各种上层建筑主要是政治上层建筑和意识形态上层建筑之间的各种关系是极其错综复杂的,而不是简单的、直线式的。……马克思、恩格斯都十分重视

---

① 周扬:《继往开来,繁荣社会主义新时期的文艺》(1979),《周扬集》,第224页。
② 周扬:《解放思想,真实地表现我们的时代》(1980),《周扬集》,第244页。

政治对文学艺术的巨大影响;但他们都从来没有讲过艺术要从属于政治。艺术不但受政治的影响,也受宗教、哲学、道德等等其他意识形态的影响,各种上层建筑之间的关系是密切联系的,互相影响的,各种意识形态同时又都各有其相对的独立性。当然,不是绝对的独立性,因为它们归根结蒂最后被经济基础所决定。……如果否定了包括文艺在内的意识形态对经济基础的相对独立性,否定了包括文艺和政治在内的上层建筑各个部分之间的相互影响,否定文艺除接受政治影响之外,还接受其它意识形态的影响,否定了除政治作用于文艺之外,文艺也反作用政治,总之,把上层建筑同经济基础之间的以及上层建筑各种因素之间的本来是极为复杂的关系过于简单化、庸俗化,这就不是真正的唯物主义,而是走向了它的反面。"①周扬这些论述比较清楚地说明了意识形态各部门之间的联系与区别,作用与反作用,从而排除了文艺从属于政治的命题,这在理论上是很有力量的。其次,从"从属"的狭隘性的角度,周扬也做了论述:"文艺从属于政治、文艺为政治服务的口号决不能穷尽整个文艺的广泛范围和多种作用,容易把文艺简单纳入经常变化的政治和政策的框框,在文艺与政治的关系上表现狭隘功利主义和实用主义的倾向,导致政治对文艺的粗暴干涉。"②再次,周扬认为政治分为两个部分,即虚的部分和实的部分。虚的部分是政治思想、政治态度、政治观点,实的部分就是政党的领导。但政党的领导要落实到人,这"人"就是人民群众。所以文艺为政治服务说到底是为人民群众服务。

3. 文艺上继承传统与革新的关系

这个问题周扬在多篇文章和多篇讲话中多次谈过。主要重复了毛泽东的对待文化遗产批判地继承、古为今用、外为中用、推陈出新的思想。周扬新的解释不多,主要是认为只有熟悉中外各种文化艺术遗产,

---

① 周扬:《解放思想,真实地表现我们的时代》(1980),《周扬集》,第244—245页。
② 同上书,第243页。

我们才能继承,也才有资格批判。但考虑到他的文章与讲话都是在"文革"刚刚结束之后,所以重复毛泽东这些正确的论点和基本原则,还是有意义的。

三 人道主义、异化问题争论及留下的思考

周扬在新时期最重要的理论话语,是他在纪念马克思逝世100周年大会上的关于人道主义和异化问题的讲话,这个讲话最后以《关于马克思主义的几个理论问题的探讨》发表于《人民日报》1983年3月16日。讲话分为四部分:一、马克思主义是发展的学说;二、要重视认识论问题;三、马克思主义与文化批判;四、马克思主义与人道主义的关系。引起争论的就是第四部分。争论在中央高层进行。整个过程比较复杂。目前已有相关的学者出来描画那场争论的过程。① 我们这里就不再做争论过程的描述,仅就周扬的相关思想做一些分析和评价。

当年胡乔木提到政治的高度来批判周扬是否妥当呢?这一点胡乔木自己有了回答。在龚育之在为郝怀明的著作所写的"序"中,龚育之说:"周扬作为论战一方,当然认为他讲人道主义和异化问题自有他的道理,那道理就写在他那篇文章里面;而论战的另一方,批评周扬那样讲人道主义和异化问题的胡乔木,当然也认为那样批评自有他更大的道理,那道理也写在那篇批判文章里面。这两篇文章现在都收在他们两人的文集里,胡乔木的文章,把这场争论定性为"是关系到是否坚持马克思主义的基本原理和能否正确认识社会主义实践的重大现实政治意义的学术理论问题。""1988年上海一个内部刊物发表一篇文章,认为胡乔木那篇批评文章把问题过分地政治化了。这个刊物的编辑很想知道胡乔木的意见。别人向我说了,我向胡乔木传达了。胡乔木告诉

---

① 可参见卢之超《80年代那场关于人道主义和异化问题的争论》(载《当代中国史研究》1999年第4期),顾骧的《晚年周扬》一书的相关部分(文汇出版社,2006年),郝怀明《如烟如火话周扬》(中国文联出版社,2008年)一书的相关部分和龚育之为该书所写的"序"。

我,他已看过这篇文章,他同意作者的观点,的确是过分政治化。证据是,后来就没有不同意见的文章在报刊上发表和讨论了。"①显然,既然是学术问题的讨论,给周扬的言论上到政治的纲,就使周扬晚年又成为一个有争议的人物,这就不适当了,也堵塞了继续讨论的余地。今天我们完全可以实事求是地来探讨周扬所说的话是否正确。

周扬关于人道主义和异化问题的认识可以分成以下几点。

(1)认为"十七年"文艺界批判人性论、人道主义的教训必须记取。他说:"在'文化大革命'前的十七年,我们对人道主义与人性论问题的研究,以及对有关文艺作品的评价,曾走过一些弯路。这和当时的国际形势的变化有关,那个时候,人性、人道主义,往往作为批判的对象,而不能作为科学研究和讨论的对象。在一个很长的时间内,我们一概把人道主义当作修正主义批判,认为人道主义与马克思主义绝对不相容。这种批判有很大的片面性,有些甚至是错误的,我过去发表的有关这方面的文章和讲话,有些是不正确的或者完全不正确的。'文化大革命'中,林彪、'四人帮'一伙把对人性论、人道主义的批判,发展到登峰造极的地步,为他们推行灭绝人性、惨无人道的封建法西斯主义制造舆论根据。过去对人性论、人道主义的错误批判,在理论上和实践上,都带来了严重的后果。这个教训必须记取。"②周扬在这里所说的都是事实:第一,"十七年"一直在批判人性论、人道主义,不能把这个问题当做研究的对象。第二,周扬作为文艺工作的主持人,自己过去也错误地批判过这些言论,对此周扬做了诚恳的检讨,说:"我过去发表的有关这方面的文章和讲话,有些是不正确的或者完全不正确的。"第三,就是基于自己在"文革"中遭到的非人性甚至反人性的对待,有了刻骨铭心的感受,体会到人道主义是多么重要,不能不起来与林彪和"四人帮"的惨无人道和灭绝人道的言行进行斗争。这说明一个领导者或学者空谈理论是不行的,必须在生活实践中对相关问题有深刻的体验,才

---

① 见郝怀明《如烟如火说周扬》一书"序",中国文联出版社,2008年,第4页。
② 周扬:《关于马克思主义的几个理论问题的探讨》(1983),《周扬集》,中国社会科学出版社,2000年,第384页。

能站在正确的理论立场上,与自己与别人的错误的思想划清界限。这也是周扬对他发表的关于人道主义和异化的意见,不肯放弃,始终认为自己是有道理的原因。最后他在巨大压力下的检讨也是违心的。

(2)认为马克思主义包含人道主义,资产阶级的人道主义可以成为马克思主义的同盟军。周扬在文章中说:"我不赞成把马克思主义纳入人道主义的体系中,不赞成把马克思主义全部归结为人道主义;但是,我们应该承认,马克思主义包含着人道主义的。当然,这是马克思主义的人道主义。"①在这里,周扬一方面跟"西马"划清了界限,不同意把马克思主义纳入人道主义的体系中,另一方面,则认为马克思主义包含人道主义。马克思主义包含人道主义也是一个事实判断,是没有问题的。马克思在他的《1844年经济学—哲学手稿》,多处讲人性、人道主义,甚至把人道主义与共产主义联系起来谈,如说:"共产主义是私有财产即人的自我异化的积极扬弃,因而是通过人并且为了人而对人的本质的真正占有;因此,他是人向自身、向社会的即合乎人性的人的复归,这种复归是完全的,自觉的和在以往发展的全部财产的范围内生成的。这种共产主义,作为完成了的自然主义=人道主义,而作为完成了的人道主义=自然主义,它是人和自然界之间、人和人之间矛盾的真正解决,是存在和本质、对象化和自我确证、自由和必然、个体和类之间的斗争的真正解决。它是历史之谜的解答,而且知道就是这种解答。"②马克思在这里给共产主义下了定义,共产主义对于私有制的扬弃,其目的就是"为了人而对人的本质的真正占有",是"人性的复归";他认为共产主义要解决人和自然、人和人之间的矛盾,那么怎样来解决呢?马克思提出自然主义和人道主义这两个重要的概念。按照朱光潜的解释,所谓"自然主义"就是物尽其用,所谓"人道主义"就是人尽其才。就是说只有实行这样的自然主义和人道主义,才能解决人与自然、人与人之间的矛盾,共产主义才能实现,人的解放也才能实现。所以周扬讲马克思主义包含了人道主义,或者叫做马克思主义的人道主义,完

---

① 周扬:《关于马克思主义的几个理论问题的探讨》,《周扬集》,第386页。
② 马克思:《1844年经济学—哲学手稿》,人民出版社,2000年,第81页。

全出自马克思的著作中。至于说前期马克思如何如何,后期马克思如何如何,完全是人为地要把马克思分为两个马克思,实际上前期马克思与后期马克思的思想是连续的,是不能绝然分开的。周扬继续阐述:"在马克思主义中,人占有重要地位。马克思主义是关心人,重视人的,是主张解放全人类的。当然,马克思主义讲的人是社会的人、现实的人、实践的人;马克思主义讲全人类的解放,是通过无产阶级解放的途径的。马克思把费尔巴哈讲的生物的人、抽象的人变成社会的人、实践的人,从而既克服了费尔巴哈的直观的唯物主义,并把它改造成实践的唯物主义;又克服了费尔巴哈的以抽象的人性论为基础的人道主义,把它改造成为以历史唯物主义为基础的现实的人道主义,或无产阶级的人道主义。"①在这里,周扬强调马克思主义的人道主义不是抽象的,而是社会的、实践的,从而与费尔巴哈的理论相区别。这完全站在马克思主义的历史唯物主义严正立场上,从这里我们看不出周扬的马克思主义的人道主义与胡乔木的社会主义的人道主义有什么区别。

至于资产阶级的人道主义也可以成为马克思主义的同盟军问题,周扬说:"作为欧洲文艺复兴时期出现的资产阶级人道主义(亦译人文主义),是资产阶级先进思想家提出来的,在打破封建思想束缚,揭露中世纪神学和宗教统治方面,曾经起过非常积极的作用。此后,资产阶级人道主义的社会作用,在不同历史条件和不同的环境下,资产阶级人道主义也可以成为马克思主义的同盟军。"②这段话所说也不过是一个事实而已。因为,马克思主义在其发展过程中,不但要反对资产阶级制造的谎言,揭露其剥削、压迫人民的本质,而且也要反对比资产阶级更为腐朽的封建主义思想的束缚,反对神对于人的控制,而在后一种情况下,马克思主义与资产阶级的人道主义就可以结成同盟军,向共同的敌人——封建主义和神学作斗争。在中国,由于封建主义的势力特别强大,面对的敌人是"三座大山"——帝国主义、封建主义、官僚资本主义。反对封建主义的具有启蒙性质的民主革命斗争中,我们还要团结

---

① 周扬:《关于马克思主义的几个理论问题的探讨》,《周扬集》,第386页。
② 周扬:《关于马克思主义的几个问题的探讨》,《周扬集》,第368页。

民族资产阶级,人道主义成为我们反对三纲五常的封建主义一种武器,也就可以理解了。就是在改革开放的今天,实事求是地说,封建主义思想仍然是横亘在我们面前的障碍,这时候我们也仍然要借用人文主义的思想武器,对一切反人文的现象进行批判。正是从上述意义上,周扬说人道主义是马克思主义的同盟军,是有道理的。

更何况周扬在讲了"同盟军"之后,又进一步指出资产阶级人道主义的根本缺陷。他说:"必须指出,资产阶级人道主义的思想体系,与马克思主义的思想的体系是根本不同的。它的根本缺陷,是用抽象的人性、人道观念去说明和解释历史。尽管这种人道主义学说,对旧制度的抨击,也曾经显示出某些激动人心的力量;对历史的认识,也有过片断唯物主义的见解,但总的来说,未能跳出社会意识决定社会存在的历史唯心主义的框框。作为整个思想体系,未能成为科学。"周扬是在批判的前提下来讲"同盟军",因此他的"同盟军"论并没有混淆资产阶级人道主义与马克思主义的界线。

(3)不是说社会主义就没有任何异化了。这是周扬遭到最多责难的一个论点。首先是对异化问题的理解。周扬说:"所谓'异化',就是主体在发展过程中,由于自己的活动而产生出自己的对立面,然后这个对立面又作为一个外在的、异己的力量转过来反对或支配主体本身。'异化'是一个辩证的概念,不是唯心的概念。……马克思讲'异化',是现实的人的异化,主要是劳动的异化。"①周扬所讲的"异化"概念与马克思在《1844年经济学—哲学手稿》所讲的"异化"是一致的。马克思认为在资本主义的条件下,"工人对自己的劳动产品的关系就是对一个异己的对象的关系。因为根据这个前提,很明显,工人在劳动中耗费的劳动越多,他亲手创造出来反对自身的、异己的对象世界的力量就越强大,他自身、他的内部世界就越贫乏,归他所有的东西就越少。"②马克思所讲的劳动的异化是,工人生产出产品,但产品成为一种异己之物,反转来支配自己。周扬正是在领会了马克思的概念之后,提出他的

---

① 周扬:《关于马克思主义的几个问题的探讨》,《周扬集》,第387页。
② 马克思:《1844年经济学—哲学手稿》,人民出版社,2000年,第52页。

看法的。这两者之间没有根本的区别。其次,这是根本的,就是社会主义时代有没有异化现象,这是争论的焦点。周扬说:"承认社会主义的人道主义和反对异化,是一件事情的两个方面。社会主义消灭了剥削,这就把异化的最重要的形式克服了。社会主义社会比之资本主义社会,有极大的优越性。但这并不是说,社会主义就没有任何异化了。在经济建设中,由于我们没有经验,没有认识社会主义建设这个必然的王国,过去就干了不少蠢事,到头来是我们自食其果,这就是经济领域的异化。由于民主和法制的不健全,人民的公仆有时会滥用人民赋予的权力,转过来做人民的主人,这就是政治领域的异化,或者叫权力的异化。至于思想领域的异化,最典型的就是个人崇拜,这和费尔巴哈批判宗教的异化有某些相似之处。所以,'异化'是客观存在的现象,我们用不着对这个名词大惊小怪。彻底的唯物主义者应当不害怕承认现实。承认有异化,才能克服异化。"①如果我们承认周扬对"异化"的界说可以成立的话,那么就必须承认在今天的社会主义初级阶段,正面的力量由于各种原因转化为异己的力量这种事实,的确存在于经济领域、政治领域和思想领域。

80年代初期留下的那场讨论,给我们留下什么呢:(1)既然如胡乔木后来承认的那样是学术讨论,那么就不能政治化,不能随意上纲上线,就不能扣帽子。学术问题只能用百家争鸣的方法去解决。(2)有些问题,不要忙着下结论,要等待实践的检验。不能一边在讲实践是检验真理的唯一标准,一边就用主观意志对待学术讨论问题,匆忙下政治结论,不给学术讨论留下必要的空间。(3)学术面前人人平等,不是谁的官大,真理就握在谁的手里。这是那场讨论给我们留下的思考。我们必须吸取这个教训。

周扬的文艺思想经历了四个时期,左联时期的幼稚,延安时期逐渐走向成熟,北京前期遭遇到的尴尬,北京后期的反思和新的探索,虽然一度又成争议的对象,但应该看到,他经过起伏跌宕和艰辛磨砺之后,

---

① 周扬:《关于马克思主义的几个理论问题的探讨》,《周扬集》,第389页。

他晚期的文艺思想,是重新学习马克思主义的体会,是反思的结果,是感悟的产物,所讲的是真话、实话和诚恳的话,他为现代中国的马克思主义文艺思想的建设作出了独特的贡献,并留下了宝贵的遗产。

第四章　王朝闻对毛泽东文艺思想的延伸与发展

新时期以来,王朝闻对毛泽东文艺思想的阐释,不仅表现在对《讲话》中几个关键词的阐释上。作为毛泽东文艺思想的接受者与阐发者,王朝闻最大的贡献在于,从"十七年"开始到新时期的几十年的积累研究中,从毛泽东文艺思想中提炼出了"艺术四说",进而最大限度地延伸与发展了毛泽东文艺思想的合理内核。这艺术四说分别为:矛盾说、审美说、再创造说和读者说。

一　矛盾说

之所以将"矛盾"作为王朝闻文艺思想艺术四说之一,不仅因为毛泽东的《矛盾论》对王朝闻影响巨大,而且也因为,"矛盾"一词在王朝闻的文艺思想中具有举足轻重的地位,甚至可以说,"矛盾"是王朝闻研究艺术问题的一把总钥匙。

具体地看,"矛盾"作为毛泽东军事哲学的关键词,对王朝闻文艺思想的影响主要表现为宏观层面的思想指导。用王朝闻的话来说,"毛泽东在《矛盾论》中所论述的矛盾的特殊性与矛盾的普遍性的关系,不只可能指导我们怎样了解艺术,例如了解长篇小说中的人物性格的基本特征,而且它对特殊性与普遍性的辩证观点,可以说就是我们应当怎样反映生活的特殊点的指导思想。"①此外,"矛盾"还是两人思想深处共同的理论资源与宝藏。在《矛盾论》中,毛泽东曾将唯物辩证法的法则归结为"矛盾":

---

① 《王朝闻集》第11卷,河北教育出版社,1998年,第296页。

事物矛盾的法则,即对立统一的法则,是自然和社会的根本法则,因而也是思维的根本法则。它是和形而上学的宇宙观相反的。它对于人类的认识史是一个大革命。按照辩证唯物论的观点来看,矛盾存在于一切客观事物和主观思维的过程,矛盾贯串于一切过程的始终,这是矛盾的普遍性和绝对性。①

王朝闻也认为,"掌握了矛盾论就能理解事物的复杂性,应用于艺术的研究和创作,就会有心得。"②由此足见,王朝闻从事理论研究而能有所心得的秘诀就是"矛盾"论。

以上所论无非是为了论证"矛盾"论的合法性问题。下面我们将具体探讨"矛盾"论的理论内涵。

1. "矛盾"作为一种艺术思维方式

王朝闻善用唯物辩证法,而"矛盾",即对立统一,正是唯物辩证法的基本原理。综观其论著,我们发现,"矛盾"在王朝闻那里,首先是一种具体的艺术思维方式。这一点,可以从"审美关系"论、"多样统一"说、"不全之全"论、"一以当十"论、"不确定的确定"论、"欣赏再创造"说上得到印证。概而言之,这些观点都可以视为王朝闻"矛盾"思维方式的产物。比如,"不确定的确定"论。表面上看,"确定"与"不确定"是一组相互对立的概念,但王朝闻却妙笔生花,将原本水火不容的两个概念组合在一起,以此作为读者艺术欣赏的特点。在论及艺术构成的法则——"多样统一"时,王朝闻的思维方式仍然是"矛盾论":

> 在现实里,个别事物和现象都有差别的,但也是互相联系和互相作用的。没有老就无所谓少,没有大就无所谓小,没有轻就无所谓重,深是浅的对立,红是白的对立……这一切有差别的事物和现象的存在,不是互相隔离,彼此不相依赖地偶然地堆积在一起的,

---

① 《毛泽东选集》第 1 卷,人民出版社,2007 年,第 336 页。
② 王朝闻、林在勇:《艺术的哲学和审美的生活》,《文艺理论研究》1998 年第 6 期。

而是互相联系着、互相依赖着和相互制约着的整体中的一部分。①由此不难窥见王朝闻理论思维的特征。

2. 反映"矛盾"与形象塑造

将"形象"作为艺术的主要特点是"十七年"文学的一个共识。对此,周扬曾作过明确规定:"文学艺术区别于其他观念形态的根本特点是借助于形象来表达思想,没有形象,就没有艺术"②。由于"形象"创造的成功与否,在某种意义上可以代表艺术成就的高低,因而,这种从"形象"出发的艺术论,在文艺实践中具有极强的可操作性。王朝闻也不例外。与一般研究者不同,在探讨形象时,他独出心裁地将反映生活的"矛盾"作为形象的魅力之源。直接论及这方面的文字很多,比如:

> 欣赏者所欣赏的艺术的形象必须是有矛盾性的。……只有当种种矛盾和人物的基本性格密切相关……形象对我才是富有吸引力的。③

> 有真实感的形象不就是能够引起美感的形象,反映了矛盾的形象才有真实感,也才可能引起的持续性的美感。④

> 如果艺术形象的构成没有矛盾,它就没有形式的美;艺术的形式的美和它的内容的美一样,在于体现着事物的矛盾性。⑤

> 如果形象没有矛盾,它不可能是生动活泼的。生动活泼虽不是对矛盾论的演绎,但它必须经得起矛盾论的检验,才是富有艺术魅力的。⑥

显然,在王朝闻眼中,艺术形象的形式美与艺术魅力都离不开客观

---

① 《王朝闻文艺论集》第1集,上海文艺出版社,1979年,第381页。
② 《周扬文集》第2卷,人民文学出版社,1985年,第242页。
③ 《王朝闻集》第11卷,河北教育出版社,1998年,第426页。
④ 《王朝闻集》第13卷,河北教育出版社,1998年,第140页。
⑤ 《王朝闻集》第15卷,河北教育出版社,1998年,第357页。
⑥ 《王朝闻集》第16卷,河北教育出版社,1998年,第220页。

对象的"矛盾"。值得一提的是，自 20 世纪 50 年代始，王朝闻就已经开始从"矛盾"角度讨论艺术形象。在那个"文艺为政治服务"逐渐转化为"文艺为政策服务"的年代，人们谈论形象问题大多着眼于其与政策的关系，其艺术内涵往往不受重视。王朝闻在探讨形象问题时，明显摆脱了一切从政治出发的视角，始终遵从着从艺术规律出发的思路，将形象建立在对客观对象内在"矛盾"的把握上。王朝闻之所以将"矛盾"观引入到形象问题的思考中，无疑直接受到了毛泽东军事哲学的影响。理由是，王朝闻曾将毛泽东军事哲学对美学研究的全部启迪作用归功于"矛盾"论，认为："毛泽东同志既是军事家、诗人、政治家，又是思想家，他的《论持久战》、《论抗日战争的战略问题》等军事哲学著作，对美学研究很有启迪作用，原因在哪里？在于它生动地体现了辩证唯物主义的矛盾论的基本原则。"①形象正是美学研究的范畴之一，这样一来，在讨论形象问题时引入"矛盾"观就不足为奇了。

需要指出的是，虽然王朝闻将形象归功于客观对象本身的"矛盾性"，但并不意味着，"矛盾"就是确保形象成功的唯一条件。事实上，在王朝闻那里，除了把握对客观对象的内在"矛盾"之外，形象的建立还有赖于其他因素，比如"个性"、"耐看"、"感情"等。关于这些因素与形象的关系，王朝闻在不同场合均有所论及，本文在此不赘述。

3. "矛盾"与艺术性的生成

艺术之所以成为艺术，除了形象动人外，更主要的还在于其本身的艺术特性。因而，王朝闻又进而对"矛盾"与艺术性的关系进行了深入探讨。比如：

> 所谓深刻，是把事物的矛盾所显示的意义充分揭示出来。生活经验丰富不足以保证主题的深刻。②
>
> 反映事物的矛盾性，是一切艺术的生动性的根本。不掌握事

---

① 《王朝闻集》第 20 卷，河北教育出版社，1998 年，第 451 页。
② 《王朝闻集》第 1 卷，河北教育出版社，1998 年，第 43 页。

物的矛盾性,我们艺术的生动性、真实性等就成了问题。①

事物的矛盾性不能决定事物的美丑,但引得起美感的事物总有矛盾。②

矛盾(现象)是引起观众感兴趣的条件,也可以说是艺术性的灵魂。③

不难看出,王朝闻是从多方面同时着眼的,其中,涉及艺术的主题、美感、趣味、真实性等事关艺术性大小的关键因素。根据王朝闻的理解,一切与艺术性相关的因素都离不开"矛盾",因为作家越是"掌握得住客观事物的矛盾性,他的创造欲就会越来越强烈,创作的灵感便会像潮水一样澎湃地源源而来,也就是拥有共同感受而符合社会需要的创作自由。"④随之而来的是,为什么"矛盾"对艺术创作如此重要呢？要回答这个问题,还得回到毛泽东。实际上答案就藏在《矛盾论》中。一言以蔽之:"没有什么事物是不包含矛盾的,没有矛盾就没有世界。"既然矛盾是构成世界的法则,艺术作为社会存在之一种,自然概莫能外,用王朝闻的话来说:"没有矛盾就没有世界;同样,没有矛盾也没有审美的愉快。"⑤前半句,是对毛泽东原文的直接引用;后半句,是王朝闻的独创。在他看来,不管艺术创作过程多么错综复杂、千头万绪,正确掌握"矛盾"原则永远都是不可或缺的首要条件。于是,作为解开艺术创作之谜的答案之一种,王朝闻顺理成章地提出:为了艺术,请充分把握"矛盾"吧!

值得一提的是,在"十七年",对"矛盾"与文学创作的关系进行深究的研究者,除王朝闻外,还大有人在,比如茅盾。在《认真改造思想,坚决面向工农兵!》一文中,茅盾就用了大量篇幅,反复论证"反映矛盾"的合法性问题,提出:"表现矛盾,并解决矛盾,是一篇文艺作品必

---

① 《王朝闻集》第10卷,河北教育出版社,1998年,第524页。
② 《王朝闻集》第19卷,河北教育出版社,1998年,第69页。
③ 《王朝闻集》第22卷,河北教育出版社,1998年,第86页。
④ 《王朝闻集》第13卷,河北教育出版社,1998年,第274—275页。
⑤ 王朝闻:《正言若反》,《文艺理论与批评》1992年第1期。

不可少的基本任务。没有表现矛盾的作品是不现实的,因为现实生活中是充满了矛盾的。"需要说明的是,由于"反映矛盾"和"歌颂与暴露"容易撞车,在《讲话》对"暴露"已有定论的情况下,研究者们一般都会自觉避开"矛盾"不谈,即使偶有涉及,也大多着眼于"敌我矛盾"。或许正是因为这个原因,不管是王朝闻还是茅盾,虽然都谈到了艺术与"矛盾"的关系,但对"矛盾"的具体所指却没有能够进一步做出明确规定,这无疑为"矛盾"说留下了空白。

4. "矛盾"的特点及其反映原则

首先,"矛盾"的特点。简言之,即"多样统一"。在很长一段时间里,人们对"矛盾"的认识都停留在"对抗"与"对立"等概念上,注重矛盾的斗争状态,很少考虑"矛盾"也有和谐共生的一面。王朝闻则不然。他的"矛盾"说摒弃了"非此即彼"的思维方式,将"变化"、"差别"、"和谐"等因素引入到"矛盾"中。在王朝闻看来,"在现实里,个别事物和现象是有差别的,但也是互相联系和互相作用的。……一切有差别的事物和现象的存在,不是互相隔离,彼此不相依赖地偶然地堆积在一起的,而是互相联系着、互相依赖着和互相制约着的整体中的一部分。"①显然,承认事物之间的差别是远远不够的,因为差别并不必然导致事物间的对立与隔绝;相反,正是事物间千差万别造成了世界的多姿多彩。为了更进一步明确"矛盾"的特征,王朝闻进而指出:"斗牛之类的对立的事物,有冷有热的色彩,有强有弱的线条,中国书画所讲究的虚实、开合、疏密、吞吐、聚散的章法,又活泼又稳重又苍老又润泽的用笔,都是关于既要变化又要和谐的知识。"②不难看出,"既变化又和谐",才是王朝闻心中理想的"矛盾"状态。这也是王朝闻的"矛盾"论不同于常人之处。

其次,"矛盾"的反映原则——"不到顶点"。需要说明的是,很多

---

① 刘纲纪编:《王朝闻文艺论集》第1集,上海文艺出版社,1979年,第381页。
② 《王朝闻集》第1卷,河北教育出版社,1998年,第185页。

研究者都注意到了王朝闻的"不到顶点"论。作为一个内涵极其丰富的美学观点,"不到顶点"说的确可以独立成为王朝闻文艺思想的核心概念。但本文在此将其作为"矛盾"论的一个子概念来对待。这在一定程度上可能会缩小"不到顶点"论本身的理论内涵;另一方面,由于切入角度的不同,本文的阐释也可能会赋予它新的理论张力。

众所周知,"不到顶点"是莱辛在论证群雕"拉奥孔"之美时提出的美学观。其说一面世,即得到世人的广泛认可。王朝闻的"不到顶点"说与莱辛的"不到顶点"有何关系呢?要回答这个问题,对王朝闻的"不到顶点"说进行一番考证是必不可少的。

"不到顶点"从草创到正式命名经历了三四十年的漫长岁月,并且几易其名,其雏形可以追溯到40年代末期《新艺术创作论》的写作。在《矛盾的魅力》一文中,王朝闻首次提出,艺术应该描写那些"接近解决而尚未解决的矛盾"[①]。同一时期,王朝闻还提出了与此密切相关的"接近高潮"说,要求"着重反映矛盾的尖锐对立状态,而不着重描写矛盾已经解决的状态"[②]。需要说明的是,王朝闻此说最早是针对雕塑和绘画,从选材的角度,探讨作品如何才能耐看的问题。60年代,王朝闻对"不到顶点"地表现"矛盾"形成了比较明晰的认识,提出:"顶点或高潮都是矛盾即将转化或解决的时机,往往表现为一种瞬间现象。雕塑造型所把握的动作的顶点,往往是接近顶点那一点,而不是着力表现顶点自身。往往是以可视的空间性特征,间接显示这种时间性特征。"[③]研究视阈仍以雕塑为主,但提出问题的角度发生了微妙的变化,将"接近高潮"从一个取材问题转化为一个如何表现的问题。80年代,王朝闻又进一步将"不到顶点"说扩展到整个艺术领域,明确提出:"不只是造型艺术,而且在其他艺术领域里,不善于控制激情因而作品对我(观者)丧失艺术魅力的现象仍然存在。"[④]在他看来,"不到顶点"说非但没有过时,而且还焕发出巨大的生命力。或许是太过喜爱这个观点,王

---

① 《王朝闻集》第1卷,河北教育出版社,1998年,第56页。
② 同上书,第62页。
③ 《王朝闻集》第5卷,河北教育出版社,1998年,第276页。
④ 《王朝闻集》第8卷,河北教育出版社,1998年,第7页。

朝闻将自己写作于同一时期的论文集命名为《不到顶点》。尽管王朝闻非常谦虚地将"不到顶点"说归功于莱辛的《拉奥孔》，表示，"80年代我写过一篇短论《不到顶点》，就是由他（朱光潜）的译著《拉奥孔》的基本论点引起的。"①事实上，将这一论点完全归功于莱辛，并不符合实际。如上所述，早在40年代末，王朝闻的"不到顶点"说即已处于草创阶段，用王朝闻的话来说："当时，我没有条件读到《拉奥孔》，只凭自己欣赏艺术的经验，觉得有时情节或表情到了高潮（顶点）时的描绘，对我却丧失了艺术应有的耐人寻味的力量。"②虽然作为文艺理论家的王朝闻在80年代之前没有读过《拉奥孔》，但作为雕塑家的王朝闻，对"拉奥孔"的群雕却并不陌生。正是这个原因，王朝闻在论述"不到顶点"论的由来时，才着重提示了"欣赏艺术的经验"的重要意义。应该说，莱辛对王朝闻提出"不到顶点"说有一定影响，但这只是事情的一个方面。笔者认为，王朝闻之所以热衷于"不到顶点"说，更重要的原因还在于他身上固有的古典文化情结。众所周知，中国古代文化的核心范畴之一是"和"，反映在美学上，就是钟爱"不着一字，尽得风流"，讲究含蓄。受古典文化影响，王朝闻对"含蓄"同样情有独钟。据他自己说，"在40年代，就对'景愈藏，境界愈大；景愈露，境界愈小'的中国画论格外感兴趣，各方面当做论证含蓄的论据来转述过。"③"50年代初提倡含蓄和蕴藉遭到批评，我仍不放弃这一观点。"④80年代仍乐此不疲地指出，"我一向喜欢不到顶点的东西，喜欢不超过高潮的东西。"⑤笔者认为，"不到顶点"就是"含蓄"在艺术上表现之一。总的来看，王朝闻的"不到顶点"说与莱辛的"不到顶点"论的最大区别在于，"不到顶点"是莱辛专门针对雕塑选材而提出的美学观，而王朝闻不仅将"不到顶点"扩展到了整个艺术领域，并且进而将其转化为艺术反映矛盾的尺度，要求艺术反映生活必须含蓄、蕴藉、"不到顶点"。

---

① 《王朝闻集》第17卷，河北教育出版社，1998年，第31页。
② 《王朝闻集》第8卷，河北教育出版社，1998年，第6页。
③ 《王朝闻集》第14卷，河北教育出版社，1998年，第77页。
④ 《王朝闻集》第11卷，河北教育出版社，1998年，第448页。
⑤ 《王朝闻集》第12卷，河北教育出版社，1998年，第49页。

二 审美说

"审美关系"是王朝闻文艺思想的重要学说,而本文在"审美关系"中独独挑出"审美"两个字作为王朝闻文艺思想的艺术四说之一,依据何在呢?一言以蔽之,为了突出王朝闻文艺思想的美学特性。对此,王朝闻曾自述:"我一辈子搞的是审美感受以及审美教育关系。"① 由此可见,"审美"是贯穿王朝闻学术研究生涯始终的一个核心词。

既然本文是从毛泽东文艺思想的角度来讨论王朝闻,就不能不论及"审美"说与毛泽东文艺思想的关系。那么,"审美"与毛泽东文艺思想的关系究竟如何呢?毛泽东在《讲话》中提出了两个衡量艺术的标准:政治与艺术,而"审美"恰恰是艺术标准在美学上的别称。因而,我们认为,王朝闻的"审美"说是对《讲话》中的艺术标准的直接承接与进一步拓展,通过对艺术的"审美"思考,王朝闻最大限度地突显了毛泽东文艺思想的艺术维度。

需要说明的是,王朝闻的"审美"研究虽然在80年代之后才以专题的形式呈现,但其源头却可以追溯到50年代。用王朝闻自己的话来说:"50年代我就关心审美教育。"②

首先,"审美"是文艺研究的独特思维方式。这是王朝闻迥异于其他同时代研究者的独特之处。以审美作为文艺研究的思维方式,就是以美学的视角观照艺术问题,这与一切从政治出发,将文艺的功能简化为政治一维的研究思路形成了巨大的反差。

其次,"审美"是文艺欣赏的特性。王朝闻从不讳言艺术欣赏的审美特性,即使在"十七年"也是如此。在《讲话》的时代氛围中,被突出的往往是文艺的意识形态性,"审美"则是一个被束之高阁的词汇。用洪子诚的话来说,"在文学的情感、审美和认知、劝诫等功能的认识上,

---

① 张晓凌:《学术人生艺术人生——王朝闻先生访谈》,《美术观察》,2002年第1期。
② 《王朝闻集》第12卷,河北教育出版社,1998年,第91页。

当代强调的是后者,并特别突出文学与社会政治之间的直接关系。"关于文学阅读,被强调和提倡也只是"政治化阅读"。① 在这种环境中,艺术欣赏的审美特性被彻底抽空,欣赏艺术不再是一种审美享受,而成了一种受教的方式。王朝闻显然对此不以为然。在何为艺术欣赏的第一性问题上,他做出颠覆性的回答,旗帜鲜明地提出:"艺术欣赏是一种审美活动,艺术教育群众的功利性是潜在的。"②将"审美"作为艺术欣赏的本质,教育作为第二义,在当时的历史语境中无疑具有石破天惊的效果。由于历史原因,王朝闻没有对此展开深入论证。

最后,"审美"是艺术实践的主要内容。王朝闻的三部"审美"专著,即是对此问题的具体展开。中国近代审美研究的源头可以追溯到王国维,但真正形成规模,在学术界达成共识,却是上个世纪80年代中后期的事情。而王朝闻第一部以"审美"命名的著作——《审美谈》写作于1982年至1983年间,从时间上来说,无疑具有超前性。需要说明的是,在这三部以"审美"命名的著作中,除了《审美的敏感》是由众多随感式的千字文组成之外,其他两部均以专题研究的形式呈现在读者面前。熟悉王朝闻的人都知道,他以"随感式"研究著称于世,专题研究在其浩如烟海的文艺论著中并不多见。因而《审美谈》与《审美心态》也就理所当然地成了王朝闻审美研究的主战场。概而言之,王朝闻的审美艺术实践论主要包含以下三个内容。

(1)审美关系论。毛泽东在《中国革命战争的战略问题》中曾提到:"不论做什么事,不懂得那件事的情形,它的性质,它和它以外的事情的关联(着重号为本文作者所加),就不知道那件事的规律,就不知道如何去做,就不能做好那件事。"③由此可见,在毛泽东看来,对任何事情的研究都离不开对"关系"的考察。作为毛泽东军事哲学的忠实读者,王朝闻对此深有所悟。下面一段话对考察王朝闻的审美关系论十分重要:

---

① 洪子诚:《中国当代的"文学经典"问题》,《中国比较文学》,2003年第7期。
② 《王朝闻集》第5卷,河北教育出版社,1998年,第159页。
③ 《毛泽东选集》第1卷,人民文学出版社,2007年,第171页。

一切关系都体现着矛盾规律,审美关系也不例外。我们探讨审美活动中的主体与客体(感知对象)的关系,就是企图认识双方的矛盾是怎样发生、发展和解决的;旧矛盾的解决,怎样已经产生着新的矛盾等等。不过,也许由于习惯的不同,我对上述关系的探讨是从审美经验出发,试图运用实践的和辩证的观点,剖析主体在审美关系这样的精神活动里,怎样与客体经常互相依赖,互相作用着。①

这段文字说明,王朝闻对审美关系的探讨同样基于辩证矛盾观,它从一个侧面再次证明了"矛盾"在王朝闻文艺思想中的核心地位。关于"审美关系"在王朝闻审美研究中的地位,简平说得很清楚,"著者自1958年初发表了《欣赏、"再创造"》一文以后,几十年来一直关注和探索着这个审美关系的问题。"②简言之,王朝闻的"审美关系"说主要探究了两大关系:艺术内部世界的构成关系和审美活动中的主客体关系。关于前者,王朝闻提出了"多样统一"说,将艺术内部各要素的关系概括为既纷繁复杂又多样统一;关于后者,王朝闻重点论述了两个同一:审美主体与对象的同一、创作与欣赏的同一,并以此作为确保审美活动有效、高质的必备条件。

(2)艺术实践的审美心理活动范畴研究。关于这个问题,王朝闻主要论及了"兴趣"、"联想、想象与记忆"、"体验"、"揣摩"、"喜爱与嫌恶"、"直觉与思维"、"共鸣与同情"、"敏感、错觉与灵感"等范畴。关于王朝闻的审美心理活动范畴研究,简平女士曾指出,其中最能够代表王朝闻审美心理研究独特视阈的是"揣摩"。③ 邓福星则认为,王朝闻是第一个将"审美兴趣"作为美学范畴提出并加以深入研究的学者。④总的来看,王朝闻对各种审美心理进入探究的主旨,是为了深入论证读者的审美能动性问题,也就是"审美主体在审美活动里,包括感受、想

---

① 《王朝闻集》第13卷,河北教育出版社,1998年,第2页。
② 同上书,第564页。
③ 同上书,第1页。
④ 张晓凌、梁江、吕品田编:《学术与人生》,河北教育出版社,1999年,第46页。

象、体验和揣测,这些审美心态的那种左右逢源,游刃有余的自由感,是引起审美快感的带根本性的心理特征。然而作为精神现象的这种可贵的自由感却不是天生的意识或本能,也不是可以因袭的东西(特别是抄袭的卑劣作为,既不自由也不美好),真正令人愉快的审美自由感,是主体和作为感知对象的生活与艺术的反复接触,在深受感动的实践过程里,逐渐培养起来的能力。"①

(3)艺术审美特性的生成。艺术审美特性的生成与众多因素息息相关。进入王朝闻理论视野的主要有:典型、形象的真实、倾向性与艺术性、再现与表现、意境与"我"、模仿与创造、形式与形式美、矛盾与魅力、含蓄与明彻、确定与不确定等。在王朝闻的眼里,这些范畴在具体的艺术创作中,与艺术性的高低构成了某种互文关系。离开了上述因素,艺术的审美特性就将成为无源之水,无本之木。考虑到这些范畴对艺术审美性的生成所具有的重要意义,在今天的理论界已达成共识,本文在此不再一一展开论述。

三 再创造说

王朝闻曾自述其美学思想的基本观点之一是"欣赏再创造",并且明确指出:

> 在文章中明确提出这一论点,是 1957 年或 1958 年初。但在 50 年代前期,例如我对宋画《〈柳溪〉归牧图》的分析,已经感性地揭示了我的(这种)观点。……这一观点,在《喜闻乐见》一文中作过与"再评价"相联系的概括,在《论凤姐》中有所发展。包括《黄山观石》,短文提到的'你中有我'等等,在《审美谈》中似更理论化一些,也就是有所发展。我以为我所感到的审美愉快,实际上包括我对我的再创造的欣赏。……我一再引用民谚等等,尽管在论证方面只说形象与现实的关系,没有直说作为审美主体的我的再创造

---

① 张晓凌、梁江、吕品田编:《学术与人生》,河北教育出版社,1999 年,第 96—97 页。

的关系,其实我称赞形象的那些话自身,已经贯彻了我那再创造的论点的。①

从某种意义上来说,在众多毛泽东文艺思想的追随者中,王朝闻之所以能够脱颖而出,说明王朝闻的理论研究本身就是一种"再创造"。可以说,王朝闻文艺思想的重要特色之一,就是善于激发主体的创造性。其文艺思想,不只注重对作家的主观能动性的发扬,也注重对艺术欣赏者的主观能动性的提升。

具体来看,王朝闻正式提出"再创造"说是在《欣赏,"再创造"》一文中。王朝闻明确提出:

> 艺术欣赏的特点,其实不过是借有限的但也就是有力的诱导物,让欣赏者利用他们的那些和特定艺术形象有联系的生活经验,发挥想像,接受以至"丰富"或"提炼"着既成的艺术形象。……我一时找不到适当的词句来说明这种精神活动,姑且把它叫做"再创造"吧。②

从该文的内容来看,"再创造"说是直接针对读者而言的。但"再创造"说又不仅仅只是一种读者论。王朝闻的高明之处在于,没有将"再创造"说局限于读者,而是将其拓展到了作家。在他看来,只是单纯标举读者的"再创造"功能显然是远远不够的,还需要对提供艺术欣赏读本的作家做出相应的规定。既然艺术欣赏是一种"再创造",作家的创作就必须为其提供必要的条件,那种一味专注于政治实用效果的创作显然不具有激发读者"再创造"的功能。换句话说,读者的"再创造"不是无条件自发的,而是作家通过自己的创作赠予读者的。那么,作家又是如何确保读者"再创造"功能的呢?这里涉及作家对生活的艺术表现方式。我们注意到,王朝闻在文章中曾不厌其烦地引用齐白石关于"作画妙在似与不似之间,太似为媚俗,不似为欺世"的艺术主张,并对此进行了深入阐发,提出:"'妙在似与不似之间',是见多识广

---

① 《王朝闻集》第 21 卷,河北教育出版社,1998 年,第 195—196 页。
② 《王朝闻集》第 3 卷,河北教育出版社,1998 年,第 99 页。

经验丰富的老画家如何概括地反映生活的真知灼见;只有和对象有了默契、善于构想的艺术家才说得出做得到的。"①也就是说,读者所面对的文本,是"善于构想的"作家以"艺术之不似"表现"生活之似"的结果。读者在阅读欣赏的过程中,首先面对的是一个"似是而非"的模拟生活现场,如果他(她)想深切感受生活之真、之美,就只能充分发挥自己的想象和"再创造",在自己的头脑中将"艺术之不似"转化为"生活之似"。从这个意义上来说,正是作家对生活所作的"不似之似"的表现,在艺术与生活之间留下了空白,为读者提供了想象和"再创造"的巨大空间。值得一提的是,对"一以当十"、"不全之全"等论点的把握均可作如是观。

  以上是讨论作家在读者"再创造"说中所扮演的角色,下面我们将目光切换到读者。对读者而言,"再创造"能力的获得,是其充分发挥主观能动性于"被动中求主动"的结果。"再创造"的特点是"不确定的确定"。按王朝闻的理解,当欣赏者"进行想象和联想的时候,虽然不脱离小说所描写的基本特征,但在某些方面却可能有很大程度的出入;难怪理论家说'有一千个读者就有一千个哈姆雷特'。当然,欣赏者的'再创造'不能不受形象的确定性的约束。一般说来,哈姆雷特不至于因为欣赏者的不同而被人当成堂·吉诃德"②。也就是说,读者进行"再创造"既有确定的一面,又有不确定的一面。确定,是因为欣赏对象是客观存在的,不确定则因为作为欣赏者的读者,各有各的审美经验与情趣,因而"再创造"往往因人而异。

  为了便于深入了解王朝闻的"再创造"说的意义,有必要对当时文学批评的整体气候做一简单说明。鉴于文艺界批评运动的风起云涌,有研究者将建国初期文学批评的存在归结为一种"斗争状态",并指出,"十七年"文学批评的目标在于保证种种新规范的确立和实施,打击一切有损害或削弱其权威地位的文学思想与创作活动,即"一方面,它用来支持、赞扬那些符合规范的作家作品;另一方面,则对不同程度

---

① 《王朝闻集》第3卷,第72页。
② 刘纲纪编《王朝闻文艺论集》第2集,上海文艺出版社,1979年,第125—126页。

地偏离、悖逆倾向的作家作品,提出警告"。① 王朝闻也说:"文艺欣赏和文艺批评,本质上往往是意识形态里领域里的思想斗争。"②需要特别指出的是,虽然"工农兵"文艺实践的直接结果,是导致了"工农兵"作为唯一的读者大受追捧,但"在50至70年代,文学批评在引入'读者'的概念时,一般不具备独立存在的意义,而作为权威批评的一种延伸。'读者'的加入,是为了加强批评的'权威性'"③。在"读者"徒有其名,不具其实的历史背景下,王朝闻从艺术特性出发,不厌其烦地标举读者"再创造"审美功能的重要性,就具有非比寻常的意义。可以毫不夸张地说,王朝闻所标举的"再创造"说,对恢复被"政治至上"语境所遮蔽的"读者"概念的美学内涵,具有极为重要的现实意义。另一方面,如上所述,王朝闻在提出读者的"欣赏,再创造"说的同时,也对作家提出了"再创造"的要求。因而,"再创造"说不单纯是一种读者论,也是一种创作论。通过"再创造"这个中介,王朝闻对作家与读者的关系做出了全新的透视。在这里,作家不只是一个"被改造者",也是一个创造者。可以说,王朝闻旨在突出艺术家、读者审美功能的"再创造"说,在某种程度上构成了对"十七年"文学实践的一种反拨与扬弃,而这样的反拨无疑需要巨大的勇气与智慧。

需要特别指出的是,王朝闻文艺研究的成功之处,就是善于将自己的理论研究与毛泽东文艺思想进行相应的勾连。为了论证"再创造"说,王朝闻同样没有忘记回应毛泽东。"毛泽东同志批判过的八股气十足的文章之所以脱离群众,也在于作者不重视欣赏者的接受能力、需要和'再创造'的作用。"④显然,在王朝闻看来,毛泽东本人对读者的"再创造"作用是给予了充分肯定与赞赏的。就是这句乍看并不起眼的话,为"再创造"说的合法性做出了注解。难能可贵的是,在进行勾连的过程中,王朝闻能够坚持自己的研究立场与艺术风格。

---

① 洪子诚:《中国当代文学概说》,广西教育出版社,2000年,第25页。
② 《王朝闻集》第6卷,河北教育出版社,1998年,第647页。
③ 洪子诚:《中国当代文学概说》,广西教育出版社,2000年,第26页。
④ 《王朝闻集》第3卷,河北教育出版社,1998年,第105页。

四 读者说

"读者意识"是打通毛泽东与王朝闻文艺思想的又一个关键词。可以说,"读者"在毛泽东与王朝闻文艺思想中的地位,是其他范畴无法取代的。

《讲话》是一个三维结构,这三维分别是:政治、艺术、接受。前两个维度已有定论,需要稍加证明的是"接受"维度。一个最明显的例证就是"接受"一词频繁见于《讲话》,出现次数多达 11 次,由此足证毛泽东对"接受"维度的重视。事实上,将"接受"作为《讲话》的一维加以确认,在学术界已有先声。

> 许多人都不知道"接受"、"接受者"这两个概念,以及现代接受美学的思想雏形,产生于毛泽东六十多年前的《讲话》。毫不夸张地说,毛泽东正是提出接受美学的第一人。
>
> 毛泽东在《讲话》中重视读者意识,重视接受观念,并非偶然,是他的以人民为本位的大众美学合乎逻辑的发展。①

既然"接受"是《讲话》视野中的艺术三维之一,"读者"作为"接受"的代名词,就具有了作为《讲话》关键词的可能。

虽然我们说,毛泽东与王朝闻都具有深厚的读者意识,但就其实质而言,同一个"读者"概念,在毛泽东与王朝闻那里的所指与能指均存在着明显的差异。就毛泽东而言,"读者"是一个纯粹的政治学概念,它代表的是政治视野中的工农兵形象,这一点似无需多议。需要稍加讨论的是王朝闻眼中的读者形象。众所周知,受《讲话》的影响,新时期到来之前文学实践中的"读者"与"工农兵",实际上是一对可以互换的概念,"读者"即"工农兵","工农兵"即"读者"。《讲话》的发表,将"工农兵"奉为一种神圣的称谓,所有的文艺实践都必须以此为圆心,

---

① 童庆炳等:《中国现代文学理论价值观的演变》,北京大学出版社,2005 年,第 131 页。

不如此便寸步难行。与此同时,一切与"工农兵"有关的话题都被无一例外地赋予了某种政治色彩。1945年,邵荃麟根据毛泽东《在延安文艺座谈会上的讲话》,提出了"人民文学"的口号。然而邵荃麟口中的"人民文学"之"人民","并不是一个简单的复合概念,它所具有的功能性要求,一开始就具有神话般的伟力。在当代中国,只有站在这一立场上的理论表达,才具有唯一的'合法性'"。① 很明显,这里的"人民",不是别人,正是"工农兵"。而"人民"之所以是唯一具有"合法性"的存在,其依据就是《讲话》。由于"工农兵"概念从一开始就是作为一个政治学范畴被加以确认的,随之而来的是,无论是在文艺创作,还是在文艺批评中,"工农兵"的每一次出场几乎都与艺术无缘。人们之有求于"工农兵",并不是出于对"读者"概念本身的尊崇,而是为自己的文艺实践寻求庇护。

王朝闻眼中的"读者",显然有别于上述文艺实践。"读者"在王朝闻那里,与其说是"工农兵"的同义语,不如说是艾布拉姆斯笔下的文学"四要素"之一更确切。王朝闻的"读者"研究,之所以能在众声喧哗的政治化语境中自成一家,无疑得益于其坚定的美学研究立场。唯其如此,王朝闻才能还"读者"本来面目,使"读者"摆脱艺术其表,政治其里的尴尬处境,为"读者"概念的艺术回归扫除障碍。

具体地看,王朝闻的读者研究主要包括以下两个方面。

(1)读者作为文学活动的关键环节。艾布拉姆斯曾提出文学四要素说,将读者作为完整的文学活动不可或缺的一个重要环节。而"读者"之于王朝闻,在整个文学活动过程中同样是不可或缺的一环。用他的话来说:"没有观众和读者的合作,这个作品就还没有真正完成。"②在他的笔下,作家与读者,主体与对象永远都是天然的同盟者,而不是互不相干的两个体系,这也是为什么王朝闻一再强调"授者即受者"的依据所在。在读者研究中,王朝闻不仅将"读者"作为不可或

---

① 杜书瀛、钱竞主编:《中国20世纪文艺学学术史》第3部,上海文艺出版社,2001年,第52页。

② 《王朝闻集》第5卷,河北教育出版社,1998年,第89页。

缺的一环植入艺术审美活动过程,而且将"读者"引入到对艺术创作问题的探究之中。这样的例子比比皆是,比如,对"典型"问题的探讨,就体现了王朝闻所独有的"读者"视角。"典型形象的重要特点之一,是包含现实性和理想性这两个方面,典型虽是主观对客观的反映,但仅仅指出它是由个别体现一般,特殊代表一般还是不够的。我以为只有结合观众或读者的反应,才能全面理解它的重要。"①这段话是王朝闻在20世纪50年代提出的,它对"典型"论的解释明显迥异于当时的流行语境,体现了王朝闻对"典型"问题的创造性再思。王朝闻之所以独辟蹊径地将塑造"典型"与读者反应联系起来,一个很重要的原因就在于,在他看来,文学作品的最终完成必须经由读者检验,只有读者接受并认可的作品才是真正成功的作品。更难能可贵的是,王朝闻对读者问题的探究,能够紧紧扣住"审美"这条主线。早在1962年,王朝闻就旗帜鲜明地指出:"离开了欣赏的需要和可能而谈文艺的审美特性,不足以解释文艺为什么要求这种特性,不足以解释文艺为什么会有这种特性。……文艺的审美特性的问题,也是文艺怎样为大众服务的根本问题中的一个重要问题。"②王朝闻的"读者"研究自觉摒弃了"十七年"文艺实践的"政治"维度,高扬了"审美"维度。

(2)读者作为审美主体。在王朝闻那里,"读者"首先是一个审美范畴,而不是政治学术语。"读者"之所以重要,不是因其所具有的"棍子效应",而是其作为一个审美主体所具有的"再创造"功能。在探究读者的审美主体地位时,除了深入论述读者的"再创造"功能之外,王朝闻还对读者的审美心理进行了深入探究,其研究成果主要表现在《审美心态》、《审美谈》等著作中。王朝闻的读者审美心理研究涉及范围极广,几乎囊括了艺术欣赏过程中可能出现的各种心理活动。需要特别指出的是,王朝闻从理论上对其进行深入探究是在20世纪80年代,但其中的个别审美心理(比如"体验"、"想象"等)在其五六十年代的理论文章中就已见端倪。我们注意到,60年代,"体验"一词开始频

---

① 《王朝闻集》第5卷,河北教育出版社,1998年,第199页。
② 《王朝闻集》第4卷,河北教育出版社,1998年,第341页。

繁出现于王朝闻的文章,他在多篇文章中不厌其烦地论证了"体验"对艺术欣赏的重要作用:

> 体验不仅在艺术创作中有重要作用,在艺术欣赏中也有重要作用。作为审美对象的艺术品,当它能够唤起相当的情感体验时,欣赏者才能感到审美的愉快。作为认识对象的艺术形象,当它能够唤起相当的情感体验时,它对思想的影响才更深刻。[①]

不难看出,王朝闻对"体验"的重视,完全着眼于美学的角度,旨在突显读者的审美主体地位,与"工农兵文艺"视野中的读者形象有着天壤之别。王朝闻的读者审美心理研究最突出的特色,就是审美之维贯穿始终。

[①] 《王朝闻集》第 4 卷,河北教育出版社,1998 年,第 322 页。

第五章　钱中文、王元骧等人的 文学审美特征论及其意义

"反思"是20世纪70年代末80年代初最为流行的一个词。反思"文革",反思建国以来的历次政治运动,反思极"左"思潮的危害等,成为时代的潮流。与各个领域的"反思"潮流相联系,文学艺术界则对长期以来的"文艺为政治服务"、"文学从属于政治"的理论进行反思,并在反思过程中提出了文学的"形象思维"论、"人物性格多重组合"论、"文学主体性"论、"文学向内转"论,从今天的观点看,最重要的是提出了文学"审美"特征论。

一　文学"审美"特征论产生的历史文化背景

我们不能不追溯一下"审美"特征论产生的社会文化语境。20世纪70年代末80年代初,我们遭遇到的就是"文革"留下的僵死的对文学的解说和混乱的文学情况。提出新说取代旧说,是那时一代文艺理论工作者遇到的棘手的问题,也是重要的历史使命。当时的遭遇到的困难是:一方面,那些极"左"的僵硬的旧说不行了,可仍然有部分人对旧说"感情太深",一时难以摆脱,变着花样维护旧说;另一方面,我们又不能把西方流行的关于文学的各种解说照搬过来,如说文学是形式,文学是原型,文学是语言,文学是自我表现等,这样一味照搬西方对文学的解说肯定也是不行的,西方的社会情境与我们的社会情境毕竟不同,文学的具体情况也有很大区别。

正是在这困难的时刻,1979年召开了中国文学艺术工作者第四次代表大会,邓小平同志在会上发表"祝辞",其中说:

> 围绕着实现四个现代化的目标,文艺的路子要越走越宽,在正

确的创作思想的指导下,文艺题材和表现手法要日益丰富多彩,敢于创新。要防止和克服单调刻板、机械划一的公式化概念化倾向。①

党对文艺工作的领导,不是发号施令,不是要求文学艺术从属于临时的、具体的、直接的政治任务,而是根据文学艺术的特征和发展规律,帮助文艺工作者获得条件来不断繁荣文学艺术事业……②

我国历史悠久,地域辽阔,人口众多,不同民族、不同职业、不同年龄、不同经历和不同教育程度的人们,有多样的生活习俗、文化传统和艺术爱好。雄伟和细腻,严肃和诙谐,抒情和哲理,只要能够使人们得到教育和启发,得到娱乐和美的享受,都应当在我们的文艺园地里占有自己的位置。③

这些提法如同春雷,震动文艺界人们的心。不久,邓小平在《目前的形势与任务》一文中更明确指出:"不继续提文艺从属于政治这样的口号。"文学理论工作者深受鼓舞,开始解放思想,并创建新说。于是,在文学理论界的中年学人,不约而同地提出从"审美"或"情感"这个角度切入,来研究"文学是什么"这个千百年来反复研究过的问题。在整个80年代,蒋孔阳、李泽厚、钱中文、王向峰、孙子威、胡经之、王元骧、童庆炳、杜书瀛、陈传才、畅广元、王先霈等文学理论界的学者都力图从"审美"这一视角立论,力图给文学一个新的界说。当然,这个建立新说的过程是充满艰难的,考虑到20世纪80年代的"反精神污染"和"反自由化",他们每走一步都不能不左顾右盼,不能不谨慎从事。

二 文学审美特征论的形成

在不再提"文艺从属于服务"和"文艺为政治服务"的口号的情况

---

① 邓小平:《在中国文学艺术工作者第四次代表大会的祝词》,《邓小平论文艺》,人民文学出版社,1989年,第3页。
② 同上书,第9页。
③ 同上书,第6页。

下,如何来解释文学艺术,这是新时期开始时摆在人们面前的重要问题。当时的学界不约而同地把文学艺术与美联系起来思考。尽管这种思考也不完全是新的。应该看到新时期把文学与审美联系起来论述既有现实的针对性,也有理论的深刻性。

1. 美是艺术的基本属性

新时期文学审美特征论最初的思考是把文学艺术与美联系起来思考,认定美是文学艺术的基本属性。蒋孔阳于1980年发表了《美和美的创造》一文,其中说:

> 艺术的本质和美的本质,基本上是一致的。美具有形象性、感染性、社会性以及能够实现人的本质力量的特点,艺术也都具有这些特点,正因为这样,所以**我们说,美是艺术的基本属性。不美的"艺术"不能成为真正的艺术**。从事艺术工作的人,不管他办不办得到,但从本质上说,他都应当是创造美的人。创造美和创造艺术,在基本的规律上是一致的。①

他还补充说:

> 艺术美不美,并不在它所反映的是美的东西,而在于它是怎样反映的,在于艺术家是不是塑造了美的艺术形象。生活中美的东西,固然可以塑造为美的艺术形象,就是生活中不美的甚至丑的东西,也同样可以塑造为美的艺术形象。②

很显然,蒋孔阳对于文学艺术的本质思考,已经转移到"美"这个十分关键的概念上面。他提出的"美是艺术的基本属性。不美的'艺术'不能成为真正的艺术"论点十分精辟,他把文学艺术的性质归结为美,而不是此前所认为的是形象化的认识或政治,这是很重要的。更重要的是他认为文学艺术的美的问题不仅是反映对象问题,更是怎么写

---

① 蒋孔阳:《美和美的创造》,江苏人民出版社,1981年,第52页。
② 同上。

的问题,丑的事物,经过艺术加工也可以塑造为美的形象。写什么并不具有决定作用,更重要的是怎样写。这种理解是很有意义的。当然,这种看法并不是蒋孔阳先生首先提出的,在现代提出这种观点的人不少。但是前人的这些说法,并不能湮没蒋孔阳先生论点的光芒。因为在经过了长达十年的"文革"后,新时期的开始,"说真话"仍然困难,普通的知识的提出也会有种种风险。特别是蒋孔阳的论点有特殊的针对性,那就是江青、姚文元的"题材决定"论。长期以来,主流的说法一直主张写英雄人物和崇高的事物,谁要是写"小人物"、"中间人物"都是罪恶。现在蒋孔阳提出:艺术加工可以化丑为美。这实际上也就为"反题材决定论"平反,在题材问题上"正本清源"。所以蒋孔阳的关于美是文学艺术的基本属性和和生活丑可以化为艺术美的理解在当时是很有意义的。

2. 文学的特征是情感性

这里我们还必须提到另一位美学家李泽厚对文学艺术的理解。早在1979年,李泽厚在讨论"形象思维"的演说中,就强调文学艺术不仅仅是"认识","把艺术简单看作是认识,是我们现在很多公式化概念化作品的根本原因"[①]。他同时又认为,文学艺术的特征也不是形象性,仅有形象性的东西也不是艺术。他强调指出:

> 艺术包含有认识的成份,认识的作用。但是把它归结为或等同于认识,我是不同意的。我觉得这一点恰恰抹煞了艺术的特点和它应该起的特殊作用。艺术是通过情感来感染它的欣赏者的,它让你慢慢地、潜移默化地、不知不觉地受到它的影响,不像读本理论书,明确地认识到什么。[②]

[①] 李泽厚:《谈谈形象思维问题》,《李泽厚哲学美学文选》,湖南人民出版社,1985年,第340页。

[②] 同上书,第341—342页。

我认为要说文学的特征,还不如说是情感性。①

李泽厚在这里批评了流行了多年的文学艺术是认识、文学艺术的特征是形象的观点,应该说是很深刻的。认识这是所有的科学和哲学社会科学中都是有的,这的确不足以说明文学艺术的特点。文学形象特征说流行了多年,其实有形象的不一定是文学,动植物挂图都有形象,但不是文学。像韩愈的文章没有形象,倒是文学。把文学仅仅看成是通过形象表现认识,的确为公式化、概念化开了方便之门。由此他认为文学的特征是情感性,也即是审美。后来他又在《形象思维再续谈》(1979)中直接说文学是"一种强大的审美感染力量。审美包含认识——理解成分或因素,但决不能归结于等同于认识"②。李泽厚上述理解连同蒋孔阳的论述不能不说是新时期文学观念转向文学审美特征论的先声。

3. 文学反映具有审美价值的生活

童庆炳发表于1981年发表的《关于文学特征问题的思考》明确提出了文学的情感特征,1983年又发表了《文学与审美》一文,阐述了文学审美特征论。

文学反映的生活是人的美的生活。人的整体的生活能不能成为文学的对象、内容,还得看这种生活是否跟美发生联系。如果这种生活不能跟美发生任何联系,那么它还不能成为文学的对象。文学,是美的领域。**文学的对象和内容必须具有审美价值,或是在描写之后具有审美价值**。美并不单纯是客观事物的属性,它跟审美主体的主观作用有密切关系。什么是美的生活,什么是不美的生活,什么生活可以进入作品,什么生活不能进入作品,是一个极其复杂的问题。但文学创造的是艺术美,艺术美来源于生活美,因

---

① 李泽厚:《谈谈形象思维问题》,《李泽厚哲学美学文选》,湖南人民出版社,1985年,第344页。

② 李泽厚:《形象思维再续谈》,《美学论集》,上海文艺出版社,1980年,第559页。

此只有美的生活才能成为文学的对象的道理,却是容易理解的。①

这个论述显然从苏联文论界的"审美学派"吸收了"审美"和"审美价值"这个概念。苏联著名的文学理论家和美学家布洛夫在1956年就提出:"艺术是审美意识的最高的、最集中的表现。"②他说:"美学的方法论不是一般的哲学方法论"。"把典型看成是通过具体的和单一的事物来表现'一定现象的实质',这个定义早已不能令人满意了。从一般哲学意义上来看,这个定义仍然是对的,但从美学上来看,则丝毫不能说明什么。这里指的是什么'实质'呢? 大家知道,任何一种意识形态都力求揭示'一定现象的实质'。但有各种各样的实质。"③如果说,以前的文学理论总是从哲学的社会学的角度来看待文学艺术的本质特征的话,那么布洛夫这些论述真正从美学的角度接触到了文学艺术问题,因此他得出的是关于文学艺术的审美特性的结论,对于苦苦想摆脱"文艺从属政治"羁绊的新时期的中国学者来说,显然具有很大的启示意义的。"文学的对象和内容必须具有审美价值,或是在描写之后具有审美价值",这个表述中起码有三点值得注意:第一,提出了审美价值的观念。价值就是对人所具有的意义。审美价值就是对人所具有的诗意的意义。从这样一个观点来考察文学,显然更接近文学自身。第二,提出了文学的特征在于文学的对象和形式中。第三,文学反映的对象可以有两个层面,一是本身就具有审美价值的生活,如优美、壮美、崇高等;一是经过描写后会具有审美价值的生活,如悲、喜、丑、卑下等。这样就从文学反映的客体和反映主体两个维度揭示了文学的审美特征。

4. 文学审美反映论

在当时学界多数人都同意文学的审美特性的情况下,就不再是漫

---

① 童庆炳:《关于文学特征问题的思考》(1982),《中国新文学大系1976—1982·理论一集》,中国文联出版公司,1988年,第658—659页。
② 阿·布洛夫:《美学应该是美学》,《美学与文艺问题论文集》,学习杂志出版社,1957年,第39页。
③ 同上书,第40页。

无边际地重复文学的审美特征的说法,而是要进一步地工作,提出严谨的关于文学审美特征的学说。到了20世纪80年代中期,所谓"方法年"、"观念年"的出现,使那些主张文学审美特征者获得了更好的研究环境和更宽阔的视野。

文学"审美反映"论的构建,基于对"认识反映"论的不满。他们认识到,仅仅把文学看成是社会生活的认识是不够的,这种看法只是在认识论的层面给文学定位,不能说明文学的特殊性。童庆炳在1984年出版的《文学概论》(上下卷)第一章第三个标题是"文学是社会生活的审美反映","社会生活是文学的唯一源泉。文学是社会生活的反映。其实,包括文学在内的全部意识形态(政治、法律、道德、哲学、艺术、宗教等)和一切社会科学,都是客观的社会生活的反映,都以客观的社会生活为源泉,所以文学是社会生活的论断只是阐明了文学和其他意识形态以及一切社会科学的共同的本质,只是回答了'文学是什么'的第一个层次的问题。然而,我们仅仅认识文学和其他社会意识形态以及一切社会科学的共同本质是不够的。……我们还必须阐明文学区别于其他社会意识形态以及社会科学的特征。弄清楚文学本身自身特殊的本质,即回答第二层次的问题。那么,文学反映生活的特殊性是什么呢?我们认为文学对社会生活的反映是审美的反映。审美是文学的特质。……文学之所以是文学就在于它是对社会生活的审美反映,文学的崇高目的是要按照一定的社会审美理想来改造人的生活,使人的生活变得更美好。"①童庆炳随后按照审美反映的"独特的对象、内容和形式"展开对文学"审美反映"论的论证。1986年钱中文也提出文学"审美反映"论,他说:"文学的反映是一种特殊的反映,由于其自身的特殊性,较之反映论原理的内涵,丰富得不可比拟。反映论所说的反映,是一种曲折的二重的反映,是一种有关主体能动性原则的说明。审美反映则涉及具体的人的精神心理的各个方面,他的潜在的动力,潜伏意识的种种形态,能动的主体在这里复杂多样,而且充满种种创造活力,这是一个无

---

① 童庆炳:《文学概论》上,红旗出版社,1984年,第46—48页。

所不在的精灵。"①钱中文的论文不但是从根本上区别了一般的反映论与文学"审美反映"论,而且还从"心理层面"、"感性认识层面"和"语言、符号、形式的体现"层面说明了文学"审美反映"论的特征,这是十分有意义的。王元骧早就开始了对文学审美论的研究,他对文学的"审美反映"做出了很具体深入的解说,他1988年发表的一篇论文中论证"文学审美反映"的各个方面,首先,从反映的对象看,与认识对象不同,"在审美者看来,它们的地位价值就大不一样。这就是因为审美情感作为审美主体面对审美对象的一种态度和体验,总是以对象能否契合和满足主体自身的审美需要为转移的:凡是契合和满足主体审美需要的,哪怕是在别人看来微不足道的东西,也会成为爱慕倾倒、心醉神迷的对象;否则不论事物本身的客观意义多么重大,人们也照样无动于衷,漠然处之"②。其次,就审美的目的看,与认识目的以知识为依归不同,"由于审美的对象是事物的价值属性,是现实生活中的美的正负价值(即事物的美或丑的性质),而美是对人而存在的,是一对象能否满足主体的审美需要从对象中获得某种满足而引起的。所以,从审美愉快中所反映出来的总是主体对对象的一种直接或间接的(即通过对丑的否定来肯定美)肯定的态度,亦即'应如何'的问题。这就决定了审美反映不是不可能以陈述判断,而只能是以评价判断来加以表达。"③第三,一般认识的反映形式是逻辑的,而审美反映是"以崇敬、赞美、爱悦、同情、哀怜、忧愤、鄙薄等情感体验的形式来反映对象的"④。王元骧的文学"审美反映"理论从反映的对象、反映的目的和反映的形式等三个方面来阐述"审美反映"论的要点,很完整也很深刻,大大深化了对文学"审美反映"论的理解。

---

① 钱中文:《最具体的和最主观的是最丰富的》(1986),《新理性精神文学论》,华中师范大学出版社,2000年,第157—158页。
② 王元骧:《艺术的认识性和审美性》(1988),《审美反映与艺术创造》,杭州大学出版社,1992年,第52页。
③ 王元骧:《艺术的认识性和审美性》(1988),《审美反映与艺术创造》,第53页。
④ 同上书,第54页。

5. 文学审美意识形态论

与文学审美反映论相映成趣的是,钱中文教授于1984年又提出了文学"审美意识形态"论,他说:"文学艺术固然是一种意识形态;但我以为是一种审美的意识形态;文学艺术不仅是认识,而且也表现人的情感和思想;审美的本性才是文学的根本特性,缺乏这种审美的本性,也就不足以言文学艺术。看来文学艺术是双重性的。"① 很显然,这是运用马克思主义的社会结构学说,即经济基础与上层建筑理论对于文学艺术观念问题的一次解决。1987年钱中文教授又发表了题为《文学是审美意识形态》的论文,正式确认"文学是审美意识形态",并展开了论证,其结论说:"文学作为审美的意识形态,以情感为中心,但它是感情和思想的认识的结合;它是一种自由想象的虚构,但又具有特殊形态的多样的真实性;它是有目的的,但又具有不以实利为目的的无目的性;它具有社会性,但又具有广泛的全人类的审美意识的形态。"② 钱中文提出的"文学审美意识形态论"具有辽阔的阐释空间,从哲学的观点看,文学却是一种意识类型,与哲学、伦理等具有意识形态的共同特性,但是文学之所以是文学,是因为文学是一种具体的意识类型,即审美意识形态。它使审美的方法和哲学的方法融合在一起,提出文学是以感情为中心,但又是感情与思想的结合;它是一种虚构,但又是特殊形态的真实;它具有阶级性,但又是一种具有广泛社会性以及全人类性的审美意识形态。

直到现在,"审美反映"论和"审美意识形态"论这两个观点并存甚至相互为用。应该说文学"审美反映"论、文学"审美意识形态"论,是一个时代学人根据时代要求提出的集体理论创新。它是对于"文革"的文学政治工具论的反拨和批判。它超越了长期统治文论界的给文艺

---

① 钱中文:《文学艺术中的'意识形态本性论'》(1984),《文学理论:走向交往与对话的时代》,北京大学出版社,1999年,第87页。
② 钱中文:《文学是审美意识形态》,《新理性精神文学论》,第136页。

创作和文学批评带来公式主义的"文艺为政治服务"的口号,但它的立场仍然牢牢地站立在马克思主义上面。新说终于取代了旧说。不久"审美反映"、"审美意识形态"就进入了文学理论教材。目前国内最重要的二十多部文学概论教材都采用了文学审美论或文学审美意识形态论。

三 "文学审美反映"论和"文学审美意识形态"论的理论特点

文学是审美反映,文学是审美意识形态,这个学说的基本意思是什么呢?它们在理论上具有什么特点呢?

1. "文学审美反映"论和"审美意识形态"的整一性

"文学审美反映"论和"文学审美意识形态"是一个完整的概念,不是"审美"加"反映",不是"审美"加"意识形态",它们是一个具有单独的词的性质的词组,不是审美与反映、审美与意识形态的简单相加。它们本身是一个有机的理论形态,是一个整体的命题,不应该把它切割为"审美"与"反映","审美"与"意识形态"两部分。"审美"不是纯粹的形式,是有诗意内容的;"反映"、"意识形态"也不是单纯的思想,它是具体的、有形式的。如苏联阿·布罗夫所说,不存在抽象的"意识形态"的实体。

>"纯"意识形态原则上是不存在的。意识形态只有在各种具体的表现中——作为哲学的意识形态、政治意识形态、法意识形态、道德意识形态、审美意识形态——才会现实地存在。①

这种对"意识形态"的理解极有意义。可惜布罗夫对这个问题未

---

① 阿·布罗夫:《美学:问题和争论》,上海译文出版社,1987年,第41页。

展开来论述。不过如果我们细细体会的话，这里有两点值得我们注意。第一，意识形态都是具体的，而非抽象的。通常我们所说的"意识形态"只是对具体的意识形态的抽象和概括。意识形态只存在于它的具体的形态中，如哲学意识形态、政治意识形态、法意识形态、道德意识形态、审美意识形态。没有一种超越于这些具体形态的所谓一般的意识形态。第二，这是更重要的一点，所有这些具体形态的意识形态——哲学意识形态、政治意识形态、法意识形态、道德意识形态、审美意识形态——都是一个完整的独立的系统。哲学意识形态不是"哲学"与"意识形态"的简单相加，政治意识形态也不是"政治"与"意识形态"的机械拼凑……当然所有这些形态的意识形态有它们的共性，即它们都是社会生活的反映。但不同的意识形态反映的对象是不同的。审美意识形态一般而言是对于社会中人的情感生活领域的审美反映。意识形态的不同形态的对象的差异，也导致它们的形式上的差异。这样不同形态的意识形态有自己独特的内容与形式，并形成了各自独立的完整的思想领域。自然，各个形态的意识形态是互相联系、互相作用、互相影响、互相渗透的，但又互相独立。这些不同的意识形态领域，对于社会的经济基础来说，的确有靠得近与远的区别，但它们并无"高低贵贱"之分。它们之间并不存在谁为谁服务的问题。它们之间的相互作用是不可避免的。但这里没有"老子"控制"儿子"的那种关系。例如审美意识形态在政治意识形态的关系，并不总是顺从的关系，相反审美意识形态对政治意识形态的"规劝"、"监督"、"训斥"等，也是十分正常和合理的。在这种情况下，审美意识形态自身形成一个独特的思想系统，它的整体性也就充分显现出来。如果我们上面所说的能够站得住的话，那么我们可以说，文学艺术作为审美意识形态是意识形态中一个具体的种类，它与哲学意识形态、政治意识形态、法意识形态、道德意识形态是有联系的，可它们的地位是平等的。20世纪80年代学术界提出文学的"审美意识形态"论、文学的"审美反映"论等，不是简单地把"审美"和"意识形态"嫁接起来，更不是什么权宜之计，它是根植于马克思主义的基础上的理论建树。当然，我们强调各种意识形态之间的独立性和平等性，不是绝对的。在某个特殊时刻,例如在中国人民的抗日战争时期,那是一个非常时期,毛泽东《在延安文艺座谈会上的讲话》提出文艺"武器"论、"军队"论、文艺为政治服务论,是在非常时期特殊的理论要求,是有其合理性的。但是在常态时期,各种意识形态应该是相对独立的。"文学审美反映"论也做如上的理解。

2. "文学审美反映"论和"文学审美意识形态"论的复合结构

当我们说"文学审美反映"和"审美意识形态"概念的整一性的同时,并不否认这两种理论核心内容上的复合结构。

这两种理论,从性质上看,是集团特性与全人类共通性的统一,文学作为审美反映,作为审美意识形态,的确表现出集团的、群体的倾向性,这是无须讳言的,但是,无论属于哪个集团和群体的作家,其思想感情也不会总是被束缚在集团或群体的倾向上面。作家也是人,必然也会有人与人之间相通的人性,必然会有人人都有的生命意识,必然会关注人类共同的生存问题。

这两种理论,从功能上看,既强调认识又强调情感。文学是社会生活的反映,无疑包含了对社会的认识。这就决定了文学有认识的因素,不包含对现实的认识是不可能的。但是,我们说文学的反映包含了认识,却又不能等同于哲学认识论或科学上的认识。文学的认识总是以情感评价的方式表现出来的。文学的认识与作家情感评价态度完全交融在一起。

这两种理论,从效能上看,既强调无功利性又有强调有功利性。文学是审美的,那么在一定意义上它就是游戏,就是娱乐,就是消闲,似乎没有什么实用目的,仔细一想,它似乎又有功利性,而且有深刻的社会功利性。就是说它是无功利的(Disinterested),但又是有功利的(Interested),是这两者的交织。

这两种理论,从方式上看,是肯定假定性但也强调真实性。文学作为审美意识与科学意识是不同的。虽然艺术和科学都是创造,都是对真理的追求,但他们创造的成果是不同的。科学所承认的意识,是不允许虚构的,科学结论是实实在在的对客观规律的揭示。文学意识是审美意识,它虽然也追求真实,但它是在艺术假定性中所显露的真实。这里,科学与文学分道扬镳了。实际上,"文学审美反映"论和"文学审美意识形态"论的实质是:既超越政治工具论,又超越形式主义论,它在文学的内部与外部找到一个结合点和平衡点,以包容文学的多样性、复杂性、辽阔性和微妙性。

总之,"文学审美特征论"和"文学审美特征"论,与一般抽象的认识或意识形态不同,它们力图说明文学作为人类的审美活动,它在审美中就包含了那种独特的认识或意识形态,在这里审美与认识、审美与意识形态,如同盐溶解于水,体匿性存,无痕有味。根本看不见哪是"审美",哪是"意识形态",它们作为复合结构已经达到了合一境界。

四 文学审美特征论的价值观

在文学理论经过了20世纪90年代的"语言论的转向"和当前的"文化研究"的洗礼之后,"文学审美反映"论和"文学审美意识形态"论是否失效或过时呢?

实际上,"审美反映"论和"审美意识形态"从一开始就没有忽视文学的语言问题。这方面有许多论述,例如钱中文1986年发表的那篇谈文学"审美反映"的论文中,明确指出:"审美反映是通过语言、符号、形式的体现而得以实现的。一般谈论审美,很少涉及这一方面。但是没有这些因素,就很难使上述几个层面相互交织,往返渗透而形成动态的审美结构。"[①]在童庆炳主编《文学理论教程》中也指明文学是一种语言艺术,而且进一步说明文学的"语言蕴含"问题。文学审美反映或文学审美意识形态不是指一种思想体系,不是像哲学那样的思想体系,它虽然包含人的认识,但更重要的是情感的体验和评价,它不能

[①] 钱中文:《最具体的和最主观的是最丰富的》(1986),《新理性精神文学论》,第160页。

离开文学语言这个家。"文学反映"或"文学审美意识形态"的丰富的甚至不可言说的内容都要由言语表现出来。语言是文学的直接现实。离开语言文学寸步难行。但语言作为符号也不是一个没有内容的空壳。所以"文学反映"或"文学审美意识形态"与语言的关系是十分密切的,不可分离的。所谓的"语言论转向"没有"摧垮"文学审美反映论和"文学审美意识形态"论,而是使两者结合起来,更准确地界说了文学。

特别需要提出的是,20世纪90年代以来,文化研究在中国的出现,是一种社会思潮的兴起。它关注的往往不是文学的问题,它也不屑于给文学的性质做一个界说。发展到今天,某些专门搞"文化研究"的人更无视文学的存在,他们看重所谓的"阶级"、"种族"、"性别"等概念,这已经是文化社会学话题和政治学话题了,与文学并无多少关系。最明显的例子,就是他们不再阅读文学作品了。当然,文化研究有自己的研究目标,有自己的问题意识,有自己的路数,也是社会所需要的。对于他们取得的成绩,也是学术的成果。不过,他们是否是文艺理论这一点是值得怀疑的。这些在各个学科之间行走的人,突然一再要反思"文艺学、美学",其中"反思"论点之一就是认为开始于20世纪70—80年代的文学审美特征论是一种根本不顾及文学外部社会文化蕴含的"审美主义",提出要走出"审美城"。这些本来也赞成文学审美反映论或文学审美意识形态论的人突然变了脸,有意无意地把"文学审美反映"或"文学审美意识形态"说成是没有文化价值取向的"审美主义",从而加以反对。他们这样说是否符合事实呢?

童庆炳在提出文学"审美反映"论的时候,曾经着重强调审美与非审美价值的关系,早在1983年就说过:"当然,这里我们要特别强调这样一点:当我们说文学艺术的独特对象是客观现实的审美价值的时候,不要把现实的审美价值当成是独立的存在。现实的审美价值永远和现实的自然属性以及其它价值内在地联系在一起。文学艺术对客观现实的反映,的确是在撷取其审美的价值,但这撷取并不是也不可能是孤立地撷取。审美价值与其它价值是矛盾的统一,一方面,审美价值不同于其它价值,另一方面,审美价值又和其它价值互相渗透。现实的审美价值和现实的其它价值并不是相互隔绝的,它们之间不存在鸿沟。应该看到,现实的审美价值具有一种溶解和综合的特性,它就像有溶解力的水一样,可以把认识价值、道德价值、政治价值、宗教价值等都溶解于其中,综合于其中。因此,文学艺术撷取现实的审美因素,不但不排斥非审美因素,相反,总是把非审美因素的认识因素、道德因素、政治因素、甚至自然属性交融到审美因素中去。这样,文学艺术所撷取的审美因素总是以其独特的方式凝聚政治、道德、认识等各种因素。"①在这里,童庆炳认为审美价值具有溶解力的,它可以把作为非审美因素的政治的、道德的、宗教的、历史的等一切价值溶解于其中,当然这种溶解是真正的溶解,不是从外面贴上去的。这些非审美因素的价值,如政治、道德、宗教和历史等,岂不就是后来"文化研究"中的文化价值吗?可见,文学审美特征论并不是什么单一的"审美主义",他们早就思考了并阐述了文学中审美与文化的关系。

王元骧在发表于1988年的题为《艺术的认识性和审美性》一文,专门讨论了文学艺术审美性与认识性两者的统一关系。他在充分肯定了"把艺术的性质界定为审美的这应该是确定无疑的"前提下,他说:"当我们在判定了艺术不同于一般认识,它是以审美情感为中介来反映现实生活的时候,如何防止把情感与认识分割开来、甚至对立起来,进而以情感来否定认识的情况。这是科学地阐明艺术的审美特性所要解决的一个关键问题。"②那么他是如何来解决这个问题的呢?他说:"艺术家的审美反映,都是在认识基础上产生的,并由认识分化而来的,因而必须依赖于认识而存在,所以'应如何'与'是什么',价值原则与认识原则,在根本上毫无疑问应该是统一的。……只不过这些认识内容不是直接以认识成果(概念、判断、推理)的形式直接进入作品,而是通过作者的审美感受和审美体验间接地流露出来;作家和艺术家的思想认识、哪怕最深刻最有价值的思想认识,要是不能转化为自己的审

---

① 童庆炳:《文学与审美》(1983),《文学审美特征论》,华中师范大学出版社,2000年,第29页。
② 王元骧:《艺术的认识性与审美性》(1988),《审美反映与艺术创造》,第56页。

美态度和评价,那就必然会失去审美价值,自然也不能在作品中获得表现了。由此可见,审美尽管有它的特殊性,但是在审美情感的形成过程中却始终离不开认识因素的参与和作用。"① 不难看出,王元骧的"审美反映"论,始终是文学艺术中审美与认识的统一。他所理解的"认识",我们从他所分析的《阿Q正传》的例子中,就可看出是指艺术的真、善,主要是指向社会文化的。

钱中文主张文学"审美意识形态"论,他一再强调文学的审美特性与意识形态特性之间的和谐联系。如他说:"审美文化同样具有某些非审美文化的精神文化特性。更重要的是,审美文化中的感情与思想认识是互为表里的。当然,两者在文学中的关系,并不是机械的、一半对一半的平分秋色的结构。思想在文学中不能自我完成,它必须通过感情的传达而得以体现。……在审美意识中,感情连接着种种心理因素,如感知、想象、无意识活动,但同时也表现着理性的认识。"② 他这里所说的"非审美文化"、"理性认识",当然包含政治、道德、历史、宗教、法律等文化的价值,他从未把文化排除在文学艺术之外,这是很清楚的。

以上三人的论述几乎是不约而同地深刻地回答了文学中审美与非审美两者的关系问题,而且不约而同地说明了审美与非审美是内在地关联在一起的。"文学审美反映"论、"文学审美意识形态"论指斥为"审美主义"完全是没有事实根据的。有些人不过是不再喜欢文学,不再喜欢审美的文学,而有意无意把文学审美特征论扭曲为一种纯审美的东西。

"文学审美反映"论和"文学审美意识形态"论一个重要的优点是,把真、善、美内在地联系在一起,或者也可以说,文学审美中内在地包含真和善。在这一重要问题上,它既超越中国的"文学从属于政治"的提法,也超越苏联的"社会主义现实主义"理论。现实的审美价值与其他价值的关系是相互渗透的,文学中的审美价值和真、善价值也是互相渗

---

① 王元骧:《艺术的认识性与审美性》(1988),《审美反映与艺术创造》,第58页。
② 钱中文:《文学是审美意识形态》,《新理性精神文学论》,第131页。

透的。文学的真是审美的真,是艺术的真,是诗意的真,是情感的真,不是科学的真;文学的善也是审美的善,是一种理想的烛照,是心灵的启示,是人文的关怀,而不是现实中的实际的伦理道德说教。真善美三者溶解于一体。三位作者深刻地解决了美、真、善的内在的统一问题,从而科学地阐明了文学的价值观。

应该看到,此前的文学理论在价值观问题上始终不是解决得很好的。就以文学的真实性问题来说,建国以来经过了多次讨论,但很少有人把真实性提到审美的领域来思考。新时期以来又一次开展了对文学真实性问题的讨论。但这些讨论往往陷入哲学的、社会学的层次,而没有进入独特的审美层次。

童庆炳早在1985年发表了《文学真实性漫议》一文,文章在批评了"本质"论的艺术真实观后,把文学艺术真实性问题提到审美的层次来论证。他提出了"合情合理"四个字来说明文学艺术的真实性,所谓"合情",就是指作品的艺术形象要反映人们的真切的感受、真挚的感情和真诚的意向;所谓"合理"就是指合符艺术假定中的生活逻辑,是指它可以被人理解的性质。① 这种对文学艺术真实性的理解是一种审美领域的理解,它具有巨大的阐释力,任何作品的真实性都可以从这个说法中得到合理的解释。因为这种艺术真实性理论不是从现成的哲学范畴那里搬用来的,而是从文学艺术的审美特性实际出发所作出的论述。

上面所述,说明"文学审美反映"论和"文学审美意识形态"论,决不是如某些人所说的是纯审美,是什么"审美主义",因为它充分考虑了真与善的文化维度。

钱中文、王元骧和童庆炳等面对现实的这种复杂情况,对于文学的精神价值取向,又有许多新的论述,他们把文学价值观具体化了。同时他们的思想随时代的发展而发展,他们所关注的精神关怀与2003年提出"以人为本"的科学发展观是完全一致的。

---

① 童庆炳:《文学审美特征论》,华中师范大学出版社,2000年,第79—81页。

新时期以来,在文学理论方面,我们对外国文论引进很多,但缺乏自己的理论创新。但是"文学审美反映"论和"文学审美意识形态"论是中国人自己提出来的,属于中国学术界。

蔡仪在1942年所著的《现实主义艺术论》一书中提出过文学的"美感教育"观点,他说:"就现实主义的观点来说,艺术要真实地描写现实,创造艺术典型,创造艺术的美,它的社会教育的意义不是一般的,而是美感教育的潜移默化以陶情淑性,它的思想宣传的意义,不是别的,而是艺术魅力的悦目赏心而移风易俗,这样的现实主义艺术,它的艺术效用和艺术特性是统一的。"①蔡仪的观点是不错的。特别是他强调艺术效用与艺术特性的统一的观点尤其可贵。但他虽然提到"美感教育"、"潜移默化"只是在说明艺术的效用,而不是阐明艺术的特性本身。

苏联"审美学派"的主将之一的阿·布罗夫在1956年的《文学报》上发表了《美学应该是美学》的文章,他对文学的见解明显地与前此流行的文学认识论完全不同,他批判了文学是生活的反映,是用形象来反映的观点。前面我们引用过他的论点。布罗夫的确接触到了文学所以是文学的艺术特性问题,但他没有提出"审美反映"论。在差不多二十年后,布罗夫在《美学:问题和争论》(1975)一书中提出了"审美意识形态"这个词,这就是前面所引的话:"……'纯'意识形态原则上是不存在的。意识形态只有在各种具体的表现中——作为哲学意识形态、政治意识形态、法的意识形态、道德意识形态、审美意识形态。"②阿·布罗夫的意思是说意识形态没有抽象的,只有具体的。但是很难说他完整地提出"文学审美意识形态"这个论题并加以论证。

英国学者特雷·伊格尔顿的《审美意识形态》一书出版于1990年,且是一本对英国经验主义和欧洲启蒙主义美学以来的美学观点的评述,与我们所提出的"文学审美意识形态"论关系不大。

因此,"文学反映"论和"文学审美意识形态"论的确是当代中国学

---

① 蔡仪:《现实主义艺术论》,作家出版社,1958年,第169页。
② 阿·布罗夫:《美学:问题与争论》,上海译文出版社,1987年,第41页。

者从马克思主义的社会结构理论出发,在总结了中国现代文学理论发展正反两方面经验之后,根据文学艺术的实际,用自己的心血所作出的一次理论创新。它的理论及其意义将接受时间的检验。

参考文献

《马克思恩格斯文集》第42卷,人民出版社,1991年。
《马克思恩格斯选集》第1、2、3、4卷,人民出版社,1995年。
《马克思恩格斯论文学艺术》(一、二),陆梅林辑注,人民文学出版社,1982年。
《列宁论文学艺术》,中国社会科学院文学研究所文艺理论研究室,人民文学出版社,1983年。
《毛泽东选集》第1、2、3、4卷,人民出版社,1991年。
《毛泽东论文艺》(增订本),人民文学出版社,1992年。
《毛泽东文艺论集》,中央文献出版社,2002年。
《周恩来论文艺》,人民文学出版社,1979年。
《邓小平文集》第1、2、3卷,人民出版社,1994年。
《邓小平论文艺》,人民文学出版社,1989年。
《独秀文存》,安徽人民出版社,1987年。
《陈独秀选集》,天津人民出版社,1990年。
《李大钊选集》,人民出版社,1959年。
《瞿秋白文集》第1、2、3、4、5卷,人民文学出版社,1998年。
姚守中等编著:《瞿秋白年谱长编》,江苏人民出版社,1992年。
杨之华:《忆秋白》,人民文学出版社,1981年。
《鲁迅全集》(10卷本),人民文学出版社,1959年。
《鲁迅全集》(16卷本),人民文学出版社,1981年。
《鲁迅论文学》,人民文学出版社,1959年。
《周扬文集》(5卷本),人民文学出版社,1984—1994年。
《胡风文集》(10卷本),湖北人民出版社,1999年。
《朱光潜全集》(16卷本),安徽教育出版社,1987年。

《黄药眠文艺学美学论集》,北京师范大学出版社,1992年。

巴人:《文学论稿》,新文艺出版社,1954年。

巴人:《点滴集》,浙江人民出版社,1981年。

《巴人文艺论文集》,人民文学出版社,1984版。

《王朝闻全集》22卷,河北教育出版社,1998年。

秦兆阳:《文学探路集》,人民文学出版社,1984年。

季莫费耶夫:《文学原理》第1、2、3卷,平明出版社,1954年。

毕达可夫:《文艺学导论》,高等教育出版社,1958年。

《苏联文学艺术问题》,人民文学出版社,1959年。

刘宁、程正民:《俄苏文学批评史》,北京师范大学出版社,1992年。

以群主编:《文学基本原理》上下卷,上海文艺出版社,1964年,1979年修订本。

《文学理论争鸣辑要》上下卷,上海文艺出版社,1983年。

蔡仪主编:《文学概论》,人民文学出版社,1981年。

十四院校《文学理论基础》编写组:《文学理论基础》,上海文艺出版社,1981年。

郑国诠、周文柏、陈传才:《文学理论》,中国人民大学出版社,1981年。

孙子威主编:《文学原理》,华中师范大学出版社,1989年。

王向峰:《艺术的审美特性》,辽宁大学出版社,1985年。

钱中文:《文学发展论》(增订本),经济科学出版社,1989年。

钱中文:《新理性精神论》,华中师范大学出版社,2000年。

童庆炳:《文学审美特征论》,华中师范大学,2000年。

童庆炳:《文学理论教程》,高等教育出版社,1992—2010年,第1、2、3、4版。

王元骧:《文学原理》,浙江大学出版社1989年版,广西师范大学出版社2007年修订版。

王元骧:《审美超越与艺术精神》,浙江大学出版社,2006年。

杜书瀛:《中国20世纪文艺学学术史》第1、2、3、4部,上海文艺出版社,2001年。

吉明学、孙露茜编:《三十年代"文艺自由论辩"资料》,上海文艺出版社,1990年。

后　记

　　马克思主义文艺思想传入中国,给中国的文艺发展和文艺思想的发展带来了巨大的影响。从"五四"时期的"文学革命"到20世纪30年代的"革命文学",从抗日战争时期的"大众文学"到中华人民共和国建国以来的为社会主义为人民大众服务的文学,都是在马克思主义文艺思想的指导下发展的、变化的。但中国马克思主义文艺思想发展,结合了现代中国发展的实际,结合了中国文艺发展的实际,留下了中国的烙印,涌现了中国的话语,形成了中国的特色。

　　本书的编写即梳理了马克思主义文艺思想在中国传播、发展的曲折过程。陈独秀、李大钊的传播功不可没。鲁迅的独特的马克思主义的思考十分可贵。瞿秋白的译介和阐释影响巨大。毛泽东1942年《在延安文艺座谈会上的讲话》标志着中国化的马克思主义文艺思想成熟,但不可否认的是也留下了历史的时代的局限。建国后,中国形势和特点发生了根本的改变,我们进入了新的历史语境,本应该结合中国革命和建设的新的实际,对马克思主义文艺思想有新的解释和建树,结果是一味学习苏联,受教条主义的影响甚巨。长期以来,我们还是沿用列宁的"齿轮和螺丝钉"的说法,沿用《讲话》中"文艺从属于政治"的说法作为统一的话语形态,结果是极"左"的文艺思想发展起来,以至于到"文革"时期极"左"文艺思想发展为霸权话语,批判了所谓的"黑八论",背离了马克思主义文艺思想的基本原理,脱离了中国的实际,给文艺事业带来了破坏。新时期以来,开始"拨乱反正",不再提"文艺从属于政治"的口号,中国的马克思主义文艺思想的发展才走入新境,结合喷涌而出的新文艺实际,开拓了新领域,取得了许多成果,但又出现了一些全盘照搬西方现代文论话语的情况,中国马克思主义文艺思想的发展再次遭遇到挑战。总而言之,从"五四"新文化运动以来的近百年间,中国的马克思主义文艺思想的发展时而健康,时而陷入困境,是在曲折中前进的。

  但是,无论怎么说,中国的马克思主义文艺思想的发展还是根植于中国的土壤,不断涌现出中国化的新观念、新思想,这是应该充分肯定的。本书所写突出了马克思主义文艺思想进入中国语境后所产生的独特问题,结合中国实际,勾勒中国化特色,以主要的篇幅总结诸多马克思主义文论家所取得的成绩,概括和梳理马克思主义文艺思想在中国的流变。但有的章节也不能不指出问题,以便正视现实,并在新的时代中克服困难,继续前进。

  本书撰稿人承担的任务如下:

  童庆炳:导论、第一编第五章、第二编第三章、第三编第一章、第二章、第三章、第五章、第六章、第七章、第八章、第九章、第十章、第四编第一章、第三章;

  沈家烨:第四编第五章;

  李春青:第一编第一章、第二章、第三章、第四章;

  赵炎秋:第二编第一章、第二章、第四章;

  李衍柱:第四编第二章;

  杨晓青:第三编第四章、第四编第四章;

  潘冬梅:第二编第五章。

童庆炳
2011 年冬